Simone Signoret
Adieu Wolodja

Aus dem Französischen
von Elisabeth Lutz

BASTEI-LÜBBE-TASCHENBUCH
Band 10 940

Titel der Originalausgabe: ADIEU VOLODIA
Copyright © 1985 by Librairie Arthème Fayard, Paris
© für die deutsche Ausgabe
1985 by Benziger Verlag, Zürich, Köln
Lizenzausgabe: Gustav Lübbe Verlag GmbH,
Bergisch Gladbach
Printed in West Germany 1987
Einbandgestaltung: Roberto Patelli
Satz: ICS Communikations-Service GmbH, Bergisch Gladbach
Druck und Bindung: Ebner Ulm
ISBN 3-404-10940-6

Der Preis dieses Bandes versteht sich
einschließlich der gesetzlichen Mehrwertsteuer

Inhalt

I	Petljura ist ermordet worden	7
II	Masques et Bergamasques	91
III	Das gelbe Flugblatt	211
IV	Nachricht von Wolodja	303
V	Das Leben ist schön	355
VI	Der Rahmen der Unsrigen	431
VII	Aus dem Sinn	477

Erster Teil

Petljura ist ermordet worden

Sie konnten nicht über ihre erste Begegnung fabulieren. Sie waren sich nie begegnet, sie hatten sich ja immer gekannt.
Sie war nur ein wenig später gekommen als er, aber die erste Spazierfahrt, die Zaza, die kleine Tochter jüdisch-polnischer Eltern, in der Sonne ihres ersten Pariser Frühlings machte, fand im Kinderwagen des kleinen Maurice statt, der schon nebenhertrippeln konnte.
Er war Guttman, Maurice, Sohn von Elie und Sonja Guttman, die aus der Gegend von Schitomir in der Ukraine stammten, geboren an einem Dezembermorgen des Jahres 1919 in der zweiten Etage links des dreistöckigen Gebäudes Nummer 58 der Rue de la Mare im xx. Arrondissement von Paris.
Sie war Elsa, Tochter von Stepan und Olga Roginski, die aus der Umgebung von Lublin in Polen stammten, geboren in einer Märznacht 1921 in der zweiten Etage rechts des dreistöckigen Gebäudes Nummer 58 in der Rue de la Mare im xx. Arrondissement von Paris.
Zusammen hörten sie auf, ein jüdisches Kind aus der Ukraine und ein jüdisches Kind aus Polen zu sein, als an einem Abend des Juli 1925 die Herren Guttman und Roginski mit den so andächtig erhofften Einbürgerungspapieren nach Hause kamen.
Mit Tränen in den Augen zogen die beiden Männer sie aus der Tasche und reichten sie ihren Frauen, die einander schluchzend in die Arme fielen.
Die Papiere waren sorgsam in zwei Brieftaschen aus honigfarbenem Schweinsleder verstaut, die Monsieur Guttman, Arbeiter in einer Lederwerkstatt, die Lancel an der Place de l'Opéra und Bond Street im Faubourg Saint-Honoré belieferte, eigenhändig hergestellt hatte.
Bei dem anschließenden improvisierten kleinen Fest, dem sich auch die Lowenthals, dritter Stock rechts, Isidor Barsky, dritter Stock links, und die Sterns aus dem ersten Stock rechts angeschlossen hatten, gingen die Papiere von Hand zu Hand.
Die Lowenthals und Isidor Barsky verglichen die nagelneuen

Dokumente mit den eigenen, die sie schon fünf Jahre früher erhalten hatten. Es muß erwähnt werden, daß sie selbst viel älter waren, schon um 1905 eingewandert, und während »Vierzehn-Achtzehn« war ihr Dasein als Staatenlose nicht gerade leicht gewesen.
Nur die Sterns aus der ersten Etage hatten sich nie um Einbürgerung gekümmert. Sie waren Juden, fromme Juden — nur nebenbei Polen —, und das blieben sie.
Viel »Tschai« für die Damen und ein wenig Wodka für die Herren (für Isidor Barsky allerdings zu viel) floß an jenem Abend in den beiden kleinen Wohnungen, deren Eingangstüren immer zum Treppenhaus offenstanden. Maurice und Zaza waren wie an jedem Sommerabend hinuntergegangen zum Spielen mit den Kindern der Nachbarschaft.
Außer Haus kamen Elie Guttman und Stepan Roginski mit ihrem Französisch zurecht — sie waren ja schon lange genug hier! Vor allem Elie, der gleich bei der Ankunft Arbeit gefunden hatte in der Lederwaren-Firma MERCIER FRÉRES, wo seine fünf Arbeitskollegen Franzosen waren.
Bei Stepan war es schwieriger. Er hatte seine Stellung bekommen, noch bevor er in Frankreich eingetroffen war. Sein Bruder Janek Roginski, Kürschnermeister mit eigenem Betrieb in der Pariser Rue d'Aboukir, hatte ihn aus Polen kommen lassen. In seiner Werkstatt wurde alles durcheinander gesprochen, Jiddisch vor allem, eine Ausnahme machte nur Janek, der Französisch sprach und den man jetzt Monsieur Jean nannte.
Monsieur Jean war verheiratet mit Nicole Zedkin, die man Madame Jean nannte bei den seltenen Gelegenheiten, wo sie noch im Betrieb erschien. Monsieur Jean war Geschäftspartner von Roger Ziegler, den man Monsieur Ziegler nannte, verheiratet mit Liliane Leblanc, die man überhaupt nicht nannte, weil man sie noch nie in der Rue d'Aboukir gesehen hatte.
Die Firma Roginski-Ziegler lief unter dem Namen FÉMINA-

PRESTIGE und war auf pelzgarnierte Damen- und Mädchenkonfektion spezialisiert.

Pelzbesetzte Damen- und Mädchenkonfektion erfordert Fertigstellung durch Heimarbeiterinnen. Eines Abends hatte Stepan einige weiße Pelzkragen heimgebracht, die auf Jungmädchen-Mäntel genäht werden sollten. Sie waren aus Kaninchenfell, auf Hermelin getrimmt, und man mußte noch zu beiden Seiten ihrer Schnäuzchen Augen aufnähen. Er hatte gedacht, Olga, seine Frau, könnte das sehr gut machen, und er hatte richtig gedacht. Olga rief Sonja, Elies Frau, um ihr die kleinen Tiere und die Augen zu zeigen, und so geschah es, daß Madame Roginski und Madame Guttman von 1923 an Näherinnen für eine Konfektionsfirma wurden, zuerst gelegentlich, wenn es bei FÉMINA-PRESTIGE brannte, dann nach und nach als volle Arbeitskräfte.

Die großen Ballen aus schwarzen Baumwolltüchern, die an den vier Zipfeln zusammengebunden waren, kamen morgens voll an und gingen abends voll zurück, angefüllt — je nach Jahreszeiten und wechselnden Moden — mit toten Füchsen, denen Sonja und Olga wieder Augen aufnähten, oder mit Krawatten aus Maulwurfsfell, an die sie Kettchen und mit Kunstseide überzogene Haken anbrachten.

Einmal, ein einziges Mal, fanden sie in einem der beiden Ballen ein Cape aus echtem Zobelpelz und Futter aus schillerndem goldbraunem Taft, das sie einnähen sollten. An diesem Tag waren sie hell begeistert. Das Cape ging gefüttert zurück. Lange Zeit sollten sie nicht erfahren, für wen es bestimmt war.

Wie dem auch sei, sie waren nun Heimarbeiterinnen. Und das bedeutete genau, was es sagte: Sie blieben den ganzen Tag daheim und sprachen nur miteinander und nur Jiddisch. Sobald Monsieur Guttman und Monsieur Roginski, die sich auswärts französisch verständigten, nach Hause kamen, verfielen sie auch wieder in ihr Jiddisch, auf das ihre Frauen jiddisch und die Kinder immer häufiger französisch antwor-

teten. Dann kam die Zeit, da die Kinder nicht mehr nur französisch antworteten, sondern auch ihre Fragen auf französisch stellten. Die Väter bemühten sich, den Fragen gewachsen zu sein, die Mütter seufzten — ausgeschlossen von den interessanten Gesprächen. Aber sie revanchierten sich, als Maurice und Zaza, selbstverständlich gemeinsam, ihre Masern und Keuchhusten hatten.
Sonja Guttman und Olga Roginski konnten in Französisch keine Fortschritte machen, vor allem Olga nicht, die jüngere. Sonja sprach es ein wenig, aber unvergleichlich schlechter als Madame Lowenthal vom dritten Stock rechts, die die Älteste war.
Gleich nach ihrer Ankunft in Frankreich hatte Sonja Guttman es sich angewöhnt, Madame Lowenthal zu Hilfe zu rufen, wenn etwa der Gasmann den Zähler ablesen wollte oder Maurice, damals noch in der Wiege, so erkältet war, daß sie selbst keine Besorgungen machen konnte.
Allmählich, ob nun Maurice erkältet war oder nicht, war es zur Gewohnheit geworden: Madame Lowenthal übernahm die Einkäufe in der Rue de la Mare und der Rue des Pyrénées, wo ihre schwerfällige Gestalt allgemein bekannt und gefürchtet war.
Madame Lowenthal wußte, was sie wollte, und vor allem, was sie nicht wollte. Ihr konnte man keinen angewelkten Salat oder ein Huhn ohne Magen andrehen.
Um die Dinge zu vereinfachen, machte Madame Lowenthal ihre Besorgungen en gros, nur ihrer eigenen Inspiration folgend. So aß man denn bei den Guttmans, was man bei den Lowenthals aß, und als später die Roginskis ins Haus kamen, aß man auch bei den Roginskis, was es bei den Guttmans und den Lowenthals gab. Nur die Garzeit, die Gewürze und die Saucen variierten; das überließ Madame Lowenthal dem Erfindergeist oder dem kulinarischen Gedächtnis Olgas und Sonjas, die ihre heimlichen Träume von gefülltem Fisch oder panierten Schnitzeln aufgeben

mußten, wenn Madame Lowenthal ihnen das tägliche Rindfleisch brachte.
Es kam auch vor, daß man wirklich ganz genau bis aufs Paprikakörnchen dasselbe Gericht bei den Lowenthals, den Guttmans und den Roginskis aß. Das war an den Tagen, wo Madame Lowenthal als Dreisterneköchin erwachte, wie sie sagte, und sich in die Küche stellte. Sie gab nie eine Vorwarnung, und es waren ganze Töpfe voll Spezialitäten ihrer Heimat — Madame Lowenthal war ungarischer Herkunft —, die anstelle von rohen Lebensmitteln in den kleinen Wohnungen des zweiten Stocks landeten. »Versuchen Sie mal das!« sagte sie und verzog sich wie ein Freund, der einen Geburtstagskuchen für eine Familienfeier hinstellt, zu der er nicht eingeladen wurde.
Sonja und Olga lebten unter einer Art Speiseplan-Terror, auferlegt von Madame Lowenthal, die ihre Anciennität im Stadtviertel und ihre französische Staatsbürgerschaft berechtigten, sich etwas autoritär aufzuführen. Die beiden sahen, wie ihre Kinder größer wurden, und kalkulierten, daß sie wohl bald alt genug sein würden, um die Besorgungen zu übernehmen . . .
Aber an jenem Abend, als sie selbst eingebürgert worden waren, kalkulierten sie gar nichts. Sie lächelten. Alles lächelte. Sogar Madame Lowenthal, und besonders Monsieur Lowenthal. Aber Monsieur Lowenthal hörte nie auf zu lächeln. Das ersparte ihm das Sprechen. Man wußte nicht recht, ob er nun französisch, jiddisch oder ungarisch sprach, die Gelegenheiten, sich zu äußern, waren ihm von seiner Frau und Gebieterin allzu kärglich zugemessen, und an seinem Arbeitsplatz war Reden kaum angebracht. Monsieur Lowenthal war Diamantenschleifer.
Die Sterns aus dem ersten Stock, die gewöhnlich so melancholisch wirkten, hatten — angeregt durch das von Isidor Barsky aufgedrängte bißchen Wodka — angefangen, halblaut vor sich hinzusingen. Leider wirkte ihr hebräischer

Sprechgesang auf die Umstehenden eher traurig, bis zu dem Augenblick, als der Fürst auftrat.
Fürst Andrej Alexejewitsch Gromoff fiel in dieser Gesellschaft etwas aus dem Rahmen. Die Gründe, die ihn veranlaßt hatten, 1905 nicht zu seinem kaiserlichen Regiment zurückzukehren, hatten nichts gemein mit denen, die die Mieter des Gebäudes zur Auswanderung bewogen. Sie waren eher in den Spieltischen der Kasinos zu finden als in den Zuckungen der Weltgeschichte. Nach fabelhaften Gewinnen und katastrophalen Spielverlusten war er gegenwärtig selbständiger Taxichauffeur, wohnte im Hotel de la Gare in der Rue de la Mare 42 und war der regelmäßige Kartenspiel-Partner Isidor Barskys; zusammen mit ihm stimmte Gromoff sogleich an »Je sais que vous êtes jolie« und begleitete sich dabei selbst auf seiner Gitarre, die er vorsorglich mitgebracht hatte.
Bei dem Fest fehlten nur die Bonnets aus dem ersten Stock links, gegenüber von den Sterns. Sie waren zwar nicht wirklich fremdenfeindlich, mochten aber Ausländer nicht sonderlich. Sie waren nicht schlichtweg Antisemiten, aber sie liebten Juden nicht besonders. Sie waren nicht unbedingt Chauvinisten, aber sie verabscheuten die Neu-Franzosen, besonders die jüdischen Ursprungs. Also waren sie lieber weggeblieben. Überdies ging Monsieur Bonnet, Angestellter beim Katasteramt der Stadtverwaltung des xx. Arrondissements, gern früh zu Bett. Er hatte im Krieg eine Gasvergiftung erlitten. Da die Fenster im zweiten Stock weit offenstanden, störte ihn zweifellos der Lärm des Festes: Monsieur Bonnet hustete mehr und lauter als gewöhnlich. Aber das störte die Zwillinge Bonnet, Charles und Lucien, kaum, die sich zu Maurice, Zaza und den andern im Abbruch-Haus Rue Henri-Chevreau 21 gesellt hatten, wo sich seit zehn Tagen eine großartige Schatzsuche abspielte.
Kurz nach jenem herzerwärmenden Abend, als selbst die alte Madame Lutz ihre Concierge-Loge zu einem kurzen

Auftritt verlassen hatte, löste ein scheinbar harmloser Vorfall eine Sturzflut völlig unvorhersehbarer Ereignisse aus.

Eines Abends, als Elie Guttman einmal mehr auf seinem Teller jenes Koloszvar-Gulasch vorfand, das er verabscheute, geriet er in Zorn und schlug mit der Faust auf den Tisch. Mit zum Himmel, das heißt in Richtung dritter Stock, gerichtetem Blick brüllte er, er habe nicht sein Dorf verlassen und halb Europa durchquert, vier Grenzen zu Fuß überschritten und Frankreich zum Vaterland erwählt, um in seinem Haus unter dem Stiefel einer *wahren Petljura* zu leiden ...
Diesen Namen wiederholte er dreimal.
Daraufhin schüttete er vor den bestürzten Augen von Frau und Sohn seine Portion Koloszvar-Gulasch in den Mülleimer. Sonja weinte.
»Petljura« — das Wort war nicht auf taube Ohren gestoßen. Maurice hatte es sehr lustig gefunden und es ein paarmal wiederholt, aber da das Geschrei in der Küche beträchtlich war, wagte er im Augenblick nicht, irgendwelche Fragen zu stellen.
Am nächsten Morgen jedoch erzählte er Zaza, daß es im Hause eine Bettel-Lura gebe. Er konnte ihr nicht sagen, wer das war, aber eine Bettel-Lura war eine Art Hexe, eine sehr böse, die noch dazu stank.
Am gleichen Abend drohte Zaza ihrer Mutter, als die ihr keine zweite Banane geben wollte, sie hole jetzt die Bettel-Lura, und im zweiten Stock brach am Ende eines bis dahin friedlichen Essens ein Riesenkrach los.
Als Olga an die Nachbartür auf dem Treppenabsatz klopfte und dabei sehr laut »Madame Guttman! Madame Guttman!« rief, wußte Sonja schon, bevor sie aufmachte, daß etwas nicht stimmte. Sie beide, die sich auf Jiddisch duzten und »Taire Olga« und »Sonja, mein Taibele« nannten, redeten einander nur in den äußerst seltenen Augenblicken von

Disharmonie mit Madame Guttman und Madame Roginski an, gefolgt vom offiziellen französischen »vous«. Daß Stepan mit ernstem Gesicht neben seiner Frau stand, bestätigte ihre Befürchtungen. Maurice wurde zum Spielen mit Zaza auf die gegenüberliegende Seite des Treppenhauses befördert, und die vier Erwachsenen setzten sich um den Küchentisch. Es war Stepan, der zu reden begann.
Es gebe Dreckskerle in der Nachbarschaft, die offenbar Unheil vorbereiteten: Die Kleine habe den Namen von Simon Wassiliewitsch Petljura ausgesprochen, und trotz des Schwurs, den alle vier feierlich abgelegt hatten, könne man das nicht durchgehen lassen, man müsse handeln, und zwar rasch.
Der Schwur war naiv, einfältig sogar. Er stammte aus der Zeit, als die beiden jungen Paare sich kennengelernt hatten. Sonja hatte ihn angeregt am Ende eines schönen Märztages, dem ersten Sonntag ihrer Nachbarschaft, an dem sie sich viele Geschichten aus ihrem bisherigen Leben erzählt hatten. Die Geschichten waren sich sehr ähnlich, und sie verwunderten sich kaum darüber. Alle vier hielten sich in der Küche der Guttmans auf, das Fenster zur Rue de la Mare stand offen; dort geschah an Sonntagen nie etwas. Es war so still, so friedvoll beruhigend, so provinziell pariserisch, daß Sonja, die von Natur nicht sehr kühn war, plötzlich ihr halbvolles Glas Wodka hob — Elie hatte ihr und Olga halb, sich und Stepan voll eingeschenkt — und mit halblauter Stimme eine kleine Rede hielt.
»Laßt uns schwören!« sagte sie.
Und sie hatten geschworen.
Sie wollten junge Eltern ohne Gedächtnis sein, jedenfalls vor ihren Kindern. Sie sagte das mit einer Handbewegung zum Schlafzimmer, wo Maurice schon in seinem Eisenbettchen schlief, und dann berührte sie Olgas Bauch. Man war nun in Frankreich, man würde vergessen, jedenfalls würde man so tun, als habe man vergessen. Sie wollten es weder

ihren Eltern noch ihren Großeltern nachtun, die beim unheimlichen Schein der Talglichter immer wieder Einzelheiten der Pogrome früherer Zeit erzählten, sie mit denen von gestern verglichen, denen man eben entkommen war und die einen in Erwartung der bestimmt kommenden nächsten schon zittern ließen. Ihren Kindern wollten sie Geschichten erzählen, die begannen: »Es war einmal...« und nicht »Das letzte Mal...«, was nie hieß, daß dies wirklich das letzte Mal war, sondern bloß das von gestern vor dem von morgen.
»So, das wär alles!«
Verwirrt hatte Sonja ihr Gesicht in den Händen verborgen. Nach einem kurzen Schweigen erhoben sich alle vier und besiegelten ihren Pakt, indem sie sich mit geschlossenen Lippen auf den Mund küßten. Und sie hatten Wort gehalten, seit fünf Jahren schon. Was sehr tapfer von ihnen war, wenn man bedenkt, wie eng sie mit den Sterns und den Lowenthals zusammen lebten, ganz zu schweigen von den meisten anderen Bewohnern der Rue de la Mare, die ebenfalls sehr gern ihre Jugenderinnerungen ausbreiteten. Wenn Sonja und Olga die Gefahr nahen fühlten, schickten sie die Kinder weg, wie man es in guten französischen Familien tut, wenn der unverbesserliche, Witze reißende, hartgesottene Junggesellenonkel den Nachtisch mit der Frage eröffnet: »Und den von der Erstkommunikantin, kennt ihr den?«
In diesen Jugenderinnerungen gab es keine Erstkommunikantinnen, sondern viele vergewaltigte Mädchen, viel Blut, viel Menschengebrüll, untermischt mit Pferdewiehern, riesige Feuersbrünste, Fußtritte, Peitschenhiebe, Rutenschläge, Säbelblitzen und ganze Kantaten von Stöhnen und Ächzen und Seufzen. Es kamen auch Namen von Anführern vor, gefürchtete Namen, die aus unvordenklichen Zeiten überliefert worden waren. Sie klangen verschieden, je nachdem in welchem Teil Zentraleuropas sie ihre betrunkenen Horden losgelassen hatten. Für einen Gilles de Rais oder

eine Bestie von Gévaudan, Inbegriff des französischen Kinderschrecks, gab es Dutzende und Aberdutzende von Kosaken-, Tataren-, polnischen, ungarischen oder ukrainischen Namen, die unablässig in den Jugenderinnerungen auftauchten.
Die Zufälle der Geschichte wollten es, daß Elie, Sonja, Stepan und Olga bei ihren eigenen, noch frischen Erinnerungen auf denselben Namen stießen, den ihres gemeinsamen Schinders, des Hetmans Simon Wassiliewitsch Petljura, der zwischen 1918 und 1920 Tausende ihrer Landsleute in der Ukraine massakriert hatte und auf seinem Rückzug vor der Roten Armee Tausende in Polen umbrachte, genauer in der Gegend von Lublin.
Tatsächlich waren die Guttmans vor allem wegen Petljura aus der Ukraine geflohen, und die Roginskis hatten vor allem wegen Petljura die Flucht aus Polen ergriffen. Das hatte man den Kindern aber nie erzählt.
Und nun sprach Zaza von Petljura! Wenn sie den Namen kannte, dann mußte sie ihn irgendwo gehört haben. Und wenn sie ihn gehört hatte, dann konnte das nur auf der Straße gewesen sein. Und wenn ihn jemand auf der Straße ausgesprochen hatte, dann hieß das, daß in Paris ein Pogrom in der Luft lag. Und warum sollte nicht Petljura in Paris, nächtlicherweise gar im Stadtviertel angekommen sein.
Stepan hatte sich an Sonja, Olga und Elie gleichzeitig gewendet und alles in einem Atemzug vorgebracht. Er begriff zuerst nicht, warum von den ersten Worten an, schon bei dem »Simon Wassiliewitsch P...«, Elies Gesicht sich wie in großem Schmerz zusammenzog, bis er schließlich in das schallendste, fröhlichste Gelächter ausbrach, das je die Nummer 58 der Rue de la Mare erfüllte.
Da Sonja etwas mehr Zeit brauchte als Elie, um die Verbindung zwischen dem Gulasch vom Abend zuvor und dem bevorstehenden Pogrom herzustellen, ließ sie sich erst ein

bißchen später von dem unbändigen Lachen anstecken, das allmählich auch Olga ergriff, während Stepan, noch immer ernst, auf eine Erklärung wartete.
Zwischen zwei Lachanfällen wurde sie ihm gegeben. Da begriff auch er das Burleske der Situation und stimmte in das Gelächter der anderen um so lauter ein, als er fühlte, wie die alte, längst vergessen geglaubte Todesangst aus seinen Eingeweiden verschwand.
Als sie sich beruhigt hatten, trockneten sie sich die Augen mit dem Gläsertuch, das einer dem anderen weitergab. Elie gab zu, er habe wohl ein wenig übertrieben, das verdiene Madame Lowenthal denn doch nicht. Dann wurden sie sich einig, daß man mit den Kindern reden müsse. Sonja übernahm das. Sie brauchte nicht nach ihnen zu rufen, sie rannten schon herbei, um zu sehen, was es so Lustiges gab bei den Eltern.
Papa habe gestern abend etwas Dummes gesagt, als er zornig war, ein Wort ausgesprochen, das man nie, niemals wiederholen dürfe. Es sei ein schmutziges Wort, der Name eines sehr bösen Menschen, und Madame Lowenthal sei eine sehr, sehr nette Dame. Niemals dürfe man das Wort vor ihr aussprechen, vor überhaupt niemand. Es sei der Name eines bösen Menschen, den es nicht oder vielmehr nicht mehr gebe. War das nun klar? Offen gestanden nein, dachten die Kinder, aber sie versprachen, daß sie es nicht mehr tun wollten, und wandten sich anscheinend wieder ihren Spielen zu.
Nur anscheinend.
Mit leiser Stimme berieten sie sich im geheimen. Zuerst machte Zaza Maurice den Vorwurf, er habe ihr nicht gesagt, daß die Bettel-Lura des Hauses Madame Lowenthal sei. Maurice gab das etwas beschämt zu.
Dann beschlossen sie, man müsse einen anderen Namen für sie finden, wenn man nicht den Hintern versohlt bekommen wollte ... Aber es sollte ein Name sein, den allein sie verstanden, ein Geheimnis sozusagen.
Sie suchten. Einen Augenblick dachten sie an Pet-Pet und

bogen sich vor Lachen. Aber dieser Code war zu durchsichtig.
Von Pet-Pet kamen sie ganz selbstverständlich auf Prut-Prut, und sie lachten noch mehr. Einige Minuten probierten sie es aus.
Und plötzlich erfand Zaza Puett-Puett! Das befriedigte sie voll und ganz. Sie konnten es sogar singen, ganz Frankreich sang es ja schon. Nur mit dem Unterschied: wenn sie beim Zusammentreffen mit Madame Lowenthal auf der Treppe trällerten

> Sie macht mir Puett-Puett,
> ich mach ihr Puett-Puett,
> alles macht Puett-Puett,
> und dann geht's ...

dann waren sie wohl die einzigen im Land, die genau wußten, was sie meinten.
Sie hatten für sich ein doppeltes Geheimnis erfunden, und als ihre Eltern sie ins Bett schickten, waren sie voller Begeisterung.

Einer, den diese Begeisterung von Maurice und Zaza recht verwundert hätte, war der einsame Mann, der zur gleichen Stunde seinen sechsten Cognac an der Theke des Café-Tabac im v. Arrondissement zahlte; seit einiger Zeit war er dort Stammgast. Als er hinausging, sagte der Wirt: »Guten Abend, Monsieur Boris.« Und der Hetman Simon Wassiliewitsch Petljura kehrte ruhigen Schritts zum Schlafen in die Rue Thénard 7 zurück, in den dritten Stock des kleinen Akademikerhotels, wo er sich seit 1921 verbarg, zehn Minuten Spatzenflug entfernt von der Rue de la Mare.

Der Schwur der Eltern ging gestärkt aus dem Vorfall hervor, das Geheimnis der Kinder aber blieb nicht lange unver-

sehrt. Schon am übernächsten Tag trällerte und pfiff man überall in der Rue de la Mare »Sie macht mir Puett-Puett«, gerade dann, als die Kinder das frische Brot holten und an Madame Lowenthal und ihren Einkaufskörben vorbeikamen, also nach der Schule und vor dem Mittagessen.
Da Maurice nichts verraten hatte, konnte es nur Zaza gewesen sein.
Sie gab zu, daß sie die eine Hälfte des Geheimnisses preisgegeben habe, das heißt Text und Melodie, die man trällerte, wenn man Madame Lowenthal begegnete. Ja, das habe sie in der Pause Mirjam Goldberg gesagt. Aber schließlich, so gab sie Maurice zu bedenken, habe sie, nicht er, »Puett-Puett« herausgefunden. Was Ursprung und Entwicklung der Sache angehe, von Bettel-Lura zu Pet-Pet und von Pet-Pet zu Prutt-Prutt bis zum endgültigen Puett-Puett, davon, nein, das könnte sie beschwören, davon habe sie dieser blöden Mirjam Goldberg nichts verraten. Und das stimmte.
Und für diese Zurückhaltung Zazas gab es einen gewichtigen Grund, einen Grund, der nichts zu tun hatte mit der geistigen Regsamkeit Mirjam Goldbergs: Zaza hatte das erste Glied der Kette ganz einfach vergessen.
Maurice nicht, er vergaß nichts von diesem Abend. Weder Stepans ernstes Gesicht noch seine eigene Vertreibung aus der Küche, das Gezischel und Geraune von der anderen Seite des Treppenhauses und das laute Gelächter, das danach losbrach, vor allem aber nicht das Gesicht seiner Mutter, als sie ihnen diese Rede hielt, die gleichzeitig wirr, widersprüchlich, drohend, bittend und gehemmt war.
Vor allem gehemmt. Seine Mutter hatte nicht ein einziges Mal den Namen gesagt, den sie ihnen verboten hatte auszusprechen. Als er sich etwas später vor Lachen bog bei der gemeinsamen Suche mit Zaza nach einem guten Ersatzwort, hatten sich ohne daß er ihr etwas davon sagte, vielleicht ohne es selbst zu wissen, die drei verbotenen Silben in sein Gedächtnis eingegraben.

Verboten wurde ihnen das Wort von den Eltern, die ihnen nicht die Wahrheit gesagt hatten, das wußte er. Er fühlte sich gedemütigt und ausgeschlossen, ausgeschlossen auf dieselbe geheimnisvolle Weise wie einmal bei Nacht, als er in seinem Eisenbett erwachte, das jetzt, da er nicht mehr mit seinen Eltern in einem Zimmer schlief, jeden Abend in der Eßzimmer-Näherinnenwerkstatt aufgeschlagen wurde. Da hatte er durch die Wand seine Mutter und seinen Vater miteinander sprechen und seufzen hören, mit ganz rauhen Stimmen, wie er sie am Tag nie von ihnen vernommen hatte. Am Morgen fragte er sie nichts, aber er sprach mit Zaza darüber, die behauptete, manchmal scheine ihre Mutter zu weinen, auch ihr Vater, als ob sie Schmerzen hätten, dann plötzlich würden sie ganz still, und dann lachten sie, und das alles, ohne daß man wußte, warum. Und sie deutete dabei mit dem rechten Zeigefinger an die Schläfe, eine Geste, die mehr besagte als alle Kommentare. Er sprach später nie mehr mit ihr darüber, aber er vergaß es auch nicht.

Die Monate vergingen und mit ihnen die Mode des Puett-Puett, wenn man an Madame Lowenthal vorbeikam.
Maurice war das Ganze bald über geworden, sicher weil er als einziger die wirklichen geheimen Ursprünge dieses Rituals kannte und es ihm widerstrebte zu sehen, wie es von nicht eingeweihten Papageien zelebriert wurde. Zaza wollte es ihm gleichtun und hörte ebenfalls auf, den Singsang zu trällern; sie warf sogar Mirjam Goldberg vor, sie mokiere sich über Madame Lowenthal, die doch eine sehr, sehr nette Dame sei.
Mirjam Goldberg, die Zaza Roginski sehr bewunderte wegen ihrer Vertrautheit mit Mosche Guttman − so wurde Maurice von ihrer Großmutter, Madame Goldberg aus der Rue de la Mare 48, genannt −, gab die Botschaft von der sehr, sehr großen Nettigkeit Madame Lowenthals an Jean-

not und Sami Nüssbaum aus der Nummer 32 weiter, die sie bei den Novaks in Nummer 29 und den Benedettis in der Rue des Pyrénées verbreiteten. Die Bonnet-Zwillinge, die eine Zeitlang wie alle Welt gepfiffen hatten, ohne irgendwie ins Vertrauen gezogen zu sein, stellten das Pfeifen jetzt wie die anderen ein, auch ohne daß man ihnen die gute Nachricht von der sehr, sehr großen Nettigkeit Madame Lowenthals überbracht hätte, die Monsieur Bonnet übrigens nie anders als »das Judenweib« aus der dritten Etage bezeichnete, sicherlich um sie von den anderen Mietern im Haus zu unterscheiden.
In diesem Haus, in dem es Neues oder vielmehr Neue geben sollte.

Im Frühjahr 1926 zogen die Cléments zu Ostern in die ganz neu hergerichtete Concierge-Loge ein, die über vierzig Jahre lang von der alten Madame Lutz bewohnt worden war.
Nachdem sie wirklich die Altersgrenze erreicht hatte – sie war achtundsiebzig –, war Madame Lutz von der Providence Urbaine, der ein gut Teil der Häuser in der Rue de la Mare gehörte, mit Dank verabschiedet worden. Sehr urban – das Wort paßte genau – hatte die Providence den Umzug der alten Dame in ihr lothringisches Heimatdorf auf eigene Kosten arrangiert, jenes Dorf, »das sie zum Glück als erneut französisch gewordenes Dorf wiedersehen« werde. So hatte es Monsieur Bonnet in seinem Abschiedswort unterstrichen, das er allein verfaßt, aber im Namen der Hausbewohner – die er insgeheim die »Hausbesetzer« nannte – vorgetragen hatte.
Eine kleine Feier wurde im Wohnschlafzimmer der Bonnets

abgehalten, und es muß erwähnt werden, daß Vorbereitungen und Ablauf des Festes gänzlich von Monsieur Bonnet erdacht waren, der, weil er in keine direkte Beziehung mit den Bewohnern des Hauses treten wollte, die Angelegenheit sehr verwaltungsmäßig abgewickelt hatte. Während seiner Arbeitszeit hatte er handschriftlich eine Art Voreinladung aufgesetzt und dann seine Kollegin Mademoiselle Bourron gebeten, sie freundlicherweise mit der Maschine abzuschreiben auf einen Bogen mit dem Briefkopf der Stadtverwaltung des xx. Arrondissements, zusätzlich geziert mit dem Stempel »Katasteramt«. Der Text lautete:

Paris, den 13. April 1926
Die gute Madame Lutz verläßt uns! Ich schlage Ihnen vor, daß wir ihr unser aufrichtigstes Bedauern aussprechen. Die Zusammenkunft findet am 19. April d. J. statt, pünktlich um 19 Uhr bei Monsieur und Madame Bonnet in der ersten Etage links, dies, um ihren armen Beinen das Treppensteigen zu ersparen. Da die Wohnung klein ist, wie Sie wissen, sind die Kinder nicht mit eingeladen.

Eugéne Bonnet (Träger der Médaille militaire)

P.S. Nachdem Madame Bonnet es übernommen hat, für die Bewirtung zu sorgen, wird die Kostenaufteilung proportional im nachhinein berechnet. Danke!

Das Postskriptum hatte Monsieur Bonnet nur paraphiert. Die fünf Einladungen wurden in fünf Umschläge mit dem Absender der Stadtverwaltung des xx. Arrondissements gesteckt, und Mademoiselle Bourron tippte die Familiennamen von der von Monsieur Bonnet aufgestellten Liste ab. Bei den Roginskis hatte sie das n ausfallen lassen, nun stand da Rogiski; aber sie hatte es recht geschickt verstanden, zwischen i und s ein n einzuzwängen. Das gab dem Fami-

liennamen von Stepan, Olga und Zaza etwas Abgewürgtes in der Mitte.
Monsieur Bonnet klebte die Umschläge zu und stempelte die Rückseite mit »Katasteramt«, und in der Rue de la Mare 58 angekommen, übergab er sie Madame Lutz mit der Bitte, sie den Mietern zuzustellen.
Die braunen, wappengeschmückten und gestempelten Umschläge erregten zuerst, bevor sie geöffnet wurden, Erstaunen und eine gewisse Unruhe, die Einladung dagegen entzückte die Lowenthals, Isidor Barsky, die Roginskis und die Guttmans. Schon um 18.55 versammelten sie sich bei den Sterns im ersten Stock rechts, um gemeinsam zu den Bonnets zu gehen, deren Schwelle sie das erste Mal überschreiten sollten.
Monsieur Bonnet öffnete und schmetterte ihnen in seinem Bemühen, keine Zeit mit allzu vertraulichen Begrüßungsworten zu verlieren, ein volltönendes »Bonjour« entgegen, zählte rasch mit den Augen nach, erklärte: »Ausgezeichnet! Jetzt, da wir vollzählig sind, werde ich die Königin des Festes holen« — und er stürzte zur Treppe.
Madame Bonnet forderte sie mit einer wohlwollenden und zugleich leutseligen Bewegung auf einzutreten und sagte dabei, gleichsam in die Leere sprechend: »Hier, bitte, meine Damen und Herren.« Die neun Hausbewohner bewegten sich im Gänsemarsch vorwärts, man hörte undeutliches Gemurmel: »Bonjour«, »Dankeschön« und »Sehr liebenswürdig«, das bald erstarb und einer tragischen Stille Platz machte, die Madame Lowenthal mit der Bemerkung brach, das Zimmer erscheine ihr größer als ihr eigenes Wohnzimmer. Jedermann ergriff die von Madame Lowenthal klug gebotene Gelegenheit, um ihren Worten zuzustimmen.
Madame Bonnet lieferte die Erklärung: In Erwartung der kleinen Menschenmenge hatte Monsieur Bonnet die Stühle im Kinderzimmer untergebracht und den sonst in der Mitte des Wohnzimmers stehenden Tisch vor den Kamin gerückt,

damit sie dort ein kleines Buffet anrichten konnte. Sie entschuldigte sich, daß sie ihnen keinen Sitzplatz anbieten könne. Dann wies sie auf ein riesiges Kanapee, geschmückt mit zwei Kissen, die einen Pierrot und eine Pierrette mit schwarzer Seidenhalskrause darstellten – Isidor Barsky, immer auf der Jagd nach Trödelware, erkannte auf den ersten Blick, daß es sich um ein zusammenklappbares Doppelbett handelte –, und meinte lächelnd: »Nur unsere gute Madame Lutz hat ein Anrecht auf Kissen. Adel verpflichtet!« Die Bewohner lachten höflich, und wieder kehrte Stille ein.
Sonja und Olga hatten nicht alles verstanden, aber sie begriffen, daß bei den Bonnets die Kinder ein eigenes Zimmer hatten, und das verwirrte sie sehr.
Nun durchbrach Madame Bonnet das Schweigen: »Ich hoffe, mein – vielmehr unser – kleiner Abendimbiß sagt Ihnen zu. Monsieur Bonnet legt großen Wert auf die Quiche Lorraine. Ich habe mich nicht daran gewagt und diese hier bei ›Le Blé d'or de Quimper‹ bestellt«, sagte sie süß lächelnd.
Alle stimmten überein, ›Le Blé d'or de Quimper‹ sei ein sehr gutes Bäckerei-, Konditorei- und Lebensmittelgeschäft, sogar die Sterns, die unter der feinen gelbbraunen Kruste der Quiche Schinkenstreifen entdeckt und beschlossen hatten, das Gebäck nicht anzurühren.
»Das wäre das Salzige«, fuhr Madame Bonnet fort. »Was das Süße betrifft, so haben wir, ebenfalls von ›Le Blé d'or de Quimper‹ bretonische Galetten, ein paar Windbeutel und dazu Schokolade- und Mokka-Eclairs. Da ich nicht wußte, was Sie vorziehen, habe ich von allem etwas genommen.«
Ihre Kommentare waren so wohlwollend, daß die andern nahe daran waren zu sagen: »Danke, das ist zuviel, es ist wirklich zuviel.« Aber dann erinnerten sie sich rechtzeitig, daß sie nicht nur Gäste, sondern auch Gastgeber waren. Sie beschränkten sich darauf, oder vielmehr Elie Guttman

beschränkte sich darauf, Madame Bonnet zu ihrer Wahl zu beglückwünschen und ihr für die Mühe, die sie sich gemacht hatte, zu danken.
»Nicht der Rede wert«, antwortete sie und setzte dann hinzu, die Vorbereitung des Abends habe immerhin doch ein paar Stunden Arbeit gekostet, aber das sei schließlich selbstverständlich, »wenn man hier in diesem Stadtviertel geboren ist wie Monsieur Bonnet und ich«. Sie machte noch auf die beiden Flaschen Champagner Julien Damoy und die drei Apfelweinflaschen aus der Normandie aufmerksam, die um einen Feldblumenstrauß gruppiert waren, der, kunstfertig zusammengestellt, eine hübsche blau-weiß-rote Harmonie ergab.
So stand es, als Monsieur Bonnet wieder eintrat, die verdutzte, atemlose Madame Lutz vor sich herschiebend. Madame Bonnet gab das Zeichen zum allgemeinen Applaus. Gebieterisch setzte sie Madame Lutz auf das Kanapee-Bett, und die alte Lothringerin, eingezwängt zwischen den beiden Kissen, brach in Tränen aus und schluchzte: »Mein Gott, mein Gott!« Sie sagte es deutsch.
Madame Lutz, katholisch und gebürtig aus einem Flecken, der Kirchenberg hieß, hatte sich vierzig Jahre lang abgemüht, die französische Sprache zu beherrschen, aber in Momenten großer Rührung gewann ihr heimatlicher Dialekt die Oberhand.
Im Lauf der Zeit hatte sie ihn vor den Bonnets selten gebraucht, aber um so öfter in Gesellschaft der anderen. Schließlich war ihr Christen-Dialekt nicht so sehr weit entfernt von deren Juden-Dialekt. In ihrer Concierge-Loge oder im Treppenhaus hätte ihr geächtetes »Mein Gott! Mein Gott!« eine Flut zärtlicher jiddischer Worte ausgelöst, aber hier, bei den Bonnets, bewirkte es nur ein paar Seufzer mit geschlossenen Lippen und darauffolgendes langsames Kopfschütteln. Monsieur Bonnet ergriff das Wort und las seine Ansprache ab, deren rhetorischer Schluß eben der histori-

sche Hinweis darauf war, daß Madame Lutz »ihr kleines Dorf glücklicherweise als französisches Dorf wiedersehen« werde.
Der Satz wurde von einer kreisenden Kopfbewegung begleitet, die anzeigte, daß er mehr für die Umstehenden als für die brave Lothringerin bestimmt war, und er endete mit einem kurzen Hustenanfall, der an den persönlichen Beitrag Monsieur Bonnets zum Wiederanschluß von Kirchenberg erinnern sollte. Der kleine, den Ohren der Hausbewohner so vertraute Hustenanfall dauerte nur einen Augenblick; dann schloß Monsieur Bonnet seine Rede mit einem hübschen Bild von einer Madame Lutz, umgeben von der warmherzigen Fürsorge ihrer Angehörigen.
»Und wenn Sie das Glöckchen der kleinen Kirche von *Kirschamber* hören«, sagte er, »dann vergessen Sie nicht Ihre hiesigen Freunde, die zur gleichen Stunde die große Glocke von Notre-Dame vernehmen.«
Eine ergreifende Perspektive, die in Anbetracht der Entfernungen die Zuhörer höchlich beeindruckte.
Um die ersten Beifallssalven abzukürzen, ließ er die Korken der zwei Champagner Julien Damoy knallen.
Zwanzig Minuten später war das Fest zu Ende. Zurück blieben eine halbe Flasche Apfelwein aus der Normandie, Reste der Quiche Lorraine, drei Eclairs, davon zwei mit Mokkacreme, und zwei Windbeutel.
Als sich die ganze Gesellschaft in einem freundlichen Gewirr von Danksäußerungen in Richtung Treppe bewegte, hielt Madame Bonnet Sonja an, die als letzte über die Schwelle ging, und reichte ihr den großen Pappteller, der als Unterlage der verpackten guten Dinge von ›Le Blé d'or de Quimper‹ gedient hatte. Auf dem Teller waren Reste von halben Eclairs und Windbeuteln, deren Cremefüllung unter dem glasierten Überguß herausquoll.
»Ein Nachtisch für die Kinder«, sagte sie. »Ich habe zwischen den ihren und unseren geteilt. Und für unsere kleine

Abrechnung habe ich die Quittungen aufgehoben, das regeln wir morgen.«

Am nächsten Morgen ging alles sehr schnell. Um acht Uhr begaben sich Isidor Barsky und Madame Lowenthal hinunter in die Concierge-Loge zu Madame Lutz. Sie saß wartend auf einem Stuhl, fertig angezogen, eine Wachstuchtasche auf dem Schoß, neben ihrem plüschbezogenen Koffer mit Holzrahmen, den Stepan und Elie am Vorabend, nach dem Fest, noch zusätzlich mit einer dicken Schnur gesichert hatten. Sie wartete, den Blick fixiert auf den sauber geputzten Boden; sie hatte Wert darauf gelegt, ihn noch einmal gründlich zu reinigen, wie sie es seit vierzig Jahren jeden Morgen gemacht hatte.
Um acht Uhr fünf hielt Andrej Gromoffs Taxi vor dem Haus Rue de la Mare 58. Fürst Andrej Alexejewitsch packte den einen wildledernen Handgriff des Holzkoffers, Isidor Barsky den anderen. Zu zweit schnallten sie ihn auf dem Dach des Taxis fest.
Madame Lowenthal nahm den Arm von Madame Lutz, die – ohne einen Blick für ihr Buffet, ihre vier Stühle, ihr Bett, ihre vier Wände – die Concierge-Loge verließ. Beide stiegen hinten in das Taxi, aus den Fenstern des zweiten und ersten Stockes sagten Sonja, Olga, Madame Bonnet und Madame Stern, jede auf ihre Weise, Lebewohl.
Um acht Uhr dreißig kamen Monsieur Nüssbaum und Manolo, sein Geschäftspartner vom Flohmarkt Clignancourt, mit einem Handwagen und luden die Möbel auf, die sie auf den Rat Monsieur Barskys Madame Lutz abgekauft hatten.
Um neun Uhr zehn kamen Handwerker, zwei Maler und ein Installateur, geschickt von der Providence Urbaine, und machten sich an die Arbeit, die sie mit dem Gesang von »O sole mio« begleiteten.
Um neun Uhr siebenundvierzig setzte sich an der Gare de

l'Est schütternd der Zug in Bewegung, der Madame Lutz davontrug, damit sie die ihr verbleibenden Jahre – oder vielleicht nur Wochen – im Schatten des Kirchenberger Glockenturms verbringe, dort, wo sie niemand mehr kannte.
Auf dem Bahnsteig winkten Isidor Barsky, Madame Lowenthal und Andrej Alexejewitsch Gromoff mit ihren Taschentüchern. Sie hatten Tränen in den Augen, weil sie Madame Lutz sehr gerne mochten, aber auch weil sie selbst, Jahre zuvor, einer nach dem andern und aus recht verschiedenen Gründen, ebenfalls ein Zug unter dem riesigen Glasdach der großen Gare de l'Est abgesetzt hatte. In Paris, in Frankreich.
Um zehn Uhr fünfzehn, als Gromoff und Barsky Madame Lowenthal in die Rue de la Mare zurückbrachten, sang man in der Loge »Santa Lucia«, und große Fetzen bronzefarbener Tapete bedeckten bereits den so sauber geputzten Boden. Beide steuerten dann einem Bestimmungsort zu, den zwar die meisten nicht kannten, der aber nichtsdestoweniger im Stadtviertel eine Legende war: die Pferderennbahn von Vincennes.
Um achtzehn Uhr war die Zweizimmerwohnung mit Küche der Concierge frisch verputzt, am nächsten Tag, einem Sonntag, um neunzehn Uhr hatte die Blitz-Mannschaft der Providence Urbaine, sicherlich gegen etliche Sondervergütung, die ganze Wohnung mit einer weißlichen Tapete tapeziert.
In der Küche waren um das gelbliche, glattpolierte Spülbecken herum fünf brandneue Wandfliesen mitten unter den alten angebracht. Auf ihnen waren marineblaue Schiffe auf weißem Grund zu sehen, die kaum zu den blaßlila Mühlen auf elfenbeinfarbigem Hintergrund paßten, die das einzige waren, was noch vom Aufenthalt der Madame Lutz in der Hauptstadt übrigblieb.
Zaza, Maurice, die Bonnet-Zwillinge, Jeannot und Sami

Nüssbaum, Coco und Lulu Novak, Mirjam Goldberg und vor allem Bruno und Gino Benedetti aus der Rue des Pyrénées waren mit Interesse dieser Marathon-Verwandlung gefolgt, die die fabelhafte Mannschaft von jenseits der Alpen innerhalb von achtundvierzig Stunden vollbrachte und dabei noch das unablässige Eindringen der Kinder gutmütig ertrug.
Als alles fertig war, sah man die lange, schwarze Gestalt des Mannes auftauchen, den man zu Unrecht in der Rue de la Mare den Hauswirt nannte. Aristide Cloutier war nur einer der bescheidenen Angestellten der Providence Urbaine, die zweihundertfünfzig von seiner Sorte beschäftigte.
Er inspizierte die Örtlichkeit, schien äußerst zufrieden, holte dann eine Flasche Rotwein und vier Senfgläser aus einer Schultertasche und stieß sehr demokratisch mit den Arbeitern an.
Mit einer Handbewegung verscheuchte er die Kinder, die sich im Rahmen der offenen Fenster zusammendrängten, aber er nahm sich immerhin die Zeit, zu ihnen zu sagen:
»Morgen werdet ihr hier neue Freunde vorfinden, ein Mädchen und einen Jungen.«

Die Jungen der Rue de la Mare hatten zwar ihre Spiele gemeinsam, ihre Schatzsuche und ihre kurzlebigen Redensarten, ihre Freizeitbeschäftigungen, den Hausbesitzer und, abgesehen von den Bonnet-Zwillingen, Eltern, die mit Akzent sprachen, Küchen, aus denen dieselben Düfte drangen, den Doktor Kauffman und, die Bonnet-Zwillinge nun wieder einbegriffen, den Lehrer Monsieur Florian, den großartigen Monsieur Florian, der nie über ausländische Namen stolperte und in ihrer aller Gedächtnis für immer ihr

unersetzbarer erster Lehrer bleiben würde. Aber mit Zaza, mit Zaza allein hatte Maurice das geteilt, was die Erwachsenen pompös ihr Innenleben nennen.
Sie hatten alles geteilt: die Schrecken der Nacht, am Morgen erzählt, das erste Erstaunen über Geburt und Tod und Sex, über Blumen und Jahreszeiten und den Mond und den Schnee und das Geld und die große Seifenblase, die gleich zerplatzt, während die nächste, die doch so winzig ist, durchs Fenster davonfliegt, sicher dem roten Ballon entgegen, den man neulich bei den »Buttes« losließ... und warum man keine Großmutter hat wie Mirjam Goldberg, und warum Monsieur und Madame Stern am Samstag nicht einmal kochen, und was »Reli« ist, und warum der Rabbiner nie zu uns kommt, und was ist ein Rabbiner überhaupt? Und warum sie einen dicken Bauch hatte, die große Schwester der Novaks? Alle diese Beobachtungen, diese Ungewißheiten, die den Erwachsenen gestellten Fragen, ihre Antworten und Nicht-Antworten, ihr Darüber-Hinweggehen und ihre Weils, alles das hatte er mit Zaza geteilt, so wie er den Keuchhusten, den Kinderwagen und die Windeln mit ihr geteilt hatte. Und auch wenn sie gelegentlich die mit ihm geteilten Geheimnisse verraten hatte, versuchte er trotz allem immer wieder, sie zuerst mit ihr zu teilen.
Mit seinen knapp sieben Jahren war Maurice ein Einzelkind, das eine kleine fünfjährige Schwester hatte und gleichaltrige Spielkameraden, und er allein erfaßte den magischen Satz Aristide Cloutiers: Morgen würden in diesem blendendweißen Märchenschloß ein Mädchen und ein Junge auftauchen, die kamen, um einen Freund zu finden.

An der Gare de Lyon hielt die Familie Clément am frühen Morgen ihren Einzug in Paris. Sie waren Savoyarden. Jeannette, Hausfrau, war siebenundzwanzig Jahre alt, Félix Clément, Briefträger, achtundzwanzig; seine Versetzung in das XX. Arrondissement in Paris war eine schöne Beförderung. Robert wurde bald acht, und Josette war sechs. Aristide Cloutier hatte sie gleich beim Aussteigen aus dem Zug inmitten der Menge der Reisenden identifiziert dank der Personenbeschreibung in den Anstellungsunterlagen der Providence Urbaine, und er war glücklich über die Feststellung, daß sie alle vier gut gewachsen, sonnengebräunt, zurückhaltend und freundlich waren. Auch organisationstüchtig: keine Päckchen, keine Köfferchen, sondern Rucksäcke. Die Möbel waren achtundvierzig Stunden zuvor aufgegeben worden und sollten in den ersten Vormittagsstunden angeliefert werden. Aristide Cloutier erteilte den Cléments die erste Lektion über Métro-Benützung, und um sieben Uhr dreißig kamen sie in die Wohnung — so wollte Monsieur Cloutier künftig die Concierge-Loge genannt wissen in Anbetracht der Tatsache, daß Félix Clément Briefträger war und nicht Concierge. Trotzdem begann er damit, ihnen die Liste ihrer Concierge-Pflichten aufzuzählen, aber Félix unterbrach ihn und brachte sie selbst zu Ende. Er wußte genau, was Jeannette zu tun haben würde, was er außerhalb seiner Dienststunden bei der Post erledigen könnte, und er wußte auch sehr gut, welche Dinge weder von ihm noch von seiner Frau verlangt werden konnten. Offensichtlich hatten sie das Problem von Grund auf studiert, das Für und Wider wohl abgewogen, bevor sie dieses Angebot annahmen, das vor allem den Vorteil hatte, ihnen in Paris eine Wohnung zu verschaffen, für die sie keinen Sou auszugeben brauchten. Félix lächelte, er sprach langsam und mit dem Akzent der Leute von den Bergen. Jeannette lächelte und sagte nichts. Die Kinder lächelten und schauten ihren Vater an. Monsieur Cloutier glaubte zu verstehen, daß die Unterredung beendet war, als er sah, daß Jeannette ihren Rucksack aufschnürte und, ohne suchen zu müssen, daraus eine Thermosflasche hervorholte, die sie auf das Spülbecken stellte, und dabei sagte: »Kommt, Kinder!«

Daraufhin öffnete er seine eigene Tasche und zog einen grünen Aktenordner heraus, auf dem in runden schwarzen Buchstaben stand: »La Mare, Gebäude Nr. 58«. Dem Aktenkoffer entnahm er ein Schriftstück mit dem Briefkopf der Providence Urbaine, auf dem die Namen der Mieter verzeichnet waren, dahinter die Stockwerke und ihre jeweilige Anordnung zum Treppenhaus. Er reichte es Félix, der es sich anschaute. Cloutier wollte noch hinzufügen, wie schwierig es sei, gewisse Namen zu entziffern, aber wieder unterbrach ihn Félix lächelnd:
»Ich bin Briefträger, Monsieur, ich kenne mich aus mit Familiennamen.«
»Schön, schön, dann lasse ich Sie jetzt allein«, antwortete Monsieur Cloutier.
»In Ordnung«, sagte Félix und öffnete die Glastür.
Aristide Cloutier war ein wenig enttäuscht, daß er diesmal nicht das volle Ausmaß seiner väterlichen Überlegenheit entfalten konnte – die er anderswo gewöhnlich mit dem besten Effekt anbrachte –, sagte etwas kurz zu den vier Savoyarden, die zum ersten Mal den Fuß auf Pariser Boden gesetzt hatten:
»Nächste Woche komme ich vorbei und schaue, wie Sie sich aus der Affäre ziehen.«
Und dann ging er. Jeannette öffnete alle Fenster. Es roch wirklich stark nach Farbe.
Ihre Ankunft war so unauffällig, das Abladen und Einräumen der Möbel und der beiden großen Kisten mit Wäsche und Geschirr geschah so rasch, ruhig und mit den üblichen Geräuschen des zeitigen Morgens untermischt, daß sich niemand der Anwesenheit der Cléments im Hause richtig bewußt geworden war. Elie, Stepan, Monsieur Lowenthal und Monsieur Stern waren wie jeden Morgen um sieben Uhr zur Arbeit gegangen. Und wie jeden Morgen schlief Barsky noch. Madame Stern und Madame Lowenthal machten sich in ihrem Haushalt zu schaffen, Madame Bonnet gab

ihren Zwillingen das Frühstück, Sonja stellte es Maurice auf den Tisch und Olga Zaza, ohne viel zu drängen, denn es waren Osterferien.
Monsieur Bonnet war es, der den Startschuß für die neuen Aufgaben von Jeannette Clément abgab; er, der jeden Morgen um acht Uhr dreißig das Haus verließ, weil er es sich wegen seiner Bronchien zur Pflicht machte, tagtäglich und zu jeder Jahreszeit die Rue des Pyrénées bis zur Place Gambetta zu Fuß zu gehen, klopfte als erster an die Scheibe der Glastür, öffnete die Tür und sagte im selben Atemzug: »Bonnet, erster Stock links. Guten Tag. Bitte, überbringen Sie diese Umschläge den Betreffenden. Einen angenehmen Tag!«
Félix war schon weggegangen, um sich bei seinen Vorgesetzten zu melden. Jeannette stand zwischen ihren beiden geöffneten Kisten. Sie hatte kaum Zeit, den kurzen Auftritt von Monsieur Bonnet wahrzunehmen; er schloß sofort wieder die Tür, und da waren sie nun, die fünf Briefumschläge: himmelblau, mit blaßlila Tinte schön beschrieben, trugen sie die Namen der Liste, die Félix von Monsieur Cloutier erhalten und neben der Tür mit Reißnägeln an der Wand befestigt hatte. Alle Namen außer dem der Bonnets.
Sie beauftragte Robert, die Briefe in den drei Etagen zu verteilen, die sie selbst noch nicht in Angriff zu nehmen wagte.
Robert nahm seine kleine Schwester Josette an der Hand, und zu zweit gingen sie und klopften an die Türen der Unbekannten, denen sie die genauestens durchgerechneten, bis auf den Centime exakten Anteile an den Kosten der Abschiedsfeier für Madame Lutz überbrachten, Kopien der Quittungen von ›Le Blé d'or de Quimper‹ und der Firma Julien Damoy waren beigefügt.
Bei den Guttmans öffnete Maurice.
Um zehn Uhr war Josette die Dritte beim Himmel-und-Hölle-Spielen mit Zaza und Mirjam Goldberg, Robert

spielte Völkerball auf dem Schuttplatz, der sich jetzt anstelle des inzwischen abgebrochenen Hauses der Rue Henri-Chevreau 10 befand. Auf der großen fensterlosen Brandmauer des Nachbarhauses war ein riesiges Bild des Doktor Pierre aufgemalt, des erlauchten Erfinders einer Zahnpasta: Robert erhielt seinen ersten Unterricht in Reklame. Zu Mittag schmückten weiße, gestärkte Häkelvorhänge die drei Fenster und die Glastüre der Concierge-Loge.

Schnee, der kleine Wald, zwei Großväter und zwei Großmütter, ein Onkel Charles, Tanten, die Marie, Germaine, Louise hießen, Cousinen und Cousins, Schlupfwinkel, die nach Tannenholz rochen, Kamine mit dicken Buchenscheiten, ein Briefträger, der seine Runde auf Skiern machte, Talg, mit dem man die Skier wachste, Brombeerkonfitüre, Engländer, die in eine Schrunde gefallen waren, roh ausgeschlürfte Eier, einmal ein Wolf, den die Männer des Dorfes erlegten, der gefrorene Bach, über den man zu Fuß gehen konnte, die Lawine vom vergangenen Jahr, die Sturmlampe, Dickmilch, Galoschen, Hochzeitsessen, zeltende Deutsche, die nackt badeten, von der Urgroßmutter gestrickte Socken, »Mönche«, so hießen die Bettwärmer, der riesige Brotlaib für die ganze Woche, gefrierender Schnee, Steigeisen unter den Schuhen, der Schneesturm, das Gras, das wieder sprießt, die Kühe und Schafe, das Schaffell unter der Pelerine, der Kachelofen in der Schule, die Post im Bürgermeisteramt und das Haus mit der Post und die Schule, ebenfalls im Bürgermeisteramt, aber auf der andern Seite, die Schule, in der es nur neun Schüler gab ...
Für Maurice, der die Bücher las, die Monsieur Florian ihm geliehen hatte, war Robert Clément gleichzeitig Jack Lon-

don und Charles Nodier, die so in sein Haus und sein Leben eintraten. Er hörte zu, er hörte die singende Stimme und den neuen Akzent und die unbekannten Wörter: diese Mönche, die keine Geistlichen, Schrunden, die nicht aufgesprungene Frostbeulen waren, ein Wolf, der nicht von La Fontaine stammte, und dieser Talg, der weder Talkpuder noch der Lippenstift der Novak-Schwester war. Er hörte zu, denn er selbst hatte nichts zu erzählen. Alles, über das er hätte sprechen können, befand sich hier, zwischen der Rue des Pyrénées und der Rue Henri-Chevreau, und in den drei Etagen des Hauses.

Maurice wich Robert nicht mehr von der Seite, und der wunderte sich über Maurice' Verwunderung und noch mehr darüber, daß er der Lehrer war in dieser großen Stadt, vor der er sich so gefürchtet hatte, bevor er, drei Stunden nach seiner Ankunft, in die Völkerball-Mannschaft aufgenommen worden war.

Bei den Mädchen war es umgekehrt. Man braucht Asphalt, um die Kästchen eines Himmel-und-Hölle-Spiels mit Kreide aufzuzeichnen. Gleich zu Beginn des Spiels hatte Zaza Josette mit Beschlag belegt und fast gleichzeitig Mirjam Goldberg fallengelassen. Die Ungnade wurde spürbar am frühen Nachmittag, als Zaza nur Josette bat, hinaufzukommen und zu »sehen, wie unsere Mamas arbeiten«; zu Mirjam Goldberg sagte sie zerstreut: »Du warst ja schon oben, und es wären zu viele Leute.«

So entdeckte das kleine Mädchen von den Bergen die Welt der offenen Türen zum Treppenhaus im zweiten Stock, Olga und Sonja im Eßzimmer der Roginskis, die Garnrollen in allen Farben, die kleinen Stücke von grauem und marineblauem Satin, die von dem Futter der Damen- und Mädchenmäntel übriggeblieben waren, das große Viereck aus schwarzem Baumwollstoff, auf dem sich, schön säuberlich gefaltet, schon sechs Jungmädchenmäntel mit Goldknöpfen, aus schwarzblauem, dickem Bouclé befanden — dabei war

es draußen schon so warm —, während die Mäntel, die noch fertig zu machen waren, vor den Füßen Olgas und Sonjas durcheinanderlagen. Beide wechselten sich ab mit Knöpfeannähen und Säumen.
Die Mamas hatten einen Akzent, den Josette noch nie gehört hatte, und Olga schenkte ihr ein einzelnes Fuchsauge, das sie aus einer Florent-Lakritzenschachtel holte, wo sie außerdem noch eine schwarze Haarnadel, einen Fetzen weißen Tülls und einen Milchzahn Zazas aufhob.

Bei den Eltern Clément gingen die Dinge nicht so schnell. Félix lernte die Straßen kennen und bediente einen anderen Teil des Arrondissements. Jeannette, die eine Heidenangst vor ihrer neuen Stellung inmitten all dieser alten Pariser gehabt hatte, fand sie sehr nett und voller Verständnis gegenüber einer »Fremden«. Zu Anfang fiel sie selbstverständlich Madame Lowenthal in die Hände, die sie unverzüglich an die Stelle von Sonja und Olga treten lassen wollte. Jeannette tat das auch, aber in einem Sinn, der den Wünschen der ehemaligen Haushofmeisterin zuwiderlief. Sie merkte sich die Empfehlungen und Gebote, die Madame Lowenthal während eines ersten Rundgangs in der Rue de la Mare und der Rue des Pyrénées für oder gegen Geschäftsleute äußerte — eine Einführungstour, die sie gleich am Tag nach dem Einzug der Cléments machten, wobei erwähnenswert ist, daß ›Le Blé d'or de Quimper‹ bei dieser Gelegenheit als Halsabschneider bezeichnet wurde. Aber sehr bald traf Jeannette ihre Auswahl selbst, und nachdem dies geschehen war, gab auch sie kleine Einkaufslisten an Robert, der sie zwar nicht übersetzen mußte, wie es Maurice mit denen von Sonja und Olga tat, die aber die beiden Jungen auf die Jagd nach genau denselben Waren führten — nur fielen bei Robert Paprika, Kümmel und Malossol-Essiggurken weg.
Rasch gewöhnten sie sich daran, die Mädchen alleinzulas-

sen. Das passierte ihnen zum ersten Mal. Den Mädchen übrigens auch.

Am Morgen des 26. Mai 1926 — das genaue Datum stellten sie erst viele Jahre später fest — gingen Maurice und Robert einkaufen. Als sie am Bistro des Auvergners vorbeikamen, schien es Maurice, als ob es drinnen um Barsky herum sehr lebhaft zuginge, aber daß sich Barsky um diese Zeit im Café befand, war nur normal. Daß dagegen Monsieur Nüssbaum, Monsieur Goldberg und Monsieur Katz an der Ecke der Rue des Cascades heftig miteinander diskutierten, das war ganz und gar nicht normal. Um zehn Uhr arbeiteten die drei gewöhnlich.
Allein oder mit Zaza wäre Maurice näher herangegangen, um dem jiddischen Gespräch zuzuhören, aber mit Robert traute er sich nicht, und so gingen sie weiter die Straße entlang.
Als sie die Rue des Pyrénées erreichten, hörten sie eine Stimme, die rhythmisch eine Reihe von Worten rief; zuerst konnten sie nichts verstehen, nur eine Art Refrain, der ständig wiederkam: »Verlangen Sie *Le Matin!*« Als sie sich dem Métro-Ausgang näherten, hörten sie dann das übrige: »Politischer Mord mitten in Paris! Verlangen Sie Le Matin! Abrechnung unter Ausländern! Verlangen Sie Le Matin! Weißrusse in Paris ermordet! Verlangen Sie Le Matin! Fanatiker rächt sich! Verlangen Sie Le Matin!«
Der Ausrufer war heiser und unter Druck. Zeitungspacken, die auf dem Gehweg lagen, waren noch verschnürt, und ein schmutzigblaues Papier verbarg die Schlagzeilen der ersten Seite. Vor ihm, auf einem Klappstuhl, war ein aufgeschnürter Stapel, der zusehends kleiner wurde. Mit der einen Hand nahm er das Geld entgegen und ließ es in der Tasche verschwinden, die er an einem Riemen über der Schulter trug. In der anderen Hand hielt er ein Zeitungsexemplar an die Brust gepreßt, auf dem die Meldung des Tages in großen Lettern geschrieben stand.

Maurice hörte nicht mehr den Straßenlärm, das Klirren der Münzen und das Bellen des Ausrufers. In der wattigen Stille, die nur ihn in dieser Menge umgab, entzifferte er den Namen, der, für ihn allein, aufblitzte wie ein Dolch mitten in der Titelüberschrift:

GESTERN ABEND IN PARIS:
HETMAN PETLJURA VON LANDSLEUTEN ERMORDET

Als er die Straßengeräusche, die fallenden Geldstücke und das heisere Brüllen des Ausrufers wieder wahrnahm, hörte er auch Roberts fragende Stimme: »Was hast du denn?« Aber er antwortete nicht.

Er antwortete nicht, weil er den furchtbaren Wirrwarr in seinem Kopf einfach nicht in Worte fassen und niemandem – wer es auch sei – mitteilen konnte. Es war eine Mischung so unterschiedlicher Vorstellungen, daß er sich außerstande fühlte, sie nach ihrer Wichtigkeit zu ordnen, und erst viele Jahre später – an dem Tag, als Robert und er das genaue Datum der Hinrichtung Petljuras durch Samuel Schwartzbard herauszufinden suchten – konnte er endlich seinem Freund aus dem Abstand der Erinnerung und mit den Worten eines erwachsenen Mannes erzählen, wie jene Sekunde gewesen war, die sie zusammen und doch himmelweit voneinander getrennt erlebt hatten.
Er sollte sich dann so gut daran erinnern, daß er Robert gestand:
»Als du mich damals gefragt hast, was mit mir los sei, hätte ich dir fast geantwortet: ›Ich kenne ihn.‹«
Und das stimmte. Vielleicht war es der Ursprung des heftigen Schocks, den er beim Lesen des verbotenen, von Sonja untersagten Namens erlitten hatte. Dieses unterdrückte »Ich kenne ihn«, das er durch Schweigen ersetzte, enthielt eine Art Stolz, daß er persönlich in eine blutige Verbrechensge-

schichte verwickelt war, allein weil er den Namen des Opfers kannte, bevor dieses mit einemmal und für alle Welt berühmt wurde. Gleichzeitig hatte er die Laute entdeckt, die Bettel-Lura von Petljura unterschieden. Wie ungehörig es war, dafür Puett-Puett zu erfinden, kam ihm erst später zum Bewußtsein.
Beherrschend aber war in diesem Chaos von Eindrücken die eine Tatsache, daß seine Mutter gelogen hatte. Petljura existierte. Der Beweis dafür: man hatte ihn umgebracht.

An diesem Morgen antwortete er Robert nicht. Sie machten ihre Einkäufe, er kaufte die Zeitung nicht. Bei den Guttmans und den Roginskis brachten Elie und Stepan manchmal abwechselnd eine Zeitung nach Hause, abends, wenn sie von der Arbeit heimkamen.
Vor dem Haus sagte er zu Robert, er komme gleich wieder, und stieg mit seinem Korb in den zweiten Stock hinauf. Den ganzen Weg hatte er in Gedanken nach dem richtigen Satz gesucht, den er Sonja entgegenschleudern wollte, durchschlagend und anklagend zugleich. Er hatte keinen gefunden. Er schwankte zwischen etwas in der Art »Unselige! Du bist verloren, ich weiß alles!« – einem Satz, den er unter einem Bild gesehen hatte, das eine weinende Frau und einen Mann, der einen Brief schwenkte, darstellte – und dem viel nüchterneren »Der Papst ist tot«, und einem anderen, den ihnen Monsieur Florian vor den Weihnachtsferien vorgelesen hatte. Als er die Küche betrat, war Sonja dabei, die Fliesen mit dem Putzlappen zu bearbeiten. Sie lag auf den Knien und wandte ihm den Rücken zu. Er hatte gerade noch Zeit zu sagen: »Petljura ist . . .«, als ihm der feuchte, zusammengewrungene Putzlappen gegen die Waden peitschte, die in Sonjas Reichweite waren. Sie hatte sich wütend umgedreht, als sie den verbotenen Namen hörte, und sie ließ ihm keine Zeit zu Erklärungen. Eine dröhnende, wohlbekannte Stimme erklang im Treppenhaus, er lief aus der Küche und

rannte die Treppe hinunter. Am Fenster der Concierge-Loge stand Robert und sah den Mädchen beim Seilspringen zu. Josette und Mirjam Goldberg – wieder in Gnaden aufgenommen – hielten das Seil, und in der Mitte hüpfte und drehte sich Zaza.

In der Firma MERCIER FRÈRES war das Verbrechen des Tages schon zu Beginn des Vormittags besprochen worden, als die fünf Arbeiter einer nach dem anderen in der Werkstatt eingetroffen waren, aber nicht mehr und nicht weniger als die Kriminalfälle der vergangenen Wochen oder Monate. Eher sogar etwas weniger, da die Hauptbeteiligten des Dramas ihnen allen doppelt fremd waren. Nur Levesque hatte die Schlagzeile der Zeitung gelesen, die anderen hatten sie lediglich auf der Straße ausrufen gehört. Das einzige, was Levesque von seiner Lektüre behalten hatte, war, daß es in der Rue Racine passiert war. Er begrüßte Dubos, der an der Cour de Rohan wohnte, mit der Bemerkung: »Nanu! In deinem Viertel murkst man sich jetzt ab?« »Als ob sie das nicht bei sich daheim abmachen könnten!« antwortete Dubos. Da Elie Guttman an diesem Morgen ein wenig später kam, sprachen sie schon von etwas anderem. Er hatte die Zeitung gelesen und war erleichtert, daß er nicht Dinge erklären mußte, auf die die anderen offensichtlich nicht neugierig waren. Sie waren es eigentlich nie gewesen, und Elie war ihnen dafür dankbar.

Vom Tag an, als er in die Firma MERCIER FRÈRES eingetreten war, hatte er sie an sein schweigsames Arbeiten gewöhnt, an seine Fragen über das französische Vokabular oder seine Bitten um Erklärungen, wenn er gern mit ihnen gelacht hätte über einen Witz, den er nicht begriff. Sie nannten ihn

weder Elie noch Guttman, sondern »Lilitsch«, der einzige
– liebevolle – Hinweis auf seine Herkunft aus der Ferne;
vielleicht auch, unbewußt, auf Wladimir Iljitsch, dessen
aufsehenerregender Werdegang allerdings nicht die Hauptsorge der Arbeiter bei MERCIER FRÈRES war: Die Chefs brachten in ihnen die revolutionäre Saite nie zum Schwingen.
Es waren, wie man zu sagen pflegt, gute Arbeitgeber. Sie hatten eine Tradition zu wahren. Mitte des letzten Jahrhunderts hatte der Großvater, Fabien Mercier, »Cahors zu Fuß verlassen, in Holzpantinen, sein Faß rollend. Und da sein Faß und er unbeschädigt in Paris ankamen, muß man zwei Dinge als bewiesen ansehen: daß Großvater Fabien Mut hatte und daß sein Faß einiges aushielt...« Sogar mit seinem stockenden Französisch konnte Elie diesen Satz auswendig und fehlerlos aufsagen, so oft hatte er ihn aus dem Mund Paul Merciers gehört. Von den Fässern war Fabien sehr bald zu Holzkoffern übergegangen, und von den Holzkoffern zu Lederkoffern. Sein Sohn Adrien hatte das Geschäft mit den Lederkoffern weitergeführt, die Bude in der Rue Papin verlassen und sich mit einem Gesellen und einem Lehrling in der ersten Etage eines ehemaligen herrschaftlichen Privathauses niedergelassen, fast an der Ecke der Rue Blondel und der Rue Saint-Martin. Von den Lederkoffern war er auf Reisetaschen, Toilettennecessaires und Damenhandtaschen gekommen.
Adriens Söhne Paul und Julien waren MERCIER FRÈRES geworden. Sie beschäftigten sechs Facharbeiter und rührten selbst kein Leder mehr an. In der großen Werkstatt rechts vom Treppenhaus mochte es nach den Häuten aller Tiere der Welt, nach Gerberei und Lederleim riechen, im Büro Paul Merciers auf der linken Seite des Treppenhauses duftete es nach Pfefferstrauch und Sandelholz. Neben dem imposanten Arbeitstisch und den zwei Mahagonisesseln stand auf dem dunkelroten Teppichboden ein großer Koffer

aus hellem Holz mit Kupferbeschlägen. Da er offenstand, konnte man das rosigbraune Innere sehen, und die beiden sich mischenden Düfte erzählten von Reisen in ferne Länder. Der Koffer, vom Ahnherrn auf Bestellung angefertigt und wohl vergessen oder nicht bezahlt von irgendeinem Schiffskapitän der kaiserlichen Marine, der vergeßlich oder vielleicht auf See ums Leben gekommen war, stand nun da, um die Lederwarenhändler aus den Beaux Quartiers, die herkamen, um über ihre Aufträge zu verhandeln, daran zu erinnern, daß man hier, in der Familie Mercier, mit eigenen Händen gearbeitet hatte, lange bevor man mit Waterman-Drehfüllfederhaltern spielte.

Julien Mercier sah man selten. Er kümmerte sich um den Ankauf von Häuten in ganz Frankreich und sogar im restlichen Europa. Aber jedesmal, wenn er nach Paris kam, schloß er sich zuerst ein paar Stunden mit seinem Bruder im Büro ein. Am späten Nachmittag tauchte er dann in der Werkstatt auf, drei Flaschen Cahors unter dem Arm – davon gab es einen stets neu ergänzten Vorrat im Keller des alten Privathauses. Er kam, um mit den Arbeitern anzustoßen, er befühlte die an Nägeln aufgespannten großen Häute, nahm ein neues, fast fertiges Modell in die Hand, sah sich die Skizzen der Aufträge an, trank noch ein letztes Glas und erklärte dann würdevoll: »Und jetzt führe ich Paulchen in den Zirkus.« Was in der Werkstatt ein ungeheures Gelächter auslöste.

Als Elie diesen Scherz zum ersten Mal hörte, hatte er gelacht wie alle anderen. Im folgenden Monat, nach der Abreise von Monsieur Julien, wagte er es endlich, um eine Erklärung zu bitten. Das übernahm Dédé Meunier. Nein, Monsieur Julien ging nicht mit seinem älteren Bruder in den Zirkus Medrano, er ging zu einem Straßenmädchen in der Rue Blondel; er war an sie gewöhnt und versäumte es nie, sie zu beehren, wenn er mit seinem Bruder das Geschäftliche abgewickelt hatte. Das war nun eben so. Sie

war ein nettes Mädchen, und alle fanden das in bester Ordnung.
Elie hatte gelächelt und höflich genickt, in Wirklichkeit aber war er schockiert. Er hatte nie vergessen, mit welchem Komplizenlächeln ihm der Schutzmann den Weg zur Rue Blondel gewiesen hatte, nach einem Blick auf den Zettel, den ihm der stumme junge Ausländer hingehalten hatte an jenem Morgen, als er sich bei MERCIER FRÈRES vorstellte. Ebensowenig hatte er sein Erstaunen vergessen, als er am selben Tag abends um sechs Uhr aus der Werkstatt kam und sah, wie sich diese am Morgen so anständig wirkende Straße mit sinkender Nacht in einen Menschen-Viehmarkt verwandelt hatte. Er hatte sich daran gewöhnt; mit der Zeit kannte er sie, die Mädchen vom Anfang der Straße, und im Vorbeigehen lächelte er ihnen zu, aber er hatte sich geschworen, nie zuzulassen, daß Sonja ihn von der Arbeit abholte, wie sie es ihm anfänglich vorgeschlagen hatte. Er war auch nie »mitgegangen«. Dagegen hatte er an einem Abend Barsky in galanter Unterhaltung zu sehen gemeint, etwas weiter oben in der Straße, und das hatte ihn umgeworfen. Nie sprach er mit jemandem in der Rue de la Mare darüber, Stepan natürlich ausgenommen, aber Stepan arbeitete in der Rue d'Aboukir . . .
Die Merciers waren also, wie man sagt, gute Chefs. Sie hatten Traditionen zu wahren: Der Großvater Fabien war Communard gewesen und Vater Adrien Dreyfus-Anhänger. Julien, der auf seinen Reisen ja nicht nur Bordelle besuchte, hatte die Welt und die Ausländer kennengelernt. Er war kein Fremdenfeind, und er wie Paul hatten viel zur gemeinsamen französischen Einbürgerung der Guttmans und der Roginskis beigetragen, denn sie hatten ihren Vetter Martial Mercier, sozialistischer Abgeordneter des Departements Lot, gebeten, deren Anträge zu unterstützen.
Und da Paul Mercier ein guter Chef war und da er die Zeitung gelesen hatte, steckte er an diesem Morgen den

Kopf in die Werkstatt und fragte: »Geht's gut, Guttman?« Elie schloß daraus, daß sein Arbeitgeber begriffen hatte, welche Wichtigkeit diese Mord-Meldung für ihn haben konnte. Ein wenig später bemerkte Dédé Meunier, daß sein Kollege besorgt schien, und wollte ihn aufheitern:
»Man bringt sich also bei den Popoffs gegenseitig um? Was geht dich das eigentlich an? Du bist kein Popoff mehr, du bist jetzt Franzuski!« sagte er zu Elie und stieß ihm freundschaftlich den Ellbogen in die Seite.

In der Firma FÉMINA-PRESTIGE sprachen alle so laut durcheinander, daß man sein eigenes Wort nicht mehr verstand, als Stepan in der Rue d'Aboukir ankam. Er hatte sich am Métro-Ausgang Strasbourg-Saint-Denis von Elie getrennt, nicht auf die Zeitungsausrufer geachtet, auch nicht an einem Kiosk haltgemacht wie Elie, er erfuhr die Nachricht in kleinen Bruchstücken, erst nachdem er präzise Fragen an die acht Kürschner gestellt hatte, die ihrerseits schon spekulierten, welche Konsequenzen die Anklagerede des Staatsanwaltes in dem künftigen Prozeß gegen Samuel Schwartzbard haben würde.
Zu Anfang begriff Stepan nur eines in dem Chaos der Kommentare und Erklärungen, und das war nicht der Name Samuel Schwartzbard – den hörte er kaum. Nein, das Erschreckende und Verrückte, das Unvorstellbare, das er sich ein paar Monate zuvor doch selbst vorgestellt hatte, war die Realität der Gegenwart Petljuras in Paris, und Zaza war nichts anderes als die unschuldige Ankünderin dieser Ungeheuerlichkeit gewesen. Guttman hatte ihn damals für einen Wahnsinnigen gehalten und, um sich zu beruhigen, die groteske Geschichte vom Lowenthal-Gulasch erfunden, aber eins war klar: Die Kleine hatte es gesagt, und es gab keinen Rauch ohne Feuer. Das alles schoß ihm durch den Kopf, und nachdem er sich den Namen des Mörders hatte wiederholen lassen, überlegte er, ob dieser Schwartzbard

nicht jener Vetter der Novaks sei, ein braunhaariger junger Mensch mit blitzenden Augen, der einmal sehr aufgeregt aus dem Bistro des Auvergners herausgekommen und im Laufschritt in der Rue Henri-Chevrau verschwunden war. Von da war es nur ein Schritt zu dem Gedanken, daß Petljuras Hinrichtung in seiner, Stepans, Straße geplant worden war, oder wenigstens, daß der Keim zu dem Projekt von Coco und Lulu Novak tuschelnd wiederholt, an Sami und Jeannot Nüssbaum weitergegeben und von ihnen ausgeplaudert und zuletzt von Zaza aufgeschnappt worden war — ein Schritt, den Stepans fiebernder Kopf ohne Mühe vollzog. Und wieder packte ihn die große Todesangst vom Jahr zuvor. Denn wenn Petljura hatte nach Frankreich entkommen können, waren auch die anderen, alle anderen da und würden nun aus dem Dunkel hervorkommen. Das sagte er sich, während er ganz allein in seiner Ecke seinen Arbeitskittel überzog.

Zuschneider und Kürschner machten immer mehr Lärm und schoben ungeniert den Augenblick hinaus, an dem sie die großen Scheren, die Rasierklingen, kleinen Hämmer und winzigen Nägel zur Hand nehmen mußten, die auf den Werkstatt-Tischen auf sie warteten. Monsieur Jean erschien. Zweimal schrie er: »Ruhe!«, auf französisch, und dann, in der fast augenblicklich eintretenden Stille, fügte er barsch und auf jiddisch hinzu: »Jetzt aber an die Arbeit!« Er ging wieder in sein Büro hinauf, das er im oberen Stockwerk mit Roger Ziegler teilte. Eine halbe Stunde später murmelte Mademoiselle Anita, die Direktionssekretärin von FÉMINA-PRESTIGE, Stepan ins Ohr, Monsieur Jean wolle ihn sprechen. Stepan stand auf und ging hinter ihr her. Das alles war so ungewöhnlich, daß die ganze Werkstatt ihm nachsah wie einem Schüler, der zum Direktor geholt wird.

Es war allgemein bekannt, daß Stepan zwar der leibliche Bruder von Janek Roginski, genannt Monsieur Jean, war, aber keinerlei familiäre Beziehungen zum Chef unterhielt.

Die beiden ältesten Angestellten der Firma erinnerten sich sehr gut an den Tag im Februar oder März 1921, als Stepan in der Werkstatt aufgetaucht war. Es war die Zeit, wo der bildschöne rotblonde Kopf von Madame Jean sich noch an jedem Monatsende über die Buchhaltungsregister bückte. Roginski hatte sich kurz zuvor mit Ziegler zusammengetan. An jenem Morgen hatte Mademoiselle Anita einen errötenden jungen Mann in die Werkstatt geschoben, hinterher kam Monsieur Jean, der eine kleine Rede hielt, halb französisch und halb jiddisch, er bringe hier einen Neuen, der Roginski heiße, den man aber Stepan nennen solle, und er hoffe, daß er sich als guter Kürschner erweise, wenn nicht, werde er angeschnauzt und wenn nötig rausgeschmissen werden. Stepan war ein guter Kürschner, und man hatte ihn nicht rausgeschmissen. Man nannte ihn niemals Roginski, man hatte niemals erlebt, daß »Madame Jean« das Wort an ihn richtete, und er war auch noch nie zu Monsieur Jean hinaufgegangen.
Als Janek Stepan nach Frankreich holte, tat er das aus zwei Gründen; er brauchte dringend eine Fachkraft, und er wollte, wenn auch verspätet, ein Versprechen halten, das er in einem nächtlichen polnischen Dorf dem elfjährigen kleinen Bruder gegeben hatte, der schluchzte, weil er ihn verließ.
Gegen den Rat seiner Frau, trotz der Wutanfälle seiner Frau und über das Schmollen seiner Frau hinwegsehend, schickte Janek Stepan schließlich den Brief mit Anstellungsvertrag und Reisegeld.
Nachdem Nicole Roginski begriffen hatte, daß sie den »Schtetl-Polacken«, wie sie sie nannte, unterlegen war, traf sie Vorsichtsmaßnahmen. Sie beauftragte Mademoiselle Anita, nach einer Wohnung zu suchen, die ebenso bescheiden wie weit entfernt von Neuilly-sur-Seine sein sollte, wohin die Roginskis eben gezogen waren. Mademoiselle Anita wandte sich an die Providence Urbaine und brachte

die Sache zum Abschluß, nachdem sie sich die Rue de la Mare selbst angesehen hatte. Als Janek seiner Frau den Ankunftstag des Bruders mitteilte und sie anflehte, ihn zur Gare de l'Est zu begleiten, weigerte sie sich und bat Mademoiselle Anita, mit Monsieur Jean zusammen das »Empfangskomitee«, wie sie es belustigt nannte, zu bilden.
An jenem Morgen schlug er beim Verlassen der Wohnung in der Rue Charles-Laffitte die Tür heftig hinter sich zu. Zurück blieb eine hochmütige, lebenssprühende, parfumduftende Nicole, die ihren Toast mit Orangenmarmelade bestrich, die farblich zu der Spitzenverzierung ihres lachsfarbenen Seiden-Négligés paßte. Er traf sich mit Mademoiselle Anita, die schon die Bahnsteigkarten gekauft hatte. Und es war an der Seite dieses grau gekleideten, bescheidenen Wesens mit dem glanzlosen Haarknoten im Nacken, daß er einen lächelnden jungen Mann mit Lederstiefeln und Ledermütze aus einem Abteil dritter Klasse aussteigen sah. In der einen Hand hielt er einen granatroten Ballen, in der anderen die Hand einer kindhaft wirkenden Frau, deren Gesicht unter dem weißen Kopftuch kaum sichtbar war, um so riesiger erschien dafür der Bauch, der sich unter einem schwarzen Tuchrock wölbte.
Die Stiefel, die Mütze, der weinrote Ballen, der dicke Bauch der blutjungen Frau, der Staub und der Eisenbahngeruch in den Kleidern, die Dankbarkeit und die ängstliche Scheu in den Augen dieser Fremden sagten genug darüber, daß sie aus einer alltäglichen kleinen Hölle kamen, und Janek wußte im selben Augenblick, daß er um nichts auf der Welt Einzelheiten darüber wissen wollte. »Das Luder hatte recht«, dachte er, während er seinen Bruder und seine Schwägerin küßte; die beiden hatten Mademoiselle Anita für ihre Schwägerin gehalten und schon vorher umarmt. Das Mißverständnis wurde rasch aufgeklärt. Mademoiselle Anita war recht zufrieden über den Irrtum, Janek aber erklärte, seine Frau sei krank und deshalb werde die Sekre-

tärin ihnen den Weg zu ihrer Wohnung in Paris zeigen. Er verließ sie vor der Métro und nahm ein Taxi zur Rue d'Aboukir.
Inzwischen waren Jahre vergangen. Olga war nie mit Nicole zusammengetroffen. Nicole und Janek hatten Zaza nie gesehen.

Janek stand aufrecht hinter seinem Schreibtisch, auf dem zwischen Stoffmustern, Kontoauszügen und einer ledernen Schreibunterlage ein Silberrahmen thronte, den Stepan nur von der Rückseite her sah. Mademoiselle Anita schloß die Tür hinter sich und hörte, wie Monsieur Jean Stepan brüllend eine Frage stellte, von der Mademoiselle Anita, die noch immer kein Jiddisch verstand, immerhin begriff, daß sie keineswegs liebenswürdig war. Übersetzt hieß es etwa:
»Was ist das für eine verdammte Scheiße mit dem kleinen Arschloch, das herkommt und den alten Scheißkerl mitten in Paris über den Haufen schießt?«
Stepan antwortete nichts. Janek tobte weiter:
»Und nicht nur für das Land hier ist das Scheiße, sondern obendrein auch für mich. Und das ist erst der Anfang! Du kannst deinen Kumpels in der Werkstatt sagen, es sei in ihrem eigenen Interesse, bloß nicht aufzufallen, denn wenn dieser Scheißkerl von Ukrainer etwa illegal hergekommen ist, um den anderen Scheißkerl umzulegen, der ebenfalls illegal da war, wird in einer Stunde die Rue d'Aboukir von Polizisten nur so wimmeln, und die machen bei den Kontrollen keine Witze. Ich übrigens auch nicht. Ihr da unten, seid ihr alle in Ordnung?«
Stepan wollte ihm sagen, daß er seit einem Jahr Franzose sei, aber Janek ließ ihm keine Zeit dazu.
»Wenn es solche dämlichen Hunde gibt wie mich, die sich abschuften, damit die Idioten daheim, die nie aus der Scheiße hochgekommen sind, etwas zu fressen haben, dann sicherlich nicht, damit ein nichtsnutziger Ukrainer das

Geschäft kaputtmacht, weil er einen Scheißkosaken aufgestöbert hat, an den sich schon niemand mehr erinnerte!«
»Halt's Maul, Janek! Halt's Maul oder ich bring dich um!«
Stepan brachte die Worte nur mühsam heraus, und dann brach er in Schluchzen aus.
Bestürzt betrachtete Janek seinen kleinen Bruder, der weinte und dann nach und nach zu sprechen begann.
Alle Erinnerungen stiegen wieder in ihm auf. Er sagte endlich, was er seit so langer, langer Zeit auf dem Herzen hatte, fast seit er elf Jahre alt war.
Es war unzusammenhängend, was er sagte, handelte gleichzeitig von den Eltern, der Angst, dem Warten im Schtetl, von der Zeit vor Petljura und der während Petljura, vom Glück mit Olga, dem unglaublichen Glück, als der Brief aus Paris ankam, auch von Olgas Bauch, der so dick war wie der schnell zusammengepackte Ballen für die Reise, und vom unglaublichen Unglück nach der Ankunft und von Mademoiselle Anita und der ersten Métrofahrt und von Olgas Bauch, den Sonja so zärtlich berührt hatte, als sie vier sich gegenseitig schworen, daß sie das Entsetzliche den Kindern nicht erzählen, aber unter sich weiter darüber sprechen wollten, weil Vergessen unmöglich war, und daß dieser Scheißkosak, dessen Namen er, Janek, nicht wußte, Pet-ljura hieß – er ließ die Silben hämmern und wiederholte sie dreimal – und daß dieser Kerl ihm, Janek, hätte die Hoden abschneiden können, wenn er nicht früh genug aus dem Land gegangen wäre, und Schwartzbard soll leben, er rächte sie alle, die unten in der Werkstatt, die Großeltern, die Leute aus der Rue de la Mare, wo Janek nie einen Fuß hinsetzen wollte und Olga und Sonja sich zu Tode schufteten, um beschissene falsche Augen auf diese verdammten Huren-Silberfüchse zu nähen, und daß es noch nach Pelz roch, wenn er heimkam, und alles nur, damit die Firma FÉMINA-PRESTIGE Geld machte, eine Firma, die nicht wert war, daß Schwartzbard sie rächte, keiner von ihnen, weder

er, Janek, noch seine Schlampe von Frau. »Deine Schlampe von Frau! Deine Schlampe von Frau!« schrie er. Er war um den Schreibtisch herumgegangen und zeigte mit dem Finger auf Nicole, die aus ihrem Silberrahmen lächelte.
Er kehrte an seinen Platz in der Werkstatt zurück. Es ging ihm besser. Seltsamerweise hatte er keine Angst mehr, aber es drängte ihn, heimzukommen.

Janek war ziemlich lange reglos stehengeblieben, nachdem Stepan türenschlagend das Büro verlassen hatte. Dann öffnete er das Fenster und schaute lange in die Rue d'Aboukir, die fröhlich und besonnt dalag. Er schloß das Fenster wieder und setzte sich an seinen Schreibtisch. Weder rief er Mademoiselle Anita, noch suchte er zu erfahren, ob Roger Ziegler angekommen sei. Seine beiden Hände ruhten auf seiner mit schwarzem Leder eingefaßten Schreibunterlage, unter deren vier Ecken Mademoiselle Anita jeden Morgen ein frisches Blatt rosa Löschpapier schob, auf dem Name und Adresse seiner Firma standen. Seit einiger Zeit konnte man auf den großen Boulevards an den Donnerstagen Reklame-Männer sehen, die dieses Löschpapier an die Kinder verteilten. Es war eine Idee von Nicole. Eine gute Idee. Einen Augenblick betrachtete er das wunderschöne Gesicht seiner Frau. Die Schlampe, hatte der andere gesagt und die Tür zugeschlagen. Auch er schlug oft die Tür zu. Aber er liebte dieses Luder, er liebte diese Schlampe, und er verdankte ihr alles.

Mein Vater verließ Sankt Petersburg, weil ihn Lucien Guitry entführte, wie man sonst etwa eine Tänzerin entführt...«
Das war einer der Lieblingssätze von Nicole Judith Victoria Anna Zedkin, verehelichte Roginski. Sie hatte schon zur Zeit des kleinen Ladens in der Rue Pierre-Demours im XVII. Arrondissement damit begonnen, diesen Satz anzubringen, wenn ihr Vater den Rücken kehrte und sie sich mit einer wartenden Kundin unterhielt, bis Janek kam, der hinter dem Verkaufsraum die Anprobe des Maulwurfs- oder Bisamwammen-Mantels vorbereitete.
Nun, da Vater Zedkin gestorben, das Haus in der Rue Pierre-Demours verkauft war, da die Werkstatt in der Rue d'Aboukir florierte, die Zusammenarbeit Roginski-Pelze mit Ziegler-Konfektion von Erfolg gekrönt war, fehlte es ihr nicht mehr an Gelegenheiten, die erstaunliche Odyssee des verstorbenen Pjotr Zedkin zu erzählen. Sie ergriff sie sehr charmant und gewitzt, wenn etwa die Konversation stockte bei einem jener geschäftlichen Diners, die Ziegler und Roginski für Kunden aus der Provinz arrangierten, oder wenn Augustin Leblanc, Strickwarenfabrikant aus Troyes, stiller Gesellschafter der Firma FÉMINA-PRESTIGE und Papa von Liliane Ziegler, die beiden jungen Paare zum Essen bei Lucas Carlton einlud.
Aber seit dem Jahr 1926, angesichts der neuen Fünfzimmerwohnung in Neuilly und des Hausmädchens mit der Schürze einer Kammerzofe, konnte sie selbst Gäste empfangen, und als vollendete Gastgeberin war sie es sich schuldig, Leben in ihre Einladungen zu bringen. Sie tat es mit Familienerinnerungen, die immer großrussischer wurden, je mehr Adjutanten und Hofdamen der unseligen Romanoffs in Paris landeten und die Häuser bevölkerten. Sie bevölkerten auch die Geschäfte der Wiederverkäufer von Pelzen, Silber und Schmuck, und so war Nicole Roginski, die günstige Gelegenheit nützend, in den Besitz einiger noch sehr brauchba-

rer sibirischer Zobelpelze und mit ›Fabergé‹ gezeichneter Kunstgegenstände gekommen. Die Zobelpelze wurden in der Rue d'Aboukir auseinandergenommen, die Fabergé-Objekte nach Neuilly gebracht.
So zierte denn auch seit kurzer Zeit, wenn die Roginskis Gäste zum Essen empfingen, den runden, mit Weißstickereituch gedeckten Tisch ein großes Ei aus champagnerfarbener Emailarbeit, das glatt und verschlossen in der Luft zu schweben schien, so diskret waren die drei feinen Goldhaken, die es trugen, angebracht. Noch weniger auffallend war der kleine Knopf aus ungeschliffenem Rubin, der sich an der Unterseite des Eis versteckte und mit dem man das Ei öffnen konnte, so daß es sich wie eine Orange in vier Teile entfaltete. Nicole wartete, bis alle zu Tisch saßen, griff dann mit einer Gewohnheitsgeste – so wie man den Serviettenring abstreift – nach dem Ei und drückte auf den Rubin. Das große Ei öffnete sich langsam, ein paar Cembaloklänge ertönten, und dann enthüllte es sein Geheimnis: kleine, nachtblaue, vollkommen anachronistische Tiegel. Sie enthielten Salz, Pfeffer und verschiedene Senfsorten. Alles sagte: »Ah!«, Nicole registrierte bescheiden das allgemeine Staunen:
»Ein altes Stück aus Papas Zeiten..., aber das mit den Gewürzen, das ist eine Idee von mir«, sagte sie.
Und ganz natürlich ging sie über zu Sankt Petersburg, Lucien Guitry und die Rue de la Paix.
Wenn man Nicole Judith Victoria Anna hörte, war Pjotr Zedkin der beste Kürschnermeister in ganz Rußland. Er hatte Lucien Guitry durch den Schnitt seiner langen pelzgefütterten Stadtmäntel und den Fall seiner Bühnen-Kragen so bezaubert, daß der große Künstler bei seinem Abschied vom Großen Theater in Sankt Petersburg vom Zaren die außerordentliche Gunst erbat, den Mann nach Frankreich mitzunehmen, den er den »Rodin der Kürschnerei« nannte. Bei der Diskussion mit dem Herrscher war es heiß herge-

gangen, und da niemand am Hof es gern gesehen hätte, wenn der seltene Vogel fortgeflogen wäre, ließ die Antwort auf sich warten. Da tauchte Lucien Guitry, einem seiner üblichen tollen Einfälle folgend, nächtlicherweile in der Wohnung Pjotrs auf, zog ihn aus dem Bett, kleidete ihn an und warf ihn buchstäblich auf den Rücksitz einer Troika, in der ein Kind schlief; dann – gib die Peitsche, Kutscher! – im Galopp den Newski Prospekt hinunter und in den Zug, der sich schon in Bewegung setzte. Das Kind war erwacht auf Pjotrs Knien. Natürlich war es der kleine Sascha.

In Paris hatte sich wie ein Lauffeuer das Gerücht verbreitet, Lucien Guitry habe von seinem langen Aufenthalt in der Stadt der weißen Nächte ein Genie mitgebracht. Man intrigierte, um ihn sich gegenseitig abspenstig zu machen. Pjotr, ein wenig überdrüssig, immer dasselbe Modell zu kleiden, und der Launen des großen Künstlers müde, brach schließlich die Beziehung ab und wandte sich lieber dem alten Charles Frédéric Worth zu, der ihm seine berühmten gepolsterten Salons in der Rue de la Paix öffnete.

An diesem Punkt der Erzählung rezitierte Nicole Judith Victoria Anna Roginski die lange Reihe von Namen aller Großen der Welt und der Halbwelt, auf deren Schultern unser Rodin Kaskaden von Chinchilla, Nerz, Hermelin, Bisam, Breitschwanz, Leopard, Astrachan, Panther, Otter, Opossum, Silberfuchs und natürlich Zobel hatte fallen lassen. Das führte sie bis zum Jahr 1894; hier datierte sie ungefähr die Gründung des eigenen Geschäfts von Pjotr Zedkin, genannt ›Palais de l'Hermine‹.

Von da an wurde die Chronologie verworrener, die Topographie von Paris ungenauer. Man war nicht mehr in der Rue de la Paix, aber nicht weit davon, und dann, zu einem nie genau genannten Zeitpunkt, betrat sie selbst die Szene. Sie wurde geboren. Sie beschrieb, wie sie – schon etwas älter – in den Anproberäumen von Papa auftauchte. Von

ihrer »armen Mama«, die »so schön war«, redete sie wenig, aber immer streichelte sie dabei gerührt einen Goldarmreif in Form einer Schlange, die sich oberhalb ihres Ellbogens um ihren Arm ringelte und deren flacher, dreieckiger Kopf mit zwei Smaragdaugen geschmückt war. Jedermann begriff, daß das Ei von Papa kam, der Armreif aber von Mama. Oft endete sie mit der amüsanten Anekdote, die drei ihrer Vornamen erklärte (Judith ließ sie weg).
Nicole, das so französisch klingt − siehe Molière! −, war gewählt worden, weil Pjotr, der noch immer sehr an seinem Geburtsland hing, glaubte, seiner Tochter damit das weibliche Pendant zu Nikolaus als Namen zu geben. Victoria war eine Huldigung vor der Familie Worth, die ihrem Vaterland Albion sehr verbunden war, und Anna, das war wieder die Steppe, die Birkenwälder, Karenina und − natürlich und vor allem − ihre arme Mama: »Anna, Anjuta, Anjuschka, wie Papa sagte und wie manchmal noch mein angetrauter großer Slawe zu mir sagt ...«
Dieser Pinselstrich »mein angetrauter großer Slawe« verwischte endgültig die Spur der wahren Herkunft von Monsieur Jean, dessen Akzent für den Nichtkenner ebensogut das Gepränge des Winterpalasts wie die morastigen Gassen des Schtetls in der Nähe von Lublin heraufbeschwören konnte.
Und um ganz deutlich zu machen, daß das Mahl jetzt wirklich beginne, pflegte sie zu gurren: »Duschka, wenn du uns Wein einschenken wolltest! Zum Kuckuck mit den alten Geschichten!« Das Publikum, das sich gewöhnlich aus zwei, drei Handelsreisenden aus Elbeuf, Lyon oder Tourcoing und deren Damen zusammensetzte, wandte sich dann ganz hingerissen dem großen Slawen zu, hielt ihm die geschliffenen Kristallgläser entgegen, und das kleine Dienstmädchen kam herein − man hätte eher Zigeuner erwartet.

... Janek betrachtete das wunderschöne Gesicht seiner

Frau auf dem zehn Jahre alten Foto. Es war sepiabraun, aber er sah darauf das Kupfer des dichten, unendlich langen Haars, das sich auf dem weißen Kopfkissen ausbreitete, die grünen Augen, die sich schlossen, wenn der rote Mund die jiddischen Worte aussprach, die er ihr beigebracht hatte, wenn sie sich nachts liebten, flüsternd, um den Vater nicht zu wecken, zur Zeit, wo sie sich noch heimlich trafen, oder am Morgen und am Nachmittag noch einmal und in der Nacht schon wieder. Der rote Mund, der seufzte in einer Sprache, die Nicole außerhalb des Bettes nie sprechen wollte. Das Bett, das Zimmer, das ein wenig düster war, weil es auf der Zwischenetage lag, und in dem es immer noch nach Äpfeln, Zitronen und Lorbeer roch, weil die Wände den Duft des ehemaligen Obst- und Gemüseladens eingesogen hatten. Nun, da er zum ›Palais de l'Hermine‹ geworden war, verband sich sein früherer Geruch mit dem von Pelzen und Vetiver, der die Motten vertreiben sollte.
Und das große Gelächter des Vaters, als er begriffen hatte. Und die Lektion, die er ihm mit seiner schönen Baßstimme erteilte, ganz ohne den alten jüdischen Puritanismus, den er schon längst aufgegeben hatte, dafür voll von Sinnlichkeit, aufgelesen aus den Alkovengeschichten des Zweiten Kaiserreichs und mit lustvollen Jugenderinnerungen befrachtet.
»Die Païva! Mein Lieber, ich gebe dir die Païva! Nimm sie, sie ist schön, verlogen und herzlos wie die Païva. Liebe sie so gut wie möglich! Schlaf mit ihr so gut wie möglich! So wie wir uns daheim darauf verstehen. Bring es ihr bei, bring es ihr gut bei, dann wirst du sie behalten. Mach sie eifersüchtig, aber betrüge sie nicht. Ich mag dich sehr, Janek! Danke, Janek! Eingebildet, wie sie ist, hätte sie das mit dem Sohn des Buchhändlers aus der Avenue Niel machen können! Ein Glück, daß du gekommen bist! Danke: du hast mich vor den Buchhändlern gerettet und dir hast du viel Langeweile erspart. Wir werden uns gut amüsieren, wir drei, mein Sohn!«

Die Freude, das Glück, das Lachen zu dritt in all den Jahren des geheimen Einverständnisses mit dem Vater, die Leidenschaft für die Tochter und das Entdecken dessen, was Frankreich ist, oder vielmehr ein winziges Stück Frankreich, friedlich, kleinbürgerlich und kleinkrämerisch ...

»Schön, herzlos und verlogen«, hatte der Alte zärtlich und stolz gesagt. Daß sie schön war, sahen alle. Und daß sie herzlos war, hatte er einmal gehört, auf eine Weise, die ihn vor Kälte erschauern ließ, als sie einen Vetter ihrer Mutter, der armen Anna, aus dem Laden verjagt hatte; er war geradewegs von der Gare de l'Est in die Rue Pierre-Demous gekommen, wie es der Brauch war, wenn man das Schtetl verlassen hatte. Sie hatte ihn auf jiddisch verjagt, ohne ihm Zeit genug zu lassen, um das Glas Wasser zu bitten, auf das der Auswanderer ein Anrecht hatte. Es war ganz am Anfang ihrer Liebesgeschichte. Kaum war er aus den Hinterräumen nach vorn gekommen, da war der Vetter schon auf der Straße. Was ihn bei diesem raschen Zwischenfall am meisten traf, war, daß er hören mußte, wie die schöne Stimme Nicoles ordinäre Worte ausstieß in der Sprache, die sie mit ihm nur in Augenblicken der Lust oder der Zärtlichkeit benützte. Sie wurde rot, als er sie fragte, wer der Mann sei, der da wegging. »Ein Hühnerdieb«, antwortete sie französisch.
Verlogen ... das würde sie sein, solange sie lebte. Und obendrein stolz darauf.
Sinnlose Lügen, kindische, harmlose, aber immer mit einem wahren Geschehen verbunden; Vater Zedkin brach in Lachen aus, wenn sie sie ihnen auftischte. Damals hieß es: »Die Baronin Rothschild ist gekommen und hat nach dem Preis des Muffs im Schaufenster gefragt«, oder »Die Bonnot-Bande hat die Konditorei von Mademoiselle Grandval überfallen, ich habe sie wieder aus ihrer Ohnmacht geweckt«, oder »Madame Guynemer will für ihren Sohn

einen pelzgefütterten Mantel bestellen«, oder »Die Mieterin im dritten Stock ist eine Schwester von Mata Hari« ...
Nützliche Lügen, die sich auszahlten, als er bei seinem Freiwilligen-Regiment stand, und sie, als Rote-Kreuz-Schwester verkleidet, zu ihm kam – die Uniform hatte Vater Zedkin für sie geschneidert.
Vater Zedkin war zu früh gestorben, um die haarsträubende Geschichte zu hören, die angeblich die großen Stunden eines Lebens nachzeichnete, das nicht das seine war. Aber es erwies sich, daß dies die einzige Lüge seiner Pavïa war, die sich auszahlte in Vergangenheit und Gegenwart und sich noch lange in der Zukunft auszahlen sollte, und das aus dem einzigen Grund, weil der Hauptheld nicht mehr da war und seine Tochter nicht ohrfeigen konnte, um sie zum Schweigen zu bringen.
Er, Janek, hatte daran gedacht, ihr rechts und links eine runterzuhauen, als er seine Frau zum ersten Mal dabei ertappte, wie sie schlau und durchtrieben absolut unmögliche Geschichten erzählte. Dann bemerkte er zu seiner Verblüffung, daß die Zuhörer gefesselt waren und seine Geschäfte Hand und Fuß bekamen.
Michail Strogoff und Maria Barskirtscheff, die Troikas, Balalaikas und Duschkas gefielen. Sie gefielen um so mehr, als die Oktoberrevolution nicht nur die ganze Welt mindestens zehn Tage lang erschüttert hatte, sondern auch Nicoles Absichten besonders günstig waren, da sie alle genealogischen, geographischen und konfessionellen Spuren verwischte. Er hatte seine Frau also nicht geohrfeigt, und seit damals ließ er sie erzählen. Er hörte nicht mehr hin, er spielte den großen Slawen, aber manchmal, in bestimmten Augenblicken, tat ihm das Herz weh um den alten Samuel Zedkin, der niemals Pjotr gewesen war, sowenig wie sie Victoria war, die Païva dieses Vaters, der wollte, daß man sie Nicole nannte, selbst aber immer Judith nannte und niemals Anna.

Das Herz tat ihm weh, denn die echte Geschichte der Flucht des jungen Samuel Zedkin aus Rußland, versteckt in einem Ballen Bärenfelle von der Pelzmesse in Sankt Petersburg, als blinder Passagier viele Grenzen überwindend, bis er endlich Paris erreichte, diese Geschichte war hundertmal schöner als die Lucien Guitry zugeschriebene Entführung.

Das Herz tat ihm weh, wenn er an den alten Komplizen dachte, den er so gern gehabt hatte und der zutiefst alle Zaren verabscheute, ob es nun Nikolaus der Erste, Zweite oder Vierzehnte war, genauso wie den Schrecklichen Iwan, den Großen Peter und die Große Katharina, die sie immer versklavt, geprügelt und oft gemordet hatten, ihn und die Seinen, der aber, statt darüber zu reden, ihm das Lied »Les Petits Pavés« von Paul Delmet beigebracht hatte. Das Herz tat ihm weh, aber er ließ sie reden. Er servierte lächelnd den Wein, betrachtete das große Ei von Fabergé und den Schlangenarmreif mit den grausam blitzenden Augen über dem weißen, seidigen Ellbogen seiner Frau. Er hatte für beides diesem Typen zuviel bezahlt, diesem Isidor, der immer mit seinem Kumpan, dem Taxichauffeur, einem echten Russen, kam und ihm Gelegenheitskäufe vorschlug. Sie kamen, wenn die Werkstätten geschlossen waren und auch die blöde Anita schon gegangen war. Bei dem Fabergé hatten sie ihn hereingelegt, aber der Fabergé zahlte sich auch aus; und die Zobelfelle, umgearbeitet in ein Abendcape, handgefüttert mit schillerndem Taft, dieses Cape, das Augustin Leblanc ohne Wissen seiner Tochter Liliane und seines Schwiegersohnes Roger Ziegler bestellt und an eine Demoiselle Maddy Varga, Sängerin, Rue Pergolèse 24, geschickt hatte, auch das hatte sich bezahlt gemacht.

Barsky hatte sich nie getraut, Stepan und Olga zu gestehen, daß er mit Monsieur und Madame Jean von der Firma FÉMINA-PRESTIGE Geschäfte machte. Auch Gromoff nicht. Die Sache hatte durch Zufall und durch Gromoff angefan-

gen, in dessen Taxi eines Tages eine sehr schöne Frau eingestiegen war. Der Akzent des Fürsten Andrej machte sie gesprächig, und durch die Scheibe vertraute sie ihm an, welche Neigung sie für die russischen Emigranten hege und wie gern sie ihnen zu Hilfe kommen würde, wenn sie sich von ein paar persönlichen Erinnerungsstücken trennen wollten.
Er hatte die Frau in Neuilly in einer sehr ruhigen Straße, zwei Schritte vom Bois de Boulogne, abgesetzt.
Als sie ihm die Fahrt bezahlte – sie rundete den Betrag diskret mit einem fürstlichen Trinkgeld auf –, murmelte die junge Frau: »Sagen Sie das Ihren Freunden, ich wohne hier, Madame Jean, dritter Stock links. Doswidanja!« Und sie verschwand in einem Torweg mit massiver Eichentür.
Noch zwei Stunden lang duftete es so angenehm im Taxi, daß die folgenden Fahrgäste den Chauffeur beglückwünschten.
Gromoff hatte sich die Adresse notiert und, wie die Dame es wünschte, seinem Freund Barsky die Botschaft weitergegeben. Barsky hatte gleich verstanden, daß es da einen Gimpel zu rupfen gab; und zwischen den Flohmärkten von Clignancourt und den Zugängen zur Salle Drouot, wo Barsky Stammgast war, vor den Toren der Nachtlokale und großen Hotels, wo Gromoff nach Fahrgästen jagte, auf dem Rasen der Rennplätze, die sie gemeinsam besuchten, fanden die beiden sehr bald das Nötige, um der russophilen Barmherzigkeit der parfümierten Unbekannten von Neuilly Nahrung zu geben.
Ein Kupfer-Samowar, ein Granatring und eine Lapislazuli-Tabatiere stellten die erste Lieferung dar. Die Stücke waren so bescheiden, daß man annehmen mußte, daß derjenige, der sich davon trennte, in größter Not sei.
Sie sprachen in Neuilly vor, wo ein furchtsames kleines Dienstmädchen ihnen durch den Türspalt riet, sie sollten sich an die Rue d'Aboukir wenden, wo Monsieur arbeite.

Sie wollten eben wieder in das Taxi steigen, als Gromoff seine geheimnisvolle Kundin erblickte, die gerade nach Hause kam. Es beeindruckte sie sehr, daß er sie nicht vergessen hatte. Er stellte Monsieur Isidor vor, einen Freund, der ihm bei seinen Recherchen geholfen habe. Die Dame steckte sich probeweise den Granatring an, geriet in Entzücken über den Lapislazuli der Tabatiere, wog den Samowar in der Hand, und dann wurde das Geschäft auf dem Gehweg der Rue Charles-Laffitte ohne Handeln abgeschlossen. Gromoff und Barsky hatten den Preis sehr niedrig angesetzt, denn sie wußten, daß ein erstes Geschäft, wenn man ihm weitere folgen lassen will, stets ein Verlustgeschäft ist. Die Dame war äußerst zufrieden, die beiden hereingelegt zu haben, und riet ihnen, ihre Suche auf bedeutendere Objekte zu richten. Was sie noch am selben Abend taten: Sie gingen eins trinken in einem Cabaret in Montmartre, dessen Portier Gromoff kannte.
Als sie den weiten Zobelmantel auftrieben, rief Madame Jean auf der Türschwelle — sie bat sie nicht in die Wohnung, Barsky breitete den Mantel auf dem Vorplatz aus und seufzte immer wieder: »Ein Museumsstück, Madame, ein Museumsstück...« —, sie sollten das Ding ihrem Mann zeigen, der verstehe sich besser darauf als sie.
Erst auf der Treppe der Rue d'Aboukir, vor der Tür der ersten Etage, als sie das Schild der Firma Fémina-Prestige entdeckten, verstanden Barsky und Gromoff, daß sie bei Stepans Bruder waren. Sofort kehrten sie um, setzten sich in das Bistro gegenüber und warteten, bis die Arbeiter die Werkstätten verließen, dann gingen sie wieder hinauf.
Als sie eine halbe Stunde später wieder herauskamen — das Geschäft abgeschlossen war mit dem harten Mann, in dessen schönem Gesicht sie trotz allem Spuren der anziehenden, wehrlosen Züge Stepans gefunden hatten —, schämten sie sich ein wenig. Dann tranken sie ziemlich viel und beschlossen, ihre Geschäftsbeziehungen geheimzuhalten.

Seit zwei Jahren kamen sie dann und wann in die Rue d'Aboukir, immer zu angemessener Zeit.
Und trotz des schlechten Gewissens, das sie überkam, wenn sie an manchen Abenden sahen, wie Olga und Sonja verzweifelten, weil sie fürchteten, sie könnten nicht fertig sein, wenn der Dreiradlieferwagen kam, um den verdammten schwarzen Baumwollballen abzuholen, fanden sie doch auf seltsame Weise einen Genuß darin, daß sie beide die einzige heimliche Verbindung zwischen ihrer Rue de la Mare und der Rue Charles-Laffitte in Neuilly darstellten.

Sonja kniete noch immer auf ihren nassen Bodenfliesen, den rächenden Putzlappen in der Hand, als sie wie versteinert den verhaßten, verbotenen Namen aufs neue hörte, diesmal aber begleitet von einer Art dumpfem, leierndem Stöhnen: »Petljura, dieser Schakal!... Petljura, diese stinkende Hyäne!... Petljura... Gott hat das gewollt!...« Sonja blickte auf; im Rahmen der Küchentür stand, monumental und atemlos, Madame Lowenthal und hinter ihr Olga, die Sonja durch Zeichen zu verstehen gab, sie solle sich bloß nicht aufregen. Aber Sonja regte sich schon auf, als Madame Lowenthal, wieder zu Atem gekommen, ihre Verwünschung zu Ende brachte: »Das hat Gott gewollt... er ist krepiert!« Madame Lowenthal war auf viele Reaktionen ihrer beiden Nachbarinnen, die sie immer als junge, dumme Dinger angesehen hatte, gefaßt gewesen, aber ganz bestimmt nicht auf das unerklärliche, unverzeihliche und unstillbare Gelächter, das aus beiden zugleich hervorbrach. Die eine hatte sich vornübergebeugt, daß sie mit ihrer Stirn fast den Eimer mit schmutzigem Wasser berührte, die andere lehnte am Türrahmen und versteckte

das Gesicht hinter ihren Händen. Madame Lowenthal sah nur noch zwei krampfhaft zuckende Nacken und Rücken. Sie lachten nicht laut, es schüttelte sie eher leise, erinnerte an einen Hustenanfall und großen Kummer. Dann schöpften sie wieder Atem in langgezogenen klagenden Tönen, Vorboten einer neuen Welle von unterdrückten Schluchzlauten, die nach tiefem Schmerz klangen.
Zuerst erstaunt, dann unwillig und schließlich gekränkt und verletzt wandte sich Madame Lowenthal zum Gehen, als Olga sie zurückhielt mit einem gestammelten: »Wir erklären es Ihnen später, Madame Lowenthal ... «
Beim Gedanken an die von Olga so leichtfertig versprochene, unmögliche Erklärung bückte sich Sonja, die inzwischen aufgestanden war, wieder, hob ihren Eimer auf und ging damit zum Spülbecken, um ihn zu leeren; dabei sagte sie mühsam: »Wir entschuldigen uns, es sind die Nerven. Setzen Sie sich doch ins Eßzimmer, Madame Lowenthal, ich mache Tee. Olga, biete Madame Lowenthal einen Stuhl an!«
Madame Lowenthal ließ sich schwer am Tisch nieder und machte unwillkürlich eine kleine Bestandsaufnahme der Lebensmittel in der Einkaufstasche, die Maurice bei seiner Flucht zurückgelassen hatte. Das erinnerte so direkt an die Menüs von früher, die sie heute nicht mehr kontrollierte, und damit an das vermaledeite Gulasch, daß Olga wieder in die Küche verschwand, um einem neuen Lachanfall zuvorzukommen, womit sie wiederum Sonja ansteckte, die sich eben etwas beruhigt hatte.
Eine Stunde später war Madame Lowenthal noch immer da. Sie trank ihr fünftes Glas Tee, nachdem sie Sonja gebeten hatte, noch ein wenig Wasser zum Kochen zu bringen, sie zerbrach ihr zehntes Stück Zucker und begann mit einer neuen eingehenden Schilderung eines der unzähligen Pogrome, die sie im Gedächtnis gespeichert hatte. Von Petljura war schon eine ganze Weile nicht mehr die Rede. Sein Fall war abgeschlossen. Er war krepiert, der Schakal!

Großartig! Bravo! Aber alles in allem war er nicht der Schlimmste. Zum Beispiel, als ihre, Madame Lowenthals Mutter acht Jahre alt war ... und nun wurde die ganze Liste der lokalen Peiniger abgespult, oft mit ihrem Vornamen und einem angehängten Beinamen, der ihren persönlichen Sadismus kennzeichnete: »der Bauchaufschlitzer«, »der Sodomit«, »der Blender«, »der Entmanner«, »der Ersäufer«; auch ein Frauenname tauchte auf, »die Peitscherin«, und Daten und Namen von Dörfern und Vettern, die blind geworden waren oder die rechte Hand verloren hatten, und lebendig verbrannte Säuglinge, und gefolterte Jungfrauen.
Dieser späte Vormittag in dem kleinen sonnigen Eßzimmer verwandelte sich in eine jener blutigen, düsteren Nachtwachen, die Sonja und Olga — sie hatten es sich ja geschworen — niemals in ihrem Hause zulassen wollten. Man konnte Madame Lowenthal einfach nicht mehr zum Schweigen bringen: Ganz offensichtlich war die Meldung vom Tod des Kosaken-Hetmans für sie nur das Alibi, um diesen undankbaren Ignorantinnen endlich ihr eigenes Leben zu erzählen, wozu diese ihr stets das Recht abgesprochen hatten.
Sonja und Olga ließen sie reden, die Augen noch von Lachtränen gerötet, und sie zitterten nur bei dem Gedanken, die Kinder könnten hereinkommen, besonders in jenen Augenblicken, da Madame Lowenthal die physiologischen Einzelheiten eines neuen Vergewaltigungsfalles schilderte, der ihr vorher entfallen war, nun aber plötzlich wieder ins Gedächtnis kam.
Niemals, auch nicht in ihren schrecklichsten Erzählungen, hatten sich ihre Mütter oder Großmütter zu einer solchen verbalen Ausschweifung hinreißen lassen, wie sie jetzt Madame Lowenthal erfaßte, als sie all das Schmachvolle erzählte. Sie tat es mit Worten, deren Bedeutung Sonja oft nicht einmal kannte und die die alte Frau mit unterstützenden Gesten bis ins kleinste erklärte, sobald sie merkte, daß sie nicht so verstanden worden war, wie sie es wünschte.

So kam zu dem Schrecken, den ihnen die Vergewaltigungen an sich einflößten, der Schrecken vor dem deutlichen Jubel, mit dem Madame Lowenthal sie ihnen schilderte. Und allmählich – denn was zuviel ist, ist zuviel – fühlten Olga und Sonja, wie sich ein neuer Lachanfall schmerzlich ankündigte. Beide hatten, ohne daß sie sich darüber verständigt hätten, plötzlich sehr stark und konkret an die Nächte des immer lächelnden Monsieur Lowenthal gedacht. Das lautlose Eintreten Madame Sterns rettete sie vor einer neuen Katastrophe. Die schüchterne und zurückhaltende Madame Stern hatte nicht die Gewohnheit, ihren ersten Stock rechts zu verlassen und bei ihren Nachbarinnen einzufallen. Sie war heraufgekommen, weil sie eine Frage stellen wollte, die einzige Frage, die, so glaubte sie, man sich nun stellen mußte.
Durch ihr offenes Fenster hatte sie nur Bruchstücke von dem mitbekommen, was auf der Straße rumorte, und nun wollte sie ganz einfach wissen: »Wer war es, der den Mut hatte, die Bestie umzubringen und gegen Gott zu sündigen?«
Madame Lowenthal wußte nichts darüber, auch Olga und Sonja nicht, die aber im selben Augenblick begriffen, wie weit Madame Lowenthal sie von der einzigen Besorgnis abgelenkt hatte, die sie logischerweise hätte beschäftigen müssen.

> Ach den Salat,
> den essen wir,
> mit O-e-l
> und Es-sig

Zaza sprang sehr hoch, die beiden anderen zählten und ließen das Seil, so schnell sie konnten, kreisen. Es peitschte den Boden. Eins! Zwei! Drei! Vier! Dann begannen sie wieder mit dem langsamen Hin- und Herwiegen des Seils.

Ach den Salat,
den essen wir — —

»Sie sind dumm«, entschied Maurice, ohne Robert anzusehen, der den Mädchen zuschaute.
Er hatte ungeheure Lust zu weinen, aber er hätte einen Winkel finden müssen, wo er allein weinen konnte. Er hatte niemand, dem er erzählen konnte — was eigentlich? Daß seine Waden brannten nach dem Schlag mit dem feuchten Waschlappen? Es war sehr viel komplizierter als das. So kompliziert, daß er es selbst nicht fertigbrachte, das Durcheinander von Gründen zu entwirren, warum er so unglücklich war. Unglücklich darüber, daß er nichts verstand und absolut nicht verstanden wurde. Unglücklich und verletzt, daß man ihn wie einen ungehorsamen Lausejungen behandelt hatte, als er eine ernste Botschaft brachte, eine Botschaft, die ihm endlich ermöglichen sollte, eine echte, ebenfalls ernste Wahrheit zu erfahren, von der er immer vermutet hatte, sie werde ihm aus ebenfalls ernsten Gründen verborgen.
Er schaute Zaza an, und er haßte sie dafür, daß sie herumhüpfte in einem Augenblick, wo sie die ungeheuerliche Nachricht hätten teilen müssen: Puett-Puett war nie Madame Lowenthal gewesen, und sie beide hatten etwas zu tun mit einem Verbrechen unter Erwachsenen. Aber Zaza hüpfte und hatte sowieso alles vergessen, sogar die Herkunft jenes Geheimnisses, das sie außerdem verraten hatte.
Er sah Robert nicht an, denn er hatte Angst, Robert könnte sehen, daß er gern geweint hätte, und weil er in Gedanken verzweifelt suchte, wie er ihm diese lange Geschichte erzählen könnte, diese längstvergangene Geschichte, die schon Monate vor dem Einzug der Cléments begonnen hatte. Er fand keine Lösung. Und auf verworrene Art — auch das war zum Weinen — dachte er, daß sie letzten Endes Robert gar nichts anginge, diese alte lange Geschichte. Sie gehörte *ihnen*. Wem ihnen? *Uns*.

Uns?
Die Straße war leer.
Vor dem Lokal des Auvergners war niemand mehr. Und er wollte auf jeden Fall nicht die Wahrheit aus dem Mund irgendeines beliebigen Erwachsenen hören.
Da seine Mutter zu nichts gut war, als zu lügen und zu schlagen, würde er auf seinen Vater Stepan warten. Er würde warten bis zum Abend. »Wie wär's, wenn wir unser Mittagessen auf den Schuttplatz drüben mitnehmen würden?« schlug Robert vor. »Einverstanden, aber ohne die Mädchen«, antwortete Maurice, der in Gedanken aus weiter Ferne zurückkam.

Der Rest des Tages bot in mehr als einer Hinsicht Überraschungen.
Zuerst lief Maurice schnell, ohne Zaza, die den Picknick-Vorschlag nicht gehört hatte, etwas zu sagen, zu seiner Wohnung hinauf, durchquerte das Eßzimmer, ohne Gruß für Madame Lowenthal oder Madame Stern, ging geradewegs in die Küche zum Speiseschrank, brach das große Stück Gruyère, das für die ganze Woche gedacht war, in zwei Teile, nahm zwei Orangen aus der Obstschale, die auf dem kleinen Tisch thronte, kam ins Eßzimmer zurück und schnitt sich ein großes Stück von dem Brot ab, das auf der Einkaufstasche zu Füßen von Madame Lowenthal lag. Als Sonja ihn fragte, was ihm eigentlich einfalle, antwortete er: »Ich esse nicht hier, Madame Clément hat uns die Erlaubnis gegeben.«
Und nach dieser Halbwahrheit ging er hinaus, die Tür, die man tagsüber nie schloß, kräftig hinter sich zuschlagend.
Er ging zu Robert in die Concierge-Loge. Jeannette Clément hatte tatsächlich die Erlaubnis gegeben. Sie war dabei, einen Aluminiumbecher auf den Hals einer merkwürdigen, rot angemalten Flasche zu schrauben, nahm Maurice das Stück Käse aus den Händen und sagte zu ihm: »Wasch dir die

Hände.« Während er die neuen kleinen Schiffe über dem Ausguß von Madame Lutz betrachtete, wickelte sie den Käse in ein zusammengefaltetes Stück Papier der Molkerei Blanchot, das sie aus der Buffetschublade geholt hatte. Maurice konnte darin Stapel von anderem Papier in allen Farben sehen, dazu Stücke von Schnur und sorgsam aufgerollte Bänder.
Ein weiteres Paket von der Molkerei Blanchot lag schon auf dem Tisch bereit, daneben zwei Äpfel. Robert hielt einen Sack aus dunkelbraunem Leinen weit geöffnet, von dem eine weiße Leinenschnur und zwei hellbraune Lederriemen bis zum Boden herabhingen. Madame Clément legte die beiden Pakete, die zwei Orangen von Maurice und die zwei Äpfel hinein. Dann holte sie ein sauberes, blau-weiß gewürfeltes Tuch aus dem Buffet und aus dem Speiseschrank ein angeschnittenes großes Brot. Sie schnitt zwei dicke Scheiben ab und wickelte sie zusammen mit dem Stück Baguette von Maurice sorgfältig in das Tuch. »Das mußt du mir wieder bringen«, sagte sie zu Robert, während sie das Bündel in den Sack steckte. Dann kam die dicke Flasche dazu, nachdem sie nachgeschaut hatte, daß der Becherverschluß nicht leckte. »Macht das nicht kaputt, es ist teuer«, sagte sie noch.
Nun wurde die weiße Schnur zusammengezogen, und der braune Sack sah nun wie ein zusammengeraffter Unterrock aus. Darüber kam eine Art glatte, viereckige, ledergesäumte Kapuze, die in einer Lederzunge mit kleinen Löchern auslief. Madame Clément befestigte sie an einer Metallschnalle wie einen Gürtel und sagte: »Dreh dich um, Maurice!« Dann legte sie ihm die dicken Riemen über die Schultern. »Vorwärts, elender Haufen! Und viel Vergnügen!« rief sie und öffnete die Tür zum Abenteuer.
Sie gingen an den Mädchen vorbei und sagten »Tschüß«. Maurice hatte in Achselhöhe die Daumen unter die Riemen gesteckt, der zu drei Vierteln leere Rucksack baumelte über

seinem Hintern, konnte aber gewichtig erscheinen, sosehr war der Gang seines Trägers schwer und gemessen geworden.
Zaza hörte auf, das Seil zu schwingen, was Mirjam Goldberg zum Straucheln brachte; es war ihr eben gestattet worden, auch einmal zu springen. Die drei Mädchen sahen, wie Maurice und Robert in die Rue Henri-Chevreau einbogen, und als die beiden auf das gelbliche Gelände, wo einst das abgerissene Haus gestanden hatte, zugingen, zeigte Zaza mit dem Zeigefinger auf die rechte Schläfe, wie es ihre Gewohnheit war.

Sie entschieden sich nicht gleich, an welcher Stelle sie biwakieren wollten.
»Das muß man erst sehen«, sagte Robert. »Wir machen den Rucksack auf, wenn wir's sicher wissen.«
Dieses Niemandsland, das sie ganz genau kannten, denn sie spielten ja dort jeden Tag zu zwölft oder dreizehn – das Maurice erlebt hatte mit intaktem Haus, mit ausgehöhltem Haus, mit niedergerissenem Haus –, hatte im Licht und in der Stille der Mittagsstunde den ganzen Reiz und alle Geheimnisse einer eben von Forschungsreisenden entdeckten Lichtung, die auf keiner Karte verzeichnet war.
Schließlich fanden sie genau das, was sie wollten. Die Stelle war ganz hinten auf dem Grundstück, zu Füßen des riesigen Porträts von Doktor Pierre, eine Ecke voll von Löchern, die sie sonst mieden, weil sie beim Ballspielen nicht hineinfallen wollten.
Zwei Steinstufen, letzte Spur einer Treppe, die zu nun zugeschütteten und zementierten Kellern führte, erschienen ihnen wunderbar geeignet, das Ländliche mit modernem Komfort zu vereinen.
»Hier ist's prima. Wir haben einen Tisch, eine Bank und einen Fußboden. Wir sitzen nicht mit dem Hintern im Gras, und man kann alles im Auge behalten«, sagte Robert.

Maurice stellte den Rucksack ab.
Auf der zweiten Stufe saßen sie in einer bequemen, kleinen Höhlung, die erste als Lehne im Rücken. Sie fühlten sich wie in einem Rennwagen oder auch ein wenig wie in einem Unterseeboot.
Das karierte Tuch diente als Tischdecke. Sie breiteten es sorgsam auf der ersten Stufe aus und legten die beiden Pakete im Molkereipapier, eine Orange, einen Apfel, eine Scheibe von dem Hausbrot und die Hälfte des Baguette-Stücks darauf; daneben stellten sie die rote Flasche, die es schwer hatte, auf dem abgetretenen Granit stehen zu bleiben. All das taten sie im Sitzen, den Rucksack vor ihren Füßen, was sie manche Verrenkungen kostete. Nun, da alles bereit war, konnten sie sich zu Tisch setzen, nur daß der Tisch in ihrem Rücken war.
»Es ist besser so wegen der Ameisen«, hatte Robert erklärt, als sie das Problem durchsprachen. »Im Gras kann man nie sicher sein.«
Sie begannen mit den beiden Hälften eines kalten panierten Schnitzels zwischen zwei Salatblättern, das Jeannette Clément ihnen in dem Blanchot-Papier mitgegeben hatte. Robert legte sein Stück auf das Hausbrot, und Maurice riß sein Baguette-Stück auf und legte seine Hälfte hinein.
»Ich habe ein siebenstöckiges Sandwich«, sagte Maurice. »Deins hat nur fünf.« Und er fing an zu zählen: »Brotrinde, Krume, Salatblatt, Fleischkruste, Fleisch, noch einmal Kruste, wieder Salat, wieder Krume, wieder Rinde. Nein, das sind neun«, verbesserte er sich.
»Es heißt nicht Fleischkruste, sondern Panade«, korrigierte ihn Robert. »Man macht sie, indem man eine Flasche über altbackenes Brot hin und her rollt.«
Die erste große Entdeckung für Maurice aber war der Lakritzengeschmack des leicht goldfarbenen Wassers, das ihm Robert in den Aluminiumbecher einschenkte.
»Das ist Lakritze mit Wasser, das meine Mutter lang hat

laufen lassen, damit es kühl ist; wenn es heißes Wasser wäre, wäre es noch nach zehn Stunden warm. Das kommt von der doppelten Wandung der Flasche.«
Diese doppelte Wandung war die zweite magische Entdekkung von Maurice. Er bewunderte die Flasche nicht nur wegen ihrer guten Eigenschaften, sondern auch wegen ihres bauchigen Aussehens, das an jene Kugeln erinnerte, wie Monsieur Florian sie an den Weihnachtsbaum hängte.
»Bei den Thermometern, wenn du Fieber hast, ist es genauso. Da ist Quecksilber drin, und deshalb ist es zerbrechlich«, erklärte Robert und goß sich vorsichtig zu trinken ein.
Bei dem Geschmack des Lakritzenwassers hatten sie keine Lust auf Käse, sondern auf Orangen.
Robert packte den herausgenommenen Apfel in den Rucksack zurück, ebenso das Gruyère-Paket und das zusammengefaltete Schnitzelpapier, holte die zweite Orange heraus und verknotete die weiße Kordel wieder. Das Tischtuch und die Flasche ließen sie draußen.
»So steht alles da, wenn wir Hunger bekommen«, sagte Robert. »Ja, das ist besser«, stimmte Maurice zu und fand, Robert sei entschieden ein großartiger Organisator.
Als Maurice in die Schale seiner Orange beißen wollte, um einen Ansatz fürs Abschälen zu bekommen, sagte Robert zu ihm: »Nicht so, warte.« Und er zog aus einer kleinen Seitentasche des Rucksackes, die Maurice übersehen hatte, ein Messer mit acht Klingen, wie es niemand je in der Rue de la Mare besessen hatte. Es hatte ein braunes Heft und, darin eingelegt, ein Silberkreuz.
»Verrat's bloß nicht! Es gehört nämlich meinem Vater«, sagte Robert. Sie teilten sich die Orangen, unter denen sich eine Blutorange befand. Und zum ersten Mal beschauten sie sich den Doktor Pierre richtig, so wie sie es noch nie getan hatten, reglos und schweigend.
Sein krauser Haarschopf begann im fünften Stock der fen-

sterlosen Mauer, und da, wo sie saßen, hätten sie den dritten Knopf seiner Brokatweste berühren können, wenn besagte Weste, die in Höhe des ersten Stocks anfing, noch sichtbar gewesen wäre. Aber sie war es nicht. Sie war verschwunden unter Schichten von schmutzigem Gips und übereinandergeklebten Plakaten.
Das affektierte Gesicht des jungen Zahnpflege-Stutzers dagegen war wie neu, weil es so nahe dem Himmel residierte.
Wenn man aber genauer hinsah – und das taten Maurice und Robert schon eine Weile mit wachsender Aufmerksamkeit –, dann konnte man da und dort in diesen scheinbar vollkommenen Zügen ein paar ärgerliche Unregelmäßigkeiten entdecken, die auf Unebenheiten des Untergrundes zurückzuführen waren. Wenn man das Bild so ansah, wirkte es wie ein gerade beendetes Puzzle, auf dem man, wenn man es sich dicht unter die Nase hält, die Marmorierung entdecken kann, die durch das Zusammenfügen der Einzelteile entsteht.
»Da ... schau!« sagte Maurice plötzlich, »im Auge ist ein Fenster.«
In der Stille rundum hörte man ein entferntes Geräusch, und im rechten Auge des Doktors Pierre bewegte sich etwas. Hoch droben, im vierten Stockwerk, hatte eine Hand ein blau gestrichenes Fensterchen geöffnet.
Nun begannen sie, nach den anderen Fenstern zu suchen. Es waren vier, ein schwarzes in den Haaren, ein blaues im Auge, ein rosarotes am Kinn und ein graues an der Schulter.
»Das müssen die Toiletten sein«, sagte Robert.
Die Vorstellung, daß man Pipi und Kaka machen und dann nach Belieben das Auge des Zahnpastamenschen aufreißen konnte, entzückte sie.
Sie bekamen auch ein wenig Angst. Ein Mann, den sie noch nie in ihrem Stadtviertel gesehen hatten, tauchte plötzlich auf, machte ein paar Schritte auf dem Grundstück, spähte

nach hinten, bemerkte sie auf ihrem Lagerplatz, beäugte sie einen Augenblick reglos, zog dann schwungvoll vor ihnen den Hut und trat mit flatterndem langem Mantel den Rückweg in die Rue Henri-Chevreau an.
»Vielleicht ist das der Mörder«, sagte Maurice.
»Welcher Mörder?« fragte Robert.
»Der aus der Zeitung.«
»Aus welcher Zeitung?«
»Macht nichts!« sagte Maurice. »Schau, da kommen die anderen. Wir zeigen ihnen das Klo im Auge.«
Aus der Entfernung geschossen, flog der Ball ganz dicht an der Thermosflasche vorbei. Robert nahm sie flink von der Steinstufe, legte das Tuch zusammen und steckte alles in seinen Rucksack, während die Novaks, die Nüssbaums, die Benedettis und die Bonnet-Zwillinge auf sie zurannten und dazu wie die Wilden schrien. »Warum zeigen wir es ihnen eigentlich? Die sollen's selber herausfinden«, beschied Maurice, sich eines andern besinnend.

Als der Satyr sich Zaza, Josette und Mirjam Goldberg genähert hatte, hatte er die Silhouette Jeannette Cléments hinter den weißen Vorhängen der Loge nicht bemerkt. Sie hatte ihn schon eine Weile im Auge, seit er auf dem gegenüberliegenden Gehweg vorbei- und zurückgekommen war, offensichtlich von den Höschen fasziniert, die beim Seilspringen der kleinen Mädchen zu sehen waren und wieder verschwanden. Als der Mann sich jäh entschloß, die Straße zu kreuzen, und dabei anfing seinen langen Mantel aufzuknöpfen, war Jeannette schon auf der Schwelle der Eingangstür erschienen. Ihre Frage »Suchen Sie etwas, Monsieur?« klang für die Mädchen, die ihn nicht hatten kommen sehen, so ungewöhnlich, daß sie ihm mit neugierigen Blicken folgten, als er sich mit langen Schritten entfernte.
»Wer war das, Mama?« fragte Josette.

»Ein Dreckskerl. Wenn er je wieder vorbeikommt, holst du mich, Josette.«
»Er ist also nicht eine, sondern ein Puett-Puett?« sagte Zaza, worauf Mirjam Goldberg laut herauslachte. Zaza fuhr fort: »Warum sind sie ohne uns essen gegangen?«
»Weil sie große Jungens sind«, sagte Josette.
»Willst du mit Josette essen?« fragte Madame Clément. »Und du, Mirjam, willst du mit Josette und Zaza essen?« Mirjam Goldbergs Augen baten Zaza um Erlaubnis, antworten zu dürfen.
»Ihre Großmutter läßt es nicht zu«, sagte Zaza.
»Sie soll trotzdem gehen und fragen!« entschied Madame Clément. »Und du, Zaza, geh und frag deine Mutter, ich mache euch ›Arme Ritter‹.«

Madame Lowenthal sagte eben zu Sonja Guttman, sie gehe bösen Zeiten entgegen, wenn sie ihrem Sohn solche Ungezogenheiten wie gerade vorhin durchgehen lasse. Sonja, die schon keine Rechtfertigung für ihren ersten Lachanfall und den beginnenden zweiten gefunden hatte, fand auch keine Entschuldigung für ihre Schwäche Maurice gegenüber, den sie so ungerecht bestraft hatte – und schuld daran war eben Madame Lowenthal, ohne deren Gulasch überhaupt nichts passiert wäre.
Madame Stern war gegangen, wie sie gekommen war. Olga Roginski – erschöpft von den verbalen Ausbrüchen Madame Lowenthals, entnervt durch ihr unterdrücktes Lachen und auch tief aufgerührt, weil Madame Sterns Frage nach der Identität des Mörders sie sehr stark an Stepan denken ließ – schaute nach dem schwarzen Tuchballen hin, der noch nicht einmal aufgeknotet war, und sagte sich, wenn sie so weitermachten, würden weder sie noch Sonja das Tagespensum an Arbeit bewältigen.
In diesem Augenblick stürmte Zaza herein:
»Ich esse nicht hier! Wir sind von Madame Clément eingela-

den! Wir essen ›Arme Ritter‹, und wir haben einen Dreckskerl gesehen.«
»Na, das wird ja immer besser!« seufzte Madame Lowenthal. »Ihr könnt Euch noch auf einiges gefaßt machen,
meine armen Täubchen...«
Und endlich ging sie fort.

Genau zur gleichen Zeit, als Stepan auf ihr Bild zeigte
und »Schlampe« brüllte, vernahmen Victoria Judith
Nicole Anna Roginskis Ohren angenehm schmeichelhafte
Rufe, die sich fröhlich überschnitten: »Ach, wie schön Sie
sind! Wie schön! Schön wie meine Mirabellen! Kommen Sie
nur her, liebe Dame, Sie können anfassen hier, ist alles ganz
frisch! Meine Äpfel sind so fest wie die Ihrigen, da kenne ich
mich aus...«
Sie trug ihr schönes Gesicht spazieren, gekrönt von drei
flauschigen Flechten, die von ein paar Schildpattnadeln
festgehalten wurden und ihr einen merkwürdig altmodi-
schen Reiz verliehen, der allerdings von dem stark
geschminkten Mund und dem hellbraunen Jersey-Ensemble
mit V-Ausschnitt und hoch über dem Knie endendem Rock
in Frage gestellt wurde. Die Üppigkeit ihres Haares entschuldigte es, daß sie den Glockenhut, der normalerweise
ihren Kopf hätte schmücken sollen, in der Hand hielt. Sie
trug ihn demonstrativ, was ihren Respekt vor Schicklichkeit
bewies, der leider mit den allzu reichen Gaben, die die
Natur ihr gewährt hatte, in Widerspruch stand.
Auf manche Zurufe reagierte sie, andere blieben unbeach-
tet, und wenn sie sich zu einem Kauf entschloß, legte sie das
Erworbene mit der rechten Hand ohne Handschuh in den
Weidenkorb Armelles, deren gestärkte Haube und langer

Mantel einen hübschen Kontrast zu ihrer strahlenden Erscheinung bildeten.
Seit Monsieur und Madame Jean in der Rue Charles-Laffitte eingezogen waren, bemühte sich Nicole, sich den im Haus gültigen Gebräuchen anzupassen.
Die Nummer 22 der Rue Charles-Laffitte war ein vierstöckiges Gebäude, zu bejahrt, um einen Aufzug zu haben, aber auch alt genug, um eine Art breite Freitreppe zu besitzen, die von einem dunkelroten Teppich mit einer senffarbenen, schwarz geränderten Bordüre besetzt und mit Kupferleisten befestigt war. Vom Erdgeschoß bis zum Zwischenstock war er durch ein Stück ungebleichte Leinwand geschützt.
Vom Hof aus gab es eine Lieferantentreppe. Sie führte zu den Küchentüren und endete schließlich bei den Dienstmädchenzimmern, die auf dem Speicher unter dem Schieferdach lagen und deren Lüftungsluken nur vom gegenüberliegenden Gebäude aus sichtbar waren; dieses Gebäude wurde das hintere genannt, um es vom Vorderhaus zu unterscheiden.
Die meisten Bewohner des Vorderhauses wohnten seit langem da. Oft begegnete man ihren erwachsenen Kindern auf der Treppe. Sie traten immer sehr höflich beiseite, und ein junger Mann in der Uniform der Militärakademie von Saint-Cyr hatte sogar eines Vormittags Nicoles Einkaufsnetz zum dritten Stock links getragen, nachdem er ihr auf dem Zwischenstock begegnet war und sie galant gegrüßt hatte.
Seit sie Armelle in Dienst genommen hatte, war das nicht mehr vorgekommen.
Armelle und Gildaise waren Schwestern, beide aus Ploemeur im Morbihan stammend.
Nicole hatte Armelle dank Madame Le Gentil gefunden. Joëlle Le Gentil bewohnte mit ihrem Mann Edouard, der als Ingenieur bei einer Reifenfabrik mit Stammhaus in Clermont-Ferrand arbeitete, den zweiten Stock links des Vorderhauses. Madame Le Gentil war in diesem Haus geboren

und hatte die Wohnung ihrer Eltern übernommen, nachdem diese sich auf ihren kleinen Landsitz in Arzon (Vannes, Département Morbihan) zurückgezogen hatten.

Kurz nach dem Einzug von Jean und Nicole klingelte Madame Le Gentil eines Tages an ihrer Tür. Nicole führte sie in den fast noch leeren Salon, der aber schon mit schwarzen und weißen Fliesen ausgelegt war. Madame Le Gentil machte ihr folgenden Vorschlag:

»Ich habe eine Bretonin an der Hand, die ich geradewegs von ihrem Bauernhof kommen lasse. Sie hat eine Schwester. Wollen Sie die? Wenn ja, könnten die beiden das Zimmer teilen, das zu Ihrer Wohnung gehört. Das würde mir ersparen, einen jungen Angestellten meines Mannes vor die Tür zu setzen, dem ich meine Mansarde untervermietet habe. Ich kann Ihnen natürlich keine Kammerzofe versprechen, aber die Bretonin ist anständig, und wenn man sie am Zug abholt, bevor sie sich von den Zuhältern der Gare Montparnasse verführen läßt, und vorausgesetzt, daß man sie im Zaum hält, wenn das große Fest von Neuilly stattfindet, dann, denke ich, werden Sie sich zu dieser Anschaffung nur gratulieren können.«

Auf diese Weise kamen Gildaise und Armelle Baud, achtzehn beziehungsweise zwanzig Jahre alt, in den Dienst der beiden Familien und schliefen zusammengekauert auf einem einzigen kleinen Bett im fünften Stock des Hauses Nummer 22 in der Rue Charles-Laffitte.

Nun mußte also niemand mehr Nicole die Einkaufstasche abnehmen. Dem Beispiel Joëlle Le Gentils folgend, ließ sie sie von Armelle tragen, die sie nach einem »Bis gleich Madame« über die Lieferantentreppe hinauftrug. Nicole benützte dann die große Treppe und traf im dritten Stock wieder mit Armelle zusammen, die schon angekommen war und ihr die Tür öffnete.

Manchmal kam es sogar vor, daß Armelle zwei Einkaufskörbe trug, den Nicoles und den Joëlles, wenn die beiden

sich entschlossen hatten, eine »Razzia in den Sukhs« zu machen, wie sie es nannten. Den Ausdruck hatte Joëlle von ihrem Bruder, der seinen Militärdienst bei den Spahis in Senlis ableistete. Die beiden Nachbarinnen hatten sich rasch angefreundet, und das um so mehr, als sie die Dressur von Gildaise und Armelle zusammen angehen mußten. Joëlle kannte die Regeln. Seit ihrer Kindheit kannte sie sich mit Bretoninnen aus, sie kannte sogar ein paar bretonische Wörter, die sie auf dem Landsitz in Arzon gelernt hatte. Sie brachte sie Nicole bei, und die wußte, bei welcher Gelegenheit sie sie anbringen mußte. Ein freundliches »Kenawo« – dessen Bedeutung sie übrigens nicht wußte – machte sich gut, wenn eine Menge Geschirr zu spülen oder während des Bodenschrubbens plötzlich ein Knopf anzunähen war. Es war auch Joëlle, die gleich das Problem zu lösen wußte, das sich unmittelbar nach der Ankunft der Schwestern Baud gestellt hatte, das der Sonntagsmesse. Nach abgekürzter Hausarbeit würden sie zur Zehn-Uhr-Messe in die Eglise Saint-Jean, am Ende der Avenue de Neuilly, neben der Brücke, gehen. Das war etwas weit, aber es würde ihnen Bewegung verschaffen:
»Ich weiß nicht, wie Sie es halten, aber Edouard und ich gehen sehr selten zur Kirche. Wenn wir es tun, gehen wir in die Eglise Saint-Pierre, in der Avenue du Roule. Es wäre den Mädchen peinlich, wenn sie uns dort treffen würden. Sie werden sehen: die werden die Entfernung nicht zu anstrengend finden, wenn erst die Zigeuner die Avenue de la Porte Maillot in Puteaux bevölkert haben.«
Nicole fand, sie sei ein wenig besessen vom Gedanken an die Gefahren, die mit der Ankunft des Jahrmarkts verbunden waren, aber da Joëlle schon drei Dienstmädchen wegen Holzpferdchen, türkischem Honig und »Teresina, der Frau von hundert Kilo« verloren hatte, konnte sie sich in ihre Lage versetzen.
Dagegen hatte sie es sehr taktvoll gefunden, wie ihre Nach-

barin sie nicht über ihre persönlichen religiösen Praktiken befragte, und nachdem sie ihr Zeit und Ort von Armelles wöchentlichem Gottesdienst mitgeteilt hatte, konnte sie so tun, als sei sie diejenige, die das organisiert habe.
Ihre Vertrautheit wuchs, beschränkte sich aber nur auf sie beide. Die Männer kannten sich nicht oder nur vom Sehen. Sie grüßten sich auf der Treppe, sprachen aber nie miteinander.
Joëlle Le Gentil hatte nur ein einziges Mal das Wort an Janek gerichtet, eines Abends, als er früh nach Hause gekommen war und sie sich entschuldigte, daß sie noch da war. Sie sei nur geblieben, um das Fabergé-Ei zu bewundern, das Nicole vor ihren Augen wieder mit Salz, Pfeffer und Senf füllte. Armelle war kundgetan worden, es sei streng verboten, je das Ei von Madames Vater anzurühren. Janek murmelte mit seiner schönen Baßstimme »bonsoir«, küßte ihr die Hand und verließ eilig das Zimmer. »Ich schicke Ihnen Gildaise, sowie sie mit ihrem Aufwasch fertig ist«, sagte Joëlle und überließ Nicole ihren Vorbereitungen. An den Abenden, da die eine oder die andere Tischgäste hatte, liehen sie sich gegenseitig die Schwestern aus.
Noch nie aber war eins der Ehepaare beim anderen eingeladen gewesen. Sicherlich würde sich das eines Tages — oder vielmehr eines Abends — ergeben. Nicole war nicht ungeduldig, sie war glücklich wie noch nie zuvor.
Sie stand im Begriff, alles zu erwerben, was sie sich von jeher gewünscht hatte, und gleichzeitig war sie von allem befreit, was sie von jeher haßte, anders gesagt, vom Erinnerungsvermögen der anderen.
Es gab in ihrer Umwelt niemand mehr, der sich an die kränkliche Häßlichkeit ihrer armen polnischen Mutter erinnerte, an die ängstliche Analphabetin, von der sie immer gefürchtet hatte, sie würde sie einmal am Tor der Volksschule in der Rue Saint-Ferdinand vorfinden, und deren stiller Tod sie so erleichtert hatte, als sie vierzehn war.

Niemand mehr erinnerte sich, wie sie mit sechs Jahren schluchzend in den Bäckerladen flüchtete, als die Ligue des Patriotes mit Spazierstöcken die Scheiben des kleinen Schaufensters des ›Palais de l'Hermine‹ zerschlug.
Niemand erinnerte sich mehr an die Anfänge Janeks als einfacher Geselle ihres Vaters.
Und niemand erinnerte sich mehr an die Jahre, als Janek vergebens auf seine Papiere aus Polen wartete und sie die Geliebte des jungen Gesellen, der der Liebhaber der Meisterstochter war, unter der stummen Mißbilligung der ganzen Nachbarschaft, die sich um so mehr schockiert zeigte, als Vater Zedkin sich so offen darüber freute.
Niemand konnte mehr zu ihr sagen: »Guten Tag, Judith, wie geht's Geschäft?«
Allerdings war auch niemand mehr da, um ihr zu sagen: »Wir haben ihn alle sehr gern gehabt«, wenn von dem Toten die Rede war. Das war vielleicht das einzige, was ihr ein wenig fehlte, denn dieser Tote, der so schön, so stark, so fröhlich gewesen war, fehlte ihr entsetzlich. Sie ließ ihn auf ihre Art auferstehen in den erstaunlichen Geschichten eines Lebens, das nicht das seine war; und in den Augenblicken großer Inspiration gelang es ihr, von Ferne das schmetternde Männerlachen zu hören, das immer ihre kleinen und großen Mädchenlügen begrüßt hatte.
Sie wäre sehr überrascht gewesen, wenn man ihr von Verrat gesprochen hätte. Die echten Bilder, die verriet sie nicht, die behielt sie für sich. Das waren die, an die keiner sich erinnern und infolgedessen auch sie nicht daran erinnern konnte. Sie waren mit niemandem zu teilen.
Nirgendwo mehr gab es jemanden, der sich an das kleine, vollgestopfte Zimmer in der Rue du Roi-de-Sicile erinnerte, wo ihr Vater nähte und ihre Mutter weinte und sie selbst am Boden mit einer Puppe aus Lappen spielte.
Niemand erinnerte sich mehr daran, wie sie die Schwelle des alten Obst- und Gemüseladens in der Rue Pierre-

Demours überschritten hatte, die kleine Hand, die Hand eines vierjährigen Mädchens, in der des Vaters. Laut hatte er ihr vorgelesen: »Geschäft abzutreten«, bevor er hineinging, um nach dem Preis zu fragen.
Und sie allein wußte, wenn sie ihre Schönheit und ihre kleine bretonische Sklavin auf dem Markt von Neuilly spazierenführte, warum der Gemüsegeruch ein gerührtes Lächeln auf ihr Gesicht lockte.
Sie wußte aber auch als einzige, warum sie nie über die Métro-Station Sablons hinausging, wenn sie ihre fröhliche Razzia auf der Avenue de Neuilly unternahm. Jenseits dieser Grenze drohte eine große Gefahr. Diese Gefahr hatte sie gestreift an einem Vormittag, als sie unüberlegt Joëlle Le Gentil gefolgt war, die ihr unbedingt die Auslage Charlots, des Königs der Gelegenheitskäufe, zeigen wollte. Es ging da nicht um preiswerte holländische Kartoffeln oder Mittelmeerfische, sondern um Schuhe, Handtaschen, Gürtel und feine Wäsche, die zwar das Markenzeichen berühmter Firmen trugen, aber leicht angekratzt waren, zu angekratzt, um in der Rue de la Paix verkauft zu werden, aber erstaunlich luxuriös für eine Straßenkarriere auf der Avenue de Neuilly, wo sie auf einer Plane unmittelbar am Boden lagen.
Zum Glück für Nicole war Charlot laut und auffällig, auch aus der Ferne. Eine rosa Damenhose als Turban um den Kopf geschlungen, deren Spitzen ihm über die Augen fielen, predigte er seiner ausschließlich weiblichen Kundschaft. Umringt von seinen Kundinnen und in der Sicht behindert durch die Spitzenvolants, hatte Charlot Nicole nicht erkannt. Sie aber stellte mit Entsetzen fest, daß er jener Vetter der armen Anna war, an den sie keinen Gedanken mehr verschwendet hatte, nachdem sie ihn so brutal aus dem ›Palais de l'Hermine‹ herausgeworfen hatte − eine lange Zeit war es jetzt schon her.
Niemals mehr überschritt sie die Grenze. Und als Joëlle sich wunderte, wie wenig interessiert sie an den Gelegenheits-

käufen war, die sich bei Charlot boten, antwortete sie, sie hasse Waren aus zweiter Hand, und dabei rückte sie den Schlangenarmreif über dem Ellbogen zurecht.

Was sich an diesem Vormittag in Armelles Korb ansammelte, war von allerbester Qualität. Das Essen, das Nicole an diesem Abend gab, war etwas Besonderes und erregte ihre Phantasie als Herrin des Hauses ebenso wie ihren Hang zum Romantischen und zur Intrige.
An diesem Abend öffnete sie ihr Haus der heimlichen Liebe Augustin Leblancs, des sechzigjährigen Strickwarenfabrikanten, bis dahin unbescholtener Gatte seiner Frau Marie-Jeanne und Vater von Liliane Ziegler. Als er unter der Hand bei Janek ein Zobelcape bestellte – aus Vorsicht überbrachte Nicole persönlich den Auftrag, im Namen von Mademoiselle Maddy Varga, Sängerin, Rue Pergolèse 24 –, geriet Augustin Leblanc in das höllische Räderwerk der Komplizenschaft.
Völlig durcheinander vor Glück und dabei geplagt von Gewissensbissen hatte er Nicoles Einladung angenommen, die sie ihm vor der Garderobe von Lucas Cartons Lokal zuflüsterte, als sie vom üblichen monatlichen Diner aufbrachen, zu dem Augustin Leblanc die Zieglers und die Roginskis einzuladen pflegte.
»Nur wir zwei werden dasein, um Sie beide zu empfangen«, hatte Nicole mit kaum hörbarer Stimme gesagt. Und seither brannte sie vor Ungeduld beim Gedanken, endlich die wärmebedürftige Nachtigall kennenzulernen, von der Augustin Leblanc ihr anvertraut hatte, sie sei schüchtern, aus Saint-Etienne und erst zweiundzwanzig Jahre alt.
Sie war nicht mehr fähig, an etwas anderes zu denken, als sie die große Eichentür ihres Hauses aufmachte.
Als sie im dritten Stock ankam, brachten sie zwei Gedanken zum Lächeln: einmal, Mademoiselle Maddy Varga kurz vor Beginn des Juni in Zobel gehüllt kennenzulernen, zum

andern die Erinnerung an eine junge Mätresse ihres Vaters, die so verrückt nach ihm war, daß sie zu ihren galanten Rendez-vous Veilchen mitbrachte, Veilchen, die Vater Zedkin ihr, Judith, im Laden schenkte und in einem Gläschen lachend auf die Kasse stellte.

Stepan hatte es so eilig, nach Hause zu kommen, daß er auf dem Bahnsteig der Station Strasbourg-Saint-Denis nicht auf Elie wartete, wie er es gewöhnlich tat. Als er die Rue de la Mare entlangging, sah er erleichtert von weitem, daß Elie auf einem der Stühle saß, die der Auvergner vor die Tür stellte, wenn das Wetter schön war.
Es gehörte nicht zu den Gewohnheiten Stepans und Elies, abends im Bistro Station zu machen. Sie gingen immer direkt nach Hause. Das kleine Glas polnischen Wodka, das ihnen Sonja oder Olga gelegentlich einschenkten, in der einen oder anderen der beiden Küchen, war ihnen lieber als der weiße Landwein oder der bittere Picon, die der Auvergner seinen Kunden servierte und an die sie sich nie ganz gewöhnt hatten. Indessen kehrten sie gern dort ein an jedem Sonntagmorgen, es war fast ein Ritual, wenn sie von den öffentlichen Duschbädern der Rue des Pyrénées zurückkamen. Am Sonntag mochten sie den Picon, weil sich sein Geschmack mit der unüblichen Ruhe ihrer Straße und dem frischen Geruch ihrer sauber gebürsteten Haut verband.
Auch Monsieur Stern hatte nicht die Gewohnheit, im Bistro herumzusitzen, und der Vater Benedetti verließ ebensowenig die Rue des Pyrénées. Aber heute waren auch sie hier. Stepan entdeckte sie auf den zwei Stühlen neben Elie, der ihn herbeiwinkte.
Um sie herum, auf der Straße oder vor der Theke des Bistros

stehend, dessen Tür weit offen war, scharten sich Nüssbaum, Katz, Goldberg, der alte Lowenthal, Novak und ein paar andere, die er nie im Stadtviertel gesehen hatte, und hörten schweigend Benedetti zu, der mit halblauter Stimme zu ihnen sprach. Im Näherkommen konnte Stepan das lebende Bild betrachten, das diese Versammlung von Dorfbewohnern bot, und er fand es, verglichen mit der lauten, grellen Aufregung, die er den ganzen Tag erst vor, dann nach der schrecklichen Szene mit Janek in der Rue d'Aboukir hatte aushalten müssen, nur um so friedlicher.
Er war müde, müde vom Geschrei der anderen, müde vom eigenen Schreien. Ganz leer war er, und er nahm gern die Stuhlhälfte an, die Elie ihm anbot, und den Bitter-Picon, den ihm der Auvergner reichte. Er hörte dem Italiener zu.
Er erzählte, in Amerika gebe es zwei Burschen, die schon seit sechs Jahren im Gefängnis säßen, verurteilt zum elektrischen Stuhl. Zwei Italiener, und alle Italiener der Welt täten sich zusammen — Mussolini natürlich ausgenommen, aber auf der ganzen Welt käme es schon zu einer beträchtlichen Anzahl —, um zu verhindern, daß man sie umbringe. Deshalb sollten sich alle Juden der Welt zusammentun, um diesen Schwassebarr zu schützen und zu verhindern, daß ihn die Franzosen guillotinierten.
Monsieur Stern, der die Geschichte mit den beiden Italienern in Amerika sehr gut kannte, antwortete ihm, das habe überhaupt nichts miteinander zu tun. Die Italiener in Amerika seien ohne Beweis verurteilt worden. Schwartzbard aber habe getötet. Er habe ein Ungeheuer umgebracht, aber er habe getötet. Man brauche keine Beweise, er selbst habe sie geliefert. Er habe getötet, und nicht vor der französischen Justiz müsse er sich verantworten, sondern vor Gott. Monsieur Stern sprach nicht lauter als Benedetti. Sein Lächeln war traurig, weil er verurteilen mußte, aber seine Verurteilung war unwiderruflich. Diese Gewißheit war ihm bei Rabbi Blau gekommen, mit dem er wie jeden Tag den

Nachmittag verbracht hatte; da er ihm half, heilige Texte zu entziffern, die ihnen ein Abgesandter eines abessinischen Stammes übermittelt hatte. Und da er die Augen schloß, um seiner Verdammung mehr Feierlichkeit zu verleihen, konnte er nicht sehen, wie seine orthodoxen Worte Zorn, Kummer und Entrüstung in die Gesichter seiner Zuhörer trieb.
»Sie sind noch schlimmer als mein Schweinehund von Bruder«, sagte Stepan laut auf jiddisch. Und ohne weitere Erklärung wandte er den Kopf ab und sah ins Innere des Bistros. Erst jetzt entdeckte er Maurice, der an der Theke kauernd zuhörte, ein Glas Limonade in der Hand.
»Er hat am Métro-Ausgang auf mich gewartet«, sagte Elie, wie wenn er sich für die Anwesenheit seines Jungen im Bistro entschuldigen müßte.
Aus dem dunklen Hintergrund des Lokals tauchten wie zwei Drachen, die man aus dem Schlaf gerissen hatte, die wankende Gestalt Barskys und hinter ihm Gromoff auf. Monsieur Stern, der nichts getrunken hatte, stand auf, nahm Abschied mit einer Handbewegung, die betrübte Nachsicht ausdrückte, die Nachsicht jener, die wissen, daß sie recht behalten gegen alle.
Benedetti, der den Sinn der kurzen Entgegnung Stepans nicht verstanden hatte, begriff indessen, daß er hier überzählig war. Er dankte Elie für den Picon und stand ebenfalls auf.
Stepan übernahm seinen Stuhl. Elie las im Blick seines Freundes, daß er es schon bedauerte, vor allen Leuten diesen Bruder erwähnt zu haben, von dem er mit niemandem als ihm sprach und den keiner in der Straße kannte.
Gromoff setzte sich auf die Schwelle. Nüssbaum und alle anderen zerstreuten sich. Barsky hatte das Bistro praktisch den ganzen Tag nicht verlassen. Sie hatten keine Lust, sein Gefasel anzuhören.
»Wo ist Zaza?« fragte Stepan Maurice und sah dem davongehenden Novak nach.

»Sie spielt mit Josette und Mirjam Verkleiden«, antwortete Maurice achselzuckend.
»Verkleiden? Als Zarin? Wie ihre Tante?« witzelte Barsky mit einem Blick auf Gromoff, der seine Schuhe anschaute. Es wurde still.
»Sie sind betrunken, Monsieur Barsky«, sagte Elie, der nun Bestürzung in Stepans Augen las. »Sie sind betrunken, also reden Sie nicht über Leute, die Sie nicht kennen.«
»Ich bin betrunken, einverstanden! Aber Gromoff nicht. Fragen Sie ihn, den Fürsten Andrej Alexejewitsch, ob die Frau des Schweinehunds von Bruder sich als Zarin oder Großfürstin Pawlowa verkleidet. Ah, du glaubst, wir kennen sie nicht? Na, du wirst ja sehen!« erwiderte Barsky mit breitem Lachen.
Gromoff machte die gleiche Geste wie Zaza, um anzudeuten, daß Barsky nicht mehr wußte, was er sagte.
»Mach mich nicht zum Vollidioten, Gromoff!« sagte Barsky, der die Geste bemerkt hatte. »Nicht heute. Heute sagt man alles. Sag ihm, sag Roginski, daß wir sie kennen. Ihn. Sie. Den Bois de Boulogne. Sogar das kleine Dienstmädchen mit der gestickten Kopfbedeckung. Die große, teppichbelegte Treppe, ihre roten Haare, ihr Parfum, ihr Doswidanja! Und wieviel sie uns in den zwei Jahren, seit wir sie beliefern, gegeben hat. Und weißt du, was sie jetzt von uns will? Ikonen!... Ja, mein Lieber, Ikonen, die zu ihrem mechanischen Ei passen, für das wir sie bezahlen ließen, was ihr Mann dir für sechs Monate Abschinderei zahlt. Und dabei trau ich mich nicht, dir alles zu erzählen, weil ich mir nicht sicher bin, aber der große Mantel, der Pelzmantel, na, Gromoff? Ich frage mich, ob du ihn nicht bei Petljura aufgetrieben hast...«
Er erstickte fast vor Lachen.
»Nein, nein, das nicht!« schrie Gromoff los, der bisher nichts gesagt hatte. »Das nicht, Isidor! Nicht du! Sie haben mich den ganzen Tag genug angekotzt, meine Kunden, mit

der Frage, ob Petljura mein Vetter sei. Komisch, sie redeten nie von Schwartzbard, nie! Nein! Nur von Petljura, Petljura den ganzen Tag! Als der letzte anfing mit seinem ›Den haben Sie doch sicher gekannt, diesen Hetman ...‹, habe ich mich umgedreht und zu ihm gesagt: ›Was glauben Sie! Ich bin der Bruder von Schwartzbard ...‹ Das hat ihm angst gemacht, und er hat nichts mehr gesagt.«
»Wechsle nicht das Thema!« sagte Barsky und warf dabei Stepan einen Blick zu, als ob sie Komplizen wären. Stepan reagierte nicht. Er war blaß, ernst und stumm. »Gehen wir nach Hause«, meinte Elie schon im Stehen. »Komm, Maurice. Los, Stepan.«
Als Barsky den dreien nachsah, fragte er sich, ob er recht getan habe zu reden. Gromoff dachte: nein.

Es waren etwa hundert Meter vom Bistro des Auvergners zum Haus. Maurice ging zwischen seinem Vater und Stepan, die sich ansahen, ohne miteinander zu reden oder ihn anzusprechen. Noch ein paar Schritte, und es würde zu spät sein. Er sagte sich, er habe wirklich kein Glück.
Als er sich plötzlich entschlossen hatte, die anderen auf dem Abrißgrundstück zu verlassen und allein seinen Vater an der Station Pyrénées zu erwarten, war seine Absicht sehr klar. Er wollte eine Frage stellen und eine Antwort bekommen. Wenn er von seiner Mutter nichts hatte erfahren können, dann wohl, weil er seine Frage schlecht vorbereitet hatte. Die, die er seinem Vater stellen wollte, hatte er genau bedacht. Er wiederholte für sich die endgültige Fassung, während er auf Elies Auftauchen lauerte, oben an der Treppe zur Métro, genau an der Stelle, wo er am Morgen die außerordentliche Meldung vom Tod jenes Mannes gelesen hatte, von dem man ihm gesagt hatte, es gebe ihn nicht, nachdem man ihm vorgespiegelt hatte, es handle sich um Madame Lowenthal, die keineswegs tot war; und jetzt wollte er eine Erklärung.

Von »Wer ist das, Petljura?« war er übergegangen auf »Wer war das, Petljura?«, um schließlich unwiderruflich bei »Wer war das, der Petljura, der jetzt tot ist?« zu landen. Das war eine klare Frage.
Sein Vater hatte ihm überrascht zugelächelt, als er ihn, den Kopf hebend, oben an der Treppe erblickte. In diesem Augenblick ertönte hinter Maurice ein lautes »Ciao, Guttman!« Und dann sprach sein Vater mit Monsieur Benedetti, während sie die Straße hinuntergingen zum Bistro des Auvergners. Und beim Auvergner hatte er dann alles gehört. Er begriff zwar nicht alles, aber er begriff soviel, daß er nun Tausende von Fragen zu stellen hatte. Seinem Vater, Stepan, der ganzen Welt. Und er wußte absolut nicht, mit welcher er beginnen sollte.
Sie waren fast vor der Tür angelangt. Elie nahm Maurice bei der Hand und sagte zu ihm, indem er sich herabneigte:
»Du sagst gar nichts, mein Junge? Ist alles in Ordnung?«
»Ich habe Halsweh«, antwortete Maurice, ohne seinen Vater anzusehen.
Er hatte solches Verlangen zu weinen, daß das keine richtige Lüge war. Aber er blieb so tapfer wie am Vormittag vor Robert. Sie gingen Hand in Hand ins Haus. Elie fand, die von Maurice sei sehr heiß, und das sagte er Sonja, als sie in der zweiten Etage ankamen.
»Er hat 39,5«, sagte Sonja, schüttelte das Thermometer und zog das Bettzeug im großen Bett des Elternschlafzimmers hoch, wo sie Maurice hingelegt hatte.
»Zeig mal, Mama«, sagte Maurice und streckte die Hand nach dem Thermometer aus.
»Das ist zerbrechlich, und es kostet viel«, antwortete Sonja. »Ich mach dir einen heißen Zitronensaft mit Zucker und Aspirin.«
Sie ging, um bei Olga eine Zitrone zu erbitten. Stepan war in der Küche und redete ganz leise, Zaza saß im Eßzimmer.
»Das kommt davon, wenn man solchen Schweinedreck ißt,

wie die bei ihrem Picknick!« sagte Zaza, als sie erfuhr, Maurice habe Fieber.
»Wir kommen rüber, wenn er eingeschlafen ist«, sagte Sonja zu Stepan.

Das Kopfkissen roch nach dem Haar seiner Mutter. Sein Vater saß auf dem Rand des großen Bettes und hielt seine Hand. Maurice hatte die Augen geschlossen. Er hatte gar kein Halsweh mehr, aber er dachte, es sei jetzt zu spät, das zu sagen. Es tat ihm nur überall ein wenig weh, wie wenn man hingefallen ist, aber er fühlte sich so wohl in dem großen Bett, daß das fast angenehm war. Sein Vater und seine Mutter sprachen leise miteinander und verließen dann das Zimmer auf den Zehenspitzen.
Maurice hatte das köstliche Gefühl, er habe sie bestraft. Und um sie noch mehr zu strafen, beschloß er, künftig nur noch an seine eigenen Geheimnisse zu denken, an die, die er von nun an mit Robert teilen würde.
Er ließ sich alle Entdeckungen dieses Nachmittags noch einmal durch den Kopf gehen, lächelte beim Gedanken, daß er morgen das Glasauge des Doktors Pierre belauern würde, und verscheuchte das Bild des Mannes im weiten Mantel. Und während er sich den Geschmack des Lakritzenwassers vorstellte, das zusammen mit der Zitrone eine gute Mischung ergeben hätte, schlief er ein.
Elie legte ihn nach der Rückkehr von den Roginskis in sein kleines Bett.
Er wachte ohne Fieber auf und ging wie jeden Morgen mit Robert zur Schule. Kurz bevor sie den Hof betraten, schlug sich Robert mit der offenen Handfläche an die Stirn:
»Fast hätte ich's vergessen ... Er war ein Schweinehund, weißt du, der Ermordete von gestern. Sieht so aus, als ob er euch am liebsten alle umgebracht hätte: dich, deinen Vater, deine Mutter, Zaza, ihre Eltern, Sammi, Jean-

not... alle eben. Mein Vater hat es uns gestern abend erklärt. Er war sehr zufrieden, daß der nun tot ist.«
»Und euch hätte er auch umgebracht?« fragte Maurice.
»Natürlich nicht... wir sind ja keine Juden. Nun aber los, es läutet!« sagte Robert.

Hinter der Scheibe seines Klassenzimmers beobachtete Monsieur Florian all die kleinen Männer, die da herbeirannten, um ja nicht zu spät zu sein. Allen hatte er die Gallier, Jeanne d'Arc und Henri IV — und mit ihm natürlich auch Ravaillac — beigebracht. Heute würden ihn ein paar von ihnen vielleicht bitten, etwas über Schwartzbard zu sagen. Er war dazu bereit. Aber es würde nicht einfach sein.
Ravaillac war der Böse, weil Henri IV der Gute war. Schwartzbard war der Gute, weil Petljura der Böse war, und die Bartholomäusnacht verlor sich im Dunkel der Zeiten, die auch schon die Zeiten der Pogrome gewesen waren.
Pogrome aber standen nicht auf dem Lehrplan für französische Geschichte. Und eben das beunruhigte seit dem Vorabend das Herz Monsieur Florians, dem ihre Seelen ebenso wie ihr Wissen anvertraut waren. Er ging in den Hof hinaus und ließ sie sich aufstellen. Während er in die Hände klatschte, fragte er sich noch einmal, ob es ihm zustehe, ihnen eine Geschichte zu übermitteln, die nur ihnen gehörte und der sie entkommen waren. Er nahm sich übel, daß er nicht hingegangen war und ihre Väter gefragt hatte, die er gestern von weitem gesehen hatte, wie sie auf den beiden Gehwegen der Rue de la Mare miteinander Rat hielten. Er nahm es sich noch mehr übel, als Guttman den Kopf neigte und seine Baskenmütze abnahm, wie er an ihm vorbeiging. Er sah gar nicht so aus, als ob es ihm gutginge.

Zweiter Teil

Masques et Bergamasques

An jenem weit zurückliegenden Abend des Jahres 1926 hatte sich herausgestellt, daß Mademoiselle Maddy Varga weder so schüchtern, wie Augustin Leblanc sie angekündigt, noch so einfältig war, wie Nicole Roginski angenommen hatte. Jetzt taten sie beide so, als hätten sie vergessen, daß sie sich an jenem Abend zum ersten Mal begegnet waren.
»Das verliert sich im Dunkel der Zeiten«, antwortete sie gern, wenn Neugierige wissen wollten, wie sich Victoria Jean und Madeleine Varga kennengelernt hatten, die beiden unzertrennlichen Direktorinnen der Firma MASQUES ET BERGAMASQUES, die den ganzen ersten Stock eines Gebäudes aus der Directoire-Zeit, Nummer 11 der kleinen Allee Chateaubriand, im VIII. Arrondissement einnahm.
Es verlor sich im Dunkel der Zeiten... nur nicht für Armelle Baud, die jetzt noch zu zittern anfing, wenn sie sich mit ihrer Schwester Gildaise an den schrecklichen Abend erinnerte, »als Monsieur das Ei von Madames Vater zerschlagen wollte und dabei brüllte wie Papa, wenn er betrunken ins Bauernhaus heimkehrt.«
Genau so hatte es nämlich begonnen an jenem Abend in der Rue Charles-Laffitte, als Armelle und ihre Herrin letzte Hand an den gedeckten Tisch legten, der zum Empfang der Nachtigall aus Saint-Etienne und ihres Mäzens aus Troyes bereitstand.
Janek kam sehr früh nach Hause und schlug noch voll Ärger über den Wutanfall Stepans heftig die Eingangstür hinter sich zu. Er stürmte ins Eßzimmer und packte unter einem Schwall von Schimpfwörtern, die Armelle für russisch hielt, das Fabergé-Ei, das ihm Nicole mit knapper Not entwand. Sie schickte Armelle in die Küche, und mit noch lauterem Geschrei als er verlangte sie eine Erklärung.
Nicole gab zu, daß sie, mit Hausarbeit überlastet, das ›Echo de Paris‹ nicht aufgeschlagen habe; die heutige Ausgabe lag auch tatsächlich ungelesen auf der Konsole im Vorraum. Sie

riß das Streifband auf, und der Name des ukrainischen Ex-Diktators erinnerte sie an den Namen, den sie zerstreut am Morgen auf der Treppe vernommen hatte. Sie überflog den Artikel, zuckte die Achseln und äußerte dann ihre Ansicht zu der Affäre mit einem Kommentar, der ungefähr besagte, es seien immer die gleichen, die schuld daran seien, daß es zum Skandal komme.
Nachdem sie Janek vorgeschlagen hatte, ein Bad zu nehmen und sich umzuziehen, drückte sie auf den kleinen Rubin, um sich zu vergewissern, daß der Fabergé-Mechanismus in keiner Weise gelitten hatte. Erleichtert stellte sie fest, daß die kleinen Tiegel nicht zerbrochen waren, wischte sorgfältig den ausgelaufenen Senf auf und sammelte Salz und Pfeffer in ihrer hohlen Hand. Dann füllte sie die Gewürze wieder nach. Aus dem großen Bukett, das den Konzertflügel im Salon schmückte, schnitt sie drei Rosen, die sie in der Mitte des Tischs arrangierte; mit plötzlichem Entschluß räumte sie das kaiserliche Ei ins Buffet: Je weniger man es sah, desto besser für einen Abend, an dem die aktuellen Ereignisse unter Umständen das Gespräch ins gefährliche Fahrwasser von Kosaken und Pogromen treiben konnten.
Dann ging sie, kratzte an der Tür des Badezimmers und küßte Janek in dem parfumduftenden Dunst auf die zornige Stirn und den Mund. Flüsternd wies sie ihn an, die Tischgespräche in Richtung des Rif-Krieges und des Rebellen Abd el Krim zu dirigieren, dem Marschall Pétain soeben im Namen der französischen Regierung die Kapitulation abverlangt hatte. Sie empfand sogar im geheimen ein leichtes Bedauern, daß sie nicht Joëlles Bruder auftreten lassen konnte, der bei seiner Schwester aß und sich in seiner Spahi-Uniform so gut im Salon gemacht hätte. »Ich hab wirklich zuviel Phantasie!« sagte sie leise zu sich selbst, was sie zu lautem Lachen anregte. Die Ähnlichkeit zwischen dem Wort Phantasie und dem Wort »Fantasia«, das häufig die Erzählungen des jungen Mannes schmückte, gab ihr plötzlich ihre gute Laune wieder.

»Was gibt es so Lustiges?« erkundigte sich Janek, indem er sich den Bademantel überzog.
»Ich dachte gerade an Papa«, antwortete sie und frottierte ihm den Rücken.
»Das glaub ich dir nicht«, sagte Janek, »und doch wäre heute mehr als je der Tag dafür.«

Augustin Leblanc und Mademoiselle Maddy Varga klingelten pünktlich um acht Uhr.
Sie war nicht in ihr Zobelcape gehüllt, sondern trug einen leichten Mantel aus marineblauer Seide, abgesetzt mit demselben weißen Pikee, aus dem ihr Kleid war. Nicole hatte Zeit genug, das eingenähte Firmenetikett zu lesen; sie war eigentlich nicht überrascht, sie hatte das Modell erkannt. Aber bei den vielen Kopien weiß man ja nie... Nein, wenn die Kleine auch aus Saint Etienne kam, sie hatte keine Zeit verloren und war wohl von den ›Dames de France‹ direkt zu Paul Poiret übergegangen.
Sie war brünett, mit kastanienbraunen Augen, frisiert »à la Spinelly«, mit Ponyschnitt und zwei geschickt arrangierten Strähnen, die in kleinen Sechserlocken über den Ohren vorsprangen, und die kleine, gut geformte Spitze im Nacken gab ihr, von hinten gesehen, die Anmut eines ganz jungen Mannes.
»Danke, daß Sie uns eingeladen haben, den Paten und mich«, sagte sie zum Auftakt mit einer wohlklingenden Alt-Stimme, die dem anscheinend banalen Satz einen Beigeschmack von versteckter Leidenschaft und geheimem Einverständnis verlieh.
Nicole hätte das Ei, die Tiara der Zarin, sogar einen Davidstern und einen siebenarmigen Leuchter auf den verschiedenen Möbeln der Wohnung stehen lassen, hätte die Sidi-Brahim-Platte auflegen und den Wimpel der Fremdenlegion an der Wand des Eßzimmers entfalten können, nichts wäre imstande gewesen, Mademoiselle Maddy Varga – und

ebensowenig Augustin Leblanc, der ihr entzückt und stumm vor Glück zuhörte — von den beiden einzigen Themen abzubringen, die ihre Aufmerksamkeit fesselten; ihre Leidenschaft für die Sanges- und Schauspielkunst und ihre Zuneigung, die sie »töchterlich« nannte, für ihren ergrauten Wohltäter.
Sie siezte ihn, zählte die Theateraufführungen auf, die sie zusammen gesehen hatten, und Nicole und Janek, die bisher geschworen hätten, daß der alte Provinzler von den Pariser Nächten nur die Salons des Lucas-Carton-Restaurants und die Halle des Hotels Terminus kannte, entdeckten nun die kulturellen Ansprüche, die an ihn gestellt wurden.
Und Maddy sprach von Saint-Etienne. Von ihrem im Krieg gefallenen Vater. Der mit elf Jahren im Bergwerk angefangen hatte. Von ihrer Mutter, die Arbeiterin war in einer kleinen Fabrik für Fahrradketten. »Aber das ist jetzt vorbei, seit sechs Monaten...« Vom katholischen Bergwerks-Chor, wo ihr der Pfarrer immer die Soli gab. Von der Stelle, die man ihr in der Fahrradkettenfabrik angeboten hatte. »Aber ich habe die Gelegenheit gepackt und bin nach Paris gegangen...« Sie sagte, sie heiße in Wirklichkeit Madeleine Vargougnan, aber das klinge nicht gut für die Bühne. Dann fragte sie, wie spät es sei, und entschied, sie müsse nun nach Hause. Sie sollte morgen im Capucines-Theater vorsingen. An der Tür küßte sie Nicole, drückte Janek die Hand und erklärte, während sie ihren Dreiviertelmantel von Paul Poiret anzog:
»Ich bin so allein in Paris, wenn mein Pate nicht da ist, aber ich weiß jetzt, daß ich eine Familie gefunden habe.«
Sie schob Augustin Leblanc ins Treppenhaus.
»Kommen Sie, Pate, wir gehen. Sie begleiten mich zu Fuß bis vor meine Tür, das ist gut für Ihre Figur«, flüsterte sie ihm ins Ohr, laut genug, daß man es hören konnte.
»Die hat aber eine Energie!« sagte Janek, als Nicole die Tür geschlossen hatte.

Nicole antwortete nicht und ging in den Salon zurück, wohin Janek ihr folgte.
»Wer weiß, vielleicht schläft sie nicht einmal mit ihm«, sagte Janek abschließend und trank den Rest Cognac in seinem Glas aus. Nicole ging zum Barschrank und holte die Wodkaflasche, die sie den ganzen Abend nicht auf den Tisch gebracht hatte. Sie schenkte sich ein Gläschen ein.
»Sie macht etwas sehr viel Besseres ... Selbst wenn sie nicht zu ihm ins Bett geht, weiß sie doch recht gut, wohin sie geht ... und zwar mit großen Schritten. Aber mir gefällt sie gut, die Mademoiselle Vargougnan«, schloß sie und trank ihr Gläschen polnischen Wodka auf einen Zug leer.

> Liebe Familie, Du hast mir Glück gebracht. Ich bin im *Capucines* engagiert. Der Pate und ich sagen Dank.
> Maddy

Dieser Text stand in sorgfältiger Schönschrift mit feinen Auf- und kräftigen Abstrichen auf einer Manschette aus Spitzenpapier um ein hübsches romantisches Bukett. Das Bukett lag gut sichtbar auf der Fußmatte, als Armelle nach einem diskreten Klingeln die Wohnungstür öffnete und niemand mehr zu sehen war.
Das war am nächsten Tag gegen drei Uhr nachmittags. Nicole saß im Salon mit Joëlle Le Gentil, die ihr gerade vom Vetter ihrer Mutter erzählte, der eben zum Staatsanwalt in Lorient ernannt worden war, als Armelle klopfte.
»Unsere Armelle und unsere Gildaise wissen ganz genau, wer das ist. Erinnern Sie sich an unseren Vetter Henriot, Armelle?« »O ja«, sagte Armelle errötend. »Es war niemand mehr da, Madame«, fügte sie hinzu und reichte Nicole das Bukett. Nicole las die Botschaft, indem sie langsam die Spitzenmanschette drehte, und plötzlich erschien ihr die Unterhaltung mit Joëlle Le Gentil unerträglich fade. Sie wußte es zwar noch nicht, aber Joëlles Zeit war vorüber, sie

war abgelöst worden. Die Proletariertochter aus St-Etienne, ehrgeizig und schlau, reizend, ehrlich und bestechlich zugleich, hatte die farblose Erbin keltischer Krautjunker, die Abrichterin junger Bretoninnen, die Gattin des Ingenieurs und Schwester des Spahi-Offiziers entthront. Mit Madeleine Vargougnan hatte das große Abenteuer seinen Einzug in Neuilly gehalten, oder vielmehr, es war zurückgekehrt nach einer Pause, die sie als Lehrzeit des bourgeoisen Lebens genutzt hatte.

Nicole ließ das kleine Bündel Blumenstiele zwischen ihren Fingern kreisen, so schnell, daß Joëlle nichts lesen konnte von der Botschaft, von der sie vermutete, sie stamme von galanter Hand. Da sie zu wohlerzogen war, Fragen zu stellen, wartete sie auf eine vertrauliche Mitteilung Nicoles, während sie weiterhin die Beamtenlaufbahn des Staatsanwaltes Henriot bis ins kleinste vortrug.

Ihr gegenüber lächelte die Païva, die ihr nicht mehr zuhörte, auf eine Weise, wie Samuel Zedkin zu lächeln wußte, wenn er Janek sagte: »Du hast mich vor den Buchhändlern gerettet, du wirst sehen, wie gut wir drei uns amüsieren werden.«

Die Straßen des Abenteuers, das sich der unersättlichen Neugier Nicoles anbot, erwiesen sich eher als schmale Pfade in einem mit Gestrüpp überwachsenen und gleichzeitig sumpfigen Gelände.

Die Rolle als Expeditionsleiterin, die ihr Maddy Varga zugedacht hatte, als sie sie zur Mutter ihrer morganatischen Familie ernannte, bestand in der ersten Zeit vor allem darin, daß sie Wege ebnete, Treibsand kenntlich machte, Schlingen legte und darüber wachte, daß nicht irgendeine nicht ganz ausgedrückte Zigarettenkippe den kleinen Buschwald aus Lügen in Brand setzte. Und diese Lügen waren unumgänglich für die Bewahrung des Gleichgewichts der Verbindungen Roginski-Ziegler, Ziegler-

Leblanc, Leblanc-Varga und Varga-Roginski, von denen künftig — und das wußte allein sie — die Existenz der Firma Fémina-Prestige abhing.
Nicoles Phantasie, die so lange im Dienst einer erdichteten Vergangenheit gestanden hatte, fand ihre ganze Kraft wieder, dank der täglichen Erfindung ununterbrochener Lügen. Sie mußte nicht nur Liliane Ziegler anlügen, die fand, daß ihr Vater sehr erschöpft aussah, und die ihre Mutter in ihrem Haus in Troyes recht trübsinnig angetroffen hatte; sie mußte Roger Ziegler anlügen, der seinen Schwiegervater nie im Hotel Terminus vorfand, aber auch Augustin Leblanc, wenn er Maddy nicht in der Rue Pergolèse antraf. Leider hatte sie zur selben Zeit auch Maddy anlügen müssen, und das war die einzige Lüge, die ihr schwergefallen war.

Sichtlich fehl am Platz auf der Bühne des *Capucines* in einer kleinen Rolle als Louis-Seize-Schäferin, die das »Il pleut, il pleut, Bergère« einer sehr dekolletierten und selbstsicheren Marie-Antoinette vorsang, war Maddy Varga als Schauspielerin eine Enttäuschung. Nicole konnte nichts wiederfinden von jener Mischung aus Ungeniertheit, Unschuld und kindlicher Verderbtheit, die den Reiz der Madeleine Vargougnan im täglichen Leben ausmachte.
Beauftragt von Augustin Leblanc, der sich noch nicht traute, sich hinter Theaterkulissen zu zeigen, war Nicole — ohne Janek, der sich noch nicht so offen den Zieglers gegenüber kompromittieren wollte — also zur Generalprobe von *L'Autrichienne et le Serrurier* erschienen (der französischen Version eines amerikanischen Gesang-Lustspiels mit Musik von Clarck und Simpson, das unter seinem Originaltitel *The merry Mary Antoinnett* am Broadway Triumphe gefeiert hatte). Es war zwischen Augustin Leblanc und Nicole abgemacht worden, daß sie ihn so spät wie möglich in der Nacht in Troyes anrufen sollte, damit Madame

Leblanc, die gegen zehn Uhr einschlief, keinen Verdacht schöpfen konnte. Das Kennwort, dem Vokabular der Strickwarenfabrikanten entnommen, hieß im Fall eines Erfolgs »Perlseide«, bei einem halben Erfolg »Halb-Baumwolle«. Die Möglichkeit eines Fiaskos war gar nicht erwogen worden.
Ein Quartett von Stimmen sagte »Herein!«, als Nicole an die Tür klopfte, die ihr der Pförtner des Theaters bezeichnet hatte. Maddy Varga teilte eine winzige Garderobe mit drei jungen Dingern, in denen Nicole mit Mühe die hochmütigen Hofdamen wiedererkannte, die sie in ihren Zwischenspielen recht überzeugend gefunden hatte. Ohne ihre riesigen Puderfrisuren und prunkvollen Reifröcke, noch übertrieben geschminkt, die Köpfe eingezwängt in schwarze Seidenstrümpfe, die Dutzenden von Haarnädelchen zur Befestigung der Perücken als Unterlage gedient hatten, sahen sie in ihren Baumwollkitteln wie Schulmädchen aus, die sich umzogen nach einem Kostümball, wo sie als Pierretten verkleidet waren. Sie sagten: »Bonjour, Madame«, und in der Tiefe ihrer tief schwarzgeränderten Augen lag ein fragendes, wehrloses Lächeln.
Maddy trug als einzige einen eleganten Kimono aus chinesischer Seide. Sie lächelte nicht, und in ihrem schon abgeschminkten Blick erkannte Nicole panische Angst.
»Bravo!« sagte Nicole sozusagen ins Leere.
Ein riesiger Blumenkorb, in krassem Widerspruch zu der Enge der Garderobe und der Bedeutungslosigkeit der Schäferin-Rolle, machte sich auf dem Teil des Schminktischchens breit, vor dem Maddy saß. Das monumentale Ding ließ die drei kleinen Blumensträuße, die die Hofdamen in Zahngläsern ins Wasser gestellt hatten, noch rührender erscheinen.
»Wirklich, Bravo!« wiederholte Nicole.
»Vielen Dank, Madame«, sagten die drei Mädchen.
»Danke, Nicole«, murmelte Maddy, und ihre Stimme hatte

wieder den dunklen Alt-Ton, der ihr bei »Il pleut, il pleut, Bergère« so tragisch abhanden gekommen war. Nicole entdeckte das Zobelcape auf einem Kleiderbügel und sagte dann:
»Nun, meine Damen, ich lasse Sie jetzt allein. Danke für den hübschen Abend und noch einmal: Bravo!«
Dann entfloh sie.
Am Telefon improvisierte sie eine Mischung aus Perlbaumwolle und Naturseide: Das besagte gar nichts, aber es beruhigte Augustin Leblanc, der wohl unmittelbar neben seinem Telefon gewartet hatte, so rasch antwortete er dem Fräulein des Fernamtes in Troyes, das nicht gewohnt war, so späte Anrufe an die Nummer 122 zu vermitteln.
L'Autrichienne et le Serrurier wurde nach zwei Wochen abgesetzt.
Es gab dann weitere Probe-Vorstellungen, weitere kleine Rollen, weitere Blumenkörbe, weitere Enttäuschungen und weitere verlogene Bravos von Nicole, die auszusprechen – zu ihrem eigenen Erstaunen – ihr keinerlei Vergnügen machten.
Das dauerte bis zu dem glücklichen Tag, an dem Maddy Vargas gesunde Einsicht die Oberhand gewann über ihre so unmäßige wie ehrliche Liebe zum Theater, oder vielleicht war sogar diese Liebe der Anstoß für Maddy Vargas Beschluß, ihre Theaterkarriere aufzugeben, gleichzeitig befreite sie damit Nicole von der Verpflichtung, barmherzig weiter zu lügen.
Maddy faßte ihren Entschluß nach der Lektüre von Kritiken, die dem galten, was ihre letzte Theaterleistung bleiben sollte. Sie hatte Humor und Mut genug, die grausamste Kritik Nicole laut vorzulesen:
»Was Mademoiselle Maddy Varga angeht, so hatte man uns Jeanne d'Arc und Antigone angekündigt ... bekommen haben wir die Madelon. Wir schicken sie an den Absender zurück!«

»Das ist gemein«, sagte Nicole.
»Es ist gemein, aber vollkommen wahr«, antwortete Maddy.
»Ich werde etwas anderes machen, und mein Tintin wird blechen. Soll es wenigstens den Kolleginnen und Kollegen zugute kommen.«
Und von diesem Tag des Jahres 1930 an keimte zwischen Nicole und Maddy der Same, aus dem die Firma MASQUES ET BERGAMASQUES werden sollte.
Es war schon lange her, daß Augustin Leblanc nicht weiter »mein Pate«, sondern »mein Tintin« oder einfach »Tintin« genannt wurde, wenn er nicht gar in den vertraulichen Gesprächen Maddys mit Nicole zum »alten Idioten Tintin« wurde. Was Maddy Nicole anvertraute, war vielfältiger Art und komplizierte manchmal die Programmierung der Lügen. Denn Maddy hatte auch ihre sentimentalen Stunden ... die manchmal Wochen dauerten.
Es hatte ein paar junge Varietékünstler gegeben, einen spanischen Gitarristen, einen Chef-Maschinisten von Bagnolet und zwei Blitzbesuche in einer Lausanner Klinik. Und dann als letzten, in der Nummer »Gesang und Tod des Schwans von St-Etienne«, gab es einen Bühnen- und Kostümbildner.
Sie waren alle jung, schön, liebenswürdig, uneigennützig und verliebt. Verliebt und informiert.
Sie wußten, daß es »Tintin« gab. Daß sie Tintin sehr gern hatte, daß man Tintin niemals Kummer machen durfte, daß sie Tintin nie verlassen würde.
Also verließen die Männer sie. Sie war unglücklich darüber, aber das ging vorbei. Mehr oder weniger rasch.
Mit dem Kostüm- und Bühnenbildner ging es weiter.
Nicole ihrerseits war durch ihren häufigen Aufenthalt in den Garderoben hinter den Kulissen und in den Bistros neben den Theatern, in denen Maddy, auch wenn sie nicht mehr engagiert wurde, herzliche Freundschaften unterhielt, mit dieser Welt vertraut geworden, wo man wie die Kinder zu

spielen, zu singen, zu tanzen, zu lachen und zu weinen und zu lügen verstand.
Und sie fand endlich eine Rechtfertigung dafür, daß sie damals einem unerklärlichen Impuls folgend Seine Majestät Lucien Guitry und nicht seine Exzellenz den französischen Botschafter beim Zaren gewählt hatte, um Pjotr Zedkin nach Paris zu bringen.
Sie fand die Entdeckung der Welt der Kinder zwar sehr amüsant, verlor aber dennoch damit keine Zeit, denn sie entdeckte gleichzeitig die Welt der Erwachsenen, von denen das Schicksal eben dieser Kinder abhing. Auch sie hatten ihre Garderoben hinter den Theaterkulissen, oft auf demselben Stockwerk wie die Kinder. Aber während die Kinder sich nur vorübergehend in ihren Garderoben aufhielten, je nach Erfolg oder Mißerfolg, waren sie dort auf Dauer installiert. Im übrigen nannten sie ihre Garderoben nicht Garderoben, sondern Büros. Und sie waren keine Kinder.
Und da Nicole auch kein Kind war, begriff sie bald die Mechanismen, die dazu führten, daß ein Stück inszeniert oder nicht inszeniert oder manchmal sogar während der Inszenierung abgesetzt wurde. In diesem Fall klatschte immer derselbe trostlose Satz den Opfern um die Ohren:
»Wir hören auf, Kinder, *mein* stiller Teilhaber hat *uns* fallenlassen... *Meine* Lieferanten machen nicht mehr mit.« Der Titel »stiller Teilhaber«, hinter dem sich unsichtbare Geschöpfe versteckten, von denen man selten wußte, aus welchen fernen und versiegbaren Quellen sie die versprochenen bezahlten oder nicht mehr bezahlten Gelder bezogen, hatte Nicole nie gereizt. Dagegen gefiel ihr der Titel des »Lieferanten«, im edlen Sinn eines »Königlichen Lieferanten«, »Hoflieferanten« oder »Exklusivlieferanten«, weil er eine Aura von handwerklicher Romantik hatte. Nicole benützte also die Lieferantentreppe, als sie ihren ersten offiziellen Auftritt bei der großen Theaterfamilie

machte, kurz bevor Maddy Varga sich entschloß, dieser Lebewohl zu sagen.
Der junge Bühnen- und Kostümbildner-Geliebte hatte dabei sehr geholfen.
Die Handlung der *Enteigneten* — das war der Titel des Dramas, in dem Maddy Varga ein letztes Mal Berühmtheit suchte — spielte in einem luxuriösen rheinischen Schloß. Alex Grandi, der neue Liebhaber, inspiriert von seiner aufkeimenden Leidenschaft, hatte für Maddy ein Abendkleid entworfen, dessen Anfertigung eine solche Menge von Paillettentüll und handgestickter Seide erforderte, daß die Theaterdirektion vor den Herstellungskosten zurückgeschreckt war. Und da hatte sich Nicole eingemischt. Sie übernahm Material, Ausführung und Fertigstellung. Gratis. Sie ließ die Nachricht Maddy zukommen, die sie an Alex Grandi weitergab, der verständigte die Direktion. Die Direktion war entzückt, beglückwünschte die junge Künstlerin zu derartig blendenden Beziehungen und drückte den Wunsch aus, diese unvergleichlich wohlwollende Partnerin kennenzulernen.
Und zum ersten Mal im Leben fand sich Nicole einem Theaterdirektor gegenüber, der ihr Portwein servierte, auf der Ecke eines Schreibtischs, der ebenso überladen war von Rechnungen und Kontoauszügen wie der Janeks. Nur die verblichenen Plakate, die mit Reißnägeln an den Wänden befestigt waren, erinnerten sie daran, daß sie nicht in der Rue d'Aboukir war.
Ja, tatsächlich, sie wollte das Kostüm schenken. Und sehr gern. Sie fand das Theaterstück wunderbar! Sie bot sogar, gegen eine lächerliche Leihgebühr, die gerade die Versicherungskosten decken würde, ein sehr schönes weiteres Requisiten-Stück an, das den Reichtum und die Nonchalance, die die Rolle von Mademoiselle Maddy Varga verlangte, endgültig zum Ausdruck bringen würde, wenn sie im zweiten Akt im feuchten Gewölbe des großen Schloßsaales

auftrat. Ein Cape aus echtem Zobelpelz, das die Heldin nach dem zweiten Stichwort ablegen konnte, um den Zuschauern die Pracht des Abendkleides zu offenbaren. Als Ausgleich wollte sie nur eine kleine Bitte vorbringen. Eine sehr bescheidene Bitte.
Sie zog aus ihrer Handtasche einen Zettel mit einem Text, der unmittelbar von der Aktion »Löschpapier/Sandwichmann« angeregt war, jener Aktion, die dem Geschäft Roginski-Ziegler so gut bekommen war. Sie las dem Direktor vor:

> Das Abendkleid und das Zobelcape, die Mademoiselle Maddy Varga im zweiten Akt trägt, sind Exklusiv-Kreationen von FÉMINA-PRESTIGE.

Der Direktor akzeptierte, hocherfreut, daß er so billig davonkam. Nicole Roginski und FÉMINA-PRESTIGE hatten gute Aussicht, den Status ihrer Firma zu verändern.
Auch für das Zobelcape gab es Veränderungen. Die bescheidene Rolle, die es jeden Abend im zweiten Akt der *Enteigneten* spielte, hatte es dem Vergessen und dem mit Naphtalinkugeln gespickten Überzug entrissen, in dem es seine Besitzerin seit Jahren aufbewahrt hatte. Nicole und Maddy teilten gerecht das Entgelt, der auf den Kostenauszügen des Theaters unter der Rubrik »Requisiten-Leihgebühr an FÉMINA-PRESTIGE« eingetragen wurde, während die Pailletten-Robe in der Kolonne »Gegengeschäft/Werbung« geführt wurde.

Auch Sonja und Olga waren im Begriff, ihren sozialen Status zu verändern, und wußten es noch nicht.
Tausende von kleinen gold-, silber- und purpurfarbenen Pailletten überschwemmten eines Tages das zweite Stockwerk der Rue de la Mare. Man konnte sie überall finden: in den Fußbodenritzen, den Laken der Kinder-Faltbetten, auf den Treppen und sogar im Haar von Josette Clément.
Die beiden mußten sie, nach einem Arabeskenmuster, aufnähen, das in verschiedenfarbigen Pünktchen auf taubengrauen Tüll gezeichnet war. Den Stoff bekamen sie zuerst in Einzelstücken, die dann abgeholt wurden. Später kamen die zusammengenähten Stücke für die Endarbeiten wieder zu ihnen zurück. Geschickt zusammengefügt ergaben diese ungleichen und glanzlosen Tüllstücke, bevor sie zum Glitzern gebracht wurden, ein Abendkleid, wie sie es noch nie gesehen hatten, außer in den Illustrierten, die ihnen Herr Katz zum Durchblättern gab, während er Zaza und Maurice die Haare schnitt.
Sie hatten winzige Druckknöpfe angebracht, Säume genäht und Volants mit spinnwebfeinem Faden umstochen, und das Kleid war fertiggemacht und abgeholt worden. So wie jeden Tag die fertigen Jungmädchen-Mäntel mit ihren Goldknöpfen und die Damenkostüme mit den Pelzkragen geholt wurden, die sie nie wieder sahen, außer im Reklameteil der Zeitungen. Dort reihten sich seitenlang die Silhouetten schnurschlanker Frauen und unglaublich hochmütiger, vornehmer Kinder, auf die die Modelle gezeichnet waren, die Sonja und Olga manchmal wiedererkannten und deren Preise sie sprachlos machten.
Nicht auf ordinärem Zeitungspapier, sondern als ganzseitiges Foto auf luxuriösem satiniertem Papier sahen sie ihr Abendkleid wieder, etwa drei Monate nachdem es aus der Rue de la Mare entschwunden war. Als Barsky und Gromoff sich um die Mittagszeit bei Sonja einfanden und ihr das Bild einer sehr schönen jungen Frau entgegenhielten.

Fürst Andrej hatte am Abend zuvor in seinem Taxi ein Programmheft gefunden, das ein Fahrgast, den er am Café de la Paix aufgenommen und ins XVI. Arrondissement gefahren hatte, auf dem Rücksitz liegengelassen hatte. Neugierig blätterte er es durch, und da ihm die Pailletten in Erinnerung geblieben waren, die sich wie die Flöhe über das Haus verbreitet hatten, habe er, wie er sagte, das Kleid wiederzuerkennen geglaubt, das den beiden jungen Frauen soviel Arbeit gemacht habe. Und dazu noch *das,* fügte Barsky mit einem Blick auf Olga hinzu, die gerade aufgetaucht war. *Das* war eine Art von großem Pelztier, das die junge schalkhafte Brünette, von Piaz in ganzer Figur aufgenommen, mit nachlässiger Hand über den Boden schleifen ließ.
»Exklusiv-Kreationen von FÉMINA-PRESTIGE«, murmelte Barsky, der dachte, sie könnten vielleicht nicht lesen, was unter der Fotografie von Maddy Varga im zweiten Akt der *Enteigneten* stand.
Barsky und Gromoff schenkten ihnen das Programm und überließen sie, voller Zufriedenheit über ihre gute Tat, ihren eigenen Gedanken.
Einen Augenblick lang überkam die beiden die Lust, mit eigenen Augen zu sehen, wie ihr Abendkleid und das schon ehrwürdige goldfarbene Futter ihres unvergeßlichen Capes im Scheinwerferlicht eines Theatersaals schimmerten. Sie verjagten sie sofort, so wie man den Gedanken an einen abenteuerlichen Ausflug in exotische Länder abschüttelt. Beide hatten seit ihrer Ankunft unter der Glaskuppel der Gare de l'Est keine Reise mehr gemacht.
Sonja schnitt das Foto aus dem Programm aus, und da sie es mit Olga teilen wollte, beschlossen sie, es in den »Rahmen der Unsrigen« zu stecken.
Das war ein großer Wechselrahmen, gefaßt von vier schmalen, dunklen Mahagonileisten, der auf dem Kaminsims im Eßzimmer der Roginskis stand. Elie und Sonja

Guttman hatten ihn Stepan und Olga nach der Geburt Zazas geschenkt.
Es war die moderne Version eines Familienalbums. Man brauchte nicht mehr umzublättern. Wenn man die Fotos, die sich — zuerst geordnet, dann ungeordnet — unter dem großen Glas angesammelt hatten, ein wenig genauer betrachtete, konnte man Zaza im Sportwagen sehen, geschoben von Maurice; Sonja, Olga und Stepan vor dem Haus, Olga und Stepan als ländliches Brautpaar, Elie, Zaza und Maurice auf der Terrasse beim Auvergner, Zaza auf Elies Knien; Maurice und Robert am Tag der Preisverleihung mit Monsieur Florian, Zaza allein mit einem hübschen Spitzenkragen, Madame Lutz und Madame Lowenthal am Fenster der Concierge-Loge, Félix und Jeannette vor der Tür und dazu noch ein paar Unbekannte, die nur den Eltern bekannt waren.
Im Lauf der Jahre fanden Olga und Sonja stets Mittel und Wege, noch ein Bild in den »Rahmen der Unsrigen« zu stecken, selbst wenn sie sie ein wenig zusammen- oder gar übereinanderschieben mußten. Sie sagten »Die Unsrigen«, weil das die Übersetzung des hübschen, eher slawischen als jiddischen Worts war, das »die Familie« bezeichnet. Die »Unsrigen« befanden sich bei Olga, weil man öfter bei Olga als bei Sonja arbeitete.
Maddy Varga trat also in den Kreis der Familie ein. Manchmal sahen die beiden sie an, dann vergaßen sie sie und machten sich wieder daran, Baumwollsatin zu säumen, Glasaugen auf Hasenfell zu nähen und Goldknöpfe auf Manschetten ohne Knopflöcher zu nähen.
Bis zu dem Tag, als sie in den beiden großen schwarzen Baumwollballen Stoffstücke aus weißlichem Krepp entdeckten, die man sie bat — auf einem angesteckten Zettel mit den dreimal unterstrichenen Worten »Sehr eilig« —, nach den angegebenen Maßen zuzuschneiden, nach beigefügter Zeichnung zusammenzusetzen und Saum, Hals- und

Ärmelausschnitte mit der Goldlitze zu garnieren, die sie in der nötigen Abmessung auf zwei großen Holzspulen unten in jedem Packen finden würden. Die kurze handgeschriebene Mitteilung trug eine unleserlich geschriebene Unterschrift. Jeannette Clément entzifferte den beiden die ziemlich lange Botschaft.
Sie hatten zwar noch nie Kreuzfahrten nach Griechenland gemacht und auch niemals den Louvre besucht, aber die Zeichnung besagte deutlich genug, daß sie Kostüme nähen sollten, wie sie die Figuren in Maurice' Schulbuch für alte Geschichte trugen.
Sie schnitten also ein erstes Peplon zu, und als sie es mit Litze besetzen sollten, hörten sie zu arbeiten auf.
Als am Abend der Dreiradfahrer vorbeikam, fand er in der Concierge-Loge der Cléments einen Brief statt der beiden Ballen, die er abholen wollte.
Den ganzen Tag hatten sie sich den Brief durch den Kopf gehen lassen. Mit Hilfe von Jeannette Clément waren die großen Linien festgelegt worden, und Félix Clément brachte das Ganze in Form. Maurice schrieb es auf einen schönen Briefbogen ab und steckte es in einen Umschlag, der an den Personalchef von FÉMINA-PRESTIGE adressiert war, »durch Boten«. Der Brief lautete:

> Sehr geehrte Herren,
> angestellt als Heimarbeiterinnen für die Fertigstellung ihrer Konfektionswaren, haben wir viele Jahre lang für Ihre Firma gearbeitet zu dem Ihnen bekannten Tarif. Ihre letzte Sendung erfordert jedoch die Arbeit einer Schneiderin. Wie sie wissen, haben wir schon früher derartige Arbeiten für Sie ausgeführt. Wir sind bereit, das auch weiter zu tun, aber unter anderen Bedingungen als die, die Ihre Firma unserer Berufs-Kategorie zugesteht.
> Nehmen Sie unsere besten Grüße entgegen.

Unterzeichnet war der Brief von Sonja Guttman, sehr leserlich, und von Olga Roginski, kaum leserlich.
Am nächsten Tag kam das Dreirad mit einem maschinengeschriebenen Brief zurück, der, zwischen zwei Fastnachtsmasken, die gravierte Inschrift »MASQUES ET BERGAMASQUES, Historische Kostüme und Neu-Kreationen« trug. Zaza las ihn ihnen vor:

> Sehr geehrte Damen,
> wie Sie sehen, hat sich unsere Firma vergrößert.
> Madame Victoria Jean richtete vor kurzem eine neue Abteilung unseres Hauses ein.
> Sie übertrug die künstlerische Leitung an Monsieur Alexandre Grandi, einen sehr talentierten Bühnen- und Kostümbildner, für den Sie schon gearbeitet haben.
> Auf sein Drängen hin haben wir uns entschieden, Sie mit der Ausführung der griechischen Tuniken zu beauftragen, zu denen Sie schon Material und Skizzen erhalten haben und die sehr dringend benötigt werden.
> Selbstverständlich wird Ihr Entgelt auf einer neuen Basis berechnet werden. Nur die Zeitnot hat uns daran gehindert, bisher diesbezüglich mit Ihnen zu verhandeln.
> Gute Arbeit!

Es war unterschrieben: »Für die Direktion: unleserlich«.
Sehr stolz auf ihre Beförderung machten sich Olga und Sonja denn auch fröhlich an die Arbeit, und am Abend zeigten sie den Brief Stepan und Elie, nachdem sie den beiden gestanden hatten, er sei die Antwort auf einen eigenen Brief, von dem sie ihnen nichts gesagt hatten. Den Entwurf dazu hätten sie aber aufgehoben.
Nun war es an der Reihe der beiden Männer, sehr stolz auf

ihre Frauen zu sein. Vor allem Stepan, der den Brief der Firma noch einmal durchlas. Er grinste höhnisch bei der Erwähnung von »Madame Victoria Jean« und begriff erst im nachhinein, warum er seit einiger Zeit auf der Treppe der Rue d'Aboukir so oft der verhaßten Schwägerin begegnete, immer in Begleitung eines sympathischen, dunkelhaarigen jungen Mannes. Das mußte Alexandre Grandi sein. Den letzten Absatz las er laut vor, sagte: »Na, wir werden ja sehen« und gab den Brief an Sonja zurück, die ihn zusammen mit den Mietquittungen verstaute.

Am übernächsten Abend kam anstelle der anonymen, gleichgültigen und austauschbaren Dreiradfahrer, die seit so vielen Jahren die schwarzen Baumwollpacken ab- und wieder aufgeladen hatten, ein schöner junger Mann mit braunen Haaren in den zweiten Stock der Rue de la Mare.
»Bonjour, Sonja, bonjour, Olga«, sagte der große Dunkelhaarige und streckte ihnen lächelnd beide Hände entgegen. »Von jetzt an werden Sie für mich arbeiten. Ich heiße Alex, Sie machen mir eine Tasse Kaffee, und ich erkläre Ihnen alles.«
Und er erklärte. Er erwarte von ihnen dieselbe schöne Arbeit wie bei dem Paillettenabendkleid, solche wie sie beide gebe es nicht mehr viele, denn das sei ein aussterbender Beruf. Er rechnete ihnen den Tarif vor, nach dem man sie jetzt gerechterweise bezahlen würde. Die Tuniken, die seien ein kleiner Auftrag, um die Firma bekannt zu machen, nachher würden die Aufträge nicht abreißen. Er werde ihnen eine Schneiderpuppe kaufen und auch eine echt italienische Kaffeemaschine, denn er werde oft hier sein. Dann sah er das Foto von Maddy im »Rahmen der Unsrigen« und sagte: »Schön, nicht wahr?« Sonja und Olga hatten nicht die Zeit zu fragen, ob er das Kleid oder das Mädchen meinte, er war schon gegangen mit einem »Bis morgen!«
Am nächsten Tag kam er wieder, mit einer Schneiderpuppe,

gemischtem Gebäck, einem Päckchen gemahlenem Kaffee »Corcelet« und einem komischen Aluminiumzylinder mit einem Handgriff aus schwarzem Hartgummi. Er stellte die Schneiderpuppe in Sonjas Eßzimmer und demonstrierte in Olgas Küche, wie die italienische Kaffeemaschine gehandhabt wurde. Als er wieder ging, hinterließ er jenen Duft, der den beiden Teetrinkerinnen noch am Vorabend unbekannt gewesen war, sowie den ausgestopften Rumpf der Puppe, die Maurice und Zaza »das Weibsstück« tauften.
Dann vergingen drei Tage ohne jede Nachricht. Sonja und Olga, zum ersten Mal im Leben untätig, betrachteten die Schneiderpuppe, fingen an, sich zu fragen, ob sie es nicht mit einem Betrüger zu tun hätten, und begannen, ohne es auszusprechen, mit Bedauern an ihre langweiligen, aber pünktlich eintreffenden täglichen Packen zu denken.
Am vierten Tag, gegen neun Uhr morgens, tauchte Alex wieder auf, die Arme voll von Seiden- und Samtrollen in allen Farben. Aus einer großen Tasche holte er Steifleinen, eine Menge von Perlensäckchen und drei Zeichnungen.
Olga brachte das Kaffeewasser zum Kochen, während Sonja Alex dabei half, die Zeichnungen auf der Blümchentapete des Eßzimmers mit Reißnägeln zu befestigen. Und das Abenteuer begann. Weder Stepan noch Elie oder Maurice schenkten ihm wirklich Aufmerksamkeit. Dagegen trieb Zaza jeden Tag gegen vier Uhr Josette und Mirjam zusammen, um zu sehen, wie »das Weibsstück« jeweils gekleidet war.
Zehn Tage später verließen die drei prunkvollen Kurtisanenkleider, für die Gespielinnen der Orgien Lorenzo di Medicis, auf den Armen von Alex die Rue de la Mare.
Bevor er sie mitnahm, schrieb er mit wasserfester Tinte auf drei kleine weiße Bändchen »MASQUES ET BERGAMASQUES. Sonja und Olga, 3. 9. 1932«. Sonja und Olga nähten sie auf den Taillenbändern fest, wie Mütter, die die Ausstattung ihrer Kinder mit Namen versehen, wenn sie zum ersten Mal ins Internat abreisen.

»Wenn die Sache läuft, haben wir bald richtige Namensetiketten, extra für euch gewebt. Damit könnt ihr rechnen, Mädels!« sagte Alex, indem er die Treppe hinunterging und es Sonja und Olga überließ herauszufinden, was er meinte.
Da die Sache wirklich lief, wurde ein zweites »Weibsstück« aufgestellt, diesmal im Eßzimmer der Roginskis. Und die gewebten Namensetiketten kamen auch.
Dann, eines Abends, als Maurice vom Lycée zurückkehrte, fand er ein echtes »Weibsstück« im Eßzimmer vor. Sie zog sich eben aus vor Olga, seiner Mutter und Alex.
Da er und Zaza nun beim Nachhausekommen keine Tischecke mehr fanden, um ihre Schularbeiten zu machen, wie sie es seit Beginn ihrer Schulzeit gewöhnt waren, erledigten sie diese mehr und mehr in der Concierge-Loge der Cléments: Maurice mit Robert, Zaza mit Josette, unter der sanftmütigen Aufsicht von Jeannette, die die Gelegenheit nutzte, um mit den Mädchen das wieder zu lernen, was sie vergessen hatte, oder mit den Jungen, die inzwischen in der Klasse 4A des Lycée Voltaire waren, das zu lernen, was sie nie gewußt hatte.

Ach, mein unvergleichliches, mein abscheuliches, unersetzliches und heiß geliebtes Luder!« dachte Janek bei sich selbst und auf jiddisch, während Nicole die Hand der alten Dame führte, der sie eben eine reich verzierte Tortenschaufel gereicht hatte.
»Unserer Patin gebührt die Ehre, unsere erste Kerze auszublasen und uns die Kuchenstücke auszuteilen«, hatte sie gesagt, als der Kellner von La Cascade am Bois de Boulogne eine riesige Mokka-Schokoladen-Torte auf den Tisch gestellt hatte.

Die Glasur war verziert mit zwei Masken aus Mandelmasse, eine lächelnd, die andere traurig, und aus Vanille- und Erdbeercreme waren Silhouetten tanzender Einwohner von Bergamo angedeutet, unter dem Marzipan-Datum »29. Juli 1933«. In der Mitte brannte eine Kerze. »Nach russischer Weise«, hatte Nicole verkündet.
Madame Leblanc blies die Kerze aus, und die neun Tischgäste applaudierten.
Hier fiel sozusagen der Vorhang nach einer Komödie, die monatelang geprobt, soeben aufgeführt und augenscheinlich von Erfolg gekrönt war.
Als glückliche Autorin und Regisseurin lächelte Nicole Judith Victoria Anna ihrem Mann und dem Rest der Truppe zu. Auf ihrem Gesicht lag jene nachsichtige Dankbarkeit der Schöpferischen, die viel mehr über die Endzwecke ihres Werkes wissen als die Schauspieler, die sich darauf beschränken, die ihnen anvertrauten Rollen gut zu spielen.
Im Werk Nicoles erinnerte manches an Marivaux, manches an Feydeau und an Alexandre Dumas Père, und hätte Janek, statt auf jiddisch zu träumen, auf französisch gedacht, wäre ihm möglicherweise der Seufzer entfahren: »Gut gespielt, Marguerite!«
Eingeladen, um die erste Vollversammlung der Gründer der Firma MASQUES ET BERGAMASQUES zu feiern, saßen um den Tisch:

> Der Ehrenpräsident, Augustin Leblanc, und seine Gattin
> Der Geschäftsführer, Roger Ziegler, und seine Gattin
> Die stellvertretende Direktorin, Maddy Varga
> Der künstlerische Direktor, Alexandre Grandi
> Der juristische Berater, Maître Dubâteau-Ripoix, mit seiner Gattin
> Die Direktorin, Victoria Jean, mit ihrem Gatten

Die Dramaturgie, die dieses noch ein paar Jahre zuvor undenkbare Diner ermöglicht hatte, war eine denkbar einfache: sie beruhte auf dem klassischen System des Irrtums.
Von Nicole, Janek und Maddy abgesehen, irrte sich an diesem Tisch jeder über jeden.
Augustin Leblanc zum Beispiel fand es genial, wie seine junge Geliebte mutig die anderen hinters Licht führte, indem sie eine zweideutige Vertraulichkeit mit dem jungen Alexandre Grandi vorspielte, den er, Augustin Leblanc, mit gutem Grund für den Liebhaber Nicoles hielt. Hatte nicht sie ihn mit ihm bekannt gemacht?
Alexandre Grandi – dem Maddy, um ihn länger zu behalten als die anderen, nie gesagt hatte, daß es Tintin in ihrem Leben gebe – fragte sich, ob Augustin nicht der alte und schwerreiche Liebhaber Nicoles sei.
Liliane Ziegler ihrerseits fragte sich, ob Maddy Janeks Geliebte sei, was das Theaterprogramm erklärt hätte, das ihr in die Hände gefallen war, mit der Reklame für Fémina-Prestige, über die weder sie noch Roger informiert worden waren.
Maître Dubâteau-Ripoix, als Neuling von Roger Ziegler eingeführt, tippte auf eine Liaison Liliane Ziegler-Janek Roginski, so schweigsam fand er die beiden.
Die für diesen Abend auf ausdrücklichen Wunsch Nicoles dem heimatlichen Troyes entrissene Madame Leblanc fand alle diese Pariser Leute sehr nett und sehr fröhlich, vor allem Maddy und Alex, die sie »unser junges Paar« nannte und von denen sie während des Essens unaufhörlich ihrem Mann gegenüber schwärmte, wie gut sie zueinander paßten.
Beim Abschied auf der Treppe ließ Madame Leblanc, beschwipst von zwei Gläsern Champagner, ihrer guten Laune freien Lauf und sprach eine allgemeine Einladung aus:
»Kommen Sie doch alle nach Troyes, mich besuchen«, sagte sie, »es fehlt nicht an Liebesnestern in dem großen Haus, in

dem mich mein alter eifersüchtiger Bär unter Verschluß hält.«
Augustin Leblanc mußte sie in den Hotchkiss Zieglers schieben. Maddy bot Alexandre Grandi an, ihn in ihrem kleinen Talbot heimzufahren, die Dubâteau-Ripoix hatten ihren Chauffeur, der schon die Tür des Panhard für Nicole öffnete, als diese mit reizender, wenn auch etwas aufgesetzter Ungezwungenheit erklärte:
»Wir gehen zu Fuß heim, das ist gut für die Figur!«
Was Maddy zum Lachen brachte und Augustin Leblanc zum Umdrehen bewegte, als er sich eben entschlossen hatte, neben seinem Schwiegersohn Platz zu nehmen, der daraufhin den Motor startete.

Janek und Nicole überquerten die Avenue des Acacias und betraten eine kleine, sehr dunkle Allee. Sie sprachen nichts. Sanft faßte Nicole nach Janeks Hand. Er drückte sie, blieb stehen, schaute einen Augenblick um sich, dann zog er Nicole weiter in den Wald hinein, und dort liebte er sie rauh und zärtlich, wie man es daheim auf dem Lande im Sommer zu tun wußte.

»Mist! Jetzt habe ich die arme Joëlle vergessen«, sagte Nicole, als sie noch so spät Licht in der zweiten Etage im Salon der Le Gentils sah.
Joëlle Le Gentil war nach und nach in die bis dahin der »armen Anna« vorbehaltene Kategorie gerutscht. Nicht daß sie nicht mehr lebte, aber sie zählte einfach nicht mehr, oder nur in ihrer Rolle als Verwalterin der Nahrungsmitteleinkäufe, die ihr Nicole aufgrund ihrer eigenen künstlerischen Beschäftigungen aufgehalst hatte.
Die arme Joëlle hatte für Zeichen der Freundschaft und des Vertrauens gehalten, was Nicole ihr um so lieber abtrat, als sie die Razzia auf dem Markt von Neuilly schon längst nicht mehr amüsierte. So ging also Joëlle allein, gefolgt von den

Schwestern Baud, und kaufte ihrer Laune folgend in großen Mengen alles ein, was man in den Wohnungen im zweiten oder dritten Stock kochen konnte. So aß man nicht selten bei den Roginskis, was man am selben Tag bei den Le Gentils serviert bekam ...
Als Gegengabe wußte Nicole – die nicht soweit ging, ihr wie Armelle mit einem »Kenavo« zu danken – ihrer Eitelkeit zu schmeicheln mit Ausrufen wie »Danke, Liebes, bei alldem, was ich zu tun habe, wüßte ich nicht, wie ich ohne Sie fertig werden sollte ...«, die sie ihr entgegenschmetterte, wenn sie sich auf der Treppe begegneten, Joëlle auf ihrer Rückkehr vom Markt, Nicole auf dem Wege zur Allée Chateaubriand.
Sie sahen und sprachen sich also kaum noch, weshalb denn Joëlle Le Gentil auch nicht merkte, wie absolut gleichgültig sie jetzt Nicole war.
An diesem Morgen jedoch waren sie zusammengekommen, und die erhellten Fenster, wie bretonische Leuchttürme in der Nacht von Neuilly, erinnerten Nicole daran, während ihr Janek kleine Zweige aus der leicht zerzausten Frisur zupfte. An diesem Morgen hatte die arme Joëlle sehr früh bei ihrer Nachbarin geklingelt und sich mit der Vertraulichkeit einer Internatsschülerin am Fuß von Nicoles Bett niedergelassen, ihre Toasts geknabbert und ihren Tee geteilt. Sie wollte eine Bitte vorbringen:
»Sie erinnern sich sicher an den Staatsanwalt Henriot, meinen Vetter, oder vielmehr den Vetter meiner Mutter, von dem ich Ihnen so oft erzählt habe?«
»Natürlich«, antwortete Nicole, der das überhaupt nichts sagte und die nur an ihr abendliches Diner bei ›La Cascade‹ dachte.
»Also, dann ohne lange Vorrede. Was ich Sie bitten will, ist ein bißchen heikel ... Wir erwarten bei uns meinen Vetter Michel, das heißt meinen Vetter zweiten Grades, den Sohn des Staatsanwalts. Er ist auf der Durchreise in Paris, nach einer langen Studienreise durch Deutschland ...«

»Er hat in Deutschland Jura studiert?« erkundigte sich Nicole.
»Nein... Eine Studienreise zu großen Tierfarmen. Fuchsfarmen. Er liebt Tiere.«
»Deutsche Füchse?« fragte Nicole und lächelte; sie dachte an den verstorbenen Samuel Zedkin.
»Da fragen Sie mich zu viel: Wissen Sie, Pelze und ich... Jedenfalls, ob deutsche Füchse oder nicht, alles was ich weiß, ist, daß sie ein silbriges Fell haben... Mein Vetter Michel ist ein sehr schüchterner Junge. Er hat immer in seinem heimatlichen Morbihan gelebt, er mußte seinen ganzen Mut zusammenraffen, um diese Reise anzutreten. Ich habe mich gefragt, ob Ihr Mann ihm nicht einige Ratschläge geben könnte... über Absatzmöglichkeiten, denn er wird nun eine eigene Zucht anfangen auf dem schönen Landgut, das er in Lochen-Guidel besitzt, in herrlicher Lage, viele Hektaren Heide am Meer...«
»Er wird leiden, der Arme, wenn er Tiere liebt!« sagte Nicole, die begann, sich zu amüsieren. »All diese Silberfuchs-Babies, die mit der Flasche aufgezogen werden, um als Kragen, Manschetten oder Besätze zu enden... eine traurige Angelegenheit!«
»Ich nehme an, daß er sie nicht selbst töten wird«, antwortete Joëlle. »Aber auch das geht mich nichts an, nicht wahr? Ich möchte vor allem seinem Vater, dem Staatsanwalt, einen Gefallen tun, er ist ein großherziger Mann, und er macht sich Sorgen um die Zukunft seines Sohnes... Also, ohne viel Umstände, kommen Sie heute abend mit ihrem Mann zu uns zum Essen? Dann können die beiden zusammen fachsimpeln.«
»Heute zum Abendessen ist es unmöglich, wir haben schon etwas vor. Aber wir kommen hinterher auf ein Gläschen«, versprach Nicole, der das Wort »fachsimpeln« mißfiel.
Sie versprach, und dann vergaß sie. Jetzt erinnerte sie sich daran. Es war klar, man wartete auf sie in der zweiten Etage.

»Wir bleiben nur fünf Minuten«, sagte sie zu Janek, der nicht die geringste Lust hatte, diesen Abend auf solche Art zu beenden.
Kaum hatten sie den Salon der Le Gentils betreten, wurde sich Nicole klar, welcher Katastrophe sie und Janek dadurch entgangen waren, daß sie nicht zum Abendessen kommen konnten.
Der Sohn des Staatsanwalts, in einem Lehnsessel zusammengesackt, erhob sich nicht. Er reichte jedem seine weiche, feuchte Hand, bevor er sie aufs Knie zurückfallen ließ. Dann sah er sie nicht mehr an. Sein Kopf war nach vorn geneigt, eine lange schwarze Strähne, die von der schon kahl werdenden Stirn herabhing, verdeckte das rechte Auge und verschwamm mit dem dünnen Schnurrbart auf der Oberlippe; darunter war so etwas wie eine große Leere, die in einem gestärkten, schmutzigweißen Kragen verschwand. Im Gegensatz zu dem Eindruck, den man oft empfindet, wenn man verspätet in einem Familienkreis auftaucht, gewissermaßen als Eindringling in eine lange begonnene Unterhaltung, hatten Nicole und Janek das seltsame Gefühl, überhaupt nichts zu unterbrechen, höchstens das Schweigen, das schon seit Stunden über dem unglückseligen Trio, den beiden Le Gentils und ihrem Vetter Michel im Louis-Quinze-Sessel, lastete. Mit seinem Körper eines großen Weichtiers und dem Kopf eines schnurrbärtigen Haifischs ließ er an jene Meeresmonster denken, die die Springflut manchmal am Strand absetzt, wo sie langsam verwesen, bis das Meer die Überreste ihres Gerippes zurücknimmt, um sie anderswo auszuspucken.
»Wir sind aufgehalten worden ... entschuldigen Sie, daß wir so spät kommen«, sagte Nicole.
»Wir haben nicht mehr gehofft, daß Sie noch kommen«, gestand Joëlle und reichte ihnen zwei Gläschen billigen Wodkas; die Flasche hatte Edouard Le Gentil eben nur ihretwegen entkorkt. »Unser Vetter ist noch sehr erschöpft

von seiner Reise«, erklärte Edouard Le Gentil. »Deutschland macht müde, stimmt's, Michel!«
Michel Henriot hörte nicht zu, er starrte auf den Teppich.
»Und was haben Sie in Deutschland gesehen?« erkundigte sich Janek, der rasch ein Ende machen und gleich zu dem Thema kommen wollte, für das man ihn offensichtlich hergebeten hatte.
Michel Henriot hörte noch immer nichts.
»Monsieur Jean fragt dich, was du in Deutschland gemacht und gesehen hast, Michel«, sagte Joëlle sehr laut; ihre etwas schrille Stimme verriet, was alles in ihr drunter und drüber ging: daß sie schwach genug gewesen war, diesen Vetter einzuladen, und dumm genug, Fremde dazu zu bitten, den Familienidioten zu betrachten. »Also, erzähl uns ... Was hast du in Deutschland gesehen?«
Der Haifisch hob den Kopf. Er hatte sehr blaue, sehr kugelige, sehr unschuldige Augen.
»Ich habe ... ich habe Füchse gesehen, Wolfshunde und Juden«, sagte er mit einem gutmütigen, traurigen Lächeln.
»Du dummer Junge, du erzählst ja Blödsinn«, schalt ihn Joëlle.
»Das stimmt nicht ... Ich habe Juden gesehen, die Hunde spielten ... waren die komisch«, sagte Michel Henriot.
Edouard Le Gentil machte in Richtung Nicole und Janek eine ohnmächtige Geste. Die beiden tranken ihren schlechten Wodka auf einen Zug aus, murmelten: »Es ist spät« und folgten der armen Joëlle zur Eingangstür. Sie war den Tränen nahe. »Ich habe ihn seit fünf Jahren nicht mehr gesehen«, flüsterte sie. »Seine krankhafte Schüchternheit hat sich nicht gegeben ... Es ist schrecklich. Jedenfalls danke, daß Sie gekommen sind.«

In der Gewißheit, daß Joëlle hinter ihrer Tür horchte, stiegen die beiden die Treppe zu ihrer Wohnung schweigend hinauf.

»Vettern wie den würde ich verstecken!« rief Nicole oben und schenkte Janek und sich zwei große, echte Wodkas ein.
»Ein Kerl, der sich in Deutschland ausbildet, in dieser Zeit! Da hättest du mißtrauisch sein müssen«, sagte Janek. »Entweder ist er ein Schwein, oder er ist ein Verrückter.«
»Warum? Wirf doch nicht schon wieder alles durcheinander: Silberfüchse und Politik...«
»Ich habe es gesagt und ich sage es noch einmal: ein Kerl, der in dem Jahr, wo Hitler die Wahlen gewonnen hat, monatelang aus freiem Entschluß in Deutschland bleibt, kann nur ein Schwein oder ein Verrückter sein oder beides zugleich. Oder ein Schwein, das den Verrückten spielt. Denn das, was er auf der Straße gesehen haben will, hat er nicht erfunden. Es gibt gestiefelte Hitlertypen, die Juden wie die Hunde auspeitschen.«
Es war nicht das erste Mal, daß Janek vor Nicole über Hitler sprach. Es endete immer schlecht.
»Hebe diese Art Unterhaltungen für deinen Bruder auf«, sagte sie und bedauerte es schon, als sie es aussprach.
»Ich führe keine Unterhaltungen mit meinem Bruder, das weißt du sehr gut«, grollte er bitter. Dann ging er ins Badezimmer.
Wie schade, dachte Nicole, es war doch ein schöner und guter Abend. Und da sie auf sich selber böse war, versuchte sie um so mehr auf Joëlle Le Gentil böse zu sein.
Schweigend gingen sie zu Bett. Im Dunkeln näherte sich Nicole Janek.
»Du hast etwas nie begriffen«, sagte sie ihm ins Ohr. »Nicht, daß ich sie verabscheue, arme Juden machen mir angst.«
»Dann hättest du dir einen Rothschild ins Bett holen sollen«, flüsterte Janek auf jiddisch, so nahe ihrem Mund, daß der kleine, melodische Satz in einem Kuß endete.
»Bestimmt nicht«, hörte er verworren, während sie sich auf ihn schob.
Und sie liebten sich, wie sie es so gut verstanden, kunstvoll

und erfahren, seit soviel Wintern, Frühlingen, Sommern und Herbsten.

Am nächsten Morgen hatte Armelle Baud rotgeweinte Augen und einen Kratzer über der Nase. Sie weigerte sich zu sagen, warum sie geweint hatte, behauptete, der Kater im fünften Stockwerk streife nachts oft herum, und ging in ihre Küche zurück. Nicole wußte nichts von einem Kater im fünften Stock, wie sie im übrigen nichts wußte von allem, was da oben lebte.
Sie war einmal hinaufgestiegen, vor sehr langer Zeit, an dem Tag, als sie zusammen mit Joëlle die beiden Schwestern Baud in ihrem gemeinsamen Zimmerchen einquartiert hatte. Sie erinnerte sich, daß sie, bevor sie die Dienstbotentreppe wieder hinabstieg, den Kupferhahn über einem kleinen Zinkwaschbecken auf dem Treppenabsatz aufgedreht und befriedigt festgestellt hatte, daß Wasser herauskam; vom Klang her ortete sie Toiletten, die sie sich als Stehklos vorstellte und die sich ganz am Ende eines sehr langen Korridors befinden mußten. Sie zählte an den Fingern ab. Das war wohl sieben oder acht Jahre her.
Und nun waren Armelles rote Augen und dieser verdächtige Kratzer schuld daran, daß ihr plötzlich der makabre Scherz wieder einfiel, den Maddy, sich vor Lachen biegend, vor ein paar Wochen gemacht hatte. Sie waren dabei, die Treppe hinaufzusteigen, und kamen gerade an der Tür der Le Gentils vorbei, als sie die Stimme Joëlles hörten, die laut eine schluchzende Gildaise zurechtwies. Sie waren eine Sekunde stehengeblieben und dann weitergegangen. Drei Stufen höher hatte Maddy heftig ihre Füße an dem angenagelten Läufer abgetreten und dabei gesagt:
»Das nächste Mal werden wir auf dieser Treppe in Hirn treten, wenn deine Nachbarin und du eure dummen Bauernmädchen weiter so wohnen laßt wie die Schwestern Papin.«

Nachdem die beiden Schwestern Papin am 2. Februar 1933 ihre beiden Arbeitgeberinnen in Le Mans auf die grausamste Art ermordet hatten, übertrumpften sie an Berühmtheit Adolf Hitler, der ein paar Tage zuvor in Berlin die Macht übernommen hatte.
Seit jenem schicksalhaften Abend des 2. Februar hatte alles, was in Frankreich zu den echten oder falschen Kriminologen, zu Psychologen, Soziologen oder Erotologen zählte, plus ein paar surrealistische Maler, irgend etwas Neues zu sagen zum Fall von Lea und Christine Papin, die, nachdem sie die Damen Lancelin totgeschlagen hatten, Augen, Hirn, Skalp und Zähne ihrer Opfer auf der Treppe des hübschen Einfamilienhauses verstreut hatten. Die Mädchen hatten es nicht gewagt, ihren Herrinnen zu gestehen, daß die Sicherungen durchgebrannt waren, weil Lea Papin das neue elektrische Bügeleisen nicht richtig angeschlossen hatte...
Gewiss, es gab Grund, sich Fragen zu stellen. Und das tat man dann auch ausgiebig! Um so mehr als die Art der Beziehungen, die die jungen Schwestern verband, das neugierige Publikum zu erotischen Phantasien anregte, was äußerst lukrativ war für diejenigen, die in einer gewissen Presse darüber schrieben.
In der Tat hatten bei den Damen Lancelin die Schwestern Papin in den sieben Jahren, die sie dort in Stellung waren, immer im selben Zimmer und im selben Bett geschlafen...

»War es wirklich ein Kater, der Sie heute nacht gekratzt hat, Armelle?« fragte Nicole, als sie in die Küche kam. »Ja, Madame«, antwortete Armelle, den Kopf über das Spülbecken gesenkt.
»Dann hätte er eigentlich auch Gildaise kratzen müssen, wenn er sich in euer Zimmer eingeschlichen hat...«
»Nein. Warum denn? Gildaise, die war...«
Der Satz brach ganz plötzlich ab. Sie hatte zuviel gesagt oder nicht genug. Ein kaum merkliches Schulterzucken war

so etwas wie die Unterstreichung offensichtlicher Tatsachen.
»Gildaise war . . . war wo?« fragte Nicole sanft.
Es gab eine lange Stille. Armelles Hände steckten in dem blauen Emailbecken, wo die beiden Tassen und Untertassen vom Frühstück der Herrschaften zum Spülen bereitlagen. Ohne sie abzutrocknen, preßte sie ihre beiden Handflächen gegen die Augen und fing an, langsam, wortlos den Kopf hin und her zu schütteln, dann begann ihr ganzer Körper von einem Fuß auf den andern zu schwenken im Rhythmus eines dumpfen Stöhnens, das schließlich in einem Riesenschluchzer explodierte. »Jetzt müssen Sie mir alles sagen, Armelle«, befahl Nicole, die nun tatsächlich auf alles gefaßt war.
Und die doppelte Beichte begann.
Schon seit Jahren schlief Gildaise nicht mehr im selben Bett wie ihre Schwester, sie schlief mit Monsieur Lucas, dem Lastwagenfahrer aus der Reifenfabrik von Mademoiselle Joëlles Mann, im Zimmer, das Mademoiselle Joëlle ihm untervermietete. Deshalb konnte ein Kater nicht Gildaise und Armelle gleichzeitig kratzen.
Was den Kater anging, wenn Madame schon alles wissen wollte, so gab es keinen im fünften Stock, es hatte nie einen gegeben. Dagegen war gestern abend der Vetter von Mademoiselle Joëlle dort oben gewesen. Und Armelle knöpfte ihre karierte Bluse auf. Ihre Schultern, ihre Unterarme und ihr Brustansatz waren übersät von feinen, schwärzlichen Wunden und lilablauen Flecken, die anfingen, ins Schwefelgelbe zu spielen.
»Ich habe es gewußt, als ich erfuhr, daß er gestern kommen sollte. Das machte er schon mit den Mädchen, als er klein war und mit seinen Eltern auf Besuch zu den Eltern von Mademoiselle Joëlle kam. Und nicht nur mit den Mädchen, auch mit den Tieren. Das macht er mit den Fingernägeln und mit den Fingern, die so weich aussehen . . .«

Ihr Weinen ließ nach, und sie sprach jetzt in einem sachlichen Ton. »Gestern abend hat er ausgenützt, daß Monsieur und Madame zum Essen aus waren . . . Ich war in der Küche von Gildaise und bin früh nach oben rauf . . . Er ist mir auf der Treppe nachgegangen. Es war so um sieben . . . In mein Zimmer ist er nicht rein . . . das interessiert ihn nicht. Die Grausamkeiten, das ist in ihm, das macht ihm nur Spaß vor den Türen, wo Leute plötzlich vorbeikommen können.«
Gleichzeitig entsetzt und erleichtert schwor Nicole bei der heiligen Anne von Aurey, daß sie Mademoiselle Joëlle nichts über Gildaise und Monsieur Lucas verraten werde.
Was den Vetter Michel anging, konnte sie nichts versprechen. Da würde man später sehen. Jedenfalls befand er sich augenblicklich schon im Zug auf der Heimreise nach dem Morbihan. Sie tupfte Arnika auf die kleinen Wunden und küßte ihr Dienstmädchen, dessen Sinnlichkeit noch tief schlummerte, auf die beiden heißen Wangen. Weder das ungehörige Verhalten der Schwester noch die Feste in Neuilly, die sich seit so vielen Jahren ganz in der Nähe abspielten, hatten bisher vermocht, sie aufzuwecken.

Wie sie zu Armelle gesagt hatte, verschob sie es auf später — nahm sich aber fest vor, eines Tages Joëlle Le Gentil einen Bericht über die seltsamen Praktiken zu servieren, denen sich der Sohn ihres hoch geehrten Vetters, des Staatsanwalts in Lorient, hingab.
Das konnte sich nützlich erweisen, sagte sie sich, für den Fall, daß die arme Joëlle ihren snobistischen Tick soweit treiben sollte, unüberlegterweise einmal zuviel das Wort »fachsimpeln« zu gebrauchen. Aber wie gesagt, man würde das ja sehen. Später.
Angesichts dessen, was man dann später wirklich sehen würde, erschien es Nicole absolut überflüssig, zu dem Leid, das auf die zweite Etage links im Haus in der Rue Charles-Laffitte herabgestürzt war, noch etwas hinzuzufügen.

Die Schwestern Papin interessierten niemand mehr. Die ganze Presse sprach von nichts anderem mehr als dem »Heidemörder«.
Aber während die Schwestern Papin die elementarische Korrektheit besessen hatten, ihre Tat damit zu besiegeln, daß sie sich brav wieder in ihr kleines Bett legten und dort die Polizei erwarteten, führte der Heidemörder die Behörden an der Nase herum. Und sein Epos nahm in der Presse die Form eines Fortsetzungsromans an.
Zuerst sah man auf der Titelseite der Zeitungen einen untröstlichen jungen Witwer, inmitten einiger mit Gewehren bewaffneter Freiwilliger, beim Aufbruch zu einer Treibjagd. »Ich werde ihn finden, den Mann, der mein Glück zerstört hat«, lautete die Bildunterschrift des Fotos, die für Nicole an diesem Morgen als Doppelanzeige fungierte: als Heiratsanzeige Vetter Michels und als Anzeige, daß er Witwer geworden war.
Ein zweites Foto, größer als das erste, am Hochzeitstag des Witwers aufgenommen, illustrierte das »durch die ruchlose Tat eines gemeinen Landstreichers zerstörte Glück«. Nicole trug Armelle auf, die Männer in Gehrock und Frack, die Frauen in langen Kleidern und die kleinen Ehrenjungfern in Spitzen für sie zu identifizieren, die der lokale Fotograf je nach Rang und Verdienst rund um einen großen Tüllschleier plaziert hatte, der sich wie eine schneeige Pfütze zu Füßen der jungen Braut ausbreitete.
Armelle nannte die Honoratioren und zitierte die Namen aus dem Gotha des Morbihan. So entdeckte Nicole zum ersten Mal die Gesichter der Eltern Joëlles; das Gesicht des ehemaligen Spahis, des Bruders von Joëlle, erkannte sie kaum. Seiner militärischen Verpflichtungen enthoben und damit seines himmelblauen Käppis mit goldenem Halbmond samt übersticktem Burnus beraubt, sah er wie ein Ladenschwengel aus. Der Vater des jungen Bräutigams dagegen trug seinen feierlichen Frack mit der Ungezwun-

genheit eines Mannes, der an Robe und Hermelin gewöhnt ist.
Nicole hinterließ bei der Concierge eine Beileidskarte, adressiert an die Le Gentils: ». . . nehmen teil an dem Schmerz, der Ihre Familie betroffen hat.«
Am nächsten Tag — die Treibjagd hatte nichts ergeben — strich der Landstreicher immer noch herum, und man konnte auf der Titelseite den Witwer und seinen Vater einen langen Trauerzug anführen sehen. Das zerstörte Glück wurde in einer Granitgruft beigesetzt.
Zwei Tage später war der Heidemörder von Loch-en-Guidel identifiziert.
Man erfuhr, daß der Witwer selbst seine junge, neunzehnjährige Ehegattin mit sechs Karabinerschüssen umgebracht hatte. Sechs Monate nachdem sie seine Frau geworden, auf eine Heiratsanzeige hin, die ihre Mitgift mit zweihundertfünfzigtausend Francs angab.
Man erfuhr ebenfalls, daß ihr langer Brautschleier eine Hüftlähmung verhüllte und der Orangenblütenkranz die Narbe einer mißglückten Schädeloperation im Gefolge eines üblen Sturzes, der ihr eine Ehe eigentlich für immer unmöglich machte.
Und man erfuhr vor allem, daß einen Monat vor ihrem Hinscheiden eine Unfallversicherung über achthunderttausend Francs auf den geschädigten Kopf der jungen Behinderten abgeschlossen worden war. Mord war als Klausel eingeschlossen.
Es war ein Versehen des Staatsanwalts, zweifellos seinem Hang zur Ordnung und dem mit seinem Amt verbundenen Sinn für Disziplin zuzuschreiben, der diesen fetten Hasen aufscheuchte, genau in dem Augenblick, als die Treibjagd organisiert wurde, um den ruchlosen Landstreicher aufzustöbern.
Ein vom Staatsanwalt unterzeichnetes Telegramm, abgeschickt aus der Staatsanwaltschaft Lorient, das die seinem

Sohn zustehende Prämie anforderte, war beim Sitz der Versicherungsgesellschaft eingetroffen, noch bevor die junge Tote kalt war. Die Gesellschaft gab sich so umständlich wie alle Versicherungsgesellschaften und bat um Zeit, gleichzeitig übermittelte sie das Telegramm an eine andere Dienststelle der Untersuchungsbehörde in Lorient.
Das letzte publizierte Foto über die Affäre zeigte den Heidemörder, wie er in die Linse des kleinen Kodakapparates seines Opfers lächelte. Er trug Stiefel und eine Schirmmütze und hatte inmitten seiner Silberfüchse und Wolfshunde eine Peitsche in der Hand. Im Vordergrund erkannte man Stacheldraht, der die Tiere an der Flucht hindern sollte, und im Hintergrund, sauber aufgereiht, kleine Holzbaracken, die ihnen als Unterschlupf dienten.

Nicole hielt es für überflüssig, daß ein derartiges Dokument Janek unter die Augen kam. Sie warf die Zeitung also in den Mülleimer. Armelle zog sie dort heraus und schnitt das Foto aus.
In der zweiten Etage igelte man sich ein.
Wie Armelle sagte, die es von Gildaise hatte, verließ Mademoiselle Joëlle völlig niedergeschmettert ihr Bett nicht mehr. Und wieder laut Armelle, die es wiederum von Gildaise hatte, die es ihrerseits von Monsieur Lucas hatte, war der Mann von Mademoiselle Joëlle in der Fabrik nicht einmal mit Messer und Gabel anzufassen.
Daß die arme Joëlle nicht mehr aus dem Haus ging, machte sich beim Lebensmittelnachschub bemerkbar, und Nicole beschloß, einen großen Schlag zu führen — das Bild ist zutreffend, denn sie schlug gegen die kleine Tür zur Küche, anstatt an der Eingangstür zu klingeln, da Gildaise die Anweisung erhalten hatte, niemandem aufzumachen.
Als Nicole die Cousine des Mörders in ihrem Schlafzimmer aufsuchte, war die kaum noch zu erkennen. Diesmal war es Nicole, die sich vertraulich an den Fuß des Bettes setzte. Sie

sparte nicht mit den tröstenden Banalitäten, deren man sich Leidenden gegenüber bedient. Mit sanfter Stimme reihte sie die Sätze aneinander: »Mut... Fassen Sie sich... Es ist eine böse Zeit, die Sie durchstehen müssen. Man ist nicht für seine Familie verantwortlich... In allen Familien gibt es immer wieder einen Onkel oder Vetter, der...« Soweit war sie, als eine blitzartige Gedankenverbindung ihr bewußt wurde, daß von allen Banalitäten, die sie heruntergeleiert hatte, nur die zuletzt ausgesprochene sozusagen gültig und konstruktiv war. Also zog sie Joëlle mit brutaler Gutmütigkeit das zerknitterte Laken und die Decke weg.
»Sie nehmen sich jetzt zusammen, waschen sich, ziehen sich an, gehen auf den Markt und tun mir einen großen Gefallen. Schauen Sie doch einmal, was Ihr Freund Charlot anzubieten hat, und kaufen Sie mir seinen ganzen Warenbestand auf. Schuhe, Handtaschen, Unterwäsche, Gürtel. Ich nehme alles. Es fehlt uns an Material in der Firma. Also, aufgestanden! An die Arbeit für mein Geschäft!«
Und so wurde die arme Joëlle unbezahlte Einkäuferin für die Firma MASQUES ET BERGAMASQUES und gleichzeitig die beste Kundin des armen Vetters der »armen Anna«. Dann sah Charlot sie nicht mehr vor seiner großen Auslage, auf der, wie man zugeben muß, die schönen Stücke immer seltener wurden. Und eines Tages sah man auch Charlot nicht mehr auf dem Markt von Neuilly. Der Stand eines Gemüsegärtners aus Argenteuil nahm seinen Platz ein.
Nicole, als eifrige Verfechterin des Grundsatzes »direkt vom Erzeuger zum Verbraucher«, hatte die Zwischenhändler abgeschafft. Von nun an deckte sie sich in den großen Firmen direkt ein, die sehr empfänglich waren für das Interesse, das eine andere große, aufblühende Firma an den mit ihren berühmten Nametiketten versehenen Ladenhütern hatte; sie gewährten demzufolge

Masques et Bergamasques,
Historische Kostüme – Neukreationen, Ausleihe

Zahlungsbedingungen, die ebenso kollegial wie unschlagbar waren.

Wir treffen uns bei den Masques!« Diesen Satz hörte man immer häufiger hinter den Kulissen und in den Bistros in Theaternähe während der Probenzeit.
Bei den Masques stellte man her, man lieh aus, man nahm zurück, und man verkaufte nie.
Solange ein neues Theaterstück lief, blieben die Kostüme bei den Schauspielern, nach deren Maß sie geschneidert worden waren, und pünktlich nach der letzten Vorstellung kamen sie in die Firma zurück, wo sie, sorgfältig gereinigt, den Fundus bereicherten.
Bei den Masques konnte man jetzt alles finden, was nötig war, um Bürger von Calais, Alcesten, golfspielende knabenhafte Damen, heilige Blondinen, Feuerwehrmänner, Madame Bonacieux, Zigeuner-Geiger, Agrippinen, Mimi Pinsons, Schornsteinfeger und Nonnen von Vinzent-de-Paul anzuziehen.
Bei den Masques schnitt man zuerst nach Maß zu, dann änderte man viel. Unablässig wurde zusammengesetzt, aufgetrennt und wieder zusammengesetzt; häufig fand man die grünen Bänder aus dem *Misanthrope* auf der Haube einer Grisette und das graue Habit einer »Kleinen Schwester der Armen« in den Hosen eines Feuerwehrmannes.
Bei den Masques et Bergamasques wurde alles kreiert und noch einmal kreiert; nichts ging verloren.
Wer bei den Masques an einem neuen Kostüm für eine neue

Rolle plötzlich das Stückchen Stoff, das Endchen Spitze, die zwei, drei ziselierten Knöpfe wiedererkannte, die er schon in anderen Rollen an sich getragen hatte, für den war es wie die Wiederbegegnung mit Brieffragmenten einer alten Liebesgeschichte, ein Grund zur Freude. Alles freute sie übrigens, wenn sie zu den MASQUES kamen, vor allem aber die Tatsache, daß sie kamen. Denn wenn sie dorthin kamen, dann deshalb, weil man sie hinschickte, und wenn man sie hinschickte, damit sie sich ein Kostüm nach Maß machen oder ändern ließen, so war das das unbestreitbare Zeichen, daß man sie endgültig engagiert hatte.
Daher hatten sie, ob alt oder jung, an dem Tag, an dem sie kamen, um sich wie Kinder verkleiden zu lassen, das Lächeln von Menschen, die wissen, daß wenigstens für eine Weile ihre Zukunft gesichert ist. Das machte sie froh.
Froh waren sie, sowie sie in die hübsche kleine Allée Chateaubriand einbogen, die so aussah, als habe man sie in Gärten gelegt, damit sie den Hintergrund für Maskenbälle abgebe. Der Zauber ging weiter auf der Treppe, die nach Bohnerwachs duftete und zum ersten Stockwerk führte, und weiter in den Salons, die Alex Grandi mit dem ihm eigenen Geschmack und Victoria Jean mit ihrer überschäumenden Erfindungsgabe eingerichtet hatten.
Auf einem Parkettboden aus eingelegtem Holz, der ein wenig knarrte, wurden die Künstler auf Kanapees, Polsterhockern, niedrigen Samtlehnstühlen, schmächtigen Stühlchen mit vergoldeten Beinen, großen Stehspiegeln aus geschliffenem Glas empfangen, alles ergattert auf einer Versteigerung von Empire-Möbeln in Versailles.
Die Porträts ihrer großen Vorgänger an den Wänden ließen sie glauben, auch die hätten sich schon im gleichen Heiligtum auf ihre großartigen Rollenschöpfungen vorbereitet. »Ich will nur Tote, damit niemand eifersüchtig wird«, hatte Victoria Jean verlangt. Also boten Talma, Mademoiselle Mars, Frédéric Lemaître, Mademoiselle Georges, Réjane,

Sarah Bernhard und natürlich Lucien Guitry den Jüngeren ihr ermutigendes Beispiel dar oder erweckten bei den Älteren eine gewisse Verbitterung.

Unter dem Porträt Lucien Guitrys befand sich eine kleine Konsole, und darauf hatte Victoria Jean unter einem Glassturz das Fabergé-Ei aufgestellt, das in der Rue Charles-Laffitte seine Funktion als Salz-, Pfeffer- und Senfbehälter verloren hatte.

Die Reliquie ruhte nun hier, hermetisch verschlossen und rätselhaft, der Neugier der Besucher ausgeliefert. Die Gebildeten erinnerten sich an die sieben Jahre des Triumphes, die Guitry am Hof des letzten Zaren erlebt hatte, und erklärten den Unwissenden die Herkunft und den Ursprung dieses kaiserlichen Geschenks, das sie unter den Gauklern besser am Platz glaubten als in irgendeinem Museum.

Victoria Jean ließ die Gebildeten reden. Sie wartete auf die Ankunft eines Stars, bis sie sich herbeiließ, das Ei unter dem Glassturz hervorzuholen, auf den kleinen Rubin zu drücken und den kostbaren Mechanismus in Gang zu setzen. Das von dünnen Cembaloklängen begleitete Aufblühen des nunmehr leeren Eis erweckte ein Murmeln der Bewunderung, neben dem die lärmenden Ausrufe, die einst das Sichtbarwerden der Gewürze begleitet hatten, im Gedächtnis von Nicole Roginski wie das Geschrei von Karrentreibern klangen.

Diese kleine Zeremonie hatte sich erst ein oder zwei Mal abgespielt, die Stars erschienen noch selten bei den MASQUES. Aber eines Tages würden sie sicher kommen. Im Augenblick waren es vor allem zweite Rollen, Chargen und Statisten, die in die Allée Chateaubriand kamen.

Sie wurden von Ginette empfangen. Ginette war eine der drei Hofdamen der Königin Marie-Antoinette in *L'Autrichienne et le Serrurier* gewesen, die vielversprechendste der drei. Und dann waren die Jahre vergangen, und sie hatte nie den Sprung nach vorn geschafft. Da sie es leid war, immer

Nebenrollen zu spielen, war sie eines Tages in Tränen ausgebrochen, als sie bei den MASQUES das Kostüm einer Soubrette aus der Zeit der Jahrhundertwende anprobierte, das sie in einer weiteren jener flüchtigen, sie so deprimierenden stummen Rollen tragen sollte, die sie so traurig stimmten, so verzweifelt traurig, daß sie sich mit Süßigkeiten vollstopfte. Daß sie nun auch das Fischbeinmieder nicht mehr zuhaken konnte, vereint mit dem Kummer, nie eine wahre Rolle zu ergattern, war zuviel für ihre Nerven.
An diesem Tag schlug ihr Maddy Varga vor, bei den MASQUES einzutreten. Sie gab die Rolle der Soubrette ab und übernahm die der Empfangsdame. Endlich hatte sie eine feste Stellung gefunden. Und seitdem wußte sie aus eigener Erfahrung, ohne Bitterkeit, mit viel guter Laune und der Klugheit jener, die das alles mal schon selbst mitgemacht hatten, die Hoffnungen, Ängste und Enttäuschungen ihrer einstigen Arbeitskollegen zu teilen.
Sie war es auch, die die Regisseure und die Kostümentwerfer empfing, wenn sie ihre großen Kinder begleiteten, um eine Auswahl der Kostümreserve zu treffen. In solchen Augenblicken hatte sie das genußreiche Gefühl, ihresgleichen geworden zu sein. Man konnte nicht mehr dankend auf ihre Dienste verzichten, man schuldete ihr nun ein »Dankeschön, Ginette«.
Sie erlebte im Kleinen, was Maddy Varga im Großen erlebte. Die gleichen, die sie früher vorsingen und vorsprechen ließen, oft ohne sie dann für ihre Aufführungen zu engagieren, nannten sie heute »Liebe Maddy«, wenn es nicht gar »Liebe gnädige Frau« war.
Maddy Varga trat nur auf, wenn es um Maßarbeit ging, und immer gefolgt von Mademoiselle Agnès. Mademoiselle Agnès war eine weitere alte Bekannte Maddys, aus der Zeit, als sie sich bei Paul Poiret einkleidete. Als Mademoiselle Agnès von dort zu Molyneux übergewechselt war, folgte ihr Maddy, und als sie Molyneux verließ, folgte ihr Maddy zu

Jeanne Lanvin, die Agnès schließlich verließ, um nun ihrerseits Maddy zu den MASQUES zu folgen.
Mademoiselle Agnès war die wirkliche Leiterin des Ateliers und ließ sich das auch richtig bezahlen. Sie lächelte nie, höchstens mit mitleidiger Ironie in bestimmten, übrigens immer den gleichen Augenblicken. Sie richtete zu, steckte ab, zog Heftfäden heraus, immer schweigend, während Maddy Konversation führte. Bis sie mit stumpfer Stimme sagte: »Jetzt können Sie Madame Victoria Jean rufen.«
Dann erschien Nicole. Nach einem kurzen, etwas heiseren »Bonjour«, das die Schauspiel-Anfängerinnen stark beeindruckte, betrachtete sie lange das Kostüm und schüttelte dabei gedankenvoll den Kopf. Nach einem kurzen Schweigen streckte sie dann die Hand in Richtung Mademoiselle Agnès aus und murmelte: »Meine Kreide, bitte.« Mademoiselle Agnès gab ihr ein rechteckiges Stück blaßlila Kreide, das sie aus ihrem schwarzen Baumwollkittel zog. Victoria Jean zeichnete, ohne zu zögern, zwei oder drei gerade Linien und manchmal auch ein paar Kreuze, ein paar Millimeter von den weißen Heftnähten entfernt, die Knopfreihen oder Nähte markierten.
»Ist es nicht besser so, Mademoiselle Agnès?« sagte sie ernst, indem sie ihr die Kreide zurückgab.
»Viel besser«, antwortete Mademoiselle Agnès und verzog ihre Lippen zu dem bewußten Lächeln, während sie die Kreide in die Tasche steckte, worauf Victoria Jean entschwand.
»Es ist fast nichts, und doch verändert es alles«, meinte abschließend Maddy.
Mademoiselle Agnès stimmte weder zu, noch widersprach sie. Schweigend entkleidete sie die Künstlerin und verschwand ihrerseits, das unfertige Kostüm sorgsam über den Unterarm gefaltet.
In den hinteren Räumen erwarteten sie junge Lehrmädchen. Ihre Arbeit bestand hauptsächlich darin, unverzüglich jede

Spur der lila Kreide zu beseitigen, da die falschen Änderungen keinesfalls mit den echten verwechselt werden durften von den Schneiderinnen des ATELIERS MASQUES ET BERGAMASQUES, denen man sie nach kurzer Zwischenstation in der Allée Chateaubriand zurückschickte. Von diesen außerhalb liegenden Werkstätten gab es drei oder vier in Paris. Die Firma gab vielen Leuten Arbeit, die man niemals im Hause sah.
Auch Alex sah man kaum noch. Diese Räume, deren Dekoration er doch mit Liebe entworfen und ausgeführt hatte, amüsierten ihn nicht mehr, seine Liebesgeschichte übrigens auch nicht. Eines Tages hatte er begriffen, welche Rolle Tintin tatsächlich in Maddys Leben spielte. Es war weder für ihn noch für sie eine Tragödie, noch weniger für Augustin Leblanc, auf den das Ende dieser Liaison keine Rückwirkung hatte, da er ja nichts von ihr geahnt hatte. Alex war Maddys bester Kamerad und Nicoles amüsanter Komplize geworden. Er hatte ihr den Trick mit der lila Kreide beigebracht, den er eines Abends von einem lustigen Typen im Restaurant Cheramy in der Rue Jacob gelernt hatte; er hieß Prater oder Prévert, aber alle Welt nannte ihn Jacques. Nicole hatte sich den Trick angeeignet, und alle kamen dabei auf ihre Kosten. Besonders Alex, den das von seinen Obliegenheiten als künstlerischen Direktor und Anprobenchef für Kostüme, die er nicht selbst entworfen hatte, entlastete. Was den Fundus und seine weitere Verwendung betraf, so interessierte ihn das überhaupt nicht. »Ich bin kein Museumswächter und kein Verkäufer im Gebrauchtkleiderladen«, hatte er bei der letzten Gesellschaftsversammlung erklärt.
Für die Kostüme, die er selbst entwarf, zog er den Samtpolstern, den Porträts der großen Verstorbenen, dem Fabergé-Ei, der verdrießlichen Fachkenntnis Mademoiselle Agnès' und der Eleganz des VIII. Arrondissements die schlecht ausgestatteten Eßzimmer der Rue de la Mare vor, wo er das

Lächeln Sonjas und Olgas und seinen stets in der Küche der Guttmans oder der Roginskis bereitstehenden Kaffee vorfand.

Bekanntmachung einer Einladung
Die Familie Bonnet verläßt Sie! Seien Sie hiermit eingeladen, mit ihr ein letztes Glas zum Abschied zu teilen am Samstag, den 29. Juni 1934, pünktlich um 19 Uhr, in ihrer Wohnung in der ersten Etage links.   Eugène Bonnet
Vorstand des Katasteramts
bei der Mairie Saint-Mandé

Der Stil Monsieur Bonnets hatte sich zwar kaum geändert, aber die Art und Weise, wie er seine freundschaftliche Bekanntmachung verbreitete, war entschieden moderner geworden. Er hatte die alten Gebräuche abgeschafft und die Angelegenheit »auf amerikanisch« erledigt, wie er Jeanette Clément selbst erklärte, als er sie an diesem Morgen gegen acht Uhr bat, seinen maschinengeschriebenen Text an der Glasscheibe der Loge anzubringen. »Sie betrifft das selbstverständlich auch«, fügte er herablassend hinzu und verschwand, seiner Gewohnheit entsprechend, ohne eine Antwort abzuwarten.
Madame Lowenthal las als erste die Bekanntmachung einer Einladung, als sie von ihrer Wohnung herunterkam, um Einkäufe zu machen. Sie war so überrascht, daß sie unverzüglich die Treppe wieder hinaufging. Im ersten Stock zögerte sie eine Sekunde lang vor der Tür von Madame Stern, aber ihr Instinkt sagte ihr, es sei dringlicher, die verblüffende Neuigkeit zuerst zu Sonja und Olga zu tragen. Sie stieg also eine Treppe höher, überzeugt, daß diesmal die Wichtigkeit der Botschaft ihr Eindringen rechtfertigen würde.
Letztesmal, als sie bei ihren Nachbarinnen angeklopft hatte — es war bei Olga —, war die Sache nicht gut abgelaufen.

Sie hatte die beiden damit beschäftigt gefunden, Trachten ungarischer Bäuerinnen zu nähen, und sich berechtigt geglaubt, ein paar Vorschläge zu machen, die sie aus ihren Erinnerungen an die heimatliche Pußta schöpfte. Eine Weile gefiel das ganz gut, aber dann gefiel es gar nicht mehr. Vor allem nicht diesem großen, schlecht erzogenen Alex, dessen Nachname ihr nie einfiel und der jetzt immer hier herumlungerte. Er hatte ihr lächelnd, ohne ein Wort zugehört, sie dann sanft am Arm gefaßt, sie zur Tür geführt, sie auf die Stirn geküßt und zu ihr gesagt: »Madame Lowenthal, Sie sind ein reizender Plaggeist, also seien Sie noch reizender und plagen Sie jemand anderen. Lassen Sie uns arbeiten, meine beiden Freundinnen und mich.« Und er hatte die Tür hinter ihr zugemacht.
Vor allem hatte das Wort »Freundinnen« Madame Lowenthal schockiert. Sie kannte inzwischen die subtilen Zweideutigkeiten der französischen Sprache gut genug, um aus dem Vorfall die nötigen sich aufdrängenden Schlüsse zu ziehen.
Seitdem war sie also reserviert geblieben und hatte sich damit begnügt, Elie Guttman und Stepan Roginski ein wenig traurig zuzulächeln, wenn sie den beiden verblendeten Gatten auf der Treppe begegnete.
Aber schließlich war das deren Angelegenheit, und Madame Lowenthal haßte es, sich in das Leben anderer Menschen einzumischen. Und dabei hätte sich da so manches sagen lassen! Gott wußte, daß sie nicht war wie die Sterns mit ihren Gebeten und ihrem Rabbi, aber immerhin... Niemals Jom Kippur oder Rosch Ha-Schana, keine Beschneidung, keine Barmitzwa, nichts, nie etwas Jüdisches, das war zuviel! Ganz abgesehen von der Art und Weise, wie die Kinder erzogen wurden... wenn man das überhaupt Erziehung nennen konnte: Kinder, die von klein auf den Ton angaben, die vor sich hin summten und blöde grinsten wegen nichts und wieder nichts und die jetzt, wo sie größer

waren, ihre Tage bei der Concierge zubrachten, weil sie daheim keinen Platz hatten, bei der Concierge, der sie niemals ganz verziehen hatte, daß sie den Platz von Madame Lutz einnahm ...
Der flüchtige Gedanke an Madame Lutz, die Königin des Abschiedsfestes bei den Bonnets, erinnerte sie an die Gründe, die sie veranlaßt hatten, die Treppe wieder hinaufzusteigen. Die verblüffende Nachricht, die sie überbringen wollte, war nicht so sehr der Auszug der Bonnets oder die fabelhafte Beförderung, die den Büroangestellten bei der Mairie des xx. Arrondissements in einen Amtsvorstand im Rathaus von Saint-Mandé verwandelte. Nein! Das Verblüffende an der Nachricht war der Pardon Bonnets.
Monsieur Bonnet, das war klar, grollte ihnen nicht mehr wegen des Gewehrkolbenanschlags, den er von einem Mitglied der Garde Mobile im letzten Februar an der Place de la Concorde eingesteckt hatte. Genau gesagt, in der Nacht vom 6. auf den 7. Februar.
Es dauerte lange, bis die Wunde vernarbte, nicht nur auf dem Schädel von Monsieur Bonnet, sondern auch in seinem Kopf und seinem Herzen. Er hatte das im Haus sehr deutlich merken lassen, und Madame Lowenthal konnte ihm nicht ganz unrecht geben. Sie untersagte auch Monsieur Lowenthal ausdrücklich, sich beim Auvergner herumzutreiben, wo jeden Abend die Stavisky-Affäre sowie ihre Auswirkungen lang und breit kommentiert wurden. Vor dem Februar, während des Februars und nach dem Februar.
Madame Lowenthal fühlte sich zu sehr als Französin, um ausländische Betrüger nicht zu verurteilen, und zu sehr als ungarische Jüdin, um nicht russisch-jüdische Betrüger zu verachten. Das war ein wenig kompliziert, aber so empfand sie eben. Sie klopfte bei den Guttmans.

Von dem langen Monolog Madame Lowenthals nahm Sonja nur eines auf: den Anfang. Wenn die Bonnets auszogen,

wurde die Wohnung im ersten Stock links frei. Das und nur das war die verblüffende Neuigkeit, die in ihr wie eine Reklame-Leuchtschrift aufblitzte und erlosch. Eine Art Panik ergriff sie bei dem Gedanken, jemand anderer könnte sich vor ihr und Olga diese Räume aneignen, die ihnen so bitter fehlten, wenn sie arbeiten wollten, ohne das Leben ihrer beiden Männer und Kinder zu verpfuschen. Sie hörte Madame Lowenthal nicht mehr zu, sondern ließ sie auf dem Treppenabsatz stehen und klopfte bei Olga. Zusammen stürzten sie zu Jeannette Clément, der einzigen offiziellen Vertreterin der »Providence Urbaine«, bei der sie ihren Antrag gleich stellen konnten.
Madame Lowenthal, ihrer Zuhörerinnen verlustig, stürzte sich auf Madame Stern.
Die sehr diskrete Madame Stern, zu zerstreut, um neugierige Fragen zu stellen, hatte immer geglaubt, der Verband ihres Flurnachbars sei auf einen Verkehrsunfall zurückzuführen. Sie begriff daher nicht gleich die Tragweite des Pardons von Bonnet, so wie Madame Lowenthal ihn ihr darlegte. Dagegen veranlaßte sie ihr zum Optimismus wenig geneigtes Naturell zu zwei Bemerkungen, die die bedrohliche Zukunft des Hauses betrafen: »Erst wenn der Blinde den Einäugigen ersetzt, weiß man, was man verloren hat« und »Drei Elstern, die bei dir stehlen, sind weniger schlimm, als das Huhn, das schlechte Eier legt.«
Madame Lowenthal war enttäuscht, daß niemand sie verstand; sie beschloß, ihre Einkäufe auf später zu verschieben. Als sie zu ihrer Wohnung im dritten Stock gegangen war, ließ sie die Tür offenstehen und lauerte darauf, daß Barsky aufwachen würde, was, wie sie wußte, dauern konnte. In der Zwischenzeit riet Jeannette Clément, die recht gut wußte, daß sie in ihrer Position keinerlei Einfluß hatte und nichts tun konnte, als das Ansuchen an Aristide Cloutier weiterzuleiten, der ebenfalls keinerlei Einfluß hatte, Jeannette Clément also riet Sonja und Olga, unverzüglich ein

Schreiben an den Hauptsitz der »Providence Urbaine« zu richten. Angesichts der Verwirrung, die sich auf den Zügen Olgas und Sonjas spiegelte, als sie hörten, sie müßten einen Brief schreiben, schlug sie vor, bis zum Abend zu warten: »Félix macht das sehr gut für Sie«, sagte sie. »Bei den Briefen, die man der ›Providence‹ schickt« – so setzte sie hinzu – »weiß man zwar immer, wann sie abgehen, aber man weiß nie, wann sie ankommen, ob sie ankommen, wer sie liest und ob man sie überhaupt liest höheren Orts...« Und wie sie dieses »höheren Orts« sagte, hätte man meinen können, sie spreche vom Gipfel des Montblanc.

Sonja und Olga stiegen die Treppe zu ihren Wohnungen hinauf. Einen Augenblick betrachteten sie die Wohnungstür der Bonnets, deren Schloß sie zu verhöhnen und ihnen zu sagen schien: »Findet doch den Schlüssel!« So wie es auf den Rätselzeichnungen stand, die für sie immer unlösbar, für Maurice und Zaza aber kinderleicht waren.
Wie bei dem einzigen anderen Brief, den sie in ihrem Leben abgeschickt hatten, machten sie in Gedanken die verschiedensten Entwürfe. Und sie fragten sich, ob Félix Clément wirklich der Richtige sei für diesen Brief.
Mußte man im Stil einer berechtigten Forderung schreiben oder eher in Form einer Bittschrift? Sie kannten Félix gut genug, um bei seinem leicht drohenden Ton etwas Sorge zu haben. Der wirkte zwar großartig, wenn man forderte, was einem zukam, aber nicht bewies, daß er genauso funktionieren würde, wenn man einen Gefallen erbat... Und schließlich: die Bonnets waren keine Juden; vielleicht wünschte die »Providence«, daß ein anderer Goj den ausziehenden Goj ersetzte.
»Und die Miete?« sagte Olga plötzlich.
Sie ergingen sich in Berechnungen, aus denen hervorging, daß sie – wenn sie die neue Miete zwischen den beiden Haushalten teilten – mit ihrem gegenwärtigen Verdienst

hinkommen würden ... Und da merkten sie, daß sie dabei waren, die Zukunft zu planen, ohne mit ihren Männern auch nur darüber gesprochen zu haben. Das passierte ihnen nun zum zweiten Mal. Sie fühlten sich ein wenig schuldbewußt und beschlossen, sich nicht wie das letzte Mal zu verhalten. Sie wollten Elies und Stepans Heimkommen abwarten, bevor sie den Brief abschickten, den einer schreiben sollte, von dem sie nicht wußten, ob er ihn schreiben konnte, und der an Leute ging, von denen sie nicht wußten, ob sie ihn lesen würden.
Sie machten sich an die Arbeit. Diesmal waren es zwei »Winterhalter-Kostüme«, wie es auf dem Entwurf hieß. Sie kannten diesen Winterhalter nicht, aber sie machten ihm keine Komplimente. Seit zwei Tagen schlugen sie sich mit Krinolinen herum, die die Schneiderpuppen so umfangreich machten, daß sie sie hatten in die Küche stellen müssen, um die Klappbetten der Kinder aufstellen zu können.
Sie hörten, wie ein Lastwagen vor dem Haus stehenblieb. Im Stockwerk unter ihnen schob man Möbel herum. Der Umzug der Bonnets begann schon mit den großen Stücken. Das brachte sie wieder zum Träumen über Leere, die sich unter ihren Füßen ausbreitete und die sie so gut füllen könnten, wenn man es ihnen nur erlaubte.
»Der Faschist desertiert, scheint mir!« sagte Alex, den sie nicht hereinkommen gehört hatten.
Das Knistern des Taftes, den sie auf Olgas Krinoline befestigten, machte es ihm schwierig, die wirklichen Gründe für ihre augenscheinliche Aufregung zu begreifen. Sie, die sonst so ruhig waren, sprachen laut und fielen sich ins Wort, um ihm eine Situation zu erklären, die zuerst sehr einfach schien und von der er am Ende überhaupt nichts mehr verstand.
»Ruhe!« kommandierte er. »Fangen wir noch einmal von vorne an. Die Wohnung da unten wird frei, stimmt das? Und Sie brauchen Platz, um für mich zu arbeiten, stimmt

das? Eigentümer ist die göttliche Providence, stimmt das auch? ... Hat dieser Vercingetorix ein Telefon? ... Setzen Sie Wasser für den Kaffee auf, ich komme gleich zurück!«
Eine Viertelstunde später war Alex wieder da.
»Sache erledigt«, sagte er trocken, während er Zucker in seinen Kaffee tat. »Das kleine Schiff ließ die Nebelglocke läuten, die ›Providence‹ ist auf unserer Seite.«
Sonja und Olga hatten immer große Schwierigkeiten, Alex' Sprechweise zu verstehen. An diesem Vormittag mehr denn je. Und so wenig sie begriffen hatten, daß Vercingetorix den Auvergner von gegenüber bezeichnete, so wenig verstanden sie, daß mit dem kleinen Schiff Maître Dubâteau-Ripoix gemeint war, von dessen Existenz sie gar nichts wußten.
Dagegen begriffen sie vollkommen, daß die Wohnung der Bonnets nun ihnen gehörte.
Stumm betrachteten sie diesen Mann, der in aller Ruhe seinen Kaffee trank. Sie betrachteten ihn, wie man jene großen Reisenden betrachtet, die man nicht einmal fragt, woher sie kommen, weil es so weit ist und man sicher weiß, daß man nie dorthin kommt. In diese Fremde, bevölkert von Telefonen, Signalen, grünen Verkehrsampeln und unterirdischen Geschossen. Eine Welt, wo die Wartenummern vor dem Schalter nicht viel gelten. Keine Formulare in drei Ausfertigungen, kein »Schreiben Sie uns, Sie bekommen Antwort«, kein »Ein Dokument fehlt Ihnen, kommen Sie wieder«, kein »Ihre Genehmigung läuft morgen ab«, kein »Sprechen Sie deutlicher, Madame, ich verstehe Sie nicht«, kein »... ginski? Mit i oder mit y?«
»Nun, meine Burgfräuleins, an die Arbeit!« sagte Alex, der seinen Kaffee ausgetrunken hatte.
Er erteilte ihnen noch ein paar Ratschläge für die Oberteile aus feinem Leinen und die Samt-Boleros, die mit Goldarabesken bestickt werden sollten. Als er sie verließ, waren sie noch immer wie zwei Nachtwandlerinnen.
Wenig später kam Jeannette Clément ganz außer Atem und

berichtete, Aristide Cloutier sei eben aus ihrer Loge weggegangen. Er habe sich extra herbemüht, um ihr die Anweisung zu geben, jedem Bewerber um die freigewordene Wohnung im ersten Stock links negative Antwort zu geben. Anordnung der Generaldirektion ... die sicherlich ihre eigenen Schützlinge hatte. Sonja und Olga beruhigten sie und verkündeten die große Neuigkeit.
»Dann sind Sie also die Schützlinge? Das ist aber fein! ...«, sagte sie mit strahlendem Lächeln.
»Wir sind es ... oder besser, unser Atelier ist es«, antwortete Sonja, die zu feinfühlig war, um nicht in Jeannettes Lächeln einen kaum merklichen Schimmer von ungläubigem Tadel zu bemerken.
»Also braucht Félix den Brief an den lieben Gott nicht zu schreiben ... das ist mir auch lieber«, sagte sie.
Es entstand eine kleine Stille. Dann umarmte sie die beiden.
»Das wird Ihnen das Leben erleichtern, und das ist gut«, sagte sie und lief schnell davon.

». . . Und da mich die Bürde meines neuen Amtes leider weit von hier wegführt, verlassen wir, Madame Bonnet und ich, Sie mit etwas schwerem Herzen. Ein merkwürdiges Schicksal hat uns unter demselben Dach vereinigt, wie der Blütenstaub, den die Biene von da und von dort aufsammelt und in den Stock zurückträgt. Wie die Bienen hatten auch wir unsere Königin. Sie hat uns schon vor langer Zeit verlassen, um in ihr liebes Lothringen zurückzukehren, aber unsere Herzen hat sie nie verlassen, wie ihre Lieblingsspeise beweist, die die Mitte unseres Tisches einnimmt. Auf sie hebe ich also mein Glas, auf sie und auf Frankreich, das von neuem großes Unglück bedroht. In der Nummer 58 der Rue de la Mare haben wir nicht alle die gleichen Arzneien, um unseren teuren Kranken, mein geliebtes Land, zu heilen, das jetzt auch Ihr Land ist, vergessen Sie es nicht ... Viel Glück für Sie alle!«

Monsieur Bonnet faltete das Papier zusammen, von dem er seine Rede abgelesen hatte, steckte es in die Tasche und ergriff das letzte volle Glas, das auf dem Tisch stand, um seinen Gästen zuzutrinken, die ihre Gläser schon in der Hand hielten. Die geflüsterten »Prosits« und das Klingen der leicht gegeneinanderstoßenden Gläser hallten in der leeren Wohnung wie in einer Kathedrale wider.
Das Buffet war angerichtet auf einem Brett auf zwei Bökken, die Monsieur Bonnet beim Pförtner der Mairie des xx. Arrondissements ausgeliehen hatte. Madame Bonnet hatte ein Leintuch darübergebreitet und ein paar Kornblumen, drei Margeriten und zwei schon welkende Mohnblumen daraufgelegt. Auch die Gläser stammten aus der Mairie — sie trugen ein Wappen —, die vier Flaschen Champagner waren von Julien Damoy und die Quiche Lorraine von ›Blé d'Or de Quimper‹. Da bot sich also wieder einmal »allen etwas zu essen und zu trinken«. Genauso wie in der Rede Bonnets, wie Félix Clément später ironisch sagte; Jeannette hatte ihn anflehen müssen, daß er sie zu der Abschiedsfeier und der feierlichen Schlüsselübergabe begleitete. Er kam, sah, hörte zu und trank. Und nichts entging seinem scharfen Blick.
Bonnets Rede war seiner Ansicht nach hurrapatriotisch, paternalistisch und reaktionär. Er hätte verdient, daß man ihm energisch widersprach, aber leider waren weder Ort noch Zeit angebracht, das Wort zu ergreifen. Félix bedauerte das. Was ihn nicht daran hinderte, mit Eugène Bonnet anzustoßen, ohne jedoch das geringste Bedauern darüber auszudrücken, daß er nun das Haus verließ.
Elie und Stepan hatten die Rede ganz anders verstanden. Für sie war es die Rede eines Franzosen an andere Franzosen. Sie glaubten sogar, eine direkte Anspielung auf die Nazi-Gefahr in Bonnets Prophetien wahrzunehmen. Schließlich war Hitler, der Deutsche, gleichzeitig der Feind der Juden und der Bonnets, sagten sie sich im Gegensatz zu

Félix, der dabei blieb, Bonnet habe nur einen einzigen Feind, die Linke und folglich die Sowjetunion.

Madame Lowenthal war bei der Erinnerung an ihre alte Freundin Madame Lutz so gerührt, daß ihr der Rest entgangen war; Monsieur Lowenthal seinerseits hatte nichts dazu zu sagen.

Auch die Sterns hatten nichts dazu zu sagen, außer dem, was sie sich unter vier Augen sagten und was nur die Quiche Lorraine betraf, der sie nach acht Jahren noch einmal entkommen waren.

Barsky wiederholte, seit er die Bekanntmachung einer Einladung gelesen hatte, immer denselben faulen Witz: »Wir werden ein ›letztes Glas‹ miteinander trinken ... was ja auch nur das zweite in acht Jahren wäre! Oder vielleicht meint er das letzte Glas eines zum Tode Verurteilten!« In dieser Stimmung hatte er der Feier beigewohnt und sich die Rede angehört. Er nahm dreimal von der Quiche – »da Monsieur und Madame Stern ihr Sodbrennen haben...« – und trank drei Gläser.

Sonja und Olga hörten der Rede überhaupt nicht zu. Mit freundlichem Lächeln, aber abmessenden Blicken nahmen sie Teil an der Festlichkeit, die ihnen endlos erschien. Sie mußten sich zusammennehmen, um sich nicht aus dem Kreis zu entfernen, der sich vor dem Buffet um die Bonnets gebildet hatte, zappelten innerlich fast vor Ungeduld, in all den leeren Räumen umherzuwandern, deren Proportionen ihnen zwar vertraut waren, die ihnen aber jetzt zehnmal größer vorkamen, oder vielmehr ihre wahren Dimensionen zurückgewonnen hatten.

Diese Dimensionen, die sie beide vor Jahren so begeistert hatten, als sie sie zum ersten Mal entdeckten. Während sie jetzt diese Räume in ihren Köpfen für die Zukunft einrichteten, sahen sie sich selbst als junge Frauen wieder, wie sie von der Gare de l'Est kamen und zum ersten Mal ihr Auswandererbündel an eben diesem Ort niedersetzten.

Die Kinder im Haus waren nicht eingeladen worden. Es war sowieso schon sehr lange her, daß die Zwillinge Bonnet sich von diesem Stadtviertel verabschiedet hatten. Eigentlich war es die Auswahl, die Monsieur Florian unter den Schülern getroffen hatte, die am Ende des Schuljahrs 1930 die Kindergemeinschaft der Rue de la Mare auflöste. Mit Takt, Zuneigung und Festigkeit rief Monsieur Florian die Eltern der Schüler getrennt zu sich, um ihnen seine Gedanken über die Zukunft ihrer Kinder mitzuteilen.

Maurice, Robert und Sami Nüssbaum wurden alle drei als fähig erklärt, mit einem Stipendium ins Lycée Voltaire überzuwechseln; die anderen sollten auf der Schule in der Rue Henri-Chevreau bleiben oder eine Lehre antreten. Monsieur Bonnet hatte für seine Jungen ein Internat in Meaux vorgezogen, wo seine unverheiratete Schwester Buchhalterin bei der Eisenbahn war.

Die Zwillinge in ihrer Schuluniform mit Goldknöpfen sah man nur noch selten. Im allgemeinen fuhren die Bonnets an den Sonntagen hin, um sie auszuführen. Sie nahmen den Zug, einen verbilligten Tarif ausnützend.

»Wir fahren lieber hin. In Meaux gibt es ein sehr gutes Restaurant, große, schöne Alleen, besser als wenn sie sich hier auf der Straße rumtreiben. Außerdem bringt es uns an die frische Luft«, vertraute Madame Bonnet eines Tages Jeannette Clément an, als die sich wunderte, daß man die Zwillinge nie in Paris sah.

»Sie werden sich ganz schön anöden, alle fünf, bei der Tante in Meaux«, sagte Maurice. Der konnte sich schlecht vorstellen, daß Elie und Sonja ihn sonntags an der Pforte eines Gefängnisses erwarteten, um ihn zum Essen ins Restaurant zu führen. Es war eine so absonderliche Vorstellung, daß er das Bedürfnis empfand, den komischen Einfall Zaza zu erzählen. Es war lange her, daß sie ihre Lachanfälle geteilt hatten, so lange, daß sie zusammen und ohne Absprache anfingen zu summen »Sie macht mir Puett-Puett . . .«

Am Abend, nachdem die Bonnets endgültig das Haus verlassen hatten, ließen sie sich von der Rede, dem Champagner und der Quiche erzählen und gingen beide zusammen mit Sonja und Olga in die Räumlichkeiten, die künftig die ausschließliche Domäne ihrer Mütter werden sollten. Sie fühlten sich ein wenig eingeschüchtert von der fachmännischen Art, mit der die beiden Frauen entschieden, wohin die großen Tische, die Schneiderpuppen, das Bügelbrett, die Spiegel und die Nähmaschine kommen sollten, von der Alex gesprochen hatte, oder wo man den Vorhang anbringen würde, mit dem eine kleine Anprobekabine abgeteilt wurde. Irgendwie überkam sie das Gefühl, man habe ihnen ihre Mütter genommen, sie seien ausgeschlossen aus einer Welt, die sie von jeher mit ihnen geteilt hatten.
»Könnte ich nicht mein Faltbett irgendwo hier unten haben?« fragte Maurice. »Das würde oben Platz frei machen, und ich könnte abends mit Robert arbeiten.«
»Und was ist mit mir?« sagte Zaza.
»Ihr tut ja sowieso nichts in deiner Klasse, du und deine Freundinnen, du brauchst wirklich keinen Platz für Überstunden nach dem Abendessen«, erklärte Maurice ironisch und ging die Treppe hoch, um mit seinem Vater und Stepan zu reden.
Er spürte, daß er ein Gespräch unterbrach, das ihn nichts anging. Es ging um einen gewissen Wolodja.
»Wer ist Wolodja?« fragte Maurice.
»Ach, nichts. Das ist alles sehr lange her ... Es ist nur, weil Félix vorhin etwas erzählt hat ... Also, du hast gesagt, du willst dein Bett nehmen und dich in der ersten Etage selbständig machen. Was meint deine Mutter dazu?«
»Sie hat mir keine Antwort gegeben, deshalb spreche ich jetzt mit dir, damit ihr beide darüber sprecht«, sagte Maurice.
»Da schau her, das ist neu! Hörst du, Stepan? Plötzlich redet man mit uns! Wenn das so weitergeht, wird man uns

vielleicht sogar nach unserer Meinung fragen«, scherzte Elie.
In dieser gespielten Bitterkeit war ein ganz kleiner Teil echt und ein großer Teil unecht.
Elie und Stepan waren von den Initiativen ihrer Frauen überwältigt und bewunderten restlos ihre Energie. Vor allem, daß sie es geschafft hatten, ihren Männern die Ruhe zurückzugeben, die sie einst genossen, wenn sie aus ihrer Werkstatt kommend ein wirkliches Zuhause fanden, und nicht schon wieder eine Werkstatt. In all den Jahren als Heimarbeiterinnen hatten sich Olga und Sonja immer bemüht, die vier Zipfel des Schwarzen Tuchs zusammenzuknüpfen und die Stoffabfälle und Pelzhaare verschwinden zu lassen, bevor die Schritte Stepans und Elies auf der Treppe zu hören waren. Die hatten es zwar immer bemerkt, aber nie etwas gesagt.
Seit sie, wie Stepan sagte, Verkleiderinnen geworden waren, gelang es ihnen trotz aller Anstrengungen nicht mehr ganz, die Spuren ihrer laufenden Arbeit zu verwischen, und seitdem die beiden Schneiderpuppen eingezogen waren, versuchten sie es nicht einmal mehr. Elie und Stepan konnten sie einfach nicht übersehen, sagten aber immer noch nichts. Doch war es schon vorgekommen, daß sie heimkamen und dann wieder weggingen, um beim Auvergner ein Glas zu trinken...
Von nun an würde wie durch Zauber alles wieder ins Gleis kommen, dank den beiden Frauen. Sie waren großartig, wirklich großartig, aber trotzdem wäre es ihnen lieb gewesen, wenn sie als erste vom Auszug und der Nachfolge der Bonnets gehört hätten... Nur so, aus Prinzip. Übrigens sagten sie ihnen auch davon nichts.
»Schön, wir werden darüber sprechen, Mama und ich, und wir sagen es dir morgen, wie das ist mit dem Bett«, sagte Elie mit ernster Miene.
Er schaute Maurice an, dem er auch nie gesagt hatte, daß er sich noch immer wunderte, einen Sohn zu haben, der Griechisch, Latein und Englisch konnte, zusätzlich zu dem Französisch, das ihm selbst soviel Schwierigkeiten machte.

Einen Sohn, der Abiturient sein würde, ein Wort, das Maurice ihm buchstabieren mußte, als er ihm erklärte, das sei kein Beruf wie etwa Lederwarenhersteller. Zum Spaß ließ Maurice sie dann im Laufe eines ganzen Abendessens glauben, man müsse, um Abiturient zu werden, zwei Tage lang endlose Prüfungsaufgaben schreiben. Aber das schlimmste war: das auf einer Art flachem Schiff ohne Kabine tun zu müssen, das ständig zwischen den Ufern eines riesigen Flusses hin und her fuhr, bis man mit Schreiben fertig war. Die Eltern lachten nicht so sehr, wie er es gehofft hatte. Sie glaubten ihm auch nicht ganz, als er ihnen sagte, das Ganze sei ja nur erfunden.
Alles war geheimnisvoll und oft unverständlich geworden, seit Maurice nicht mehr bei Maître Florian zur Schule ging. Das fing an, als er von der Sexta in die Quinta kam. »Dann rückst du also zurück?« »Nein, ich rücke vor«, erklärte Maurice. »Das ist die verkehrte Welt!« sagte Elie zu seinen Arbeitskollegen bei MERCIER-FRÈRES.
Seit damals fragten sie jedes Jahr wieder: »Nun, Lilitsch, dein Kleiner, ist er immer noch nicht im Keller angekommen?« »Er kommt schon hin, er kommt schon hin«, hatte Elie an diesem Morgen gesagt, »er kommt jetzt in die Zweite . . .«
»Also, du möchtest, daß ich der Mama sage, damit du besser in die Zweite kommst, müßtest du hinunter in die Erste, stimmt's?« sagte Elie voller Zufriedenheit, daß er dieses Wortspiel, über das Stepan sehr lachte, auf französisch zustande gebracht hatte.
»Stimmt genau, Papa!« rief Maurice und gab seinem Vater einen Kuß.
Die Idee, in der ersten Etage für Maurice und Robert ein Klappbetten-Schlafzimmer einzurichten, kam nicht von den Cléments. Sonja war auf den Gedanken gekommen.
»Das wird auch Ihnen das Leben erleichtern«, sagte sie zu Jeannette, die ebenfalls viel zu klug war, um die Anspielung

nicht zu verstehen, und die aus vollem Herzen zusagte: Robert und Josette im selben Zimmer, auch mit einem Paravent, das wurde allmählich schwierig.

Die beiden Betten fanden ihren Platz in dem Raum, der so lange das Zimmer der Zwillinge gewesen war und den Sonja und Olga jetzt das Auskleidezimmer nannten. Die Betten paßten so gut hinein, daß beschlossen wurde, sie sollten nicht mehr zusammengeklappt werden. Ihre Rolle als Notbehelf war ausgespielt, es war aus mit Matratzenfedern und Rädchen, die immer unter der darüber ausgebreiteten Couchdecke zum Vorschein kamen, vergessen ihr abstoßender Anblick als sperrige, rechteckige Kisten, die zu nichts nütze waren und doch zu oft benützt wurden, um irgend etwas darauf abzulegen, was man dann abends wegräumen mußte, zu Ende die Quietschsymphonie, die das abendliche Aufstellen der Betten begleitete.
Auseinandergeklappt und hübsch drapiert mit orangefarbenem Stoff, dienten sie jetzt tagsüber als Diwan. Aus dem gleichen Stoff hatten Sonja und Olga Vorhänge für eine kleine Kabine in der Zimmerecke gemacht. Hinter diesen Vorhängen zogen sich jetzt die Frauen aus, und auf den Diwanen saßen sie halb nackt und warteten auf die Anprobe.
Wenn der Abend kam, wurden die Diwane wieder Betten, Betten für heranwachsende junge Männer.
Auch wenn das Fenster offenblieb, die Parfum- und anderen Düfte, die diese unbekannten Frauen zurückließen, hielten vor. Vor allem aber erregten die orangefarbenen Vorhänge, die vor den schmalen Standspiegel gezogen waren, die Phantasie von Maurice und Robert. Sie sprachen nie miteinander über das, was sie verwirrte; um es zu verbergen, sagten sie: »Es stinkt nach Kokotte«, dann löschten sie ihre Lampen aus.
Es waren kleine Lampen mit Klemmen, die sie an den

Büchern befestigen konnten, die sie abends vor dem Einschlafen lasen. Sie hatten pilzförmige Schirmchen, das eine rot, das andere gelb. Es waren Kinderzimmerlampen, ein Geschenk Jeannettes, und sie dienten ihnen dazu, Bücher für Erwachsene zu lesen, bevor sie in Schlaf fielen, den Schlaf unendlich einsamer, unerfahrener Jünglinge.
In diesem Zimmer verbrachten sie von der Sekunda an alle ihre Nächte. Sie aßen mit ihren Eltern und trafen sich dann im ersten Stock, wo sich in der Zeit der großen Prüfungsvorbereitungen Sami Nüssbaum zu ihnen gesellte.
Gleichgültig dem gegenüber, was sich auf den beiden großen Tischen tat oder die Schneiderpuppen halb bekleidete oder an Kleiderbügeln von einer langen Gardinenstange hing, durchquerten sie die Werkstatt, ohne auch nur Licht zu machen, und setzten sich an den kleinen Tisch in der ehemaligen Küche, wo sie im Licht einer Zuglampe, deren Schirm aus gewelltem Milchglas sie so weit wie möglich herunterholten, bis zum Schlafengehen arbeiteten.
Der Raum — mit einem einzelnen, an der kürzlich frisch gemalten Wand hängenden Kochtopf, dem Ein-Platten-Kocher, gerade recht, Tee- oder Kaffeewasser zum Kochen zu bringen, mit den Latein-, Griechisch-, Englisch- und Mathematikbüchern auf dem Regal, das so lange die großen Behälter für Salz, Zucker, Zichorie und Kakao beherbergt hatte — bot jetzt den Anblick eines nüchternen Chemie-Labors, der Ausguß den einer sterilen Wanne.
Morgens aber, wenn sie übermütig erwachten, verwandelte sich das Labor in ein Duschbad. Laut lachend begossen sie sich mit kaltem Wasser, spritzten gewaltig, paßten aber auf, daß sich der kleine Gummischlauch nicht auf ihre Bücher richtete. Vor dem Weggehen wischten sie den Boden auf und räumten Zahnbürsten, Zahncreme und Handtücher in das vergitterte Vorratsschränkchen, das ihnen zum Unterbringen ihrer Toilettensachen diente. Eilig richteten sie ihre Betten her, damit sie wieder Wohnzimmermöbel wurden.

Maurice ging hinauf zum Frühstücken, Robert hinunter. Danach gingen sie zusammen zum Lycée.
An der Ecke der Sackgasse und der Rue de la Mare erwartete sie Sami, und zu dritt machten sie sich auf den Schulweg, bei schönem Wetter zu Fuß, wenn es regnete mit der Métro. Oft kam es vor, daß sie Monsieur Florian begegneten, der in Richtung ihrer einstigen Schule ging. Sie wunderten sich ein wenig, daß er schon so früh unterwegs war, aber nie wäre es ihnen eingefallen, daß ihr alter Lehrer seinen Zeitplan etwas manipulierte, einzig zu dem Vergnügen, sie zu sehen, wie sie fröhlich und ernst zugleich jenem unerschöpflichen Brunnen zustrebten, an dem sie tagtäglich tranken: die laizistische und republikanische höhere Schulbildung, zu der er sie auserwählt hatte. Indem Maurice, Robert und Sami am Lycée Voltaire gut lernten, sah Monsieur Florian, der selbst als Ältester einer kinderreichen Witwe nicht hatte studieren können, in ihnen die Verwirklichung seiner pädagogischen Träume. Er tat also, als ob er sie zufällig treffe, seine dem Nest der Rue Henri-Chevreau entflogenen Vögel, denen er von fern folgte und die er aus der Nähe überwachte.
Sie lernten gut, sogar sehr gut, und das verdiente Lob in jenen Jahren, als sich den Jugendlichen alle möglichen Vorwände boten, die Schule und die Hausaufgaben hinter der Politik zurückzusetzen. Sie war da, die Politik, fast täglich gegenwärtig in allen Straßen um das riesige Schulgebäude herum. Sie drang durch die geschlossenen Fenster in die Klassenräume. Das Geschrei, die im Wechsel skandierten und immer wieder aufgenommenen Schlagworte, überdeckt vom Pfeifen der Gardes Mobiles; die Fetzen der Internationale und der Marseillaise waren manchmal so laut, daß die Stimmen der Lehrer nicht mehr hörbar waren und die legendäre Stille der Studiensäle zerstört wurde. Die Politik war da auf dem Fahrdamm, wenn zur selben Zeit die Schule aus war und Menschen sich zu Massenkundgebungen

ansammelten. Sie verstopfte die Zugänge zur Métro, fegte die Terrassen der Cafés leer und veranlaßte das Herablassen der eisernen Rolläden.

Wenn in anderen Pariser Vierteln die Jugendlichen der Oberklassen Politik machten, im Lycée Voltaire nahm man sie, von der ersten bis zur letzten Klasse, nur gerade in Kauf. Man nannte es Politik, in Wirklichkeit war es die Geschichte Frankreichs, aber das wußte noch niemand.

Sie wurde vor ihren Augen geschrieben, klang ihnen in den Ohren, sie war so sichtbar und laut, daß man sie mit einfachen Worten umhüllte: Aufmärsche, Volksbegeisterung, Krawalle, Durcheinander und Spektakel, je nach der Politik, die man machte oder nicht machte.

Im Lycée Voltaire machte man es so wie überall, aber weniger als anderswo: Es gab dort nur wenige »Camelots du Roi«. Maurice, Robert und Sami hatten sich einmal am Ausgang geprügelt wie alle anderen, waren aber deshalb nicht zu den Roten Falken gegangen.

Die gegenwärtige Geschichte Frankreichs machte es ihnen schwer, sich auf die Epochen der Vergangenheit zu konzentrieren. Auf alle Epochen der Vergangenheit.

Monsieur Florian hatte das Bild des Brunnens gewählt, sie zogen das der Quellen vor. Man hatte ihnen geholfen, sie zu entdecken, und seither verfolgten sie voller Glück den Lauf der Strömung, staunten über schwindelerregendes Gefälle, das sich in reißende Fluten verwandelte. Über Schleusen, die das Wasser aufstauten und seine Launen regulierten.

Das deformierte griechische Wort, das zum lateinischen Wort wird und einmal ein französisches Wort werden soll, Aesop, Plautus und La Fontaine, die Iden des März bei Mallet und Isaac und Julius Caesar, dazu Shakespeare, Galilei und Jules Verne, Romulus und Mowgli, Perceval und Parsifal, die gleichen Wörter in bretonischen Granit und den von Cornwall gemeißelt, Kind der Griechen und Kind der Kelten, die Osterinsel und Carnac, Jeu de Paume und

Tennis, Iphigenie auf Aulis und auf Tauris in Griechisch und von Racine, die kleine zerbrochene Bank eines etwas unehrlichen Flickschusters, den man 1603 nicht mehr auf dem Markt von Windsor sehen will, dies »Bankrupt«, das zum Bankrott der großen Betrüger der modernen Zeit wurde, Goethe, der Kolonialismus und »Y a bon Banania«, Catilina und Stavisky, afrikanische Trommeln und das Schlagzeug im Hot-Club — das war es, was ihnen täglich begegnete, seit man ihnen die Schlüssel zu jenem weiten Land gegeben hatte, das man Bildung nennt und das für sie »die Penne« war.

Sie waren keineswegs spartanisch, sie spielten Jojo, explodierten in Lachanfällen, brauchten Schimpfwörter und erzählten sich Schweinereien, sie waren keine Pedanten, sie nahmen sich nicht ernst, machten aber sehr ernsthaft, was man von ihnen verlangte.

In der Penne verbrachten sie ihre Tage, denn sie aßen dort auch zu Mittag. Heimgekehrt in die Rue de la Mare nahmen sie in der Familie ihr Abendessen ein. Im Erdgeschoß wie im zweiten Stock informierten sich die Eltern.

»Hast du heute gut gelernt?« fragte Elie.

»Wo seid ihr in Geschichte?« fragte Félix.

Ihre Antworten waren ausweichend. Ihr Kopf war noch voll von den Entdeckungen des Tages, und manchmal versuchten sie, sie ihnen mitzuteilen, aber das wurde immer schwieriger. Also schwiegen sie und ließen ihre Väter sprechen.

Ihre Väter sprachen von der Gegenwart, Félix von der Post und Elie von der Firma MERCIER, und selbstverständlich von Politik. Von der Politik, über die man bei der Post und bei MERCIER-FRÈRES gesprochen hatte.

Bei der Post sahen alle die Zukunft in Rot, außer dem Chef von Félix, der sie blau-weiß-rot sah und wollte, daß Frankreich den Franzosen gehöre.

Bei MERCIER-FRÈRES sahen sie die Arbeiter vor allem in den

gelblichen, kupfernen, fahlroten und schwarzen Farben der Häute, aus denen sie Luxusartikel herstellten, und mit spöttischer Zuneigung betrachteten sie ihren Chef, der sich den Luxus leistete, auf der Straße Aufwiegler zu beschimpfen, die sie kaum störten, Forderungen zu verteidigen, die nicht die ihren waren, und für sie eine Freiheit zu verlangen, die er selbst ihnen niemals vorenthalten hatte.
»Wir gehen mit Ihnen demonstrieren, Monsieur Paul«, sagte Meunier, »aber nur Ihnen zu Gefallen. Nicht wahr, Lilitsch?«
Lilitsch ging also auch und nahm Stepan mit, aber es fiel ihnen sehr schwer, sich dem Rhythmus der Parolen anzupassen, und sie waren sich nicht sicher, ob sie unter all diesen Kommunarden-Enkeln, die sich oft über ihren Akzent wunderten, am rechten Platz waren.
Das alles wurde im Lauf dieses Jahres bei Tisch erzählt. Unten stimmte Jeannette Félix zu, und Josette langweilte sich. Oben ließen sich Sonja und Olga einiges erklären, und Zaza langweilte sich.
Maurice und Robert hörten zu, schwiegen, sagten gute Nacht, gaben den Eltern einen Kuß und entwischten.
Sie lebten noch immer bei Papa und Mama, aber sie waren ganz und gar nicht mehr da.

Die Mädchen dagegen waren immer mehr da, besonders bei Mama.
Zaza und Josette langweilten sich bereits bei Tisch, aber beim Fortbildungskursus der Rue de la Mare vergingen sie fast vor Ungeduld. Sie hatten nie einen Monsieur Florian gehabt, der sich um ihre ersten Schuljahre gekümmert hatte, und jetzt wurden sie von einer Mademoiselle Delacroix unterrichtet.
Sie versuchte nicht, Begabungen zu entdecken. Da sie selbst keinerlei Hang zur Bildung hatte, sah sie keine Notwendigkeit, Jugendliche für Institutionen zu rekrutieren, die sie als

Brutanstalten für Versager betrachtete. Mademoiselle Delacroix gehörte zu der höchst seltenen Kategorie derjenigen, die aus Zufall Lehrer werden. Sie war es gewissermaßen »wider Willen«.
Schon vor der Hochzeit Witwe, weil ihr Verlobter auf dem Felde der Ehre fiel und nie einen Nachfolger fand, war sie Beamtin im öffentlichen Schulwesen geworden, weil sie das Abschlußzeugnis einer Mittelschule besaß und man in ihren Kreisen mit einem solchen Abschlußzeugnis und einem unvorteilhaften Äußeren nicht Verkäuferin in einem Laden wurde, selbst wenn man dazu Lust hatte. Als Verkäuferin hätte sie sicher Menschen kennengelernt und vielleicht auch einen gefunden als Ersatz für den einzigen Mann, der je zu ihr gesagt hatte: »Ich liebe dich«. Als Lehrerin an einer Mädchenschule war sie nie jemand dieser Art begegnet, ihr Leben war verpfuscht. Und das schrieb sie dem Krieg, ihrem sozialen Milieu und ihrem Abschlußzeugnis zu.
Sie langweilte sich, langweiligen Unterricht zu erteilen, der nie über die Grenzen des engen Lehrplans hinausging. Gewissenhaft verlangte sie von ihren Schülerinnen vollkommene Kenntnisse in Rechtschreibung, fehlerlos Auswendiggelerntes in Geographie, Geschichte und Deklamation, und rasches Kopfrechnen. Sie war weder streng noch nachsichtig, sie war gleichgültig und pedantisch mit den jungen Dingern, die sie nicht kannte. Sie hatte auch keine Lust, sie kennenzulernen, und sie hatte sowieso nie Zeit dazu. Denn Mademoiselle Delacroix wurde oft versetzt.
Und deshalb wateten Josette und Zaza im Laufe dieses Schuljahrs 1934/1935 — während Maurice und Robert sich in den weiten Räumen tummelten, die ihnen ihre Professoren von der Sekunda am Lycée Voltaire öffneten — im Sumpf der Langeweile, die Mademoiselle Delacroix, zurzeit Rue de la Mare, ausgiebig um sich verbreitete.
Josette und Zaza saßen also gelangweilt ihre Zeit ab, doch

sowie die befreiende Schulglocke ertönte, rannten sie zum Atelier im ersten Stock, und dort amüsierten sie sich ungeheuerlich.
Sie amüsierten sich gut und lernten viel.
Im Gegensatz zu den Jungen, die die Räume erst abends, wenn sich hier nichts mehr tat, in Besitz nahmen, besetzten die Mädchen das Terrain tagsüber, wenn sich so vieles ereignete, worüber man abends bei Tisch nicht sprach, von dem aber sehr wenig ihrer Dreizehnjährigen-Neugier entging. Vor allem seit die Arbeit an *La Lune est nue* begonnen hatte.
La Lune est nue, »der Mond ist nackt«, war eine große, spektakuläre Revue, die ein Konkurrent des *Tabarin* mit hohem Kostenaufwand produzierte. Der Inhalt des Werkes drückte sich deutlich im Titel aus.
»Wir haben den Mond ergattert«, verkündete Alex, als die MASQUES ausgewählt wurden, um die Kostüme herzustellen, deren Hauptzweck war, Künstler künstlerisch auszuziehen, die obendrein noch singen, sprechen und tanzen sollten.
Die am wenigsten nackten Damen und Herren gingen zur Anprobe in die Allée Chateaubriand, die nacktesten in die Rue de la Mare.
Es waren vier Damen. Vier großartige »Mondphasen«, wie die Beschriftung der Entwürfe ankündigte, die Alex Olga und Sonja gegeben hatte und die sie errötend betrachteten. Auf den ersten Blick stellten die Zeichnungen nämlich vier vollkommen nackte Frauenkörper dar, an manchen Stellen schattiert in Tönen vom silbrigsten Grau bis zum schwärzlichen Dunkelblau. Sonja und Olga begriffen nicht gleich, was sie zu nähen hätten oder worauf sie nähen sollten.
»Auf fleischfarbene Tricots, die sehr teuer sind«, erklärte Alex. »Da man keine Pailletten auf ihre nackte Tänzerinnenhaut nähen kann, macht man ihnen eine zweite, die wie ein Handschuh sitzen muß. Sie sind von Kopf bis Fuß

angekleidet und werden nur um so nackter aussehen...
Lustig, was?«
Lustig, die Pailletten? Weder Olga noch Sonja hätten dieses
Wort gewählt.
»Das wird schwierig sein, aber es wird hübsch aussehen«,
gab Olga zu.
»Vor allem wird es lang dauern«, gab Sonja zu bedenken.
»Wir haben zwei Monate«, präzisierte Alex.
Zum ersten Mal hefteten sie die Zeichnungen nicht an die
Wand. Sie legten sie in eine Zeichenmappe, in der Maurice
früher seine geographischen Karten aufbewahrt hatte.
Die vier Mondphasen hießen Lucienne, Magali, Albertine
und Yvette. Sie kamen jeden Tag zwischen 14 Uhr dreißig
und 15 Uhr, ungeschminkt und ein wenig müde. Sie hatten
den Abend zuvor getanzt, und auch am Vormittag. Es
waren sehr große Mädchen, und sie hatten die gleiche Figur.
Sie hatten kleine Brüste, runde, hoch aufgesetzte Popos und
unendlich lange Schenkel. Sie waren zwischen siebzehn und
neunzehn Jahre alt, hatten Kindergesichter und Kinderlachen, und sie hatten sogar ein Kind. Das Kind gehörte
Magali. Es war vier Monate alt, und sie brachte es mit; es
hieß Bruno und weinte fast nie.
Sie nannten Olga »Madame Olga«, Sonja »Madame Sonja«
und Alex, wenn er vorbeikam, »Monsieur Grandi«.
Aus ihren großen Leinentaschen holten sie sehr saubere
weiße Bademäntel heraus, die aber am Kragenrand und an
den Manschetten ockerfarbene Spuren trugen, und goldfarbene Sandalen, deren Absatzhöhe sie zehn Zentimeter größer machte. Hinter dem orangen Vorhang entkleideten sie
sich, zogen ihre Stelzenschuhe an und ihre Bademäntel
über. Nie gingen sie völlig nackt herum, wenn sie auf ihre
Anproben warteten.
Um 16 Uhr 07 erschien Zaza, fast immer mit Josette,
manchmal mit Mirjam Goldberg.
»Wir kommen helfen«, verkündete Zaza geheimtuerisch.

Niemand in der Schule wußte, daß diese vier Riesenmädchen in ihren grauen oder marineblauen Wollkleidern, von denen eine ein Baby im Arm trug und die man oft im Stadtviertel sah, in Wirklichkeit »Nackttänzerinnen« waren, niemand, weder in der Schule noch im Haus: Sonja und Olga hatten die Mädchen schwören lassen, daß sie das Geheimnis wahren würden. Sie wahrten es, und da sie es wahrten, hatten sie das köstliche Gefühl, Komplizen geworden zu sein. Vor allem Zaza.
Zum ersten Mal war sie Komplizin ihrer Mutter in einer Sache, bei der die Mutter ihr nicht wirklich erklärte, warum man es geheimhalten müsse.
Olga erklärte Zaza nichts, weil sie selbst Mühe hatte, es sich zu erklären. So wie sie Mühe hatte, sich mit Sonja darüber auszusprechen, ihrer einzigen, echten Komplizin bei der Ausführung einer Arbeit, die sie beide für durch und durch tadelnswert hielten, aber mit einer Gewissenhaftigkeit und einem Erfindungsreichtum ausführten, die sie zuerst überraschten und im nachhinein schockierten.
Lucienne, Magali, Albertine und Yvette in ihrer straff sitzenden, seidigen, milchweißen und durchsichtigen zweiten Haut lösten sich vor dem großen Standspiegel im Atelier ab. Die Herstellung dieser zweiten Haut hatte viel Zeit und Sorgfalt erfordert. Sie stellte, wenn man so sagen kann, die erste Phase des Unternehmens »Mondphasen« dar. Josette und Zaza hatten das alles verfolgt, nachdem sie um Erlaubnis gebeten und sie erhalten hatten.
»Du wirst da auch nicht mehr sehen als morgens in deinem eigenen Spiegel, Kleines«, sagte Lucienne, die man Lulu nannte und die die gesprächigste war.
An dem Tag, als die vier Tricots fertig waren, stellten die vier sich vor den Spiegel und gaben sich die Hand. Man hätte sie für vier Marmorstatuen in einem Park halten können. Es sah wunderschön aus, und niemand war schokkiert, als Alex eintrat.

»Wir hätten ja gern so getanzt, aber anscheinend bringt das keinen Zuschauer ins Haus! ... Also los mit der Schweinigelei!« sagte Lulu, während sie sich wieder anzog, und ihre Kolleginnen glucksten.
»Nennen wir es lieber Erotik«, korrigierte Alex.
»Das ist Jacke wie Joppe«, meinte Lulu hartnäckig hinter dem orangen Vorhang.
Der kurze Wortwechsel war weder Zaza noch Josette entgangen, die gerade Bruno sein Mäntelchen umlegte, während Magali sich ebenfalls ankleidete.
»Schweinigelei, was ist das?« fragte Olga Zaza, als alle weggegangen waren.
»Schweinernes«, antwortete Zaza mit Bestimmtheit. »Schinken, Wurst, Sülze, was weiß ich!«
Aber sie und Josette suchten im Lexikon jenes andere Wort, das Alex gebraucht hatte; sie hatten es als einziges behalten und noch nie zuvor in ihrem Leben gehört.
Sie suchten es unter H, weil im Französischen die schwierigen Wörter oft mit H beginnen, fanden dann schließlich unter E eine Erklärung, die sie zwang, unter P die Definition von »pathologisch« zu suchen. Ihre Nachforschungen wurden öde und langweilig, und das Geheimnis blieb so dunkel wie zuvor.
Sie beschlossen daher, selbst dahinterzukommen mit Hilfe von Lulu, Magali, Titine und Vévette, von denen sie jeden Tag etwas Neues lernten beim Zuhören der halblaut geführten ungezwungenen Gespräche über den Wäschekorb hinweg, in den man Bruno legte und der zwischen die beiden Diwane im Auskleidezimmer gestellt wurde.
Die Informationen, die sie diesem Tuscheln entnahmen, betrafen unweigerlich diejenige, die grade als Gefangene Sonjas und Olgas vor dem Spiegel stand. Da erfuhr man zum Beispiel, daß Magali keinen Mann hatte und Bruno keinen Papa; wenn sie ihre Tage hatten, störte das etwas beim Tanzen, aber sie waren trotzdem recht froh darüber,

denn das bedeutete, daß es sie diesen Monat nicht erwischt hatte; Vévette hatte schon wieder rote Augen, weil sie sich immer in den Falschen verliebte; Magalis Mutter war ein altes Biest, weil sie sich nicht um Bruno kümmern wollte; um einen schönen Busen zu haben, mußte man ihn jeden Morgen mit eiskaltem Wasser begießen, sogar schon in ihrem Alter, man mußte früh damit anfangen, sobald er zu wachsen begann; Albertine war nur Tänzerin geworden, um ihrer Mutter, die selbst davon geträumt hatte, ein Opernstar zu werden, eine Freude zu machen; Lulu lernte Englisch in ihrer Garderobe im Casino, weil sie nach Amerika wollte, anscheinend hob man nur in Radio-City die Beine im Takt; Lulu war überhaupt verrückt nach Tanzen, sie war beim großen Spagat entjungfert worden, noch bevor sie einen Liebhaber hatte, aber Liebhaber interessierten sie gar nicht so sehr; überhaupt, wenn man sah, was Magali passiert war, und gar Maryse! Wenn die sich nicht im zweiten Monat mit ihrer Stricknadel behandelt hätte — zweiter Monat, das ist das schlimmste: drei Wochen oder dreieinhalb Monate, das ist das richtige —, aber Maryse hatte zu lang oder nicht lang genug gewartet, und deshalb war sie gestorben, nicht wegen der Stricknadel, die war immer noch das beste, oder kochende Milch mit viel Safran oder sehr heiße Fußbäder, aber ganz am Anfang, nach acht bis zehn Tagen. Magali hatte das alles gemacht, aber es hatte nichts genützt, und so kam also Bruno, ein süßes Baby, aber trotzdem! All das wegen einer Bumsgeschichte, die nicht einmal vier Tage gedauert hatte, noch dazu mit einem Kerl, der Frauen gar nicht mochte. Übrigens hatte sie ihm, Ricardo, deshalb nichts gesagt, weil es für den Kleinen besser war, keinen Vater zu haben als einen Vater, der eine Tunte war. Aber schön war er, der Ricardo! Wo gastierten sie jetzt? Für die Wintersaison im Palladium in London... In London? Da mußte er ja zufrieden sein, Ricardo, da ist er in bester Gesellschaft. Und da riskiert er auch nicht, andere Brunos

auf den Weg zu schicken, in London! Wie der ihm schon ähnlich sieht, der kleine Bruno; Magali wollte ihn anfangs stillen, aber das machte ihre eine Brust größer als die andere, und sie hatte geweint, als sie ihm das erste Mal die Flasche gab. Übrigens: Es war Zeit für ein Fläschchen...
Es war Fläschchenzeit, die Stunde Zazas und Josettes, die einzige, die ihren Auftrittssatz rechtfertigte. Endlich konnten sie *helfen*.
Sie wechselten sich ab bei ihren Aufgaben. Wenn Zaza aus Magalis großer Tasche das fertige Fläschchen, eingewickelt in eine saubere Windel, herausholte, nahm sich Josette das zum Dreieck gelegte Baumwollstück mit Frottee-Einlage aus der Tasche, dann die Dose mit dem Babypuder, und während Zaza im einzigen Topf des Küchen-Labors die Milch im Wasserbad wärmte, legte Josette Bruno auf Roberts Diwan-Bett trocken. »Du wischst ihm sein Popochen und die kleine Schnecke sehr sauber ab, mein Kleines«, sagte Lulu. »Der darf nicht wund werden, sein Schneck, nicht wahr, kleiner Bruno, er wird ihn später brauchen, seinen kleinen Liebeszucker, nicht wahr, mein Süßer...«
Bruno lächelte selig, während Josette, die Puderbüchse wie einen Riesensalzstreuer schwingend, Schenkel und Geschlecht des kleinen Unschuldsengels puderte.
Die Fläschchen-Pause unterbrach in keiner Weise die Arbeit Sonjas und Olgas, die in ihren bis zum Hals zugeknöpften Kitteln nun an die zweite Phase des Unternehmens »Der Mond ist nackt« gingen.
Die Phase der von Lulu so genannten »Schweinigelei«. Sie bestand zuerst in der Präsentation, dann dem Aufheften von Motiven aus Silberpailletten, feinen Perlengehängen, kleinen Straß-Tropfen und Jett-Pünktchen, die die natürlichen, aber verpönten Schatten verwischen sollten. Alex' Phantasie, zweifellos angespornt durch Autor und Produzent der Revue, galoppierte geradezu. Statt zum einfachsten zu grei-

fen, in der Art von Cache-sex und überstickten Büstenhaltern — um die Dinge beim Namen zu nennen —, hatte er Nachtvögel im Flug, ineinander verflochtene Schlangen, fleischfressende Pflanzen mit daranhaftenden Schmetterlingen entworfen, die dort angebracht, wo nötig, auf die auffallendste, suggestivste und zweideutigste Weise das unterstrichen, was sie angeblich verhüllen sollten.
Jede Mondphase hatte ihr Zentralmotiv, und jedes Motiv seine Verästelungen: Gewitterblitze, Regentropfen, Sternschnuppen und sogar Sonnenstrahlen für eine Mondfinsternis. Diese verästelten Ornamente mußten von den Knöcheln bis zum Nacken der großgewachsenen, geduldigen Mädchen aufgestickt werden; die wunderten sich manchmal über die Röte, die Olgas und Sonjas Gesicht überzog, wenn die eine oder die andere instinktiv ein Stückchen Straß oder Jett-Perle an einem Körperteil plazierte, an den selbst Alex nicht im Traum gedacht hatte.
»Oh, Madame Olga, heute haben Sie es aber faustdick hinter den Ohren«, hörte Zaza, als sie aus der Küche kam und an ihrem Unterarm die Temperatur von Brunos Fläschchen prüfte.
An dem Tag, als die letzte Paillette unwiderruflich an der lila Brustspitze Vévettes festgenäht war, brachen alle vier in Tränen aus.
Lulu öffnete ihre große Tasche, holte drei Flaschen Veuve Cliquot und eine große Schachtel Marquise-de-Sévigné-Pralinen heraus.
»Von uns für alle, Madame Olga, Madame Sonja. Kinder, wir waren nicht knauserig, wir haben ganz groß eingekauft, es gibt genug für alle. Also, auf unser Wohl, und danke!«

An alledem hatten Maurice und Robert keinen Anteil. Von all den Duftspuren, die trotz des offenen Fensters immer noch im Raum hingen und mit denen sie keine Vorstellung

verbinden konnten, war die hartnäckigste der Veilchengeruch von Brunos Babypuder.
Er brauchte sehr lange, bis er sich verzog.

Zu Zeiten der Bonnets hieß der erste Stock links der »erste links«. Nach ihrem Auszug und trotz der Karte MASQUES ET BERGAMASQUES an der Tür nannte niemand mehr im Haus die Wohnung anders als »bei Bonnets«.
Sonja und Olga gingen »zu Bonnets« hinunter, kamen »von Bonnets« herauf, Jeannette Clément schickte die Kundinnen »zu Bonnets«, die Jungen schliefen »bei Bonnets«, die Mädchen trödelten »bei Bonnets« herum, Madame Lowenthal klingelte — man hatte die teure Installation, die ein Kupferknopf in einer schwarzen Marmorplatte in Gang setzte und die Zaza und Maurice so oft in Versuchung führte, behalten — Madame Lowenthal klingelte also »bei Bonnets«, statt nur zu klopfen oder einfach einzutreten, wie sie es im zweiten Stock stets getan hatte. Wenn sie aber »bei Bonnets« klingelte, suchte sie Alex nicht zu begegnen; sie kannte seinen Stundenplan.
Auch Barsky kannte ihn. Und weil er ihn kannte, klingelte er »bei Bonnets«, im Gegensatz zu Madame Lowenthal, wenn er glaubte, Alex sei da. Er hatte da so eine Idee. Und er hatte auch seine Gründe, die nicht immer so eigennützig und geldgierig waren, wie man hätte annehmen können. In seinen Augen waren sie sogar ausgesprochen moralisch.
In der Rue d'Aboukir waren Gromoff und er seit langem von Mademoiselle Anita abgewiesen worden; sie hatte ihnen bedeutet, man sei nicht mehr an Gelegenheitskäufen interessiert. Eines Tages war er allein bis zur Avenue de Chateaubriand vorgestoßen. Er hatte sich angemeldet als

»Monsieur Isidor«. Ginette hatte ihn in dem hübschen Vestibül unter dem Porträt Lucien Guitrys und vor dem Fabergé-Ei warten lassen. Nach drei Minuten war sie zurückgekommen: »Es tut mir leid. Madame Victoria Jean ist sehr beschäftigt. Worum handelt es sich?«
Beschränkt auf die Rolle des stummen Zuschauers von Metamorphosen, als deren geistiger Vater er sich betrachtete, wurde Barsky betrübt. »Das ist nicht gerecht«, sagte er zu Gromoff. Und er rekapitulierte den chronologischen Ablauf der Ereignisse, von der ersten Fahrt der Schwägerin aus Neuilly im Taxi des Fürsten bis zum Anbringen der Karte MASQUES ET BERGAMASQUES an der Tür bei Bonnets. Man traf immer wieder auf die beiden in dieser Kette von Ereignissen, und Barsky wünschte, daß man ihn anerkannte als ein Glied dieser Kette. Soweit das, was die Moral betraf.
Die Idee, die er gehabt hatte, war weniger kompliziert. Gromoff und er hatten sich so oft auf der Pferderennbahn in Vincennes herumgetrieben, daß sie sich schließlich mit den Stallburschen angefreundet hatten, die die Pferde frühmorgens auf dem Gelände in Saint-Maurice zum Training führten. Gegenüber befand sich ein Bistro und neben dem Bistro der Haupteingang der Filmstudios der Paramount-France. Da der Pförtner der Studios Stammgast im Bistro war, wurden Barsky und Gromoff eines Tages eingeladen, hereinzukommen oder, anders gesagt, das große Portal zu überschreiten und auf den zementierten Wegen herumzuspazieren. »Geht bloß nicht ins Atelier! Sonst schmeißt man euch raus!« sagte der Pförtner zu ihnen und ging in sein elegantes Häuschen zurück wie der Wächter eines Schlosses.
Von ihrem Instinkt geleitet, fanden sie bald das Bar-Restaurant, das ein hübsches, von Rasen umgebenes Wasserbecken überragte, inmitten dieser völlig abgesonderten Zauberwelt. Hier trafen sich, ohne Klassenunterschiede, von den Technikern bis zu den berühmtesten Schauspielern alle, die, wie man so sagte, »beim Film arbeiteten«, während der

Drehpausen. Sie kannten sich, erkannten sich wieder oder akzeptierten einander, ohne sich zu kennen, denn alle waren Bürger derselben kleinen Stadt.
Als sie zum ersten Mal in der Bar landeten, fühlten sich Barsky und Gromoff keineswegs fehl am Platz. An der Theke wurde russisch gesprochen. Ein Mann und eine Frau mittleren Alters, beide gut erhalten, sprachen miteinander; die Bardame, die kein Wort verstand, schaute ihnen gleichgültig zu. »Sie ist unerträglich, heute vormittag! Wenn es so weitergeht, setze ich sie an die Luft, sie und ihre Tränensäcke«, sagte der Mann auf russisch.
Die Frau seufzte und schüttelte den Kopf.
»Ist was nicht in Ordnung?« fragte Barsky überaus freundlich ebenfalls auf russisch.
Der Ton, den er angeschlagen hatte, konnte der eines Produzenten, eines Regisseurs, eines Drehbuchautors, Cutters, Schauspielers oder sogar eines Statisten sein, der einem Mitglied seiner Berufsfamilie Hilfe anbietet, keinesfalls aber der eines zufälligen Besuchers.
»Seit fünf Jahren ödet sie ihn jeden Morgen an ... Madame findet sich auf dem Film nicht jung genug! Es ist doch nicht seine Schuld, wenn sie jeden Tag um einen Tag älter wird«, sagte die Frau und rief dabei Barsky und Gromoff zu Zeugen der offensichtlichen Wahrheit ihrer Worte an.
»Die sind ja schrecklich«, äußerte sich Barsky aufs Geratewohl und schlug eine Stärkungsrunde vor.
»Mir verschlägt es den Appetit, aber, sie hält es nicht davon ab, wie für vier zu essen und zu trinken«, sagte der Mann beim Anstoßen.
Mit dem Kinn deutete er auf die Angeschuldigte, deren berühmtes Profil Barsky auf der anderen Seite der Glasscheibe zwischen Bar und Restaurant, über eine Käseplatte geneigt, erkannte. Er schluckte und sagte dann:
»Sie ist schwierig, das weiß jeder ... Aber was für ein Talent!«

»Sie hat vor allem einen guten Maskenbildner und eine gute Garderobiere«, lachte die Frau.
»Auch das weiß jeder und sie zu allererst ... Auf ihr Wohl, Freunde!« sagte Barsky, der endlich begriff, mit wem er es zu tun hatte. »Und wie steht es mit den Kostümen? Ist sie da auch so anspruchsvoll?« fuhr er mit mitleidiger Miene fort.
»Nie zufrieden ... nie paßt es ...«, seufzte die Frau und hob ihr Glas. »Aber es ist trotz allem ein schöner Beruf, den wir da haben, nicht?« gab sie als Abschluß zu.
»Und bei dir klappt alles?« fragte höflich Fedor Bulansky.
»Ich weiß, daß wir zusammen gearbeitet haben, aber ich weiß nicht mehr bei welchem Film ...«
»War das nicht bei *L'Epreuve?* In Joinville?« schlug Tanja Bulanska vor.
»Nein«, antwortete Barsky entschieden, nachdem er so getan hatte, als ob er in seinem Gedächtnis suchte. »Nein, es war nicht in Joinville, es war anderswo ...«
Ein atemloser junger Mann mit besorgter Miene stürmte in die Bar.
»Ist sie fertig mit Essen?« fragte er Tanja.
»Geh und frag sie«, antwortete Fedor. »Warum? Seid ihr schon soweit?«
»Fast«, sagte der junge Mann und ging mit noch sorgenvollerer Miene ins Restaurant.
»Ich muß sie wieder herrichten«, sagte Fedor mit müder Stimme, indem er von seinem Barhocker kletterte.
»Und ich sie wieder anziehen«, seufzte Tanja und verließ den ihren.
»Auf bald!« sagten beide zu Barsky und Gromoff.
»Auf bald!« antworteten sie, und Fürst Andrej küßte Tanja Bulanska die Hand.

»Wie heißen die doch gleich? Ich habe ihre Namen völlig vergessen ...«, fragte Barsky die Bardame, nachdem die beiden gegangen waren.

»Na, das sind Fefe und Tata Bubu!« sagte sie, als ob das selbstverständlich wäre. »Und Sie, wie heißen Sie?«
»Isidor!« antwortete Barsky im selben Tonfall. »Viel Erfolg, Madame!« fügte er in Richtung der berühmten Schauspielerin hinzu, die aus dem Restaurant rauschte, gefolgt von dem jungen Mann, der jetzt lächelte und entspannt wirkte.
»Vielen Dank ... Auf bald, Adrienne!« hörte man im Quietschen der Tür, die der junge Mann vor dem Star öffnete.
Barsky und Gromoff bestellten noch ein Glas.
»Was hast du denn vor?« murmelte Gromoff leise auf russisch. »Mich amüsieren«, antwortete Barsky. »Wieviel sind wir schuldig, Adrienne?«
Adrienne schob Barsky die Zettel zu. Er gab ihr ein großes Trinkgeld.
»Vielen Dank, Monsieur Isidor, bis morgen«, sagte sie halblaut mit zuvorkommendem Lächeln.
Als sie auf Gromoffs Taxi zugingen, stürzte ein kleiner Rothaariger im Laufschritt aus den Studios und fragte, ob er mindestens bis Paris mitfahren könnte.
»Gern«, sagte Barsky und setzte sich mit ihm auf den Rücksitz. »Chauffeur, Sie werden den Herrn am Château de Vincennes hinauslassen«, wies er Gromoff an.
»Zu Diensten, Durchlaucht«, antwortete Gromoff auf französisch, und auf russisch sagte er: »Immer zu Diensten, du Idiot!«
»Wie läuft's?« fragte Barsky den Rothaarigen nach kurzem Schwanken.
»Es würde besser laufen, wenn es nicht schon Mittagszeit wäre, wir nicht im Departement Seine-et-Marne wären und mein Lastwagen keine Panne hätte. Eine Heilige Jungfrau von Guadeloupe vor vier Uhr in der Umgebung von Joinville-le-Pont finden ... na Prost! Eine Madonna von Guadeloupe, die man dann nicht einmal sieht in der Dekoration mit all den Pompons und dem Flitterkram, den sie überall aufgehängt haben ... Ist schon schwer genug, in diesem

ganzen Durcheinander die Schauspieler zu erkennen ...
Wenn sie es mir bloß gestern gesagt hätten! ... Es ist immer
das gleiche, alles im letzten Augenblick. Dabei habe ich
Haufen von Madonnen und Heiligen in meinem Fundus, die
heilige Anna, die schwarze Madonna, Bernadette Soubirou,
Therese von Lisieux, Jeanne d'Arc, aber eine von Guadeloupe
hab' ich nicht ... Und wenn ich sie nicht finde, dann kriege
ich nicht nur eins auf den Hut, sondern auf den Schädel!«
Er war ehrlich verzweifelt.
»Wir sollten es auf dem Flohmarkt versuchen«, schlug Barsky
vor. »Aber auf dem von Clignancourt, bei Nüssbaum, kennst
du den?«
»Ich gehe immer nach Saint-Ouen«, antwortete der Rothaarige.
»Versuchen wir's doch bei Nüssbaum«, sagte Barsky. »Chauffeur, nach Clignancourt, bitte.«
»Paschalsta«, schimpfte Gromoff.
»Versuchen wir's«, stimmte der Rothaarige zu. »Aber ich
bezahle die ganze Fahrt. Das geht auf Produktionskosten. Sie
wird ihnen teuer zu stehen kommen, ihre Jungfrau von den
Inseln ... wenn wir sie überhaupt finden!«
Sie fanden sie.
Nicht bei Nüssbaum; aber bei Nüssbaum erinnerte sich
Manolo, daß er eine auf dem Markt gesehen hatte, fünf oder
sechs Monate zuvor. Er führte sie zur alten Madame Dupraz.
Die hatte die Madonna von Guadeloupe sehr genau im
Gedächtnis, denn sie fand sie damals viel zu teuer. Wahrscheinlich war es Loeb, der sie gekauft hatte; Loeb hatte sie
tatsächlich gekauft und sofort weiterverkauft an einen
Stammkunden, der Kultgegenstände sammelte. Loeb schlug
in einem Heft nach, das er in der Geldtasche eines Kassenboten der Banque de France aufhob, und fand die Adresse seines
Sammlers.
»Wenn Sie wollen, kann ich ihn anrufen und ihm sagen, daß
Sie keine Diebe sind.«

Loeb, Barsky, der Rothaarige und Gromoff gingen alle vier
ins Bistro. Loeb telefonierte von der Theke aus.
»Er erwartet sie, er ist ein Filmliebhaber!«
Um 14 Uhr 30 läuteten Barsky und der Rothaarige an der
Tür von Monsieur di Bello am Quai Voltaire.
Um 14 Uhr 40 tauschte Monsieur di Bello seine Madonna
von Guadeloupe gegen eine von Pierrot Mérange, Requisiteur, ausgestellte Quittung, die ihm verbürgte, daß sie ihm
am übernächsten Tag unversehrt zurückgegeben werden
würde. Er hätte gern präzisiert, daß sie nicht von den Inseln
stammte, wie man annehmen konnte, aber das hätte zu
lange gedauert. Isidor und Pierrot waren schon auf der
Treppe.
Um 15 Uhr 35 hielt das Taxi des Fürsten zum zweiten Mal
an diesem Tag vor den Studios von Saint-Maurice. Die
kleine, blumengeschmückte Madonna kam pünktlich. Barsky war der Mann des Tages.
Während der ganzen Schatzjagd, die Barsky zuerst als eine
Unterhaltung angesehen hatte, vor allem, um Gromoff zum
Lachen zu bringen, hatte er gespürt, wie sich Pierrot in eine
Leidenschaft steigerte, die er bisher nur bei Pokerspielern
und Renn-Wettern erlebt hatte. Sie steckte ihn an, er
erkannte sie wieder und war erstaunt. Er staunte, daß man
sie auch bei der Arbeit verspüren konnte.
»Nur dank meinem Freund Isidor habe ich sie gefunden,
Ihre kleine exotische Madonna«, sagte Pierrot und stellte
Barsky dem Regisseur vor, als dieser seinen Requisiteur
beglückwünschen wollte.
Das war in der Halle A. Fefe und Tata Bubu kamen hinzu,
um auf russisch zu gratulieren, und der Star sagte von
weitem: »Vielen, vielen Dank«.

Barsky setzte sich wieder auf seinen üblichen Platz neben
Gromoff, und eine ganze Weile fuhren sie, ohne zu reden,
durch den Bois de Vincennes.

»Wir haben uns gut amüsiert. Stimmt's nicht, Andrej?«
»Du bist wie einer, der zum ersten Mal Roulette spielt und gewinnt ... Du solltest nicht wieder hingehen«, riet Gromoff.
Barsky antwortete nicht.
Wieder hingehen? ... Er dachte an nichts anderes mehr: wieder hingehen, bevor ihn die anderen vergaßen.
Er ging also wieder hin, ohne Gromoff, einzig um des Vergnügens willen zu hören, wie Adrienne ihn mit »Guten Tag, Monsieur Isidor« begrüßte und Pierrot Mérange »Hallo, alter Junge« zu ihm sagte. Da man ihn nun kannte, unterhielt man sich ungeniert in seiner Gegenwart in der Bar oder auf den zementierten Wegen. Niemand fragte sich, was er hier tat, jeder glaubte, er habe eine offizielle Stellung bei einer anderen Produktionsfirma als der eigenen.
Da sich das Wunder der Madonna von Guadeloupe nicht wiederholte, wartete Barsky die Dinge ab. Und beim Plaudern mit Tanja Bulanska, die sich über die schlecht angenähten Knöpfe an einem diesen Morgen gelieferten Kostüm beklagte, ging ihm endlich ein Licht auf.
»Die Leute verstehen heute nicht mehr zu arbeiten«, nörgelte die Garderobiere.
»Das hängt davon ab, was es für Leute sind. Ich kenne welche, die noch etwas davon verstehen ...«, sagte Barsky.
»Du solltest sie uns schicken, denn für den nächsten Film wollen wir die hier nicht mehr.«
Tanjas »Wir« hatte etwas Königliches, das einen unwiderruflichen Beschluß ankündigte.
»Ich will sehen, was ich tun kann«, sagte Barsky.
Er versuchte nicht zu erfahren, wer »die hier« waren, die man nicht mehr wollte. Ihm genügte, daß man sie nicht mehr wollte.
»Und was ist der nächste Film?« fragte er wie unbeteiligt.
»Das weiß ich noch nicht. Beten wir zu Gott, daß es einen nächsten gibt, man weiß ja nie!« Und Tanja sang die ersten

Takte eines alten russischen Liedes, dessen Text ungefähr lautete: »Wie der Vogel auf dem Zweig streif ich umher, der Willkür des Windes ausgeliefert...«
Dieser illusionslose Fatalismus erschütterte Barsky. In einer trostlosen Vision sah er plötzlich diesen Raum vor sich, ohne die Menschen, die er kannte und die ihn kannten, in Bälde bevölkert von Fremden, die seinen Triumphtag nicht miterlebt hatten.
Er mußte rasch handeln, wenn er den Film in die Rue de la Mare bringen wollte, bevor der Film die Allée Chateaubriand entdeckte.
Und das wollte er Alex Grandi sagen.
Es traf sich gut: Alex hatte eben endgültig mit MASQUES ET BERGAMASQUES Schluß gemacht.

In ihrem großen schönen Haus in Troyes, wo sie vergeblich die fröhlichen Pariser erwartet hatte, die sie nie besuchen kamen, war die arme Madame Leblanc sanft im Schlaf verschieden.
Das plötzliche Hinscheiden der alten Dame, die nur ein einziges Mal in der Firma MASQUES ET BERGAMASQUES aufgetreten war, als charmante »Patin auf Besuch« mit dem Privileg, den Geburtstagskuchen aufzuschneiden, dieser Tod erschütterte die Strukturen des Hauses vom Fundament bis zum Giebel.
Entgegen der lang gehegten Meinung über die Finanzierung der Gesellschaft war es nämlich nicht Tintin, der geblecht hatte, sondern Madame Tintin.
In dieser etwas schroffen Form resümierte Nicole Maddy gegenüber den Inhalt des Gesprächs, das sie eben mit Maître Dubâteau-Ripoix geführt hatte, der aus Troyes ange-

rufen hatte. Der Jurist hatte Liliane und Roger Ziegler zur Testamentseröffnung begleitet. Die Verstorbene sollte am nächsten Tag begraben werden.
Nach einigen Betrachtungen über den bitteren Schmerz, der alle bei den MASQUES erfülle, hatte Maître Dubâteau-Ripoix nachdrücklich in Erinnerung gerufen, daß er nicht nur der juristische Berater der Firma, sondern vor allem der Rechtsbeistand der Familie Ziegler-Leblanc und infolgedessen der Erben sei, in diesem Fall der Liliane Ziegler, von jetzt an Eigentümerin der Hälfte des Geschäfts, mit ihrem Vater, dem einzigen anderen Erben Madame Leblancs. »Aber wir werden Zeit genug haben, morgen über das alles zu sprechen. Ziehen Sie sich warm an, die Kathedrale ist eisig . . .«, riet er noch, bevor er auflegte.
Maddy war mitten in einer Anprobe, als Nicole kam, um ihr die neue Lage kurz zu schildern. Mademoiselle Agnès hatte ihr rasch ein schwarzes Kleid genäht, dessen Einfachheit einer Freundin der Familie anstand, dessen Eleganz sie aber davor bewahrte, für ein Mitglied der Familie gehalten zu werden.
»Der Schleier, der kommt später . . .«, sagte Nicole und schaute im Spiegel Maddy direkt in die Augen.
Als sie sich diesen ungewöhnlichen Satz sagen hörte, den sie nicht vorher überlegt hatte, der ihr einfach entschlüpft war, hätte Nicole nicht sagen können, ob sie vom Schleier einer Braut oder dem einer künftigen Witwe redete. Maddy antwortete nicht, aber Mademoiselle Agnès schüttelte lächelnd den Kopf, was gleichzeitig ihr subtiles Begriffsvermögen enthüllte und die tiefe Komplizenschaft, die diese drei Frauen miteinander verband, wenn sie sich allein glaubten.
Sie waren es aber nicht. Alex, der vorbeigekommen war, um – wie er sagte – seine Marschroute für die Wallfahrt nach Troyes entgegenzunehmen, war noch da, obwohl alle glaubten, er sei schon gegangen. Er hatte alles gehört und gesehen. Jetzt zeigte er sich.

»Ziehen Sie sich warm an, mein kleiner Alex, es scheint, daß es morgen dort sehr kalt sein wird«, sagte Nicole, mehr denn je Victoria Jean.
Alex antwortete nicht gleich. Er betrachtete alle drei: Maddy, die er sehr geliebt, und Nicole, die ihn amüsiert hatte, und Mademoiselle Agnès, die er von jeher für tödlich langweilig hielt. Jeder hätte er etwas sagen können: etwas Zärtliches, Lustiges oder Häßliches. Er konnte sie nicht mehr voneinander trennen, sie waren eine Gruppe, eine Sekte, eine Organisation. Eine kleine Armee, die zum Ansturm rüstete. Er wollte mit diesen Leuten nichts mehr zu tun haben und überlegte, mit welcher Formel er sein Ausscheiden ankündigen sollte. Und er, der gewöhnlich so brillant formulierte, versagte sich den Luxus des Humors.
»Ich werde mich nicht erkälten, denn ich gehe nicht hin. Ich verlasse Sie, meine Damen, ich gehöre nicht mehr zur Firma.«
Als er durch das Vestibül ging, nahm er sich die Zeit, das unter dem Glassturz leicht nach links gerückte Fabergé-Ei wieder in die Mitte zu rücken: »Dich werde ich vermissen«, sagte er zärtlich zu dem Ei.
Dann ging er über die Schwelle von MASQUES ET BERGAMASQUES und zog leise die Tür hinter sich zu.

Zwischen den Métro-Stationen George V und Pyrénées zog Alex eine Bilanz der Jahre, hinter denen er eben die Tür geschlossen hatte. Was den Beruf anging: Da ließ sich alles in einem Wort zusammenfassen, dessen zwei Silben das Rollen der Métro suggerierte. Das Wort »Scheißdreck« paßte sich jedem Rhythmus an, dem kurzen abgehackten, wenn der Wagen schnell fuhr, wie auch dem langgezogenen Seufzer, wenn die Türen sich an den Stationen öffneten.
Scheißdreck, nichts als Scheißdreck seit diesen Scheiß-*Enteigneten*. Er hatte einen Finger in diese idiotische Sache gesteckt, und am Ende die ganze Hand dringehabt.

Er hatte sich verirrt, war vom Weg abgekommen. Verirrt in Perlen, Spitzen, Stickereien und Falten, in Flitterkram und Federn, in Uniformröcke und Brokat, war abgerutscht in alberne Operetten, folkloristische Bauernstücke, unechtes großes Theater, bürgerliche Melodramen und porno-kosmographische Revuen wie dieses prätentiöse Nichts, diese Mond-Albernheit, die soviel Erfolg gehabt hatte, daß sie nun in London aufgeführt wurde.

»Ein Königreich für ein Pferd, hat mal ein anderes Arschloch gesagt. Ich sage: Alle meine Erfolgsrösser für eine kleine Schindmähre, aber mit Pitoëff, schon noch Spitzen, aber für Tschechow, vielleicht auch Krinolinen, aber bei Baty, nackte Frauen, warum nicht, aber für Aristophanes! ...«

Das dachte Alex, während er zusah, wie die Menschen aus- und einstiegen; schon lange hatte er sie nicht mehr so genau beobachtet. Eigentlich seit diesem Scheißdreck von *Enteigneten!* Er fing ganz für sich allein zu lachen an, als er sich eine Frau, die an der folgenden Station zustieg, in dem berühmten Pailletten-Abendkleid vorstellte, das Zobelcape wie einen großen Wauwau hinter sich herziehend.

Das war ja die Scheiße: Er hatte die Gewohnheit verloren, seine Mitmenschen anzuschauen, weil die Mitmenschen, die er anziehen sollte, nie die Métro nahmen, nie einen Haushalt versorgten, keine Einkäufe machten und auch nicht wirklich liebten, keine Bürostunden absaßen und keine unerwünschten Kinder hatten. Die Mitmenschen, die er zu verkleiden gehabt hatte, waren niemandes Mitmenschen. Es waren Modezeichnungen, bei denen kein Smokingknopf fehlte.

Das Bild mit dem Knopf gefiel ihm. Er sah sich die Kleidung seiner wiedergefundenen Mitmenschen genau an. Da gab es Unterärmel, die abgenutzt und mit der Schere geglättet worden waren, viel auffallender als jene andern, die man sorgsam mit einem Band in passender Farbe abgesetzt hatte,

es gab Ohrclips, Halskette und Ring, die zusammengehörten, einen breiten, dicken, gerundeten Trauring aus rötlichem Gold, wie eingeschmolzen in das Fett eines gealterten Ringfingers, es gab äußerst eleganten, abgenützten Tweed, schreiend neuen und pappsteifen Hahnentrittstoff, den fertig auf Zelluloid montierten Krawattenknoten, den gewendeten Mantel, den aufgemaschten Seidenstrumpf, den mit einer Laufmasche und den mit der Laufmasche von gestern, fixiert mit farblosem Nagellack, der aber inzwischen recht schmutzig geworden war, es gab Kunstgestopftes, garantiert unsichtbar, honigfarbene Kreppsohlen und ihre armen kleinen Schwestern aus Woodmil-Masse, falsche »Burberrys« von Fashionable, einen Hüftgürtel, den die Frau beim Aufstehen über die Schenkel ziehen wird, tadellos weiße Zwirnsöckchen, ganz straff sitzend, zu straff, so daß die Wade über dem Gummirand einen Wulst bildete, es gab ungleiche Schuhbänder, einen am Falz so abgeschabten Persianer-Pelzkragen, daß das kahle, schwarze Leder wie mit Wichse behandelt aussah, eine Kostümjacke, die aus einem Männersakko entstanden war, eine hübsche weiße Hemdbluse unter einer handgestrickten flaschengrünen Jacke, dazu einen grauen Jerseyrock, es gab eine marineblaue Baskenmütze, die auf der rechten Seite im Haar eine Haarschnalle sehen ließ; und dann gab es natürlich Knöpfe: solche, die am Abspringen waren, andere, die für die ausgeleierten Knopflöcher zu klein geworden waren, zwei Perlmuttknöpfe, die über Kreuz statt parallel wie ihre Nachbarn angenäht waren, und vor allem einen Knopf – einen großen, dicken, pistaziengrünen Bakelitknopf in Rautenform, wie ein Diamant geschliffen, der zu schwer war für den schwarzen Kunstseidenmantel, den er in der Taille schließen sollte und der bei jeder Erschütterung hin und her baumelte wie der Kettenanhänger des Maharadschahs in der *Reise um die Welt in achtzig Tagen.*
Fast hätte Alex das Umsteigen bei der Station Châtelet verpaßt.

Es war auch sehr lange her, daß er die Métro benützt hatte. Seit diesem Scheißdreck mit den *Enteigneten!*
Da war zu Anfang der kleine Talbot von Maddy, dann kam die Zeit der Taxis, und schließlich der Firmen-Citroën, der MASQUES-Citroën mit seinem Chauffeur Lucas, der ein wenig Lieferfahrer, ein wenig Parkettputzer und ein wenig Reparateur durchgebrannter Sicherungen war. Ein wenig redselig, Lucas, aber nett, jedenfalls kein schlechter Kerl! Sicher auch er ein wenig angefault: ebenfalls von Nicole angeworben! Vollkommen aufgefressen von Madame Victoria! Obwohl er künftig die neue Chefin herumfahren würde, wenn der Verwaltungsrat zusammentrat: die trübselige, farblose, langweilige Liliane Ziegler, geborene Leblanc, die boshafte Lily! Dieser verdammte Lucas! Der sich nie die Mühe machte, seine karierte Kappe abzunehmen ...
Seltsam, er hatte im Waggon keine Mützen gesehen. Entweder war er unaufmerksam gewesen, oder es war nicht die rechte Zeit für Mützen. Immerhin zählte er vier beim Umsteigen, in dem endlosen Métrogang. Er ging langsam, mit großen Schritten. Den langen Schritten eines Spaziergängers.
Er legte ein paar Sous in den Holznapf eines Bettlers, der »Ramona« sang und die geschlossenen Augen hinter einer dunkelblauen Brille mit Stahlgestell verbarg. Er ließ sich Zeit, die Münzen aus seiner Tasche zu holen, sich zu dem Napf hinunterzubeugen, ein paar Takte zuzuhören und alles in seinem Kopf festzuhalten. Alles: von den Infanteristen-Schnürstiefeln bis zu dem verbeulten, mottenzerfressenen, aufgebogenen, schwärzlichgrünen, schimmliggelben Filzhut, dazwischen die schmutzigweiß und kanalrattengrau gestreifte Hose eines Abteilungsleiters im Warenhaus, dazu das zweireihige Jackett auf der bloßen Haut, ohne Knöpfe, in der Taille zusammengehalten durch einen Pfadfinder-Gürtel.
Im Weggehen pfiff er »Ramona«. Es war auch schon lange

her, seit er »Ramona« gehört hatte. Das war noch auf der Kunstakademie. Jedenfalls aus der Zeit vor dem Scheißdreck!
Bevor er die Treppe zum Bahnsteig betrat, blieb er stehen und wäre beinahe umgekehrt, um sich zu vergewissern, was seine Augen gesehen hatten. Und dann sagte er sich, der Blinde sei vielleicht nicht ganz so blind, wie er aussah, und er könnte ihn vielleicht verletzen, wenn er zurückkam und ihm ins Gesicht schaute.
Er sagte sich auch, man habe nicht auf ihn gewartet, um *Boudu sauvé des eaux* zu drehen. Leider. Auch für *L'Atalante* hatte man nicht auf ihn gewartet. Ohne ihn der schwarze, über Felsen laufende Hochzeitszug! Ohne ihn das weiße Seidenkleid, entwaffnend in seinem falschen Schick, und der rührende weiße Tüllschleier, der gleichzeitig zu kurz und zu lang war! Ohne ihn, und für immer vorbei! Jetzt war er tot, der Typ, der *L'Atalante* gemacht hatte. Eben war er gestorben, ohne auf ihn zu warten.
»Er konnte ja nicht wissen, daß ich kommen würde«, murmelte Alex leise, als er die Treppe hinabging und sich in letzter Sekunde durch die sich automatisch schließende Tür quetschte.

Nachdem er seine Vergangenheit bis zum Umsteigen geregelt hatte, mußte Alex nun noch, zwischen den Stationen Châtelet und Pyrénées, seine Zukunft aufbauen. Genauer gesagt, seine nächste Zukunft, nämlich, was er Sonja und Olga erzählen und wie er es erzählen sollte.
Ganz selbstverständlich hatte er, nachdem er die Tür in der Allée Chateaubriand geschlossen hatte, eine Métrofahrkarte zur Rue de la Mare gelöst. Nicht mechanisch, sondern selbstverständlich, so wie man schnell nach Hause geht, um eine gute Nachricht zu verkünden.
Aber jetzt, ein paar Werst vor der Station Pyrénées, begann er sich zu fragen, ob seine vielgeliebten Pailletten-Stachano-

wistinnen die Nachricht, die er ihnen überbrachte, so begeistert aufnehmen würden, wie er es von ihnen erwartete.
»Sie werden nichts begreifen, die armen Schätzchen, wenn ich meine Wahrheit so einfach vor sie hinwerfe. Ich präsentiere sie ihnen besser gut eingewickelt«, sagte er sich.
Er mochte sie von ganzem Herzen, heute mehr denn je; und er, der sie immerhin fast alle Tage sah, wurde ganz weich bei der Vorstellung, daß er gleich bei ihnen sein würde. Er würde ihre schönen, blauen, gläubigen Kinderblicke wiedersehen, immer ein wenig fragend und sehr bemüht zu verstehen. Alles zu verstehen: die Arbeit, die zu machen war, ebenso wie die neuen Wörter. Und in diesen Blicken wollte er keine Angst lesen, wie es schon ein oder zwei Mal geschehen war. Auch keine Verwirrung oder Bangigkeit vor morgen, und auch keine Verbitterung, daß er ihre Arbeit von gestern verachte, weil er sie heute ablehnte.
Seine eigene Wahrheit konnte er ihnen nicht sagen. Für sie brauchte es eine andere, auch sie echt, aber einfacher und beruhigender. Er suchte nach der Formulierung. Die Zeit drängte, an der nächsten Station mußte er aussteigen. Und er fand sie.
»Ich bin bei den MASQUES ausgestiegen, aber Sie sind es nicht. Ich gehe von dort weg, aber Sie behalten mich. Und ich behalte Sie. Und Sie behalten sie, und sie behalten Sie. Und Sie werden überhaupt nicht mehr aufhören, soviel Mehrarbeit wird das für Sie geben!«
Das war's! Das würde er ihnen sagen. Er sprang aus dem Zug, bevor er zum Stehen gekommen war, so eilig hatte er es, zu ihnen zu kommen.
Alex hatte nur eines vergessen, aber dafür gab es eine Entschuldigung, denn es war etwas, worüber niemand sprach. Worüber niemand je gesprochen hatte. Niemand außer der alten Anita; sie hatte sich einmal, ein einziges Mal, und das war Jahre her, geäußert auf seine Frage, wo denn die geheimnisvollen Heimarbeiterinnen von FÉMINA-

PRESTIGE, die Maddys Kleid so großartig angefertigt hatten, sich versteckten und wer sie überhaupt seien. Da war sie rot geworden und hatte wie ein Geheimnis verlauten lassen, Madame Olga sei die Schwägerin von Madame Jean, »aber das geht uns nichts an...« Damals hatte ihn das so wenig beeindruckt, Herz und Kopf waren so voll Liebe und Pläne, daß er Anita kaum zugehört und nur die Adresse der beiden Frauen und ihre vereinten Vornamen behalten hatte.
Sonja-Olga, Onja-Solga, wie er sie manchmal nannte, wenn er sie zum Lachen bringen wollte, hatten die Firma, für die sie arbeiteten, nie anders benannt als nach dem, was auf dem eingenähten Etikett stand, oder unter der banalen Bezeichnung »die Chefs«. Er erinnerte sich vage, daß eine von beiden irgendwie verwandt war mit Victoria, aber er hätte nicht sagen können, ob Sonja oder Olga. Und wenn er Stepan begegnete, dann war es Olgas Mann, Zazas Vater und Elies Freund, dem er lächelnd Bonjour sagte, nicht der Bruder Janeks.
Das war es, was Alex vergessen hatte, Alex, als er die Rue de la Mare hinunterging, »Ramona« pfeifend und im Geist die kleine Rede rekapitulierend, die er sich zurechtgelegt hatte. Und während er an den Riesenkranz von morgen dachte, mit dem Goldaufdruck MASQUES ET BERGAMASQUES auf der violetten Moiree-Schleife, zog er die Reißnägel aus der Karte an der Tür »bei Bonnets«.
Er hatte diesen Firmennamen, der eine Idee von Maddy war, immer scheußlich gefunden. Nur mit größter Mühe hatte er ihr beigebracht, daß er nicht von Baudelaire stammte; sie hatte ihm das übelgenommen, und vor dem unausweichlichen »Bloß, weil ich eine Bergarbeitertochter bin, will das nicht heißen...«, das er in ihrem Blick hochkommen sah, schloß er sie in seine Arme, schwor ihr, er habe nur die Wahrheit gesagt, sie schliefen miteinander, und man behielt den Namen: Er gefiel Maddy so gut.
Jetzt, im Rückblick und angesichts all dessen, was er wußte,

kam ihm der Gedanke, der Name sei wahrscheinlich ein Fund der armen Madame Leblanc gewesen, die den Dichter Lelien eines Tages unter dem Laubwerk ihres einsamen, sonnigen Parks in Troyes wiedergelesen und sich den Titel notiert habe; sie blies ihn wohl Augustin Leblanc ein, und der brachte ihn nach Paris.
»Herunter mit den Masken!« murmelte er, ein wenig frustriert, daß er nur sich selbst zum Lachen brachte; dabei zerriß er die Karte in kleine Stücke, die er in seine Hosentasche steckte. Dann klopfte er wie üblich dreimal an die Tür, die nun keinerlei Firmennamen mehr zierte.
Als Alex sie lächelnd bat, Maddys Foto aus dem »Rahmen der Unsrigen« herauszunehmen, begannen Sonja und Olga, sich einige Fragen zu stellen.
Auch der »Rahmen der Unsrigen« war mit dem übrigen hinunter »zu Bonnets« gezogen. Niemand sah ihn jemals an, aber wäre er nicht dagewesen, es hätte etwas gefehlt in ihrer täglichen Arbeitswelt. Wie einst im zweiten Stock thronte der Rahmen hier auf der Mitte des Kaminsimses. Sonja und Olga hatten schon oft die vier kleinen Kupferverschlüsse auf- und zugemacht, die die Pappunterlage mit den vier Mahagonileisten verbanden. Das erforderte Genauigkeit und wurde fast wie eine Zeremonie ausgeführt. Wenn man den Rahmen auseinandernahm, geschah es immer, um ein neues wertvolles Andenken hineinzuschieben, niemals um ein altes, entwertetes herauszunehmen.
Sie hatten keine entwerteten Andenken.
Was Alex Maddys Foto nannte, das hatten sie selbst immer das Foto von dem schönen Kleid genannt, nie anders zu der Zeit, als sie es noch manchmal ansahen. Das war nun schon lange nicht mehr vorgekommen, aber als sie es jetzt wieder betrachteten, da man sie dazu zwang, sahen sie nicht ein, inwiefern es die Qualitäten verloren haben sollte, für die sie es damals in den »Rahmen der Unsrigen« aufgenommen hatten.

Da aber Alex so großen Wert darauf zu legen schien, holten sie ihm zu Gefallen das Bild heraus, und Olga legte es in die Schublade der Nähmaschine.
Jetzt war so etwas wie ein weißes Loch links beim Rahmen, ein großes leeres Rechteck, das man ausfüllen mußte. Sie machten das, indem sie alle anderen Bilder neu verteilten, die so glatt rutschten wie Karten unter den Fingern einer Hellseherin. Manche kamen wieder unter anderen zum Vorschein, die sie ganz oder zum Teil verdeckt hatten, sie waren so lange verschwunden gewesen, daß man sie vergessen hatte.
»Wer ist das, der da?« fragte Alex und neigte sich über das Foto eines Mannes, der die Hand in Richtung Apparat ausstreckte, ohne doch sein lächelndes, narbenbedecktes Gesicht verbergen zu können.
»Das ist Wolodja«, sagte Sonja nach leichtem Zögern. »Ein Vetter«, erklärte sie noch, befestigte die Kupferverschlüsse des Rahmens und trug ihn zum Kamin zurück.
»Sie machen mir eine Tasse Kaffee, und dann erkläre ich Ihnen alles«, sagte daraufhin Alex, genau wie beim allerersten Mal, als er gekommen war.

Sie schwiegen. Er hatte eine ganze Weile geredet und zwei Tassen Kaffee getrunken. Nur mit Mühe konnten sie seinen Worten folgen: zuerst die Geschichte mit dem Aussteigen – wer war wo ausgestiegen? – und dann dieses: »Ich gehe dort weg, sie behalten Sie, wir gehen weg, wir behalten uns nicht, aber wir bleiben zusammen...« Das war wirklich zu kompliziert.
Sie hatten wohl gespürt, daß etwas Ernstes geschah, als er darauf bestand, das Foto ihres schönen Kleides sollte verschwinden – wie wenn er die Erinnerung und den Beweis ihres Könnens löschen wollte. Was sie schon gekonnt hatten, bevor es ihr echter Beruf wurde. Wenn es damit zu Ende war, dann sollte er das doch sagen. Aber nicht so

etwas verlangen, das war nicht nett. Und daß er so wenig nett war, das bedeutete bestimmt, daß er selbst recht unglücklich war.

Er wartete, daß sie etwas sagen würden. Sie sagten nichts. Olga stand auf. Sie ging, um sich von etwas zu überzeugen, das sie eben flüchtig bemerkt zu haben glaubte, als sich die Tür öffnete.

»Er hat sogar schon das Schildchen weggenommen!« sagte sie leise auf jiddisch zu Sonja, ohne sie anzusehen, als sie sich wieder an den kleinen Küchentisch setzte, an dem sie alle drei Platz genommen hatten.

»Wenn ihr hinter meinem Rücken redet, werden wir uns nie verstehen«, warf ihnen Alex lächelnd vor.

»Wir müssen uns nicht mehr verstehen, Alex, jetzt, wo *sie* uns wieder zu einfachen Näherinnen zurückgestuft hat«, sagte Olga und sah ihn fest an.

Er las in ihrem Blick nicht Angst und Verwirrung, wie er befürchtet hatte, nur die resignierte Traurigkeit eines Menschen, der nicht wirklich überrascht ist vom einbrechenden Unglück, nur ein wenig verwundert, daß es etwas früher kam als erwartet.

»Wer, *sie*? Und warum heruntergestuft zu einfachen Näherinnen?« fragte Alex, der überhaupt nichts mehr verstand, außer der Tatsache, daß die beiden nichts verstanden hatten. Olga hielt es nicht für nötig, ihm zu antworten.

»Wer denn, *sie*? Was soll das heißen?« wiederholte Alex sanft.

»Das wissen Sie sehr gut«, antwortete Sonja, die bisher nichts gesagt hatte.

»Nein, Sonja, ich weiß es nicht«, sagte Alex ungeduldig.

Sonja sah Olga an, Olga sah den Tisch an.

»Nun?« meinte Alex.

Noch einmal ein kurzes Schweigen, dann entschied sich Sonja: »Sie ... das ist ... nun, das ist seine Frau, die

Frau von Stepans Bruder. *Sie* hat uns wieder zu Heimarbeiterinnen zurückversetzt, wie am Anfang ... am Ausgangspunkt sozusagen!«
Um sich besser verständlich zu machen, imitierte Sonja die Bewegungen und den Tonfall von Maurice und Zaza, wenn diese früher an manchen verregneten Donnerstagen um den ersten Platz bei Spielen gestritten hatten, deren Regeln ihr immer unklar geblieben waren.
»Genau: am Ausgangspunkt ... wie als wir ankamen!« sagte Olga und hob den Kopf.
Da brach Alex zu ihrer großen Überraschung in Gelächter aus. Sie warteten geduldig, bis er sich beruhigt hatte, was ein paar Sekunden dauerte, dann fragte ihn Olga sehr würdig, was denn so komisch sei an dem, was ihnen passiert war; oder war es das, was sie gesagt hatten? Sie sagten es so, wie sie konnten.
»Alles ist komisch!« antwortete er und zog sein Taschentuch heraus, um sich die Augen zu trocknen.
Drei Stücke des zerrissenen Schildchens landeten geräuschlos auf den Fliesen. Sonja las sie auf und setzte in ihrer hohlen Hand ein Stück des Puzzle zusammen. »Und das? ... Ist das auch komisch?« sagte sie und hielt es ihm unter die Nase.
»Und das hübsche Foto von unserem ersten Kleid fürs Theater, das wir wegnehmen müssen, damit wir wieder gewöhnliche Heimarbeiterinnen für FÉMINA-PRESTIGE werden, ist das auch komisch?«
Olga hatte so laut gesprochen, daß die Adern an ihrem Hals anschwollen.
»Hilfe, ich ertrinke! Wo kann ich Fuß fassen? Die Mauern stürzen über mir zusammen! Heiliger Mißverständnus, bete für mich!« schrie Alex.
Es war das erste Mal, daß sie ihn schreien hörten. Sie waren wie betäubt. Es herrschte bleierne Stille, während Alex sie eine nach der andern ansah.

»Also gut! Fangen wir wieder von vorn an . . . Ich werde Ihnen erklären . . .«
Er hatte sein gewohntes Lächeln wiedergefunden.
»Erklären Sie, aber dies eine Mal, Alex, bitte erklären Sie es uns mit Worten, die man versteht, nicht mit ›Aussteigen‹, wie vorhin, wo wir nichts verstanden haben!« sagte Olga, während sie den Topf mit Wasser für einen frischen Kaffee füllte, noch bevor er darum gebeten hatte.
»Ich erkläre ohne ›Aussteigen‹. Aber vorher erklären Sie mir, wie man es anstellt, Heimarbeiterinnen am Anfang im Ausgangspunkt der Ankunft zu sein, ja?«
Er hatte ihren Akzent so gut nachgemacht, daß nun sie in Gelächter ausbrachen. Dann setzte sich Olga wieder, nachdem sie die kleine Kaffeekanne auf den Tisch gestellt hatte.
Und für Alex erzählte sie ihre Ankunft.
Die Ankunft unter dem großen Glasdach der Gare de l'Est.
Sie erzählte auch die Abreise vor der Ankunft.
Sie erzählte auch das vor der Abreise.
Sie erzählte von Petljura in Polen.
Und Sonja erzählte von Petljura in der Ukraine.
Und Sonja erzählte von ihrer eigenen Ankunft, vor der Olgas, unter dem großen Glasdach der Gare de l'Est. Damit trat Alex in eine Welt ein, die ihm noch fremder war als die, die er auf seiner Métrofahrt wiederentdeckt hatte, eine Welt, die er nicht vergessen, sondern von der er gar nicht gewußt hatte, daß es sie gab.
Dann erzählte Olga wieder vom Aussteigen unter dem großen Glasdach, von dem schmutzigen Gepäckballen, ihrem dicken Bauch, vom Staub und von Stepans Schildmütze und Janeks panischer Angst, von Anitas Freundlichkeit und Nicoles Abwesenheit. Und von Zazas Geburt und Nicoles Abwesenheit.
Und von den ersten Wiesel-Glasaugen, vom Zobelcape und vom Tod Petljuras, von Stepans Zorn und dem schönen Kleid, von ihrem Brief und immer wieder von der Abwesen-

heit Nicoles, der Abwesenheit Victoria Jeans, wie sie sich jetzt nannte.
Und je mehr Olga von der Abwesenheit dieser Abwesenden sprach, desto mehr wuchs Nicole-Victoria an Bedeutung und desto mehr begriff Alex, daß der Schatten der Unbekannten unablässig dieses Haus, das sie nie betreten hatte, heimsuchte.
Unsichtbar war sie da seit dem ersten Tag, riesig und allmächtig; sie ließ die Würfel rollen, die Vorrücken bedeuteten oder Rückkehr zum Ausgangspunkt für die, denen sie nicht verzieh, daß sie gekommen waren. Und noch weniger, woher sie gekommen waren.
Es war eine große Offenbarung für Alex. Und während Olga ihren gefürchteten, unerbittlichen Schatten heraufbeschwor, sah er das fassungslose Gesicht der echten Nicole vor sich, wie er es vor kaum einer Stunde hinter sich gelassen hatte. Nicole im Spiegel zwischen ihren beiden Komplizinnen, auf frischer Tat ertappt und wie geohrfeigt durch sein Ausscheiden. Nicole in die Enge getrieben durch das schlimme Testament, in großer Gefahr, sich selbst ›am Ausgangspunkt‹ wiederzufinden.
Und das Mißverhältnis zwischen dieser sich abzappelnden Ameise und der allmächtigen Löwin, die Olga schilderte, war so groß, daß er wieder in Lachen ausbrach und Olga zu sprechen aufhörte.
»Wie alt ist Zaza jetzt?« fragte Alex.
»Dreizehneinhalb«, sagten Olga und Sonja zugleich.
»Also dauert das jetzt dreizehneinhalb Jahre! Unglaublich!« rief Alex.
»Was denn?«
»Daß Sie nach dreizehneinhalb Jahren noch immer nicht begriffen haben, daß sie ohne Ihre Arbeit nichts wäre, diese Madame Nicole Victoria Jean, absolut nichts, verstehen Sie? Ohne Sie, ohne mich ist sie nichts mehr! Mich hat sie verloren, und Sie werden sehen, wie sie sich an Sie klam-

mern wird. Ohne Sie sind die MASQUES futsch, während Sie auch ohne die MASQUES existieren! Deshalb habe ich das Schildchen an der Tür zerrissen. Sie sind frei, verstehen Sie, was das heißt? Frei, frei, ja zu sagen, frei, nein zu sagen! Sie sind bei sich zu Hause, »bei Bonnets«, und Sie arbeiten, für wen Sie wollen. Das wollte ich Ihnen erklären. Jetzt zu der anderen Geschichte, der mit dem Foto: Nicht das schöne Kleid wollte ich nicht mehr sehen, sondern die schöne Dame — oder besser gesagt den schönen Kopf der Dame. Und das kann ich Ihnen nicht erklären, das würde zu lange dauern, ist zu kompliziert und nicht sehr lustig.«
»Gehen Sie ihretwegen?« wagte Sonja zu fragen.
»Ein wenig, aber nicht nur . . .«, sagte Alex.
Es klingelte an der Tür. Sie sahen sich an, und Sonja stand auf, um zu öffnen.
Alex erkannte die Stimme von Lucas, dem Chauffeur. Sonja kam zurück, einen Briefumschlag in der Hand, und Alex hörte, wie der Motor des Citroën wieder aufheulte.
»Was habe ich Ihnen gesagt! Sie haben keine Zeit verloren!« lachte Alex auf.
Aber sein Lachen stieß ins Leere. In Sonjas und Olgas Augen las er Angst. Trotz allem, was er ihnen eben gesagt hatte, waren sie voller Angst, einer so intensiven Angst, daß sie auch ihn ergriff.
Sonja hielt den Umschlag in der Hand, ohne ihn zu öffnen. Er nahm ihn ihr weg, riß ihn auf, überflog den Brief, und ohne etwas von seinem inneren Jubel merken zu lassen, bat er sie mit ernster Stimme, sich bequem auf ihre Stühle zu setzen. Nach einer Pause begann er endlich vorzulesen, wie man Kindern Märchen vorliest.

> Mesdames,
> Die Direktion ist glücklich, Ihnen mitteilen zu können, daß unsere Firma infolge einer administrativen Umstrukturierung endlich imstande ist, Ihnen den

Exklusiv-Vertrag (›als Zuschneiderinnen, Näherinnen und Stickerinnen‹) anzubieten, den sie Ihnen seit langem zur Zustimmung vorlegen wollte.
Anderseits benützen wir diese Gelegenheit, Ihnen zur Kenntnis zu bringen, daß Monsieur Alexandre Grandi nicht mehr der Firma angehört. Sie werden also in Zukunft nichts mehr mit ihm zu tun haben.
Aber wie in der Vergangenheit bleibt MASQUES ET BERGAMASQUES mehr denn je eine große Familie.
Gute Arbeit!

                          Für die Direktion
                             (unleserlich)

Sie schauten Alex an, der die Hand aufs Herz gelegt hatte, um die letzten Zeilen zu deklamieren.
»Warum reden sie mit uns plötzlich von Familie?« fragte Olga nach einer Weile. »Das ist wahrhaftig das erste Mal...«
»Aber sie reden keineswegs von Familie, Olga! Sie sprechen von der ›Großen Familie‹... Wenn es den Chefs schlechtgeht, dann reden sie den Angestellten gegenüber immer von der Großen Familie, allen Angestellten gegenüber, sogar denen, die zur Familie gehören, der echten Familie... Die echte Familie hat nämlich nichts zu tun mit der Großen Familie. Sie will man nicht in der echten Familie, aber man braucht Sie in der Großen Familie. Ich gehöre nicht zur Familie, und ich habe die Große Familie verlassen. Also schreibt Madame Unleserlich Ihnen im Namen der Großen Familie, damit ich Sie nicht in eine andere mitnehme, Sie, die zu meiner echten Familie gehören, obwohl ich nicht Mitglied Ihrer Familie bin. Es ist kein großes Kunststück, das zu verstehen!«
Er hatte seine Tirade langsam begonnen, dann — je mehr er das wachsende Unverständnis in Olgas und Sonjas Augen sah — beschleunigte sich sein Sprechtempo, bis er endlich in

ihrem Blick das Leuchten bemerkte, das er so liebte: Lachen kündigte sich an.
»Sind Sie jetzt zufrieden?«
»Wir haben nichts verstanden«, sagte Sonja und versuchte, ihr Lachen zurückzuhalten.
»Absolut nichts«, sagte Olga und platzte heraus.
»Also gut, ich erkläre . . .«, seufzte Alex.
»Oh nein! Nein!«
Jetzt lachten sie endlich zusammen aus vollem Hals.

Keiner von ihnen hatte das Geräusch des Schlüssels im Schloß gehört.
»Hier ist es aber wirklich amüsanter als in der Schule!« rief Zaza, als sie, gefolgt von Barsky, hereinkam; der hatte die Gelegenheit benützt, als sie die Tür öffnete, vor der er schon eine gute Viertelstunde gestanden hatte, ohne zu klingeln. Das Verschwinden des Schildchens MASQUES ET BERGAMASQUES hatte seinen Schwung gebremst. Er ahnte große Umwälzungen und fragte sich mit klopfendem Herzen, ob er nicht zu spät komme.
»Was gibt's denn Neues?« fragte er in munterem Ton.
»Eine ganze Menge, mein lieber Isidor«, antwortete Alex lächelnd. »Und bei Ihnen?«
»Ich bin jetzt beim Film«, erklärte Isidor mit seiner selbstverständlichsten Stimme.
»Das müssen Sie uns morgen erklären, Isidor«, sagte Alex.

Sie können sie aufbehalten, solange wir über Land fahren, aber sowie wir uns der Stadt nähern, setzen Sie die neue Mütze auf.«
»Gut, Madame Victoria«, antwortete Lucas und hob den Zeigefinger zum Rand seiner karierten Mütze.
Neben ihm auf dem freien Sitz lag die neue. Sie war perlgrau, steif und flach wie ein Fladen, und der schwarze Lederschirm glänzte im Halbdunkel wie ein Lackschuh. Lucas warf ihr einen unfreundlichen Blick zu. Ein Glück, daß ich sie noch mit dem eigenen Kopf fahren kann, wo ich schon keine Füße mehr habe... dachte er. Seine Gabardine-Uniform drückte ihn an den Armlöchern, am Kragen und in der Taille, besonders aber quälten ihn die rostfarbenen Ledergamaschen: Sie reichten bis zu den Knien hoch und schnürten ihm an den Waden das Blut ab. Er spielte mit den Zehen, um die Stiche im Fuß zu verjagen.
Es war sieben Uhr morgens. Es waren fast nur Lastwagen unterwegs, und wenn Lucas einen von ihnen überholte, hupte er zweimal als Dankeschön. Die lachen sich wahrscheinlich krumm, dachte er, was die wohl für Witze machten, die Burschen in den Fahrerkabinen, wenn sie im Licht ihrer Scheinwerfer den Garten erblickten, den er mit soviel Mühe auf dem Dach des Citroën befestigt hatte. Der Kranz war so groß, daß er über das Dach hinausragte, vorn und hinten und an den Seiten.
»Wenn die Sonne kommt, sitzen wir in einer Laube«, nörgelte Lucas und betrachtete die graziös vor seinem Scheibenwischer herabhängenden Palmzweige.
Das mußte einiges kosten, so ein großes Ding, ganz aus Schwertlilien, weißen Rosen und Flieder, mitten im November. Flieder im November? Das muß ich mir ansehen, wenn wir mal angekommen sind. Das ist doch sicher nachgemachter Flieder, künstlicher Flieder, wie die Blumen, die sie auf die Hüte nähten. Komisch, wenn es so wäre: In acht Tagen ist alles verwelkt und kaputt, außer dem Flieder.

Was soll das alles?
Und was sollte das alles, was sich seit gestern abspielte? Er verstand nichts mehr. Warum hatten sie nicht wie vorgesehen den Zug genommen, warum hatte man ihn im vierten Gang zur alten Anita in die Rue d'Aboukir geschickt, um dort einen Brief abzuholen, den er Hals über Kopf zu Flickweibern im xx. Arrondissement bringen mußte, und warum hatte man bei seiner Rückkehr mit einem Schlag beschlossen, ihn als Kavallerieleutnant zu verkleiden?
Meine Güte, was für ein Zirkus! Die dicke Ginette suchte zuerst im Fundus: Es gab dort keinen »Herrschafts-Chauffeur« in seiner Größe. Er war zu groß und zu untersetzt. Es war ein komisches Gefühl, in der Unterhose dazustehen wie alle diese Kasper, die sich unaufhörlich nackt auszogen in der Allée Chateaubriand. Alte, Junge, die sich wie die Weibsbilder im Spiegel anschauten und stundenlang selbst bewunderten. Ginette hatte gelacht, als sie ihn da sah. Er nicht.
Bei Latreille war man wenigstens offen, ehrlich und rasch. Arbeitsanzug? Gewiß, Monsieur, gehen Sie in die Abteilung »Chauffeur«. Es hätte auch die Abteilung »Konditor« oder »Installateur« sein können. Alle Berufe eben.
Aber das mit den Gamaschen, das hätte er nicht mit sich anstellen lassen sollen. *Leggings,* nannte der Verkäufer bei Latreille das. Das andere Modell, ohne *Leggings,* gefiel ihm besser, aber Ginette hatte telefoniert; perlgrau, Gabardine, Mütze, *Leggings,* rostfarbene Halbstiefel. Packen Sie es ein, es bleibt dabei!
Gildaise lag noch zusammengerollt im Bett, als er sich Schlag fünf Uhr gestiefelt und gespornt hatte. Er hatte gerade Zeit genug, den Wagen aus der Garage der Avenue de Neuilly zu holen und diesen verdammten Kranz, der zum Frischhalten im Hof des Gebäudes lag, aufzuladen. Armelle war mit Gildaise im Morgenrock heruntergekommen; sie hatten alle drei zu tun, die »Immerwährende Trauer von

MASQUES ET BERGAMASQUES« festzuzurren. Und Armelle sagte immer wieder: »Die arme Dame, die arme Dame«, und kannte sie nicht einmal.
Es stimmte, daß man sie gar nicht kannte, die Alte, die gestorben war. Man hatte sie nie gesehen, nicht einmal in der Rue Charles-Laffitte. Den Alten schon, den hatte man gesehen, vielmehr Armelle hatte ihn gesehen mit Maddy, das war vor Jahren. An einem Abend, als ihre Dienstherrschaft sich so angeschrien hatte in ihrem Kauderwelsch, daß Armelle Angst bekam und alles Gildaise erzählte.
Das war alles sehr, sehr lange her.
Er überholte einen großen Lastwagen mit Anhänger. Der Fernfahrer erwiderte seinen Doppel-Hupton.
Er mußte mal hingehen und seine Kameraden in der Fabrik besuchen. Anscheinend rührte sich da was in Courbevoie. Er fand das recht erfreulich. Er hatte wirklich das große Los gezogen! Keine Versammlungen mehr, keine Diskussionen, keine Delegierten, keine blöden Abstimmungen, nichts von dem ganzen Kram! Im Grund hatte er ja Schwein gehabt, daß dieser Le Gentil in die Direktion in Clermont versetzt wurde. Eigentlich war es eher Le Gentil, der Schwein gehabt hatte. Denn in Paris hatte es nach dieser Geschichte mit dem Mörder-Vetter viel Gerede gegeben im Haus und in der Fabrik. In Clermont kümmerte man sich nicht besonders um solche Dinge. In Clermont kümmerte man sich um gar nichts. Selbst dann nicht, wenn sich zufällig in Courbevoie irgendwas rührte. In Clermont jedenfalls, da lebten die Arbeiter wie in einer Stadt in der Stadt. Sie bekamen zur Geburt ihren Silberbecher – und ihre Goldmedaille, wenn sie in Rente gingen. Alles, was dazwischen passierte, passierte innerhalb des Ladens, warum also sollten sie sich rühren!
Wie hatte Mademoiselle Joëlle geheult, als sie Neuilly verlassen mußte! Auch Gildaise ein wenig, aber nicht so sehr. Die Le Gentil war rücksichtslos. Glücklicherweise hatte sie nie

davon erfahren, von Gildaise und ihm im fünften Stock. Das war Madame Victoria zu verdanken, die den Mund gehalten hatte. »Sie hat geschworen, geschworen bei der heiligen Anne von Auray...« Sie waren schon komisch, diese Bretoninnen mit ihrer heiligen Anne von Auray. Jedenfalls hatte es funktioniert. Sie war prima gewesen.
Prima auch, daß sie das Zimmer übernommen hatte, das zur Wohnung im zweiten Stock gehörte. Das Nutzungsrecht behalten, nannten sie das! Das konnte man schon sagen...
Die waren ja wohl enttäuscht, die neuen Mieter! Die waren zu abgebrannt, um sich ein Dienstmädchen halten zu können, aber bei ihren vier Gören hätten sie zwei gut da oben unterbringen können, die Boches: Boches und Juden obendrein!
Und Gildaise für die Reinigung der Kostüme anzuheuern, war auch prima. So änderte sich nichts. Aber trotz allem, das erklärte nicht die Panik von gestern.
Es erklärte auch nicht, weshalb Grandi nicht mit von der Partie war. Mit ihm hätte man sich wenigstens amüsiert im Wagen.
Hinten flüsterten sie unaufhörlich. Er sagte nichts, wie gewöhnlich...
Es begann zu tagen. Im Rückspiegel traf Lucas den Blick Nicoles. Sie zischte Maddy etwas ins Ohr, die aber nicht zuzuhören schien, dann fing sie plötzlich an zu lachen. Das weckte Janek auf, der gegen die Tür gelehnt schlief.
»Was gibt es so Komisches?« fragte Janek mit einer Stimme, die verschlafen noch einen Ton tiefer klang.
»Nichts, mein Liebling, der Kummer macht uns nervös. Schlaf wieder ein...Ist es noch weit, Lucas?« fragte Nicole.
»Eine knappe halbe Stunde, Madame Victoria, wenn ich Sie nicht vorher in den Graben fahre«, antwortete Lucas lächelnd.
»Das wäre heute wirklich nicht der richtige Tag, mein Lieber«, seufzte Nicole.

»Vielleicht würden sie uns dann bei Roblot einen Rabatt gewähren, für die vielen Särge?« murmelte Maddy.
»Hör schon auf«, sagte Nicole schroff.
Lucas tat, als hätte er nichts gehört.
Sie sehen müde aus, aber eigentlich nicht traurig, sagte sich Lucas, als er erneut einen Blick in den Rückspiegel warf. Es war nun hell, und er konnte sie gut sehen. Müde und ein wenig alt. Das muß das Schwarz ausmachen. Gewöhnlich haben sie immer Helles an. Und dann die Hüte, die stehen ihnen wahrhaftig nicht, vor allem Madame Victoria nicht. Die kann noch ganz schön aufregend sein mit ihren endlos langen Haaren. Davon muß es überall im Bett welche geben, wenn er es mit ihr treibt. Denn das tut er, er treibt's wirklich mit ihr, auch wenn sie beide nicht mehr ganz jung sind; anscheinend packt es die zwei manchmal mitten im Nachmittag, und Armelle bleibt wie festgenagelt in ihrer Küche, traut sich nicht mehr heraus und muß nachher das Schlafzimmer wieder herrichten wie in einem Stundenhotel. Die arme Mémelle, die nichts wissen will von dieser Bumserei! Komisch, die Bretoninnen: Gildaise, die wollte, sobald sie nach Paris kam, und dabei schliefen die Le Gentils nicht einmal mehr miteinander, und Armelle, die nicht wollte, und dabei ging's im dritten Stock wie in einem Bordell zu! Deshalb hat Victoria nichts weitergesagt: Die Bumsgeschichten gefallen ihr, die brauchte« man nicht einmal bei der heiligen Anne von Auray schwören zu lassen ... Den Hut hat sie für die Kathedrale aufgesetzt, sie hätte es so machen sollen wie ich mit meiner neuen Mütze, warten, bis man in die Stadt einfährt. Er wollte es ihr beinahe sagen, so scheußlich fand er sie mit ihrem Deckel.
Maddy stand der Hut besser, aber Maddy war das scheißegal. Die gehörte zu den Kühlen, nicht zu den Liebevollen. Es mit dem Alten treiben, so jung wie sie war, als die Geschichte anfing ... Nun, sicher war das ja nicht: Joëlle hatte das zu Gildaise gesagt, weil sie eifersüchtig war,

nachdem Victoria sie hatte fallen lassen. Man wußte es nicht. Es wäre ein dickes Ding immerhin, wenn sie sich in Schwarz geworfen und den ganzen Zirkus veranstaltet hätte, um zum Begräbnis der Angetrauten ihres alten Liebhabers zu kommen. Bald würde man sehen, wenn der ganze Hokuspokus anfing. Das konnte ein verfluchtes Spektakel werden... Wie alles übrige im Leben komisch geworden war, seit er nicht mehr in der Fabrik arbeitete! Was für Dinger hatte er in einem einzigen Jahr erlebt! Dinger, von denen er keine Ahnung gehabt hätte, wäre sein Trott mit der Stechuhr weitergegangen. Die Fahrten in Paris ohne festen Zeitplan und sogar die Stunden in der Allée Chateaubriand, wo man dieses und jenes reparierte und dabei über nackte Mädchen stolperte. Denn es gab nicht nur Kerle, die sich auszogen, sondern glücklicherweise auch etwas zum Ausgleich! Und dann immer das Unvorhergesehene: auch das gefiel ihm sehr gut. Sogar diese Reise, abgesehen von dem Scheiß mit der Mütze und den Gamaschen und dem Gabardine-Anzug, der ihn einzwängte... Wann und wie und womit hätte er sich eine Reise nach Troyes leisten können? Auch in Troyes rührte sich sicher etwas, in dieser Ecke war alles voll Fabriken... Unterwäsche vor allem. Während ihrer Messe würde er einen Streifzug durch die Geschäfte machen, vielleicht fand er hübsche maschenfeste Hemdhöschen für Gildaise. Aus schwarzem Material, so daß man sich im fünften Stock ein wenig amüsieren konnte... Das mußte an Ort und Stelle weniger teuer sein, so nah an den Fabriken.
Sie würden ihn doch nicht etwa zwingen, an ihrer Messe teilzunehmen? Sobald er den Kranz abgeladen hatte, würde er sie allein lassen. Sozusagen im Familienkreis.
Er warf einen Blick in den Rückspiegel. Janek war wieder eingeschlafen. Maddy beschaute die Landschaft durch das Fenster, mit abwesendem Blick. Nicole öffnete ihre Handtasche, zog ihre Puderdose heraus und besah sich im Spiegel.

»Oh, Scheiße, das ist unmöglich! ... Ich halte nicht durch ...«, sagte sie leise.
Sie nahm den Hut ab und lockerte mit einer Hand ihre plattgedrückten Flechten. Maddy sah weiterhin nach draußen. Nicole zog einen Lippenstift aus der Handtasche und begann, sich sehr sorgfältig die Lippen zu schminken. Sie lächelte sich im Spiegel der Puderdose an, dann steckte sie sie in die Tasche zurück und nahm dort ein großes schwarzes Musselin-Vierecktuch heraus. »Gut, daß ich daran gedacht habe«, seufzte sie und knüpfte es unter dem Kinn zusammen.
Diese Schlampe, jetzt sieht sie wie eine Madonna aus ... dachte Lucas.
»So ist es diskreter, nicht?« sagte Nicole und stieß Maddy mit dem Ellbogen an, damit sie sie anschaue.
»Das kann man wohl sagen! Neben dir bin ich wie im Sonntagsstaat ... Du siehst aus wie eine echte Pollackin!« sagte Maddy auflachend.
Dieses Miststück! dachte Lucas.
»Wir sind bald da, Madame Victoria. Wo fahren wir zuerst hin?« fragte er und holte einen Stadtplan aus dem Handschuhfach.
»Zuerst ins Hôtel de la Poste, da erwartet uns Maître Dubâteau-Ripoix. Danach je nachdem«, antwortete Nicole.
»Wird das nicht komisch wirken vor einem Hotel mit dem Kranz auf dem Dach?« erkundigte sich Lucas.
»Die ganze Stadt wird voll von Kränzen sein, mein lieber Lucas! Unsere Patin war allgemein beliebt ... Wach auf, Liebling, wir sind gleich da«, sagte Nicole und tätschelte Janeks Wange.
Sie geht mir langsam auf die Nerven, mit ihrem ›mein lieber Lucas‹! dachte der Chauffeur, den die Vorstellung eines Zusammentreffens mit Maître Dubâteau-Ripoix schlagartig in schlechte Laune versetzt hatte. Er würde Dubâteaus Chauffeur in die Arme laufen, und den konnte er nicht

riechen. Eine richtige Domestike. Eingebildet und snobistisch dazu. Sagte kaum guten Tag, wenn er in die Allée Chateaubriand kam. Trug Handschuhe zu seiner Uniform. Scheiße, ich hätte das nicht akzeptieren dürfen, sagte sich Lucas und setzte zornig die Livree-Mütze auf.
Sie fuhren durch die Vororte von Troyes.
»Das sieht ähnlich aus wie in Saint-Etienne«, sagte Maddy.

»Ist Grandi nicht mit Ihnen gekommen?« fragte Maître Dubâteau-Ripoix, der die Ankommenden in der Hotelhalle erwartete.
»Nein«, antwortete Nicole.
»Wann kommt er an?«
»Um die Wahrheit zu sagen, er kommt überhaupt nicht.«
»Wie das – er kommt nicht? Ist er auch krank?«
»Wieso? Ist denn sonst jemand krank?« fragte Maddy, die Dubâteau reichlich kühl fand.
»Ja, Mademoiselle Varga. Schwer krank ... Aber gehn wir doch rüber. Ich habe darum gebeten, daß man Ihnen ein *Breakfast* bereitstellt, in die *Lounge*. Octave, sagen Sie, daß man meine Freunde bedient, bitte, und benachrichtigen Sie Madame Dubâteau-Ripoix, wo sie uns finden kann.«
»Sehr wohl, Maître«, sagte der Mann mit den Goldschlüsseln. Dubâteau ging ihnen voran. Sie betraten einen Raum im Stil des englischen Mittelalters, mit einem großen Kamin, in dem ein Baumstrunk brannte. In einer Ecke schrieb eine alte Dame an einem kleinen Sekretär.
Dubâteau vergewisserte sich, daß sie nicht zuhörte, und nahm seinen Satz dort wieder auf, wo er ihn abgebrochen hatte.
»Schwer krank. Ein Mann, der vom Schicksal geschlagen, vom Schmerz vernichtet ist, stumpf und unansprechbar vor Kummer. Unser armer Augustin hat kein Wort mehr gesagt, seit er seine Lebensgefährtin verloren hat. Ich habe einen Teil der Nacht in ›La Bonne Chanson‹ mit Liliane und Roger

zugebracht: weder sie noch er, noch ich oder sein alter Freund Dr. Roussin, der immerhin der armen Marie-Jeanne die Augen zugedrückt hat, noch Monsignore Ziegler, der Onkel Rogers, der zur Zelebration des Trauergottesdienstes aus Straßburg gekommen ist, konnten ihm ein einziges Wort entlocken. Ich glaube demnach nicht, daß er imstande sein wird, an der Feier teilzunehmen. Das macht überdies die Sache schwieriger für... Danke, Gustave, meine Freunde bedienen sich selbst, Sie können gehen...«
Der Kellner verbeugte sich. Janek bestrich ein Stück Toast mit Butter, während Nicole die Tassen mit Tee füllte.
»... ich sagte: das macht die Sache schwieriger für die offiziellen Redner, die ihre Ansprachen vorbereitet und alle an den Witwer gerichtet haben. Aber wichtig ist schließlich, daß er keinen Herzanfall bekommt. Man muß auf alles gefaßt sein.«
»Aber er hat Sie doch immerhin erkannt, Maître?« erkundigte sich Nicole mit einem Blick auf Maddy.
»Das ist nicht sicher«, antwortete Dubâteau.
»War er schon in diesem Zustand, als Sie mich gestern anriefen, oder kam das erst danach?«
»Wonach, meine liebe Victoria?« fragte der Anwalt mit sanfter Stimme.
»Ich wollte sagen: als Sie mit mir telefonierten, wirkten Sie nicht besorgt... Wir wären rascher gekommen, wenn wir das gewußt hätten!«
»Stimmt!« bekräftigte Janek.
Maddy sagte nichts.
»Die paar Stunden mehr oder weniger hätten nichts geändert... Wir stehen vor einem Fall totaler Prostration. Geht sie vorüber oder hält sie an? Nur die Zukunft und die Wissenschaft können darauf Antwort geben. Gestern hatte ich keinerlei Grund, im voraus Ihren Kummer noch zu vergrößern... *Wait and see!*... Aber die Tatsachen

sind da und zwingen uns, sie zur Kenntnis zu nehmen.
Maître Parbot und ich . . .«
Dubâteau verstummte und sah sie alle drei an.
»Maître Parbot?« fragte Nicole halblaut.
»Maître Parbot ist der Notar der armen Marie-Jeanne, und von dieser Seite gibt es Neues seit gestern!« antwortete Dubâteau noch leiser und sah auf die Uhr. »Neues, das eben unseren Freund Grandi betrifft, von dem Sie mir jetzt sagen, er komme nicht, was wirklich die Höhe ist! Ist er denn wirklich krank?«
»Überarbeitet«, formulierte Nicole mühsam.
»Das trifft sich schlecht, denn er wird für die Zukunft ausgesorgt haben, unser Casanova!« rief Maître Dubâteau-Ripoix aus, den Blick starr auf Maddy gerichtet. »Sie sind nämlich launenhaft und unberechenbar, unsere alten Damen in der Provinz, Sie können sich nicht vorstellen, wie sehr! Nun ja, da uns nur sehr wenig Zeit bleibt, kann ich Ihnen genausogut die Kopie eines Briefes vorlesen, den Maître Parbot gestern abend vor uns entsiegelt hat und der uns alle außerordentlich erstaunte.«
Dubâteau holte ein mehrfach zusammengefaltetes Blatt Papier aus seiner Krokodilledermappe und setzte seine Schildpattbrille auf.
Nicole, Maddy und Janek hatten ihre Tassen abgestellt. Maddy betrachtete den Teppich. Dubâteau begann zu lesen, ohne jede Betonung, wie bei einem Polizeibericht:

Gesund an Körper und Geist, denke ich heute, am 2. November 1935, am Allerseelentag, an meinen Tod. Durch diese, meinem Notar Maître Parbot anvertrauten Zeilen wünsche ich, bestimmte Punkte meines vor einem Jahr abgefaßten Testaments, das sich in der rechten Schublade meiner Frisierkommode im Schlafzimmer meines geliebten Hauses ›La Bonne Chanson‹ befindet, abzuändern.

Dieses Testament bleibt unverändert und gültig für alles, was mein Hab und Gut an Immobilien, Wertpapieren, Aktien und Schmuck betrifft; nur über die Firma MASQUES ET BERGAMASQUES möchte ich anders als vorgesehen verfügen. Die künstlerischen Ziele dieser Firma, deren einzige Besitzerin ich bin, haben aus der Ferne meine alten Tage als Gattin, Tochter und Enkelin von Strickwarenfabrikanten verschönt. Ich hinterlasse also MASQUES ET BERGAMASQUES Monsieur Alexandre Grandi: Dieser junge Künstler scheint mir fähiger, mein Werk fortzuführen, als meine oder meines Gatten unmittelbare Umgebung. Ich fühlte mich sehr unverstanden zu meinen Lebzeiten.
Geschrieben zu Troyes, am 2. November 1935 um 22 Uhr.

»Das wär's«, sagte Maître Dubâteau-Ripoix, seine Brille abnehmend. »Und das —«, er schwenkte das Papier und faltete es wieder zusammen, »— das konnten wir unserem Schwerkranken nicht mitteilen. Er ist der einzige, der nichts davon weiß... Und Alex natürlich. Verblüffend, nicht wahr?«
»Jean-Gaétan! Wir sind sehr verspätet«, meldete sich eine Frauenstimme.
Madame Dubâteau-Ripoix durchquerte die *Lounge*. Sie kam wie gerufen. Alle standen auf.
»Ich hoffe, Sie haben sich warm angezogen, die Kathedrale wird eiskalt sein«, sagte sie und küßte Nicole und Maddy je zweimal. Janek küßte ihr die Hand. »Was den Friedhof angeht...«
»Sie wissen es schon, sie wissen es, ich habe sie informiert, Jennifer«, sagte Maître Dubâteau in gereiztem Ton. »Also, gehen wir, Kinder!« und er setzte sich an die Spitze der kleinen Gruppe, die zur Hotelhalle ging. »Das Mistvieh! Das nennt er informieren!« knirschte Nicole mit zusammen-

gebissenen Zähnen. Sie war fahl. Nur Maddy hörte es.
»Mein armer Tintin«, murmelte sie. Ihr Lächeln war merkwürdig, traurig und zärtlich zugleich.
»Zwei und dreiviertel Stunden, aber es war niemand unterwegs«, erklärte Janek Jennifer Dubâteau, die sich umwandte, um auf Nicole und Maddy zu warten.
»Kommt Grandi mit dem Zug?« fragte sie, als sie alle vor dem Pult des Portiers standen.
Niemand antwortete ihr. Maître Dubâteau-Ripoix hatte wieder das Wort ergriffen:
»Wir wollen zusammenbleiben«, empfahl er mit einem Blick durch die Scheiben der Windfangtür. Er erkannte Lucas am Steuer des Citroën. »Wir sollten zusammenbleiben, sonst verlieren wir uns in der Stadt. Erste Etappe: ›La Bonne Chanson‹ natürlich, aber ich würde vorschlagen, daß wir uns vorher dieses wunderbaren Kranzes entledigen. Also, erster Halt auf dem Vorplatz der Kathedrale. Wir fahren voraus, Ihr Wagen folgt, Hubert ist Ihrem Chauffeur beim Abladen der Blumen behilflich, wir übergeben sie den Ordnern, damit sie den ihnen gebührenden Platz am Katafalk bekommen; dann fahren wir zum Trauerhaus, wo wir die Wagen stehen lassen und zu Fuß den sterblichen Überresten unserer alten Freundin folgen. Auf dem Friedhof dagegen nehmen wir unsere Fahrzeuge. Sie müssen also im Schritttempo dem Trauerzug in gewissem Abstand folgen und uns nach der Messe vor der Kathedrale erwarten. Was meinen Sie dazu?«
Maître Dubâteau-Ripoix erwartete keine Antwort. Er fuhr fort:
»Octave, seien Sie so freundlich und sagen Sie meinem Chauffeur, daß wir abfahren«, rief er dem Portier zu.
»Monsieur Hubert ist im Kurierzimmer, ich rufe ihn, Maître«, sagte der Portier und nahm den Hörer des Haustelefons ab. »Ich plädiere so oft in dieser Gegend, daß ich hier schon meine Gewohnheiten, fast müßte ich sagen, meine

Eigenheiten habe wie zu Hause. Die Umstände sind nicht danach, aber ich bedaure doch, daß Sie nicht das *Jam* zu Ihrem *Breakfast* versucht haben. Octave läßt es speziell für mich aus London kommen, nicht wahr, mein lieber Octave?«
»Für Sie, Maître, und für Madame«, sagte Octave mit einer Verbeugung. »Und für die arme Madame Leblanc, wenn sie hierher zum Tee kam ... Ich hoffe, die Blumen der Direktion sind in ›La Bonne Chanson‹ richtig abgeliefert worden?« Er seufzte mit einem fragend schmerzlichen Blick.
»Sie sind gestern gekommen urd haben Madame Ziegler sehr gerührt«, sagte Jennifer Duþâteau-Ripoix.
Du red nur! dachte Maddy, wie wenn sie den Kopf für so etwas hätten, die *Enteigneten*! ...
Sie hatte es nicht absichtlich gedacht, der Gedanke war ihr einfach gekommen.
»Ich bin gleich zurück«, sagte sie mühsam, ein Lachkrampf würgte sie, und sie ging zu einer Tür rechts neben dem Lift, auf der »Damen« stand. Nicole folgte ihr.
»Eine weise Vorsichtsmaßnahme! Das alles wird ja stundenlang dauern! Kommen Sie auch, mein Lieber?« sagte Maître Dubâteau-Ripoix zu Janek, der ihm zur linken Tür folgte, auf der »Herren« stand.
»Hältst du das wirklich für den richtigen Augenblick!« rief Nicole, als sie Maddy, vor Lachen schluchzend, am Spiegel des kleinen Vorraums der Toiletten fand.
»Die Enteigneten ... die Enteigneten ...«, gluckste Maddy. »Sagt dir das nichts?«
Nicole zuckte die Schultern. Sie erinnert sich nicht einmal daran! dachte Maddy, als sie im Spiegel dem harten, abwesenden, entschlossenen Blick Victoria Jeans begegnete. Sie erinnert sich an nichts ... Und ihr wurde klar, daß sie nicht dieselbe Erinnerung teilten. Sie fühlte sich verlassen und hätte am liebsten geweint. Geweint über Saint-Etienne und ihre Mutter, über Alex' verlorene Liebe, über den Kummer

Tintins, das flüchtig wahrgenommene Lächeln der guten Marie-Jeanne, ihre eigene fehlgeschlagene Karriere, den bösartigen Blick Dubâteaus, über die Komplizenschaft mit Agnès, Lucas' Livree, die Albernheit von Beerdigungen und die Fältchen, die sich um ihre Augenlider bildeten.
»Kommst du?« sagte Nicole, deren Stimme das diskrete Rauschen der Wasserspülung überdeckte.
Maddy folgte ihr wortlos.
Die beiden Wagen setzten sich gleichzeitig in Bewegung. Monsieur Hubert, der Lucas nicht wiederzuerkennen schien, half ihm vor der Kathedrale, den Kranz abzuladen. Lucas setzte sich wieder ans Steuer, da sagte Maddy plötzlich:
»Ich möchte lieber hier warten.«
Und sie stieg aus dem eben anfahrenden Wagen. Lucas bremste.
»Wir dürfen die anderen nicht verlieren«, sagte Janek.
Lucas startete wieder, Maddy sah noch, wie Nicole sich umwandte und sie durch das Rückfenster des wegfahrenden Citroën fragend anblickte. Einen Augenblick blieb sie reglos stehen.
»Wo geht es, bitte, zum Bahnhof?« fragte sie ein altes Ehepaar, das Arm in Arm ging.
Die Frau hielt einen kleinen Strauß in der Hand. Sie wies ihr mit leiser Stimme den Weg. Maddy dankte im selben Ton und folgte mit den Augen dem Paar, als dieses langsamen Schrittes auf die Öffnung in den von einem Silberschild mit den Buchstaben M.J.L. bekrönten riesigen schwarzen Draperien zuging. Blumengebinde und Kränze lagen zu beiden Seiten des Spitzbogen-Portals, und bevor das Paar im großen Schiff der Kirche Saint-Pierre et Saint-Paul verschwand, blieb es einen Augenblick stehen, um die immerwährende Trauer auf dem größten der Kränze zu entziffern. MASQUES ET BERGAMASQUES leuchtete mit goldenem Glanz auf den mittelalterlichen Pflastersteinen. Der Mann und die Frau sahen sich an: der Name sagte ihnen nichts.

Maddy wartete, bis sie ganz verschwunden waren, dann wandte sie sich entschlossen in die Richtung, die man ihr gewiesen hatte.

Mein Liebster,
Ich schreibe Dir aus der Brasserie der Gare de l'Est. Es ist ein sehr trübseliger Bahnhof, und bevor ich in das Lokal ging, habe ich mir genau das große Bild angeschaut, das die Abfahrt der Soldaten 1914 zeigt, und ich habe sogar geglaubt, Papa darauf zu erkennen.
Ich bin ein wenig beschwipst, ich habe drei Cognacs getrunken.
Wenn ich den Brief fertiggeschrieben habe, werfe ich ihn ein und gehe nach Hause, um mich umzubringen. Während der Fahrt habe ich Euch vor mir gesehen, alle, die ich geliebt habe. Nur Dir kann ich es sagen. Ich mochte noch so sehr versuchen, an die anderen zu denken, immer warst Du es, der vor mir stand. Du, im Halbdunkel hinter einer Kulissenstütze, die Ärmel hochgekrempelt, wie Du mich zum ersten Mal angelächelt hast, als wir uns noch nicht kannten und ich meinen Text auf der Bühne las. Ich stotterte, und Du hast gelächelt.
Du, als ich Dich zum ersten Mal sah.
Und ich habe Dich verloren, weil ich Tintin nicht verlieren wollte.
Den armen Tintin, der nur seine alte Frau liebte und sie nun verloren hat.
Und ich verliere alles. Ich, die heute Dich für immer verliert, weil Du mir niemals glauben würdest, wenn

ich Dir sage, daß ich nie aufgehört habe, Dich zu lieben! Stell Dir vor, wie überzeugend das klingen würde, gerade jetzt, wo alles Dir gehört!
Ich habe im Zug lang nachgedacht. Ich habe wirklich alles verpfuscht. Ich will nicht dazu auch noch meinen Abschied verpfuschen. Das ist die einzige Möglichkeit, die mir bleibt, um Dir die Wahrheit zu sagen, damit Du mir glaubst.
Adieu, mein Liebster, vergiß mich nicht.

Maddy

P.S. Ich mache meinen Brief noch einmal auf, den ich schon zugeklebt hatte. Sie haben mir einen neuen Umschlag gegeben, und der Kellner sah mich merkwürdig an.
Es wird Dir Ungelegenheiten machen, aber ich will, daß *Du allein* mich auf den Friedhof in Deinem Stadtviertel begleitest. Ohne Putz und Aufwand und in einem Tannenholzsarg. *Du allein*. Nicht einmal mit Ginette. Um sie zu trösten, schenke ich ihr meinen Zobelpelz, um den sie mich so beneidete, als wir zusammen in *L'Autrichienne et le Serrurier* spielten. Um meine Mutter mach Dir keine Sorgen, sie ist vor zwei Jahren gestorben, aber ich habe niemand etwas gesagt.

Maddy bezahlte ihre Cognacs und die Briefmarke, ließ ein großes Trinkgeld zurück und ging unter den spöttischen Blicken des Kellners hinaus. Sie steckte den Brief in den Kasten beim Ausgang für Passagiere.
Dann nahm sie ein Taxi und fuhr heim, nannte der Concierge ihren Namen, schloß die Tür zweimal und ließ den Schlüssel stecken.

Am anderen Morgen gegen elf Uhr ließ die Concierge der Rue Pergolèse von der Feuerwehr die Tür aufbrechen.

Man sah kein Blut auf dem Bett. Nur einen kleinen Hof um das schwärzliche Loch, wie von einem Zigaretten-Brandfleck, im rosa Crêpe-de-Chine des Nachthemdes. Maddy hatte die Augen geschlossen. Sie hielt den kleinen Revolver noch in der Hand, die der Rückstoß auf die rechte Seite des Bettes geschleudert hatte.
Auf dem Nachttisch stand in großen Druckbuchstaben auf den Deckel einer Schuhschachtel geschrieben:

TSCHÜSS. ICH HABE ES SATT. KEINER IST DARAN SCHULD. KEINER, KEINER. ES IST EIN UHR MORGENS.

Die Concierge erzählte, Maddys Stimme sei ihr seltsam vorgekommen, als sie am Vorabend gegen zweiundzwanzig Uhr heimkam. Sie bestätigte, daß keine fremde Person während der Nacht das Gebäude betreten habe.
Der Polizeiarzt schloß auf Selbstmord. Und der Rettungswagen der Polizei fuhr die Leiche in die Morgue.
Der an der Gare de l'Est eingeworfene Brief wurde zu Mittag ausgetragen. Alex fand ihn gegen sechzehn Uhr unter der Tür seines Ateliers in der Rue Campagne-Première.

Alex richtete sich auf, wischte sich die Hände mit dem Taschentuch ab, trat einen Schritt zurück und betrachtete die zwölf Vergißmeinnicht-Pflanzen, die er eben in die frische Erde gesetzt hatte. Begrenzt von einer schwarz bemalten Holzbalustrade und eingezwängt zwischen zwei Steinkapellen, sah das kleine Rechteck aus wie ein Gärtchen inmitten einer toten Stadt. Er drückte einen Kuß auf seine Handfläche und legte sie auf die Inschrift, zärtlich und sanft. Die weißen Schriftzeichen waren ebenso frisch wie die umgegrabene Erde. Er zog noch einmal sein Taschentuch heraus, um die leichten Spuren seiner Liebkosung auf dem schwarzen Hintergrund wegzuwischen. Mit etwas

Speichel stellte er die klare Linienführung der sorgsam geschriebenen Buchstaben wieder her:

MADELEINE VARGOUGNAN, 1904-1935.

Wie die Schiefertafel eines Schulmädchens, dachte Alex. Mit großen Schritten, ohne sich umzuwenden, ging er zwischen den Gräbern hindurch in Richtung Hauptallee des Friedhofs Montparnasse.
Er mußte beiseite treten, um einen sehr prächtigen Leichenzug vorbeizulassen, und zum ersten Mal seit achtundvierzig Stunden dachte er an Troyes.
An Troyes und an alle die andern, mit denen er nicht hatte reden und denen er nicht hatte zuhören wollen, ehe alles so ausgeführt war, wie Maddy es gewünscht hatte.
Der Leichenzug nahm kein Ende. Da Alex erschöpft war, weil er nicht geschlafen und zu viel Kaffee getrunken hatte, versuchte er, in der Gegenrichtung voranzukommen. »Ein wenig Respekt, junger Mann«, glaubte Alex zu hören. Er hatte eigentlich keine Lust zu streiten. So wartete er und betrachtete die Gräber in der Umgebung.
Vor allem eines zog seine Aufmerksamkeit auf sich. Es war ein wunderbar gepflegtes Grab, das am Vorabend oder an diesem Morgen noch mit Blumen geschmückt worden sein mußte. Unter einer kyrillischen Inschrift auf dem Stein entzifferte er einen Namen:

SIMON PETLJURA.

Irgendwie erinnerte ihn das an etwas, an ein erst kürzlich geführtes Gespräch. Aber als er die Daten ansah: 1879-1926, erlosch sein Interesse, es war auch gar nicht wichtig, und der Warterei überdrüssig, kürzte er den Weg durch die Gräberreihen ab und verließ den Friedhof durch die kleine Pforte an der Rue Froidevaux.

Zurückgekehrt in die Rue Campagne-Première, legte er den Hörer nicht aufs Telefon zurück, öffnete auch nicht die Post, die sich im Flur seit dem vorgestrigen Tag aufhäufte. Er legte sich hin, um endlich zu schlafen.
Sechs Stunden später erwachte er, duschte sich und bürstete sich sorgfältig die Hände, um die angetrocknete Erde unter den Fingernägeln loszuwerden, rasierte sich, zog ein sauberes Hemd an und legte den Hörer auf das Telefon zurück.
Davon abgesehen, daß es fünf Uhr nachmittags war, machte er all die kleinen Verrichtungen, mit denen man morgens sein Tagwerk beginnt. Er war darüber nicht erstaunt.
Seit dem Augenblick, als er den Brief gefunden hatte, war für ihn alles erstarrt. Und jetzt, da er getan hatte, was der Brief von ihm verlangte, begann alles wieder aufs neue.
Er war zurückgekehrt. Von sehr weit her. Aus achtundvierzig Stunden, die er in einem unbekannten Irgendwo verbracht hatte. Zerrissen, bestürzt, ungläubig, ein Fremder in fremdem Land hatte er sich selbst zugeschaut, wie er merkwürdige Dinge tat, im Auftrag einer Abwesenden, deren Weggehen ihm immer unerklärlich bleiben würde.
Und da er einen neuen Tag begann, trat er vor die Tür und hob die Briefumschläge auf, über die er seit zwei Tagen hinweggegangen war. Unter verschiedenen Katalogen entdeckte er zwei Telegramme. Beide kamen aus Troyes, waren im Abstand von ein paar Stunden aufgegeben worden und hatten wenig Ähnlichkeit miteinander.
Das erste, das er öffnete, war mit Dubâteau-Ripoix unterzeichnet und stammte vom vorgestrigen Tag um 13 Uhr:

Neue Lage, Anwesenheit unumgänglich. Glückwünsche. Erwarten Sie im Hôtel de la Poste.

Das zweite war am selben Tag gegen 17 Uhr abgegangen und war einfach mit »Victoria« unterzeichnet:

Maddys Verschwinden unverzeihlich. Bitte Sie, sie zurückzuschicken oder besser zu begleiten. Erwarten Sie.

Dann entdeckte er ein drittes Telegramm, dazu eine Rohrpostnachricht, beides von Ginette:
»Ihr Telefon ist gestört, erbitte Anruf...« und »Unmöglich, Sie zu erreichen, rufen Sie zurück...«
Von da an wußte er... Das war zu dem Zeitpunkt, als er selbst die Leitung unterbrochen hatte.
Und da er die Verbindung wiederhergestellt hatte, beschloß er, davon auch Gebrauch zu machen, und wählte die Nummer von Dubâteau-Ripoix. Er wollte doch gern wissen, wofür er Glückwünsche verdiene, warum seine Anwesenheit unumgänglich war am Rande jener Grube, in die man den Mahagonisarg einer alten Frau hinabließ, einer alten Frau, die ihm nichts bedeutete, und das zu einem Zeitpunkt, da er sich anschickte, den verstümmelten Leib einer jungen Frau zu begraben, die er einmal sehr geliebt hatte.
Er ließ es eine ganze Weile klingeln, legte wieder auf, wählte noch einmal dieselbe Nummer, ohne Erfolg, nahm sich vor, am nächsten Tag wieder anzurufen, zog seinen Trenchcoat über und ging weg.
Zu Fuß ging er zur ›Coupole‹, wo ihn, ohne auf ihn zu warten, die Leute erwarteten, die er dort fast jeden Abend zur selben Zeit traf.
»Warst du auf Reisen?« fragte ihn Rodriguez, der Maler, ohne den Blick von seiner Zeitung zu heben.
»Sozusagen...«, antwortete Alex und bestellte einen doppelten Scotch.
»Monsieur Wladimir Uljanow wird am Telefon verlangt... Monsieur Uljanow... von Monsieur Leo Bronstein... Monsieur Uljanow ans Telefon...«, wiederholte die Stimme der Kassiererin im Lautsprecher.
»Sie werden ihn nicht über, ihren Gag«, seufzte Alex, indem

er aus der Entfernung einen jungen, zigeunerhaften schönen Menschen grüßte, dem alle Blicke folgten, während er sich lächelnd zur Telefonkabine begab. »Es gibt Varianten: gestern war es Oberst La Rocque, der Hauptmann Bordure verlangte!« sagte Rodriguez und faltete seine Zeitung zusammen. »Das wäre beinahe schiefgegangen, im Hintergrund war ein Tisch voll mit Männern von der faschistischen *Croix de Feu* . . .«
»Ich muß auch noch schnell telefonieren«, sagte Alex, der plötzlich an die Rue de la Mare dachte, die er seit zwei Tagen ohne Nachricht gelassen hatte.
Im Straßenverzeichnis fand er die Nummer des Auvergners. Der schöne junge Mensch machte ihm Platz in der Kabine.
»Du siehst recht zufrieden aus«, sagte Alex zu ihm.
»Das kann man wohl sagen! Mein Bruder hat mir eben gesagt, er hat unser Drehbuch untergebracht . . . Essen wir zusammen?«
»Einverstanden. Sag es Rodriguez . . . Ich komme«, antwortete Alex und schloß die Tür der Kabine hinter sich.
Beim Auvergner fragte er, ob jemand bei Madame Sonja und Madame Olga in der Nummer 58 etwas ausrichten könnte. Der Auvergner gab ihm Barsky, der gerade an der Theke stand. »Sie sollen sich keine Sorgen machen, ich habe etwas Unangenehmes erlebt, aber es geht alles gut. Morgen komme ich vorbei . . .«
»Morgen unbedingt«, wiederholte Barsky. »Ich sage es ihnen gleich . . . So sehe ich Sie morgen auch. Ich habe vielleicht ein Geschäft für Sie . . .«
»Das erzählen Sie mir morgen, mein lieber Isidor. Tschüß!« Alex legte auf und ging zurück zu Rodriguez und seinem doppelten Scotch, von dem er noch nichts getrunken hatte.

Um Mitternacht saßen sie noch immer bei Tisch im ›Chéramy‹ in der Rue Jacob. Laurent und Louis Verdon hatten sich dabei abgelöst, ihr Drehbuch zu erzählen. Rodriguez

und Alex hörten zu. Es war eine schöne, einfache, traurige und fröhliche Geschichte, die sich meist auf den Straßen, zum andern in einem Zimmer, am Ufer der Marne, in einer Fahrradfabrik und auf den Ufersteinen von Etretat abspielte. Es war auch eine Liebesgeschichte, einen Samstag und einen Sonntag lang, zwischen einem Mädchen und einem Jungen, die sich am Montag verließen.
»Ich würde dir gern die Kostüme machen...«, sagte Alex zu Laurent Verdon, demjenigen der Brüder, der die Inszenierung besorgen würde.
»Sie tragen aber keine Spitzen, die Frauen bei mir, weißt du«, antwortete ihm Laurent, und seine grünen Augen lächelten. »Ihr bei den ›Mamasques‹ seid etwas zu schick und etwas zu teuer für uns!«
»Ich bin nicht mehr bei MASQUES, und mit den Spitzen ist es aus«, sagte Alex sachlich.
Die drei anderen sahen sich an. Schweigen trat ein.
»Und das hast du uns nicht gesagt!« rief Rodriguez schließlich aus. »Wann ist das passiert, dieser glückliche Unfall?«
»Vor ein paar Tagen. Und es ist kein Unfall, schon gar nicht ein glücklicher Unfall, und ich möchte nicht darüber sprechen.«
Wieder trat Schweigen ein.
»Dagegen möchte ich gern, daß du mir noch ein bißchen von eurem Film erzählst, Laurent«, sagte Alex. »Gibt es Frauen in deiner Fahrradfabrik?«
»Ein paar... Warum fragst du?«
»Nur so, wegen Saint-Etienne«, antwortete Alex.

Dritter Teil

Das gelbe Flugblatt

Die Frau schrak auf aus dem Schlaf. Wieder hatte sie Angst. Wie vorgestern.

Vorgestern war es sehr früh am Morgen gewesen. Draußen war noch Nacht, aber es ging gegen Morgen, als in dieser gewöhnlich so ruhigen Straße Autotüren unter den Fenstern zugeschlagen wurden. Neben ihr schlief Kurt. Frieda Neumann schaute auf die Leuchtzeiger der Uhr, die auf dem zum Nachttisch gewordenen Koffer stand; sie zeigten auf dreiviertel sechs. Mit offenen Augen blieb sie reglos liegen und konnte erst wieder normal atmen, als sie hörte, wie das Auto anfuhr.

Erst da konnte sie sich selbst verspotten. Sie waren ja in Frankreich, es wäre an der Zeit, sich daran zu gewöhnen. In Frankreich besagten schlagende Autotüren nicht, daß sie einen abholen kamen. Es besagte, daß die Leute machten, was ihnen paßte, wo es ihnen paßte und wann es ihnen paßte. Das würde ihr Kurt zur Antwort geben, einmal mehr, wie schon seit zwei Monaten, und sie beschloß, ihm von ihrem Schrecken am frühen Morgen nichts zu erzählen.

Aber heute nacht begann es wieder. Und jetzt war es wirklich mitten in der Nacht. Zwei Uhr zwanzig, sagten die Zeiger.

Drei Türen wurden zugeschlagen, dann Schritte auf dem Bürgersteig, heftiges Klingeln an der Tür, die sich ungestüm wieder schloß. Und das Auto war nicht wieder weggefahren.

Frieda stand im Dunkeln auf, verließ geräuschlos das Schlafzimmer, ging durch den Flur und preßte, ohne Licht zu machen, das Ohr an die Tür.

Jemand ging die große Treppe hinauf. Mit langsamen Schritten, deren Geräusch der dicke Teppich verschluckte. Auch die Lieferantentreppe stieg jemand hoch. Ein einziger, etwas rascherer Schritt, der aber in dem Metallgehäuse schrecklich widerhallte.

Jetzt war sie sicher, daß sie gleichzeitig an beide Türen

klopfen würden. Aber die lauten Schritte gingen weiter nach oben und die gedämpften auch. Sie hörte eine Frauenstimme seufzen: »Was für eine Strapaze!« Dann schloß sich die Tür im dritten Stock wieder.
Erst jetzt wurde Frieda Neumann klar, daß sie die Worte der Frau verstanden hatte. Sie sprach jiddisch. Das brachte Frieda so zum Lachen, daß sie beinahe ins Schlafzimmer gestürzt wäre, um Kurt zu wecken, damit er mit ihr lachte. Dann fand sie, das wäre eine sehr gute Geschichte zum Frühstück.
Sie machte Licht, ging in die Küche und trank ein Glas Wasser und horchte in die Stille hinaus. Nichts rührte sich in den anderen Räumen der Wohnung. Auch die Kinder waren nicht aufgewacht. Nur ich bin wach, dachte sie, die einzige im Haus.
»Ich bin's, ich bin's, ich bin's, die spinnt im Haus«, summte sie fröhlich in Gedanken nach der Melodie der kleinen Nachtmusik von Mozart, die in der Familie sehr beliebt war. »Ich bin die, die spinnt auf dem Camping-Platz«, murmelte sie ohne Musik, während sie durch den einstigen Salon der Le Gentils ging, in dem ihre beiden größeren Kinder in Schlafsäcken schliefen. »Wenn wir bleiben, müssen wir Matratzen kaufen«, sagte sie zu sich selbst, als sie sich vorsichtig wieder neben Kurt auf das große Polster legte, das direkt auf dem Fußboden lag.
Matratzen und Klaviere. Die beiden gemieteten waren zu schlecht und zu teuer.
Wieder kam ihr das Lachen. Tante Hannah sagte immer: »Werde Geigerin, aber niemals Harfenistin oder gar Pianistin. Als Geigerin oder Flötistin kannst du sogar im Zug musizieren.« Ja, Tante Hannah! Sie war die einzige in der Familie, die jiddisch sprach. Die anderen mochten das nicht. Deutsch oder englisch. Sehr schick, das Englische. Schade, daß man ihr nicht Französisch beigebracht hatte, als sie klein war. Das hätte sie jetzt gut brauchen können.

Wenn wir bleiben ...
Sie hatte eigentlich keine Lust zu bleiben. Jedenfalls nicht hier. Nicht in diesem Viertel mit Gärten, nicht in diesem Haus, wo anscheinend niemand sie überhaupt wahrnahm, abgesehen von der Concierge, die nie auf das gestammelte »Bonjour, Madame« der vier Kinder antwortete.
Sie waren nicht neugierig, die Franzosen, dachte Frieda, sie fragten sich nicht, wie sechs Personen ihr Leben hinkriegen, die ohne Möbel einziehen, kein Französisch sprechen, aber drei Tage nach ihrem Einzug zwei Klaviere hochtragen lassen! Nicht neugierig, sehr diskret, vollkommen gleichgültig oder absichtlich unwissend, diese Franzosen. Trotzdem, wenn sie auch die war, die »spinnt im Haus«, so verrückt war sie wieder nicht: die Dame aus dem dritten Stock eben ... Das war jiddisch, was die da geseufzt hatte: »Was für eine Strapaze!« Sie jedenfalls sollte wohl wissen, daß sie keine Touristen waren, diese Klavierklimperer!

»Die blöden Biester, mit mir machen sie das nicht nochmal!« sagte Lucas und küßte Gildaise, die ihn auf dem Treppenabsatz im fünften Stock erwartete. »Dafür habe ich den Schlitten nicht reingestellt ... Da, du sollst nicht sagen, ich hätte nicht an dich gedacht!« Und er hielt ihr eine Schachtel mit dem Firmenzeichen eines Wäschegeschäfts entgegen. »Ich habe an dich gedacht, und das kannst du mir hoch anrechnen, denn was die gutbürgerliche Beerdigung angeht, so haben sie mich in Troyes ›Rouletabille‹ und die ›Entführung der Begum‹ spielen lassen ...«
Er sprach ganz leise im Korridor. Sie gingen ins Zimmer, und noch bevor er den Kragen seiner Joppe aufknöpfte, machte sich Lucas an die Schnallen seiner *Leggings* und die Schnürsenkel seiner Halbstiefel.
»Ah, verdammt, tut das gut!« flüsterte er, bevor er mit seiner Geschichte anfing.
Die Geschichte der »Jagd nach Maddy«, die begonnen hatte,

als sie aus der Messe kamen und die Herrschaften merkten, daß sie sie nicht mehr sahen. War sie wohl auf dem Friedhof? Nein! Na, dann begann also das Hin und Her! Zur Kathedrale zurück, man sucht überall, sogar in den Beichtstühlen und der Sakristei. Und dann – auf geht's – zurück ins Hotel, für den Fall, daß sie ein Unwohlsein befallen hätte. Und dann ins Trauerhaus, und wieder ins Hotel, und man klapperte die Krankenhäuser ab, um schließlich auf dem Polizeikommissariat zu landen. Und man beschließt, daß man hier übernachte, ohne zu fragen, ob das auch allen paßt. Also Apotheke: Haben Sie Zahnbürsten, bitte, und Zahnpasta? Welche Marke? Hat man mir nicht gesagt. Doktor Pierre? Gut, die vom Doktor Pierre... Jedenfalls, sie knirschte mit den Zähnen, die Chefin, sie kam nicht aus dem Zorn heraus. Sie verkündete, daß sie an Ort und Stelle warten werde. Das war alles, was er verstand, denn im Auto machten sie kaum den Mund auf, nur einmal sagte sie: »Dieses kleine Biest und der kleine Macker werden sich nicht hinter meinem Rücken arrangieren, das wäre zu einfach! Ich will sie hier haben, alle beide hier!« Resultat: man blieb. Ein »Kurierzimmer«, wie sie das nennen, mit diesem Arschloch Hubert teilen! Und am andern Tag, dasselbe Menü, nur daß man jetzt zum Bahnhof fuhr und alle aus Paris ankommenden Züge überwachte. Nada! Niemand. Dann eine Expedition mitten aufs Land zu einem Gasthof, den der Hotelportier kannte und der so schwer zu finden war, daß man zwei Stunden im Kreis herumfuhr. Anscheinend kamen sie alle hierher, die hohen Herren der Trikotagenindustrie, wenn sie sich austoben wollten, und die Maddy, die kannte den Ort sehr und hätte sich dort mit Grandi versteckt, um den Notar zu treffen. Das wußte Hubert zu berichten, denn sein Herr war immer recht gesprächig im Wagen. Also alle hin zum Bumsodrom... Pustekuchen! Und man fuhr zurück durch die Rübenfelder, es wurde schon Nacht. Und wieder zum Trauerhaus, wo es

nicht besonders ging, der Alte redete noch immer nichts. Und was Maddy betraf...
»Ich glaube, sie ist tot und heute begraben worden«, sagte Gildaise, die nicht gewagt hatte, ihren Liebhaber zu unterbrechen. Der sah sie sprachlos an. »Heute beerdigt. Ginette ist gekommen und hat ein Briefchen für Madame Victoria hinterlassen... Ihr wart schon unterwegs. Sie hat es Armelle gegeben, und die hat es aufs Kopfkissen gelegt, damit die Chefin es ganz sicher findet.«
»Schöne Scheiße!« sagte Lucas.

Ein Brüllen und langgezogenes Kinderschluchzen zerrissen die Stille, als Frieda Neumann eben anfing, wieder einzuschlafen. Auch die Franzosen haben also Alpträume, dachte sie. Sie schmiegte sich an Kurt, der sich nicht bewegt hatte.

Man hatte keine Alpträume im dritten Stock. Man erlebte das Grauen. Mit weit aufgerissenen Augen war Nicole dem Unheil begegnet. Dem echten, unwiderruflichen, nicht wiedergutzumachenden Unheil.
Überwältigt und hilflos betrachtete Janek aus der Distanz die stimmlose Wahnsinnige, die ihn nicht an sich heranließ. Sie lag vor dem Bett auf dem Fußboden, wie ein Bündel schwarzer Fetzen, sie hatte eine ihm bisher unbekannte Kraft gezeigt, als er versuchte, sie in die Arme zu nehmen, und als er zu ihr sprechen wollte, deckte sie seine Stimme zu mit einem so heiseren, tiefen Röcheln, daß man meinen konnte, das Geräusch käme aus einem Blasebalg. Dann stand sie plötzlich auf und begann mit ihren Fäusten gegen die Schlafzimmerwand zu hämmern, wie ein Gefangener in seiner Zelle. Da nahm Janek alle Kraft zusammen, und seine beiden Ohrfeigen waren so heftig, daß Nicole leblos auf dem Bett zusammenbrach.
Sie war einige Minuten bewußtlos. Über die geschlossenen Lider seiner Frau geneigt, fragte sich Janek, ob es die

Enttäuschung war, die Wut oder der Schmerz, die sie so verrückt gemacht hatten. Sowie sie die Augen wieder aufschlug, würde er es wissen.
Sie schlug die Augen auf, und er erkannte das kleine Leuchten.
Das kleine Leuchten von Zärtlichkeit und Verzweiflung, das bislang nur zwei Menschen auf der Welt in diesem immer allen anderen überlegenen, hochmütigen Siegerblick entzünden konnten: der alte Zedkin und er selbst, Janek.
Von nun an würden es drei sein.
Sie war verrückt vor Schmerz.
Er fühlte sich irgendwie beruhigt und merkwürdig eifersüchtig.

Zur gleichen Stunde versuchte Alex vergeblich, einzuschlafen. »Ohne ihre Scheiß-Fahrradfabrik würde ich nicht soviel daran denken!« sagte er laut. Er wußte wohl, daß er sich etwas vorlog. Er zündete die Nachttischlampe wieder an und zog eine Zigarette aus dem Päckchen, das auf dem Aschenbecher lag. Er zählte sechs Stummel darin. »Es wird doch hoffentlich nicht so bleiben in allen Nächten meines Lebens!« brummte er, während er ein Streichholz anriß. Trotzdem stand er auf, wie in den beiden vergangenen Nächten, und ging zu der Schublade, in die er Maddys Brief gelegt hatte.
Er konnte ihn inzwischen fast auswendig, diesen Brief, so oft und auf so verschiedene Weise hatte er ihn gelesen.
Das erste Mal hatte er ihn eher überflogen als gelesen, und überzeugt, daß er ausgedacht, geschrieben und zu gut berechneter Zeit eingeworfen worden sei, damit er noch rechtzeitig kommen könne, war er ungläubig und fast amüsiert losgestürzt, um jemand zu helfen, der falschen Alarm gab und der ihm dafür bezahlen sollte.
Das zweite Mal war er gerade von der Morgue zurückgekommen, wo er im Lärm der oberirdischen Métro verwal-

tungsgemäß das Gesicht der Toten identifiziert hatte, auf verwaltungsmäßige Aufforderung des Beamten hin, der die Decke zurückschlug. Dies zweite Mal hatte er den Brief gelesen, wie es ein Abschiedsbrief verdiente, gelesen zu werden, ein Testament, das man respektieren mußte.
Und dann hatte er ihn wieder und wieder gelesen, um dem Geheimnis auf die Spur zu kommen, das sich hinter jenem kleinen Satz versteckte, einem Satz, der ihr sicherlich sonnenklar erschien, als sie ihn schrieb, den er aber absolut nicht verstand, als er ihn las, und den er auch beim wiederholten Lesen nicht begriff: »Stell Dir vor, wie überzeugend das klingen würde, gerade jetzt, wo alles Dir gehört!«
Und wie an den Abenden zuvor kam ihm das letzte Bild der lebenden Maddy in den Sinn: Maddy in Schwarz im geschliffenen Spiegel, zwischen Nicole und Agnès; Maddy ernst, etwas zynisch, etwas schuldbewußt; und die ihn weggehen sah.
Was dachte sie sich, wohin, zu wem er im Aufbruch war, so eilig, daß er nicht einmal Zeit hatte, sich noch einmal nach ihr umzusehen? Nach ihr allein, eine Viertelsekunde nur, für ein Lebewohl an sie allein, bevor er aus dem Blick aller drei verschwand?
Alle drei, festgeschweißt in seinem Gedächtnis, unlösbar miteinander verbunden, auf frischer Tat; er hatte sich nicht nach ihnen umgewandt für ein Lebewohl, das er nicht unter ihnen geteilt sehen wollte, denn er wollte sie nie wiedersehen, niemals.
Dann hatte sie wohl im Spiegel seinen Rücken gesehen, der sich entfernte, und er hatte ihr Gesicht nicht gesehen, er würde nie wissen, welchen Gesichtsausdruck sie hatte, als sie ihn aus ihrem Leben gehen sah.
Er faltete den Brief wieder zusammen, legte ihn in die Schublade und ging wieder schlafen.
Er zerdrückte den siebten Zigarettenstummel und löschte die Lampe, die er fast im gleichen Augenblick wieder

anknipste. Er stand noch einmal auf, nahm den Kohlestift, der auf dem Zeichenbrett lag und notierte auf dem gelben Gitane-Päckchen: »Dubâteau unbedingt anrufen«, und darunter »An Ginettes Zobel denken«. Dann löschte er das Licht endgültig aus.

Alex hielt den Blick zur Decke gerichtet, während Dubâteau-Ripoix sich in seinem großen, rotundenförmigen Büro in der Avenue Mac-Mahon beim Reden selbst zuhörte. Die Decke war eine Attrappe, so geschickt konstruiert, als Resonanzkasten, daß man eingeweiht sein mußte, um es zu bemerken. Alex betrachtete die Decke nicht wegen dieses Schwindels so genau: er kannte sie, denn er hatte sie entworfen, er hatte den Einbau überwacht, das Ding anmalen und mit den hellen Holzverkleidungen verbinden lassen, die dem Startenor der Pariser Gerichtssäle als Kabinett seiner Stimmeffekte dienten. Alex starrte zur Decke, weil er vermeiden wollte, daß Dubâteau-Ripoix die Tränen sah, die seine Augen füllten. Sie waren ihm bei den ersten Worten seines Gegenübers jäh in die Augen geschossen, als er begriff, was Dubâteau-Ripoix sein Narrenglück nannte.
»Ja, ja, mein lieber Grandi, alles gehört Ihnen: die Wände, das Geschäft, der Fundus und die Schlüssel! ... Das kann man schon sagen, Sie haben ihr gefallen ... Und weil Sie ihr so gefielen, sind Ihnen die Tausender, um nicht zu sagen, die Millionen in den Schoß gefallen«, schloß Dubâteau mit einem anzüglichen Lächeln, das deutlich genug ausdrückte, mit welch bewundernder Verachtung er den jungen Nutznießer der späten und letzten Grillen der alten Madame Leblanc bedachte.
Alles gehört Ihnen, hatte Dubâteau eben gesagt. Das also

wollte auch der kleine Satz Maddys sagen! Nur das war es: die Wände, der Fundus und die Schlüssel. Wie entsetzlich, wie unglückselig, wie traurig, wie zum Weinen lächerlich! Aber wenn er eine Träne sieht, eine einzige Träne, wenn ich die Hand rühre, um mir die Augen zu wischen, wenn ich mit gebrochener Stimme ein Wort sage, wird dieses Arschloch glauben, ich spiele ihm die Rührung eines Gewinners in der Nationallotterie vor ... Ich darf nicht weinen, ich darf nicht weinen, darf nicht weinen, wiederholte Alex für sich und starrte weiter die Decke an.
Es blieb ziemlich lange still.
»Zählen Sie die Fliegen ... oder die Millionen?« fragte Dubâteau-Ripoix schließlich ungeduldig.
»Ich zähle nichts, weil ich nichts will«, antwortete Alex, als er sicher war, daß seine Stimme und sein Blick wieder waren wie immer. »Nichts«, wiederholte er und richtete seinen trockenen Blick auf Dubâteau-Ripoix' Augen, die von seinem letzten Bonmot noch glänzten.
»Wie das, nichts?« sagte der Anwalt verblüfft.
»Nichts. Gar nichts, absolut nichts ... Oder alles, wenn Sie so wollen: ich lehne alles ab. Und das wär's«, sagte Alex, dem es wieder gelang, sich zu amüsieren.
Dubâteau-Ripoix, die Augen fest auf Alex gerichtet, versuchte in dessen Blick den Wahrheitsgehalt der Worte zu erkennen, die er eben gehört hatte.
»Sie spaßen, mein lieber Grandi?« artikulierte er schließlich, für einmal mezza voce.
Alex lächelte ihn traurig an.
»Sehe ich wirklich so aus, mein lieber Dubâteau?«
»Nein«, gab Dubâteau-Ripoix zu. »Nein ... Aber dann, was machen wir dann?«
»Wir? Wir machen gar nichts, lieber Maître. *Sie* machen etwas. Sie informieren ihre Klienten und Freunde, daß der Erbschleicher, Usurpator, Beutelschneider, der junge Liebhaber der verstorbenen Mätresse des alten Witwers der

alten und betrauerten Erblasserin sich entschuldigt für die Störung, die er verursacht hat und deren Ausmaß er erst heute erkennt, und daß er sie bittet, ein Gut zurücknehmen zu wollen, das er nicht anrühren kann. Das werden Sie machen, lieber Maître. Und ich werde jetzt gehen.«
Alex war am Ende seiner Rede, die er in ruhigem Tonfall vorgetragen hatte, und erhob sich.
Dubâteau-Ripoix hatte sich nicht gerührt.
»Setzen Sie sich, Alex«, bat er fast demütig.
Alex setzte sich wieder hin.
»Wenn Sie ablehnen, haben wir automatisch den Zustand der Erbenlosigkeit . . .«
Dubâteau hatte seine schöne Stimme wiedergefunden. »Wie bitte?« fragte Alex.
»Ich sagte Erbenlosigkeit. MASQUES ET BERGAMASQUES wird der Erbenlosigkeit anheimfallen, was für ein Verfall, nicht wahr?«
»Ich verstehe nicht . . .«, sagte Alex und sah vor sich Krinolinen, griechische Gewänder und Musketiere ohne Köpfe und Körper erbarmungswürdig in einer Mondlandschaft umherirren. »Nein, ich verstehe überhaupt nichts«, wiederholte er.
»Ich erkläre es Ihnen . . .« deklamierte Dubâteau-Ripoix noch einmal. »Meine Klienten und Freunde, die Leblanc-Ziegler, um genau zu sein, werden Ihr großzügiges Angebot, vor dem ich übrigens den Hut ziehe, nicht annehmen . . . Es wird sie rühren, dafür bürge ich, aber sie werden es nicht annehmen. Und zwar werden sie es nicht annehmen, weil sie nicht das geringste Interesse haben, einen Betrieb zu leiten, den Liliane und Roger Ziegler immer als kostspieliges Kasperltheater angesehen haben. Ein Kasperltheater, das den gemeinsamen und doch divergierenden Capricen des alten Ehepaars Leblanc zuzuschreiben war. Sicherlich entschuldbare Capricen, denn sie hatten ihren Grund ja in den amourösen Verstrickungen, die Sie selbst eben erwähn-

ten — aber Capricen eben doch. Schließlich gab Augustin Leblanc, um seine eigenen Capricen zu befriedigen, den Capricen Mademoiselle Vargas nach, und um Augustin Leblanc Freude zu machen, hat sich Marie-Jeanne Leblanc in aller Unschuld die Caprice geleistet, sich für eine Mäzenin zu halten ... Gut! Sprechen wir nicht mehr darüber, denn inzwischen haben die eine wie die andere durch eine schmerzliche Caprice des Schicksals diese Welt verlassen. Übrig bleibt der arme Augustin Leblanc, oder vielmehr, was von ihm übrigbleibt ... Kurz, meine Klienten Ziegler, oder, genauer gesagt, Roger Ziegler, der von jetzt an anstelle seines geschäftsunfähig gewordenen Schwiegervaters die Verantwortung übernehmen muß, damit die Firmen ›Tricotine‹ und ›Labour-Confort‹ gut laufen (und wenn ich sage ›gut laufen‹ ist das ein kühnes Bild für zwei Fabriken, die die Capricen von dreihundert Arbeitern jeden zweiten Tag aus dem Takt bringen), Roger Ziegler steht unter großem Druck bei FÉMINA-PRESTIGE, wo jetzt auch schon die Staatenlosen anfangen, Forderungen zu stellen im gleichen Ton wie die Burschen aus altem Stamm der Ebene von Brie, Burschen, die ihrerseits froh sein sollten, daß sie ihre Mist-Kittel gegen Arbeitskittel eintauschen und an der Maschine stehen dürfen, statt Kühe zu melken ...«
»Wenn Sie, bitte, zum Verfall kommen könnten ...«, unterbrach ihn Alex.
»Was für einen Verfall? Ich bin eben dabei, Ihnen zu erklären ...«
»Sie sind dabei, mir die Schwulitäten der Zieglers, die Sorgen der Zieglers zu erklären. Das ist zwar sehr interessant, aber mir sollten Sie erklären, warum die MASQUES, dieses kostspielige Kasperltheater, unweigerlich verfallen wird ...«
Der Ignorant Alex bekam also eine Rechtsbelehrung über den Zustand der Erbenlosigkeit und ihre tragischen Folgen zu hören: Wenn eine Erbschaft von der einen Seite abge-

lehnt und von der anderen ausgeschlagen wurde, dann führte das zur Erbenlosigkeit und hatte zur Folge, daß das Erbe dem Fiskus zufiel.
Aber Jean-Gaétan Dubâteau-Ripoix konnte sich darüber auslassen, wie er wollte, Alex sah noch immer Krinolinen, griechische Gewänder und Musketieruniformen umherirren, aber nun gerieten sie in die Netze uniformierter Jäger, Kanzlisten, Gerichtsvollzieher, Zöllner und Taxatoren: sie wurden geschnappt, mitgenommen, taxiert, etikettiert und dann irgendwelchen gleichgültigen Geiern zugesprochen, die sie wegtrugen, weit weg von denen, die sie liebten, die sie zu entwerfen verstanden, die sie nähen und tragen konnten. Weit weg von den Kaspern ... dachte Alex.
»Was haben die Zieglers gegen die Kasper?« fragte er.
»Sie gehören nicht zu ihrer Welt, und sie kosten sehr viel«, antwortete Dubâteau-Ripoix ohne Zögern. »Sie sind viel, viel zu teuer.«
»Wie die Tänzerinnen«, bestätigte Alex.
»Genau«, sagte Dubâteau lächelnd. »In ihren Kreisen hat man nie erlebt, daß die legitimen Kinder die Bastarde unterhalten, die die Väter ihren Tänzerinnen machen. Vor allem, wenn sie tot sind ... und schon begraben, hat man mir gesagt —«, fügte Dubâteau im Ton schmerzlichen Tadels hinzu.
Alex sagte nichts.
»Sie hätten uns verständigen können, mein lieber Alex ...«
»Nein«, sagte Alex, der schon aufstand.
Dubâteau bestand nicht darauf und stand ebenfalls auf.
»Also, adoptieren Sie nun den Bastard oder überlassen Sie ihn der öffentlichen Fürsorge? Maître Parbot in Troyes erwartet Ihren Besuch und Ihre Anweisungen.«
»Ich weiß nicht mehr ...«, murmelte Alex.
»Überlegen Sie, mein lieber Grandi, überlegen Sie gut, und wenn Sie nach Troyes fahren — denn dahin müssen

Sie wohl an einem der nächsten Tage –, verfehlen Sie nicht, ich bitte Sie, sich in ›La Bonne Chanson‹ anzusagen.«
»›La Bonne Chanson‹?« fragte Alex verwundert an der Tür.
»So heißt das Haus, wo Sie von der armen Marie-Jeanne so lange erwartet und erhofft wurden ... ›Die Stunde des dampfenden Tees und der geschlossenen Bücher ...‹ ›Träumereien unter der Lampe ...‹ ›Den Finger an der Schläfe ...‹ Sie wissen schon!«
»Ich weiß, ich weiß sehr gut! Der verdammte Verlaine! Was Maître Dingsda, den Notar aus Troyes angeht, rufe ich Sie an, ich muß nachdenken«, erklärte Alex, indem er die Tür öffnete.
»Warten Sie nicht zu lange ... Der Staat ist nicht sehr geduldig, und freßlustig ist er auch!« sagte Dubâteau-Ripoix auf der Schwelle.
Die schöne Stimme des Anwalts hatte viel von ihrem Vibrato verloren.
Ich hätte ihm auch im Korridor die Decke verkleiden sollen, wenn ich schon dabei war, sagte Alex zu sich selbst, als er sich den Trenchcoat wieder überzog, den ihm ein Hausdiener in schwarz-gelb gestreifter Weste überreichte.

Dem Kino hatte es Alex zu verdanken, daß sich in seiner absurden Situation eine Lösung für alle Probleme fand. Dem Kino und einer kaum zwei Wochen alten Erinnerung. Sie waren nur etwa zwanzig an jenem Abend in dem Kinosaal, wo *Das Verbrechen des Monsieur Lange* aufgeführt wurde. Rodriguez hatte ihn hingeschleift. Er sah den Film zum vierten Mal innerhalb von zwei Tagen, ebensosehr wegen Jean Renoir, der Regie geführt hatte, wie wegen Florelle, Jules Berry, René Lefèvre, Guisol, Sylvia Bataille und all den Unbekannten – die Stammgäste von ›Chéramy‹ ausgenommen –, die die Dialoge sprachen. Diese Dialoge!
»Halt's Maul!« mußte Alex ihm zuflüstern, der es nicht mehr aushielt, daß Rodriguez die Antworten vor den Schau-

spielern gab. Die Worte, die lustigen und traurigen Worte aus dem wirklichen Leben, und das Chanson von La Belle Etoile: »Der Tag dem Tag, die Nacht der Nacht«, der Dialog und die Texte der Chansons waren von eben dem komischen Kerl, den alle Welt Jacques nannte, dem, der die Sache mit der lila Kreide erzählt hatte . . . »Machen wir eine Kooperative!« sagten im Film die netten Helden, und sie machten sie, ihre Kooperative, und sie funktionierte, und sie sangen: »Es ist Weihnachtsnacht, und es fällt der Schnee . . .«, und der kleine lustige Vogel, den man immer bei ›Chéramy‹ mit seinem Violoncello sah, der fuhr hier im Film mit seinem Rad kreuz und quer durch Paris und verteilte die Zeitung, die sie als Kooperative zustandegebracht hatten . . .
Alex blieb zwei Vorstellungen hintereinander. Und Rodriguez, stolz darauf, dieses Vergnügen mit seinem Freund teilen zu können, sah sich den Film zum fünften Mal an.
Das war vor vierzehn Tagen gewesen . . . Inzwischen wurde *Das Verbrechen des Monsieur Lange* nirgends mehr gespielt. Alex glaubte, er erinnere sich nur noch an die Chansons, die hübschen Wäscherinnen, an Jules Berry als falschen Pfarrer, an die Organza-Bluse Florelles und die Krawatten-Fliege Duhamels, an den Fuchs von Sylvia Bataille und das Squaw-Kostüm von Nadia Sibirskaia. Er glaubte, er hätte die Geschichte mit der Kooperative vergessen. Nun kam sie ihm wieder in den Sinn.
Sie kam ihm mitten auf der Avenue Mac-Mahon, die er nachdenklich entlangging, nachdem er Dubâteau-Ripoix verlassen hatte, in den Sinn. Und statt an der Place de l'Etoile seine Métro zur Station Pyrénées zu nehmen, kehrte Alex um. »Ich nehme es an!« sagte er, als hätte er gesagt »Heureka!«, nachdem er den Hausdiener, der ihn anmelden wollte, beiseite geschoben hatte. »Ich nehme es an! Und ich nehme alle mit! Die Zieglers und die Jeans, die Arbeiter, die Heimarbeiter und die Schneiderinnen! Wir tun uns alle zusammen und ziehen eine Kooperative auf! . . .«

Er war noch außer Atem, denn er hatte den Weg zur dritten Etage zu Fuß absolviert.
»Ich halte fest, daß Sie es annehmen, mein lieber Grandi, und ich freue mich für Sie«, sagte Dubâteau, der seine schöne Stimme wiedergewonnen hatte. »Sowie Sie es übernehmen, sind Sie der Chef, und Sie machen, was Sie wollen, nicht wahr? Aber unter den gegenwärtigen Umständen zweifle ich sehr daran, daß FÉMINA-PRESTIGE, ›Tricotine‹ und ›Labour-Confort‹ kooperativer Stimmung sind oder auch nur bereit zur Zusammenarbeit ... Die große Kameraderie Unternehmer-Arbeiter, Hand in Hand, in den Zeiten, die wir haben! Nun, ich werde es weiterleiten ...«, und Dubâteau hielt es nicht für nötig, den jungen Erleuchteten ein zweites Mal hinauszubegleiten.

Alex brauchte nicht nach Troyes. Maître Parbot ließ ihm seine Besitzurkunde durch seinen Bürovorsteher überbringen, der damit Gelegenheit fand, zum ersten Mal in seinem Leben Paris zu besuchen. Alex lernte also nie den großen Park und den wilden Hafer von ›La Bonne Chanson‹ kennen.
Dagegen machte er Bekanntschaft mit den Passiva und Aktiva der Firma MASQUES ET BERGAMASQUES und eben dadurch, nachdem er den Jargon des Bürovorstehers einmal übersetzt hatte, auch die Entdeckung, daß bestimmte, der Buchführung vorgelegte Belege an »Mißbrauch des Gesellschaftsvermögens« grenzten, um nicht zu sagen, daß sie einem »Vertrauensmißbrauch« nahekamen. Es war offensichtlich, daß sich Victoria Jeans Änderungen mit lila Kreide leichter zum Verschwinden bringen ließen als die unbezahlten Rechnungen ihrer Stammlieferanten. Die Liste war lang, und die Namen wiederholten sich. Da waren Friseure und Parfümerien, Delikatessenhändler, Blumengeschäfte, eine Autowerkstatt in Neuilly und die Schlafwagengesellschaft. Das alles lief unter »Repräsentationskosten«, schwarz auf weiß, mit einer absolut unsympathischen Tinte geschrieben.

Damit mußte auch Alex zugeben, daß das Leben kein Kino war. Im Kino brachten die netten Helden aus *Das Verbrechen des Monsieur Lange* ihre Kooperative in zwei Großaufnahmen und drei Kameraschwenks in Gang. Im Leben von Alex brauchte es dazu etwas über drei Wochen. Fünfundzwanzig Tage, genau gesagt.
Fünfundzwanzig Tage, um zu überzeugen, anzuwerben und diejenigen noch einmal zu überzeugen, ohne die das Abenteuer nicht möglich war.
Fünfundzwanzig Tage, um das Gestrüpp des Gesellschaftsrechts ein wenig zu roden, neben dem der Jargon des Bürovorstehers von Maître Parbot die Klarheit eines Sonetts von Ronsard besaß.
Mademoiselle Anita war es, die rodete. Zur großen Überraschung von Alex war sie eines Morgens in der Allée Chateaubriand erschienen, ohne Ankündigung, als Freiwillige für die Kooperative. Diskret, wie sie es von jeher war, lieferte sie keinerlei Einzelgründe für ihren Richtungswechsel.
»Ich bin bei Fémina-Prestige gegangen. Von Verwaltung verstehe ich etwas«, erklärte sie einfach, und diskret, wie er seinerseits von jeher war, fragte Alex sie nicht, warum sie seriöse Arbeitgeber, denen sie so lange gedient hatte, aufgab, um sich diesem abenteuerlichen Zwitterunternehmen zur Verfügung zu stellen.
Sie also verfaßte die Statuten der neuen Gesellschaft, und sie bestätigte schriftlich jedem Mitarbeiter und jeder Mitarbeiterin der Kooperative, wie sie, zusätzlich zu einem garantierten Gehalt, von jetzt an am Gewinn beteiligt sein würden, wenn es Gewinn geben sollte.
Die Briefe von Mademoiselle Anita waren klar und einfach. Sie wußte sehr wohl, daß sie sich an Leute wandte, die im Nähen geschickter waren als im Lesen, eher ängstlich als unternehmungslustig. Sie hatte sie mit Vergnügen geschrieben und mit noch größerem Vergnügen unterzeichnet, mit ihrem vollen Namen: Anita Bourgoin – sehr leserlich.

»Das tut gut, das ändert alles für mich«, seufzte sie glücklich, als sie ihre Unterschrift sehr gewandt unter den ersten Brief setzte.
Alex antwortete nicht. Er lächelte und reichte ihr den Löschblatthalter. Mit einem Satz hatte sie ihm eben die Geschichte ihres Lebens erzählt.
Die Briefe waren alle zusammen zur Post gebracht worden. Die Antworten kamen nacheinander, je nach den Bedenken, die durch Überraschung oder Ungläubigkeit geweckt wurden.
Von siebenundzwanzig abgeschickten Briefen blieben nur drei ohne Antwort. Die vierundzwanzig positiven Antworten sahen alle gleich aus. Mademoiselle Anita hatte in weiser Voraussicht ihrem Schreiben ein fertiges Formblatt beigelegt, auf dem man nur mit seinem Namen unterschreiben mußte, daß man annahm, und das man dann in einen voradressierten und -frankierten Umschlag steckte.
Die beiden ersten Antworten trugen den Poststempel des xx. Arrondissements. Die Rücksendung des Antwortblattes geschah nur der guten Ordnung wegen: In der Rue de la Mare hatte man nicht auf das Rundschreiben Mademoiselle Anitas gewartet, um der Kooperative beizutreten.

Sonja und Olga waren die ersten Vertrauten von Alex – nach Jean-Gaétan Dubâteau-Ripoix natürlich, wenn man überhaupt sagen kann, Alex habe sich ihm anvertraut, als er unversehens unter der verkleideten Decke der Avenue Mac-Mahon auftauchte und atemlos rief: »Ich nehme es an!«
Atemlos war er auch, als er bei Sonja und Olga auftauchte. Atemlos, weil er die Rue de la Mare so rasch hinabgegangen war, aber viel ruhiger als eine Stunde zuvor in der Avenue Mac-Mahon.
Ruhig wie Guisol im *Verbrechen des Monsieur Lange,* denn Olga und Sonja ähnelten den Heldinnen des Films, Dubâteau-Ripoix nicht.

Ihnen beiden erzählte er alles. Alles von Anfang an, langsam und mit einfachen Worten, dies eine Mal, ohne die Metaphern, die Andeutungen und Auslassungen, die das letzte Mal so schlecht angekommen waren.
Und sie hörten zu, zwangen ihn, zu wiederholen, wenn sie nicht verstanden, noch einmal zurückzugehen, wenn er zu schnell erzählte.
Sie hörten von Maddy in Saint-Etienne und Maddy in Paris, von Maddy und Tintin, von Tintin und FÉMINA-PPRESTIGE, von Alex und Maddy, von FÉMINA-PRESTIGE und MASQUES ET BERGAMASQUES und Madame Tintin, vom Tod, von den Toten und von der Morgue, von der Erbschaft und dem Zustand der Erbenlosigkeit, vom *Verbrechen des Monsieur Lange* und seiner Kooperative.
»Die Arme!« sagte Sonja, der vor allem Maddy in Erinnerung geblieben war.
»Schade, daß wir sie nie kennengelernt haben«, sagte Olga mit Blick zuerst auf den »Rahmen der Unsrigen«, dann zur Nähmaschine. »Sie hätten sie nicht verlassen sollen«, fügte sie hinzu und sah wieder Alex an.
»Aber ich habe sie nicht mehr geliebt«, murmelte Alex traurig.
»Sie wird es nicht verstanden haben ... Das passiert einem oft ... mit Ihnen«, antwortete Sonja und ging, um Wasser in die kleine Kaffeemaschine zu gießen.
»Das passiert einem mit jedermann«, sagte Alex abschließend. Dann erklärte er Ihnen die Kooperative, und sie verstanden alles. Außer einem: warum eine Kooperative?
»Damit niemand sich am Ausgangspunkt wiederfindet«, antwortete Alex, überrumpelt von dieser Frage, die er sich selbst noch nicht gestellt hatte.
Da klingelte es an der Tür.
»Das ist Barsky«, sagte Sonja.
Es war Barsky. Er hatte ein großartiges Geschäft für Sonja, Olga und Grandi. Zwei Typen, die er durch einen Freund

kennengelernt hatte, den größten Maskenbildner der größten Filmschauspielerin — er konnte den Namen nicht nennen —, aber die beiden waren Brüder, junge Leute, und sie bereiteten einen Film vor, der weitgehend auf den Straßen gedreht werden würde, ein paar Szenen auch in einem Zimmer, bei Arbeitern, in einer Fabrik am Meer. Der Star hatte schon fast ja gesagt, der Maskenbildner und seine Frau, die die größte Garderobiere war, würden alles für ihn tun. Was nun die Kostüme anging ...
»Vielen Dank, Isidor«, antwortete Alex freundlich. »Das werden wir morgen sehen, meine Teilhaber und ich.«
»Ach, Sie haben neue Teilhaber?« fragte Barsky, an dem die Neugier nagte, seit die Karte MASQUES ET BERGAMASQUES an der Tür »bei Bonnets« verschwunden war.
»Wir sind jetzt eine Kooperative, Monsieur Barsky«, erklärte Sonja mit der blasierten Sicherheit einer Vorgesetzten in der Verwaltung.
»Genau«, bestätigte Olga mit einem Blick auf Alex, der lächelte. Barsky lächelte auch, für alle Fälle.
»Wir wollen uns zu einer Kooperative zusammentun, mein lieber Isidor: in der Gruppe arbeiten, wenn Sie so wollen.«
»Als Kibbuz, wie?« rief Barsky, dann brach er in Lachen aus. »Wie der Neffe der Sterns, der Verrückte vom See Genezareth ... Und Sie glauben, daß das klappen wird?«
»Wir werden alles dazu tun, mein lieber Isidor«, antwortete Alex.
»Und die Großfürstin Victoria Roginska, wird sie auch Kibbuznika?« fragte Barsky mit seiner unschuldigsten Miene.
Sonja und Olga wandten sich Alex zu. Barsky mußte kommen, um den großen, gefürchteten Schatten wieder heraufzubeschwören und um die einzige Frage zu stellen, die sie nicht zu stellen gewagt hatten.
»Das werden wir morgen wissen, aber es würde mich sehr wundern«, sagte Alex, der sich an das »Ich werde es weiter-

leiten...« von Dubâteau-Ripoix erinnerte. »Spätestens morgen«, wiederholte er, um die Angst zu verjagen, die er plötzlich in den Augen Sonjas und Olgas wiederaufleben sah. »Aber woher kennen Sie Madame Victoria Jean so gut, mein lieber Isidor?« fragte Alex nach kurzem Schweigen.
»Gromoff und ich standen mit ihr in Geschäftsverbindung vor langer, sehr langer Zeit«, antwortete Barsky mit geheimnisvollem Lächeln. »Und was soll ich meinen beiden Freunden vom Film sagen?«
»Was ich Ihnen eben gesagt habe, mein lieber Isidor. Wie heißen sie denn, Ihre Freunde?«
»Ich kann Ihnen ihre Namen noch nicht nennen, sicher aber morgen«, antwortete Barsky.
»Also gut, Sie sagen sie uns morgen. Morgen werden wir alles über alle wissen. Bis morgen, mein lieber Isidor!« Und Alex begleitete Barsky zur Tür zurück.

»Mit ihr kann man keinen Kibbuz machen«, murmelte Olga, als Barsky gegangen war.
»Da besteht keine Gefahr«, beruhigte sie Alex, der sich fragte, wie der Weg der Brüder Verdon sich mit dem Isidor Barskys hatte kreuzen können. Dann, nach einem Augenblick: »Was wollte Barsky sagen mit dem Verrückten vom See Genezareth?« Olga und Sonja lächelten.
»Das ist ein junger Mann, ein Neffe von Madame Stern; er war letztes Jahr acht Tage in Paris. Früher studierte er in Deutschland, und jetzt ist er Fischer am See Genezareth...«, fing Olga an zu erzählen.
»Fischer in Palästina, in einem Kibbuz. Er hat Fotos geschickt, da war er auf einem Segelboot, und Monsieur und Madame Stern haben uns alle eingeladen, um uns die Fotos zu zeigen, und Barsky war ein wenig betrunken und hat Scherze gemacht, weil der junge Mann kurze Hosen trug wie ein kleiner Junge, und das hat Madame Stern weh getan... Das ist alles«, beendete Sonja ihre Erzählung.

»Und er funktioniert, der Kibbuz?«
»Monsieur und Madame Stern haben uns nicht mehr gesagt, wir wissen es nicht . . . Es muß hart sein, die Sonne und die Fischerei, wenn man aus der Kälte und von den Büchern kommt«, antwortete Olga.
»Können wir schon unser Schildchen anbringen?« schlug Sonja vor. »Die Tür sieht so trübselig aus, ohne alles . . .« »Es ist so, wie wenn wir keine Papiere mehr hätten«, fügte Olga hinzu.
Fünf Minuten später standen die elf Buchstaben des Wortes KOOPERATIVE in voller Länge auf einem karierten Blatt Papier. Es war mit Rotstift beschrieben, öffentlich angeschlagen wie eine Herausforderung, es gab der Wohnung Bonnet ihr Bürgerrecht zurück und teilte Sonja Guttman und Olga Roginski eine ganz neue Identität zu.

Zaza entdeckte als erste bei der Rückkehr von der Schule um vier Uhr die flammende Ankündigung. Sie hörte die Erklärungen Sonjas und Olgas kaum an, ging zu den Cléments hinunter, um mit Josette ihre Aufgaben zu machen, und kündigte ganz nebenbei an, ihre Mutter und die Mutter von Maurice hätten von jetzt an keine Chefs mehr. Die Chefinnen seien *sie*.
Jeannette Clément war ein wenig erstaunt, um nicht zu sagen verletzt, daß sich derartige soziale Umwälzungen im Haus vollziehen konnten ohne Schiedsspruch und Ratschläge von Félix, und sie wartete ungeduldig auf sein Heimkommen. Er kam gegen siebzehn Uhr von seinem Dienst bei der Post. Nachdem er auf dem laufenden war, beschloß er, hinaufzugehen und sich selbst zu vergewissern, wie weit die Mitteilungen der Kleinen wohl begründet waren.
Bevor er auch nur den Treppenabsatz erreicht hatte, war Félix alles klar. Die Tür der Bonnets sprach deutlicher als ein Flugblatt, war röter als ein Spruchband, und mit klopfendem Herzen klingelte er.

»Das ist gut, das ist sehr gut«, sagte Félix schlicht. »Es ist ein Beispiel für das ganze Viertel, und wenn alle Arbeiter der Welt Ihr Beispiel begriffen haben, wird es eine bessere Welt sein. Bravo, meine Freunde, und langes Leben für Ihre Kooperative!«
Und Félix ging in seine Concierge-Loge zurück und sprach dort von einer Kolchose.
Beim Auvergner sprach man von Kibbuz. Barsky hatte die Neuigkeit verbreitet. Zuerst blockierte er das Telefon an der Theke, indem er die Studios von Saint-Maurice anrief, die ständig besetzt waren. Barsky wurde ungeduldig wie ein Chef, der sein Büro anruft und bemerkt, daß das Personal den Anschluß zu lange besetzt. Sehr knapp sagte er schließlich: »Geben Sie mir Adrienne«, als das Fräulein von der Zentrale endlich antwortete. Nein, Adrienne erinnerte sich nicht an die beiden Burschen, die neulich mit der Chefin von Féfé und Tata Bubu an der Bar saßen, aber wenn er später noch einmal anrufen würde, sie wollte sie fragen...
»Ich rufe in einer Viertelstunde noch mal an«, sagte er zum Auvergner, der ihm einen Amer-Picon servierte.
In diesem Augenblick bemerkte Barsky durch die Scheibe Monsieur Lowenthal. Er lud ihn zu einem Glas ein und erzählte ihm vom Kibbuz.
Monsieur Lowenthal sagte nichts, lächelte wie gewohnt, aber sowie er zu Hause war, verkündete er die Sache mit dem Kibbuz seiner Frau.
»Und das steht an ihrer Tür?« fragte Madame Lowenthal.
»Nein, dort steht ›Kooperative‹«, sagte Monsieur Lowenthal.
»Das ist noch schlimmer!« rief Madame Lowenthal. »Das ist Politik, schlimmer als Zionismus... Das ist zionistische Politik in Frankreich!... Als ob wir das nötig hätten!«
Nach einem Augenblick Überlegen fügte sie hinzu: »Also deshalb das Bohnerwachs!...«
Monsieur Lowenthal war an die chaotischen Gedanken-

gänge seiner Frau gewöhnt und reagierte nicht weiter auf diese verwunderliche Bemerkung. Trotz allem Anschein bezog sie sich aber auf einen Vorfall, der am Dienstag oder Mittwoch der vergangenen Woche die Damen Stern und Lowenthal sehr verwirrt hatte. Als Madame Lowenthal morgens herunterkam, überraschte sie Madame Stern vor der Tür der Bonnets, wie sie unter der Fußmatte etwas suchte. Madame Stern, die nicht gefunden hatte, was sie suchte, deutete daraufhin wortlos auf die vier kleinen Löcher, die die Reißnägel in der Tür hinterlassen hatten; noch am Abend zuvor war dort die Karte MASQUES ET BERGAMASQUES befestigt gewesen. Flüsternd äußerten sie ihre Unruhe über das Verschwinden, als sich die Tür öffnete. Es war Olga.
»Hat man sie Ihnen gestohlen?« fragte Madame Lowenthal.
»Nein ... das ist, weil wir die Tür einwachsen wollen ...«, stotterte Olga errötend.
Später konnte man sehen, wie sie und Sonja sich an ihrer Tür zu schaffen machten, sie langsam und sorgfältig einwachsten und bis zum Abend trocknen ließen. Im ganzen Treppenhaus roch es nach Bohnerwachs.
Am anderen Morgen konnte man sie wieder beobachten, wie sie mit Wollappen in der Hand ihre Türe langsam und sorgfältig abrieben und polierten: sie war nun spiegelblank, blieb aber weiterhin anonym. Im Treppenhaus roch es noch immer so gut nach Bohnerwachs. »Es riecht vor allem nach Betriebsstillegung!« sagte sich Madame Lowenthal.
Und das überraschte sie nicht besonders. Bei diesem schlecht erzogenen Alex mußte man auf alles gefaßt sein. Mit Czardas-Tänzerinnen fängt es an und endet mit nackten Weibern ...
Das Kommen und Gehen von Lucienne, Albertine, Yvette und Magali hatte unvermeidlich die Neugier Madame Lowenthals erregt. Eines Abends hatte sie gehört, wie die Mädchen beim Weggehen recht laut einige sehr unver-

blümte Bemerkungen über das Libretto von *La Lune est nue* machten, und sie schloß daraus, was sich im Atelier wohl abspielte, zu dem sie bei den Anproben keinen Zutritt mehr hatte. Madame Lowenthal hatte aber keinem Menschen gegenüber ein Wort verlauten lassen. Vor allem nicht gegenüber Monsieur Lowenthal, der die Unvorsichtigkeit beging, eines Abends zu bemerken, wie gesund und jung die vier großgewachsenen Mädchen und das hübsche Baby doch ausgesehen hätten, denen er beim Heimkommen auf der Schwelle begegnet sei.
Aber sie hatte sich nicht beherrschen können, Zaza auszufragen.
»Das sind Kunst-Akrobatinnen«, antwortete Zaza wie verabredet.
»Dacht' ich mir's doch . . .«, sagte sich Madame Lowenthal, die in ihrer Jugend von österreichisch-ungarischen Orgien gehört hatte, die mit gepfefferten lebenden Bildern ihre Würze erhielten. »Kein Wunder, daß sie nicht lange gehalten hat, diese Bude. Und wenn man nicht mehr weiß, was man an die Tür stecken soll, nun ja, dann wachst man sie ein, um Zeit zu gewinnen, bis was anderes kommt. Und wenn nichts kommt, weil man keinen Arbeitgeber mehr hat, dann spielt man Kibbuz . . . Kunst-Akrobaten-Kibbuz!«
»Ich gehe runter und schau es mir an«, sagte Madame Lowenthal zu ihrem Mann, der ihr lächelnd zu verstehen gab, es sei wirklich nicht viel zu sehen.
Madame Lowenthal ging trotzdem hinunter. Sie betrachtete das Schild, vergewisserte sich, daß es tatsächlich angeklebt war, zögerte einen Augenblick und klingelte dann.
Niemand reagierte. Madame Lowenthal stieg wieder in ihre Wohnung hinauf.

Auch Olga und Sonja waren wieder hinaufgegangen. Sie warteten auf die Heimkehr ihrer Männer.
Der Wunsch, in ihre Wohnungen zu gehen und die Männer

lieber in ihren Küchen als im Atelier zu erwarten, war ihnen kurz nach dem Besuch Félix Cléments gekommen. Die dummen Witze Barskys und seine Variationen über das Thema Kooperative-Kibbuz hatten sie nicht weiter berührt. Dagegen waren sie nachdenklich und, um es nicht zu verhehlen, auch ein wenig besorgt darüber, daß sie als leuchtendes Beispiel für die Arbeiterklasse des xx. Arrondissements maßgeblich zum Aufbau einer besseren Welt beitragen sollten, wie Félix es in seiner kurzen, jedoch schwungvollen Huldigungsrede angekündigt hatte.

Sie hätten nie geahnt, daß ein im Munde von Alex Grandi so einfaches und unschuldiges Wort wie »Kooperative« mit soviel revolutionärem Nachdruck befrachtet sein konnte, wenn Félix Clément es herunterhämmerte. Das war ihnen klargeworden und auch, daß sie einmal mehr Entscheidungen getroffen hatten, ohne ihre Männer darüber zu informieren.

»Einmal mehr« konnte »einmal zuviel« sein. Da sie nicht wußten, wie Stepan und Elie die Dinge aufnehmen würden, beschlossen sie, möglichst viele Argumente für ihre Seite zu sammeln. Wenn die beiden Männer sich die Zeit nähmen, das große, breite Schild unten zu lesen, war es vielleicht nicht ungeschickt, sie eine Etage höher steigen zu lassen, bevor sie Erklärungen verlangen konnten.

Sie gingen also in ihre Wohnungen und stellten in Sonjas Küche die kleinen Wodkagläser bereit, wie einst, als sie noch Heimarbeiterinnen und nicht Kolchose-Mitglieder waren.

Auf dem Bahnsteig der Station Strasbourg-Saint-Denis wartete Elie auf Stepan, wie gewöhnlich vor der ›Saponite‹-Reklame. Er ließ einen Zug abfahren und nahm den nächsten. Sie verpaßten sich selten, aber es konnte vorkommen.
Als er beim Auvergner vorbeiging, bemerkte er Barsky, Nüssbaum, Novak und Gromoff an der Theke. Barsky fuchtelte mit den Händen, und alles lachte. Elie hatte keine Lust, sich an Land ziehen zu lassen: Barsky, zu dieser Tageszeit, das kannte er. Er ging schneller.
Er beschleunigte den Schritt auch, als er ins Haus kam. Er mochte Félix gern; am Sonntag, vor dem Essen und nach dem Duschbad, hatte er nichts gegen eine kleine Diskussion mit ihm, wenn Stepan dabei war. Aber unter der Woche, ganz allein, nach der Arbeit und vor dem Abendessen, daran lag ihm absolut nichts.
Die Wahlen rückten näher. Man war zwar erst im Dezember, und sie waren im April vorgesehen; aber sowohl bei MERCIER FRÈRES wie in der Concierge-Loge der Rue de la Mare lief die Wahlkampagne schon auf vollen Touren.
Bei MERCIER FRÈRES war sogar aus dem Departement Lot Vetter Martial, der sozialistische Deputierte, aufgetaucht, der damals die Dinge so schön arrangiert hatte für die Einbürgerung der Familien Guttman und Roginski; daran erinnerte ihn jetzt Paul Mercier, als er ihm Elie vorstellte. »Unser Lilitsch«, präzisierte er und schlug Elie auf die Schulter, den er gewöhnlich Guttman nannte. Martial Mercier erinnerte sich, er erinnerte sich so gut, daß er sich nach den Kindern erkundigte: sie mußten seither groß geworden sein ... Elie wurde rot, räumte ein, sie seien tatsächlich groß geworden, aber eigentlich handele es sich um einen Jungen Guttman und ein Mädchen Roginski. Seine kleine Richtigstellung war untergegangen in dem fröhlichen Lärm, mit dem man das Faß Cahors-Wein begrüßte, das der Abgeordnete speziell zu seinem Besuch in der Hauptstadt

hergeschickt hatte. Alle stießen an auf den Sieg der Arbeiter und besonders auf den der Sozialistischen Partei. Es wurde ein kleines Fest, und nach dem dritten Glas sang Meunier *La Butte rouge* und erklärte dann, er jedenfalls gehe nie wählen, aber er sei gern bereit, das Paulchen von Monsieur Martial in den Zirkus zu führen... wenn er schon in Paris sei.
Diese Anekdote brachte, als man sie in der Rue de la Mare erzählte, Félix nicht zum Lachen. »Demagogie mit Rotwein... Bei uns nimmt man die Dinge ernst«, kommentierte er und schüttelte ernst den Kopf.
Das »bei uns«, das Félix oft gebrauchte, konnte mehrere Bedeutungen haben, und im Lauf der Jahre hatten sich Elie und Stepan viele Male gefragt, was damit gemeint sei, bis zu dem Augenblick, als sie der Inhalt der Rede endgültig auf die richtige Spur führte. »Bei uns«, das konnte Savoyen bedeuten oder die Concierge-Loge oder die Familie oder die Post oder aber die Parteizelle oder die Partei in ihrer weltumspannenden Präsenz, die Weltpartei also.
Seit einiger Zeit diente das »bei uns« von Félix ausschließlich dazu, klar herauszustellen, was alles schlecht gemacht wurde »bei denen«, den Sozialisten. Und nur bei den Sozialisten. Alle anderen wurden nur ganz selten erwähnt und immer zusammen, mit gemeinsamer Etikettierung. Alle anderen nannte Félix schlicht »die anderen«, ohne Heftigkeit, aber mit unversöhnlicher Verachtung.
Seit einiger Zeit auch bemühte sich Félix mit vielen »bei uns«, Elie ein Licht aufzustecken: Die Brüder und Vettern Mercier, gute Chefs und »bei denen«, waren in seinen Augen viel schädlicher als irgendwelche x-beliebigen Chefs »bei den anderen«!
Und deshalb beschleunigte Elie seit einiger Zeit seine Schritte in der Nähe der verglasten Tür der Loge.
Er ging also schnell und nahm die Treppen zum zweiten Stock im Laufschritt. Er wollte die Schlüssel herausnehmen,

aber dazu blieb ihm keine Zeit. Sonja öffnete schon die Tür, und hinter ihr erschien Olga.
Sie hatten ihre Arbeitskittel abgelegt, Sonja trug ihre hübsche, blau geblümte Schürze und Olga die ihre im Schottenmuster. Er wunderte sich, daß sie schon hier oben waren, und sie wunderten sich, daß er ohne Stepan kam.
Sie benahmen sich so sonderbar, daß Elie sich fragte, ob er am Ende einen Geburtstag vergessen habe.
Er ging in die Küche, wo sie ihm mit Geisha-Aufmerksamkeiten seinen Wodka servierten.
Es war sonnenklar, daß sie etwas zu sagen hatten, und noch klarer, daß sie Stepans Heimkehr abwarten wollten, bevor sie auspackten. Elie kannte sie recht gut. Er stellte also keinerlei Fragen, trank sein Glas in kleinen Schlückchen, während sie sich selbst lächelnd ein halbes einschenkten.
»Aber was macht denn Stepan?« fragte Olga, um irgend etwas zu sagen.
»Ich habe heute ein wenig früher aufgehört«, log Elie, der allmählich bedauerte, daß er nicht länger auf Stepan unter der ›Saponite‹ gewartet hatte, da er wußte, was er wußte und was sie nicht wußten.

Es gab vieles, was Stepan nicht in die Rue de la Mare mitbrachte. Viele Sorgen, die er in der Rue d'Aboukir zurückließ, in den Falten seines weißen Kittels, wenn er ihn abends auszog, in seinen Metallschrank hängte und sich dann mit seinem Freund auf dem Bahnsteig der Station Strasbourg-Saint-Denis traf. Und die Sorgen, die er nicht im Schrank zurücklassen konnte, vertraute er während der Fahrt Elie an, um sie loszuwerden, bevor er nach Hause kam.
Wenn die Anekdoten von MERCIER FRÈRES und Vetter beim ernsten Félix doktrinäre Strenge weckten, so überschwemmten sie Stepans Herz mit einem gewissen Neid.
In der Rue d'Aboukir sang man nicht und lachte man nicht, und man stieß auch nicht an.

Anstoßen? Jedenfalls hatte es das dort nie gegeben, für wen auch immer und für was auch immer; lachen und vor sich hin singen, das hatte es früher mal gegeben, damit war es vorbei. Seit einiger Zeit tuschelte man, diskutierte man, beschimpfte man sich in der Rue d'Aboukir wie überall in Frankreich an diesem Jahresende 1935. Mit einem Unterschied indessen, und der wog schwer: in der Rue d'Aboukir hatte man Angst. Und weil man Angst hatte, beschimpfte man sich häufiger als anderswo.
Und da im Pelz-Atelier außer Stepan und zwei alten Zuschneidern niemand im Besitz des großen Schatzes, der wertvollen und unerreichbaren Wählerkarte war, waren die laut schimpfenden jiddischen Stimmen verlorene Stimmen für die Wahlurnen, die in den französischen Mairies schon blank geputzt wurden.
Eine wahre Vergeudung! Denn sie hätten nützlich sein können, diese Stimmen, wenn sie auch nicht alle von gleichem Interesse waren. Wenn auch uneins und für die Urnen verloren, so waren sie deshalb noch nicht für alle Welt verloren. Vor allem nicht für diejenigen, die ihre Disharmonie orchestrierten.
Und wenn man in der Rue d'Aboukir soviel aufeinander schimpfte, so war es, weil man wieder Angst hatte, und auch weil man dort viele Zeitungen las. Neue Zeitungen, die eben dann zu erscheinen begannen, als die Angst wiederauftauchte. Sie waren alle in demselben Jiddisch gedruckt, aber sagten nicht alle das gleiche über die gleichen Dinge. Aus ihrer Lektüre erwuchs die Uneinigkeit. Und aus der Uneinigkeit erwuchsen die gegenseitigen Beschimpfungen.
Und das Geschimpfe drehte sich immer um das gleiche Thema, das den Skandal, das Unglück und die Angst zurückgebracht hatte.
Zurückgebracht in den Bündeln der als letzte angekommenen Flüchtlinge: der Deutschen. Diese Unbekannten, die man nie getroffen hatte auf den Straßen der Auswanderung,

eher Deutsche als Juden, die aber, allein durch ihre Anwesenheit die alten, diskriminierenden Bezeichnungen wieder aktuell gemacht hatten. Die, die alle alten Auswanderer in ihren alten Ländern nicht dulden wollten, so daß sie in ein neues Land flohen, wo sich die Diffamierung noch nicht breitmachte. Seit sie da waren, die Juden aus Deutschland, nannte man sie nie anders als die deutschen Juden, nie die jüdischen Deutschen.
Und in den Zeitungen, die in der Rue d'Aboukir von Hand zu Hand gingen, sprach man von ihnen nur jenen anderen Juden gegenüber, die zwar nicht französische Staatsbürger geworden waren, trotzdem aber nicht die geringste Lust hatten, wieder polnische Juden, rumänische Juden oder slowakische Juden zu werden. Das aber wollten ihnen bestimmte Artikel suggerieren im Namen eines internationalen Judentums, dessen Riten und Ziele ihnen unbekannt waren. Nicht alle jedoch.
Und in anderen Zeitungen, die ebenfalls in der Rue d'Aboukir die Runde machten und in denen man ebensoviel von den deutschen Juden sprach, riet man denselben jüdischen Polen, Rumänen oder Slowaken, sich zusammenzuschließen im Namen eines internationalen Proletariats, dessen Riten sie ebenfalls nicht kannten, dessen Ziele ihnen aber nicht ganz unbekannt waren. Jedenfalls einigen nicht.
Aber was man ihnen auch nahelegte, man wollte immer, daß sie es als Gruppe taten – als jüdische Gruppe. Und all diese Blättchen gingen in der Rue d'Aboukir jeden Morgen von Hand zu Hand.
Oder vielmehr, so war es gewesen, denn seit einiger Zeit versteckte man sie. Man versteckte sie seit dem Tag, als Monsieur Jean auf eine Nummer der *Naie Presse* gestoßen war, in der man, um die eingewanderten jüdischen Arbeiter nachdrücklicher zu ermahnen, daß sie sich zur Verteidigung ihrer Rechte und ihrer Löhne organisierten, einige Unternehmen als Beispiele nannte. Und die *Naie Presse* druckte

eine Liste der Herren-Konfektionsfirmen ab, in denen schon seit Oktober Streiks ausgebrochen waren.
Man kannte diese Firmen, sie befanden sich alle hier im Stadtviertel. Man wußte auch, daß dort gestreikt wurde. Man hatte darüber gesprochen und schon über diese Streiks bei den Nachbarn gestritten. Aber jetzt stand es in der Zeitung. Es war keine Geschichte mehr, die nur das Stadtviertel anging.
Man fing also wieder an, sich gegenseitig zu beschimpfen. Und da das Lärm machte, kam Monsieur Jean allein herunter. Monsieur Ziegler sah man nie, wenn in Jiddisch geschimpft wurde.
Stepan hatte wie jedermann an diesem Morgen die *Naie Presse* und ihre Liste gelesen und ohne Kommentar zurückgegeben. Er verstand all das sehr gut, fühlte sich aber nur zur Hälfte betroffen. Ausländischer jüdischer Arbeiter, das war er gewesen. Arbeiter und Jude war er noch immer, Ausländer war er nicht mehr. Er war Franzose. Und als französischer Arbeiter wollte er sich gerne zusammen mit anderen Arbeitern organisieren, ob sie nun Juden waren oder nicht, eingewandert oder nicht. Aber das war in dem Lärm schwer zu erklären. Deshalb hatte er die *Naie Presse* ohne Kommentar zurückgegeben.
Trotzdem — als er von weitem sah, wie Janek sich die Zeitung nahm, sie ruhig las, sorgfältig wieder zusammenfaltete und wortlos auf den Tisch zurücklegte, sie dann alle, einen nach dem anderen, ansah und ihn, Stepan, ein wenig länger als die übrigen, erschien ihm wieder sein eigenes Bild als junger Mensch in Ledermütze und Lederstiefeln, wie er aus dem noch fahrenden Zug sprang. Denn genau dieses Bild las er in dem eisigen Blick Janeks.
Er hatte ihn ausgehalten, diesen Blick, dann, während Monsieur Jean schweigend durch die ganze Werkstatt schritt, bevor er wieder in die Büros hinaufging, stellte er erstaunt fest: sein Bruder ging jetzt wie ihr Vater, als der älter wurde

und wie Janek ihn nie gesehen hatte. Denn er hatte ihn nie wiedergesehen.

Auf der Heimfahrt erzählte er Elie, was vorgefallen war. Nichts jedoch Olga und Zaza.
Und Elie berichtete er auch am nächsten Tag, daß da ein maschinengeschriebener Anschlag in den Werkstätten »Pelze« und »Damen- und Jungmädchenkonfektion« hing, mit der Überschrift: »Warnung«. Er war kurz und deutlich:

> Es ist bei Strafe sofortiger Entlassung streng verboten, während der Arbeitsstunden zu lesen.
> Gezeichnet:
>
> (unleserlich)

Und das brachte Elie zum Lachen. Denn bei MERCIER FRÈRES fand man jeden Morgen den *Populaire* an der Wand angeschlagen, mit einzelnen Artikeln, die von Monsieur Paul höchstpersönlich mit Rotstift umrandet worden waren. Auf diese Weise hatte Elie alle Einzelheiten über das Gesetz lesen können, das neuen Einwanderern die Einreise nach Frankreich verbot. »Das war gescheit von dir, Lilitsch, daß du zeitig zu uns gekommen bist! Jetzt kämst du nicht mehr rein«, neckte ihn Meunier. Aber niemand in der Werkstätte sprach wieder darüber, und so tat Elie desgleichen und machte wie die anderen seine Späße, als man entdeckte, daß ein kleiner Schlaukopf *Le Miroir des Sports* und *Mickey Mouse* angeschlagen hatte, sozusagen als Pendant zum *Populaire* und um Monsieur Paul auf die Palme zu treiben, was ihn jedoch auch nur zum Lachen brachte.
Wie es auch Stepan in der Métro ein paar Augenblicke lang belustigte. Aber wieder erzählte er Olga und Zaza nichts, denn dann hätte er alles von Anfang an erzählen müssen, von der *Naie Presse* an und sogar von noch früher...
Eigentlich hätte er ihnen von der Angst erzählen müssen.

Von dieser Angst, die er nicht nach Hause bringen wollte.
Und Elie fand, er habe recht. Um so mehr, als er zu Unrecht
Angst habe, setzte er jeden Abend während ihrer gemeinsamen Fahrt hinzu. Und das beruhigte Stepan, auch wenn er in
den Augen und im Lächeln Elies ablesen konnte, daß er das
sagte, um auch sich selbst zu beruhigen.
Er sah das wohl, aber er sagte es ihm nicht. Und sowie sie in
Sichtweite des Hauses waren, das heißt auf der letzten Stufe
der Treppe an der Métrostation Pyrénées, begannen sie, von
etwas anderem zu sprechen. Von ihren Frauen, vom Wetter,
vom Auvergner, den Kindern, was sie gern zum Abendessen
hätten. Sie kamen nach Hause, zurück in ihre Straße, als
Nachbarn ihrer Nachbarn. Sie kamen heim wie alle französischen Staatsbürger nach ihrem Arbeitstag. Und das gefiel
ihnen sehr.
Deshalb haßten sie es, wenn sie sich an der Station Strasbourg-Saint-Denis verpaßten.

Stepan kam auf den Bahnsteig gerannt. Er wußte schon, daß
er Elie dort nicht mehr treffen würde. Eine Viertelstunde
Verspätung, das war nach ihren Abmachungen zuviel. Aber
er war trotzdem gerannt, für alle Fälle. Und er war ehrlich
traurig, als er allein in den überfüllten Wagen stieg.
Traurig und ratlos nach dem, was gerade passiert war,
weshalb er sich so verspätet hatte und was er nun niemand
erzählen konnte.
Seit dem Vortag wußte man in der ganzen Firma FÉMINA-
PRESTIGE, daß die Chefs fort waren wegen eines Trauerfalls in
der Familie Ziegler. Das hatte die Zeitungen wieder aus ihren
Verstecken gebracht und die Diskussionen wiederaufleben
lassen; gleichzeitig war ein Hauch von Ausgelassenheit
aufgekommen, der nicht ohne Schabernack war — nicht
wegen des Todesfalls, von dem keiner genau wußte, wen er
betroffen hatte, sondern wegen der Abwesenheit der Leute,
die durch den Todesfall vorübergehend von der oberen Etage

ferngehalten wurden. Ein bißchen Angst hatte sich verflüchtigt, und Stepan merkte es so gut wie alle in der Werkstatt. Er hatte sogar Elie davon erzählt bei der Heimfahrt gestern. Und dann das Flugblatt heute morgen.
Es war ein Flugblatt, von dem Hunderte von Exemplaren wie von Zauberhand in den Eingängen, auf den Treppen und den Arbeitstischen aller Konfektionsfirmen des Viertels gelandet waren. Es war nicht abgezogen, sondern in großen schwarzen Lettern auf gelbem Grund gedruckt und offensichtlich für ein großes Publikum bestimmt, denn derselbe Text, der in Jiddisch verfaßt war, stand auf der Rückseite in französischer Übersetzung – es konnte auch umgekehrt sein. Denn an seinem Inhalt war durch nichts klar zu erkennen, welcher der beiden Kulturkreise ursprünglich angesprochen war. Auch durch nichts an seiner Gestaltung. Es war völlig anonym. Da stand zu lesen:

> Werktätige DEUTSCHE JUDEN!
> Tretet aus dem Schatten! Hört auf mit der Schwarzarbeit!
> Arbeitet nicht mehr nachts für MINDESTLÖHNE in Euren möblierten Zimmern, während Eure Genossen bei hellem Tageslicht in ihren Werkstätten kämpfen, um ihren JÜDISCHEN Arbeitgebern ANGEMESSENE Löhne und Arbeitszeiten abzutrotzen!
> Die JÜDISCHEN Arbeitgeber, die Euch ausbeuten, sind VERBÜNDETE HITLERS, der Euch davongejagt hat.
> Seht nach in den GALERIES LAFAYETTE, deren JÜDISCHE Leitung weiterhin Geschäfte macht mit dem NAZI-Unternehmertum.
> Die JÜDISCHEN Arbeitgeber, die Euch ausbeuten, sind LIEFERANTEN der GALERIES LAFAYETTE.
> NATURALISIERTE, AUSLÄNDISCHE ODER STAATENLOSE werktätige JUDEN! Es liegt an Euch, diesem Skandal ein Ende zu machen!

Ihr habt dazu das RECHT und die PFLICHT.
Schließt Euch zusammen!
Verschafft Euch Gehör!
TRETET AUS DEM SCHATTEN, auch Ihr!
DIE ZEIT DER GHETTOS IST VORBEI.

?

Das Fragezeichen am Schluß war sehr viel größer gedruckt als die herausgestellten Wörter – wenn man überhaupt sagen konnte, in diesem merkwürdigen Aufruf zu einer allgemeinen Mobilisierung würde irgendwer oder -was herausgestellt. Selten war man einem Fragezeichen begegnet, das so gut seinen Zweck erfüllte und soviel Platz einnahm. Ganz für sich allein beanspruchte es auf der Vorder- wie auf der Rückseite je eine Viertelseite. Und ob man nun lieber französische oder lieber jiddische Texte las, das Fragezeichen sprang ins Auge, noch bevor man sich bückte, um dieses gelbe und schwarze Papier aufzuheben, das eher nach dem Reklamezettel eines burmesischen Fakirs aussah als nach einem Manifest mit sozialen Forderungen. Auf den ersten Blick.
Das war ein Fragezeichen, das gleichzeitig als Aufhänger und Schlußfolgerung diente. Als Schlußfolgerung und Unterschrift. Es stellte alles in Frage.
So wie das Fragezeichen plaziert war, zog es nicht nur den letzten Satz stark in Zweifel – den man für eine, übrigens gefährlich optimistische Behauptung halten mochte –, sondern es verzehnfachte auch die Mehrdeutigkeiten eines Textes, von dem man wenigstens das eine sagen konnte, es biete wahrlich »allen etwas zu essen und zu trinken«, wie Félix sich auszudrücken pflegte.
Da er diesen Ausdruck sehr häufig in Anwesenheit von Stepan gebrauchte, faßte der eine Vorliebe für den bildhaf-

ten Ausdruck, und eben den wollte er seinen Arbeitskollegen gegenüber verwenden, nachdem er das Flugblatt auf der Treppe von Fémina-Prestige aufgelesen hatte, bevor er in die Werkstatt »Pelze« ging.
Er behielt den Ausdruck für sich. Das Bild erschien ihm zu schwach. Dynamit läßt sich weder essen noch trinken.
Die Bombe war noch nicht explodiert, aber die Zündschnur brannte. Man hörte sie schon knistern
Man hörte sie sogar so deutlich, daß das Geräusch – Geräusche haben ja die Tendenz, beim Nach-oben-Steigen lauter zu werden – bis zum oberen Stock hinaufdrang und Mademoiselle Anita veranlaßte herunterzukommen. Und sie war es, die, schüchtern und zerbrechlich, als Vertretung der Arbeitgeber erschien, die nach diesen zwei Tagen Abwesenheit noch immer nicht wiederaufgetaucht waren.
Mademoiselle Anita hatte weder die Autorität noch den Blick oder die Stimme von Monsieur Jean. Trotzdem bewirkte ihr Auftreten Stille. Eine andere Art von Stille.
»Schauen Sie sich das an, Mademoiselle Anita«, sagte Jiri Kustov, der Slowake, und hielt ihr das Flugblatt entgegen.
»Diese Schweinehunde!« murmelte Mademoiselle Anita mit ihrer kleinen Stimme, nachdem sie den französischen Text gelesen hatte.
Es war das erste Mal, daß man sie ein ordinäres Wort sagen hörte. Verlegenes Lachen war zu hören.
»Wer sind die Schweinehunde?« fragte eine Stimme, die das Lachen übertönte. »Die Boches, die für fast nichts arbeiten, oder die ›Galeries‹, die für die anderen Boches arbeiten?«
»Die, die dieses Flugblatt fabriziert haben«, antwortete Mademoiselle Anita.
»Aber wir hier, wir arbeiten doch für die ›Galeries Lafayette‹, oder nicht?« fing dieselbe Stimme wieder an.
Es war noch immer die von Jiri, dem Slowaken, der ihr das Flugblatt hingehalten hatte.
Mademoiselle Anita zögerte, sie antwortete nicht.

»Sie müßten das sehr gut wissen, Mademoiselle Anita, ob wir für die ›Galeries Lafayette‹ arbeiten oder nicht?«
»Bei einigen Artikeln ja, da arbeiten wir schon mal für die Galeries . . .«, sagte Mademoiselle Anita leicht errötend.
»Und die Boches ohne Arbeitserlaubnis, läßt man die nicht auch schon mal für FÉMINA-PRESTIGE arbeiten? Lassen unsere Arbeitgeber das zu, die uns die Überstunden nicht bezahlen wollen?«
Es war noch immer Jiri, der sprach.
»Das ist vorgekommen«, gab Mademoiselle Anita zu. »Wenn wir bei Bestellungen im Rückstand waren.«
»Dann hat das Flugblatt recht!« rief Jiri, höchstzufrieden, daß ihm seine Beweisführung so gut gelungen war.
»Nein!« sagte Stepan, der im Hintergrund der Werkstatt stehengeblieben war und seit Beginn der Diskussion noch kein einziges Wort gesagt hatte.
Alle drehten sich um.
»Mademoiselle Anita hat recht. Es gibt auch Italiener, Griechen und Armenier, eine Menge ausländischer Flüchtlinge ohne Arbeitserlaubnis, die arbeiten, und alle möglichen Leute, die die richtigen Papiere haben und normal arbeiten, für die ›Galeries Lafayette‹ und für andere Unternehmen, und denen schickt man keine Flugblätter auf Italienisch, Griechisch oder Armenisch . . .«
»Aber bei denen ist das nicht das gleiche«, sagte Jiri, als ob das jedem klar sein müsse.
»Warum nicht?« fragte Mademoiselle Anita.
Niemand antwortete. Man seufzte angesichts solchen Unverständnisses.
»Es ist genau so, wie ich gesagt habe: es sind Schweinehunde, aber sehr arglistige Schweinehunde, die das fabriziert haben!« wiederholte Mademoiselle Anita und faltete das gelbe Papier ruhig zusammen; sie steckte es in den Ärmel ihres grauen Sweaters, wie ein kostbares Taschentuch, das man nicht verlieren will.

Da das Wort »arglistig« in der Rue d'Aboukir völlig unbekannt war, mußte Mademoiselle Anita eine Entsprechung finden, damit man sie besser verstünde.
Auch Franz Kafka war unbekannt: unbekannt in der Rue d'Aboukir wie in der ganzen Welt und insbesondere der von Mademoiselle Anita. Trotzdem hätte man sagen können, daß er sie von jenseits des Grabes inspiriert habe, in dem er schon seit zwölf Jahren ruhte, so feinsinnig schien Mademoiselle Anita die Logik der Flugblattverfasser durchschaut zu haben und auch die Chemie, die aus diesem Flugblatt eine Bombe machte.
Alles wirkte so kompliziert und war in Wirklichkeit ganz einfach – aber doch ein ganz klein wenig Hexerei ...
Mademoiselle Anita sah die Sache so:
Man versammelte zunächst Sündenböcke herkömmlicher Art. Für diese Sündenböcke herkömmlicher Art sucht man andere Sündenböcke aus, die man ihnen zum Fraß anbietet. Das bringt Abwechslung. Da man jedoch die neuen Sündenböcke ausgewählt und beide im gleichen Gatter gelassen hat, erreicht man, daß die Sündenböcke in dem ganzen Haufen sich gegenseitig auffressen. Und dabei machen sie großen Lärm, und weil sie großen Lärm machen, machen sie schließlich auf sich aufmerksam. »Sind die laut!« beginnen diejenigen zu murren, die sie eine Zeitlang ganz vergessen hatten, weil sie sie gar nicht mehr gehört hatten. »Außer ihnen hört man ja überhaupt nichts mehr, wollt ihr sagen«, rufen dann die andern aus, die sie nie vergessen hatten, selbst als sie sich ruhig verhielten. »Nicht nur, daß man sie hört, sie fressen sich auch noch gegenseitig auf, was sie im übrigen aber nicht davon abhält, gleichzeitig gemeinsam das gute Gras unserer Weiden zu fressen, und damit bringen sie uns um die gute Wolle unserer eigenen Schafe«, fügen diejenigen noch hinzu, die sie nie vergessen hatten und die in der Hinterhand noch ihre besondere Gruppe von frei herumlaufenden Sündenböcken hielten. Und endlich

machen sie sich daran, um alle in einer einzigen großen Herde von räudigen Schafen zusammenzubringen.
Jetzt ist die Bombe fast fertig.
Jetzt muß man nur noch dieses Gatter verunglimpfen, und genau an diesem Punkt muß man arglistig vorgehen. Man verunglimpft also das Gatter, indem man zunächst bedauert, daß es das Gatter überhaupt gibt, stellt aber gleichzeitig fest, daß die räudigen Schafe gar nicht so ungern drin seien. Damit wird die Frage überflüssig, wer die Zäune gezogen hat, den Schlüssel bewahrt und das Gatter öffnen kann.
Dann, wenn man es für nützlich hält, die räudigen Schafe öffentlich vorzuführen, kann man das Gatter öffnen, und dann tritt die Herde so auffällig in Erscheinung, und so laut, daß jedermann davon überzeugt ist, daß das Gatter wirklich eine gute Sache sei.
Jetzt kann man das Flugblatt unter die Leute bringen! Mademoiselle Anita benutzte dies ländliche Gleichnis jedoch nicht, um das Werk der Feuerwerker zu entschärfen. Genau wie Stepan es mit dem Ausdruck vom »Trinken und Essen« getan hatte, behielt sie die Geschichte für sich. Um so mehr, als die Vorstellung all dieser bärtigen, gehörnten Tiere mit gespaltenen Hufen nicht sonderlich angenehm war und stundenlanges Übersetzen erfordert hätte.
Aber Mademoiselle Anita hatte noch andere Hilfsmittel. Sie war nicht nur, ohne es zu wissen, von Franz Kafka inspiriert, von dem sie gar nichts wußte, sondern auch von Hauptmann Dreyfus, von dem sie alles wußte und der erst kurz zuvor gestorben war.
Am vergangenen 12. Juli war er gestorben, und sein Tod hatte Mademoiselle Anita sehr beeindruckt. Als Tochter eines glühenden »Dreyfusards« aus der Dordogne war ihre Kindheit durchpulst gewesen von immer neuem Wiederaufleben der Affäre, die sie so gründlich kannte wie andere junge Mädchen ihren Katechismus. Am vergangenen 12. Juli war ein Teil dieser Kindheit entschwunden, sozusagen

erloschen mit dem Abgang und Erlöschen des Helden, für den sich ihr Vater so geschlagen hatte.
An diese beiden, ihren Vater und den Hauptmann Dreyfus, hatte sie am Morgen des 12. Juli gedacht, als sie in der Rue d'Aboukir eintraf, wo man schon die Lampions aufhängte für das fröhliche Bumstrara am übernächsten Tag. Sie war ein bißchen traurig und nachdenklich, als sie sich an die Arbeit machte.
Da weder Monsieur Ziegler noch Monsieur Jean oder sonst jemand bei FÉMINA-PRESTIGE den historischen Todesfall erwähnte, behielt sie, wie die anderen auch, ihre Gedanken für sich. Bis zu dem Augenblick, als Monsieur Jean das Bordereau Jaspard verlangt hatte ...
Seit vielen Jahren sprach man das Wort *Bordereau* sicher gut zwanzig Mal am Tag aus in den Büros von FÉMINA-PRESTIGE; an diesem Morgen aber klang es in den Ohren Mademoiselle Anitas zum ersten Mal so unpassend, wurde sie dadurch so verwirrt, daß es sie entsetzliche Mühe kostete, diesen harmlosen Beleg der laufenden Buchführung zu finden. Sie war noch mit Suchen beschäftigt, als vom Zimmer nebenan die ungeduldige Stimme Monsieur Jeans zu ihr drang:
»Wo zum Teufel bleibt das Bordereau! ... Müssen Sie es erst noch fabrizieren, Mademoiselle Anita?«
»Nein, Monsieur, das macht man schon lange nicht mehr, und auf die Teufelsinsel wird man seit langem auch nicht mehr geschickt ...«, murmelte Mademoiselle Anita unwillkürlich, als sie ihrem Chef das Bordereau Jaspard auf den Schreibtisch legte.
Aber Monsieur Jean antwortete nicht, und Mademoiselle Anita hätte gern gewußt, ob Monsieur Jean wohl ihre Bemerkung verstanden hatte, und wenn er sie verstanden hatte, warum er nicht antwortete ... Wie dem auch war, der Tag verfloß, ohne daß je der Name des Hauptmanns Dreyfus erwähnt wurde, seitdem zuckte Mademoiselle

Anita immer zusammen, wenn das Wort Bordereau ausgesprochen wurde, und das war oft.
Es war zu so etwas wie einer fixen Idee geworden und lange über den 12. Juli hinaus geblieben.
Und es war bei der Erinnerung an das Wort *Bordereau* geschehen, daß Mademoiselle Anita das gelbe Papier noch einmal aus dem Ärmel zog, um zu erklären, was sie mit dem Adjektiv »arglistig« meinte; und sie selbst hatte einige Mühe, es von der Verbindung mit dem Substantiv »Schweinehund« und dem Verb »fabrizieren« zu lösen.
Sie zog also das gelbe Papier wieder hervor, und die Argumente Stepans wiederaufgreifend, fragte sie ihn, ob der jiddische Text, den sie nicht verstand, dem französischen Text, den sie nur zu gut verstand, ganz genau entspreche.
Nun stellte sich heraus, daß niemand in der Werkstatt es für nötig gehalten hatte, die französische Fassung richtig zu lesen. Und Mademoiselle Anita entschied, man solle eine vergleichende Lektüre vornehmen.
Die Zeit verging, niemand arbeitete, weder bei »Pelze« noch bei »Damen- und Jungmädchenmode«. Jeder hatte sein Blatt in der Hand, wie einst in der Schule. Und es dauerte nicht lange, da entdeckte man leichte Unterschiede. Sie begannen ganz bald, nämlich schon in der zweiten Zeile.
Es waren winzige Kleinigkeiten, Nuancen, die man als dichterische Freiheiten hätte abtun können, hätte sich ihr Autor mit einer großen Laute am Band und der entwaffnenden Unschuld eines Minnesängers, eines *Trouvère*, präsentiert, der behauptet, ein Lied in der *Langue d'oïl* vorzutragen, das unter anderen Himmeln ein Troubadour in der *Langue d'oc* komponiert hatte.
So stand etwa »Tretet aus dem Schatten! Hört auf mit der Schwarzarbeit!« als Übertragung für »Bleibt nicht in der Nacht allein, allen unbekannt«. »Arbeitet nicht mehr nachts« stand für »Wacht nicht mehr bis zum frühen Morgen«. Und statt »für Mindestlöhne« hieß es »für einen

Elendslohn«, die »möblierten Zimmer« ersetzten »Zimmer unter dem Dach«.
An diesem Punkt des Textvergleichs wußte Mademoiselle Anita, woran sie war: da hatte sie ihren Bordereau!
Einer der beiden Texte war eine Fälschung. Man mußte nur herausfinden, wer wen übersetzte, oder, besser, wer wen verriet. War es das Jiddische, das das komplizenhafte Dunkel in die Nacht des Vergessens verwandelte? Oder das Französische, das das auferlegte Elend zum akzeptierten Mindestlohn machte und Mimis Mansarde zum Zimmer in einer Absteige?
Da hatte Mademoiselle Anita ihr Bordereau und damit gleichzeitig die richtige Definition für »arglistig«.
Sie klatschte in die Hände. Man fühlte sich immer mehr wie in der Schule. Eine gute Viertelstunde war mit linguistischen Palavern vergangen, jeder wollte unbedingt auf der Suche nach der Wahrheit seinen Beitrag leisten.
Das Wort »Nacht« zum Beispiel, scheinbar so einfach, war Auslöser einer wahren Sturzflut von möglichen Interpretationen, je nachdem, ob man die Nacht als Ende eines Tages betrachten wollte, als Ende einer Hoffnung oder eines Lebens, als Reich der Finsternis oder der Unwissenheit, von der Nacht der Zeiten ganz zu schweigen. Aber man war sich einig, daß es keinesfalls das Wort »Schatten« ersetzen konnte. Es konnte sich um den Schatten eines Baumes, einer Mauer oder unter einem Hut handeln, aber ohne Sonne gab es keinen Schatten, und da die Sonne immer untergegangen ist, wenn die Nacht kommt ... Kurzum, gute fünf Minuten gingen drauf mit dem Hin und Her über das Wort »Nacht«.
Acht weitere kostete das »Zimmer unter dem Dach«, das, je nach der einzelnen Herkunft, unter einem Stroh-, Schiefer-, Ziegel- oder sogar einem mit Kuhmist gedeckten Dach liegen konnte und eine Luke, ein Klapp- oder Bullaugenfenster hatte, mit Blick auf verschneite Ebenen, Vorortstraßen, das Schwarze Meer, die Karpaten oder den Plattensee ...

Dann klatschte Mademoiselle Anita wieder in die Hände, um das Ende der philologischen Pause anzukündigen und um Ruhe zu bitten, die auch eintrat, deren sich aber Jiri der Slowake sofort bemächtigte.
»Es ist zum Kotzen, Wörter zu verändern, das stimmt! Es wirft ein schlechtes Licht auf die Boches und alle anderen jüdischen Schwarzarbeiter, wie man im Französischen sagt. Stimmt! Aber das ändert nichts an allem übrigen, weder was die ›Galeries Lafayette‹ angeht noch die Arbeitgeber oder unsere Überstunden!«
»Doch, das ändert etwas!« sagte Stepan aus dem Hintergrund der Werkstatt. »Das ändert alles, weil man nicht weiß, ob es Antisemiten sind, die das Ding ins Jiddische übersetzen ließen, oder Juden, die von Antisemiten übersetzt wurden! Alle werden angegriffen in ihrem Flugblatt, du, ich...«
»Nein, sie sagen, wir, wir kämpfen in unseren Werkstätten!«
»Keineswegs«, erwiderte Stepan. »Im Französischen sagen sie das nicht. Auf jiddisch schon, auf jiddisch sagen sie: ›Die Brüder Eurer Rasse kämpfen in ihren Werkstätten‹, aber auf französisch heißt es: ›Eure Genossen kämpfen in ihren Werkstätten...‹ Und nicht, Eure *jüdischen* Genossen...«
Alle beugten sich von neuem über das Blatt.
Mademoiselle Anita wollte die Chance nützen, um wieder das Wort zu ergreifen, aber Jiri schnitt es ihr zum zweiten Mal ab.
»Die haben einfach vergessen, ›jüdisch‹ bei den Genossen dazuzusetzen, aber das ändert nichts«, knurrte er auf jiddisch. »Doch, das ändert alles, denn bei den Arbeitgebern haben sie ›jüdisch‹ nicht vergessen. Die Genossen sind in ihrem französischen Flugblatt keine Juden, aber die Arbeitgeber sind alle Juden«, erwiderte Stepan ebenfalls auf jiddisch. »Nicht wahr, Mademoiselle Anita?«
Sie wollte ihm sagen, daß sie seinen letzten Satz nicht

verstanden habe, aber Stepan ließ ihr keine Zeit dazu. Es war das erste Mal, daß er so lange und so laut öffentlich redete, und er fuhr französisch fort:
»Bei dieser Schweinerei greifen sie dich, mich, die Leute ohne Papiere, die Arbeitgeber und die ›Galeries‹ an, alles durcheinander. Man sollte doch wirklich wissen, wer sie sind...«
»Ich weiß es«, unterbrach ihn eine schallend lachende Stimme. »Das ist das Kaufhaus ›Samaritaine‹, das ließ es von Brunswick übersetzen, bloß um die ›Galeries‹ anzuscheißen!«
Es gab viel Gelächter, das sich legte, als Jiri wieder das Wort ergriff:
»Das ändert nichts, ihr könnt Witze machen, aber das ändert nichts. Mir ist es scheißegal, wer sie sind, auch wenn es das Gespenst von Petljura (langgezogenes Oh! bei den Zuhörern) oder das von Herzl geschrieben hat. Es ist mir wurst! Sie haben recht mit den Galeries, sie haben recht mit den Arbeitgebern. Übrigens ist Ziegler kein Jude und doch mein Arbeitgeber... Da fällt mir ein, wo sind sie denn, die Arbeitgeber, Mademoiselle Anita?«
»Monsieur Ziegler ist in der Provinz geblieben. Monsieur Jean muß während der Nacht zurückgekehrt sein, aber ich glaube nicht, daß er heute kommt«, antwortete Mademoiselle Anita.
»Gut, wenn er nicht zur Arbeit kommt, dann arbeite ich auch nicht«, erklärte Jiri und setzte sich mit verschränkten Armen vor seinen Tisch. »Ich jedenfalls arbeite nicht für die ›Galeries Lafayette‹, und das können Sie ihm am Telefon sagen, Mademoiselle Anita. Vielleicht kommt er dann her!« fügte der Slowake mit breitem, eigensinnigem Lächeln hinzu; dabei schüttelte er den Kopf und sah die anderen aufmunternd an, die ihn schweigend und bestürzt betrachteten.
Mademoiselle Anita dachte, daß, so wie die Dinge jetzt

standen, sich das Wort »arglistig« selbst ausreichend ausgewiesen habe, und sah von weiteren Erklärungen ab, sie schaute auf ihre Uhr und verkündete, es sei inzwischen fast halb elf.
»Na und? Das ändert nichts...«, unterbrach sie Jiri.
»Ich arbeite nicht, aber ich hindere keinen daran zu arbeiten: fangt an, Kinder, beeilt euch!« sagte er und zeigte auf ihr Arbeitsgerät. »Und damit ich euch nicht im Weg bin, gehe ich hier hin!«
Er stand auf, verließ den Tisch, stellte seinen Stuhl mitten in die Werkstatt, setzte sich und kreuzte die Arme. Es gab einiges Gemurmel auf jiddisch, Mademoiselle Anita meinte zu verstehen, daß sie jetzt überflüssig sei.
»Machen Sie das unter sich aus«, sagte sie und ging zur Tür.
»Unter uns? Aber wer ist das, wir, Mademoiselle Anita? Wir, die Juden, oder wir, die Arbeiter von FÉMINA-PRESTIGE?« fragte Jiri im Rätselton.
Mademoiselle Anita fand nicht gleich eine gute Antwort auf diese gute Frage.
»Auch Sie können für sich entscheiden: Sie sind keine Ausländerin, keine Jüdin, keine Arbeiterin, aber Sie arbeiten auch für Roginski-Ziegler, die für die ›Galeries Lafayette‹ arbeiten, und die arbeiten für...«
»Das wissen wir, Kustow, hör jetzt auf!« fiel ihm Stepan ins Wort, der ihn gewöhnlich beim Vornamen nannte.
»Ich höre auf, wann ich will, Roginski!« antwortete Jiri schlagfertig. »Ich habe schon aufgehört zu arbeiten, ich kann auch aufhören zu sprechen... Aber ich entscheide das allein, ich brauche ja meiner Familie keine Rechenschaft zu geben!«
Jiri hatte den Kopf gesenkt bei dieser letzten Anspielung. Er betrachtete seine Schuhe. Die anderen sahen Stepan an.
Stepan schaute zu Mademoiselle Anita. Und in ihren

Augen sah er sich selbst noch einmal wieder, wie er aus dem noch fahrenden Zug sprang, unter dem großen Glasdach der Gare de l'Est.
»Das glauben Sie selbst nicht, Monsieur Kustow, und Sie wissen das sehr gut«, sagte Mademoiselle Anita.
Jiri starrte weiter hartnäckig auf seine Schuhe. Die anderen sahen jetzt Jiri an. Sie warteten darauf, daß er sprechen würde.
Und Stepan sah weiterhin Mademoiselle Anita an. Und Mademoiselle Anita sah Jiri an, in Erwartung seiner Antwort. Das gelbe Blatt Papier zitterte unmerklich in ihrer rechten Hand.
»Was ich gesagt habe, war nicht so gemeint, Stepan...«, sagte Jiri endlich, noch immer mit gesenktem Kopf. Dann blickte er auf und sah Stepan direkt in die Augen. »Aber trotzdem, du mußt deinem Bruder sagen, daß er kommt: solange er nicht herkommt, so lange arbeite ich nicht.«
»Du weißt genau, daß ich nie mit meinem Bruder rede«, entgegnete Stepan achselzuckend. »Aber er sollte kommen, einfach schon, um uns zu sagen, ob das wahr ist, die Geschichte mit den Galeries. Denn wenn sie wahr ist, höre ich auch auf zu arbeiten. Aber nicht, bevor er hier ist. Und jetzt, Jiri, mach, was du willst —«, und Stepan ging an seinen Metallschrank und holte seinen weißen Kittel heraus, den anzuziehen er bisher keine Zeit gefunden hatte.
»Ich rufe Monsieur Jean«, sagte Mademoiselle Anita.
»Aber ich glaube, seine Frau ist krank und...«
»Meine auch, sie hat sich beim Wintersport das Bein gebrochen!« schrie Jiri ihr nach, während sie in den zweiten Stock hinaufging.
Alles lachte, sogar Stepan. Die Burschen von der Werkstatt »Damen- und Jungmädchenmode« kehrten an ihre Plätze zurück, und die Arbeit begann lustlos. Man wartete.

Man wartete auf den Arbeitgeber.
Mademoiselle Anita kam zurück, um zu sagen, daß der Anschluß in Neuilly immer besetzt sei.
Um halb eins nahmen alle ihren Henkelmann heraus, nur Jiri nicht. Er verließ endlich seinen Wachtposten, von dem aus er unablässig alte Geschichten erzählt hatte, deren Pointen alle schon längst kannten, so abgelatscht waren sie. Immer fing er an: »Und die, kennt ihr die?« Das war so seine Art, sich selbst lächerlich zu machen und sich eine Wartezeit zu vertreiben, die ihn bestimmt ein wenig mehr ängstigte als die anderen, die ihm in seinem einsamen Entschluß noch nicht gefolgt waren.
»Sagt Monsieur Jean, wenn er kommt, er soll sich gedulden«, erklärte er, während er seinen Mantel anzog. »Ich habe ein Geschäftsessen und bin in einer Stunde wieder da —« Und er ging hinaus.
Eine Stunde später war er zurück. Man wartete noch immer auf den Chef. Die Arbeit fing noch lustloser wieder an, und Jiri kehrte zu seinem Stuhl zurück. Oben hörte man Mademoiselle Anita auf und ab gehen, manchmal hörte man auch das Telefon klingeln. Man hörte es, weil man danach lauschte, wie sonst nie. Man lauerte darauf. Und um besser lauern zu können, schwieg man.
Zu Beginn des Nachmittags kam Mademoiselle Anita, um ihnen etwas verlegen zu sagen, sie habe Monsieur Jean nicht selbst sprechen können, aber eine Nachricht bei seinem Dienstmädchen hinterlassen, er solle »so rasch wie möglich zur Rue d'Aboukir kommen«.
»Was hat das Mädchen denn gesagt als Erklärung, warum ihr Chef nicht ans Telefon geht?« fragte Jiri.
»Das habe ich sie nicht gefragt, Monsieur Kustow. Ich habe heute sehr früh Monsieur Jean am Telefon gehabt, ich wußte, daß Madame Jean krank ist, ich habe es Ihnen vorhin gesagt...«
»Sicher, aber heute morgen, sehr früh, hatte man das da

noch nicht gelesen! Weder wir noch Sie, und noch weniger Monsieur Jean ... Denn das da, das ist in den Straßen von Neuilly nicht verteilt worden!« rief Jiri und schwenkte das Flugblatt. »Es ist in der Rue d'Aboukir verteilt worden, weil Monsieur Jean in der Rue d'Aboukir seine Moneten verdient! Nicht in Neuilly... Das muß man dem kleinen Dienstmädchen sagen!«
»Wenn er in einer Stunde nicht da ist, rufe ich wieder an«, sagte Mademoiselle Anita, die sich anschickte, wieder nach oben zu gehen; dann zögerte sie und setzte hinzu: »Wir können ihn sogar zusammen anrufen, wenn Sie wollen.«
Und sie ging in den zweiten Stock hinauf.
Jiri sagte nichts und schaute Stepan an.
Alle schauten Stepan an.
»Es stimmt, er müßte jetzt wirklich kommen«, sagten sie im Chor und blickten Stepan an.
»Es stimmt«, hörte der Chor aus Stepan Roginskis Mund. Ein einziger, von Jiri vorhin ausgesprochener und inzwischen zurückgenommener Satz – aber ausgesprochen war er – hatte Jahre alltäglicher Zusammengehörigkeit ausgelöscht, und das auf eine Weise, die für Stepan nicht mehr rückgängig zu machen war. Er betrachtete Jiri mit traurigem Kopfschütteln und sagte sich, zweifellos habe Jiri nie aufgehört, in ihm den Bruder des verhaßten Chefs zu sehen, und merkwürdigerweise wollte er, daß Janek käme. Daß er rasch käme, ehe man ihn, Stepan, zum Bruder eines totalen Schweinehunds machte. Aber die Stunde verging, und Monsieur Jean war noch immer nicht da.
Und Mademoiselle Anita kam nicht mehr herunter. Und das Telefon hatte schon zweimal geklingelt.
Sie war sehr rot, als sie endlich in die Werkstatt stürmte.
»Monsieur Jean kommt nicht«, sagte sie. »Er will mit niemand in der Werkstatt sprechen. Morgen wird er da sein.«
»Haben Sie ihm das gesagt wegen mir und wegen den Galeries und wegen dem Flugblatt?« fragte Jiri.

»Ich habe ihm alles gesagt, Monsieur Kustow...« Mademoiselle Anita stockte.
»Und?« fragte Jiri.
»Ich denke, er wird Ihnen das besser morgen selber sagen, was er mir eben gesagt hat... Ich habe ihn übrigens darum gebeten —«, sagte Mademoiselle Anita mit einem seltsamen Lächeln.
»Es kann nichts sehr Schönes sein, wenn Sie es nicht wiederholen können, wie, Mademoiselle Anita?«
Sie antwortete nichts. Es wurde still.
»Monsieur Stepan, bitte, wollen Sie einen Augenblick mit hinaufkommen in mein Büro?«
»Absolut nicht, Mademoiselle Anita«, sagte Stepan und schüttelte den Kopf. »Warum ich?... Sie haben mir persönlich nichts zu sagen, was Sie nicht auch vor den anderen sagen können. Vor allem, wenn es ein Auftrag vom Chef ist...« Stepan hatte weder für Jiri noch für die anderen einen Blick übrig. Er sah nur Mademoiselle Anita an.
»Also, Mademoiselle Anita, was wollen Sie uns sagen?« Sie holte tief Luft.
»Ich habe mich bei unseren Kollegen erkundigt. Auch bei ihnen ist das Flugblatt aufgetaucht. Fast alle meinen, wie ich, daß das Flugblatt eine antisemitische Provokation ist, aber alle haben mir bestätigt, daß es über die ›Galeries Lafayette‹ die Wahrheit sagt. Die Direktion dort hat sich geweigert, sich einer Gruppe von Kaufleuten anzuschließen, die Deutschland boykottieren...«
Mademoiselle Anita holte wieder Luft, ihr Gesicht war nicht mehr so rot. Sie hatte beim ersten Teil ihrer Rede den Blick gesenkt, jetzt hob sie den Kopf und bemerkte, daß die Leute aus der Werkstatt »Damen- und Jungmädchenmode« schweigend den hinteren Teil der Abteilung »Pelze« betreten hatten. Sie hatte ein richtiges Publikum, und für den Bruchteil einer Sekunde hatte sie die flüchtige Vision ihres Vaters, wie er im Hinterzimmer des Café Benoît in Blassac,

vor einer Handvoll ungläubiger, aber aufmerksamer Bauern voller Geduld das Getriebe der Rädchen auseinandernahm, das zum Freispruch Esterhazys führte oder im Prozeß Zola ineinandergriff. Sie hob von neuem an, nun in sichererem Ton, und sah dabei alle an: »Einige Firmen, die beschlossen haben, die ›Galeries Lafayette‹ zu boykottieren, sind Juden, andere nicht. Einige haben es unter dem Druck ihrer Arbeiter getan, andere von sich aus ... Ich kann Ihnen aber schon jetzt sagen, daß Fémina-Prestige nicht dazu gehören wird. Die Firma wird weiter liefern, was bestellt wurde, ob uns das paßt oder nicht ...«
»Sie haben gesagt ›uns paßt‹, Mademoiselle Anita? Soll das heißen, daß es Ihnen auch nicht paßt?« sagte Jiri, stand unvermittelt von seinem Stuhl auf und streckte Mademoiselle Anita den Arm entgegen, wie um ihre Rede zu stoppen. Mademoiselle Anita wurde wieder rot.
»Habe ich *uns* gesagt? ... Ich wollte *Ihnen* sagen, denn Sie arbeiten, damit die Bestellungen ausgeführt werden, Sie alle ... Ich, ich zähle nicht. Ich bin ersetzbar ...«
»Ich bin auch ersetzbar«, sagte Jiri.
»Ja, Sie sind auch ersetzbar, Monsieur Kustow, wenn Sie ganz allein aufhören zu arbeiten, wie Sie es heute getan haben«, antwortete Mademoiselle Anita ernst. »Und das wollte ich nicht wiederholen, als Sie mich eben gefragt haben. Ich wollte lieber, daß Monsieur Jean es Ihnen selbst sagt ...«
»Und warum wollten Sie mir das sagen, was Sie sich Kustow gegenüber nicht trauten, Mademoiselle Anita?« fragte Stepan.
Mademoiselle Anita gab keine Antwort.
»Warum, Mademoiselle Anita?« fragte Stepan noch einmal.
»Weil man mich darum gebeten hat, Monsieur Stepan«, sagte sie; es klang fast wie ein Geständnis.
»Wer ist *man,* Mademoiselle Anita?«
»Monsieur Jean. Damit Sie Ihre Arbeitskameraden warnen.

Wenn die Arbeit eingestellt wird, gibt es Entlassungen bei
FÉMINA-PRESTIGE . . .«
»Für mich nicht . . . Mich entläßt man nicht«, sagte Stepan.
»Selbstverständlich nicht!« Jiri grinste höhnisch. Er hatte es
auf jiddisch gesagt.
»Halt's Maul, Kustow!« fuhr ihn Stepan ebenfalls auf jiddisch an, ohne ihn anzusehen. Er wandte sich nur an
Mademoiselle Anita und fuhr auf französisch fort: »Mich
entläßt man nicht, denn ich entlasse mich selbst. Ich streike
nicht, ich gehe. So ist das, Mademoiselle Anita.«
Er hatte langsam und ruhig gesprochen. Nun erhob er sich,
knöpfte seinen Kittel auf und ging zu seinem Schrank.
»Wenn du abhaust, hilft mir das nicht viel«, sagte Jiri zu
ihm.
»Ich mache das nicht, um dir zu helfen, Jiri, ich mache das
meinetwegen, nur meinetwegen«, antwortete Stepan auf
jiddisch. Er bückte sich und hob ein Exemplar des Flugblatts auf, das vom Tisch gefallen war. Er knüllte es zusammen und schleuderte es fort. »Das Ding da ist Scheiße, aber
ohne diese Scheiße hätte ich vielleicht nie begriffen, was mir
heute klargeworden ist«, sagte er, immer noch auf jiddisch,
zu sich selbst, während er seinen Schrank öffnete.
»Was sagen Sie, Monsieur Stepan?« fragte Mademoiselle
Anita, die völlig ratlos dreinblickte.
»Nichts . . . es ist zu kompliziert«, sagte Stepan mit dem
Rücken zu ihr.
Dem oberen Fach des Schrankes entnahm er ein Handtuch
und wickelte ein kleines Stück Seife und einen Kamm darin
ein; dann steckte er das Ganze in seinen Ranzen neben dem
Henkelmann. Er zog den Kittel aus, legte ihn sorgsam
zusammen, nahm seinen Mantel vom Bügel, schloß den
Schrank und drehte sich schließlich um.
Die anderen schauten ihm zu. Stepan blickte Mademoiselle
Anita an.
»Das können Sie nicht machen, Monsieur Stepan . . . War-

ten Sie wenigstens bis morgen, wie alle«, sagte sie und rief damit »alle« zu Zeugen an.
»Wenn ich auf dem Heimweg überfahren würde, wäre ich morgen auch nicht da ... es ist ein und dasselbe, oder nicht?« sagte Stepan, während er seinen Ranzen zumachte, in den er den Kittel gesteckt hatte.
Im Jackett, mit dem Mantel über dem Arm und seinem Ranzen in der Hand, sah er jetzt wie ein Besucher aus. »Das ist nicht möglich ... Du hast schon anderswo Arbeit, wenn du einfach so fortgehen kannst!« versuchte Jiri zu unterstellen.
Stepan gab keine Antwort. Er zog sich den Mantel an. »Sollte es zufällig in der Filiale sein?«
»Was wollen Sie damit sagen, Monsieur Kustow? Fémina-Prestige hat keine Filiale«, sagte Mademoiselle Anita und war wieder rot, diesmal aber vor Zorn.
»Und wie nennen Sie den Laden, wo seine Frau Schneiderin und seine Schwägerin Chefin ist? Ist das keine Filiale?«
»Die Firma Masques et Bergamasques hat mit Fémina-Prestige nichts mehr zu tun, Monsieur Kustow. Das ist erst seit kurzem so, ich selbst habe es auch eben erst erfahren, und wenn ich Ihnen nichts davon gesagt habe, dann deshalb, weil es Sie nichts angeht. Jedenfalls Sie persönlich geht es nichts an, Monsieur Kustow.«
Dies eine Mal gab Jiri keine Antwort.
Stepan auch nicht. Und aus gutem Grund.
»Das gehört zu den Dingen, die ich Ihnen allein sagen wollte, Monsieur Stepan«, fügte Mademoiselle Anita sanft hinzu.
»Es tut mir ehrlich leid ...«, sagte sie noch und hob mit einer hilflosen Geste beide Hände.
»Ich verstehe, Mademoiselle Anita, ich verstehe, aber das ändert nichts«, sagte Stepan mit einem verbindlichen, etwas verkrampften Lächeln.
Er ging zur Tür, den Blick zu Boden gerichtet. Einen Meter davor hob er den Kopf und sah alle an:
»Also, auf Wiedersehen, alle zusammen!« sagte er und nahm

den Ranzen in die linke Hand, um die Rechte Mademoiselle Anita entgegenzustrecken.
»Du läßt uns im Stich, das ist doch klar!« sagte Jiri auf jiddisch zu ihm.
»Nein, ich befreie euch von mir«, antwortete Stepan ebenfalls jiddisch. Dann, auf französisch: »Auf Wiedersehen, Mademoiselle Anita. Was mein Konto angeht: Rue de la Mare 58, xx. Arrondissement, bitte. Dankeschön –«, und er ging hinaus, ohne sich umzusehen.

Ein paar gelbe Flecken waren noch zu sehen auf dem Asphalt der Rue d'Aboukir, aber man mußte das Flugblatt schon kennen, um es wiederzuerkennen. Tausende von Füßen waren seit dem Morgen darüber hinweggetrampelt.
Auf dem Zifferblatt der großen Uhr auf dem Boulevard sah er, wie spät es war, und fing an zu laufen, aber er wußte schon, daß er Elie verpaßt hatte.
Als er in die Métro stieg, machte ihm die Vorstellung, allein fahren zu müssen, angst. Er hatte Elie so viel zu sagen! Dann wurde er nach und nach ruhiger. Schließlich war es auch nicht schlecht, allein zu sein beim Nachdenken.
Nachzudenken, ohne die Notwendigkeit, sein Herz so rasch wie möglich auszuschütten, damit er fertig war, bevor Elie und er zu Hause ankamen. Diesmal würde er es ausschütten, wenn er zu Hause war. Zum ersten Mal seit langem und auch zum letzten Mal. Auch wenn er es nicht so rückhaltlos tun würde, wie er es jetzt im Augenblick mit Elie gekonnt hätte. Er wußte schon, daß er abwarten würde, bis er mit seinem Freund allein war, um von dem Flugblatt und von der Angst zu sprechen.
Aber, was das andere anging! Das Wichtigste, das einzig Wichtige überhaupt. Wie gut würde das tun, heimzukommen und Olga zu verkünden – vor Zaza, Sonja, Maurice, den Cléments und morgen beim Auvergner, seinetwegen der ganzen Straße, wenn die das interessierte –, daß er

nicht mehr Monsieur Stepan von Roginski-Ziegler war und es nie mehr sein würde, sondern Stepan Roginski, ein guter Kürschner, der kurzfristig und aus Gründen der Selbstachtung freiwillig arbeitslos war. Er lächelte vor Glück und Ungeduld.
Er stellte sich das Gesicht vor, das Janek morgen machen würde. Das er vielleicht jetzt schon machte, am anderen Ende der Stadt, mitten in Neuilly, wohin Stepan nie einen Fuß gesetzt, in seinem Salon, wo man Zaza nie eine Tasse Schokolade angeboten hatte. Dort würde er die von Mademoiselle Anita übermittelte, unglaubliche Nachricht hören und sie seiner darniederliegenden Frau weitergeben, die in einem Spitzennegligé auf einem Sofa ruhte und sich von einer Kammerzofe bedienen ließ.
Erst da kam ihm diese Sache mit der »Filiale« wieder in den Sinn.

Seit die Frauen sich im ersten Stock eingerichtet hatten, war es Elie und ihm zur Gewohnheit geworden, sich überhaupt nicht mehr für die Kostümgeschichten ihrer Frauen zu interessieren. Es war sogar so weit gekommen, daß sie fast ganz vergessen hatten, daß MASQUES ET BERGAMASQUES auch Roginski-Ziegler war. Wozu aber bemerkt werden muß, daß die Frauen daran nicht unschuldig waren, Sonja und Olga sprachen immer nur von Alex.
Es hatte diesen Dreckskerl Kustow gebraucht, um ihm diese andere Verbindung unter die Nase zu halten, und Mademoiselle Anitas Eröffnung, um ihm klarzumachen, daß sie tief kaputt war. Zerbrochen, seit vorhin.
Da kam die Angst wieder. Und als Stepan die Stufen der Métrostation Pyrénées hochstieg, fragte er sich, ob er als freiwilliger Arbeitsloser heimkommen werde oder als Mann einer unfreiwillig Arbeitslosen. Dann, sowie er in seiner Straße war, verflog die Angst wieder. Durch die Fenster der Kneipe des Auvergners bemerkte er Nüssbaum und Gro-

moff und den Rücken von Barsky, der telefonierte. Gromoff winkte ihm, hereinzukommen. Einen Augenblick war Stepan versucht hineinzugehen, aber Elie war nicht bei der Gruppe. »Nein danke!« gab er Gromoff mit der Hand zu verstehen (die den Ranzen trug). Diesen unnormal dicken Ranzen. Diesen herrlich dicken Ranzen mit dem Kittel, den er heimtrug.
Und wie ein Schüler vor den Sommerferien ging er die Treppen hoch. Er glaubte, irgend etwas Geschriebenes an der Tür von »Bonnets« zu bemerken, aber Olgas Stimme ließ ihn den Kopf zum Treppenabsatz des zweiten Stocks heben.
»Ich bin da, ich bin da«, sagte Stepan und streckte die Arme nach seiner Frau aus.
Er drückte sie an sich und küßte sie, wie er es schon sehr lange nicht mehr getan hatte.

Maurice, Robert und Sami hörten sich noch einmal gegenseitig die Formel des Ohmschen Gesetzes, die Berechnung des Volumens eines Umdrehungskegels und die Schlüsseldaten der Hundert Tage Napoleons zwischen Elba und seiner Abdankung nach Waterloo ab. »So können wir in allem anderen Scheiße bauen, wenigstens kommen wir durch mit unserem Auswendiggelernten!« sagte Sami und klappte seine Bücher zu. »Also, ich geh' jetzt heim. Schlaft gut, Kameraden!« Er durchquerte das Atelier im Dunkeln und schlug die Tür »bei Bonnets« zu. Maurice räumte die drei Tassen und die Kaffeemaschine ab und trug sie zum Spülbecken.
»Sie brauchen nicht zu merken, daß wir seinen Kaffee schlürfen«, sagte er und machte seinen kleinen Abwasch,

während Robert das Päckchen mit gemahlenem Kaffee Corcelet wieder ins Regal neben die Schulbücher stellte.
»Ihm ist das egal, wo wir doch fürs Vor-Abi büffeln...«, antwortete Robert.
»Ihm schon... aber nicht meiner Mutter!« sagte Maurice. Sie fingen an zu lachen.
»Die waren nicht besonders in Stimmung heute abend da oben! Ich habe ihnen nicht einmal erklären können, was das ist, ein Vor-Abi. Papa hat mich gefragt, ich wollte ihm gerade antworten, da ist Zazas Vater gekommen. Dann ging alles durcheinander. Er ist aus seinem Laden fortgegangen, da haben sie alle gleichzeitig angefangen zu reden, und ich habe nicht richtig zugehört, weil ich gerade im Kopf *Tityre tu patulae recubans* wiederholt habe... Glaubst du, daß morgen Vergil drankommt?«
»Wie denn – er ist aus seinem Laden fortgegangen?... Zaza hat unten mit uns gegessen und nichts davon gesagt... Ich habe geglaubt, die große Neuigkeit des Tages sei, daß deine Mutter und Zazas Mutter so etwas wie Kolchosemitglieder geworden sind!«
»Ja, das auch«, lächelte Maurice. »Aber das habe ich verstanden! Macht sich gut, die Sache mit der Kooperative, nicht?... Wer hat dir das gesagt? Zaza?«
»Nein, nicht Zaza, nicht Josette und nicht meine Mutter, sondern mein Vater!... Er hat uns eine Vorlesung gehalten über den Kollektivismus, das ganze Abendessen über, und auch wenn ich nicht zugehört hätte: es steht ja riesengroß an der Tür unseres Schlafzimmers, »Kooperative«, daß mir die Information über unseren Eintritt in die Ära sozialer Veränderungen nicht entgehen konnte!« sagte Robert mit gespieltem Ernst.
»Und du findest das nicht gut?« fragte Maurice leicht beunruhigt.
»Ich finde es großartig, im Gegenteil!... Großartig! Vor allem, was künftig unseren Gebrauch dieser italienischen

Kaffeemaschine und dieses gemahlenen brasilianischen Kaffees angeht, der, da er niemand gehört, allen gehört, also dir ebenso wie mir ... wenn ich meinen Papa richtig verstanden habe; ich hab' ihm übrigens auch nicht erklären können, was genau ein Vor-Abi ist, obwohl er es unbedingt wissen wollte, bevor er in seine Kürbissuppe eintauchte. Du siehst, auch unten war heute abend keine Stimmung...«
Robert sah auf seine Uhr.
»Zehn Uhr, wir können noch ein Viertelstündchen lesen. Ich bin dran:

> Katow sah ihn an, ohne den Blick fest auf ihn zu heften, traurig – wieder einmal geschlagen von der Feststellung, wie selten und wie ungeschickt die Gesten männlicher Zuneigung sind:
> ›Du mußt mich verstehen, ohne daß ich etwas sage‹, sagte er. ›Es ist alles gesagt.‹
> Hemmelrich hob die Hand, ließ sie schwer wieder fallen, wie wenn er keine andere Wahl gehabt hätte als die zwischen der Not und der Absurdität seines Lebens. Aber er rührte sich nicht von der Stelle, überwältigt von dem, was Katow eben gesagt hatte.
> ›Bald werde ich mich wieder aufmachen können, Tschen zu suchen‹, dachte Katow.

Fortsetzung folgt! Jetzt laß uns pennen«, sagte Robert und befestigte die Klammer der kleinen Pilzlampe auf der Seite, die er eben zu Ende gelesen hatte. »Schau, wir haben schon mehr als die Hälfte«, sagte er, als er das Buch auf den Stuhl legte, der zwischen den beiden Betten stand. Er löschte das Licht.
»Wir sollten langsamer lesen, damit es länger dauert«, sagte Maurice im Dunkeln.
»Man kann immer wieder vorn anfangen, wenn man es ausgelesen hat«, schlug Robert vor.

»Es würde nie mehr dasselbe sein... Man weiß dann alles, was passiert...«
»Wenn du es so siehst: wir wissen ja schon, daß die Tschiang Kai-schek nicht erwischen. Gestern war sogar sein Foto in der Zeitung!« frozzelte Robert.
»Ja, aber man weiß noch nicht, warum sie ihn nicht erwischt haben... Das ist das Aufregende daran, und so wird es nie mehr sein, auch wenn man das Buch zehnmal wiederliest«, sagte Maurice.
»Das stimmt. Aber jetzt schlafen wir«, grunzte Robert aus der Tiefe seines Kopfkissens.
Von oben hörte man reden, dann brach lautes Gelächter aus. »Schlafen, wenn man könnte!« seufzte Robert. »Beim Abendessen waren sie vielleicht nicht in Stimmung, aber jetzt sind sie nicht gerade traurig bei dir droben...«
»Nein«, sagte Maurice, der aus dem Stimmengewirr das Lachen seines Vaters heraushörte; es war lauter als das der drei anderen. »Es ist lange her, daß die vier sich zusammen so gut amüsiert haben.« Er versuchte sich zu erinnern, es gelang ihm nicht. Die Bilder entzogen sich ihm.
»Horch, jetzt ist Zazas Vater dran... Wenn das so weitergeht, beschwere ich mich bei der Concierge!« lachte Robert.
Das wiederum brachte Maurice zum Lachen.
»Armer Onkel Stepan. Er lacht selten... Sie haben wohl einen gehoben nach dem Essen...«
»Um die Kolchose zu feiern vielleicht?«
Maurice antwortete nicht.
Gelacht wurde jetzt nicht mehr. Jetzt hörte man nur noch reden.
»Wie alt Katow wohl sein mag?« fragte Maurice mit halblauter Stimme.
»Ich weiß nicht... warum?« gähnte Robert.
»Weil er Ukrainer ist, und das hat mich an Papa erinnert... Stell dir vor, ich wäre in Schanghai geboren, wenn er in die andere Richtung gegangen wäre!«

»Wäre er in die andere Richtung gegangen, wärst du gar nicht geboren, du Trottel! Katow ist ein Revolutionär, und Revolutionäre machen keine Kinder. Sie haben dazu keine Zeit«, sagte Robert mit Bestimmtheit.
»Ich mag Katow«, meinte Maurice nach kurzem Schweigen. Robert brummelte ein undeutliches »Ich auch . . . aber jetzt wird geschlafen«, und Maurice hörte, wie er sich zur Wand drehte.
»Weißt du, warum du Katow magst?«
»Nein«, sagte Maurice, befriedigt, daß Robert ihn noch nicht mit seinen Gedanken allein gelassen hatte.
»Warum du ihn mehr magst als die anderen? Weil Katow ein wenig so spricht wie dein Papa und deine Mama.«
»Genau!« rief Maurice. »Wie haben Sie das erraten, mein lieber Clappique?«
»Elementarwissen, mein lieber Tschen . . . Aber wenn Sie jetzt noch einmal damit anfangen, ersteche ich Sie durch ihr Moskitonetz hindurch. Tschüß, Genosse.«
»Tschüß«, sagte Maurice und drehte sich ebenfalls zur Wand.

Sie hatten eben ein Spiel erfunden, und sie wußten noch nicht, daß sie es lange spielen würden und daß seine improvisierten Regeln zum Geheimcode werden sollten für so vieles: Lachen, Rührung, Zorn und Schweigen.
Maurice lauschte dem regelmäßigen Atem Roberts.
Oben brach man auf. Stühle scharrten über das Parkett. Die Roginskis begaben sich in ihre Wohnung und die Guttmans in ihr Schlafzimmer.
Maurice spitzte die Ohren und hörte, wie sie tuschelten. Seine Eltern hatten sich nicht abgewöhnen können, in ihrem Schlafzimmer zu flüstern, als ob sie noch immer Angst hätten, sie könnten ihn aufwecken.
Mit dieser stillen Messe würden wahrscheinlich die großen Veränderungen gefeiert, die der zu Ende gehende Tag gebracht hatte.

Armselige, lächerliche Veränderungen, dachte Maurice mit liebevollem Mitleid und einem unbestimmten schlechten Gewissen, weil er an der allgemeinen Freude so wenig teilgenommen hatte.
Dann konnte man Sonjas Pantoffeln nicht mehr hören, und auch das Tuscheln verstummte. Die Rue de la Mare schlief ein. Maurice tauchte zurück in die Nacht von Schanghai, die schwanger ging mit allen möglichen Umstürzen, mit allem Mut, aller Feigheit, allen Zweifeln und aller Liebe.
Valeries Ekstasen, der schöne, flache Mund Mays, die Taxi-Girls aus dem ›Black-Cat‹ füllten seine Träume, und das Opiumschweigen von Gisors.
Er wußte noch nicht, daß es in den nächsten Tagen, auf den hundertfünfzig Seiten, die ihnen zu lesen blieben, Tote geben würde. Er wußte auch noch nicht, daß sie dann gern geweint hätten, daß sie das aber nicht zeigen wollten und schon ihren Code benützen würden, um es besser zu verbergen.
Bevor Maurice endlich die Augen schloß, sah er zum Stuhl hinüber. Ein schwacher Mondstrahl drang durch die orangefarbenen Vorhänge und fiel auf den gelben Pilzlampenschirm.
»Sieht aus wie ein Chinesenhut für Malraux«, sagte er zu sich selbst.
Seine letzten Gedanken galten dem morgigen Tag, den Hundert Tagen, Vergil und dem Umdrehungskegel.

Jiri Kustow hatte sich getäuscht. Das gelbe Flugblatt war sehr wohl in Neuilly-sur-Seine gelandet. Es lag zwar nicht auf dem Läufer der Treppe in der Rue Charles-Laffitte, war aber an verschiedenen Stellen des eleganten Vororts hingeworfen, aufgehoben und gelesen worden.
Diese Stellen waren nicht zufällig ausgewählt; es waren belebte Straßen und Plätze, wie etwa der Markt an der Avenue de Neuilly oder Carrefour Inkermann, wo sich die Wege der Kirchgänger von Saint-Pierre und der Schüler des Lycée Pasteur kreuzten, oder auch die Rue Jacques-Dulud. Die Rue Jacques-Dulud hatte kaum Durchgangsverkehr, aber dort befand sich die Firma Saoutchik, Luxuskarosserien, deren hohe weiße Mauer sich direkt neben der Vorhalle einer kleinen Synagoge erhob. Ein Graffiti-Spezialist hatte sich sogar die Mühe gemacht, in den weichen Stein der Mauer mit einem Pfeil in Richtung Synagoge zwei Worte einzugraben: »Gleicher Besitzer«. Die Rue Jacques-Dulud verläuft parallel zur Rue Charles-Laffitte. Von Armelles Küche aus sah man die blauen Glasfenster der Saoutchik-Werkhallen. Aber Nicole ging nie durch die Rue Jacques-Dulud.
An diesem Morgen war Nicole nirgends hingegangen. Sie schlief. Endlich.
Im Morgengrauen war sie in Schlaf gesunken, erschöpft vom stundenlangen Weinen, heiser, besiegt von einem halben Fläschchen Passiflorin, das ihr Janek wie einem kleinen Kind löffelweise eingeflößt hatte.
Sie war in der linken Armbeuge ihres Mannes eingeschlafen, den Kopf an seiner Brust. Aber statt sich wie sonst nach einiger Zeit auf ihre Seite zu drehen, blieb sie jetzt so liegen, unbeweglich und schwer. Sein eingeschlafener Arm hatte Janek halb aufgeweckt.
Der eingeschlafene Arm oder die Tonleitern. Im Stockwerk darüber wurde schon wieder auf dem Klavier geklimpert. Benommen und ärgerlich versuchte Janek, seine Frau weg-

zudrehen. Sie klammerte sich an ihn wie eine Ertrinkende.
»Ich komme wieder«, murmelte er, machte sich frei und glitt aus dem Bett.
Taumelnd, mit zerknittertem Pyjama, der in Höhe des Herzens die Spuren von Wimperntusche trug, kam er in die Küche, wo Armelle sich verschanzt hatte und wartete, daß man nach ihr läutete.
»Gehen Sie und klopfen Sie im zweiten Stock, die sollen mit dem Geklimper aufhören. Sagen Sie, hier sei jemand krank«, brummte er.
»Die verstehen kein Französisch«, warf Armelle ein.
»Dann verständigen Sie sich mit Gesten«, antwortete Janek und ging in den Salon, wo er zum Telefon griff. Er rief Anita zu Hause an, um ihr zu sagen, er komme nicht in die Rue d'Aboukir.
Dann rief er Troyes an, um die Sache mit Maddy zu erzählen. Schließlich Dubâteau-Ripoix, um das von Maddy und von Nicole zu erzählen.
Das Klavier war verstummt. Janek faßte sich kurz, er sprach mit sehr leiser Stimme, wie wenn er sich selbst nicht richtig aufwecken wollte. Armelle, die seine Anweisungen und ein Lob für die Erledigung des Auftrags erwartete, grunzte er an: »Wecken Sie uns nicht!«, dann ging er wieder ins Schlafzimmer, zurück zu der Bewußtlosen, Warmen, Wehrlosen, an die er sich mit einer Wollust anschmiegte, die ihn fassungslos machte. In ihr, die sich kaum gerührt hatte, schlief er endlich ein.
Nichts deutete darauf hin, daß das gelbe Flugblatt, das draußen herumflatterte, diese Zitadelle des Kummers, der Liebe und des geteilten Schlafes, zu der das große, dunkle, von der Welt abgeschiedene Schlafzimmer geworden war, einnehmen würde.
Und doch geschah es: ein versiegelter Umschlag von Maître Dubâteau-Ripoix wurde für Monsieur Jean persönlich abgegeben. Hubert, der herrschaftliche Chauffeur, überbrachte

ihn. Die arme Armelle weigerte sich, Monsieur aufzuwecken.
»Es ist ein Unglück geschehen . . .«, begann sie zu erklären.
»Das wissen wir alles«, fiel ihr Hubert unfreundlich ins Wort.
Er verabscheute Zutraulichkeit und Indiskretion, abgesehen von den Beziehungen, die er mit seinem Chef unterhielt; der duzte seinen Chauffeur manchmal und erzählte alles über alle, sowie er in seinem Wagen saß.
Hubert wußte also »alles« über das große Unglück, über Maddy, alles übrige und noch mehr. Er musterte die Bretonin von oben bis unten.
»Ich zähle darauf, daß Sie, Mademoiselle, ihrem Hausherrn bestellen, daß Maître Dubâteau-Ripoix gegen 19 Uhr vorbeikommen wird. Es ist unbedingt nötig, daß dieser Umschlag ihm vorher übergeben wird. Haben Sie das verstanden?«
»Ich werde alles ausrichten. Ich habe einen Lappen über die Telefonklingel gelegt, sie hat ständig geläutet, seit heute morgen. Jetzt ist es schon drei, Madame hat noch immer nicht geläutet. Aber machen Sie sich keine Gedanken, ich richte Ihren Auftrag aus, wenn ich den Tee serviere«, erklärte Armelle mit der ruhigen Sicherheit eines Mädchens, dessen Tüchtigkeit außer Frage steht, und schloß die Tür.
»Was für ein Haus und was für eine Bedienung!« sagte Hubert zu sich selbst, während er die Treppe hinabging. Er dachte wieder an Lucas, dessen aufgezwungene Nähe ihm während des Aufenthalts in Troyes schlichtweg unerträglich gewesen war.

Das vierfach gefaltete Flugblatt fiel auf die zerknitterten Leintücher, als Janek den Umschlag aufmachte. Nicole griff zerstreut danach, ohne es aufzuschlagen oder einen Blick darauf zu werfen, während Janek laut Maître Dubâteaus Brief vorlas:

Guter Freund,
ich versuche vergeblich, Sie telefonisch zu erreichen, aber die junge Druidin, die bei Ihnen antwortet, scheint mir nicht die beste Gesprächspartnerin zu sein. Ich greife also auf meine persönliche Koryphäe zurück.
Es gibt Neues in Sachen Allée Chateaubriand. Unser junger Mann hat eben mein Büro verlassen. Er hat verwirrende Dinge vor.
Ich eile zum Gericht, um die arme Gentiane de B. wegen ihres unglückseligen Jagdunfalls zu verteidigen. Ich bin also in den kommenden Stunden *incommunicado*. Aber ich werde gegen 19 Uhr bei Ihnen vorbeikommen, um alles zu besprechen und Victorias Hand zu küssen.
Der Ihre
Jean-Gaétan

P.S. Eben bringt man mir diesen üblen Papierfetzen, der heute in der Stadt zirkuliert. Ihr Kollege Levy von ›Lady-Couture‹, der auch mein Klient ist, hat ihn mir zukommen lassen. Studieren sie Vorder- und Rückseite. Sie kennen sich da besser aus als ich oder Roger Ziegler.
Bis nachher
J.-G.

Janek faltete den Brief wieder zusammen und sah Nicole an. Sie schwieg, und unter ihren geschwollenen Augenlidern sah man keine Augen mehr. Er nahm ihr sanft das gelbe Blatt aus den Händen und begann für sich zu lesen.
»Was ist das wieder für eine Scheiße!« murmelte er auf jiddisch, nachdem er die ersten Worte der französischen Version mitbekommen hatte. Er drehte das Papier um, setzte die Lektüre auf jiddisch fort bis zum Fragezeichen, wendete das Blatt wieder auf die französische Seite, um das Ganze noch einmal zu lesen.

»Ich habe das kommen sehen ... Und jetzt ist es soweit!«
sagte er in neutralem Ton, und wieder wandte er sich zu
Nicole.
Sie flüsterte etwas, das er nicht verstand. Er hielt das
gelbe Stück Papier noch immer in der Hand. Er beugte
sich über seine Frau. Sie bedeckte das Gesicht mit beiden
Händen, und er hörte: »Schau mich nicht an ... sprich
noch nicht mit mir ... laß mir Zeit, laß mich erst zu mir
kommen.« Janek legte das Flugblatt vor sie hin und stand
auf.
»Es ist schon siebzehn Uhr. Vergiß nicht, daß Dubâteau
in zwei Stunden da sein will«, sagte er.
Und er ging aus dem Schlafzimmer.
Sie legte den Kopf auf das Kissen und prüfte mit den
Fingerspitzen die häßlichen Schwellungen ihres Gesichts.
Sie hatte sich seit dem Vortag nicht im Spiegel betrachtet,
aber sie wußte Bescheid.
Im Badezimmer hörte sie das Geräusch der Dusche. Dann
das Schrillen des Telefons. Armelles Stimme, gefolgt von
einem langen Schweigen, schließlich die Stimme Janeks,
der zuerst leise sprach, dann brüllte. Der Lärm, den er
machte, und die paar Worte, die sie verstehen konnte,
zwangen sie, aus ihrer beruhigenden Betäubung aufzulauschen. Sie beschloß, das Flugblatt zu lesen.
Es zuerst einmal zu überfliegen. Dann, beim Wiederlesen,
hielt sie sich erst nur bei den Sätzen auf, in denen sie die
Großbuchstaben der Wörter JUDE und JÜDISCH magnetisch
anzogen. Es gab deren vier. Die JÜDISCHE Leitung der
›Galeries Lafayette‹ stellte sie sich als große dicke Frau
auf einem Thron vor. Auf jiddisch waren es sechs. Und
sie begriff den Sinn des Postskriptums von Dubâteau-
Ripoix besser, dem sie vorher wenig Aufmerksamkeit
geschenkt hatte. Zum ersten Mal trennte der Anwalt ganz
offen Janek Roginski von seinen ganz und gar katholischen Klienten und Freunden, den Ziegler-Leblancs.

Nicole sagte sich, das sei das Ende von etwas, das eben begonnen hatte. Und sie stand auf.
Sie ließ sich ein heißes Bad einlaufen, wusch sich die Haare, spülte sie erst lauwarm, dann kalt und dann eiskalt. Ohne sich im Spiegel anzusehen, rieb sie sich die Mähne mit einem Frottee-Handtuch trocken, dann nahm sie ein Paket Watte und eine Flasche aus einem Schrank. Sie enthielt eine bläuliche Flüssigkeit, und auf dem Etikett mit der Bezeichnung »Nr. 120-Lotion« stand in Maddys Handschrift: »Um Deinen schwierigen Après-Wodka zu überwinden«. Nicole bereitete zwei dicke Kompressen vor und legte sich, in ihren Bademantel gehüllt, ganz flach auf den Parkettboden des Schlafzimmers. Sie legte sich die Kompressen auf das Gesicht und stellte die Flasche in Reichweite. Wie sie wußte, mußte sie die Kühle der Kompressen immer wieder erneuern, damit sie ihr Wunderwerk vollbringen konnten. In einer halben Stunde würde sie sich im Spiegel wiedererkennen und so wiederfinden, wie sie sich verlassen hatte; den Schrecken, sich in ihrem gegenwärtigen Zustand zu sehen, hatte sie sich erspart.
Und sie zwang sich, an nichts anderes mehr zu denken. Unter der Watte begann es zu rumoren. Es prickelte, das Blut pulsierte. Es strahlte dumpf zurück. Maddy hatte ihr nie sagen wollen, was alles in der Mischung enthalten war ... Sie würde sie analysieren lassen müssen, um sie wieder zu bekommen, denn Maddy war ja nicht mehr da, um ihr Nachschub zu bringen. Eine lauwarme Welle schoß unter der Kompresse hervor. Nicole legte die Finger auf die Watte und tastete nach der Flasche. Sie ließ sich ein paar kühle Tropfen auf die Lider fallen, wie um die Tränen zu vertreiben.
»Wenn ich gleich wieder zu heulen anfange, dann ist all dies nicht der Mühe wert«, sagte sie ganz leise. Sie wiederholte den Satz, um ihre Stimme auszuprobieren. Sie brachte keinen Ton heraus. Darüber hätte sie am liebsten gelacht.

Ihr Lachen glich einem Keuchhustenanfall. Ich brauche Honig, Honigbonbons, dachte sie. Sie wollte nach Armelle klingeln, damit sie Honigbonbons kaufen ginge, aber sie hätte sich aufrichten müssen, um die Klingel zu erreichen, und die Kompressen wegnehmen und ihre Wirkung unterbrechen müssen, und das hätte Zeit gekostet, und sie hatte keine Zeit zu verlieren. Es blieb noch soviel zu tun vor neunzehn Uhr: ihr wiedergefundenes Gesicht schminken, ihr Haar flechten oder nicht flechten, je nach der Toilette, die sie wählen würde, damit sie nicht wie eine Besiegte aussah, wenn sie den Mann empfing, den sie schon als Feind betrachtete.
Sie hörte Janek telefonieren. Er schrie nicht mehr, er plauderte, und nicht mit der Rue d'Aboukir. Vielleicht mit ›Levy-Couture‹, wie sie die vier Brüder nannte, die sie nicht mochte?
Es klingelte an der Eingangstür, sie hörte Armelle öffnen und fast gleich danach wieder zumachen. In der untern Etage begann man wieder vierhändig zu üben. Und Nicole dachte an die Le Gentils.
An die entspannende Albernheit Joëlles und die blauen Augen des verrückten Vetters, an die Silberfüchse, an den Geruch von Pelzen und an das Palais de l'Hermine. Und an den Duft nach Äpfeln, Zitronen und Vetiver für die Pelze im Palais de l'Hermine, und an das kleine Schaufenster, das zersplittert war, als die jungen Leute mit ihren Spazierstökken gekommen waren, damals, als sie noch ganz klein war, und an ihre Angst und an das beruhigende Lächeln ihres Vaters und das Erschrecken ihrer Mutter, die sagte: »Es fängt wieder an, es fängt wieder an...«, an ihr Kopfschütteln und daran, daß niemand ihr Antwort gab. Ihre Mutter Anna... Wer hatte dieser Tage »Polack« gesagt... Irgend jemand hatte »Polack« gesagt und war in Lachen ausgebrochen... Daran mußte sie sich erinnern, sonst würde sie stundenlang grübeln, und sie hatte keine Zeit zu verlie-

ren... Es war erst kürzlich gewesen... kürzlich... unter Lachen. Und das Lachen erkannte sie wieder.
Aber sie durfte nicht an Maddy denken.
Sie durfte auch nicht mehr an Joëlle denken, denn an Joëlle denken hieß, an Maddys kleines Bukett denken, das auf der Fußmatte lag, das Bukett mit der sprechenden Manschette, die alles entscheiden sollte. Neun Jahre ihres Lebens. Ihrer aller Leben.
Es würde kein zehntes Jahr geben. Der Faden war gerissen. Aber es gab noch all die übrigen Jahre, und an die mußte man von nun an denken.
Nicole bemühte sich, wirklich nachzudenken. Sie dachte an das Flugblatt und an das, was es eigentlich sagen wollte. Die Watte war fast trocken. Das war ein gutes Zeichen. Die Muskeln unter der Haut hatten die kostbare Flüssigkeit gut aufgesaugt. Sie gab ihnen noch etwas zu trinken und sich selbst noch eine Viertelstunde Zeit des Nachdenkens und der völligen Reglosigkeit auf dem Fußboden.
Unten spielten noch immer die beiden Klaviere. Aber inzwischen war das Spiel hübsch geworden. Die Stunde der Pflichtübungen war vorbei.
Nicole hörte nicht zu, aber sie hörte es. Und vor dem Hintergrund von Schumanns Musik begann sie vom Abschied zu träumen.
Am Ende der Sonate waren die beiden Kompressen trokken und Nicole hatte ihren Entscheid gefaßt.
»Wir liquidieren und gehen fort«, sagte sie im Aufstehen.
Sie wollte Janek rufen, aber sie erinnerte sich daran, daß sie noch immer stockheiser war. Also rannte sie auf bloßen Füssen, nackt unter ihrem weißen Bademantel, das Gesicht frisch und nach den heilenden Kräutern duftend, die noch feuchten Haare in leichten Locken auf den Schultern, zum Salon und flüsterte Janek ihren Satz ins Ohr.

»Und wohin gehen wir?« fragte Janek, doppelt verblüfft über ihre wiedergewonnene Schönheit und die Verrücktheit ihres Vorschlags.
»Weit weg von den Ghettos!« antwortete sie auf jiddisch. Und fort war sie in Richtung Küche, wo sie Armelle zum Honigbonbonholen schickte.
Wieder ging sie durch den Salon. Janek war so in Gedanken verloren, daß er nicht einmal den Kopf hob. Er kritzelte etwas auf die Rückseite eines Umschlags. Sie ließ ihn in Ruhe und kehrte ins Schlafzimmer zurück.
Als sie sich vor ihren Frisiertischspiegel setzte, lächelte sie sich zu. Ihr kleiner verrückter Satz hatte gekeimt wie ein Samenkorn: Janek machte seine Schlußrechnung auf. Man liquidierte. Man würde fortgehen.
Sie hielt das Haar mit einem Band von der Stirn zurück und begann sich zu schminken.

Es war kurz vor neunzehn Uhr, Nicole war fast fertig, als das Telefon klingelte. Besorgt ging sie zur Tür, um zu horchen. Nein, es war nicht dieser Idiot Dubateau-Ripoix, der absagte. Janek hatte seinen Aboukir-Tonfall. Beruhigt konzentrierte sie sich auf die drei letzten von sechzehn Markasit-Knöpfchen, die den Verschluß ihres Hauskleids bildeten. Es war ein langes Kleid aus schwarzem Samt, am Halsausschnitt und an den Ärmeln mit champagnerfarbener Valenciennes-Spitze besetzt, ein prachtvoll dramatischer und altmodischer Aufzug. Und das aus gutem Grund: Das Kostüm »Anna Karenina« (Nr. 92) war im letzten Monat für einen Abend ausgeliehen worden und nie in den Fundus zurückgekehrt. Sie war gerade dabei, das Schlangenarmband um ihr linkes Handgelenk zu legen, als Janek ins Schlafzimmer trat.
»Mein Bruder ist abgehauen«, sagte er und ließ sich aufs Bett fallen, ohne Nicole anzusehen.
»Wieso abgehauen?« fragte Nicole und legte das Armband auf den Frisiertisch zurück.

»Abgehauen, aus der Werkstatt davongelaufen ... kommt nicht wieder ... läßt mich einfach in der Scheiße sitzen mit diesen Idioten ...« Janek überlegte ganz kurz und setzte dann hinzu, immer noch ohne einen Blick zu Nicole: »... und mit dieser Arschgeige!«
»Welche Arschgeige?« fragte Nicole sanft.
»Anita ... Sie wollte, ich soll kommen ... Ich hätte vielleicht hingehen sollen ...« Jetzt endlich sah er Nicole an.
»Um was zu tun? Um deinen Bruder zurückzuhalten, den du aus dem Schtetl herausgeholt hast? ... Oder um die Angelegenheiten der ›Galeries Lafayette‹ zu regeln, die sie ganz bestimmt sowieso hinter deinem Rücken mit Ziegler-Leblanc regeln werden? ... Denn die Ziegler-Leblanc wird es nicht stören, was in Deutschland vor sich geht!«
»Auch dich hat es bisher nicht gestört. Erinnere dich, wie wir uns gestritten haben wegen dieses Dreckskerls da unten und seiner Geschichte mit den Juden, die auf allen vieren laufen ...« Nicole verschloß ihm den Mund mit ihrer Hand, kniete vor ihn hin und tauchte ihren Blick in seinen.
»Früher hat mich gar nichts gestört ... Wir waren glücklich, es war Sommer, wir haben uns im Bois de Boulogne geliebt, ich hatte die MASQUES, und wir hatten Maddy ... Heute, was haben wir heute? ... Berliner Klavierklimperer, die sich unten einnisten und uns *das* einbringen! ...«
Sie griff nach dem Flugblatt, das auf dem Bett lag, und wedelte mit dem großen Fragezeichen unter Janeks Nase herum. Er nahm ihr das Blatt aus den Händen, faltete es wieder zusammen und steckte es in die Tasche.
»Du bist sehr unglücklich, wie?« sagte er liebevoll und nahm ihr Gesicht in seine beiden Hände.
Sie nickte und schloß die Augen.
»Weil du Maddy verloren hast ... oder die MASQUES?«
»Beides«, sagte sie, noch immer mit geschlossenen Augen. »Und jetzt habe ich Angst ...« Sie schlug die Augen auf. »Laß uns fortgehen, Liebling, bevor wir dafür zu alt sind.«

Er küßte sie auf den Mund, half ihr aufzustehen und stand selbst auf.
Nicole ging zu ihrem Frisiertisch zurück, legte ihr Armband an, griff sich an die Kehle und nahm ein Honigbonbon. Es klingelte an der Tür.
»Sprich nicht von dem Flugblatt, soll er doch davon anfangen...«, murmelte sie mit vollem Mund, während Janek Dubâteau-Ripoix entgegenging, dem Armelle schon die Tür öffnete.

»Monsieur hat sicherlich schon zu Abend gegessen«, sagte Hubert beim Öffnen der Wagentür, als Maître Dubâteau-Ripoix gegen einundzwanzig Uhr in der Toreinfahrt auftauchte.
»Leider nein, mein Lieber, die Stimmung da oben war kaum für Festmähler geeignet... Wir fahren heim«, sagte er, während er sich in den Fond setzte.
Eine Weile fuhren sie schweigend.
»Und wie befindet sich Madame Victoria Jean nach alledem... wenn ich mir erlauben darf?« erkundigte sich Hubert respektvoll.
»Ein Gespenst, mein guter Hubert, ich habe ein Gespenst mit aufgelösten Haaren gesehen, aber aufregend schön in ihrer Verwirrung.«
»Wahrhaftig, was für eine Woche!« erlaubte sich Hubert zu seufzen.
»Gewiß«, stimmte Maître Dubâteau-Ripoix zu, der ausnahmsweise nicht in der Stimmung war, vertraulich zu werden.
In der Avenue de la Grande-Armée, in Höhe der Rue Pergolése, verlangsamte Hubert merklich das Tempo.
»Gibt es Nachrichten über den Zustand von Monsieur Leblanc?« fragte er, leicht zum Rücksitz gewandt.
»Unverändert... unveränderter Zustand«, brummte Maître Dubâteau-Ripoix nach einem Blick zur rechten Seite,

auf die Straßenecke, wo er Augustin Leblanc so oft abgesetzt hatte, weil, wie er sagte, er noch ein paar Schritte machen wolle, um sich die Beine zu vertreten ...
Hubert gab Gas und sagte nichts mehr. Auch Maître Dubâteau-Ripoix schwieg. Er dachte nach und rechnete.
Er berechnete die Höhe der Honorare, die er in Anbetracht dieses langen Arbeitstages wirklich nicht gestohlen hatte, und er überlegte, wie er sie verteilen sollte.
Sie gerecht zu verteilen erschien ihm unmöglich. Er beschloß, zwei Honorarrechnungen zu präsentieren. Eine seinen Klienten Roginski für die Eingebung der Idee, sich ihrer Anteile am Unternehmen Ziegler-Leblanc zu entledigen, weil deren Schicksal ihm recht unsicher erschien in den Zeiten, die sich ankündigten. Die andere Rechnung an seine Klienten und Freunde Ziegler-Leblanc dafür, daß er sie endgültig von dem Paar Roginski befreit hatte, dessen Herkunft von nun an kaum vereinbar schien mit den Forderungen der Zeiten, die sich ankündigten.
Man muß wissen, wann sich das Blatt wendet, würde er jedem von ihnen sagen, wenn dank seiner Fürsorge alles geregelt war.
Und auch dank dem kleinen Weibsstück aus der Rue Pergolèse, das mußte man wohl zugeben. Gott weiß, was die angerichtet hatte! Aber durch ihren Abgang hatte sie auch dazu beigetragen, die Dinge wieder ins Lot zu bringen.
Es war auch an der Zeit.
Sie hatten inzwischen fast die Place de l'Etoile erreicht. Unter dem Arc de Triomphe glitzerten die Champs-Elysées bis hin zum Obelisken. Dubâteau wandte sich um. Im Rückfenster dehnte sich das Band der Gasbeleuchtung bis zur Défense.
»Sie sieht unheimlich aus, diese endlose Avenue, finden Sie nicht, Hubert?« sagte er in einem Tonfall, der bedeutete, daß er aus seinen persönlichen Gedanken aufgetaucht war.
»Ich habe bemerkt, daß Monsieur diese Bemerkung immer

dann macht, wenn wir hier vorbeikommen«, antwortete Hubert, entzückt darüber, daß man die Konversation wiederaufnehmen konnte.
»Wenn wir hier vorbeikamen, mein lieber Hubert! Vorbei*kamen* ... Wir werden in Zukunft kaum mehr Gelegenheit dazu haben ... Natürlich, außer wenn wir neue Scheinwerfer oder Stoßstangen brauchen, denn diese düstere Avenue de la Grande-Armée hat ja auch alle Hilfen für Autofahrer ...«
»Monsieur hat mir angst gemacht ... Ich habe schon geglaubt, wir verlassen Paris!« sagte Hubert lachend.
»Nein, wir nicht!« rief Maître Dubâteau-Ripoix und lachte ebenfalls.
Und er dachte wieder an die Roginskis. Für das Geschäft in der Rue Chateaubriand würde er ihnen keine Rechnung schicken. Es hatte ihn nicht die geringste Anstrengung gekostet, sie zu überzeugen. Kaum hatte er begonnen, die Vorschläge dieses Verrückten weiterzugeben, als ihn Victoria Jean unterbrach. Ihren Kummer und ihre Heiserkeit überwindend, brachte sie eine Art von abgehacktem Flüstern hervor, das ein Hohnlachen sein sollte: die Angelegenheit war erledigt, man konnte sie abhaken. Die Kooperative der Kasper würde ohne sie stattfinden.
Über das Flugblatt sprachen sie nicht, er sah davon ab, worum ihn übrigens Ziegler telefonisch gebeten hatte, von Troyes aus, wo dasselbe Flugblatt in Umlauf war. Besagtes Flugblatt hatte ebenfalls sehr geholfen, es hatte gezwungenermaßen in ihnen den Wunsch aufkommen lassen fortzugehen.
»Nein, nicht wir!« wiederholte Maître Dubâteau-Ripoix. »Wir bleiben zu Hause ... Mein Glas ist klein, aber in meinem Glas trinke ich den Wein meines Landes ...«
»Hier ist man immer noch am besten dran«, stimmte Hubert zu und fuhr den großen Panhard geräuschlos an den Gehweg der Avenue Mac-Mahon heran.

Hubert öffnete die Wagentür.
»Einen schönen Abend, Monsieur. Ich sehe, Monsieur wird nicht allein sein...«
Maître Dubâteau-Ripoix hob den Kopf. In der dritten Etage waren vier Fenster hell erleuchtet.
»Ich hoffe, die Bridge-Partner meiner Frau haben mir noch einen Happen übriggelassen und nicht mein Büro überfallen, denn mein Tagwerk ist noch nicht beendet, mein lieber Hubert... Morgen um zehn Uhr. Gute Nacht, Hubert«, sagte er mit gespielter Erschöpfung und wandte sich dem großen, schmiedeeisernen Portal zu.
Er mußte noch Troyes anrufen. Vor den anderen. Es wäre ungeschickt, sie noch vor ihm einen Entschluß bekanntgeben zu lassen, dessen Urheber er war.
Sie würden sich zurückziehen, es war sogar zu vermuten, daß sie das Feld ganz räumten. Er hatte nicht geträumt: als sie ihn zur Tür begleiteten, hatte die Rothaarige von Amerika gesprochen. Oder war er es gewesen, der als erster davon sprach?
Jedenfalls wäre es gut, wenn zuerst er mit den Zieglers darüber spräche, ausgesprochen klug wäre das. Aber er mußte sich beeilen. Und da der Aufzug auf sich warten ließ, erklomm er in großen Schritten die Treppen.
Niemand bemerkte, daß er heimgekommen war, außer dem Butler, den er mit leiser Stimme beauftragte, ihm eine Platte mit belegten Broten und einen Whisky in sein Büro zu bringen. Im großen Salon, im kleinen Salon und im Boudoir unterbrachen nur Spielankündigungen die vornehme Stille.

Am nächsten Morgen verließ Roger Ziegler bereits sehr früh ›La Bonne Chanson‹ und begab sich zum Bahnhof. In Troyes schneite es, und er wollte lieber den Zug nehmen, um seine Angelegenheiten in Paris ganz sicher regeln zu können. Am Lycée Voltaire, wo sie sich wie in der Sorbonne vorkamen, übersetzten Maurice, Robert und Sami Cicero, entgegen allen Voraussagen, wonach eigentlich Vergil drankommen sollte.
In der Rue d'Aboukir wartete man. Man wartete auf die Chefs oder wenigstens einen von ihnen. Man wußte nicht mehr so recht, woran man war. Man wartete, weil Mademoiselle Anita gesagt hatte, man solle warten, und Jiri hatte seinen Kittel nicht wieder angezogen.
In der Rue de la Mare, in der Küche der Roginskis, nahm Zaza zum ersten Mal in ihrem Leben an einem Wochentag ihr Frühstück gemeinsam mit ihrem Vater ein. Wie an einem Sonntag.

Am Nachmittag gab Roger Ziegler in der Rue d'Aboukir vor versammelter Belegschaft bekannt, daß sich sein Teilhaber, Monsieur Roginski, aus Gesundheitsgründen aus dem Geschäft zurückziehe. Fémina-Prestige, dadurch der außergewöhnlichen Fähigkeiten eines außergewöhnlichen Fachmannes beraubt, sehe sich also gezwungen, die Werkstatt »Pelze« zu schließen und sich auf den anfänglichen Geschäftszweig »Damen-Jungmädchen-Mode« zu beschränken: garnierte Wollwaren und Wollwaren mit Pelzimitation. Die Herren Kürschner, die wünschten, mit Imitationen arbeiten zu lernen, seien willkommen. Aber er würde vollkommen verstehen, daß sie, die so geschickt waren im Umgang mit dem edlen Material, es ablehnten, ihr Können in den Dienst von Ersatz zu stellen, der ihnen im übrigen nicht den Lohn bringen würde, auf den sie wegen ihres Könnens zu Recht Anspruch hätten. All das stand auf einem Blatt mit Notizen, die Monsieur Ziegler nach jedem Satz flüchtig zu Rate zog.

Er schloß mit der Anweisung, die laufenden Bestellungen müßten noch erledigt werden, aber es seien die letzten. Er sagte, es tue ihm sehr leid, er bedaure diejenigen von ihnen, die gehen würden, aber so sei das Leben nun einmal, und man müsse wissen, wann das Blatt sich wende. Dann ging er unter dem Schweigen aller hinaus.
»Bitte, der Plüsch gehört euch, Kumpel!« sagte Jiri nach einer Weile auf französisch. Und er fing an zu lachen, unheimlich zu lachen, und niemand stimmte ein. »Sie sind großartig!« setzte er hinzu, diesmal jiddisch. »Sie geben uns keine Antwort, sie zwingen uns zu nichts, setzen uns nicht vor die Tür, tun uns nicht weh ... sie schneiden uns ganz einfach die Hände und die Eier ab. Das hätten sie nicht gewagt, wenn Stepan dagewesen wäre ...«
»Stepan ist deinetwegen gegangen ... Also halt's Maul, Jiri!« sagte der älteste der Zuschneider.
»Warum hast du mich nicht gestern angemault?« erwiderte Jiri.
»Weil man gestern auf Roginski wartete ... Heute haben wir nur noch Ziegler, und Ziegler, der kümmert sich einen Dreck um unsere Judengeschichten!« sagte der alte Zuschneider.
»Er kümmert sich einen Dreck drum? Der hat überhaupt nur die im Kopf, und deshalb schmeißt er uns raus.«
»Nein, er schmeißt uns nicht raus ...«, korrigierte der alte Zuschneider.
»Recht hast du, Serge, er schmeißt uns nicht raus, er schlägt uns nur höflich vor, uns verarschen zu lassen und ihm dafür noch dankeschön zu sagen!« rief Jiri. »Erledigen wir die Arbeit, und diskutieren wir heut abend«, schloß Serge.

Ungefähr zur selben Zeit stürmte ein Dutzend junger Leute lärmend das Café-Tabac ›Le Bigoudin‹, zweihundert Meter vom Lycée Voltaire. Trotz der Tageszeit — es war Kaffeezeit — und dem Duft nach schaumiger Schokolade bestellten sie

sich ein großes Glas Bier und zogen ihre Vorarbeiten für Mathe aus ihren Mappen und verglichen miteinander.
Samis Methode hatte sich ausgezahlt. Die auswendig gelernte Geometrie hatte Maurice gerettet, der seine Algebra-Aufgabe verhauen hatte.
»Dank diesem Scheiß-Kegel schaffst du wenigstens den Durchschnitt«, sagte Sami, »und zusammen mit deiner fehlerlosen Cicero-Arbeit bist du aus dem Schneider.«
Sie spielten eine Partie Elektro-Kran, erwischten den Hauptgewinn, die Armbanduhr aber nicht — der Kran ließ im letzten Augenblick los —, und teilten sich die gewonnenen grünen Bonbons, die sie zum Kotzen fanden.
»Ihre grünen Bonbons sind ungenießbar, aber Ihr Bier ist ausgezeichnet«, sagte Robert dem Wirt, der schon anderes erlebt hatte, besonders mit Gymnasiasten, die zum ersten Mal ein Lokal besuchten.

Am Ende des Nachmittags wartete Stepan wie gewöhnlich auf dem Bahnsteig der Station Strasbourg-Saint-Denis, unter der Werbung für ›Saponite‹.
Nachdem er spät aufgestanden und mit Zaza gefrühstückt hatte, fühlte er sich ein wenig eingeschüchtert. Olga war zu Sonja in die Bonnet-Wohnung hinuntergegangen; er hatte nicht gewagt, ihr zu folgen, als sie es ihm vorschlug; und sie bestand nicht darauf.
Er wusch die Tassen ab, machte das Bett, trödelte herum beim Rasieren und Sichanziehen und ging dann weg, um Arbeit zu suchen. Am Abend zuvor hatte ihm Elie den Rat gegeben, zum Kürschnerverband im Faubourg Poissonniére zu gehen.
Dort wollte man seine Referenzen sehen. Von einem Café aus telefonierte er mit Mademoiselle Anita: sie solle ja nicht vergessen, ein Zeugnis über seine dreizehn Jahre in der Rue d'Aboukir unterschreiben zu lassen und es seiner Lohnabrechnung beizulegen... Mademoiselle Anita war sehr

freundlich: Nein, sie würde es nicht vergessen, morgen hätte er alles.
»Und Jiri?« fragte Stepan nach kurzem Schweigen.
»Ich kann Ihnen nichts sagen«, antwortete Mademoiselle Anita und legte auf. Stepan aß an der Theke ein hartes Ei und trank ein Glas Weißen, dann verließ er das Lokal.
Er dachte daran, nach Hause zurückzugehen. Aber er fand, das sei eine komische Zeit zum Heimkommen; er war eben erst weggegangen.
Morgen würde alles anders sein. Morgen, mit den Referenzen in der Tasche, würde er weggehen, zurückkommen und wieder weggehen, da wäre alles ein wenig anders... Für den Bruchteil einer Sekunde hatte er Lust, geradewegs zur Rue d'Aboukir zu gehen, um seine Papiere sofort abzuholen und dann gleich zum Verband zurückkehren. Aber dann gab er die Idee auf. Wie würde das aussehen? An die Papiere hätte er gestern denken müssen. Er war böse auf sich. Und ein wenig auch auf Mademoiselle Anita, die doch in solchen Dingen Bescheid wußte. Sie war daran gewöhnt. Er fragte sich, ob Janek das Zeugnis unterschreiben würde oder ob es mit »Unleserlich« unterzeichnet wäre wie alles, was aus dem Büro im zweiten Stock kam.
Er ging schon eine ganze Weile und hatte sich noch immer nicht entschlossen, wohin er gehen wollte. Es gab in Barbès das ›Nabob‹, wo er noch nie gewesen war, aber die Burschen in der Werkstatt hatten oft davon gesprochen: Dort fischten sich die Chefs Kürschner ohne Arbeit, die dort den ganzen Tag warteten – »wie die Nutten... alle Kürschner in den Salon!« sagte Jiri, wenn die Rede auf das ›Nabob‹ kam.
Stepan war jetzt nicht weit von MERCIER FRÈRES entfernt. Er war in Versuchung, Elie und seine Kumpel zu überraschen, mit denen er schon zweimal zusammengetroffen war: einmal, als er sich bei Monsieur Paul für die Einbürgerung bedankt, und das zweite Mal, als er sich ihnen angeschlos-

sen hatte für den berühmten Umzug vom 12. Februar 1934.
Dann sagte er sich, einfach so aufzutauchen sähe wahrhaftig
zu sehr nach Arbeitslosigkeit aus. Und er dachte wieder an
Jiri.
Und er dachte an die ›Galeries Lafayette‹ und beschloß, sich
umzusehen, was sich dort tat.
Es war noch hell, aber die Weihnachtsfenster waren schon
erleuchtet, wo mechanische Puppen ihre Pantomimen auf-
führten, doch die Passanten hatten es eilig. Dies war kein
Donnerstag, an dem Kinder schulfrei hatten. Drinnen
umfing ihn eine leicht feuchte Wärme und ein dumpfes
Stimmengemurmel. Nahe beim Eingang stand ein Auslagen-
tisch mit einem Haufen von Zelluloidtierchen; Kundinnen
trafen ihre Wahl. »Für unsere ganz Kleinen – jedes Tier
3 Francs«, stand auf dem Reklameschild. Stepan nahm
einen hübschen Schwan in die Hand, dessen Hals ihm
wunderbar zerbrechlich vorkam, und besah ihn sich von
unten, dann einen roten Fisch, einen Wal, eine Ente, ein
Krokodil und einen Frosch: alle hatten dieselbe Reise hinter
sich, alle waren *Made in Germany*.
»Das kaufe ich nicht«, sagte eine Stimme. »Zelluloid ist
feuergefährlich, und das bei meinem Kanonenöfchen . . .«
Er spazierte durch die Abteilungen des Erdgeschosses. Er
faßte nicht alle Artikel an, er besah sie sich auch nicht mehr
alle von unten.
Aber wie in einem Punktzählspiel, das er mit sich selber
spielte, zählte er jedesmal seine *Made in Germany* Punkte,
wenn ihn sein Instinkt zu einem neuen, besonders angeprie-
senen Artikel führte. Je nach Farbe oder Form schloß er
vorher Wetten mit sich ab.
Nach einer Stunde hatte er lila Bettflaschen aus Gummier-
satz, eisengraue Filzschuhe mit roter Bordüre, Kaffeetassen,
braun und ohne Untertassen, Brennscheren, Ledertücher
und Sträuße künstlicher Blumen geprüft . . .
Er nahm den Aufzug. Vielleicht würde er in den oberen

Stockwerken das finden, wofür er eigentlich ins Innere dieses riesigen Gebäudes gekommen war: den Riß, die Zeichen eines Zerfalls.
Und es war in der Abteilung »Damenkonfektion«, daß er fündig wurde. Wie bei der Volksspeisung reckten Unglückliche ihre bittenden Hände einem Abteilungsleiter im Gehrock entgegen: »Geduld, meine Damen, Geduld ... Ein Teil unseres Personals hat aufgehört zu arbeiten, stellen Sie sich an, bitte ...«, wiederholte er unablässig wie ein Automat und teilte sparsam kleine runde Nummern aus. Sie hielten sie wie Näpfe und stellten sich in eine Schlange, die sich zwischen Pappmaché-Puppen mit gleichsam segnend ausgestreckten Armen hindurchschlängelte.
In mehr oder weniger regelmäßigen Abständen durchlief ein Raunen die Reihe. Es begrüßte die Rückkehr einer der drei Verkäuferinnen, die nun allein den Geschäftsablauf in ihrer arg behinderten Abteilung bewältigen mußten. Es waren Wesen, die die Nummernscheiben mit aggressiver Gleichgültigkeit an sich rissen. Stepan blieb stehen. Er beobachtete.
An einer der Puppen glaubte er einen seiner Bisamkragen zu entdecken, aber er war sich nicht sicher. Er befühlte ihn, und dabei begegnete er dem Blick des Abteilungsleiters. Der beobachtete seinerseits, sicherlich schon eine ganze Weile, diesen einzelnen Mann, der nichts kaufte, mit niemand redete und den Pelz streichelte.
Stepan ging zur Treppe.
Jetzt war es draußen dunkel. Schwarz und sehr kalt. Vor den Schaufenstern waren die Passanten zu Zuschauern geworden. In der ersten Reihe standen viele Kinder, und die ganz kleinen saßen auf den Schultern ihrer Väter. Ein brauner Bär in Lebensgröße wiegte sich mit seinem Maulkorb vor dem kleinen Rotkäppchen, vor Riquet à la Houppe und Dame Tartine, und alle klatschten Beifall. »Er sieht traurig aus, der Bär«, sagte ein kleiner Junge. »Wir werden

ihn nicht beim Weihnachtsmann bestellen, er ist zu traurig...«, antwortete die Mutter. Sie zieht sich billig aus der Affäre, dachte Stepan und war im nachhinein froh, daß er Zaza niemals zu diesen unerschwinglichen Spielsachen geschleppt hatte. Und er dachte wieder an den hübschen Schwan für drei Francs. Er warf einen letzten Blick auf den Bär und überlegte, in welcher bayerischen Werkstatt man ihm so hoffnungslose Augen hatte aufnähen können.
Er ging mit raschen Schritten in Richtung Métro. Er hatte plötzlich beschlossen, Jiri in der Nähe von FÉMINA-PRESTIGE abzupassen. Nicht, um sich mit ihm zu versöhnen. Nur um ihm zu sagen, daß er, was die ›Galeries‹ betraf, recht hatte. Mehr nicht.
Er mußte nicht lange warten. Jiri kam als erster heraus. Er kam allein. Er zeigte keinerlei Überraschung, als er Stepan im Dunkel pfeifen hörte, fünfzig Meter vom Eingangsportal der Firma entfernt.
»Du bist da! Na, wenn du wüßtest!« sagte er, und sie gingen in ein Bistro, in dem sie noch nie gewesen waren.

Niedergeschlagen, komisch und bitter hatte Jiri erzählt. Alles, auch von der Rede Zieglers, die er mit leiser Stimme auf jiddisch übersetzte. Stepan sagte kein Wort. Seine eigene kleine Geschichte über die ›Galeries‹ erschien ihm richtig fad neben dem, was er da erfuhr.
»Wenn du dagewesen wärst, hätten sie sich nicht getraut... Ich weiß, ich weiß, du bist meinetwegen gegangen, man hat es mir im Lauf des Tages viermal gesagt. Und ich habe dich gestern schon um Entschuldigung gebeten... Hast du Arbeit gefunden?«
»Nein, ich warte noch auf mein Zeugnis.«
»Ich habe meins«, sagte Jiri und klopfte auf seine Tasche. »Ich bin doch nicht verrückt«, setzte er grinsend hinzu.
»Nein, du bist nicht verrückt...«, sagte Stepan, ohne zu lachen.

»Du nimmst es mir immer noch übel, wie?«
»Ich glaube, ich nehme es dir mein Leben lang übel«, murmelte Stepan. »Aber das wird mich nicht hindern, wieder mit dir zusammenzuarbeiten. Wenn ich etwas Gutes finde, werd' ich dir's sagen.«
Jiri antwortete nicht, er trank sein Bierglas zur Hälfte leer und sagte dann: »Dann bist du also gekommen, um Neues zu erfahren? Du wirst mir doch nicht etwa weismachen wollen, dein Bruder hätte dir nicht erzählt, daß er aufgibt...«
»Du siehst, wir werden uns nie verstehen, wir beide«, sagte Stepan.
»Und von Anita weißt du auch nichts? Ihr seid doch Freunde, ihr beiden...«
»Was, Anita?«
»Sie geht auch. Sobald sie für Ziegler und die Plüschleute alles geregelt hat...«
»Und wohin geht sie?«
»Das hat sie nicht gesagt. Sie hat bloß angekündigt, daß sie auch geht, wie ich...«
»Und wie ich«, protestierte Stepan sanft.
»Ja, aber bei dir ist es nicht das gleiche.«
»Hör zu, Kustov! Ich bin gekommen, um dir recht zu geben wegen der ›Galeries‹. Ich war gerade da. Du hast recht gehabt. Schön. Aber, was alles andere betrifft, scheiß ich auf dich!«
Stepan stand auf, zahlte für ihre Getränke an der Theke und verließ das Bistro, indem er die Tür hinter sich zuknallte.
Auf dem Boulevard sah er, wie spät es war. Er brauchte nicht zu laufen, er war sicher, Elie nicht zu verpassen.

Bei der Station Pyrénées war der Boden schon fast ganz weiß. Das bißchen Schnee von Paris hatte Stepan und Elie immer zum Lachen gebracht. Manchmal hatte er sie auch dazu gebracht, ihre alten Kinderlieder zu summen. Stepan fragte sich, ob es wohl in Neuilly auch schneite.

Wie Alex am selben Abend Rodriguez gegenüber bemerkte, hatte die hübsche Allée Chateaubriand nichts von ihrem Zauber verloren, sowenig wie die geschliffenen Spiegel von ihrem Glanz. Die »Kooperative der Kostümbildner und -verleiher« wurde am 3. Januar 1936 gegründet, aber zwischen den Kulissen und in den Garderoben verabredete man sich weiterhin bei den MASQUES. Die alten unter den Komödianten waren eine Zeitlang über Maddys Verschwinden verwundert und über das lange Wegbleiben von Victoria Jean, aber dann vergaßen sie, sich zu wundern, weil sie zu sehr mit sich selbst und ihren Spiegelbildern beschäftigt waren. Sie vergaßen sogar, das Immortellen-Sträußchen zu bemerken, das von nun an unter dem Glassturz das hochberühmte kaiserliche Geschenk ersetzte: Das Fabergé-Ei gehörte nicht mehr zum Hause. Auch Lucas nicht.
Er war es, der kam, um das Ei von Madames Vater im Auftrag von Madame abzuholen.
Er hatte das Ei mitgenommen, aber den Citroën, seine Chef-Fahrerlivree, die Mütze und die *Leggings* abgegeben.
Er und Gildaise sollten bei der Kooperative...? Nein danke, das interessierte ihn wirklich nicht. Sie würden Pächter eines Lokals, Gildaise und er, und vielleicht Armelle mitnehmen zum Geschirrspülen, Pächter der Kneipe neben der Fabrik, wo er vorher gearbeitet hatte. Der Alte zog sich vom Geschäft zurück und hatte keine Familie: so etwas ließ man sich nicht entgehen, mit Logis und allem. Neben der Fabrik — ob sich dort was rührte oder nicht, Durst hatte man immer, wenn man da herauskam. Also, was die Kooperative anging, dann Prost! Aber wenn man schon Mitbesitzer war, dann lieber zu zweit als zu fünfundzwanzig...
Ginette gab der Livree die Nummer 224a und verleibte sie dem Fundus ein.
Fast hätte sie Lucas zurückgerufen, um bei ihm die Nummer 92 zu reklamieren, die »Anna Karenina«, die nicht zurück-

gekommen war. Aber sie tat es nicht: Sie sagte sich, eines Tages werde Victoria doch noch einmal vorbeikommen, und dann konnte man mit ihr darüber sprechen.

Ginette trug das Zobel-Cape nie. Es hing in dem kühlen Raum, wo der Fundus an Pelzen aufbewahrt wurde, und unterschied sich unter der Schutzhülle aus schwarzem Zwillich in nichts von den anderen Stücken. Nur wenn man die Tür des Raums öffnete, roch es jetzt dort wie einst in der winzigen Garderobe der ›Capucines‹.
Man druckte keine Nummer auf das unverwüstliche goldschillernde Futter. Ginette legte keinen Wert darauf, es auszuleihen. Sie wollte auch nicht sagen, warum. Aber wenn man sie bedrängte, sagte sie: »Zobel, das bringt Unglück wie Opal oder Nelken . . .«
All das dauerte aber nur eine Weile, und am Ende wurde der Zobel registriert wie all die andern Stücke. Unglücksbringer oder Talisman, er tat tapfer wieder Dienst. Die Nachfrage war zu groß. Der bequeme Trott der MASQUES war vorbei, die Kooperative entwickelte sich immer rascher.
Das geschah, ohne Reklame oder Aufsehen, durch Mundpropaganda, vielleicht auf Grund des fröhlichen Wohlklangs des Wortes »Kooperative«, das die Neuen, die Jungen weitergaben, die sich bisher wegen des vornehmen Namens MASQUES ET BERGAMASQUES nicht in die sogenannten schönen Stadtviertel vorgewagt hatten.
Allmählich tauchten sie auf, diese jungen Leute in Cordsamt, die sich Neu-Kreationen nicht leisten konnten, die aber den Fundus plünderten für Avantgarde-Stücke, die sie selbst auch in Kooperativen inszenierten.
Alex war begeistert. Ginette amüsierten sie, Mademoiselle Agnès blieb eisig und Mademoiselle Anita staunte über sie, wie über alles, seit sie sich in dem Büro-Boudoir eingerichtet hatte, das einmal Victoria Jean und Maddy Varga gehört hatte.

Die jungen Leute erstaunten sie, und manchmal machten sie ihr Sorgen. Die unterhaltsamen Kooperative-Künstler neigten nämlich dazu, ihre Schulden bei der obskuren Kostümverleih-Kooperative zu vergessen. Dann wurde sie sehr bestimmt, mahnte mit aller Kraft ihrer kleinen Stimme, und alles lief.
Alles lief. Es lief so gut durch den Zustrom neuer und die Treue der alten Kunden, daß Mademoiselle Anita vorschlug, ein neues Mitglied einzustellen, einen Fachmann: einen Kürschner.
Alex schämte sich, daß er nicht selbst daran gedacht hatte. Aber er übermittelte Stepan den Vorschlag schon am nächsten Nachmittag ›bei Bonnets‹.

Stepan hielt sich nämlich nun oft ›bei Bonnets‹ auf, wenn er heimkam, ohne etwas gefunden zu haben.
Mit seinen Referenzen in der Tasche suchte er schon eine ganze Weile. An Adressen fehlte es ihm nicht. Kürschner waren gefragt. Sogar sehr gefragt. Aber jedesmal merkte er, daß die Nachfrage nach neuem Personal gewöhnlich darauf zurückzuführen war, daß das alte abtrünnig geworden war, und über die Gründe machten die Chefs nur Ausflüchte oder schwiegen sich ganz aus. Es war klar, daß man Kürschner suchte, aber Kürschner, die mit Streiks nichts zu tun haben wollten. Sogar die ›Galeries‹ funkten ein SOS, sie brauchten dringend Kürschner für Änderungen!
Stepan war bis zum ›Nabob‹ vorgestoßen, aber nicht hineingegangen. Durch die Scheiben hatte er Jiri erkannt. Dann, eines Morgens, allein in der Wohnung, hatte er mit seinen eigenen Worten einen kurzen Brief an Mademoiselle Anita geschrieben, ohne jemand etwas davon zu sagen, und an ihre Wohnung am Square Montsouris 15 adressiert. Er erinnerte sich an die Adresse, die sie einmal in seiner Gegenwart erwähnt hatte, weil das Wort *Souris* — Maus — gut zu Mademoiselle Anita zu passen schien. In seinem

Briefchen fragte er sie, ob sie nicht Arbeit für ihn hätte; er wisse, daß auch sie Fémina-Prestige verlassen habe. Daß er es von Jiri erfahren hatte, sagte er nicht.
Als er aber begriff, daß Mademoiselle Anita in die Kooperative von Olga und Sonja eingetreten war, bedauerte er seinen Brief: das sah nach Bettler aus, nach Zuhälter sogar, dachte er, und er ärgerte sich auch, daß er den Brief weggeschickt hatte, ohne vorher mit Elie zu sprechen.
Aber es war schwierig geworden, allein mit Elie zu reden, seit ihre gemeinsame tägliche Fahrt verlorengegangen war. Mademoiselle Anita gab keine Antwort, und Stepan freute sich fast darüber. Schließlich war es nicht gesagt, daß sie noch immer an derselben Adresse wohnte, und auch nicht, daß sie seinen Brief erhalten hatte. Jedenfalls war er einmal Alex begegnet, und der sah nicht so aus, als ob er über seinen Brief Bescheid wüßte. Auch nicht über seine Arbeitslosigkeit. Olga hatte gewiß nichts darüber gesagt, sie sprach nicht gern über das, was bei Fémina-Prestige vorgegangen war, außer mit Sonja. Daß er die Rue d'Aboukir verlassen hatte, hatte sie glücklich gemacht, sehr glücklich sogar, aber nun begann sie, sich Sorgen zu machen, und das war spürbar. Deshalb machte er ›bei Bonnets‹ Station, wenn er von seinen langen Wanderzügen durch Paris zurückkam. Es beruhigte sie, wenn sie sah, daß er ernsthaft suchte, daß er den Mut nicht verlor und seine Tage nicht beim Auvergner verbrachte.
Er vergewisserte sich zuerst, daß niemand im Umkleidezimmer war, dann kam er herein. Sie machten ihm Tee, und er brachte sie zum Lachen, indem er die Chefs imitierte, die er hatte abblitzen lassen und die nicht gemerkt hatten, daß er von *ihnen* Referenzen verlangte, im Hinblick auf den Boykott. Das brachte sie zum Lachen. Auch wenn Olga sich ein wenig dazu zwingen mußte. Auch das war spürbar. Dann wechselte er das Thema und neckte Zaza, Josette und Mirjam, die für Sonja und Olga Säume hefteten, damit sie es

lernten und weil die beiden Frauen mit Arbeit überlastet waren.
Er schlürfte seinen Tee in der Küche, unterhalb des Regals mit Maurice' und Roberts Schulbüchern, in denen er manchmal scheu blätterte, bevor er sie respektvoll wieder an ihren Platz stellte. Schließlich sagte er: »Auf bald, ich gehe nach Hause...«
»Du gehst nicht *nach Hause*, Papa! Du gehst nach oben!« hatte ihn Zaza das erste Mal lächelnd korrigiert. »Ich sag' es so, wie ich's weiß!« antwortete er, und seitdem wiederholte er es jeden Tag. Und jedesmal, wenn er die Treppe hochging, sagte er sich, es sei wirklich nicht ganz normal, zu Hause zu arbeiten: eine Frauen-Idee!... Und eine Werkstatt mit Frauen habe nichts, aber 'bsolut nichts gemein mit einer Männer-Werkstatt.

Um über den Vorschlag von Alex zu diskutieren, hatten sie sich ins zweite Stockwerk begeben, und das war Sonja und Olga nur recht. Gefangen zwischen der Freude, daß Stepan vielleicht Arbeit fände, und der Panik, die sie verschwiegen, angesichts der Vorstellung, daß das vielleicht hier sein würde, an einer ihrer Tische, unter ihren Augen, daß er ihnen zwischen den Beinen stünde und sie ihn am Hals hätten, verrieten sie Zeichen einer Verwirrung, die Alex recht gut kannte. Er schlug daraufhin einen kleinen Wodka unter Männern vor, in der Küche der Roginskis.
Oben ließ Stepan Alex im Eßzimmer Platz nehmen, schloß sorgfältig die Tür hinter sich zu, holte aus der Küche die Flasche und kleine Gläser und setzte sich dann ebenfalls. Etwas beunruhigt durch dieses zeremonielle Gehabe, das sich in vollkommener Stille abspielte, sah ihm Alex zu und wartete, daß er rede. Offensichtlich war das, was er zu sagen hatte, heikel. Ein paar Sekunden noch blieb Stepan stumm, dann gab er sich einen Ruck.
»Also dann...«, sagte er, und gleichzeitig spreizte er seine

linke Hand und drückte auf deren kleinen Finger den Zeigefinger der rechten. Alex erkannte die Geste, Olga und Sonja benützten sie oft, wenn sie ihre vielen Kümmernisse, Wünsche oder Pläne aufzählten. Vor ihnen hatte er niemand gekannt, der sich des kleinsten und letzten seiner fünf Finger bediente, um die Wichtigkeit einer Äußerung zu unterstreichen. Bei ihm und seinesgleichen nahm man dafür den Daumen. In der Rue de la Mare war es der kleine Finger. Alex erkannte also die Geste der beiden Frauen, aber auch seine eigene Formulierung »Also dann...« Die hatte er, Alex, zu den Sitten und Gebräuchen der Rue de la Mare beigetragen. Er lächelte, und Stepan sprach weiter.
Sicher, Alex müsse ihm das nicht glauben; schließlich kannten sie sich ja gar nicht, auch wenn sie sich oft begegnet seien. Aber Stepan könne ihm bei Zazas Leben schwören, wenn es auf der Welt zwei Frauen gebe, denen er absolut keinen Kummer machen wolle, dann seien es bestimmt die beiden da unten. Die eine, weil sie seine Frau sei, und die andere als Frau seines Freundes, als zweite Mutter seines Kindes und sozusagen seine eigene Schwester... Millionen, wenn er sie hätte, Millionen würde er dafür geben, um ihnen keinen Kummer zu bereiten. Und trotzdem...
Stepan hatte seinen kleinen Finger losgelassen, er ging zum Ringfinger über.
... trotzdem, dieselben Millionen, die er gäbe, um ihnen keinen Kummer zu bereiten, die gäbe er auch, damit er morgen wieder arbeiten könnte, was sage er, morgen: heute abend, jetzt gleich. Auch das müsse Alex wissen, damit er nicht glaube, Stepan pfeife auf die Arbeit... Aber was er ihm jetzt sagen wolle, das könne er nur ihm sagen, jetzt, oder Elie, heute abend. Den beiden Frauen niemals. Niemals. Olga sowenig wie Sonja, denn sie würden es nicht verstehen und hätten nichts als Kummer davon, eben den Kummer, den er ihnen einfach nicht bereiten möchte. Also dann...

Er griff zu seinem Mittelfinger, und der Druck war so stark, daß seine ganze linke Hand davon erfaßt wurde ... auch für Abermillionen und Milliarden sehe er keine Möglichkeit, auch nur einen einzigen kurzen Tag mit Frauen zusammen zu arbeiten, mit denen er daheim so gern zusammen sei, die er aber an ihrem Arbeitsplatz vom Morgen bis zum Abend einfach nicht neben sich ertrage. Dieser Arbeitsplatz sei ihr persönliches Reich und liege ärgerlicherweise in diesem Haus, so daß er, wenn er zur Arbeit hinunterginge, sich wie ein Flüchtling fühlen würde, den man aus Gnade und Barmherzigkeit unter sein Dach aufnimmt. Und deshalb, unter diesen Bedingungen ...
»Das trifft sich sehr gut«, fiel ihm Alex ins Wort, der sah, wie Stepan sich nun an seinen linken Zeigefinger machte, um mit dem vierten Punkt seiner Rede zu beginnen. »Wirklich sehr gut! Sie werden in der Allée Chateaubriand, an den Champs-Elysées, erwartet, Monsieur Roginski!«
»An den Champs-Elysées?« rief Stepan aus, als hätte Alex New York gesagt.

Am nächsten Morgen verließ er die Rue de la Mare, um zu den Champs-Elysées zu fahren, mit seinem Ranzen und in Elies Gesellschaft, wie früher.
Olga ging ans Fenster des Eßzimmers und sah sie entschwinden. Auf der Höhe des Bistros des Auvergners drehte sich Stepan um und winkte ihr zu.
»Wie Maurice an seinem ersten Tag im Gymnasium«, sagte Sonja, die zu ihr ans Fenster getreten war.
»Wenn es bloß gutgeht, da unten«, murmelte Olga und schloß das Fenster. Mit fast reinem Gewissen gingen sie zusammen in ihr Reich nach unten, aus dem sie Stepan, ohne es ihm zu sagen oder es sich selbst einzugestehen, schlichtweg vertrieben hatten.
An der Station Châtelet trennten sich Stepan und Elie, und an der Station George V tauchte Stepan auf den menschen-

leeren Champs-Elysées unter einer blassen Wintersonne wieder auf.
Er ging durch die Rue Balzac, wie Alex ihm angegeben hatte. Im Spiegelbild eines noch vergitterten Schaufensters überzeugte er sich, daß der Kragen seines weißen Hemdes durch die Fahrt nicht gelitten hatte, und dann ging er die hundert Meter, die ihm noch blieben, bis er den Garten und die kahlen Sträucher sah.
Er war da, jetzt stand ihm das Schwerste bevor: ein neuer Beruf in einer neuen Werkstatt, wo die Kollegen Kolleginnen sein würden.
Er dachte an Olga und Sonja. Dann fiel ihm eine Sekunde lang Jiri ein und Mademoiselle Anita. Das half ihm, durch die hübsche alte Tür zu gehen und über die gebohnerte Treppe hinauf in diese ganz neue Welt.

Vierter Teil

Nachricht von Wolodja

Das hier war nicht New York, nein, aber bald würde man sich in Hollywood an der Seine befinden...
Das ahnte Stepan nicht, als er das sechsundzwanzigste Mitglied der »Kooperative der Kostümbildner und -verleiher« wurde. Auch Sonja und Olga nicht. Nur Barsky hatte die Sache vorhergesehen. Dennoch sollte sie ohne ihn zustande kommen.
Barsky hatte der Brüder Verdon nicht mehr habhaft werden können, auch keine Namen gefunden für die flüchtigen Gesichter zwischen Féfé und Tata Bubu an der Bar von Adrienne, die ihrerseits den Auftrag vergessen hatte. Er war also gezwungen, ›bei Bonnets‹ zu verkünden, seine Freunde vom Film seien plötzlich nach Indien gereist...
»Das ist nicht schlimm, Isidor, wir warten auf sie«, sagte Alex, der am Abend zuvor mit ihnen in der ›Coupole‹ gegessen hatte. »Wir warten auf sie, aber inzwischen müssen wir Brot auf dem Tisch haben!«
Alex sagte die Wahrheit. Und das Brot, von dem er sprach, hieß Film. Man hatte es ihm noch nicht geliefert, aber es war unterwegs.
Es würde nicht immer von der Qualität sein, die Alex sich erträumte, wenn er an die umwerfende junge Braut in *L'Atalante* dachte. Aber es sollte das tägliche Brot werden und so reichlich, daß es der kleinen Familie der Kooperative wie Kuchen schmeckte. Verdammter Kuchen, höhnte Rodriguez später bei ›Chéramy‹, als ihm Alex eines Abends die Themen bestimmter Filme erzählte, die nun den Erfolg der Kooperative sicherten, dazu einen überraschenden Wohlstand für diejenigen, die sich die ansehnlichen Gewinne teilen würden, Gewinne, an die sie nie richtig geglaubt hatten, trotz der ranken Unterschrift von Anita Bourgoin, die sie ihnen versprochen hatte. Aber die Monate waren vergangen, die Spatzen schilpten schon, und die Sträucher im hübschen Garten der Allée Chateaubriand trieben Knospen – wie allenthalben. Kurz, der Frühling kündigte sich

an, wie in jedem Jahr. Aber dieser Frühling war der des Jahres 1936, und man konnte sich bei ›Chéramy‹ mit Rodriguez wundern, wie er gewisse Autoren inspirierte. Sie mußten wohl hinter so dick gepolsterten Türen schreiben, vor so dicht verhängten Fenstern, daß nichts von außen sie stören konnte bei der Erfüllung ihrer historischen Aufgaben.
Wie zum Beispiel, von den Schicksalsschlägen von *Rasputins einziger Liebe* zu erzählen oder von den Abenteuern der unehelichen Tochter Napoleons III. und einer normannischen Melkerin – und das einer Bevölkerung, deren eine Hälfte die *Vierzig-Stunden-Woche* forderte und die andere *Frankreich den Franzosen!* Dazu kam, daß man sich im ganzen Land auf eine Wahl vorbereitete, die ebenfalls historisch war und unmittelbar bevorstand.
Verdammter Kuchen, vielleicht... Aber *Rasputins einzige Liebe* erlitt ihre Schicksalsschläge inmitten einer Menge kaiserlich eleganter und wegen des grimmigen Klimas notwendigerweise in kostbare Pelze gehüllter Leute. Und was die uneheliche Tochter Napoleons III. anging, so verfolgte man ihren Lebensweg vom ersten Schrei in den normannischen Wäldern bis zum letzten Seufzer unter einem kastilischen Betthimmel, und zwischen diesen beiden großen Ereignissen sah man sie reisen, lieben, tanzen, singen, die größten Gefahren bestehen und höchstes Glück erleben, ohne daß sie jemals – jemals! – dieselbe Toilette ein zweites Mal trug. »Du brauchst bloß nachzurechnen!« sagte Alex als Erklärung.
»Und du schämst dich nicht?« rief Rodriguez scherzend.
»'bsolut nicht!... Die Kooperative ist nur eine kleine Familie, aber wie die reichen, die großen Familien, haben auch wir unsere guten Werke... Frag sie, Amigo!« antwortete Alex und wies auf den Nachbartisch, an dem die netten unechten Kooperative-Mitglieder aus *Das Verbrechen des Monsieur Lange* saßen. Sie kreuzten nun in der Allée Chateaubriand auf und verwandelten sich auf Pump in Proleten:

für Jean Renoir, für *La vie est à nous* und für keinen einzigen Sou.
»Und deiner kleinen Familie gefällt das, so barmherzig zu sein?« fragte Rodriguez.
»Am Anfang nicht so, wie ich gehofft hatte, mein lieber Herr. Dann haben wir ein Wunder erlebt...«
»So ist das Leben!« sagte Rodriguez auf spanisch.

Eher als an ein Wunder dachte Alex an jenem Abend im ›Chéramy‹ in der Rue Jacob, weit ab von den Champs-Elysées und der Rue de la Mare, an eine wunderbar Verwandelte.
Er hätte von Mademoiselle Agnès sprechen müssen. Mademoiselle Agnès hatte zuerst lange gezögert, Mitglied der Kooperative zu werden, viel geseufzt im Gedanken an Maddy und oft davon gesprochen, zu ›Lanvin‹ zurückzukehren, wo noch ihre Schwester arbeitete. Dann, bei der Vorstellung, wie sie wieder vor den Damen der großen Welt knien würde, um den Fall von Modellen zu kontrollieren, die oft nicht mehr dem Alter der Damen entsprachen, hatte sie sich entschlossen, bei den Gauklern zu bleiben, die sie noch immer verachtete; aber sie »entführten« Kostüme, die ihnen wunderbar standen. Und da sie der demütigenden Komödie der lila Kreideretuschen nicht mehr unterworfen wurde, hatte sie schließlich ja gesagt. Nicht schriftlich, sondern mit einem herablassenden Lächeln, das auch ein wenig traurig war und gleichzeitig Resignation, Desinteresse oder Großmut bedeuten konnte.
Indessen hatte sie sehr rasch verlangt, daß man neben dem Kooperative-Buchhalter, Monsieur Anselmo, einen weiteren einstellte; der erste hielt sich von jeher unsichtbar hinter dem Pelzlager auf. Er war unsichtbar, aber tüchtig und äußerst gewissenhaft, und ihm verdankte man die ganzen Abrechnungen von MASQUES ET BERGAMASQUES, inklusive der langen Kolonne der »Repräsentationskosten der Direktion«.

Man rückte die Möbel in seiner kleinen Klause zusammen und stellte einen Klapptisch dazu, für einen zweiten, von den Mitgliedern ernannten, aber selbst nicht als Mitglied dazugehörenden Buchhalter, der jedes Wochenende kam, um die richtige Verteilung der Anteile zu kontrollieren, auf die er selbst kein Anrecht hatte. Für Monsieur Anselmo war das ein wenig kränkend, aber Ginette hatte gesagt: »Gute Abrechnungen machen gute Freunde«, und er hatte sich damit abgefunden. Wenn er auch zweifelte, jemals der Freund von Mademoiselle Agnès zu werden, die eigentlich niemandes Freund sein wollte: jeder wußte das mit der Zeit. Es gab infolgedessen keinerlei Grund, daß sie sich mit den Ausleihern der Kostüme anfreunden sollte, die in immer größerer Zahl von einem Monsieur Jean Renoir oder Jean Grémillon oder Alberto Cavalcanti kamen, von denen sie nichts wußte außer der Tatsache, daß sie arm waren – vermutlich –, Freunde von Alex – vielleicht –, jedenfalls aber und ganz zweifellos Nutznießer der Arbeit anderer. Sie hatte sich darüber beklagt, doch wie Monsieur Anselmo mußte sie es erdulden und im Namen einer künstlerischen Solidarität, die ihr vollkommen fremd war, hinnehmen, daß sie die Anproben von ein paar bescheidenen geblümten Kleidchen zu überwachen hatte. Alex hatte sie selbst entworfen für unbekannte Anfängerinnen, denen sie nicht einmal Guten Tag sagte, wenn sie, glühend vor Dankbarkeit, kamen, und nicht Auf Wiedersehen, wenn sie gingen, noch immer gleich dankbar, aber gelähmt durch ihr Schweigen. Es gab auch keinerlei Grund, daß sie eine besondere Zuneigung für den Neuen, den Kürschner, faßte, den Überläufer von der Rue d'Aboukir und Schützling Anitas. Und so empfing sie Stepan mit allen Anzeichen der Gleichgültigkeit in ihrer Werkstatt, in der sie ihm eine Ecke »Pelze« eingerichtet hatte.
An einem Februarmorgen kam er hinter Mademoiselle Anita und Ginette, die die Vorstellung übernahmen. Er war

blaß und lächelte ernst, als er ihnen die Hände schüttelte. Sie fand ihn schön.
Auch die vier Mädchen in der Werkstatt fanden das; sie zeigten es, indem sie sich mit den Ellbogen anstießen wie kleine Mädchen, die sie ja auch waren.
Mademoiselle Agnès zeigte gar nichts. Sie ging auf die fünfundvierzig zu, und die Verwirrung, die sie beim Eintritt des Neuen ergriffen hatte, war ganz besonderer Art. Zu einem guten Teil war sie zurückzuführen auf die Ähnlichkeit Stepans mit Janek. Janek hatte sie nur ein oder zwei Mal flüchtig wahrgenommen zwischen zwei Türen, in der Allée Chateaubriand, aber sie hatte oft an ihn gedacht, und zwar sehr präzise. Präzise, verwirrend, mit Wonne ganz im geheimen. Man konnte nicht den ganzen Tag neben Victoria Jean leben, ohne ein wenig über ihre Nächte zu phantasieren. Nicht daß Victoria Jean etwa darüber sprach, aber alles an ihrem Gang, ihr glücklich müdes Gähnen, die Art, wie sie ihre Brüste liebkoste, ihre zerknitterten Lider, ihr abwesendes Lächeln, ihr häufiges Zuspätkommen am Morgen – all das sagte mehr als irgendwelche schlüpfrigen Vertraulichkeiten. Für das Schlüpfrige war Lucas zuständig, und Mademoiselle Agnès tat von jeher so, als ob sie nichts hörte.
Dagegen hörte sie Maddy zu. Besonders wenn Maddy nicht glücklich war. Und wenn Maddy nicht glücklich war (glücklich war sie nur mit Alex gewesen, und Mademoiselle Agnès wußte das), verglich sie sich immer mit der glücklichen Victoria. Sie beneidete sie zärtlich und ohne Bitterkeit, höchstens mit einer Spur Bedauern, daß sie an diesem Glück nur teilhatte durch das, was ihr Victoria manchmal erzählte und was sie ihrerseits mit Mademoiselle Agnès teilte. Sie zensierte das ein wenig, was aber keineswegs die beschwörende Kraft des Erzählten minderte für eine so phantasievolle und einsame Frau wie Mademoiselle Agnès. Sie stellte nie eine Frage, hörte der armen Maddy nur zu, die sich sehr verwunderte über das Glück ihrer Freundin, die

die üblichen Freuden und dazu unerhörte neue im Bett ein und desselben Mannes fand, und das seit so langer Zeit.
»Es ist, als ob sie zehn Liebhaber hätte ... Er erfindet immer wieder etwas Neues«, sagte sie. »So ist das mit den Slawen: wenn du mal einen gekannt hast, kommst du nie darüber weg«, fügte sie mit fatalistischem Lächeln hinzu.
»Das soll man alles nicht so wichtig nehmen«, antwortete Mademoiselle Agnès, die nur zwei Männer gekannt hatte – die sie übrigens gern losgeworden war. Allerdings waren es keine Slawen gewesen.
Indessen, wenn sie an manchen Tagen die lila Kreide in der schönen müden Hand Victoria Jeans zittern sah, konnte es ihr passieren, daß auch sie vom Kaukasus, von der Wolga oder der Weichsel zu träumen begann, so wie andere von Venedig träumen. So wurde denn Janeks Bruder von Mademoiselle Agnès als Erbe einer langen Tradition, als Held erlesener und unerzählbarer Geschichten und Sagen empfangen.
Sie hütete sich, ihm ihre Verwirrung zu zeigen, die noch stärker wurde, als Stepan den Mund auftat und seine ersten Worte sprach; mit einer so tiefen Stimme, daß sie darin den Gesang – und den Akzent – Schaljapins wiederzuerkennen glaubte.
Diese geographischen Verirrungen und ethnischen Konfusionen belustigten Alex, Ginette und vor allem Mademoiselle Anita ungemein; ihr war die dumpfe, heimliche Leidenschaft von Mademoiselle Agnès keineswegs entgangen. Stepan merkte gar nichts davon. Mademoiselle Agnès war nicht die Frau, die sich einem Mann an den Hals warf, und lange Zeit ahnte er nichts von den Motiven der erstaunlichen Fürsorglichkeit, die sie an ihn verschwendete, um ihn über seine ersten Aufgaben zu informieren. Naiv schrieb er sie dem »kooperativen« Geist der Kooperative zu. Er war der einzige, der so dachte, aber die jungen Mädchen waren entzückt, als sie entdeckten, daß Mademoiselle Agnès nicht

nur säuerlich, stumm und mißlaunig sein konnte. Das war neu, und alle hatten ihre Freude daran. Auch Stepan, der sie nie säuerlich, stumm oder mißlaunig erlebt hatte und sie nun sehr verbindlich fand für eine nicht mehr ganz junge und so kompetente Frau. Ebenso kompetent wie Olga und Sonja es sein mußten, aber weniger hübsch, weniger fröhlich, im ganzen ernster. Besonders unter all den jungen Dingern, die vor lauter guter Laune sprühten – wie Zaza. Am Ende dieses ersten Tages, an dem er einen großen Muff aus Kaninchen-Otterfell, mit echten Nerzschwänzen garniert, herstellen mußte, hatte er seine Meinung gründlich geändert, alle seine Vorurteile über die Arbeit der »Verkleider« und die weiblichen Kolleginnen aufgegeben. Er gab das offen zu, als er in die Rue de la Mare zurückkam, mit zwei Veilchensträußen in der Hand.
Die hatte er am Eingang zur Métrostation George V gekauft, im Gedränge einer eleganten Menge, im fast goldenen Schein der Lichter, dem Lärm aus Hupen und Klingeln, von Kinos, in denen man Filme in englischer Sprache zeigte. Er hatte die Blumen gekauft, um Verzeihung zu erlangen, daß er fahnenflüchtig geworden, ›bei Bonnets‹ geflohen und anderswo glücklich war.
An der anmutigen Art, wie Olga und Sonja seine Veilchen entgegennahmen, erkannte Stepan, daß sie ihm verziehen hatten. Das Leben war schön!

Wenn es nur so bleibt, sagte sich jeder, ›bei Bonnets‹ ebenso wie in der Allée Chateaubriand.
Und es blieb.
Die Knospen waren aufgebrochen, die Sträucher in dem kleinen Garten blühten. Die Hilfskräfte sangen in der Werkstatt. Einmal hatte Mademoiselle Agnès sogar eine Strophe von *Des roses de Picardie* mitgesungen, weil sie sich im Text geirrt hatten. Die meiste Zeit folgte sie dem Takt mit festverschlossenem Mund. Aber das war schon

großartig, das hatte man vorher nie erlebt. Wann vorher? Geheimnis...
Die wunderbar Verwandelte war diskret. Mademoiselle Agnès' Leidenschaft war weder überschwänglich noch verzehrend. Sie lebte ihr ganz im stillen, nährte sie mit Winzigkeiten. Aber Winzigkeiten, die sie sammelte und die ihr nicht entgingen. Wenn sie morgens aufstand, war sie sicher, daß sie sie wiederfinden würde. Außer an den Sonntagen; da sehnte sie sich den lieben langen Tag, dachte an den Montag und Stepans über den Tisch gebeugten Nacken, an seine Stimme, an all die glücklichen Zufälle während der gemeinsamen Arbeit, wenn sich ihre Finger im dichten Pelz berührten. Vor allem bei den Anproben.
Sie liebte diese Augenblicke so, daß sie darüber sogar die Buchhaltung vergaß. Die Träger und Trägerinnen von Pelzen waren nur noch Puppen mit lebendigen Leibern, auf denen ihre Hand sich mit der Stepans traf. Ob sie reich waren oder Bettler, ließ sie von nun an völlig gleichgültig. Das war das Wunder, von dem Alex bei ›Chéramy‹ gesprochen hatte.
Auch Stepan liebte die Anproben an den lebenden Puppen. Nach all den Jahren, in denen er nie erfahren hatte, um welche Gesichter sich die von ihm genähten Kragen schmiegen würden, fand er nun großes Vergnügen daran, sich nach dem Kopf des Kunden — oder der Kundin — zu richten. Er kannte die Künstler nicht, die er als Großfürstinnen oder als Trapper aus dem Hohen Norden verkleidete, aber er fand sie alle schön, fragte sie nach ihren Namen und ließ sich zu Hause von Zaza über sie aufklären.
Für die Anproben vor den großen geschliffenen Spiegeln hatte Mademoiselle Agnès ihm neue Kittel machen lassen, die sie ihm selbst anprobierte. Sie waren weiß, im Raglan-Schnitt, mit Falte im Rücken und Gürtel, und er sah darin aus wie ein Zahnarzt. Er hatte drei solche Kittel, die im

Haus gewaschen und gebügelt wurden, und brauchte also keine schmutzige Wäsche mehr mit nach Hause zu nehmen. Auch keinen Henkelmann mehr: mittags − das konnte auch zwischen eins und zwei sein, je nach der Arbeit, die anfiel − fand sich die Kooperative am anderen Ende des Gartens in der Rue Washington bei *Raymonde und André, bürgerliche Küche* zusammen, wo sie hinten im Lokal ihren Tisch hatte. Am ersten Tag hatte Stepan sein Mitgebrachtes gegessen. Schon am zweiten Tag war er den anderen gefolgt, um zu sehen... Die Preise waren mäßig, das Tagesgericht schmeckte gut, und die Kellnerin hatte ein fröhliches Wesen. So ging er nun künftig ohne seinen Ranzen, die Hände in den Taschen, morgens mit Elie zusammen aus dem Haus. Eigentlich hätte er etwas später fahren können an manchen Morgen. Aber er tat es nie.

Jeannette Clément sah sie zusammen an der verglasten Tür vorbeigehen, antwortete auf ihr »Bonjour«, kam aber selten an die Tür. Sie freute sich, daß Stepan nicht mehr arbeitslos war, doch da weder Olga noch Sonja ihr den Grund seiner vorübergehenden Arbeitslosigkeit genannt hatten und auch Stepan selbst es Félix nicht gesagt hatte − er war auch nicht seinem Rat gefolgt und in die Gewerkschaft eingetreten und hatte trotzdem Arbeit gefunden −, freute sie sich einfach, nichts weiter. Sie wollte sich zurückhalten.
Mit Félix sprach sie sehr wenig darüber; er rannte von Versammlung zu Versammlung (im April sollten die Wahlen sein), und schon gar nicht mit Robert, dessen Abitur im Juni bevorstand: Maurice, Sami und er waren praktisch unsichtbar, unzertrennlich und nicht sehr höflich.
Ihr blieben Zaza und Josette, die durch ihre Schule nicht so beansprucht wurden und daher verfügbar waren. Mit ihnen konnte man sprechen. Über den Taillenumfang von Danièle (Parola), vom Grübchen Jean Pierres (Aumont) oder dem Herzmund Danielles (Darrieux).

Jeannette fand das zwar nicht übermäßig wichtig, bedauerte aber doch, daß diese Leute sich nie in Fleisch und Blut bei der Kooperative im xx. Arrondissement zeigten, während sie sich anscheinend in der Werkstatt bei den Champs-Elysées die Klinke in die Hand gaben. Sie hatte den Beweis dafür: Stepan brachte zwei große Fotos von Pierre Richard-Willm als Fremdenlegionär mit nach Hause, das eine gewidmet »Mademoiselle Elsa Roginski mit freundschaftlichen Grüßen von P. Richard-Willm«, das andere, die gleiche Aufnahme, »Für Josette Clément, sehr herzlich P. Richard-Willm«. Die Veränderungen im Text, der für Josette bestimmt war, erklärten sich von selbst, wenn man sie mit dem Text für Zaza verglich. Jedenfalls bei längerem Nachdenken.
Zaza, vier Monate älter, hatte das Recht auf die Anrede »Mademoiselle«. Da sie zudem Tochter eines Mannes war, der häufig mit dem großen Künstler zu tun hatte, bekam sie auch ein Anrecht auf »freundschaftliche Grüße«. Josette dagegen wurde im Hinblick auf ihr Alter mit schmeichelhafter Familiarität behandelt, was sich in dem brüderlichen, unverfänglichen »herzlich« äußerte.
Pierre Richard wurde mit Reißnägeln im Erdgeschoß und im zweiten Stock über den Mädchenbetten befestigt. Félix schätzte diese Huldigung an die Fremdenlegion nur mäßig, aber Jeannette erinnerte ihn daran, wie sie in *La Maison dans la Dune* geweint habe, und Josette kündigte an, in Kürze werde Pierre Richard auf der Leinwand Frédéric Chopin sein. Man nahm also den Legionär nicht von der Wand, aber Félix sah sich zu einer kurzen Analyse der Wetterwendigkeit, des Leichtsinns oder der Gewinnsucht, mit einem Wort, der Unbeständigkeit der Filmstars veranlaßt, die ihre Gesichter an so gegensätzliche Gestalten ausliehen wie einen Söldner des Kolonialismus und einen antizaristischen Revolutionär.
»Das ist schon wahr«, gab Jeannette zu, die bisher von

Chopin nur seine Liebesgeschichte mit George Sand und den Abschiedswalzer kannte.
Aber sie hatte über Félix' Analyse nachgedacht, und als sie Stepan vorübergehen sah, fragte sie sich, ob der Umgang mit so wenig verantwortungsbewußten Leuten nicht auf diesen Mann abfärben würde, den sie gern mochten, der aber schon seine Gewohnheiten geändert hatte. Er kam oft sehr spät heim, aß zu Mittag im Restaurant und ließ jetzt außerhalb waschen. Jeannette fand das nicht nett Olga gegenüber. Die hatte ihr allerdings aus Taktgefühl nichts davon erzählt.

Olga kam sehr gut zurecht ohne die Umstände mit dem Henkelmann.
Und Olga fand es recht bequem, daß sie Stepans Kittel nicht mehr waschen mußte.
Es war ihr lieber, auf Stepan zu warten, um zu Abend zu essen, als daß er auf sein Abendessen warten mußte.
Und vor allem anderen liebte es Olga, abends einem Stepan die Tür zu öffnen, der glücklich, entspannt und voll von Geschichten war.
Geschichten von der Kooperative, die er mit ihr und Sonja teilen konnte, von denen auch Elie seinen Teil bekam, oft in Gegenwart Zazas. Wie die von Pierre Richard-Willm und Frédéric Chopin zum Beispiel:
»Geben Sie mir Polnischunterricht, damit ich meinen Frédéric spielen kann«, sagte der Schauspieler liebenswürdig am Ende einer Anprobe.
»Das würde ich Ihnen nicht raten, Monsieur Willm, denn mit einem Akzent wie dem meinen hätte ihr Frédéric Chopin nie aus dem Schtetl herauskönnen, um Klavierspielen zu lernen!« antwortete Stepan lachend.
»Sie sind zu bescheiden, Monsieur Roginski«, murmelte Mademoiselle Agnès, während Pierre Richard-Willm ebenfalls lachte und Stepan kräftig auf die Schulter schlug.

»Entschuldigen Sie, mein Guter! Da hab' ich's wieder. Also *Masel tov* und *Schalom*, Monsieur Roginski, bis morgen...« – und er ging hinaus unter den bewundernden Blicken von Mademoiselle Agnès, die das Schlußwort hatte: »Unglaublich, wie gut er sich schon auskennt... im Polnischen!«
Natürlich hätte Stepan Geschichten wie diese niemals aus der Rue d'Aboukir heimbringen können. Trotzdem, sie ähnelten denen, die Jiri erzählte. Aber Jiri holte die seinen aus der Vergangenheit, er, Stepan, erzählte aus dem heutigen Leben. Das war hundertmal lustiger, und Zaza mußte warten, bis das Gelächter abflaute, eine ganze Weile nach der Pointe der Geschichte, um die Frage zu stellen, die ihr auf den Lippen brannte, seit sie die beiden leuchtenden Namen Chopin und Richard-Willm gehört hatte. Von da an hatte sie nicht weiter zugehört und fand nun, man lasse sie eine Wahnsinnszeit warten wegen des Lachens über Dinge, denen sie nicht gefolgt war.
»Sag, Papa, kannst du uns ein Foto besorgen, Josette und mir?« sagte sie schließlich, als es ruhiger geworden war. »Ich will's versuchen«, antwortete Stepan, der es unterlassen hatte, nach dem wahren Sinn des Ausdrucks »Da hab' ich's wieder« zu fragen. Aber daß er den nicht kannte, hatte in der Rue de la Mare niemand weiter geschadet, vor allem nicht Pierre Richard-Willm, bei dem Olga eine entfernte Ähnlichkeit mit einem Verwandten in Galizien feststellte, als Stepan das Foto nach Hause brachte.
Die Legionärsuniform stieß auf keinerlei Kritik. Olga und Sonja befaßten sich mit der Drapierung des langen weißen Halstuchs, das so hübsch Falten warf. Stepan und Elie erinnerte das Bild an manche Typen, die sie gekannt hatten, keine schlechten Kerle, keine gewalttätigen, vielleicht manchmal ein wenig versoffen, die – weil sie auf Papiere warteten, die man ihnen nie gab, weil sie nichts begriffen von einer Sprache, die sie weder sprachen noch hörten, weil

sie einsam waren und Heimweh hatten – sich eines Abends schließlich zur Fremdenlegion gemeldet hatten.
Nicht alle hatten soviel Glück gehabt wie sie beide. Aber um über ihr eigenes Glück und das Nicht-Glück der anderen zu reden, warteten sie bis zum nächsten Morgen. Zwischen ihrem Haus und der Station Place de la République fanden sie ihren Ernst wieder.
Oder aber sie warteten bis zum Sonntag.
Aber das waren dann die Gelegenheiten, wo sie wirklich reden wollten: reden über sich, über die anderen, über Frankreich und die Welt, die ganze Welt, aber notwendigerweise vor allem von dem Teil der Welt, den sie gut kannten und den sie verlassen hatten, als sie nach Frankreich kamen, das sie so schlecht kannten.
Dennoch hatte Frankreich Franzosen aus ihnen gemacht. Franzosen, die zum ersten Mal in ihrem Leben zur Wahl gingen.
Sie maßen dem, was sie in einigen Wochen tun würden, große Bedeutung bei. Es sollte allen nützen, die sich ihrer angenommen hatten; seit zwei Jahren sahen sie, wie diese anderen Aufmärsche veranstalteten, an denen sie selbst kaum teilnahmen, denn sie waren weder Fabrikarbeiter noch Beamte, noch Kriegsteilnehmer, weder Arbeitslose noch militante Parteigänger, nicht einmal Gewerkschaftler, und man hatte sie niemals beraubt oder verraten, aus dem einfachen Grund, weil man ihnen nie etwas versprochen hatte.
Jedenfalls, nichts von dem, was die Tausende marschierender Menschen verlangten zum Klang bekannter Weisen, die ihnen selbst unbekannt waren, mit improvisierten Worten, die sie nicht immer verstanden.
Für alle diese Leute wollten sie nur Gutes. Ihre beiden Wahlzettel, die so leicht schienen, würden schwer wiegen in ihrer Hand, bevor sie in die Urne fielen, denn sie waren beladen mit dem Gewicht ihrer Skrupel und ihrer Dankbarkeit. Und auch ihrer Vergangenheit.

Natürlich sprachen sie auch von ihrer Vergangenheit. Von dem Polen und der Ukraine von einst, und auch von heute. Stepan sprach nicht gern von den wenigen Briefen, die er aus Polen bekam. Sie waren alle furchtbar traurig. Frédéric Chopin war seit bald hundert Jahren tot, aber nach den letzten Nachrichten zu schließen, zitterten die Juden immer noch wie damals im Königreich Polen.
Darüber hatte er in all den Jahren bei FÉMINA-PRESTIGE nie mit Janek sprechen können. Und mit Olga darüber zu reden, hatte er sich abgewöhnt; es machte sie unglücklich. Nur mit Elie sprach er darüber, und auch das immer seltener, seit alles so gut ging in der Allée Chateaubriand.
Was die letzten Nachrichten aus der Ukraine betraf, so waren sie weder traurig noch fröhlich, weder gut noch schlecht: es gab sie gar nicht. Sie waren weder banal noch oberflächlich, noch ungenau. Es gab sie nicht.
Also konnte Elie auch nicht wissen, ob es wahr war, daß man in der jungen Sowjetrepublik Ukraine absolut nicht mehr zitterte, wenn man Jude war. Am Anfang hatte es gestimmt, er hatte den Beweis erlebt. Aber seither waren neun Jahre vergangen ...
Und dann sprachen sie eines Sonntags notgedrungen von Wolodja.

Um von dieser alten Geschichte noch vor dem öffentlichen Duschbad zu reden, gingen sie an diesem Sonntag die Rue des Pyrénées in Richtung Haltestelle Gambetta; sie wollten ungestört sein. Das war kein Gespräch, das man im Bistro des Auvergners führte. Und noch weniger zu Hause. Der einzige Mensch im Viertel, mit dem oder vor dem sie ohne Hemmung über Wolodja sprechen konnten, war Monsieur Florian. Aber den alten Monsieur Florian sah man sonntags nicht im Viertel.

Immerhin hatte man seinerzeit erlebt, daß er sich an einem Sonntag herbemühte und bei den Guttmans anklopfte. Das war sogar zweimal vorgekommen. Beide Male zur gleichen Zeit: nach dem Essen, um nicht zu stören.

Beide Male wurde Maurice zum Spielen auf die Straße geschickt, nachdem man ihn beruhigt hatte: nein, sein Lehrer wollte sich nicht über ihn beschweren. Er war gekommen, um mit Papa und Mama Dinge zu besprechen, die Kinder nichts angingen.

Das zeigt, wie weit das alles zurücklag. Denn wenn man von Wolodja reden wollte, dann mußte man auch wieder von Simon Petljura und Samuel Schwartzbard sprechen. Und damit vom zweiten Besuch Monsieur Florians, dem von 1927, zur Zeit des Prozesses.

Als er an jenem Sonntag kam und an die Tür der Guttmans klopfte, wollte er nicht nur mit ihnen sprechen. Er wollte ihnen etwas bringen. Zweierlei, um genau zu sein.

Zuerst einen Zeitungsausschnitt, den er Elie hinhielt. Elie gab ihn zurück und bat um Erlaubnis, seine Nachbarn, Monsieur und Madame Roginski, zu holen, denn das interessiere sie bestimmt auch, vor allem wenn Monsieur Florian ihnen den Artikel vorlesen würde. Es wäre so einfacher für die Damen, die keine Zeitungen läsen.

Zeitungen hatten Elie und Stepan seit der Eröffnung des Prozesses, das heißt seit dem vorigen Mittwoch, eine ganze Menge gesehen. In der Rue d'Aboukir riß man sie sich aus den Händen, man redete von nichts anderem, ohne laut zu werden — wegen Monsieur Jean —, aber da alles durcheinanderredete, wenn auch mit leiser Stimme, war es schwierig, sich eine Vorstellung zu bilden. Auch bei MERCIER FRÈRES riß man sich die Zeitungen aus der Hand, aber aus anderen Gründen: in der Werkstatt sprach man nur von Coste und Le Bris. Denn am gleichen Tag und genau zur

gleichen Stunde (wenn man den Zeitunterschied berücksichtigt), als der Mörder Schwartzbard auf der Anklagebank vor dem Schwurgericht des Departements Seine erschien, landeten die beiden Asse der französischen Marinefliegerei triumphal auf der ausgedörrten Piste des Flugplatzes von Rio de Janeiro. Daher interessierten sich die Lederwaren-Kollegen kaum für das Schicksal des »Popov«, nur Monsieur Paul zwinkerte Elie optimistisch und komplizenhaft zu. Die Kollegen informierten stattdessen Lilitsch ausführlich über Védrine und Santos-Dumont, über Guynemer, Blériot und Assolant, Nungesser und Coli.
An diesem Sonntagnachmittag brachte Elie Stepan und Olga mit in die Wohnung, Sonja machte Tee, man schickte Zaza zu Maurice und den Clément-Kindern, und Monsieur Florian begann im selben Tonfall, den er unter der Woche bei seinen Diktaten hatte, seine Lektüre vor ebenso aufmerksamen wie respektvollen Zuhörern.
Der Artikel trug den Titel:

Ich schwöre es

Die ganze Woche über ließ der Vertreter der Zivilklage vor uns eine elegante Schar sehr höflicher Leute aufmarschieren, die ihre Hochachtung für ihren Chef ausdrückten, den sie hartnäckig den ersten Präsidenten der Republik Ukraine nennen. Und wir sahen, wie sie die Handschuhe von ihren weißen, gepflegten Händen zogen, um ihren Schwur als falsche Zeugen zu leisten. Es waren etwa dreißig an der Zahl.
In der kommenden Woche werden wir die echten Zeugen sehen. Es werden achtzig sein. Und sie werden über den wahren Petljura aussagen, den Chef einer Folterer- und Mörderbande. Und wir werden sie hören und sehen, diese Überlebenden. Sie kommen aus allen Himmelsrichtungen und sind eben hier ange-

langt. Um uns zu erzählen, welche Greuel sie erlebt haben, um uns die Verstümmelungen, die Verletzungen und Narben zu zeigen, die diese Greuel an ihren Körpern und in ihrem Gedächtnis hinterlassen haben.
Sie werden von ihren Toten sprechen, deren Leichen zu Tausenden den Boden Polens und der Ukraine so lange gedüngt haben.
Sie werden nicht die vornehme Haltung und Sprechweise der Komplizen des Mörders ihrer Brüder, Väter, Schwestern und Kinder haben.
Sie werden müde sein, denn sie kommen von weit her – und von noch viel weiter zurück. Sie werden unsere Sprache nicht gut sprechen. Wir werden hinhören müssen. Sie brauchen keine Handschuhe auszuziehen, um die rechte Hand zu heben und zu sagen »Ich schwöre es«, manche werden nämlich einarmig sein, aber mit ihren zerschmetterten Mündern werden sie uns die Wahrheit sagen.
Nichts als die Wahrheit, das schwöre ich Ihnen.

Der Artikel war unterzeichnet mit Le Bihan, Gerichtsberichterstatter. Und Monsieur Florian erklärte, daß er den Bericht aus einem Wochenblatt namens *L'Instit'* ausgeschnitten habe, das nicht im Handel erhältlich sei. Deshalb habe er es mitgebracht.
Man schwieg im Eßzimmer der Guttmans. Die beiden Männer hatten fast alles verstanden, da Monsieur Florian die Worte so gut betonte. Olga und Sonja war viel entgangen, aber sie hatten die Zahl von achtzig Überlebenden behalten. Schüchtern wollte Sonja eine Frage stellen, als Monsieur Florian wieder das Wort ergriff.
»Das ist nicht alles«, sagte er. »Ich habe auch das gefunden, was Sie interessieren dürfte, Monsieur und Madame Guttman. Ich habe es aus einer sehr üblen Zeitung ausgeschnitten, aber was macht das!«

Und er zog aus seiner Brieftasche ein kleines Foto mit der Bildunterschrift *Die Bolschewiken in Paris;* rasch las Monsieur Florian für sich die Zeilen darunter:

> Die Verteidigung, die vor nichts zurückschreckt, läßt auf ihre Kosten sowjet-ukrainische Staatsbürger anreisen, die schon nächste Woche dem Mörder des Präsidenten Petljura zu Hilfe eilen werden. Hier einer von ihnen, von unserem Reporter bei der Ankunft an der Gare de l'Est überrascht. Beim Anblick seines Lächelns wollen wir wetten, daß der »Zeuge« Wladimir Guttman unter der Reise nicht mehr gelitten hat als unter den »Pogromen«, die er sichtlich bei bester Gesundheit überstanden hat.

Monsieur Florian faltete sorgsam Titel und Bildunterschrift nach hinten.
»Sehen Sie sich das an«, sagte er. Und langsam, fast feierlich, legte er das Foto vor Sonja und Elie auf den Tisch.
Zusammen beugten sie sich darüber, und was man dann hörte, kann man keinen Schrei nennen. Sie stießen ihren Schrei nicht aus, sie atmeten ihn ein in einem langen, zweistimmigen Seufzer. Und als sie den Kopf wieder hoben, konnte man in ihren Blicken Schrecken, Ungläubigkeit und unbeschreibliches Glück zugleich lesen.
Auf dem Foto hatten Elie und Sonja trotz der Hiebnarbe, die die eine Gesichtshälfte entstellte, Wolodja erkannt.
Wolodja, den Freund, den Vetter, den Beinahe-Bruder. Den man für tot gehalten hatte, weil man ihn in Schitomir beim großen Pogrom als Toten sah. Beim letzten Pogrom. Jedenfalls beim letzten im Leben von Sonja und Elie Guttman.
Der schöne, liebevolle Wolodja war am Leben. So lebendig sogar auf dem Foto, daß er die Hand gegen die Kamera ausstreckte, als wollte er sich davor schützen. Sicher hatte er seine Bewegung zu spät gemacht, und da er lächelte, sah

es eher so aus, als würde er sich vor den Sonnenstrahlen schützen. Vor der Pariser Sonne.
Und Sonja brach in Tränen aus und warf sich in Elies Arme, der ihr auf die Schulter klopfte und Monsieur Florian lächelnd und kopfschüttelnd ansah, wie wenn er seine Frau entschuldigen wollte, daß sie sich vor einem Fremden so gehenließ.
Ein Fremder, das war trotz allem das passende Wort. Monsieur Florian war ebenso gerührt wie verlegen, er fühlte sich ein wenig wie der Zuschauer eines Schauspiels, dessen Urheber er immerhin war.
Er stand auf.
Jetzt lachte Sonja in Elies Armen; sie sagte immer wieder: »Wolodja ... Wolodja ...«, und nun weinte Olga still, das Gesicht mit den Händen bedeckt, und Stepan streichelte ihre Schulter und sagte: »Ich weiß ... ich weiß ...« Und um seine Frau zu entschuldigen, erklärte auch er es Monsieur Florian: Olga weinte, weil man bei ihnen in Polen auf einen derartigen Glücksfall nicht hoffen konnte. Die Toten waren ganz tot, sie kamen nicht zurück. Das wußte man aus den Briefen, die man bekommen hatte.
»Wolodja konnte uns nicht schreiben, man glaubte ja, er sei tot ...«, erwiderte da Sonja schulterzuckend, wie man jemand antwortet, der etwas sehr Dummes gesagt hat.
Beinahe hätte Monsieur Florian dazu bemerkt, daß die Auferstandenen nicht verpflichtet seien, die Toten zu spielen, um ihrem Ruf als Tote gerecht zu werden, aber er hatte seine Bemerkung für sich behalten. Genauso wie er seine Frage für sich behielt. Seine Frage als Fremder, die er nicht zu stellen wagte, weil sie zu französisch war: »Warum schreibt man Ihnen aus Polen und nicht aus der Ukraine?« Und wenn er sie nicht stellte, dann auch aus Angst, daß er die Antwort schon wußte; er hatte weder Lust, sie sich sagen zu lassen, noch sie selbst auszusprechen.
Er wollte gehen. Aber alle gerieten in Aufregung. Wie sollte

man Wolodja finden, an einem Sonntag, in einem Paris, das ihnen allen vieren fast so unbekannt war wie dem Gespenst aus der Ukraine?
Monsieur Florian ließ ihnen für diesen Sonntag wenig Hoffnung. Aber er versprach, sich zu informieren. Er hatte einen Einfall. Wenn es klappte, würde er es ihnen durch Maurice ausrichten lassen. Morgen. »Nicht durch Maurice, Monsieur Florian, bitte«, bat Sonja in fast flehendem Ton.
»Gut, nicht durch Maurice. Ich schicke Ihnen ein Briefchen«, stimmte Monsieur Florian zu.
»Ich komme lieber an den Eingang der Schule«, schlug Sonja vor.
»Wenn Sie wollen, Madame Guttman«, sagte Monsieur Florian, der verstand, daß Sonja nicht lesen konnte.
Er drückte allen die Hände und verließ das Eßzimmer. Elie begleitete ihn nach unten. Die Straße war ausgestorben, man hörte die Kinder in der Sackgasse lachen. Elie nahm Monsieur Florians Hand in seine beiden Hände, sagte dreimal hintereinander kopfschüttelnd dankeschön und gab ihm dann die Telefonnummer von MERCIER. Monsieur Mercier war sehr freundlich, er würde ihn sogar vorzeitig weglassen, wenn Monsieur Florian Nachricht von Wolodja haben sollte.
In der Zwischenzeit ging Sonja mit Olga ins Eßzimmer der Roginskis: sie wollte Wolodja im »Rahmen der Unsrigen« haben, noch ehe sie ihn in Wirklichkeit wiedersah. Und vor allem, bevor die Kinder zurückkamen. Im Oktober wurde es früh dunkel, und sie würden bald heimkehren, um etwas zu essen zu bekommen.
Sonja konnte jetzt ihre Fragen noch nicht beantworten. Sie kamen immer, diese Fragen, wenn man den »Rahmen der Unsrigen« öffnete. Dies eine Mal würde die Antwort lebendig sein.
Morgen konnte Wolodja selbst erzählen. Oder besser, er erzählte, wer Onkel Wolodja war, der auf Besuch in Paris sei. Nichts weiter. Darauf würde man achten.

Morgen... und warum nicht heute abend schon?
Monsieur Florian hatte gesagt, Paris sei zu groß, und es war Sonntag. Aber wenn in den Tausenden von Straßen, in den Millionen Häusern, hinter den Milliarden Türen in Paris ein Mensch lebte, den sie in einer anderen Stadt tot glaubten, dann war das Beweis genug, daß im Leben alles möglich ist. Sogar an einem Sonntag.
Und in der Rue de la Mare begann man, auf Wolodja zu warten.

Der Verteidiger Samuel Schwartzbards hieß Henry Torrès. Elie erfuhr nie, welche Kühnheit es für einen unbekannten Grundschullehrer gebraucht hatte, um an einem Sonntag bei Anbruch der Nacht den im Oktober 1927 angesehensten und gefragtesten Anwalt Frankreichs in seiner Wohnung aufzusuchen. Aber das tat Monsieur Florian. Statt heimzugehen, schlug er in einem Café der Rue des Pyrénées im Adreßbuch nach, dachte einen Augenblick daran anzurufen, entschied dann aber, es sei besser, selbst hinzugehen.
Maître Henry Torrès war ein angesehener Anwalt, weil er Talent hatte, aber auch weil er hochherzig und mutig war. Wie alle mutigen Leute anerkannte er den Mut Monsieur Florians, der es wagte, sich ohne Verabredung, ohne Empfehlung in der Avenue Hoche einzufinden an der Tür eines so berühmten Mannes, für den die Woche auch nur einen Sonntag hatte. Wie auch für Monsieur Florian selbst. Für den gab es zwar noch den freien Donnerstag, aber er fürchtete, der Donnerstag sei zu spät für die Auskunft, die er brauchte...
Mit diesen Worten entschuldigte er sich und erklärte auf

dem Treppenabsatz, um was es ging, bevor er durch die Tür trat, die ihm Maître Henry Torrès in einem etwas ausgeleierten Hausrock selbst geöffnet hatte.
Monsieur Florian wollte nicht, daß man ihn für einen jener Spitzbuben hielt, die – kaum haben sie ihren Coup gelandet oder manchmal schon kurz zuvor – dem Anwalt eine Anzahlung bringen für den Fall, daß man sie erwischt.
Monsieur Florian hatte von derartigen Dingen gehört. Maître Henry Torrès auch.
»Die kommen nicht zu mir ... Sie bevorzugen bestimmte Kollegen ... Treten Sie ein, Monsieur«, sagte er lächelnd und führte seinen Besucher in ein sehr großes Büro, das so vollgestopft war, daß man fast auf Aktenbündel trat. Er bot ihm einen Platz an und hörte aufmerksam zu.
Unglücklicherweise könne er die Pariser Adresse des Zeugen Wladimir Guttman nicht angeben, sagte er, nachdem er eine lange Namensliste in seinem Papierwust befragt hatte. Der Zeuge Guttman war Ukrainer aus der Ukraine. Kein Pole. Bei den Polen aus Polen wußte man, wo sie in Paris zu finden waren. Sie waren als Gruppe angekommen, mit einem Rabbiner, und wohnten fast alle in einem kleinen Hotel in der Rue Vieille-du-Temple, das Sonderbedingungen angeboten hatte. Manche allerdings wollten lieber bei Verwandten wohnen. Was die Dinge ein wenig komplizierte, wenn man sie alle zur gleichen Zeit am gleichen Ort haben wollte.
Mit den Ukrainern aus der Ukraine hatte man diese Umstände nicht. Auch sie waren als Gruppe gekommen, ohne Rabbiner, aber mit zwei Dolmetschern, und da sie nur zu fünft waren, hatte auch keiner den Wunsch, sich abzusetzen. Jedenfalls waren sie immer beisammen und schienen keine persönlichen Bindungen in Paris zu haben. Scheinbar wollten sie auch keine neuen Verbindungen anknüpfen mit den anderen ukrainischen Zeugen, die von anderswoher gekommen waren, aus ganz Europa und Amerika, wo die

Mitarbeiter der Verteidigung sie während der siebzehn Monate der Prozeßvorbereitung aufgespürt hatten.
Die Ukrainer aus anderen Ländern waren getrennt gekommen, ohne Rabbiner und ohne Dolmetscher, und im Einhalten von Zeitplänen waren sie etwas unberechenbar. Sie wohnten da und dort, aber man hatte ihre Adressen.
Über die Ukrainer aus der Ukraine, wie Monsieur Guttman, jedoch wußte man nichts. Sie waren da seit dem ersten Prozeßtag, das heißt, seit Dienstag, dem 18. Oktober. Sie hatten sich beim Namensaufruf gemeldet wie die anderen auch. Und seitdem kamen sie pünktlich alle Tage vor den Sitzungen, blieben im Zeugenzimmer, gingen nach der Verhandlung wieder, beklagten sich nicht wie die anderen, daß sie für nichts herumsitzen müßten, fragten nicht, wann sie drankämen. Sie waren immer da. Man mußte sie nicht suchen. Woher man sie brachte und wohin sie zurückgeführt wurden, war unklar. Der ältere der Dolmetscher, dem man die Vorladungen gab, hatte von einer »hübschen Pension auf dem Lande« gesprochen, was der junge Mitarbeiter von Maître Torrès mit »ein Vororthäuschen« übersetzt hatte. War es im Norden, im Süden, im Osten oder im Westen von Paris? Das konnte man nicht wissen. Der Fahrer ihres kleinen Busses sprach kein Französisch.
»Ich habe nur mit großer Mühe erreicht, daß sie kommen durften. Ich mußte monatelang verhandeln. Sie sind da. Ich werde mich nicht herumzanken, um zu erfahren, ob sie in Argenteuil oder in Bécon-les-Bruyères wohnen... Ich bekomme ihre Adresse nicht für Sie, lieber Herr, denn man gibt sie mir nicht. Sie sind die Überlebenden der Massaker von Berditschev, Proskurov und Schitomir. Ich möchte nicht verantwortlich sein für ihr Verschwinden im Departement Seine-et-Oise.«
Maître Henry Torrès sagte das mit traurigem Humor. Er war müde, das sah man. Monsieur Florian entschuldigte sich noch einmal, daß er gekommen und seinen einzigen Erho-

lungstag mitten in der Schlacht gestört habe. Und das wegen einer simplen Adresse.
»Entschuldigen Sie sich nicht, Monsieur. Sie haben recht daran getan zu kommen. Die Welt quillt über von Leuten, die nicht den kleinen Finger rühren würden, um die Adresse eines Vetters zu finden, der noch nicht einmal ihr eigener ist... Das sind dieselben Leute, die ihre Türen verbarrikadieren, wenn sie aus dem Stockwerk unten Hilfeschreie hören, und dieselben, die Schwartzbard lieber ›den Mörder‹ als den ›Rächer‹ nennen. Nach einer Woche, wie wir, mein Mandant und ich, sie hinter uns gebracht haben und wie sie uns noch bevorsteht, tut es gut, jemand wie Sie zu treffen. Ich wünsche mir, daß sich ein paar Menschen wie Sie unter den Geschworenen befinden, die man seit dem letzten Dienstag anlügt und die am kommenden Donnerstag zu einem Urteil kommen müssen. Ich wünsche es für Samuel Schwartzbard, der es als Ehre ansieht, im Sinne des Gesetzes schuldig zu sein. Ich wünsche es für unser aller Ehre, was auch mein Kollege Campinchi sagen mag und trotz des legitimen Schmerzes seiner Mandantin, der Witwe des ›Opfers‹, die gleichzeitig die Witwe des einzigen echten Mörders ist in dieser Affäre blutiger Verbrechen... Ich spreche von Verbrechen im Plural, und ich spreche von Strömen von Blut, nicht von der Blutlache, die ein paar Stunden lang den Bürgersteig der Rue Racine in Paris befleckte...«
Monsieur Florian hatte noch nie ein Plädoyer gehört. Er war fasziniert. Maître Henry Torrès bemerkte es.
»Glauben Sie nicht, daß ich meine Rede übe, Monsieur, ich bin empört, empört als Privatmann, aber vielleicht kann ich mich deshalb vor der Öffentlichkeit empören«, sagte er lächelnd.
»Vermutlich«, bestätigte Monsieur Florian, ebenfalls lächelnd.
»Aber kommen wir auf Ihre Freunde und meinen Zeugen

aus der Ukraine zurück... Kann man Sie nachmittags telefonisch erreichen? Und unter welcher Nummer? Ich lasse Sie durch meinen jungen Mitarbeiter anrufen, vielleicht hat er eine Idee, wie man ein Treffen in der Umgebung des Palais de Justice bewerkstelligen kann. Laut Plan werden meine armen Entkommen am Dienstag oder Mittwoch vor Gericht aussagen.«
Monsieur Florian gab die Nummer der Schule an, präsierte die Pausenzeiten und die Stunde des Schulschlusses und errötete dabei wie einer seiner Schüler.
»Ich verspreche Ihnen, ich werde Sie nicht vergessen«, sagte Maître Torrès, als er ihn zur Tür begleitete.
»Ich auch nicht, Maître, ich werde Sie nie vergessen«, murmelte Monsieur Florian.
Er wollte gerade die Treppe hinuntergehen, als der Anwalt ihn zurückrief:
»Sagen Sie... Sprechen Sie mit Ihren Kindern darüber? Stellen sie Ihnen Fragen, die Enkel der Toten?«
Monsieur Florian stieg zwei Stufen wieder hinauf. Er schüttelte verneinend den Kopf.
»Ihre Eltern legen keinen Wert darauf, ihre Erinnerungen mit ihnen zu teilen, und sie vertrauen mir ihre Kinder an, damit ich sie die Erinnerungen und die Geschichte Frankreichs lehre...«
»Nun, dann wollen wir sagen, wenn wir Samuel Schwartzbard retten, wird das vielleicht für die Zukunft ein schönes kleines Kapitel der französischen Geschichte!«
»Ja, für ihre Kinder... Aber ich bin dann nicht mehr da, um sie zu unterrichten«, sagte Monsieur Florian und ging nun endgültig hinunter; er winkte mit der Hand zur Tür, die sich leise schloß.

Sicherlich war es unmöglich, war es verrückt, aber es wäre doch großartig gewesen, wenn plötzlich Wolodja an die Tür geklopft hätte, bevor dieser Sonntag zu Ende ging!

Sonja hatte irgendwie daran geglaubt bis tief in die Nacht hinein, und erst als Barsky vor ihrer Tür brummte und hustete, hörte sie auf, sich einzubilden, dieser langsame, zögernde Schritt sei vielleicht der Wolodjas, der sich in einem unbekannten Treppenhaus verlaufen habe.
Dann, beim Schlafengehen, gestand sie sich ein, es sei schließlich besser so. Dadurch hatte man mehr Zeit, sich einzurichten und alles vorzubereiten: Essen, Trinken, Blumen und — warum nicht? — ein Bett für die Nacht.
Vielleicht würde Wolodja gerne hier schlafen? Dann käme Maurice in das große Bett, zwischen sie beide, oder mit ins Klappbett Zazas, sie in einer, er in der anderen Richtung liegend. Und auch wenn Wolodja nicht hier schlafen wollte, mußte man das Klappbett von Maurice ins Schlafzimmer schieben, damit sie im Eßzimmer in Ruhe sprechen konnten, wenn sie wollten, die ganze Nacht. Aber das würde man ja morgen sehen.
Auch was das Arbeitsmaterial für die Näharbeiten anging. Auch das mußte morgen geregelt werden. Sie würde ihr Bündel mit dem Olgas im Eßzimmer der Roginskis abstellen. Damit ihr Eßzimmer wirklich nach einem Wohnraum aussah.
Sie durfte auch nicht vergessen, den »Rahmen der Unsrigen« auf ihren Kamin zu stellen. Wolodja würde nicht verstehen, daß man sein Foto bei den Nachbarn aufbewahrte. Auch wenn die Nachbarn ihre Familie in Frankreich waren, es war trotz allem nicht die echte Familie.
Sie würde auch eine Quiche Lorraine besorgen. Damit er die französische Küche kennenlernte.
Und den anderen im Haus würde man nichts erzählen, vor allem nicht Madame Lowenthal. Auch den Cléments nicht. Wolodja, das ging eigentlich nur sie etwas an. Sie, die Roginskis, und natürlich Monsieur Florian. Bevor sie das Licht löschten, gestand Elie Sonja immerhin, daß er mehrere Briefe in sein Dorf nach Schitomir geschrieben habe,

mit ihrer Pariser Adresse. Es war merkwürdig, daß Wolodja nie ein Lebenszeichen gegeben hatte.
Sonja antwortete ihm nicht, weil sie schon Monsieur Florian geantwortet hatte.
Sie sagte, das sei wirklich merkwürdig, aber Wolodja werde es ihnen sicherlich erklären. Morgen.

Es war Mittwoch, der 26. Oktober, gegen sechzehn Uhr dreißig, als Monsieur Paul Mercier zu Elie in die Werkstatt kam.
Man erwarte ihn im Café-Restaurant ›Trois marches‹, an der Place Dauphine, vor dem Palais de Justice, in einer Familienangelegenheit. Er solle um siebzehn Uhr, spätestens siebzehn Uhr fünfzehn unbedingt dort sein.

In der Rue de la Mare brauchte man Maurice' Klappbett nicht ins Schlafzimmer zu schieben. Monsieur Florian hatte schon am Montag mitgeteilt, daß es mit der Adresse ein wenig kompliziert sei, man müsse warten und geduldig sein. Also hatte man gewartet. Und der Montag war vorbeigegangen. Am Dienstag verlor bereits eine der drei Rosen zwei Blütenblätter. Die Treibhaus-Mimose hielt, aber sie war weniger samtig, und goldfarbener Staub umrandete die Vase auf dem Eßzimmertisch. Abends aß man schließlich die Quiche in der Küche der Roginskis, als Nachtisch, denn nun war auch der Dienstag vergangen.
Als sie in ihre Wohnung zurückkamen, weinte Sonja. Wenn Wolodja nicht kam, dann vielleicht, weil er sie ganz einfach nicht sehen wollte, sowenig wie er hatte schreiben wollen, und wäre es nur gewesen, um ihnen zu sagen, daß es nichts zu sagen gebe. Und Sonja fragte Elie: gab es etwas, was er

möglicherweise früher Wolodja angetan oder gesagt hatte und das er, Elie, vergessen hatte, nicht aber Wolodja?
Elie sagte, sie sei verrückt, sie sei es, die das Gedächtnis verliere. Am Vorabend des großen Pogroms hatten sie alle drei miteinander bei Wolodjas Vater gegessen, die ganze Zeit gelacht; sie hatten sich beim Weggehen geküßt und auf morgen verabschiedet.
»Ja, aber am anderen Tag sind wir geflohen ... Vielleicht hat er uns das nicht verziehen: daß wir nicht mit ihm gestorben sind«, sagte Sonja — dann korrigierte sie sich: »Vielmehr nicht halb gestorben sind wie er ...«
Das brachte Elie zum Lächeln.
Nein, Wolodja war sicher sehr beschäftigt. Ein Prozeß, das ist wie ein Krieg, wie beim Militär. Wenn man weggehen will, braucht man einen Urlaubsschein. Die Zeugen bleiben im Dienst, solange der Krieg nicht zu Ende ist. Aber der ging seinem Ende zu. Schon drei Männer hatten am Vortag für Schwartzbard gesprochen, er wußte es aus der Zeitung. Morgen würde Wolodja an der Reihe sein und alle die anderen, die achtzig ... Danach wäre Wolodja frei, konnte frei hingehen, wo er wollte. Er wäre nicht mehr im Dienst, er würde die Kaserne verlassen.
Und Schwartzbard vielleicht das Gefängnis.
Elie merkte, daß er das erste Mal seit Sonntag mit Sonja über Schwartzbard sprach, oder vielmehr, daß er zu Sonja über Schwartzbard redete, denn sie dachte nur an Wolodja. Im Dienst oder nicht, er hatte weder Zeit noch Gelegenheit gefunden, über die Mauer zu springen und zu ihnen zu kommen, um sie in die Arme zu schließen: soviel war ihr klar.
Das sagte sie Elie nicht. Aber am Mittwochmorgen warf sie den angewelkten Strauß in den Mülleimer und knüpfte ihr Bündel im eigenen Eßzimmer auf. Wie gewöhnlich. Wenn Wolodja sich entschloß, würde er sie so finden, wie sie eben waren, sie und ihr Eßzimmer. Sie im Arbeitskittel als Nähe-

rinkontrolleurin und ihr Eßzimmer als Schneiderwerkstatt-Kinderschlafraum. Nur um ihm zu zeigen, daß man ihn nicht mehr erwartete.
Sie sagte das Elie, bevor er wegging; er gab ihr nicht recht, dachte aber, ein wenig stimme es schon. Und auf der Fahrt sagte er es Stepan.
Stepan wußte nicht recht, was er sagen sollte. Olga und er hatten die Überraschung und die Warterei geteilt; jetzt nahmen sie teil an der Beleidigung, aber die traf ja nicht sie. Schließlich war Wolodja nicht ihr Vetter ... Er bemerkte nur, er finde das alles merkwürdig, und das war alles.
Sie waren noch unten an den Stufen der Métrostation Strasbourg-Saint-Denis, als sie die heisere Stimme eines Zeitungsausrufers hörten: »Sensation im Prozeß Schwartzbard ... Die Zeugen aus Polen und der Ukraine kehren heim ... Sensation bei Schwurgerichtsverhandlung ...«
Elie und Stepan kauften jeder ein Exemplar. Elie las seines auf der Straße, bevor er bei MERCIER ankam.
Der Ausrufer hatte das Wichtigste gesagt. In dem Artikel, der die drei mittleren Spalten der ersten Seite einnahm, wurde berichtet, daß nach den Aussagen der Herren Goldstein (ehemals Anwalt Tolstois), Siliosberg und Tiomkin (frühere Mitglieder des ukrainischen Parlaments unter Kerensky), Aussagen, die wahre Anklagereden gegen den Hetman Petljura waren, die Sache des Angeklagten Schwartzbard so gut stand, einige Geschworene waren sogar in Tränen ausgebrochen, daß Maître Henry Torrès den Entschluß gefaßt hatte, auf seine achtzig Zeugen zu verzichten, die auf seine persönliche Bitte aus dem Ausland gekommen waren. Das kündigte er dem Gericht an und zeigte auf die Tür, hinter der die Überlebenden des Petljura-Infernos seit Tagen warteten, voller Angst, ihren Leidensweg noch einmal durchleben zu müssen, um ihn besser erzählen zu können, und voll Qual, ihre Wunden und Gebrechen vorweisen zu müssen, um glaubhaft zu sein. Ein Wort nur, und sie träten ein.

Aber nach dem, was man von den drei Zeugen am Vortag erfahren habe, frage er sich jetzt, ob es wirklich notwendig sei, auch noch das Schamgefühl zu verletzen, das der Zeugen wie das der Geschworenen, der Richter und der Zuhörer, die genug von den Greueln gehört hätten.
Maître Henry Torrès danke auch Staatsanwalt Raynaud, daß er die Herren Goldstein, Siliosberg und Tiomkin vorgeladen habe. Diese drei ehrenhaften Männer seien nicht Zeugen der Verteidigung, sondern der Anklage.
Dann sprach Maître Henry Torrès von einem anderen Zeugen, den der Vertreter der Zivilklage vorgeladen hatte. Und Maître Campinchi mußte zum zweiten Mal die Lesung der Deklaration des ukrainischen Obersten Butakov ertragen, der in der Woche zuvor das Pogrom von Proskurov, von Petljura kommandiert, als »Werk göttlicher Eingebung« bezeichnet hatte. Der Anwalt fragte Maître Campinchi wiederum, ob er zwei der Nutznießer dieser »göttlichen« Eingebung sehen wolle, auf die sich sein Zeuge Butakov berufen habe: »Sie sind hier, nur zwei Schritte entfernt, mein lieber Herr Kollege. Zwei Bürger von Proskurov. Der eine wird ihnen sein übriggebliebenes Bein zeigen, der andere wird sich nicht trauen, Ihnen überhaupt etwas zu zeigen. Er wurde in Proskurov in der Nacht vom 13. auf den 14. Februar 1919 entmannt ...«
Der Journalist schloß mit der Schilderung der unerträglichen Erregung, die die mitreißende Rede von Maître Henry Torrès hervorgerufen hatte; er war sich so sicher, daß das Recht auf Seiten seines Mandanten sei, daß er auf die achtzig ausländischen Zeugen verzichtete, die er mit soviel Mühe in der ganzen Welt aufgespürt hatte. Der Artikel nannte das Ereignis eine »Sensation«, stellte für den nächsten Tag das erschütterndste Plädoyer des Jahrhunderts in Aussicht und dazu – nun durchaus denkbar – die Möglichkeit eines glatten Freispruchs für einen Mörder, der zum Helden der Gerechtigkeit befördert worden sei.

Von alledem, was hier in einem gehobenen Stil geschrieben war, der mit dem von Maître Henry Torrès wetteifern wollte, behielt Elie nur das eine: Wolodja reiste wieder ab. Wolodja, der umsonst gekommen war, sollte wieder verschwinden, ohne das einzige getan zu haben, was diese lange Reise wirklich lohnte.
Und Elie war Monsieur Florian beinahe böse.
Ohne ihn hätten sie nie etwas erfahren, weder von der Auferstehung Wolodjas noch von seinem Aufenthalt in Paris. Und Sonja und er hätten ihn weiterhin als Verstorbenen im Herzen getragen und beweint; nun hatte er sich jäh in einen unsichtbaren und unauffindbaren Menschen verwandelt. Unauffindbar selbst für Monsieur Florian, der sich doch verpflichtet hatte, ihn zu finden.
Ohne Monsieur Florian hätte er sich heute für Samuel Schwartzbard freuen können, ohne an etwas anderes zu denken als an Samuel Schwartzbard.
So aber betrat er die Werkstatt in Gedanken an Wolodja, und dort fiel seine sorgenvolle, bekümmerte Miene seinen Arbeitskollegen auf, die diesmal über die aktuellen Vorgänge auf dem laufenden waren.
»Du wirst doch den Kopf nicht hängen lassen, Lilitsch, jetzt, wo unser großer Redner Torrès gerade auf einen Freispruch zusteuert, für deinen Popov!« rief Meunier ihm zu.
Elie lächelte. Und Monsieur Paul kam mit einer anderen Zeitung, die etwa dasselbe berichtete wie die Zeitung, die Elie gekauft hatte. Zu Mittag nahm man einen kleinen Schluck auf die nahe Freiheit Samuels und auf Frankreich, das Land der Gastfreundschaft und der Menschenrechte — von den Damen der Rue Blondel ganz zu schweigen, fügte Meunier als Abschluß des Toasts von Monsieur Paul hinzu.
Elie lachte wie alle anderen. Aber er dachte an Wolodja und an Sonjas Kummer und an den Strauß, den sie kaum verwelkt fortgeworfen hatte.

Aber nun bekam er plötzlich am hellen Nachmittag die unglaubliche Nachricht. »Palais de Justice... Familienangelegenheit...« Das konnte nur Wolodja sein!
Wolodja hatte ihn gesucht, Wolodja hatte ihn gefunden, Wolodja wartete auf ihn. Es war wunderbar!
Er verließ die Werkstatt so schnell, daß er vergaß, seine Tasche und seinen leeren Henkelmann mitzunehmen.
Es war wunderbar, aber es würde noch wunderbarer werden, wenn er nachher nach Hause käme. Er würde anklopfen, und wenn Sonja öffnete, Wolodja vor sich herschieben und sagen, als wäre es das Selbstverständlichste von der Welt: »Ich habe Wolodja getroffen und ihn zum Abendessen mitgebracht...«
Er stieg an der Station Châtelet aus, wie früher, als sie, Stepan und er, zur Präfektur gingen, um vor der Einbürgerung ihre Papiere als Ausländer abstempeln zu lassen.
Früher... Es war erst eineinhalb Jahre her, aber es schien schon so weit zurück! Man gewöhnt sich rasch an ein ruhiges Leben, sagte er sich, während er mit großen Schritten den fast menschenleeren Quai de l'Horloge entlangging. Es war das erste Mal, daß er die Mauern auf dieser Seite abschritt: er entdeckte dabei, daß Polizei und Justiz unter demselben Dach untergebracht waren, dasselbe Palais teilten. Und an der Place Dauphine angekommen, entdeckte er auch, daß die Portale des Justizpalastes sich majestätisch zum friedlichsten, kleinen Provinzplatz öffneten.
Der hatte sogar seine Kneipe, sie hieß ›Les trois marches‹, weil man drei Stufen hinaufgehen mußte.
Er nahm sie, eine nach der anderen.
Und jetzt hatte er Lampenfieber.

Deutlicher noch als Elie sollte Monsieur Florian die genaueste Erinnerung an das seltsame kurze Wiedersehen der Vettern Guttman bewahren.
Er war von dem jungen Mitarbeiter Maître Henry Torrès'

benachrichtigt worden, daß die Ukrainer noch am selben Abend wieder in die Ukraine heimreisen, aber vorher in den ›Trois marches‹ noch einen kleinen Imbiß zu sich nehmen wollten, bevor sie in den Zug nach Hause stiegen; und er hatte bei MERCIER angerufen. Da er aber fürchtete, daß das Wenige, was er ausgerichtet hatte, auch noch mißglücken könnte, hatte auch er Paris durchquert und war in die ›Trois marches‹ gekommen.

An der Theke lernte er den jungen Mitarbeiter des Anwalts kennen, der auf ihn wartete, seine schwarze Robe mit dem weißen Kragen wie einen Regenmantel unter dem Arm tragend. Er wies auf einen Tisch im Hintergrund, an dem sich sieben Männer unterhielten. Man hatte ihnen belegte Brote und Tee serviert.

Monsieur Florian erkannte Wolodja sofort an seiner Narbe. Wie die übrigen war er gut gekleidet, in seinem ganz neuen Anzug. Er hatte braunes, gelocktes Haar, und er lächelte. Er lächelte so, daß Monsieur Florian an *L'Homme qui rit* dachte.

»Sie wollten keinen Tag länger bleiben, sie warten nicht einmal bis zum Plädoyer meines Chefs oder bis zum Urteil ... Und ich muß Ihnen sagen, Monsieur, ich weiß nicht, ob ihm der Dolmetscher meine Frage nach seiner Familie wirklich übersetzt hat ... Er lächelte mich an, als ich sie ihm vorgestern stellte, aber er lächelt die ganze Zeit, auch er, dabei ist ihm das Gesicht zerschnitten worden«, sagte der junge Assistent mit leiser Stimme. »Wir werden ja sehen, was passiert, wenn Ihr Freund kommt ...«

»Da ist er«, sagte Monsieur Florian, als er Elies Silhouette hinter der Glastür des Bistros sah.

»Lassen Sie mich machen«, sagte der junge Mann und ging zu dem Tisch.

Er flüsterte einem der Männer etwas ins Ohr. Der wandte sich um und schaute den hereintretenden Elie an. Dann sagte er etwas zu Wolodja, der sich ebenfalls umwandte,

während Elie Monsieur Florian die Hand reichte. Der konnte seinen Blick nicht von Wolodja lösen.
Von Wolodja, der Elie anschaute.
Und was sich in dieser Sekunde an verzweifelt traurigem Glück, an Verstörtheit in diesem zu ewigem Lächeln verurteilten Gesicht abspielte, bemerkte nur Monsieur Florian.
Wolodja war aufgestanden, der Dolmetscher auch, und weil Monsieur Florian ihn nicht ansah, wandte auch Elie den Kopf zu der Gruppe, die er noch nicht bemerkt hatte. Wolodja kam auf ihn zu. Ohne einen Schrei, in völliger Stille umschlangen die beiden Männer einander. Sie wiegten sich, Kopf an Kopf, mit geschlossenen Augen, so heftig und so lange, daß sie hin und her schwankten und sich aneinanderklammern mußten, um nicht auf den Boden des Lokals zu fallen.
Der Dolmetscher war am Tisch stehengeblieben, wo die fünf anderen Männer die Szene wortlos beobachteten.
»Ich bitte Sie, nehmen Sie bei uns Platz, meine Herren«, sagte er mit fester Stimme. Die Einladung galt Monsieur Florian, dem jungen Anwalt und Elie, der sich von Wolodja löste, ohne ihn jedoch aus den Augen zu lassen.
Einer der Männer stand auf und holte, ohne den Wirt zu fragen, einen Tisch und drei Stühle herbei, so daß eine große Tischrunde entstand.
»Was möchten Sie trinken?« fragte der Dolmetscher liebenswürdig Monsieur Florian, der näher trat, den Anwalt, der sich setzte, und Elie, der stehenblieb, Aug in Aug mit Wolodja, die beiden Hände auf Wolodjas Schultern; sie hatten noch kein einziges Wort miteinander gesprochen.
»Kommen Sie doch, lieber Freund, wir müssen uns beeilen«, sagte der Dolmetscher zu ihm. Er setzte etwas auf russisch hinzu, und Wolodja schob Elie sanft zum Tisch.
Beim Hinsetzen drückte Elie allen die Hand und murmelte ein paar Worte, die Monsieur Florian als Jiddisch erkannte. Keiner gab richtig Antwort.

»Möchten Sie lieber Tee oder Likör?« fragte der Dolmetscher.
»Tee«, antworteten Monsieur Florian, der Anwalt und Elie zugleich.
»Bitte noch drei Tees«, bestellte der Dolmetscher, den Kopf zur Theke gewandt. Dann, Monsieur Florian zum Zeugen nehmend, richtete er das Wort an den jungen Anwalt: »So also sehen wir, daß alles gutgegangen ist, Herr Anwalt ... Der Prozeß geht gut aus.«
»Beinah, Herr Dolmetscher, beinah«, antwortete der junge Anwalt lächelnd. »Schade, daß Sie nicht wirklich bis zum Ende warten, zum Freispruch.«
»Sehr traurig schade, daß wir totale Verpflichtung haben heimzufahren, sehr schade«, wiederholte der Dolmetscher Dimitri, wobei er schicksalsergeben den Kopf schüttelte.
»Aber wann fahren Sie zurück?« fragte da Elie, der eben sorgfältig aufgestapelte Koffer in einer Ecke des Lokals gesehen hatte.
»Noch heute abend«, sagte Dimitri mit schmerzlicher Miene und sah auf seine Uhr.
»Aber das ist doch nicht möglich!« rief Elie und sah dabei Monsieur Florian an. »Nicht schon jetzt!«
Er legte den Arm um Wolodjas Schulter und fragte ihn etwas auf jiddisch, worauf Wolodja russisch zu antworten begann, und Dimitri fortlaufend in französisch übersetzte.
»Nein, unmöglich, noch ein paar Tage in Paris zu bleiben, zu viel Arbeit jetzt dort bei uns ... sehr gute Arbeit ... du mußt kommen und uns besuchen ... Und Sonja? Wie geht es Sonja? ... Und seid ihr eine Familie geworden?«
Ja, Sonja gehe es gut und sie hätten einen kleinen Jungen, Maurice, antwortete Elie mechanisch auf französisch.
»Er hat welches Alter?« informierte sich Dimitri auf eigene Faust.
»Acht Jahre«, antwortete Elie und spreizte seine linke Hand, dazu drei Finger der rechten.

»Acht Jahre ...«, wiederholte Wolodja vermutlich auf russisch und schüttelte lächelnd den Kopf.
»Wenn Sie Geduld gehabt hätten, Monsieur Guttman, hätten Sie gewartet mit Sonja, daß wir kommen und den konterrevolutionären Pogromisten Petljura verjagen, und sie hätten Familie gemacht bei uns und Klein-Maurice wäre heute mit seinen acht Jahren sehr guter kleiner Pionier in der Ukraine ...«
Sofort übersetzte Dimitri seine Erklärung für seine Mitbürger, die alle zustimmten und lächelten, so daß sie alle einen Augenblick Wolodja ähnlich sahen.
»Aber der kleine Maurice ist ein sehr guter französischer Schüler«, sagte da Monsieur Florian und sah Elie an.
»Dann ist es gut«, meinte Dimitri, hielt es aber nicht für nötig, den Satz des Zwischenredners und seine eigene Antwort zu übersetzen.
Der Wirt brachte die drei Tees.
Trotz des Geräuschs der schweren Tassen und Teelöffel hörte Monsieur Florian, wie Elies Stimme Wolodja eine Frage, anscheinend auf jiddisch, stellte, der offensichtlich Mühe hatte, sie auf der Stelle zu beantworten. »Es ist, weil er nicht mehr in Schitomir wohnt«, sagte Dimitri. »Alle haben wir neue Städte und neue Leben. Wir geben Ihnen auch neue Adressen, Monsieur Guttman, und Sie geben uns Adresse Paris für das nächste Mal. Oder aber Sie kommen uns besuchen mit Sonja, kleinem Maurice und neuer kleiner Schwester ... Nein?«
Elie errötete, lächelte und nahm das Stück kariertes Papier, das ihm Dimitri reichte. Es war ein herausgerissenes Blatt aus einem roten Notizbuch, das er aus der Innentasche genommen hatte.
Monsieur Florian hielt schon seinen Füllfederhalter hin, als Dimitri mit der Geste eines Zauberkünstlers einen Drehbleistift hervorzog, dessen silberne Klammer seine Außentasche zierte. Als er ihn in die Hand nahm, war Elie über-

rascht von seinem Gewicht und dem massiv goldenen Fabeltier, mit dem man den Schreibmechanismus betätigte.
»Souvenir von einem Schlachtfeld, Monsieur Guttman ... Wissen Sie, viele von uns sind gefallen, viele von den Ihren auch ... Aber die unseren hatten leere, löcherige Taschen, die Weißen hatten sie voll, aber wir haben ihnen Löcher gemacht ...«
Dimitri brach in Lachen aus, übersetzte sich sogleich wieder selbst, und wieder glichen alle Wolodja, nur eindeutig fröhlicher als vorher.
Monsieur Florian schaute immer noch Wolodja an, während Elie sich an der Hälfte des karierten Stücks Papier zu schaffen machte. In großen Blockbuchstaben schrieb er seinen Vornamen, den seiner Frau und den seines Sohnes und die Nummer seines Hauses in einer Straße dieser Stadt, die Wolodja wieder verlassen sollte, ohne Straße und Haus kennenzulernen, wo das Kind aufwuchs, das er nicht kannte, von einer Frau, die er vielleicht nicht wiedererkannt hätte.
Hinter dem durch die Narbe eintätowierten Lächeln konnte Monsieur Florian im verzweifelten Blick Wolodjas lesen, daß diese dicken Blockbuchstaben auf kariertem Papier nur die Absurdität einer verfehlten Begegnung symbolisierten. Verfehlt, weil nie verabredet, an einem Ort, von dem er nichts wußte und den er sich nie weder fröhlich noch traurig vorstellen konnte, wenn er die Blockbuchstaben auf einen Umschlag abschreiben würde, später ... wenn er überhaupt je schrieb. Es war zu dumm und zu traurig, sagte sich Monsieur Florian.
»Wann fährt Ihr Zug?« fragte er plötzlich Dimitri.
»Warum?« antwortete der Dolmetscher, der dem Wirt winkte, er solle die Rechnung bringen.
»Ich dachte, wir könnten Monsieur Wladimir Guttman zu seinem Vetter mitnehmen, nur für einen Augenblick, und würden ihn dann zum Bahnhof bringen«, schlug Monsieur

Florian vor, so leise, daß Elie es nicht hörte. Der neigte sich jetzt über Wolodjas Schulter, der nun auf die andere Hälfte des Blatts schrieb.

»Schade ... es ist endgültig zu spät ... Gestern, sehr möglich ... wirklich schade ...«, bedauerte Dimitri aufrichtig, stand auf und lehnte sich über Wolodjas Stuhl mit der gleichen väterlichen Strenge, mit der Monsieur Florian tagtäglich seine besonders unaufmerksamen Schüler zu beaufsichtigen pflegte.

Elie entzifferte laut die Worte, die da in kyrillischen Buchstaben aufgeschrieben wurden, während Wolodja den Namen eines Dorfes, den einer Stadt, dann den eines Distrikts und mehrere Zahlen mit einem Großbuchstaben davor hinkritzelte. Die Stadt war nicht mehr Schitomir, sondern Poltawa, und der Name des Dorfes wie der des Distrikts sagten ihm nichts; ebensowenig der unleserliche Ziffercode. Trotzdem hätte man glauben können, Wolodja male ihm eine große farbige Postkarte mit Gerüchen, Geräuschen und Getöse, ihm so vertraut, daß er sie selbst hätte nach dem Gedächtnis zeichnen können.

Wolodja hörte auf zu schreiben. Er ließ aber die Hand mit dem silbernen Drehbleistift auf dem Papier liegen; er sah Elie an, dessen Gesicht dem seinen ganz nahe war. Wieder beugte er sich über das Papier, machte einen schwarzen Punkt, wie wenn er anfangen wollte, ein Wort zu schreiben, aber er fing nicht an. Er ließ den schwarzen Punkt auf der linken Seite des Zettels stehen und zeichnete auf der rechten ein Herz, in das er schrieb »Sonja, Maurice, Elie, Wolodja«, in kyrillischer Schrift.

Dimitri lehnte sich über seine Schulter, nahm ihm den Drehbleistift aus der Hand, steckte ihn in seine Jackettasche und bemächtigte sich des Stücks Papier. Er faltete es in der Mitte, fuhr mit dem Fingernagel über den Falz und riß mit knapper Geste den Zettel entzwei, Wolodjas Adresse gab er Elie, Elies Adresse Wolodja.

Die anderen sprachen untereinander, Dimitri blieb stehen, der Anwalt stand auf und wollte dem Wirt, der die Rechnung brachte, unbedingt den Tee und die belegten Brote bezahlen. Er ging zur Theke und schleifte seine Robe hinter sich her; der weiße Kragen fegte die Bodenfliesen.
Ein Mann in einem langen grauen Kittel und mit einer Schirmmütze kam herein.
»Wir müssen jetzt gehen«, sagte Dimitri, dann wiederholte er wohl dasselbe auf russisch. Alle standen auf.
Erst jetzt bemerkte Monsieur Florian, daß sein Nachbar ein Holzbein hatte, mit einer schwarzen Gummimuffe, und daß der rechte Ärmel von dessen Nebenmann leer war. Er reichte dem Einbeinigen seinen Stock, der auf dem Kofferstapel lag. Der Mann im grauen Kittel nahm sich des Gepäcks an mit der Routine eines Hotel-Gepäckträgers.
Dann ging alles sehr schnell. Dimitri drückte Monsieur Florian die Hand, der allein sitzen geblieben war. Elie stand gleichzeitig mit Wolodja auf, er hielt seine Hand, wie die einer Frau oder eines Kindes; er mußte sie loslassen, da Dimitri ihm seine Hand entgegenstreckte. Der ließ Wolodja vor sich hergehen und hielt ihn an der Schulter, während er sich von dem jungen Anwalt an der Theke mit Händedruck verabschiedete. Die anderen waren schon hinausgegangen.
Auf der Schwelle der offenen Tür blieb Dimitri stehen. Jetzt hielt er Wolodja am Arm fest.
»Also, wirklich, wir erwarten Sie bei uns, jetzt, wo Sie Familie wiedergefunden haben, Monsieur Guttman . . .«
Ein breites Lächeln erhellte sein schönes, glattes Gesicht. Elie ging auf ihn zu, nahm Wolodjas Kopf zwischen beide Hände, küßte ihn auf den Mund und tat mit dem Daumen die Bewegung, die er bisher sicherlich nicht gewagt hatte, vielleicht zu Hause gewagt hätte, wenn sie zu dritt gewesen wären, Sonja, Wolodja und er, nachdem Maurice schlafen geschickt worden wäre.

Elie streichelte mit dem Daumen ganz sanft die tiefe Narbe in ihrer ganzen Länge; sie verlief vom Halsansatz bis zu den Haarwurzeln. Sie hatte das ganze Gesicht in einem verrückten Zickzack zerfetzt und nur die prächtigen blaugrünlilagoldenen Augen verschont, in denen Monsieur Florian plötzlich Humor aufblitzen sah ... Und zum ersten Mal sagte Wolodja etwas auf jiddisch.
Zum ersten und zum letzten Mal. Von Dimitri gezogen, ging er die drei Stufen hinunter und stieg, ohne sich umzuwenden, hinten auf einen gedeckten Lieferwagen, dessen Motor schon lief.
Er fuhr unverzüglich davon.
Elie stand auf der Türstufe, wollte winken, ließ dann aber die Hand sinken: »Unter der Plane sieht er's ja doch nicht...«, sagte er zu Monsieur Florian, der ihm gefolgt war. Er wartete, bis der Wagen nicht mehr zu sehen war, dann wandte er sich ihm zu.
»Was hat er zu Ihnen gesagt, kurz bevor er ging?« fragte Monsieur Florian.
Elie lächelte.
»Er hat zu mir gesagt: ›Mach dir nichts draus wegen mir, die Narben gefallen den Mädchen...‹ Das hat er zu mir gesagt, Monsieur Florian. Und ich habe ihn nicht einmal gefragt, ob er verheiratet ist und ob er Kinder hat, nicht, was er arbeitet, nichts, gar nichts! Ich weiß nichts!«
Und der lächelnd begonnene Satz endete in Hoffnungslosigkeit. Monsieur Florian wußte dazu nichts zu sagen.
Sie verabschiedeten sich von dem jungen Anwalt, der an der Theke geblieben war, und gingen dann ebenfalls die drei Stufen hinunter. Schweigend machten sie ein paar Schritte, dann blieb Monsieur Florian stehen und hob den Kopf zu den vier Stockwerken des alten Hauses, in dem sich unten die Kneipe ›Les trois marches‹ befand.
»In diesem Haus lebte Jean de La Fontaine, Monsieur Guttman ... Heute abend können Sie Maurice erzählen, sie

seien im Haus von La Fontaine gewesen . . .«, sagte er mit einem gütigen Lächeln.
»Ach so?« antwortete Elie, der sich nicht mehr genau erinnerte, wer La Fontaine war, dessen Fabel *Der Wolf und das Lamm* er Maurice so gern aufsagen hörte. Und er wußte auch schon, daß er Maurice nichts von dieser trostlosen Begegnung sagen würde, von der ihm nichts geblieben war. Weniger als nichts. Schlimmer. Eher ein unerträgliches Gefühl von Verlassenheit, wobei er nicht recht wußte, wer wen verlassen hatte: er Wolodja, als er ihn auf den Lieferwagen hatte steigen lassen, der ihn in die Ukraine zurückbrachte, oder Wolodja ihn, der ihn auf der Schwelle eines Pariser Bistros hatte stehenlassen, das einst das Haus eines gewissen La Fontaine gewesen war – er wußte nicht einmal, ob das ein General, ein Fürst, ein Dichter oder ein Alchimist aus der französischen Geschichte war, die er ja nie gelernt hatte.
Sie gingen zur Métro.
»Er war unheimlich gut gekleidet, mein Vetter Wolodja. Viel besser als früher . . .«, sagte er plötzlich.
»Sehr gut gekleidet, wirklich, wie alle übrigens«, stimmte ihm Monsieur Florian zu.
»Er hat mich sicher schäbig gefunden mit meiner alten Lederjacke. Wenn ich es gewußt hätte, hätte ich auch was Besseres angezogen heute morgen, meinen Anzug . . .«
»Sie haben sehr gut ausgesehen, Monsieur Guttman.«
»Nein, wie ein armer Schlucker«, beharrte Elie.
Monsieur Florian sagte nichts. Vor allem nicht, daß die zweireihigen Anzüge der Ukrainer viel zu ähnlich und viel zu neu waren; sicherlich waren sie bei der Abfahrt ausgeteilt worden. Er sagte auch nicht, daß er den Einbeinigen dabei ertappt hatte, wie er den Inhalt der Zuckerdose in die tiefe Tasche seines neuen Touristenanzugs gekippt hatte.
Als sie die Treppe bei der Station Châtelet hinabstiegen, bemerkte Elie, daß er seine Tasche und den Henkelmann bei MERCIER vergessen hatte.

»Sonja wird schimpfen«, sagte er lachend.
Sonja . . . Was sollte er Sonja erzählen und was würde sie glauben, wenn er ihr sagte, Wolodja sei wieder abgereist, ohne je wirklich angekommen zu sein, daß er das nicht absichtlich getan habe, es nicht an ihm gelegen habe, auch nicht an Elie, daß aber alles gutgehe, man werde sich schreiben . . . Er hatte recht, wenn er sich Sorgen machte.
Sonja nahm dies sehr übel auf.
Sie ließ alles gelten, wollte es aber nicht akzeptieren.
Auch Stepan und Olga sahen es so, wiederholten aber immer wieder das Wort »merkwürdig«, um Sonjas Enttäuschung nicht noch größer zu machen. Elie wartete, bis sie im Schlafzimmer waren und in der Dunkelheit, um sich dann seinem tiefen Kummer zu überlassen, der allmählich überging in vage Andeutungen einer möglichen Rückkehr in die weiten Ebenen, in die Birkenwälder, in ein Land, wo neue Menschen neue Städte entwarfen für neue Leben, Leben, von denen man sich hier keine Vorstellungen machen könne.
Sonja hörte zu. Und Sonja sah, worauf er hinauswollte. Auch im Dunkeln.
Sie hörte ihm zu, und gleichzeitig nahm sie die Stille ihrer Straße wahr, die vertrauten Geräusche des Hauses.
Und sie klopfte auf das Holz ihres Palisanderbettes, das zum Spiegelschrank paßte und zu den beiden Stühlen, die sie bei ›Bûcheron‹ auf Raten gekauft und endlich abbezahlt hatten. Sie klopfte tatsächlich auf Holz, um die drohende »Gefahr« zu bannen, die über ihren Köpfen schwebte. Und sie, die doch nie grob dachte, faßte die Dinge auf so brutale Weise zusammen, daß sie darüber ebenso erstaunt war wie Elie. Es lief etwa darauf hinaus: Weiße, Rote, Grüne oder Gelbe, Juden oder Nicht-Juden, die Ukrainer und vor allem dieses Schwein Wolodja konnten allesamt zum Teufel gehen! Und Elie Guttman mit ihnen, wenn er solche Sehnsucht nach ihnen hatte. Sie für ihren Teil blieb da, zu Hause, in

Frankreich, mit ihrem Sohn, dem kleinen Franzosen. Und jetzt wollte sie schlafen, und morgen würde er sich eben ein belegtes Brot machen müssen oder ins Bistro gehen, nachdem er seinen Henkelmann vergessen hatte.
Elie sagte nichts darauf, nichts von einer Rückkehr, nicht einmal etwas von einer Besuchsreise. Er sagte gar nichts mehr und schlief schließlich zur Wand gekehrt ein, nachdem ihm seine Frau den Rücken zugewandt hatte.

Am anderen Morgen verkündeten schon an der Station Pyrénées die Zeitungsverkäufer den Freispruch Samuel Schwartzbards.
Elie und Stepan waren darüber so glücklich, daß sie nur das hörten in der Kakophonie der Schlagzeilen. Und während der Fahrt hatte Elie kaum einen Gedanken für Wolodja, der wohl noch im Zug zwischen zwei verschneiten Bahnböschungen fuhr, ohne zu wissen, daß in Paris, genau gegenüber von den ›Trois marches‹ zwölf französische Staatsbürger diesen unbekannten Bruder, der ihn und die Seinen gerächt hatte, freisprachen. Im Namen der Seinen, die nicht einmal mehr die Seinen waren.
Und sehr stolz auf den ukrainischen, eingebürgerten Franzosen Samuel Schwartzbard, sehr stolz auf den gebürtigen Franzosen Henry Torrès und sehr stolz auf die gut französischen Geschworenen und Frankreich im allgemeinen öffnete Elie die Tür zur Werkstatt bei MERCIER FRÈRES. Er hatte richtig Lust, das allen seinen Kollegen zu sagen.
Aber die Aktualität hatte wieder einmal anders entschieden. Bei MERCIER FRÈRES war an diesem Morgen das Thema des Tages eine Meldung, die weder er noch Stepan im Konzert der Zeitungsverkäufer gehört hatten.
Während der Nacht war vor der Küste von Bahia in Brasilien die *Principessa Mafalda,* ein italienischer Dampfer mit dreizehnhundert Menschen an Bord, untergegangen ... So sprach man eher als von dem Lebenden, dessen Kopf geret-

tet worden war, von den Toten, die man nicht aufgefischt hatte. Und von allen anderen, die nie gerettet wurden: denen der *Titanic* und denen der *Lusitania,* denen der *Medusa* und ihrem Floß, und von Haien und Sägefischen, und von jungen, knusprigen Schiffsjungen, deretwegen man nicht auf die Haie wartete, die man aber mit Hälmchenziehen ausloste, wie man es bei den Negern gemacht hatte, und wenn schon von Negern die Rede war ... Letzte Woche hatten sie sich geirrt in der Zeitung, das war nicht in Rio de Janeiro, wo die beiden, Coste und Le Bris, landeten, sondern Buenos Aires. In der gleichen Ecke der Welt zwar, aber immerhin, die sollten besser aufpassen und nicht bloß irgend etwas hinschreiben ... Manchmal konnte das schwere Folgen haben ...
»Bist du sicher, daß sie sich bei deinem Popov nicht getäuscht haben?« fragte Meunier plötzlich; er fand Lilitsch sehr, sehr schweigsam und abwesend.
»Nein, sie haben sich nicht getäuscht, und am Mittag gebe ich den Aperitif im Bistro aus«, sagte Elie lächelnd.
Und lächelnd dachte er dabei, daß Sonja verdammt recht hatte. Man lebte wirklich gut hier.

Sonja sprach niemals wieder über Wolodja. Außer mit Olga, um ihr zu gratulieren, daß sie zu Madame Lowenthal nichts darüber gesagt hatte, die hätte daraus eine ganze Geschichte gemacht, und auch nicht zu den Cléments, die man noch zuwenig kannte. Aber sie nahm Wolodja auch nicht aus dem »Rahmen der Unsrigen«. Der Rahmen war nach und nach ausgefüllt worden, erst zur Hälfte, dann, nach Maddys Dazukommen, ganz.
Trotzdem willigte sie ein, sich mit Elie und Maurice vor das

Haus zu stellen für ein Foto, das Stepan aufnahm und Elie in den ersten der Briefe an B. 7, das neue Dorf bei der alten Stadt Poltawa im neuen Distrikt P. 8, steckte.
Im zweiten beschwerte er sich über das Schweigen, legte aber dennoch eine Zeichnung bei, die Maurice von seiner Schule gemacht hatte.
Im dritten, den er sehr kurz faßte, war er ehrlich böse. Einen vierten Brief gab es nicht.
Und auch Stepan sprach nicht mehr über Wolodja. Jedenfalls nie mehr vor Sonja.
Was nicht heißen sollte, daß er nie an ihn dachte. Aber wenn er an ihn dachte, geschah es selten aus eigenem Anstoß, und er dachte auch nicht so sehr an Wolodja, sondern an die Ukraine oder vielmehr an das, was die Leute Rußland, die Bolschewiken oder die Sowjetunion nannten, je nachdem, wie sie darüber dachten oder redeten.
Wie Félix zum Beispiel, der im Lauf der Jahre immer positiver darüber dachte und redete.
Elie war nahe daran, Félix zu glauben, den er gern hatte und achtete, aber er hätte lieber unmittelbare Informationen gehabt. Und warum nicht in Form von Antworten auf die drei Briefe, die er geschrieben hatte und die anscheinend verlorengegangen waren, denn an den Absender kamen sie nie zurück, obwohl doch seine Adresse gut leserlich auf der Rückseite des Umschlags stand? Und da Félix schließlich davon betroffen war, kam er eines Tages auf das Thema Post und Kommunikation zu sprechen.
Félix gab zu, das Problem der Postverbindungen lasse dort noch zu wünschen übrig, aber das alles sei nicht so einfach in einem riesigen Land, wo man gleichzeitig lesen lerne und entdecke, daß man Fußlappen durch Schuhe und Stiefel ersetzen könne, wenn man im Schnee gehe... »Hundert Jahre im Rückstand, mein lieber Guttman, machen Sie sich das klar.«
Doch, doch, Elie war sich darüber sehr im klaren, und er

hatte gute Gründe dafür... Besonders was die Stiefel anging. Er hatte dort welche gemacht, und er wußte, daß nicht die Armen sie trugen... Trotzdem hätte er gedacht, daß man doch nicht nur Analphabeten auswählte für die Übermittlung geschriebener Sachen... Und das sagte er Félix lachend. Félix lächelte nur halb darüber. Dann sagte er, es passiere auf der ganzen Welt, daß Leute nicht antworteten auf Briefe, die man ihnen schicke. Das wisse er am besten. In der ganzen Welt gebe es Nachlässige und Gleichgültige. Dort weniger als anderswo, vielleicht... Aber dort gebe es soviel Arbeit, daß man vielleicht keine Zeit habe zu schreiben. Vor allem an die, die die Arbeit nicht teilten, die getan werden müsse...
Félix sagte das nicht boshaft, aber Elie hatte geglaubt, aus seinen Worten einen leisen Vorwurf herauszuhören, der ihn für eine Sekunde an den Dolmetscher Dimitri erinnerte. Ohne den Akzent natürlich.
Gleich danach erklärte Félix, um das Thema »Korrespondenz« optimistisch abzuschließen, mit fröhlich prophetischer Stimme: »Quälen Sie sich also nicht... Wie man bei uns hier sagt: Keine Nachricht, gute Nachricht.«
Und an diesem Tag stellte sich Elie zum ersten Mal die Frage, wo genau die verschiedenen »bei uns« von Félix lägen, die in der Zukunft ihnen – ihm, Stepan und ihren beiden Frauen – soviel Rätsel aufgeben sollten.
Er hatte geschwankt zwischen Savoyen, der Post und Frankreich, sich schließlich für Frankreich entschieden und sich diese lächelnde Philosophie zu eigen gemacht. An das »Keine Nachricht, gute Nachricht« schloß sich im übrigen »Aus den Augen, aus dem Sinn« an, eine weitere Weisheit von »bei uns hier«, die er bei Mercier Frères aufgelesen hatte. Zusammen ergaben sie gute Antworten auf die Fragen, die er sich stellte, wenn er zufällig noch an Wolodja dachte. Ohne je darüber zu sprechen.

Die Jahre vergingen. Es brauchte den Auszug der Bonnets und seine beunruhigende Abschiedsrede... Es brauchte Alexander Stavisky, Adolf Hitler, Léon Daudet, Joseph Stalin, Maurice Thorez, Jacques Doriot, André Gide und Félix Clément, damit er wieder einmal wirklich von Wolodja redete. Es war an einem Abend, als er sich mit Stepan allein glaubte und Maurice sie unterbrach, genau in dem Augenblick, wo sie sich offen die Fragen stellten über »Keine Nachricht, gute Nachricht aus der Ukraine«; das alles klang so beruhigend, wenn man es verglich mit den »schlechten Nachrichten aus Polen und den noch schlechteren aus Deutschland«, daß Elie sich tröstete in der Gewißheit, daß man zumindest in der Ukraine absolut nichts mehr zu fürchten hatte, nur weil man Jude war.
»Vielleicht zittert man aber, weil man Ukrainer ist?« gab Stepan zu bedenken.
Das war eine komische Überlegung. Es stimmte allerdings, Stepan hatte bei Bonnets zwei Gläser Julien-Damoy-Champagner getrunken.
»Oder aber, es zittert vielleicht niemand mehr in der Ukraine, weil alle tot sind... ohne Nachricht, wie Wolodja, der die ganze Zeit stirbt und nie schreibt.«
Elie wollte Stepan eben sagen, daß die Mischung aus Champagner und Wodka ihm wirklich nicht gut bekomme, als Maurice ankam mit seiner Geschichte, er wolle nicht mehr im Kinderbett schlafen.
Natürlich wurde das Gesprächsthema gewechselt. Und am anderen Morgen während der Fahrt gestand Stepan, daß er sich nicht mehr genau daran erinnere, was er am Vorabend gesagt habe.
Wieder vergingen Monate.
Und es begann die schlimme Zeit. Man zitterte wieder in der Rue d'Aboukir, weil man Jude und noch immer Pole, Bulgare, Slowake, Ungar oder Ukrainer war, wenn auch in Paris. Dazu Wolodja und das Schweigen aus der

Ukraine... Später entkam Stepan dem Alptraum Rue d'Aboukir und wurde im reizenden Garten der Allée Chateaubriand aufgenommen, wo niemand zitterte, niemand gezittert hatte oder je zittern würde aus irgendeinem anderen Grund als etwa den Launen einer schwierigen Schauspielerin oder der mißglückten Farbe eines Stückchens Spitze, das schlecht zur Garnitur aus Chinchilla-Kanin paßte. Sicher, das hieß nicht, daß man nicht weiter an die dachte, die anderswo zitterten. Hätte er versucht, sie zu vergessen, er hätte es nicht gekonnt, denn ein Pierre Richard-Willm genügte, um an sie zu erinnern. Aber immerhin war es angenehmer, mit Pierre Richard-Willm zu scherzen, als sich mit Jiri herumzustreiten, und es war lustiger, sich Frédéric Chopin eine jiddische Melodie summend vor seinem Klavier vorzustellen, als jeden Tag zur gleichen Zeit die Lektüre der drei sich widersprechenden Leitartikel von *Kadimah, Pariser Haint* und *Naie Presse* über sich ergehen zu lassen.
Und lehrreicher dazu. In zwei Monaten bei der Kooperative hatte er seinen Rückstand im Französischen fast aufgeholt. Er sprach jetzt beinahe so gut wie Elie.
»Du wirst gojisch, du wirst wirklich gojisch«, neckte ihn der eines Morgens humorvoll auf jiddisch. *(Nur* auf jiddisch, auf französisch hätte das nicht lustig geklungen.)
Denn wenn sie sich nicht sehr ernste Dinge zu sagen hatten, sprachen sie jetzt in der Métro französisch miteinander. Das begann, als »Deutsche« kamen: sie wollten nicht für etwas gehalten werden, was sie nicht waren. Sie wollten sich nicht mehr »dreckige Boches« nennen lassen, wie es ihnen einmal beim Aussteigen passiert war.

Aber an diesem Sonntag, auf der sonnenbeschienenen Terrasse des Cafés in der Rue des Pyrénées, das sie gewählt hatten, weil sie dort niemand kannten und niemand sie kannte, redeten sie jiddisch, als sie wieder von Wolodja

sprachen. Jiddisch und mit leiser Stimme. An der merkwürdigen Art, wie Elie ihm mitgeteilt hatte, er habe endlich Nachricht, merkte Stepan, daß es keine gute Nachricht war. Wenn man sagte, die Nachricht sei kürzlich gekommen, dann war das nicht wörtlich zu nehmen in bezug auf den Poststempel des Umschlags, den Elie aus der Tasche zog: er war vom 17. März 1936. Die Nachricht kam nicht aus der Ukraine, sondern aus Zürich. Der Brief, den Elie Stepan reichte, war mit der Maschine geschrieben und französisch, auf dünnem, fast durchsichtigem Papier. Stepan mußte es auf das Marmortischchen legen und sich darüberbeugen, um den Brief lesen zu können. Er fing an, hob aber sogleich wieder den Kopf und sah Elie an. Der winkte ihm, weiterzulesen.
Der Brief, ohne Briefkopf oder Absender, lautete wie folgt:

> Sehr geehrter Herr,
> ich muß Sie zu meinem Bedauern über den Tod von Herrn Wladimir Guttman unterrichten, der im März 1929 in der Gegend von Irkutsk gestorben ist.
> Von einer Geschäftsreise in die UdSSR zurückgekehrt, beeile ich mich, diese schmerzliche Aufgabe zu erfüllen, die mir dort ein »Arbeitskollege« von Monsieur Wladimir Guttman übertrug. Aus Gründen, die Sie sicherlich verstehen werden, war er lange Jahre nicht in der Lage, Ihnen die traurige Nachricht selbst zu übermitteln.
> Dieser Herr, der jetzt wieder in Moskau ist, hat großes Gewicht darauf gelegt, daß ich Ihnen mitteile, während der zwei Jahre, die die beiden miteinander am selben Ort verbrachten, habe Monsieur Wladimir Guttman oft von Ihnen gesprochen, und sein letzter Gedanke vor seinem Tod ging zu seinen Verwandten nach Paris.
> Dieser Herr vertraute mir das Papier an, das Sie hier

beigefügt finden und das mir ermöglichte zu tun, worum er mich bat.

Nehmen Sie, sehr geehrter Herr, den Ausdruck meiner vorzüglichen Hochachtung und meiner aufrichtigsten Teilnahme entgegen.

Der Brief war unterzeichnet mit Duchaud oder Duchard oder Duchand, das konnte man nicht genau erkennen: der Briefschreiber oder seine Sekretärin hatte vergessen, den Namen mit der Maschine unter seine Unterschrift zu setzen.
»Und das hier ist das Papier«, sagte Elie und zog aus seiner Brieftasche einen gräulichen Zettel von der Größe eines Stücks Würfelzucker.
Auseinandergefaltet war die karierte halbe Seite aus dem Notizbuch Dimitris tadellos sauber, man konnte die Blockbuchstaben Elies genau lesen, sie wurden nur von den Faltstellen gebrochen.
»Was hat er in Irkutsk gemacht?« fragte Stepan, nachdem er das Wort noch einmal im Brief von Monsieur Duchaud oder Duchard oder Duchand nachgesehen hatte. »Und wo ist das, Irkutsk?«
»Keine Ahnung... Ich habe überhaupt keine Ahnung«, antwortete Elie und schob das kleine verschmutzte Viereck in seine Brieftasche zurück; es hatte sich von selbst wieder zusammengefaltet. »Vielleicht eine neue Stadt...«
»Er war also, kurz gesagt, schon nicht mehr in Poltawa, als du ihm dorthin geschrieben hast.«
»Kurz gesagt, ja...«
»Er hätte trotzdem die Adreßänderung mitteilen können.«
»Genau das hat gestern Sonja gemeint, als ich ihr sagte, Wolodja sei tot.«
»Und warum hat sein Kollege dir nicht selbst schreiben können, daß Wolodja gestorben ist?«
»Dort können noch nicht alle lesen und schreiben«, antwortete Elie nach kurzem Schweigen.

»Das kommt auch anderswo vor«, sagte Stepan abschließend. Elie mußte lachen. Er war nicht verzweifelt, nur traurig.
Einfach traurig, denn die eben eingetroffene Nachricht war zu alt, um ihn in tiefe Trauer zu stürzen. Wolodja war tot. Das hieß, man mußte nie mehr auf Nachricht von Wolodja warten. Eine Sorge weniger. Nicht daß es ihn schwer belastet hätte während dieser neun Jahre, in denen das »Keine Nachricht, gute Nachricht« eigentlich sehr gut funktionierte.
Jetzt wußte man für die Zukunft, daß »keine Nachricht« nicht immer »gute Nachricht« hieß, genauso wie man wußte, daß »Aus den Augen« nicht immer »Aus dem Sinn« hieß.
Man wußte, daß diese alten Sprichwörter von »hier bei uns« manchmal »ihre zwei Seiten haben«, wie Félix immer sagte.
Was man nicht wußte und nie wissen würde, war, was Wolodja in Irkutsk zu tun gehabt hatte, gleich nach seiner Rückkehr aus Paris — wenn die von Monsieur D. angegebenen Daten stimmten. Vor allem darüber sprachen sie, als sie zum öffentlichen Bad gingen.
Danach fühlten sie sich so frisch, daß sie von anderem redeten. Sogar von zwei Mädchen, die auf dem Fahrrad vorbeikamen, und ihren sich blähenden Röcken. Es war Frühling in der Rue des Pyrénées. Und in der Rue de la Mare hatte der Auvergner seine drei Stühle vor die Tür gestellt.
Sie tranken einen Amer-Picon mit Gromoff, der in der Sonne auf Barsky wartete und *Paris-Longchamp* las.

Fünfter Teil

Das Leben ist schön

Das konnte man nicht als Umzug, das konnte man auch nicht mehr als Demonstration bezeichnen. Es war das Meer. Der Ozean.
Sie tauchten alle hinein: die Cléments, die Guttmans, die Roginskis, die Nüssbaums, der Auvergner und sogar Monsieur Katz und die Sterns, die nicht gewählt hatten, weil sie keine Franzosen waren. Und Gromoff und Barsky, die vergessen hatten zu wählen. Und alle Kinder, die das Wahlalter noch nicht erreicht hatten.
Es fehlten nur die Lowenthals, die sicher schlecht gewählt hatten. Anders gesagt: Madame Lowenthal hatte schlecht wählen lassen.
Die ganze Rue de la Mare war auf der Place Gambetta am Sonntagabend nach dem zweiten Wahlgang. Und die ganze Rue de la Mare war ein Herz und eine Seele, lag sich in den Armen und sang, weil sie gewonnen hatte. Elie und Stepan sahen sich mit Tränen in den Augen an und stießen sich in die Rippen bei der Bekanntgabe der Ergebnisse, die triumphierend aus einem Lautsprecher am ersten Stock der Mairie des xx. Arrondissements tönten.
»Das ist der schönste Tag meines Lebens!« brüllte Elie plötzlich auf jiddisch.
»Das ist der schönste Tag meines Lebens!« hörte man auf italienisch. Es war Vater Benedetti, der nicht weit entfernt stand.
Es war kein Zufall, wenn jeder seine Freude in seiner Sprache hinausrief: es war, wie man so sagt, die Stimme des Herzens. Und ihrer Muttersprache bedienten sie sich, um den Sieg dessen zu feiern, was sie mit vollem Recht *ihr* Frankreich nannten, denn ihm hatten sie sich nun anvertraut.
Und wieder stimmten sie in die Internationale ein, mit all den anderen, diesmal ohne die Angst, sich in den Worten zu irren. Wenn sie die Worte verschluckten, sah niemand sie schief an. Sie hatten alle Rechte und durften alles, denn an

diesem Abend waren sie alle Brüder. Und das sagten sie sich immer wieder bis zu vorgerückter nächtlicher Stunde beim Auvergner, der die Männer freihielt.
Die Frauen und die Kinder waren nach Hause gegangen. Auch die Sterns. Und Maurice, Robert und Sami ›zu Bonnets‹.

»Wir feiern, einverstanden... Bravo, Papa! Weil aber weder Blum noch Thorez für mich das Abi machen, verschwinde ich!« sagte Sami nach einer knappen Stunde im Familienkreis auf der Place Gambetta zu Vater Nüssbaum. Und er blies zum Sammeln.
Er wurde gehört. Ob mitten in einer wütenden oder vor Freude überschäumenden Menge, im Lärm einer turbulenten Klasse, in der Stille eines Studiensaales oder im Getöse eines Zugs in der Métro, die gut gepfiffenen ersten acht Töne des Liedes von Laurel und Hardy verfehlten ihre Wirkung nie.
Erst repetierten sie, dann unterhielten sie sich und tranken Phoscao.
Schon vor ein paar Wochen waren sie zu Phoscao übergegangen. Zuerst weil Sonja ein regelrechtes Drama aufgeführt hatte, als sie eines Morgens den Kaffee für Alex machen wollte und entdeckte, daß die Packung Corcelet zu drei Vierteln leer war. Dann weil Phoscao Phosphor enthielt und Phosphor gut war für das Gehirn und das Gedächtnis.
Sie sprachen von Malraux' *La Condition humaine,* die nun Sami auch entdeckt hatte, und er sprach auch am meisten. Er war erst ganz am Anfang, er fand May »nicht blöd, ein irres Weib, doch ein wenig gemein. Mit Lenglen zu schlafen und es dann Kyo erzählen, dem das schrecklich an die Nieren ging in einem Augenblick, wo es wirklich nicht der richtige Augenblick war...«.
»Wart nur...«, sagten Maurice und Robert gleichzeitig. »Warte! Das Buch ist ganz anders, du wirst schon sehen!«

Und sie sahen sich an wie Komplizen, die die gleichen Geheimnisse wissen. Auch sie hatten die Stelle passiert, als sie dieser Straße folgten, an deren Ende sie sich verzaubert und erschlagen von Leben und Tod der Helden wiederfanden, die ihr Schulfreund noch gar nicht kennengelernt hatte. Sie beneideten ihn fast, daß er erst am Anfang der Reise war.
»Warte, du wirst schon sehen ... Und der Laden des Antiquitätenhändlers, und das Pfeifen der Lokomotiven ...«, sagte Maurice.
»Und die Blausäure ...«, sagte Robert.
»Schnauze!« sagte Sami und hielt sich die Ohren zu. »Erzählt mir nichts ...«
»Sie reden zuviel, mein lieber Tschen! Sie verstimmen unseren Freund, der das Schanghaiische noch nicht versteht«, grinste Robert, als Sami die Hände von den Ohren genommen hatte.
»Arschlöcher!« lachte Sami. Auch er hatte inzwischen das Spiel entdeckt, aber er beherrschte die Regeln noch nicht so perfekt, um es richtig zu spielen.
»Tschüß, Kameraden, ich gehe schlafen. Bis morgen!« sagte er und packte seine Bücher unter den Arm. Und wie es seine Gewohnheit war, schlug er die Tür »bei Bonnets« hinter sich zu.
Zum Lesen war es zu spät. Das Buch, das jetzt unter dem gelben Chinahütchen auf dem Stuhl zwischen den beiden Betten lag, war *Martin Eden*.
In der Ferne hörte man ein Akkordeon.
Sie waren fast eingeschlafen, als sie auch die Männer vom Auvergner zurückkommen hörten.
»Unsere Alten haben sie begossen, ihre Einnahme der Bastille, das kann man wohl sagen!« meinte Robert.
»Sie sind so glücklich«, antwortete Maurice. »Meinen habe ich noch nie so gesehen. Ich hätte heulen können ...«
»Wart bis nach dem Abi, da brauchen wir Bettücher, um den Boden zu trocknen, so werden wir hier alle weinen ...«,

übertrumpfte ihn Robert. »Besonders wenn wir durchfallen!«
»Blödes Miststück!« Maurice bog sich vor Lachen und klopfte auf das Holz des Palisanderstuhls.
»Ordinär und abergläubisch dazu, Guttman! ... Also wirklich, ich habe es oft gesagt, aber jetzt werde ich es tun ...«
»Ich weiß, Sie gehen am Ende noch hin und beschweren sich beim Concierge, das meinen Sie doch, Clément?«
»Genau, Guttman, und das könnte bis nach ganz oben dringen, nach ganz oben ... Bis zum dritten Stock links zum Beispiel ... Oder noch höher ... Ahnen Sie es nicht, Guttman? Sie wollen nicht antworten, Guttman? Höher als zu einem dritten Stockwerk? ... Nun, Guttman, strengen Sie sich ein wenig an ... Ein Auge, ein ausgestochenes Auge, das Sie vom Himmel herab betrachtet ...«
»Sie wollen doch nicht sagen, das Auge des Doktors?« »Des Doktors Pierre! Großartig, Guttman! Aber für heute abend wollen wir abbrechen ... Laßt uns schlafen, ich bitte Sie.«
»Es tut gut, Unsinn zu machen, aber es tut weh«, klagte Maurice, als er endlich wieder reden konnte.
»Mit mir langweilt man sich nie, das wirst du später noch merken ... Wahrscheinlich zu spät, Genosse!«
»Glaubst du, daß Sami und Jeannot sich abends daheim auch so amüsieren wie wir?«
»Niemand amüsiert sich wie wir, besonders nicht Jeannot, der amüsiert sich nie. Er will nicht einmal mit Sami lesen. Er sagt, Bücher seien Quatsch. Wie das Abi auch. Also?«
Kurze Zeit war es still.
»Ich darf nicht durchfallen, darf nicht durchfallen ... Mein Vater würde bei MERCIER schön dämlich dastehen«, sagte Maurice.
»Und meiner? Glaubst du, der würde damit besonders klug aussehen bei der Post?«
»Und dann Florian ... Er wäre ehrlich traurig, wenn wir eine Bauchlandung machen.«

»Das stimmt, es wäre gräßlich für ihn.«
»Auch er würde dämlich dastehen... Ja, ja, mein Guter, das sind eine Menge Leute, das!« seufzte Maurice.
»Besonders wenn man uns dazu zählt... Denn wenn wir durchfallen, dann stehen wir selbst am dämlichsten da!« brummelte Robert mit einem langen Gähnen, das den unwiderruflichen Abschluß der Debatte ankündigte.
Jedenfalls für diesen Abend, auch wenn sie sich nichts vormachten. Sie wußten genau, daß sie sie so oder so am nächsten Tag wiederaufnehmen würden, und am übernächsten wieder und alle Abende, die ihnen blieben zu allerletzt, bis zur Nacht vor dem Morgen, an dem sie früh aufstehen und sagen würden: »Es ist soweit, jetzt sind wir dran.«
Schon seit Monaten dachten sie jeden Abend beim Einschlafen an nichts anderes als an diesen Morgen. Den der Hinrichtung. Und sie wußten noch nicht, ob sie ihn erhobenen Hauptes oder wankend angehen würden.
Die Geschichtsbücher, in denen sie seit ihrer Kinderzeit blätterten, waren voll mit Bildern von Verurteilten, die man erhobenen Hauptes oder wankend vor Galgen, Erschießungskommandos oder Guillotinen erlebt hatte.
»Ob Marschall Ney sein oder Madame Dubarry, das ist hier die Frage«, sagte Robert, als Maurice wieder einmal meinte, er werde am 22. Juni beim Aufwachen Bammel haben.
In genau neunundvierzig Tagen.
Nein, in achtundvierzig Tagen jetzt. Es mußte schon Mitternacht geschlagen haben, und in der Ferne gingen Knallfrösche los. Sie krachten zwischen dem An- und Abschwellen des Akkordeons, das einen Paso doble spielte.

Es gab auf dem Bahnsteig der Station Pyrénées keinen Akkordeonspieler und auch nicht in dem Wagen des Zuges, der Stepan und Elie am nächsten Morgen zur Arbeit brachte, aber es war ganz so, wie wenn es ihn gegeben hätte. Das Fest ging weiter, man sah es an den Gesichtern der Männer und Frauen im Zug, ja selbst der Art, wie sich alle anschauten.
Das Fest ging auch weiter bei Mercier Frères, und das um so fröhlicher, als Monsieur Julien von der Reise zurück war: »Genau rechtzeitig zum Wählen und um mich nicht von Paul anschnauzen zu lassen. Weil ausgerechnet ich beim ersten Wahlgang nicht da war, mußte es eine Stichwahl geben ... Also bin ich aufs erste beste Schiff gesprungen und habe die Situation gerettet. Danken Sie mir, meine Freunde, laßt uns anstoßen!«
Bei Mercier Frères würde man offensichtlich viel anstoßen, wenn man bedachte, wie früh damit begonnen wurde. Meunier antwortete Monsieur Julien, auch er habe am Vortag ein Schiff genommen, aber um angeln zu gehen, denn er wähle nicht. Aber er wolle gern sein Glas erheben mit Monsieur Julien, wenn ihm Monsieur Paul garantiere, daß all »die Verdammten dieser Erde« sich Krokodilledertaschen und Reisenecessaires aus Schweinsleder kaufen würden, um in ihren bezahlten Urlaub zu fahren ...
Es war unvermeidlich, daß er *La Butte rouge* sang und alle anderen einstimmten, das sang man an diesem Tag oder nie, außerdem glaubte eigentlich niemand, daß er wirklich zum Angeln gegangen war.
Oder daß sich kein »Kroko« mehr verkaufen ließe. Man mußte sich bloß ansehen, was Monsieur Julien aus Afrika mitgebracht hatte: das war wirklich keine Ware fürs Kaufhaus.
In der Allée Chateaubriand war man fröhlich, aber man war ja dort selten traurig, seit die Geschäfte so gut gingen und Mademoiselle Agnès kein saures Gesicht mehr machte.

So brachte auch der erste Tag des Jahres 1 der Volksfrontregierung für die Atmosphäre des Hauses kaum große Veränderungen, außer daß die jungen Dinger in der Werkstatt ein wenig müder aussahen als an anderen Montagen, weil sie zu lange mit ihren Freunden, Brüdern und — dies eine Mal — mit ihren Papas getanzt hatten.
Mademoiselle Agnès hatte mit niemand getanzt. Sie war lustig, weil es Montag war. Ihr Sonntag war so langsam verronnen wie alle anderen. Und einen so glücklichen Stepan anzutreffen, machte sie noch ein wenig froher als an anderen Montagen. Und um den anderen Sand in die Augen zu streuen, gab sie ihrer Freude einen aktuellen Grund, auf die Gefahr hin, ihre ältesten Überzeugungen zu verraten: »Ich lache, weil ich an die Gesichter der Kundinnen von Lanvin heute morgen denke...« Was nicht sehr freundlich war ihrer Schwester gegenüber, zu der sie ja beinahe zurückgegangen wäre, in den Faubourg Saint-Honoré, bevor sie sich doch für die Kooperative entschied.
Mademoiselle Anita war glücklich, weil sie an ihren Vater dachte, der sehr glücklich gewesen wäre, wenn er das noch erlebt hätte. Sie schickte von weitem einen kurzen Gruß zu Stepan hinüber, und wie er zurücklächelte, zeigte ihr, wie sehr sie beide an dasselbe dachten. An das gemeinsame Glück, an diesem Morgen anderswo zu sein als in der ersten oder zweiten Etage der Rue d'Aboukir, wo man sich, wenn man glücklich war, wahrscheinlich versteckte, um einander sein Glück mitzuteilen.
Ginette strahlte, aber dafür gab es auch persönliche Gründe: der Assistent von Renoir — der schöne (sie waren alle schön, also der schönste), der Italiener Lucchino — war wiedergekommen, um sich Mäntel und Oberteile für die Dreharbeiten zu *La vie est à nous* auszuleihen, und im Weggehen hatte er zu ihr gesagt: »Danke, Cara, Sie sind die Schönste...« und ihr die Hand geküßt. Man mochte ihr alle möglichen, mehr oder weniger feinsinnigen Kompli-

mente gemacht haben im Lauf der Zeit, aber dies war das erste seit langem, das sie verwirrte.
»In Italien lieben sie rundliche Göttinnen«, begnügte sich Alex festzustellen, der absolut keine Lust hatte, ihr ihre Illusionen zu rauben. Dafür war er zu gut gelaunt.
Als Erfinder, Urheber und Initiator der Kooperative fühlte Alex an diesem Morgen in sich die Seele eines Pioniers. Er dachte sogar kurz mit Rührung an die alte Madame Leblanc, in einem Anflug von Trauer und Bedauern an Maddy. Was Monsieur Anselmo betraf, so arbeitete er in seinem kleinen Verschlag hinter dem Pelzraum, so abgetrennt, daß niemand wissen konnte, ob er glücklich war oder nicht.
Zu Mittag stieß die Kooperative beim Nachtisch im Lokal ›Raymonde et André‹ mit der Kellnerin und Madame Raymonde an. Außer Alex, der bei ›Fouquet‹ aß. Die Kellnerin war im siebten Himmel, aber Stepan kam es so vor, als habe Madame Raymonde eine sorgenvolle Stirn. Vielleicht wegen Monsieur André? Er war nicht aus seiner Küche gekommen, um sich an diesem Freundschaftstrunk zu beteiligen.
»Ich fang doch nicht schon heute an mit dem Faulenzen – auch wenn das jetzt Mode ist!« war unter einem großen Klappern von Töpfen zu hören; dabei war die Hauptstoßzeit längst vorüber.
So lange vorüber, daß Mademoiselle Anita auf ihre Uhr sah und das Signal zum Aufbruch gab.
»Ihr Chef ist heute nicht gekommen?« ließ die Kellnerin fallen, als sie die leeren Gläser abräumte.
»Monsieur Alex ist nicht unser Chef. Wir haben keinen Chef. Wir sind die Chefs bei der *Koope!*« antworteten die jungen Mädchen und standen mit lautem Stühlerücken auf.
»Ach so«, sagte die Kellnerin, die endlich begriff, daß »Koope« keine Abkürzung für *Coppélia* war; das hatte sie nämlich immer geglaubt, da beim Servieren am Tisch der »Koope« ständig von Tüll, Musselin und Tarlatan die Rede

war. Die »Cheflosen« gingen über die Rue Washington in Reih und Glied wie Pensionatszöglinge und bogen in die friedliche Allee ein, an deren Ende sie die unterhaltsamste, am wenigsten beschmutzende, am wenigsten herabsetzende und harmloseste aller täglichen Arbeitsmühen erwartete.
Das Wetter war so schön, daß sie bei offenen Fenstern arbeiteten. Man hörte in den blühenden Sträuchern die Spatzen piepsen.

Gegen 18 Uhr wurde das bukolische Gepieps allmählich von fernem Grollen überdeckt. Es kam in Wellen, und wenn man sich aus dem Fenster neigte, konnte man es orten: es kam von den Champs-Elysées.
Das lebhafte Hin und Her an den Zugängen zur Métro-Station George V, wohin Stepan sich eine halbe Stunde später durchzukämpfen versuchte, hatte nichts gemein mit dem, was am Abend zuvor die Place Gambetta in eine Kirmes verwandelt hatte.
Auch hier konnte man von einem Meer sprechen, einem Ozean. Vor allem konnte man wieder von Demonstration und Aufmarsch sprechen. Was den Zugang zur Métrostation so schwierig machte, wirkte kriegerisch.
Blockiert an der Ecke der Rue Balzac betrachtete Stepan, wie die Marschierenden die Champs-Elysées hinaufzogen, Blumen im Arm, die Marseillaise auf den Lippen, deren Text sie so gut zu artikulieren wußten, daß er den Eindruck hatte, er höre sie zum ersten Mal. Er hatte sie schon bei anderen Gelegenheiten gehört in seinem kurzen Leben als Wahlfranzose, aber gewöhnlich in Bruchstücken, zerrissen von den Kakophonien der Konfrontation dieser letzten Monate, immer in der Gegend der Place de la République oder der Place de la Nation, nie auf den Champs-Elysées und nie als ganzes. Und niemals so einstimmig von so vielen Menschen.
Er fand das eindrucksvoll.

Ein wahrer Kenner, ein Experte in Sachen Marseillaise, wäre weit über diese treuherzige Wertschätzung hinausgegangen. Für den Gelehrten, der diese Interpretation der Nationalhymne am 4. Mai 1936 zwischen 18 Uhr 30 und 20 Uhr auf den Champs-Elysées aufmerksam verfolgte, manifestierte sich in auffallendster Weise, was man schon in manchen aufgeklärten Kreisen (lange bevor die Formulierung Allgemeingut wurde) das spontane Phänomen ihres Wiederlesens im Werk des Claude-Joseph Rouget de Lisle nannte. Diese Neuinterpretation wurde schreiend offenbar an der bekannten Stelle, wo vom *Sanguimpur,* dem unreinen Blut, die Rede ist. Andere Sänger der Marseillaise nämlich, gefangen in der Routine hurrapatriotischer Gedächtnisfeiern, setzten den Nachdruck beharrlich auf die Tatsache, daß diese brüllenden blutrünstigen Feinde, die Würger der Söhne und Ehefrauen, Soldaten waren, Soldaten einer fremden Armee, deren losgelassene Horden die Republik gefährdeten. Das Verdienst der Champs-Elysées-Sänger war es, die Routine umzustoßen: man stellte sich nicht mehr gegen die Träger irgendeiner Uniform irgendeiner Armee, sondern gegen die Unreinheit des Blutes, das in den Adern des Feindes rollte; nichts deutete darauf hin, daß der Feind militärischer Natur war, aber man versicherte weiterhin, daß er Frankreich in Gefahr bringe.

Nicht mehr unter Husarenschnüren pulste das unreine Blut, und wenn es aus dem Ausland kam, so hatte es nicht mit blankem Säbel die Grenze durchbrochen. Und weil sie es fließen lassen wollten, denn es war ja unrein, verlangten die Sänger nach Waffen. Sie wollten selbst Soldaten werden, Soldaten einer Armee ohne Uniformen, in deren Adern aber das reinste Blut der Welt pulsierte.

Das waren die Schlußfolgerungen unseres Gelehrten angesichts dieser revolutionären Interpretation gewesen, die es verstand, ohne eine Zeile des Originaltextes zu verändern,

in neuem Licht Absichten zu erhellen, die man bisher falsch verstanden hatte.
Stepan war kein solcher Gelehrter. Er fand diese Marseillaise eindrucksvoll, denn er war beeindruckt von denen, die sie sangen. Durch ihre Inbrunst, ihre Entschlossenheit und vor allem durch ihre Zahl.
Aber die neue Erleuchtung, dank eines neuen Verständnisses des Motivs *Sanguimpur,* steckte ihm durchaus kein Licht auf. Das Rätsel blieb bestehen. Und während er versuchte, sich einen Weg zu seiner Métrostation zu bahnen, fragte er sich aufs neue, was diese drei geheimnisvollen Silben wohl bedeuten könnten, die an diesem Abend lauter als sonst gebrüllt worden waren. Nie hatte er gewagt zu bitten, daß man sie ihm erkläre. Und schließlich hatte er sich ganz allein eine Erklärung zurechtgezimmert, aber hätte auch nicht gewagt, sie jemand anderem vorzulegen, so wenig zuverlässig erschien sie ihm. Vielleicht waren »Sans-Guimpures« eine Art »Sans-culotte« in bäuerlicher Version, zur Zeit der Französischen Revolution von ihren Mitbürgern dazu bestimmt, die Erde zu bebauen, eine armselige Sache damals. Nicht einmal Lumpen hatten sie zum Anziehen, aber sie begoßen die Furchen zum Wohl der Gemeinschaft. Konnte es das sein?
Für die wenigen Male, die er die Marseillaise hörte, mochte das als Erklärung angehen.
Es gab noch viele andere Ausdrücke, die Elie so wenig wie er ganz erfaßte und die erklären zu lassen er sich nicht traute, aus Angst, die Kinder könnten darüber lachen. Gestern noch auf der Place Gambetta hatte er sich wieder gefragt, wie man sich »an beiden Händen fassen« konnte, vor allem, wie das Menschen tun sollten, die ihre Fäuste schwangen.
Es gelang ihm, zu seiner Métro zu kommen, nachdem er auf den Treppen und auf dem Bahnsteig seine Ellbogen spielen ließ. Er stieg rückwärts in den schon überfüllten Wagen und

blieb gegen die Tür gedrückt stehen. In der Spiegelung der Scheiben erblickte er die Fahrgäste. Sie hatten nicht die gleichen Gesichter wie die am Morgen an der Station Pyrénées. Sie sahen eher gleichgültig als glücklich aus und wußten wohl nicht, was sich da oben über ihren gleichgültigen Köpfen abspielte. Der harte Tritt der Marschierenden drang nicht bis unter die Erde, ihre Stimmen trugen nicht über das Grab hinweg, das sie zu schmücken gingen.
Diese Fahrgäste kamen von zu weit her, als daß sie sie gehört hätten, manche sogar vom Pont de Neuilly. Und Stepan dachte wieder an Janek: nur eine Sekunde, wie jeden Abend wegen des Schildes, auf dem der Plan der Linie Vincennes–Neuilly aufgezeichnet war.
Wo war Janek an diesem Abend, und was dachte Janek an diesem Abend?
Jemand hinter ihm sagte: »Pardon, Monsieur«, als der Zug in die Station Place de la Concorde einfuhr. Stepan stieg aus, um zwei Damen vorbeizulassen. Sie trugen im Knopfloch ein reizendes Gesteck aus königsblauen, elfenbeinweißen und mohnroten Seidenbändern. Sie murmelten »Danke, Monsieur«, und Stepan stieg wieder in seinen Wagen zurück.
Er dachte, sie würden in die laute Menge des Umzugs geraten, wenn sie auf die Place de la Concorde kämen. Vielleicht wollten sie sich mit ihren Männern treffen und ihnen beim Umzug folgen, wie Olga, Sonja und alle Frauen der Männer aus der Rue de la Mare es am Vortag getan hatten, als sie zur Place Gambetta zogen. Und er dachte wieder an diese Menge da oben, die heute morgen in einem Frankreich erwacht war, das nicht mehr das von gestern und gewiß nicht das Frankreich war, das sie sich für die Zukunft erhofft hatten. Diese Leute waren nicht zahlreich genug gewesen, sie hatten verloren. Stepan gehörte zu den Gewinnern. Nicht gegen die da oben, aber für die anderen und mit den anderen.

Sie, die Verlierer, kannte er nicht. Eigentlich war er ihnen eben zum ersten Mal im Leben begegnet, so, wie sie wünschten, daß man ihnen begegnen sollte, als Gruppe und auf ihrem eigenen Terrain. Wenn man sie richtig betrachtete, wirkten sie wahrlich nicht wie Besiegte, sagte sich Stepan, und dann dachte er, er sei vermutlich der einzige aus der ganzen Rue de la Mare, der ihnen heute begegnet sei.
Ungeduldig wartete er auf die Station Châtelet, um aus der Linie Vincennes—Neuilly aussteigen zu können. Um so mehr, als am Palais-Royal eine stark geschminkte alte Frau eingestiegen war, ihre riesigen Brüste vor sich hertragend, zwischen denen sie ein blau-weiß-rotes Sträußchen angesteckt hatte, aus künstlichen Blumen, die Stepan auf ärgerliche Weise an das Erdgeschoß der ›Galeries Lafayette‹ erinnerten. Während des Umsteigens dachte er an Jiri. Nicht daß er plötzlich eine Zuneigung zu ihm gefaßt hätte, aber Jiri hatte nicht wählen können, und das war ungerecht. Und er fragte sich auch, ob Jiri Arbeit gefunden habe.
Endlich kam er »zu Hause« an, wo das Fest weiterging. Es gab sogar Feuerschlucker und einen Mandolinenspieler oben an der Treppe der Station Pyrénées.

Es ging weiter und weiter während der folgenden Wochen in den Herzen und Straßen des Viertels, das sich schmückte wie eine Braut, deren endlos lange Schleppe aus Baumwollstoff und deren Brautkranz aus roten Rosen und Nelken bestand. Und damit Schleppe und Blumen frisch blieben, mußte man alle Tage etwas anderes feiern, und man fand auch jeden Tag etwas zum Feiern.
Die ruhmvolle Vergangenheit des Volkes von Paris und von ganz Frankreich war reich genug, daß man daraus schöpfen konnte, ohne zu zählen. Man schöpfte auch aus den Lektionen der Ungeduld und der Streiks. Aber die Gendarmen der Republik schossen nicht auf Streikende und auch nicht auf

die Komödianten, die gekommen waren, um sie an ihrer Arbeitsstelle zu unterhalten.
Werktags wie sonntags waren die Nächte voller Lichter über dem xx. Arrondissement. Aber diese Lichterspiele waren nur Strohfeuerchen, Jahrmarktsleuchtreklamen, Bengalisches Feuer einer Unterpräfektur im Vergleich mit dem Feuerwerk, das eines Abends in der Rue de la Mare abgebrannt wurde und dessen Schlußapotheose mit seinen vielfarbigen rieselnden Sternenregen den Himmel von ganz Paris entzündete.
Ein paar Stunden davor war in einer fast biblischen Szene die Heimkehr eines Abiturienten-Sohns (Erster Teil, Abteilung A) gefeiert worden.
»Das ist der schönste Tag meines Lebens!« rief der Vater zum Sohn gewandt aus.
»Noch einer! ... Es ist der zweite schönste Tag deines Lebens innerhalb von sechs Wochen. Du mußt wählen, Papa!« sagte der Sohn zum Vater.
»Nein, heute ist mein erster schönster Tag! Der andere war für alle, dieser gehört mir. Mir und deiner Mutter!«
Und der Vater schloß die Mutter und den Sohn in seine offenen Arme. Und es gab Tränen.
Die Szene spielte sich ab im Eßzimmer der Guttmans, aber die gleiche, mit wenigen Abweichungen, ereignete sich in der Concierge-Loge der Cléments und ein wenig weiter entfernt in der Wohnung der Nüssbaums. Maurice, Robert und Sami waren die ersten Inhaber eines Vorabitur-Zeugnisses (Abteilung A) im ganzen Häuserblock.
Die 48 Tage, die die beiden schönsten Tage im Leben Elie Guttmans trennten, wurden immer beklemmender für die Söhne Guttman, Clément und Nüßbaum. Um sich gegenseitig Mut zu machen, überließen sich Maurice und Robert vor dem Einschlafen zunehmend kindischeren Dialogen, je näher das Datum rückte, an dem sie ihre Reife und die Tiefe ihrer Kenntnisse beweisen sollten.

»Jetzt brauchen wir kein Phoscao mehr, jetzt müssen wir Babynahrung haben!«
»Am Ende machen wir mamm-mamm-mamm wie Babys, und du wirst sehen, auch das bringt uns zum Lachen!« sagte Robert an einem Abend.
Das war am 19. Juni, drei Nächte vor dem schicksalsträchtigen Morgen.
Und sie lachten sich den Buckel voll.
Dann, am 22. Juni, erwachten sie merkwürdig ruhig. Und von da an ging alles nicht wie im Traum, auch nicht wie in einem Alptraum, sondern ganz genau so, wie die Dinge ablaufen, wenn man die Füße auf dem Boden und den Kopf beisammen hat, voll von Sachen, die man weiß, weil man sie richtig gelernt und gut verstanden hat.
Das Abenteuer lag nicht in den schriftlichen oder mündlichen Fragen, auf die sie zu antworten wußten, sondern in der Reise ins Herz der Zitadelle des Wissens.
Das Abenteuer war die Sorbonne, ihre Statuen und ihre Pedellen, »Capoulade« und »Dupont-Latin«, das Durcheinander dort und die Diener.
Die Aufzüge der Studenten und ihre Anführer ...
Vor allem ein alter Anführer mit Studentenmütze, der sein Abitur um 1922 gemacht haben mußte – wenn überhaupt – und dessen »Reihen bilden, Reihen bilden, Reihen ...« mit kreisendem Knaufstock nach der Lampion-Melodie zu Gehör gebracht, sich rasch verwandelte in »Volksfront-Scheißpack, treten dich in deinen Sack ...«, und das ganz ohne musikalische Entsprechung ... In diesem Augenblick hörte für sie das Abenteuer auf, und sie verließen die Reihen der braven Scholaren, denen der Stock des ewigen Studenten jetzt die Richtung zur Chambre des Députés wies.
Sie kamen an der Ecke Boulevard Saint-Michel und Quai des Grands-Augustins an. Das traf sich gut: es war genau vor der Métrostation.

Ganz kurz nach ihrer Heimkehr verbreitete sich die Nachricht, daß die Helden zurück seien. Und was sich dann abspielte, sollte lange im Gedächtnis der Nachbarschaft bleiben.
Es hatte etwas von *garden party* und *open house*, worüber die Sonderkorrespondenten von *Pour Vous* und *Cinémonde* aus Hollywood so gern berichteten; auf diese Blätter stürzten sich Zaza und Josette jede Woche gierig. Daraus schöpften sie die Anfangsgründe ihrer angelsächsischen Bildung viel lieber als aus den soliden Grundzügen, die ihnen die Lektüre von *Alice's Family* vermittelte.
Alice's Family gehörte zum Lehrstoff von Mademoiselle Delacroix, und dieses Werk schilderte bis ins kleinste das Alltagsleben einer jungen Engländerin und ihrer Familie, die in einem hübschen Einfamilienhaus in einem hübschen Vorort von London wohnte, und einzig die unglaubliche Anzahl unregelmäßiger Verben, die die Angehörigen dieser Familie verwendeten, um sich die einfachsten Dinge zu sagen, schien die ruhige Monotonie glücklicher Tage zu würzen, die Alice, Tom (ihr jüngerer Bruder) und Mr. and Mrs. Smith (ihre Eltern) verlebten. Bei den Smiths war der *garden* zu klein, um *parties* zu geben, und die einzige Tür des *cottage* zu schmal, um sie allen Winden und andern Fremden als den unmittelbaren Nachbarn zu öffnen; diese Nachbarn hießen Simpson und kamen nur alle zwei Samstage zu den Smiths auf Besuch. Die anderen beiden Samstage waren »Grannie« Smith vorbehalten, die in London selbst wohnte. Die Besuche bei »Grannie« waren gut für interessante Entdeckungen: Trafalgar Square, Hyde Park und der »Bloody Tower«, außerdem für Begegnungen mit neuen unregelmäßigen Verben.
In *Pour Vous* und *Cinémonde* waren die *gardens parks* mit unzähligen Alleen und die *cottages, mansions* oder *bungalows* mit breiten und zahlreichen Zugängen versehen und die standen allen offen an den *party*-Abenden, bei denen die

Korrespondenten der beiden Blätter stets vertraute, privilegierte Gesprächspartner des Ehrengastes der *party* zu sein schienen. Und ihre Berichte endeten immer mit der vollständigen Liste der glücklichen Geladenen, mit denen sie in aller Ungezwungenheit ein wenig *gossip* trieben und manchmal sogar zum Klang eines hinter Palmen, Zedern und Sykomoren verborgenen Orchesters tanzten.
»*Yes! Everybody in town was there,* oder wenn Sie lieber wollen: Ganz Hollywood war da und natürlich Ihr ergebener Diener, der Ihnen sagt: *see you next week!*« So lautete die Zauberformel, mit der der Autor im allgemeinen seine blendenden Reportagen abschloß.
An diesem Abend nun, das muß man sagen, war »*everybody in Rue de la Mare*« da. Und das Haus Nr. 58 war ein *open house* vom Erdgeschoß bis zum dritten Stockwerk, Türen und Fenster standen offen, und die Straße selbst glich der Hauptallee eines *park,* wo die spazierengingen und plauderten, die noch nicht hineingehen konnten, oder die, die »bei Bonnets« herauskamen. Dort war eine *party* drauf und dran, *surprise party* zu werden; die Gäste, die sich dort selbst einluden, brachten zu trinken und zu essen mit. Und auch etwas zum Tanzen.
Seit ein paar Wochen waren sie daran gewöhnt, zu feiern, zu feiern und noch einmal zu feiern. Nun hatten sie sich spontan entschlossen, es ein weiteres Mal zu tun, dies eine Mal aber ohne einen Gedenktag als Anlaß zu haben.
Man ging »zu Bonnets«, um die drei quicklebendigen Jungen zu küssen, anzufassen, zu beglückwünschen, die allen Anlaß gaben zur Vermutung, sie würden eines Tages vielleicht der Nation zur Ehre gereichen, die im Augenblick aber ganz bestimmt ihren Eltern, Freunden, ihrem Lehrer und ihrem Stadtviertel Ehre machten. Und um das zu sagen, kamen sie alle, sogar die, die nicht mehr im Viertel wohnten, und sogar die, die nie da gewohnt hatten.
Wie die Novaks, die jetzt im XI. Arrondissement wohnten.

Oder Bruno und Gino Benedetti, die in Joinville als Mechaniker arbeiteten und die man nie mehr sah. Oder Alex, der mit Stepan im Kooperative-Citroën gekommen war, den er zum ersten Mal benützte.

Er brachte ein neues Grammophon mit und einen Stapel Schallplatten von Jean Sablon, Mireille, Duke Ellington, Red Nichols, Fats Waller, Armstrong, Georgius, Jean Tranchant, von Gilles et Julien, Ray Ventura, Charlie Kuntz und Charles et Johnny.

Man tanzte auf alles mögliche, wie man es konnte oder nicht konnte. Robert, Maurice und Sami konnten es kaum. Die Benedettis konnten es, und Jeannot Nüssbaum auch. Es war die Rache derjenigen, die keine Bücher lasen.

Zaza, Josette und ihre Freundinnen vom Fortbildungskurs drehten sich alle, es war ihr erster »Ball«. Mirjam drehte sich nicht: sowie sie das Grammophon gesehen hatte, war sie nach Hause gerannt, um sich eine Binde um den Knöchel zu wickeln, wegen einer Verstauchung, die sie nicht hatte und von der sie erklärte, sie habe sie sich eben beim Heimrennen geholt. Sie wollte lieber Sami ansehen, mit Sami reden und leiden, wenn sie ihm zuschaute, wie er versuchte, mit Zaza zu tanzen, die mit allen tanzte, sogar mit Alex, wenn er dafür Zeit hatte.

Denn er hatte sehr viel zu tun, dieser Alex. Wie alle *masters of ceremonies,* wie sich der *see-you-next-week* ausdrückte.

Er hatte es verstanden, die Werkstatt in einen Festsaal zu verwandeln. Zuerst waren die Schneiderpuppen, die Stoffe und alles, was kaputtgehen konnte, weggeschafft worden, und um die Treppen freizuhalten, hatte man die Sachen bei den Sterns eingestellt. Dann schob man die Nähmaschine in die Küche und stellte die Arbeitstische vor dem Kamin auf. In Sonjas und Olgas Augen, die der Arbeit zuschauten, sah der Raum jetzt fast gleich aus wie beim Abschied der Bonnets. Auf dem Laken, das als Tischtuch diente, häuften sich die Opfergaben, je mehr Gäste kamen.

Butterbrötchen, zerteilte kalte Hähnchen, Scheiben von Roastbeef, Essiggürkchen, zwei Kuchen, Ziegenkäse, Zukkerwerk, Kirschen, Kartoffel-Tomatensalat, Heringe, Himbeereis, Schokoladetörtchen und Butterbiskuits waren auf dem unterschiedlichsten Geschirr angerichtet; man erkannte Plättchen, Teller und Schüsseln aus den Küchen der Cléments, der Guttmans, der Roginskis, Nüssbaums und Sterns, sogar aus der Küche der Lowenthals. Auch Gläser, abgesehen von denen, die der Auvergner geliehen hatte, mit einem Fäßchen Weißwein aus seinem Heimatdorf als Geschenk. Das thronte nun unter Flaschen mit Champagner, Schaumwein, Cinzano, Byrrh, Dubonnet, Apfelwein, Wodka und den hübschen runden Fläschchen Fruchtsaft, die Alex dem Besitzer des ›Pam-Pam‹ an der Ecke der Rue Lincoln entlockt hatte, bevor er die Champs-Elysées verließ.
Alex kam und ging, tanzte ein bißchen, entkorkte Flaschen, wechselte die Platten und spülte die Gläser, als hätte er das sein Leben lang gemacht. Weil er es übrigens so oft schon getan hatte, machte er es gut und so fröhlich: es ließ ihn um zehn Jahre jünger werden.
Von Zeit zu Zeit stieg er in den zweiten Stock hinauf, wohin sich nach und nach die Eltern geflüchtet hatten, die − nach einem schüchternen Versuch zu tanzen − jetzt miteinander plauderten über die Freuden und Hoffnungen, die ihnen die jeweiligen Kinder machten, ob sie nun manuell oder intellektuell begabt waren: das freute alle und stimmte niemand traurig.
Alex berichtete über die Kinder, beruhigte die Mütter von Töchtern und die Väter von Söhnen, dann ging er wieder hinunter und überwachte die Getränke.
Madame Lowenthal hatte kurz »bei Bonnets« hereingeschaut und dort Monsieur Lowenthal zurückgelassen, der nicht ungern der Jugend beim Tanzen zusah und die Kurbel des Grammophons bediente.

Auch bei den Guttmans hatte sie den Kopf reingestreckt. Da sie ihre große Salatschüssel geliehen hatte, konnte man sie nicht ganz von den Vergnügungen ausschließen.
Es war ihre erste Rückkehr in den Schoß der Gemeinschaft, wo sie allerdings nicht so recht wußte, was tun. Sie hatte nie Mutterfreuden erlebt und eben die Bitterkeit einer Niederlage geschmeckt. Eigentlich hatte es der Salatschüssel bedurft, um die seit den Wahlen abgebrochenen Beziehungen wieder anzuknüpfen. Immerhin war niemand an diesem Abend so grausam, sie zu fragen, ob der Umgang mit den Diamanthändlern, für die er arbeitete, aus Monsieur Lowenthal einen Pech-Wähler gemacht habe. So hieß es aber im ganzen Haus, vor allem im Erdgeschoß.
Doch als Madame Lowenthal in einer kurzen Stille seufzte: »Wie stolz wäre Madame Lutz heute abend auf ihren kleinen Maurice...«, da ging eine andere Wahrheit durchs Eßzimmer der Guttmans, wie ein Engel der Vergangenheit. Es waren demnach nicht die Diamanten, sondern die Cléments, die unverzeihlichen, unentschuldbaren Nachfolger von Madame Lutz, die Monsieur Lowenthal dazu gebracht hatten zu wählen, wie er wählte.
»Dann wäre sie auf meinen Sami und auf Robert nicht stolz gewesen, Madame Lutz?« fragte spöttisch Monsieur Nüssbaum.
»Was ist übrigens aus den Bonnet-Zwillingen geworden?« setzte Jeannette Clément, ebenso spöttisch, hinzu.
»Letzten Monat ging es ihnen sehr, sehr gut«, erwiderte Madame Lowenthal, während sie aufstand und beifügte, wegen der Salatschüssel eile es durchaus nicht: morgen, morgen, wenn diese kleinen Wilden sie nicht vorher zerschlugen. Dann war sie wieder in ihre Wohnung hinaufgegangen.
Jetzt wußte man sie, die wahre Wahrheit: Monsieur Lowenthal hatte schlichtweg gewählt wie Monsieur Bonnet, denn Madame Lowenthal war nie über den Schlag auf den Schä-

del Monsieur Bonnets hinweggekommen – den vom 6. Februar vor zwei Jahren.
Und da man schon vom 6. Februar sprach, erinnerte Félix unweigerlich an den 12., den einzigen Februartag, der wirklich zählte: der Tag, an dem man die geheiligte Einheit gegen diesen Politikaster-Sumpf besiegelt habe.
Und, das war unvermeidlich, Félix sprach wieder von den Wahlen.
Und die Damen gingen hinüber in das Eßzimmer der Roginskis. Sogar Jeannette.
Sie wollten lieber weiter über ihre Kinder sprechen und die strahlenden Verheißungen, die sich für sie auftaten. Man hörte sie im untern Stockwerk lachen und singen, noch lauter als die Band Ray Venturas.

Es war Maurice, der Monsieur Florian zuerst entdeckte. Er lehnte, etwas im Hintergrund, am Türrahmen. Er schaute herein, lächelte, kam aber nicht weiter herein.
Maurice spürte, wie er rot wurde, und tat einen Schritt auf das Grammophon zu, aber Monsieur Florian gab ihm durch ein Zeichen zu verstehen, daß er nur mal reinschaue, Maurice solle keinesfalls das Grammophon abstellen, sondern lieber zu ihm ins Treppenhaus kommen.
Also pfiff Maurice die ersten Töne des Liedes von Laurel und Hardy, Robert und Sami schauten zu ihm hinüber, und nun entdeckten auch sie Monsieur Florian. Sie ließen die Mädchen, mit denen sie zu tanzen versuchten, stehen und gingen zu Maurice, der jetzt neben Monsieur Florian stand.
Mit einem kräftigen Männerhändedruck half sich Monsieur Florian darüber hinweg, daß er sie wahrscheinlich am liebsten umarmt hätte wie die Söhne, die er nicht hatte.
»Wir wollten Sie morgen besuchen, Monsieur«, sagte Maurice ein wenig laut wegen *Tout va très bien, Madame la Marquise.*
»Ja, das stimmt, wir wollten zu Ihnen gehen«, bestätigten Robert und Sami.

»Wollen Sie nicht hereinkommen und . . .«, Maurice traute sich nicht zu sagen: und einen trinken?
»Nein, Kinder, es ist Zufall, daß ich noch so spät hier im Viertel bin . . . Ich muß heimgehen«, sagte Monsieur Florian und warf einen letzten Blick ins Innere. »Sind das nicht die Benedettis, die sich da hinten so tummeln?« fragte er.
»Ja, Monsieur«, antwortete Maurice. »Und die Novaks sind auch da. Soll ich sie Ihnen herholen?«
»Nein, mein Junge«, sagte Monsieur Florian nach ganz kurzem Schwanken.
»Wollen Sie nicht zu meinen Eltern nach oben gehen? Sie würden sich sicher freuen, Sie zu sehen«, schlug Maurice zögernd vor.
»Ein andermal, mein Junge, ein andermal.«
Er bückte sich und hob von der dritten Treppenstufe ein Paket auf.
»Das werdet ihr euch in euren Ferien gegenseitig ausleihen. Denn ich erinnere euch daran, ihr seid noch nicht fertig: vergeßt nicht, ihr habt erst die Hälfte vom Abitur! Vergeßt es nicht, denn ich bin bald nicht mehr in eurer Nähe, um euch daran zu erinnern. Ich gehe in den Ruhestand nach Hause, in mein Dorf. Also, ich verschwinde.« Monsieur Florian reichte ihnen das Paket. Maurice nahm es entgegen.
»Vielen Dank, Monsieur«, sagten sie gemeinsam, während ihr alter Lehrer schon im Begriff war, die Treppe hinunterzugehen.

»Man hätte darauf bestehen sollen, daß er bleibt«, murmelte Maurice.
»Er hatte gar keine richtige Lust hereinzukommen«, sagte Robert ziemlich scheinheilig.
»Und dann hätte es den andern den Spaß verdorben, man hätte sich nicht mehr amüsiert«, setzte Sami hinzu.
»Und wenn er hinaufgegangen wäre, hätte es bei den Eltern die Stimmung gestört . . . Es ist besser so«, schloß Maurice.

»Wir gehen zu ihm und bedanken uns und verabschieden uns von ihm, wo er sich doch auf dem Land vergräbt.«
Er tastete nach dem Inhalt des Pakets.
»Das sind Bücher«, sagte er.
Die beiden anderen waren schon zu ihren Tänzerinnen zurückgekehrt, und Maurice schob die Tür zum Zimmer auf, um das Paket dort abzulegen, das er nicht aufgemacht hatte. Auf seinem Diwan küßten sich Jeannot und ein Mädchen vom Fortbildungskurs, dessen Namen er nicht kannte, im Scheine von Roberts kleiner Pilzlampe.
»Entschuldigung«, sagte Maurice und warf das Paket auf Roberts Diwan, dann stürzte er hinaus.
Mit den Augen suchte er Zaza.
Sie stand vor dem »Buffet« im Gespräch mit Alex, der ihr zuzuhören schien. Im Näherkommen bemerkte Maurice, daß Zaza einen Lippenstift benützt hatte. Das Rot war schlecht aufgetragen, wahrscheinlich hatte sie es ganz schnell gemacht, nachdem die Eltern gegangen waren. Er suchte unter den Mädchen diejenige, die ihr den dunkelkirschenroten Stift geliehen hatte.
Eigentlich suchte er nicht, er wußte es. Es war die Nichte des Auvergners. Sie war mit ihrem Onkel gekommen, als der das Fäßchen brachte, und war geblieben. Niemand hatte sie je im Viertel gesehen. Sie war mindestens achtzehn oder neunzehn, hatte ganz schwarze Haare und Augen, unter einem zitronengelben Kleid einen sehr großen Busen, orangerot gelackte Fingernägel, etwas dicke Beine, weiße Riemenschuhe mit sehr hohen Absätzen, keine Strümpfe und silbern gelackte Zehennägel.
Ihr dicker Mund war beinahe schwarz geschminkt.
Sofort hatte sie mit Jeannot Nüssbaum getanzt, dann viel mit Gino Benedetti, und jetzt stand sie am »Buffet«, hatte in der Hand mit abgespreiztem kleinem Finger ein Glas Cinzano und sah Alex an, der zurückschaute, während er so tat, als ob er Zaza zuhörte.

»Kommen Sie tanzen?« fragte Maurice, als sei es die einfachste Sache, so zu fragen.
Sie stellte ihr Glas auf den Tisch.
»Sie werden es wiedererkennen, es trägt ihre Spuren«, sagte Maurice, als sei es die einfachste Sache, das zu sagen. Sie lächelte.
Und als sei es die einfachste Sache von der Welt, legte er sacht seine rechte Hand auf den zitronengelben Rücken, ohne zu drücken, nur den Daumen etwas fester anlegend, wie er es bei Gino gesehen hatte, und den linken Arm an den Körper gepreßt, nahm er ihr rechtes Handgelenk in seine linke Hand, auch das nicht allzu fest.
Das Grammophon spielte ein Potpourri von Slowfoxes von Charlie Kuntz, und die Nichte des Auvergners summte alle Melodien mit halbgeschlossenen Augen mit.
Von Zeit zu Zeit schlug sie sie groß auf und schaute zu Alex hinüber.
Maurice überlegte sich krampfhaft, was er zu ihr sagen könnte. Er hatte ganz gut angefangen mit der Anspielung auf die Lippenstiftspuren an ihrem Glas. Jetzt wollte er nicht in Banalitäten verfallen. Er wollte nicht als Pedant wirken, aber auch nicht als Dummkopf. Es war ihm zu heiß, und er fand, sie sei zu parfümiert. Es erinnerte ihn an die Duftmischungen, die Robert und ihn zum Grinsen brachten, wenn der Auskleideraum wieder ihr Schlafzimmer wurde. Es war aufregender, sich etwas vorzustellen, wenn es »nach Kokotte roch«, dachte er, als wenn man die Kokotte in Reichweite hatte und obendrein aufpassen mußte, was die eigenen Füße machten.
Robert streifte das stumme Paar und pfiff die vier ersten Töne des Liedes. Maurice vergewisserte sich, daß die Nichte des Auvergners wirklich in ihre Träume versunken war, drehte den Kopf zu Robert und sah auf zum Himmel: das »Charlie Kuntz-Medley« – so stand es auf dem Plattenetikett – wollte und wollte nicht enden...

In diesem Augenblick hörte man es nicht mehr, denn von der Treppe her erklangen Gitarre und Banjo und singende Stimmen. Es waren Gromoff, Barsky und ein Unbekannter. Alle stimmten in das Lied ein, denn es war eine Melodie, die alle kannten, die seit ein paar Wochen überall gesungen wurde. Es war *Allons audevant la vie,* aber die drei Neuankömmlinge sangen es auf russisch. Es war nämlich ein russisches Lied.
Es zog auch die Älteren auf den Treppenabsatz im zweiten Stock hinaus. Es war schon nach zehn Uhr, aber noch sehr früh, und das Fest nahm einen neuen Anlauf.

Als Maurice am nächsten Tag gegen Mittag seinen zweiten Schuh suchte, entdeckte er das Paket Monsieur Florians unter Roberts Bett. Der schlief noch.
Er bemerkte auch, daß die Werkstatt tadellos aufgeräumt war, wie wenn es am Vorabend nichts gegeben hätte.
Sie mußten ganz schön vorsichtig gewesen sein, die Mütter, damit sie ihre Söhne beim Ordnungmachen nicht störten. Und sie mußten ganz schön müde gewesen sein, die Söhne, daß sie so lange geschlafen hatten.
Im übrigen mußten sie auch ganz schön gepichelt haben, wenn sie überhaupt nicht mehr wußten, wann und wie sie schließlich ins Bett gekommen waren. Die letzte Erinnerung von Maurice war, wie Barsky, Gromoff und der Banjospieler sangen *Je sais que vous êtes jolie* und sein Vater und seine Mutter tanzten . . .
Das Rascheln des Papiers weckte Robert.
Das erste Buch hieß *Taifun,* von Joseph Conrad, das zweite war *La Fortune des Rougon* von Emile Zola und das dritte *La Condition humaine* von André Malraux.

»Wir sagen ihm nichts, das tauschen wir heimlich um«, sagte Maurice und faltete das Papier aus der Buchhandlung sorgfältig zusammen.
»Ich habe Haarspitzenkatarrh«, ächzte Robert, der erst jetzt den wirklichen Sinn dieses Ausdrucks begriff, er hatte ihn kennengelernt beim Lesen von Schmökern, die nichts gemein hatten mit der Lektüre, die ihnen ihr alter Lehrer zum Geschenk gemacht hatte. »Wer hat sie abgeschleppt, die Dicke in Zitronengelb?« informierte er sich.
»Ich weiß es nicht... Aber was die für ein Bett braucht!« rief Maurice aus.
Robert antwortete nicht, er drehte den Kopf weg, damit Maurice nicht merken sollte, daß er ihn rot werden sah.
»Der Jeannot versteht es mit den Mädchen«, sagte Maurice.
»Klar, er hat ja nichts anderes zu tun!« stellte Robert fest.
»Das und den Flohmarkt mit Vater Nüssbaum und Manolo... Da fehlt es nicht an Gelegenheit!«
»Auch wir haben nichts anderes zu tun, die nächsten drei Monate«, riskierte Maurice zu sagen.
Robert lachte und antwortete nichts.

Ihre Mütter hatten sie gegen zwei Uhr morgens zu Bett gebracht. Im Gegensatz zu ihren – nicht uneitlen – Vorstellungen waren sie nicht so besoffen, wie sie es bereitwillig den ganzen folgenden Tag über wiederholten. Sie waren trunken von Empfindungen und lang angesammelter Müdigkeit. Nicht besoffen.
Niemand hatte sich übrigens an diesem Abend wirklich einen Rausch angetrunken. Nicht einmal Barsky. Und wer ganz und gar nicht betrunken war, war Alex, als er gegen Mitternacht sehr ernsthaft Gromoff und Barsky vorschlug, zeitweise für die Kooperative zu arbeiten. Es hatte ihm genügt zu sehen, wie sich die beiden über den Teller mit Butterplätzchen hermachten.
Diese Gedankenverbindung mag überraschen. Ginette oder

Mademoiselle Anita hätte sie nicht überrascht. Gromoff und Barsky waren genau die Männer, die sie seit fast einer Woche forderten: ein Chauffeur und ein Akquisiteur für die beiden großen Happen, die sich für das Haus abzeichneten. Man hatte in der letzten Zeit viel ausgeliehen, nicht nur an Jean Renoir, Grémillon oder Cavalcanti, den Stammgästen von ›Chéramy‹ und ›La Coupole‹, sondern auch an kleine Liebhaber-Truppen mit Bildungszielen, die die Streikenden an ihren Arbeitsstellen mit alten Balladen und — im übrigen unterschiedlich beliebten — Sprechchören unterhalten hatten. Es wurde Zeit, daß wieder einmal Geld ins Haus kam. Und um das zu suchen, aß Alex manchmal bei ›Fouquets‹, denn dort fand man es.

So hatte Alex zwei dicke Happen heimgebracht. Der eine hieß *Die Wolgaschiffer*. Aber paradoxerweise hatte Alex nicht an diesen Film gedacht, als er Gromoff und Barsky ansprach, sondern an den anderen. Dessen Titel hatte er Rodriguez erst gestanden, nachdem Rodriguez beharrlich und wiederholt darauf hingewiesen hatte, daß die Kooperative sich höchstwahrscheinlich gratis an der Kostümausstattung von *La Marseillaise* beteiligen würde, gleich nach ...
Nimm dein Gewehr, Grégoire!

Der Biskuithersteller aus Nantes, Autor von *Nimm dein Gewehr, Grégoire,* war auch der einzige Geldgeber des Projekts. Er hatte kurz vor den Wahlen eine große Vorauszahlung geleistet, und eine Weile herrschte an der Kasse der Allée Chateaubriand die Befürchtung, er würde seinen Plan aufgeben und sich die Summe zurückzahlen lassen unter Berufung auf »höhere Gewalt«, zuerst am Tag nach dem 3. Mai und mehr noch nach dem 20., als der Streik sich zum Generalstreik ausweitete, sogar beim Film.

Aber Monsieur Le Goff hielt an seinem Projekt fest. Er verfolgte es seit zehn Jahren, und kein Umsturz von unten hätte ihn dazu bringen können, auf das Epos eines seiner Ahnen zu verzichten. Der, Bäcker seines Standes, hatte gut hundert Jahre früher Backstube und Verlobte verlassen, um nach seinem Gewehr, seiner Elfenbeinmadonna und seiner Korbflasche zu greifen und sich unter Lebensgefahr den Partisanen des royalistischen Monsieur de la Charette anzuschließen, gegen die Republik. Die Geschichte nahm für Grégoire ein gutes Ende. Jedenfalls ein besseres als für Monsieur de la Charette, den er nicht bis zum letzten Leidensweg begleitete. Nachdem er in einen Hinterhalt geraten und ausgerechnet von einem Soldaten der Republik gerettet worden war, kehrte er, leicht verwundet, zu seiner Verlobten zurück, heiratete sie, zündete wieder seinen Backofen an und wurde eine Art von Gründervater der Biskuitherstellung von Nantes, deren *Galettes Pomponnette* von da an unablässig die Gaumen von groß und klein in ganz Frankreich unter allen Regierungen entzückten.

Ermutigt durch einen befreundeten Kinobesitzer in Vannes, hatte Monsieur Le Goff also diese Familiengeschichte niedergeschrieben, die er auch als wichtigen Baustein zur Versöhnung der Regionen betrachtete.

Zu seinem lebhaften Erstaunen ergab sich aus der Post, die Monsieur Le Goff als Antwort auf die Zusendung des Werkes erhielt, daß es natürlich mit großem Interesse gelesen worden sei, aber daß anscheinend kein Regisseur sich dafür frei machen konnte, es sei denn nach langen Jahren. Weiterhin ermutigt von seinem Freund, dem Kinobesitzer in Vannes, den die wöchentlich laufenden Programme in der Vorstellung bestärkten, daß einen Film drehen wirklich nicht die Welt bedeutete, faßte Monsieur Le Goff den Entschluß, den Film selbst zu drehen.

Der Zufall wollte es, daß Madame Le Goff noch vom Pensionat her eine Freundin hatte, Madame Charlotte Verdon, deren zwei erwachsene Söhne in Paris lebten und »beim Film« waren.

Die Brüder Verdon, die allmählich mutlos geworden waren, weil sie ihren Film nicht zustandebringen konnten — diesen hübschen Film, der sich in achtundvierzig Stunden abspielte, ein wenig auf der Straße, ein wenig in einer Fahrradfabrik, am Meeresstrand und in einem Bett, in dem sich junge Menschen von heute liebten –, sahen sich also in den Rang von »technischen Beratern« eines milliardenschweren Biskuitfabrikanten erhoben, an dessen Privatstrand sie als kleine Kinder einst Sandburgen gebaut hatten und der niemals auch nur einen Sou in ihr eigenes Projekt gesteckt hätte. Den wollten sie dazu bringen, Millionen herauszurücken für die Vorbereitung seines eigenen Films, dem sie schon jetzt voraussagten, er werde zwar eines Tages vielleicht das Licht der Welt erblicken, sicherlich aber nie das künstliche Licht eines verdunkelten Kinosaales.

Aus Anständigkeit hatten sie zuerst versucht, Monsieur Le Goff davon abzubringen, sich in dieses Abenteuer zu stürzen, aber angesichts seines wilden Eigensinns gaben sie auf und nahmen das Geld, das sonst mit Sicherheit in den Taschen eines x-beliebigen Hochstaplers gelandet wäre, der vielleicht nicht so großmütig gewesen wäre, seine Freunde davon profitieren zu lassen.

Sie waren als Berater engagiert, und sie berieten. Zu den ersten Ratschlägen, die sie erteilten, seit sie ihre wöchentlichen Schecks erhielten, gehörte der Rat, sich vor allem um die Kostüme zu kümmern. Was die Schauspieler anging, so würde man später sehen. Wichtig seien in erster Linie die Kostüme. Denn, wie sie Monsieur Le Goff erklärten, eine bretonische Tracht ließ sich müheloser ändern, um sie den Maßen des einen oder anderen Schauspielers anzupassen, als sich das Äußere eines Schauspielers retuschieren ließ, den man vorher ausgesucht hatte und bei dem man zu spät – nach Engagement und Vorschuß – erkannte, daß er unter einem runden bretonischen Hut nicht mehr glaubhaft wirkte.

Wie der berühmte Raimu zum Beispiel, den Monsieur Le Goff eine Zeitlang für die Rolle des Grégoire erwogen hatte

und der, wie ihm sein Freund, der Kinobesitzer in Vannes, versicherte, alle Akzente beherrschte. Glücklicherweise waren die Brüder Verdon rechtzeitig gekommen. Sie rieten als Berater nachdrücklich von Raimu ab. Ein ausgezeichneter Schauspieler, gewiß, ein guter Bäcker, vielleicht, aber als bretonischer Bäcker absolut unmöglich. Man durfte das Geld nicht zum Fenster hinauswerfen.
Nein, es war besser, sich auf sie zu verlassen. Zuerst die Kostüme, dann die Schauspieler. Und was die Kostüme betraf, so gab es eine einzige Adresse: die »Kooperative der Kostümbildner und -verleiher«. Sie hatten dort Freunde, Monsieur Le Goff würde zufrieden sein.
Monsieur Le Goff war entzückt, und die Brüder Verdon hatten selten so gelacht während dieses Jahres, in dem ihr kleiner Autorenfilm mit dem geringen Budget ständig abgelehnt worden war.
Das Geschäft wurde abgeschlossen an der Bar von ›Fouquet's‹, wo Laurent Verdon auf Bitten von Alex, der das Lokal inzwischen gut kannte, ausnahmsweise mit Krawatte erschien. Als er den dicken Scheck dieses direkten Konkurrenten des Buttergebäcks LU in die Tasche steckte, schämte sich der Gründer der »Kooperative der Kostümbildner« schon ein wenig. Er hatte geschluckt und noch einmal geschluckt und dann, ohne zu lachen, Laurent Verdon zugehört, als der vom Drehbeginn Anfang September sprach.
»Werden wir das schaffen?« fragte Monsieur Le Goff.
»Allzeit bereit, Monsieur Le Goff«, antwortete Laurent mit dem Pfadfindergruß.
»Sehr gut, sehr gut«, sagte Monsieur Le Goff. »Und wann schiffen Sie sich ein, Ihr Bruder und Sie?«
»Morgen in aller Frühe, Monsieur Le Goff.«
»Du fährst mit dem Schiff in die Bretagne?« erkundigte sich Alex, der mittlerweile auf alles gefaßt war. Laurent Verdon zuckte mitleidig die Schultern und hob seine wunderbaren grünen Augen zur Decke des Lokals.

»Wales, Schottland, Irland, mein Guter ... Studienreise ...
Wie können wir das Werk anpacken, ohne an die Quellen
unseres keltischen Wesens zurückzukehren?«
»Selbstverständlich«, gab Alex zu, trank den Rest von seinem Porto-Flip und verschwand hinter seinem Glas.
»Meinen beiden jungen Burschen ist keine Mühe zuviel«,
sagte Monsieur Le Goff, überglücklich, daß man ihm so gut
sekundierte.
Er bezahlte die Rechnung und fuhr zurück nach Nantes.
Alex kam in die Kooperative, legte den Scheck auf den Tisch
von Monsieur Anselmo und beschloß zusammen mit
Ginette, daß man jemanden ausschicken würde, der die
Dachböden und Klöster der Bretagne abklappern sollte auf
der Suche nach Trachten, die sich seit dem Aufstand der
Vendée kaum verändert hatten. Ob *Nimm dein Gewehr,
Grégoire* nun gedreht werden würde oder nicht, trotz des
Versprechens von Laurent Verdon an den Baden-Powell
von Nantes, es war jedenfalls eine gute Gelegenheit, den
Fundus aufzufrischen, der ein wenig arm war an historischer Folklore, die in diesen Zeiten voller Gedenkfeiern sehr
gefragt war.
Es hieß, man müßte jemand finden dafür, und dann befaßte
man sich nicht mehr damit. Und zwar deshalb, weil man mit
den *Wolgaschiffern* beschäftigt war, einem Film, für den
man ebenfalls einen Scheck bekommen hatte und der tatsächlich gedreht wurde, und das im August. Zwar hatte
man niemand ausgeschickt, um die Dachböden an den
Ufern der Wolga zu plündern, aber die Arbeit des Suchens
und Herstellens nahm alle so in Anspruch, daß für die
Schatzsuche in der Bretagne niemand zur Verfügung stand.
Und Ginette sprach immer häufiger von diesem Jemand,
den man nicht finden könne, wenn man ihn nicht suche,
und von Monsieur Le Go-Go, der wieder aus Nantes anrufen würde. Erst diesen Abend hatte sie schon wieder davon
angefangen, als Alex den Citroën geholt hatte für den

Transport des Grammophons, der Platten und des Fruchtsafts.
Lucas war fort, und in der Garage verrostete der Citroën.
Und Ginette hatte auch wieder von einem Chauffeur gesprochen.
So kam denn Alex wegen Ginette, wegen des Buttergebäcks aus Nantes, wegen der Einbahnstraßen zwischen den Champs-Elysées und der Rue de la Mare, die ihm so viel Kummer gemacht hatten, und wegen Verdon, den wiederzufinden Barsky zweifellos alle Hoffnung verloren hatte, plötzlich auf die herrliche Idee, Gromoff solle sein Taxi aufgeben und den Citroën durch die Stechginsterlandschaft fahren, zusammen mit jemandem, der mit den Bretonen einen trinken und die Bretoninnen dazu bringen könnte, ihre bestgehüteten, verschlossenen Schränke zu öffnen.
Isidor war schließlich in erster Linie Trödler und hatte sich erst nachher in den Film verliebt.
Nur Zaza hatte mitbekommen, wie sie sich einig wurden.
Auch sie war überhaupt nicht betrunken.
Achtundvierzig Stunden später startete der Motor des Citroën im Morgengrauen in der Rue de la Mare. Auf dem Dachgepäckträger erblickte man wohlverstaut einen alten messingbeschlagenen Lederkoffer, der mit Etikettfetzen überklebt war, Zeugen luxuriöser Aufenthalte in luxuriösen Grand-Hotels, einen brandneuen Pappmaché-Koffer, einen Gitarrenkasten und zwei Rucksäcke, die so vollgepfropft und dick und rund waren, daß sie wie große Bälle für ein Riesen-Fußballspiel aussahen.
Vorne saß der fürstliche Chauffeur am Steuer, zu seiner Seite der Filmfachmann Isidor. Hinten drängten sich auf dem Sitz und dem teppichbelegten Boden, so gut es eben ging, die drei Abiturienten Clément, Nüssbaum und Guttman und die beiden jungen Damen der Familie.
Auf dem Bürgersteig verabschiedeten sich Väter und Mütter von ihren Kindern und Mirjam Goldberg von ihren Freun-

den. Es war der Sommer 1936, und auch sie sollten das Meer entdecken.

Zur gleichen Stunde war der Dampfer »Champlain« der Compagnie Générale Transatlantique bereits auf hoher See. Der Tag war noch nicht angebrochen.
Am Tag zuvor hatten die Passagiere vom Deck zum Land hinübergeschaut, das ihnen entschwand. Aber da Janek und Nicole Roginski niemand hatten, dem sie mit ihren Taschentüchern hätten zuwinken können, waren sie in ihre Kabine Erster Klasse zurückgegangen, noch ehe die letzten Klippen Europas ihren Augen entschwunden waren.

Der Unbekannte, der beim Fest Gromoffs Gitarre auf dem Banjo begleitet und den ganzen Abend kein Wort geredet hatte, war Alex nicht gänzlich unbekannt. Er hatte ihn schon irgendwo gesehen, er wußte nur nicht, wo.
Ein paar Tage später wußte er es, als er ihn dort wiedersah, wo er ihn zum ersten Mal gesehen hatte: in der Kooperative, ganz einfach. Er saß schweigend im Vestibül unter dem Porträt von Lucien Guitry und wartete.
Er wartete auf seinen Freund Valéri Inkijinoff, dem Mademoiselle Agnès die Lumpen eines Wolgaschiffers anprobierte; er sollte in dem Film eine kleine Rolle spielen. Zu Tränen gerührt gewesen war Alex, als Valéri Inkijinoff zum ersten Mal in der Tür gestanden hatte, die Alex persönlich öffnete, so sehr wartete er auf ihn. Die anderen verstanden das nicht, konnten es nicht verstehen. Man mußte mit Rodriguez befreundet sein, um zu begreifen,

woher der ungewohnte Respekt kam, mit dem der sonst so unerschütterliche Alex Grandi diesen ausländischen Schauspieler durch die gepolsterten Salons geleitete.
So hatte man Alex nie erlebt, nicht einmal gegenüber Pierre Richard-Willm oder Vera Korène, Pierre Blanchar und Vanel, die am Tag zuvor gekommen waren, um Maß nehmen zu lassen, und das waren immerhin die Stars der *Wolgaschiffer*.
So hatte man Alex nie erlebt. Aber man hatte Valéri Inkijinoff auch nie in *Tempête sur l'Asie* gesehen – vielleicht nur in *La Tête d'un homme*, in *Amok* oder auch in *La Bataille*, vielleicht auch in einem anderen Schinken über die Wolga, in *Lodernde Wolga* oder *Wolga in Flammen*, das wußte man nicht mehr so genau. Er war nicht schlecht, hatte einen gewissen Stil, er war ein spezieller Typ, etwas Exotisches, klar doch! Aber das war doch kein Grund, ihn zu empfangen wie eine königliche Hoheit! meinte Mademoiselle Agnès, die für ihren Teil fand, er sehe eher chinesisch als russisch aus, und so entbehrte er für sie all das Anziehende und Geheimnisvolle, das sie so leidenschaftlich an den Slawen liebte.
Eher Chinese als Slawe und eher Asiate als Chinese, hatte der Sibiriake Inkijinoff tatsächlich das Schweigen, das Lächeln und das Kopfnicken des Dankes sowie, wenn er erstaunt oder belustigt war, die zusammengekniffenen Augen eines Pelztierjägers. Und der entzückte Alex betrachtete den Abkömmling Dschingis Khans, wie sie, Rodriguez und er, ihn immer und immer wieder betrachtet hatten, als sie noch ganz jung und die Filme stumm waren.
Stumm und geheimnisvoll wie Inkijinoff, der nichts erzählte. Weder von Meyerhold noch von Pudowkin, weder von dem toten Jessenin noch dem anderen Toten, Majakowski.
Der nichts von *vorher* erzählte. Auch nicht, warum es ein Vor-1930 gegeben hatte oder warum es dieses *Danach*

seither gab. Ein Danach, das ihn dahin gebracht hatte, heute den Flitter einer vierten Rolle anzuprobieren, Kyro genannt, damit die Klassifizierung der Kostüme leichter wurde, die bald in Körbe geschichtet abgehen würden mit dem Etikett »Kleine Rollen und Statisterie *Wolgaschiffer*«.
Bei diesem ersten Mal hatte Alex Inkijinoff andachtsvoll betrachtet, während Mademoiselle Agnès absteckte. Vielleicht hatte er den Freund mit dem Banjo schon einmal flüchtig gesehen, beachtet hatte er ihn kaum. Als er ihn jetzt unter dem Porträt von Lucien Guitry wiedersah, sagte er ihm guten Tag wie einem Freund. Wegen des Festes. Und er berichtete Stepan, der Banjospieler von neulich abends sei im Haus. Stepan, der am Kragen des pelzgefütterten Mantels für den Obersten arbeitete — es gab nicht nur notleidende Leute in dem Film —, ging ins Vestibül, um diesen Freund Gromoffs zu begrüßen: immerhin — und das nach langem Zähneknirschen — hatte er Zaza am Ende mit Gromoff am Steuer wegfahren lassen . . .
Valéri Inkijinoffs Freund war kein enger Freund Gromoffs, eher eine Renn-Bekanntschaft oder vielmehr Rennbahn-Bekanntschaft. Aber mit Valéri Inkijinoff war er wirklich befreundet. Der Freund aus Kindheitstagen: Sie waren aus derselben Stadt. Aus Irkutsk.
Der Zufall erschien Stepan so außergewöhnlich, daß er den Namen wiederholte.
»Irkutsk? . . . Nicht zu glauben!«
»Kennen Sie es?« fragte der Freund Inkijinoffs.
»Nein, aber ich kenne jemand, der bei Irkutsk gestorben ist. Einen Ukrainer . . . Aber das ist lange her, 1929«, erläuterte Stepan.
»1929? Das hat ihn davor bewahrt, in der Ukraine während der Hungersnot umzukommen, ihren Sträflingsfreund«, sagte der Freund Inkijinoffs mit bitterem Lächeln.
»Aber wo liegt denn Irkutsk?«
»In Sibirien natürlich, Monsieur«, sagte der Freund Inkiji-

noffs, als ob das selbstverständlich wäre. Stepan sagte nichts. Nur, er habe zu arbeiten. Er nahm den Kragen des Obersten wieder vor. Und dachte an den Abend. Man würde im zweiten Stock wieder über Wolodja sprechen. Sehr traurig diesmal.
Und da man sich diesmal nicht vor den Kindern in acht zu nehmen brauchte, würde man vermutlich stundenlang reden.
Und vermutlich würde Elie den Brief des Herrn D. aus Zürich hervorholen, um ihn noch einmal und besser zu lesen, nun, da man ja wußte, wo Irkutsk lag.
Und Sonja würde vermutlich sagen, Wolodja müsse etwas sehr Schlimmes getan haben, wenn er als Sträfling gestorben sei. Und vermutlich würden Elie und sie sich streiten, da man sich ja nicht vor den Kindern in acht nehmen mußte.
Und da niemand, niemand auf der Welt je kommen und sagen würde, was Wolodja denn so Schlimmes getan hatte, wäre man genausoweit wie vorher.
Blieb noch diese Geschichte mit der Hungersnot, von der auch niemand, aber auch niemand auf der Welt je etwas gehört hatte.
Und Elie wäre imstande, zu den Cléments hinunterzugehen, um Félix zu fragen, ob er etwas darüber wisse.
Und Félix würde vermutlich sagen, das sei wieder eine von den aufgebauschten Geschichten, die geradewegs von MERCIER FRÈRES kämen, vermutlich...
Dann müßte Stepan sagen, sie stamme von dem Banjospieler, der neulich abends mit Gromoff gekommen sei, und Félix würde sagen, das wundere ihn gar nicht. Denn er sei ja sehr nett, dieser Gromoff, aber schließlich eben doch das, was er sei...
Und vermutlich würde Félix Jeannette Vorwürfe machen, daß sie ihn gedrängt habe, die Kinder mit einem russischen Fürsten und einem Leichtfuß aus Odessa fahren zu lassen;

der war zwar auch sehr nett, machte und sagte aber alles mögliche, und er trank zuviel.
Das war nicht falsch, aber längst bekannt.
Darüber hatten sie genug geredet, genug diskutiert. Man hatte den Kindern, Gromoff und Barsky genug die Leviten gelesen, bevor man nachgab und sie fortfahren ließ.
Was hätte es da für einen Sinn, erneut darüber zu sprechen, nachdem es nun einmal so war? Keinen. Es würde den Abend mit Sicherheit nur noch ein bißchen mehr verderben, der sich so schon schlecht anließ.
Sehr schlecht sogar, wie jedesmal, wenn es direkt oder indirekt um diesen armen Wolodja ging.
Das war nun wirklich Pech, aber man wußte ja, mit ihm kam man nie zu einem Ende.
Und Stepan, der über den Otterfellen und der schwarzen Seidenkordel für den Kragenbesatz des Obersten aus den *Wolgaschiffern* gebückt saß, begann sich zu fragen, ob es denn so überhaupt nötig sei, heute abend zu Hause die Nachricht weiterzugeben, daß Irkutsk eine Stadt in Sibirien war. Und daß man vor einigen Jahren in einem Land an Hunger starb, das gewöhnlich die Kornkammer Europas genannt wurde.
Was Irkutsk anging, so würde man eines Tages ohnehin erfahren, daß es in Sibirien lag. Und je später, desto besser. Besonders für den Ruf des Vetters Wolodja. Und die Sache mit der Hungersnot in der Ukraine, die würde auch irgendwann einmal bekannt werden, wenn sie stimmte. Mit diesen Dingen war es wie mit den Pogromen. Sie wurden vor der Welt verborgen, aber eines Tages kamen sie doch heraus. Man mußte bloß warten. Ihn, Stepan, zwang nichts, der Überbringer der schlechten Nachricht zu sein, an einem so schönen Sommerabend, wo man, weil ausnahmsweise die Kinder nicht da waren, zusammen etwas unternehmen konnte, was man nie tat, wenn sie da waren. Zum Essen ausgehen beispielsweise. In einer Brauereistube im Freien, auf der Terrasse, wie ausländische Touristen.

Oder in dem hübschen Pavillon-Restaurant vor dem Teich, bei den Buttes-Chaumont, wo die Guttmans Olga und ihn hingeführt hatten, als Maurice noch in seinem Sportwägelchen saß und Zaza in Olgas Bauch war.
Also, das wollte man heut abend tun. Und statt die ferne Vergangenheit wiederzukäuen, würde man die nahe heraufbeschwören. Der Pavillon bei den Buttes war schließlich auch schon Vergangenheit, denn Zaza war schon vierzehn Jahre alt.
Man konnte sogar die Gelegenheit benützen und über Zazas Zukunft sprechen. Die von Maurice war schon ganz vorgezeichnet, denn er hatte das Studieren gern. Aber Zaza? Was sollte aus Zaza werden?
Das war sehr viel wichtiger als alle Vettern und Wolodjas aus der Ukraine, Polen oder Deutschland, oder sogar aus Palästina wie der Vetter Stern.
Aber Zaza war von hier.
Sie würde sich entschließen müssen, etwas mit ihren Händen oder ihrem Kopf zu machen. Indem sie sich mit Lippenstift anmalte und zum Krabbenfangen fuhr, bereitete sie sich nicht auf die Zukunft vor, die vor ihr lag.

Zaza war nicht zum Krabbenfangen weggefahren, auch nicht um das Meer, seinen Jodgehalt und seine Gischt zu entdecken, der den Lungen von Stadtkindern so wohltat; das hatte sie nur behauptet, als sie am Tag nach dem Fest ihre Reisepläne vorbrachte.
Sie wäre genauso nach Le Creusot oder Hénin-Liétard gefahren, um nach Kleidern und Schürzen für Lumpenverleserinnen zu suchen, wenn Alex zufälligerweise *Germinal* mit Kostümen hätte ausstatten müssen.

Zaza war weggefahren, um von Alex ernst genommen zu werden.
Und um noch ernster genommen zu werden, hatte sie es für klug gehalten, sich von der Nichte des Auvergners den Lippenstift auszuleihen, bevor sie Alex anvertraute, sie wolle nicht mehr zur Schule gehen, sondern arbeiten, und er müsse ihr helfen, es Olga zu sagen. Er hatte ihr zugehört, aber sie wußte nicht, ob er sie auch richtig verstanden hatte. Denn es war sehr laut, und außerdem war da die Nichte des Auvergners, die ihn die ganze Zeit anschaute. Und dann sprach Alex mit ihren Eltern, und sie hörte mit und überhörte nicht ein einziges Wort. Und sie sagte zu Alex, wenn er den Alten vertraue, die von der Sache nichts verstünden, könne er doch auch einem jungen Mädchen eine Chance geben, das zu Füßen von zwei Schneiderpuppen groß geworden sei. Da sie aber wußte, daß man sie nicht mit zwei alten Männern ganz allein auf die Jagd nach bretonischen Trachten gehen ließe, überzeugte sie die jungen Leute ihrer Umgebung, daß es an der Zeit sei, das Meer kennenzulernen. Und sei es in Gesellschaft von zwei Alten.
Dann waren sie losgefahren, und Stepan hatte unrecht, wenn er sich Sorgen machte: Zaza wußte genau, was sie machen wollte mit ihren Händen, ihrem Kopf, ihrem Leben. Und sie war unter den Passagieren des großen Citroën die einzige, die entschlossen war, auf der Reise zu arbeiten.
Zu arbeiten für Alex. Denn sie war auch die einzige, die in Alex verliebt war — seit sie zehn war.

Die äußerst seltenen Postkarten, die sie reihum kritzelten, sagten, das Wetter sei schön und sie hätten Spaß. In Wirklichkeit war es noch viel besser. Das Wetter war tatsächlich großartig, und sie lachten sich krumm und schief, sie lachten, wie sie sich als Kleinkinder, Kinder und dann als Halbwüchsige in ihrem Leben noch nie krumm und schief gelacht hatten.

Und das Lustigste war – daß sie sich krumm und schief lachten, verdankten sie den Alten, die noch älter waren als ihre Alten daheim.
Älter, weniger schön, ein bißchen faul, Trinker, Spieler, Schürzenjäger und Verführer, die noch immer verführerisch waren – in einem Punkt hatten diese Alten in den Augen der Kinder der Rue de la Mare ihren Eltern auf jeden Fall eins voraus: sie waren nicht ihre eigenen Alten. Und eben deshalb konnte man sich mit diesen beiden Erwachsenen krumm und schief lachen. Aber Andrej Alexejewitsch Gromoff und Isidor Barsky hatten eigentlich überhaupt nur in den Hotelregistern, wo sie hinter ihren Namen Datum und Ort ihrer Geburt eintrugen, wie sie in ihren französischen Personalausweisen standen, Anspruch, als Erwachsene zu gelten. Diese Ausweise, ohne irgendeine Schutzhülle, sahen aus wie Spielkarten, mit denen seit langem und nicht immer mit sauberen Händen viel gespielt worden war.
Ihre Abnutzung verriet ihr Alter, verriet aber gleichzeitig den Mangel an Ernsthaftigkeit, mit dem die Inhaber diese unersetzlichen Dokumente behandelten. Die Eltern Guttman, Roginski, Nüssbaum bewahrten ihre Ausweise für eingebürgerte Franzosen feinsäuberlich und immer griffbereit in ihren Brieftaschen auf. Gromoff und Barsky fanden sie zwar endlich in der einen oder anderen Tasche, aber immer erst nach einigem Suchen. Dann kam der Moment der Rührung beim Anblick der Fotos, die sie so jung zeigten, unmittelbar gefolgt von einem Ausbruch ungläubiger Bestürzung gegenüber den Tatsachen des Lebens, die aus ihnen Franzosen in den Fünfzigern gemacht hatten. Der Sketch wurde von den Leuten an der Rezeption mehr oder weniger gut aufgenommen, die die verschiedenen Phasen dieser Registrierung von Reisenden stets miterleben mußten.
Die Kinder erlebten seine Premiere anläßlich der ersten Übernachtung der Expedition *Nimm dein Gewehr, Grégoire*

in Redon. Sie mußten so darüber lachen, daß sie bei jeder
neuen Etappe um eine neue Vorführung baten.
Es gab viele Etappen. Der Sketch wurde von Gasthaus zu
Gasthaus besser. Manchmal gingen Gromoff und Barsky so
weit, daß sie über ihren Jugendbildern Tränen vergossen,
manchmal behauptete einer der beiden, er hätte nie Französisch gelernt. Einmal spielte Barsky den Blinden und Gromoff den Tauben. Ob es sich um Hotels handelte, um
Gasthöfe, Herbergen in alten Poststationen oder Familienpensionen, immer stiegen zuerst die Kinder aus dem Wagen
und postierten sich auf den vordersten Plätzen vor der
Portiersttheke und warteten auf den Auftritt der Clowns. Sie
konnten nie genug davon kriegen.

Nach zehn Tagen kamen sie nach Hause zurück, braungebrannt, die Haare von Salzwasser verklebt, lächelnd, aber
wenig gesprächig. Sie sagten noch einmal, das Wetter sei
sehr schön gewesen und sie hätten Spaß gehabt.
Die Ausbeute der Expedition *Nimm dein Gewehr, Grégoire*
war zu üppig, um im Citroën unterzukommen. Sie traf in
zwei Korbkoffern, die man in Vannes gekauft hatte, an der
Gare Montparnasse ein. »Bei Bonnets« wurden sie in Anwesenheit von Alex geöffnet. Es war die Qualität des Inhalts,
die Alex noch mehr überraschte als die Quantität. Da gab es
Röcke, Kleider, Hosen, Hüte in sehr gutem Zustand, und
dann gab es wieder Lumpen.
Lumpen, die von der Zeit zerfressen waren, deren Teile und
Stücke aber auf wunderbare Weise zusammenhielten dank
der Streifen aus Samt, Taft, Moirée, Seide und Spiegelsamt,
die immer und immer wieder mit Seide, bunten Perlen und
Goldfäden überstickt worden waren, dazu mit Knöpfen aus
Silber, aus Bernstein, Elfenbein, Muschelschalen oder Edelholz. Es gab verschlissene Gürtel, deren Kupferschließen
unbekannte Wahlsprüche und Symbole trugen, Stücke mit
Initialen aus Aussteuern, die mit Spitzen besetzt und deren

Falten vergilbt waren, weil man sie nie benützt hatte. Es gab rote Baumwollstrümpfe, Witwentücher und sogar Fallhüte aus Stroh zum Schutz der Köpfe von kleinen Kindern, wenn sie laufen lernten.
Die Schätze aus den Korbkoffern verrieten solchen Feinsinn der Auswahl, daß Alex Barsky beglückwünschte.
»Es war die Kleine, die alles ausgesucht hat. Wir haben uns nur mit den Leuten unterhalten, und ich, ich habe gefeilscht«, antwortete Barsky ehrlich.
Da beglückwünschte Alex Zaza, Zaza wurde rot und küßte Barsky, was Olga und Sonja nicht völlig begeisterte.
Barsky, der gehörte doch nicht zur Familie! Es gab keinen Grund, daß er so von heute auf morgen den Onkel Isidor spielte.
Die Mütter und mit ihnen alle Eltern in der Rue de la Mare rechneten nicht richtig. Es waren zehn Tage und zehn Welten, die ihre Kinder fern von ihnen erlebt hatten. Wenn man sie zum Erzählen drängte, dann erzählten sie vom Meer, von den Felsen, dem Sand und der salzigen Butter, vom »Far«, einem Fladen mit Dörrzwetschgen, und vom »Noa«, einer noch unreifen Traube, die trotzdem schon ihren eigenartigen Himbeergeschmack hatte. Von großen Schiffen mit schwarzem Rumpf und roten Segeln, die »Sinagots« hießen, in der Bucht von Morbihan. Sinagots? Jawohl, Sinagots. Und von den Crêpes-Stuben und den Steinzeilen von Carnac.
Aber von ihren wahren Entdeckungen erzählten sie nichts: Daß Gromoff eine Frau und einen erwachsenen Sohn hatte, die beide in London lebten, sie als Pianistin, er als Arzt.
Daß Barsky die ganze Rede des Marc Anton aus *Julius Caesar* auswendig aufsagen konnte, auf englisch und sogar Original Shakespeare! Und daß er mit sechzehn oder siebzehn in Odessa zwölf Monate im Gefängnis gesessen hatte, wegen »Agitation«, wie er sagte. Genau zu der Zeit, als Gromoff schon die Casinos abklapperte, Vollblüter ritt und seine ersten Torpedo-Wagen fuhr.

Aber daß alle beide die Namen aller Sterne an den Fingern herzählen konnten, weil sie die Nächte durchbummelten.
Das war so, seit Barsky schlecht einschlafen konnte, und das rührte aus der Zeit, als er eine Cabaret-Sängerin liebte, die bis zum Morgengrauen arbeitete und die gestorben war – aber all das lag ja lang zurück.
So lange, daß beide sich ehrlich darüber wunderten. Und das erklärte auch, warum sie abends, vor den Hotelregistern, so erstaunt tun konnten, um die Kinder zu belustigen. Wie sollte man erzählen, ohne alles zu verraten?
Wie erzählen von der Frau, die mit ihrem Kind allein im Speisesaal einer Pension aß, ohne während der ganzen Mahlzeit den Kopf von ihrem Teller zu heben, und der man morgens um sechs Uhr auf dem Flur begegnete, als sie aus Barskys Zimmer kam? Barsky verlor darüber kein Wort, und man traute sich nicht, ihn zu fragen, wie er das anfing ... Der es einem aber an einem Abend erklärte, als die Mädchen in Vannes im ›Hôtel de l'Epée‹ bereits in ihrem hübschen Zimmer mit den Blümchenmustern schliefen. Und daß das ein wirkliches Gespräch war, wie man es mit dem eigenen Vater nie hatte.
Und wie sollte man erzählen, der eine von seiner Kellnerin beim Frühstück, der andere von seiner schottischen Touristin am Nachmittag? Und der dritte von einer Camperin zwei Tage später, unter einem Zelt, in dem kleinen Wald von Port-Louis, ohne daß die Mädchen der Familie etwas davon merkten?
Ohne daß Barsky und Gromoff fragten, ob es passiert sei, wo man doch darauf brannte, es ihnen zu sagen, so glücklich war man und so gut waren ihre Ratschläge: beharrlich von unten anschauen, ein wenig lächeln und zum Lachen bringen ...
Und wie erzählen vom Pokern, das man auch gelernt hatte! Und von den Messen, denen man scheinbar folgte mit geschlossenen Augen, damit man beim Pfarrer gut ange-

schrieben war, der so von ihrem offensichtlichen Glauben beeindruckt war, daß er sie seinen Schäfchen empfahl, die ohne seinen Segen ihre Schränke nie geöffnet hätten.
Und die sie weit aufmachten, denn es sollte ja für ein Kinostück über Monsieur de la Charette sein. Und das sei gut so und der richtige Augenblick dafür.
Denn General Hoche und die Soldaten der Republik hätten 1793 in der Bretagne mehr bretonische Frauen und Kinder ermordet als die Preußen in Frankreich, im Norden, 1870 und 1914. Und die Bretonen hätten das nie vergessen, auch wenn man in Paris niemals darüber rede.
Und warum von der großen Angst erzählen, als Josette beinahe an der Côte Sauvage, in Penthièvre, ertrunken wäre?
Oder vom ersten wirklichen Rausch Samis und dem ersten gesalzenen Kaffee, den ihm Gromoff einflößte, der ihm auch den Kopf hielt, als er sich unterwegs in den Straßengraben auskotzte?
Warum sollte man von der lächerlichen Golfspielermütze erzählen, die Barsky manchmal aufsetzte, um den Filmmenschen zu spielen?
Und von den beiden kleinen Silberlöffeln mit dem Wappen der »Duchesse Anne«, die man beim Dessert stibitzte, um den Wirt zu lehren, sich etwas weniger unangenehm aufzuführen? Oder auch von jenem Abend in Port-Navalo, als nach dem Essen dieser fast weißhaarige Typ, der in seinem hochgeschlossenen marineblauen Pulli unglaublich schön dasaß, ganz für sich allein, und trank und Josette und Zaza fixierte, eine nach der anderen, mit blau-weißem Blick, ein wenig hintergründig, lächelnd und ohne ein Wort zu sagen ... Und diese beiden blöden Ziegen, die nicht schlafen gehen wollten!
Und nicht wegfahren wollten von Port-Navalo am nächsten Morgen, unter dem Vorwand, die Schwester des Leuchtturmwärters habe Zaza versprochen, das Brautkleid ihrer

Ururgroßmutter herauszusuchen und es ihr am Nachmittag genau in das bewußte Lokal zu bringen, wo man auf sie gewartet habe und wohin sie nicht gekommen sei.
Und der weißhaarige Mann auch nicht. Und Zaza und Josette waren über zehn Kilometer mit saurem Gesicht im Auto gesessen. Und Gromoff und Barsky sangen dazu »Mein Herz ist eine Ga-ige, auf der ein Bo-gen spielt...« Schließlich brachen sie in Lachen aus. Zaza seufzte dennoch mit gerührter Miene, es sei schade, Alex wäre so glücklich gewesen, ein echtes Brautkleid zu bekommen...
»Und du erst!« neckte Maurice. Darauf sagte sie zu ihm: »Scheiße!«
Und wie sollte man vom letzten Tag erzählen? Über den Kauf der beiden Korbkoffer »für vier Leichen, der Länge nach zerlegt«! Und dann der etwas dumme Erwerb von Souvenirs aus Muschelwerk, für die Mütter und für Mirjam, und die letzten Crêpes mit Apfelwein und das letzte Hotel und am nächsten Morgen ganz früh das letzte Frühstück zusammen, bevor man sich auf den Weg machte, auf dem es keinen Halt mehr geben würde, das wußte man schon, denn es gab nichts mehr zu sehen, was man nicht schon auf der Herfahrt gesehen hätte.
Und wie sollte man Eltern, die man liebte, sagen, daß es traurig war, zurückzukommen, und gleichzeitig lustig, zu mehreren Geheimnisse zu haben, die man nie mit ihnen teilen würde?

In der Allée Chateaubriand reinigte und numerierte man die bretonischen Stücke, die in gutem Zustand waren, die Lumpen nahm man sorgsam auseinander. Man geriet in Entzücken über die unversehrten Schätze, die sich an ihnen befanden, und über das Flair und das Talent der »Kleinen«, die es verstanden hatte, sie aufzuspüren. Man wußte nicht genau, wer die »Kleine« war, von der Alex gesprochen hatte, aber begabt war sie.
Stepan hörte, wie sie sich begeisterten. Das gefiel ihm und gefiel ihm auch wieder nicht.
Es gefiel ihm, daß Zaza in irgend etwas gut war; und es gefiel ihm nicht, daß er das als letzter gemerkt hatte. Vor allem gefiel es ihm nicht, daß er vor vollendete Tatsachen gestellt wurde.
Jedenfalls war es mit Zaza genau wie mit ihrer Mutter und mit Sonja. Man ging eines Morgens von zu Hause fort und verabschiedete sich von Näherinnen, und abends kam man zurück zu Verkleiderinnen. Man war Mieter im zweiten Stockwerk und fand sich plötzlich als Mitmieter im ersten wieder. Man schlug bei FÉMINA-PRESTIGE die Tür hinter sich zu, und schon hatten die Frauen eine Kooperative gegründet. Man schickte eine Schülerin ans Meer, und sie kam als Kostümbildnerin zurück.
Und als er hörte, wie Ginette und Mademoiselle Agnès davon sprachen, man solle »die Kleine« ins Atelier holen, bevor sie sich anderswo anwerben lasse, geriet er in Panik, und er bekannte, die so begabte »Kleine« sei niemand anders als seine Tochter. Sie gehe aber noch zur Schule und sie habe das nur so zum Spaß gemacht, in den Ferien, später werde man sehen ...
Eins wollte Stepan nicht, etwas, das er sich kaum selbst eingestand, denn er fand es furchtbar, aber es war nun einmal so: Genausowenig wie er in der Rue de la Mare in Gesellschaft seiner Frau hatte arbeiten wollen, wollte er in der Allée Chateaubriand unter den Augen seiner Tochter

arbeiten. Nicht nach all den vielen Jahren, die er in der Rue d'Aboukir unter der Knute seines Bruders gearbeitet hatte! Stepan wollte nichts anderes als weiterhin in Ruhe das genießen, was für ihn noch so neu war: das bißchen Prestige, das er nicht mißbrauchte, das er aber Augenblick für Augenblick genoß, das Ansehen als einziger Mann in einem Atelier voller Frauen, für die er den Charme und die Anziehungskraft von Männern hatte, die weder ihre Männer noch ihre Geliebten und vor allem nicht ihre Väter waren.
Er wollte sich weiterhin für seine Französisch-Fehler belächeln und sich nicht korrigieren lassen.
Er wollte weiterhin so tun, als wüßte er nichts von der Leidenschaft Mademoiselle Agnès', und nicht gesagt bekommen, sie sei alt und häßlich.
Er wollte der Kellnerin bei ›Raymonde et André‹ weiterhin Komplimente machen können, wie gut sie aussehe, gelegentlich einen Kaffee mit Likörchen trinken, die Champs-Elysées hinunterflanieren, bis zur Station Marbeuf, und dabei Schaufenster und auch Frauen anschauen, wenn es ihm Spaß machte, und nicht immer bei der Station George V die Métro nehmen.
Und er wollte jeden Morgen mit Elie bis zur Place de la République fahren, aber nur mit Elie allein.
Es war nicht leicht, all das auszusprechen, abends, wenn man nach Hause kam. Aber wenn Zaza wirklich Lust hatte, ernsthaft zu arbeiten, dann würde sie am besten bei ihrer Mutter und bei Sonja lernen, zu Hause, »bei Bonnets«! Da wußte man wenigstens immer, wo sie war.
Aber zuerst mußte die Sache mit der Schule geregelt werden. Darüber wollte er mit Olga reden. Wenn Zaza im Bett war. Sie war immerhin erst vierzehn.
Und Stepan ließ für eine kurze Weile die Astrachan-Mütze des Obersten-Adjutanten aus den *Wolgaschiffern* liegen und bewunderte die Schatzfunde seiner Tochter.
»Sie hat den richtigen Blick, und den hat sie von Ihnen,

Monsieur Roginski«, sagte Mademoiselle Agnès; dabei ließ sie die unzähligen Türkis- und Granatsteinchen im Licht schillern, die den Saum eines langen schwarzen Wollrocks schmückten, der ansonsten völlig von Motten zerfressen war.
»Von mir und von ihrer Mama«, wagte Stepan zu verbessern, aber so leise, daß man ihn vermutlich gar nicht hörte, denn Mademoiselle Agnès gab keine Antwort und lächelte auch nicht.
»Ach je, das fängt schon an!« brummelte Stepan, während er an seinen Arbeitstisch zurückging.

Er machte sich ganz zu Unrecht Sorgen.
Zaza hatte keineswegs die Absicht, sich in der Allée Chateaubriand hinzusetzen und zu nähen, neben ihrem Vater, und sie hatte auch nicht die Absicht, in der Rue de la Mare sitzen zu bleiben und an der Seite ihrer Mutter zu nähen.
Sie hatte überhaupt nicht die Absicht zu nähen.
Sie wollte unterwegs sein. Auf Dachböden klettern, in Keller hinabsteigen und auf Schatzsuche gehen. Daß sie das konnte, hatte sie ja eben bewiesen.
Aber sie wollte noch mehr.
Sie wollte diesen Schätzen dahin folgen, wo sie hinwanderten, auch wenn das sehr weit weg war, damit sie sie schützen und hüten konnte. Kurz, sie wollte für die Kooperative arbeiten, aber im Außendienst oder, anders ausgedrückt, im Innendienst beim Film, und wäre es auch bei Außenaufnahmen.
Und das sagte sie Alex, und in Gegenwart von Olga.
Alex fand das eine gute Idee und sagte das auch in Gegenwart von Olga, die es Stepan mitteilte, als der nach Hause kam.
Schließlich war Zaza bald fünfzehn, und da sie nicht mehr zur Schule gehen wollte, wie Stepan ja wisse ...
Oder, genauer gesagt, wie Stepan es hätte wissen müssen,

wenn es ihm Olga, die sich dafür entschuldigte, vor fünfzehn Tagen gesagt hätte, als die Entscheidung gefallen war. Am Abend des Festes, kurz nach Mitternacht.

Am Ufer der Marne, die auf Wolga geschminkt war, empfing Zaza ihre »Filmtaufe«, mit dem Status einer Volontärin.
Sie war nicht eigentlich Garderobiere, auch nicht richtig Assistentin, ein bißchen Kantinenwirtin und Laufbursche, und sie rannte ungeheuer viel herum und nähte viel mehr, als sie angenommen hatte. Aber wenn sie nähte, tat sie es immer im Stehen, mit großen Stichen und im Eiltempo, denn meist galt es, etwas nachzunähen, das immer gerade dann aufging, wenn gedreht werden sollte, und das nicht ein Leben lang halten mußte.
Wenn Zaza nicht nachnähte, verteilte sie die Kostüme an die stummen Schiffer – natürlich waren sie nur in den Filmszenen stumm – zwischen den Szenen und in der Kantine waren sie sehr gesprächig. Stumm und völlig unbefangen befestigte sie an ihren Sträflingsgurten aus der Zeit des Zaren Nikolaus II. die Kupferschließen von den Gürteln der Vendée-Aufständischen, deren Inschriften von weitem leicht als kyrillische durchgehen konnten.
Denn es muß hier gesagt werden, daß Ginette, getreu einer bei MASQUES ET BERGAMASQUES lang praktizierten Tradition, der Versuchung nicht hatte widerstehen können und sich für die *Wolgaschiffer* ein wenig im Fundus von *Nimm dein Gewehr* bediente; für diesen Film wartete man noch immer auf die sprechenden und die stummen Schauspieler.
Man hatte sich da zuerst bei den Lumpen bedient, dann, nach und nach, waren ein paar schöne Stücke aus Gold und Perlen dazugekommen, die nun die sehr schicken Kostüme der Oberstengattin aus den *Wolgaschiffern* schmückten. Diese Schätze blieben nur eine Szene lang auf der Brust der Obristin. War die Szene abgedreht, trennte man die Stücke

rasch wieder ab und legte sie in das Seidenpapier, das ihnen ihre frischen Farben erhalten sollte, wie es die bretonischen Schränke eineinhalb Jahrhunderte lang getan hatten.
Es war Zaza, die sie abtrennte.
Und sie war es auch, die das Zobelcape unter der Schutzhülle aus schwarzem Zwillichtuch vergrub, sobald es von den Schultern der Oberstengattin fiel, dieses Zobelcape, ohne das die schicken Kostüme der Oberstengattin offensichtlich nicht ganz so schick gewesen wären.

Als Zaza am ersten Tag eintraf, sagte sie, sie sei sechzehn Jahre alt und heiße Elsa. Und da man sie lustig und nett fand, wurde sie von allen Zaza genannt.
Wenn sie weder rannte noch nähte, nachnähte, abtrennte oder absteckte, wenn sie kein Bier öffnete und keine Baguettes mit Streichwurst und Gürkchen bereitete, wenn sie auf dem Spirituskocher kein Wasser zum Kochen brachte oder die Henkelkörbe nicht woanders hinbrachte, dann durfte sich Zaza auch mal hinsetzen und zuschauen.
Sie schaute weniger den Schauspielern zu, den sprechenden oder stummen, als einer Frau, die selbst sehr wenig sprach, dann aber nie etwas Nichtssagendes sagte, einer Frau, die Mireille hieß und die man Mimi nannte, ohne deren Dazutun beim Drehen anscheinend nichts zustandekam und der alle Männer des Filmteams großen Respekt und brüderliche Zuneigung entgegenbrachten.
Zaza brauchte nur wenige Tage, bis sie wußte, daß sie vielleicht ihre wahre Berufung gefunden hatte. Sie wollte versuchen, Script-Girl zu werden, später.
Und das sagte sie Mimi, die das längst begriffen hatte, denn ihr entging nichts, was um sie herum passierte.

In der Allée Chateaubriand sah man Zaza nie. Dagegen sah man dort oft Gromoff und Barsky, deren vorübergehende Mitarbeit weiter andauerte. Sie hatten mit Ginette und

Mademoiselle Anita zu tun, denn sie waren die Verbindungsmänner zwischen den Ufern der Marne-Wolga und der Kooperative der Kostümfachleute geworden.
Sie brachten und holten vor allem die Stücke, die jeweils nur einen Tag ausgeliehen wurden, genauer, die kostbaren Stücke: die aus dem bretonischen Schatz, die man geschwind dem Fundus wieder einverleiben mußte für den Fall, daß die Phantom-Truppe von Monsieur Le Go-Go endlich eintreffen würde. Ebenso verhielt es sich mit dem geliehenen Zobelcape, das niemand am Drehort bewachen wollte, wenn es nicht auf den Schultern der Oberstengattin »spielte«, die die ärgerliche Angewohnheit hatte, es überall herumliegen zu lassen, denn es war heiß, mitten im August, sogar im Schatten einer künstlichen Birke, in der Umgebung von Paris.
Da Ginette glücklich war, endlich einen Chauffeur zu haben, und da Mademoiselle Anita, die sich mit Tarifen auskannte, Barskys Gabe zu handeln und feilschen zu würdigen wußte, hatte man die beiden monatlich verpflichtet, ohne sie jedoch zu Mitgliedern der Kooperative zu machen. Als die zwei Frauen diese Männer kennenlernten, hatten sie das dunkle Gefühl, sie schon irgendwo einmal gesehen zu haben, aber da weder der eine noch der andere der Herren ihrem Gedächtnis auf die Sprünge half, dachten sie bald an andere Dinge.
Als Ginette ihnen zum ersten Mal die schwarze Zwillich-Hülle anvertraute, empfahl sie ihnen größte Aufmerksamkeit und hielt ihnen einen kleinen Vortrag über den Wert der Zobelfelle, die ihr persönlich gehörten. Barsky warf Gromoff ein Lächeln zu, aber Ginette verschloß eben den Pelz-Raum mit einem Vorhängeschloß, und so entging ihr das Lächeln.
Man sah die beiden Männer oft in der Allée Chateaubriand, aber sie schauten immer nur kurz vorbei. Sie winkten beim Kommen oder Gehen kurz Stepan zu, wenn die Werkstatt-

Tür offenstand; hinein gingen sie nie, und Stepan war es lieber so. Er war nicht gerade begeistert, auf diese Weise die Rue de la Mare in der Allée Chateaubriand zu haben, aber doch zufrieden, daß die Rue de la Mare ihm abends Zaza nach Hause zurückbrachte. »Man behält ein wenig die Kontrolle, trotz allem«, sagte er zu Ginette, als ob er es rechtfertigen müßte, daß er der Kleinen erlaubte, sich noch ein wenig zu vergnügen, bevor sie wieder auf die Schule zurückging, wie er selbst noch immer zu glauben vorgab.
»Es wäre sehr schade, wenn sie wieder in die Schule ginge«, kommentierte Ginette. »Und was die Kontrolle angeht... wenn sie über die Stränge schlagen will, Ihre Tochter, dann tut sie das von ganz allein, mein lieber Stepan, ob sie nun in die Schule geht oder beim Film ist... Gegenwärtig ist sie, nach allem was man mir erzählt, wirklich brav. Man muß übrigens nur sehen, wie sie sich um meine Kostüme kümmert. Sie hat nicht einen einzigen Gamaschenknopf verloren!«
Ginette wollte natürlich von den Bretonenknöpfen sprechen. Aber unbewußt rief sie damit die Tragödie von Sedan in Erinnerung, und zwar, weil sie in Furcht und Schrecken lebte vor dem Skandal, der ihr drohend vor Augen stand: ihre Ausleih-Sucht kannte keine Grenzen mehr. An manchen Tagen der Massenszenen bei den *Wolgaschiffern* hatten sogar die runden Hüte, die man kaum anderswo als für *Jocelyn* von Alphonse de Lamartine ausgeben konnte, Verwendung gefunden. Eingedellt, mit Federn und Schleiern versehen, dienten sie als Amazonen-Hüte auf einer Wolfsjagd im Moskauer Forst.
Schließlich befreite Laurent Verdon sie von ihren Ängsten und damit auch den Fundus von seinen »Reservierungspflichten«: *Nimm dein Gewehr, Grégoire* würde nicht mehr gedreht werden. Monsieur Le Goff hatte, zu sehr in seinen Künstlerträumen versunken, seine Pflichten als Biskuithersteller in einem Ausmaß vernachlässigt, daß er eines schö-

nen Morgens vor verschlossenem Gittertor stand, hinter dem ihn das ganze gesamte Personal seiner ›Galettes Pomponnette‹ erwartete. Völlig überrascht erkannte er in den Augen dieser Männer und Frauen die wilde Entschlossenheit, die er so gerne im Blick der Schauspieler seines Films hätte aufleuchten sehen – den drehen zu können er noch bis zu seiner Ankunft an den Toren des Familienbetriebs geglaubt hatte.

Ein wenig später als ihre Mitbürger waren sich die Angestellten von Monsieur Le Goff, die vom Vater auf den Sohn und von der Mutter auf die Tochter immer für die Söhne, die Väter und Großeltern Le Goff gekneted hatten, ihrer neuen Rechte bewußt geworden. In Saint-Pol-Blazan, Departement Loire-Inférieure wurde gestreikt.

Überall sonst hatten die Streiks bereits am 8. Mai begonnen. Am 20. war ein Generalstreik daraus geworden, und am 1. Juni wurden die Streiks beendet, nachdem in Paris Abmachungen unterzeichnet worden waren.

Das war über zwei Monate her, aber das Hôtel Matignon lag ja nicht gleich nebenan.

Sei es, weil man in den Weilern Karawanen von Menschen mit Tandems, Fahrrädern, Autos, Motorrädern und sogar zu Fuß gesehen hatte, Leute, die Lieder sangen, die man nie zuvor aus dem Mund von Touristen gehört hatte, jedenfalls hatte man sich in Saint-Pol-Blazan informiert. Und zum ersten Mal in der Geschichte der ›Galettes Pomponnette‹ besannen sich die Bäckereiarbeiter auf die historische Tat des Ahnherrn Grégoire: sie ließen die Backöfen ausgehen. Sie waren ohne Heugabeln und ohne Gewehre; die einzige Waffe, die sie hinter den Fabrikgittern schwangen, war eine Kopie des Gesamt-Tarifvertrages. Monsieur Le Goff blieb nichts übrig, als sie ebenfalls zu lesen. Wahrscheinlich hatte er sie schon gelesen, aber auf so zerstreute Weise, daß er völlig vergessen hatte, die Bestimmungen anzuwenden. Es war Zeit, damit zu beginnen, wenn er die Sommersaison

nicht verlieren wollte. Verpackte Galetten verkauften sich gut im Sommer, und es sah so aus, als ob sie sich in diesem Sommer sogar noch besser verkaufen ließen, wie das Verpackungspapier bewies, das die neu aufgekommenen Campingleute zurückließen. Man mußte also die Backöfen wieder anzünden, und zwar schnell, bevor die Tonnen von Mehl schlecht wurden, die auf Kredit gekauft worden waren und in den Lagern der ›Pomponnette‹ lagerten. Lager gegen Lager, zwischen dem Verderblichen und dem Unverderblichen hatte Monsieur Le Goff gewählt.
»Unsere Freunde von der Kooperative der Kostümfachleute werden sehr ungehalten sein«, seufzten die beiden Verdons, als Monsieur Le Goff ihnen todtraurig seinen Entschluß mitteilte, die Verwirklichung seines Geschichtsfreskos auf später zu verschieben. »Für Sie hat man dort die pfiffigste Mannschaft ausgeschickt, die sich große Mühe gegeben hat. Ihretwegen hat sie viel kostbare Zeit verloren«, fügte Laurent mit unterdrücktem Zorn hinzu.
»Ich weiß«, gab Monsieur Le Goff traurig zu.
Er wußte es, denn als der Citroën vom Film, wie man ihn nannte, für ihn die bretonischen Lande durchstreifte, hatte er viele Berufungen geweckt, viele Hoffnungen gesät und viele Erinnerungen hinterlassen, deren Echo an seine Ohren gedrungen war. Im Verlauf der zehn Tage, die die Expedition gedauert hatte, flog die Ankündigung ihrer Durchreise von Glockenturm zu Glockenturm: »Sie kommen ... sie sind gekommen ... Werden sie wiederkommen? ...« So hörte man auf den Feldern, in den Fischerhäfen und auf der Heide.
Nun, sie würden nicht wiederkommen. Der Citroën vom Film war durchgereist, wie Karawanen vorüberziehen. So magisch und verheißungsvoll wie zu anderen Zeiten und in anderen Erdteilen die Citroëns der schwarzen und gelben Kreuzfahrten, die auch nie wiedergekommen waren, die man aber nie vergaß.

»Ich weiß«, sagte Monsieur Le Goff noch trauriger, denn er bedauerte, etwas spät, daß er nicht daran gedacht hatte, das Warenzeichen der ›Pomponnettes‹ hinten am »Citroën vom Film« anzubringen. »Ich weiß ... ich habe aus der Ferne ihren langen Weg und ihre Bemühungen verfolgt ... Was kann ich tun, um sie zu entschädigen?«
»Einen Scheck ausstellen«, antworteten die Brüder Verdon knapp wie aus einem Munde, als ob sich das von selbst verstünde.

Da sie anständig waren, gaben sie den Scheck an Alex weiter, und der steckte ihn gleich ins gemeinsame Sparschwein, das hatten sie ohne jede Mühe eingerichtet in den zwölf Wochen, während der ihre überaus geschätzten, unersetzlichen technischen Ratschläge und unüberprüfbaren Kostenrechnungen den Biskuitfabrikanten aus Nantes vorübergehend der Monotonie seines Lebens entrissen und ihnen die Tore zur Freiheit offengestanden hatten.
Die Freiheit, eines Tages endlich ihr gar nicht teures Filmchen zu drehen. Auf den Straßen, in einer Fahrradfabrik, zwischen den Wänden eines Zimmers und an einem Strand – und das als Kooperative.

Alex gab bekannt, man könne künftig über den Fundus Le Go-Go verfügen.
Da ließ Ginette also jetzt die bretonischen Sachen leichten Herzens und ruhigen Gewissens aus dem Haus gehen und zurückkommen, so wie ihre venezianischen Gondolieri, savoyardischen Schornsteinfeger und ihre Zigeunertänzerinnen auch. Alle Fenster standen an diesem sommerlichen Spätnachmittag offen, sie lüftete die großen Wandschränke

des Fundus und machte ein wenig Inventur. Ein leerer Bügel zog ihre Aufmerksamkeit auf sich: die Nummer 92, »Anna Karenina«, war nie zurückgekommen.
Ginette zählte an den Fingern ab: es war schon acht Monate her.
Acht Monate, seit Maddy gestorben und Victoria aus ihrer aller Leben verschwunden war.
An Maddy dachte sie oft, auch wenn sie nie darüber sprach, außer gelegentlich mit Alex, aber dann nur mit einer Andeutung oder einem Lächeln. An Victoria dachte sie nie.
Und selbst jetzt vor dem leeren Bügel dachte sie mehr an die von Victoria stibitzte Nummer 92 als an Victoria selbst.
»Madame Victoria Jean hat uns ›Anna Karenina‹ noch immer nicht zurückgegeben«, sagte sie zu Mademoiselle Agnès, als sie in die Werkstatt trat.
Stepan blickte nicht auf.
»Sie sollten Monsieur Isidor schicken, um das Kleid zurückzuholen. Sie hat ja auch Lucas hergeschickt, um ihr Osterei wiederzuhaben!« antwortete Mademoiselle Agnès mit ihrem alten Lächeln von früher.
»Ihr Ei? Das habe ich am Sonntag im Schaufenster eines Trödelladens gesehen!« verriet eins von den jungen Dingern.

Im Faubourg Saint-Honoré zahlte Alex dafür viel, sehr viel Geld. Aus seiner eigenen Tasche, keineswegs aus der Kasse der Kooperative. Der Inhaber des Geschäfts ›La vieille Russie‹ hob es gleichsam mit Bedauern von seinem Sockel aus schwarzem Samt, auf dem es in seinem Schaufenster seit Juli thronte.
»Ein einmaliges Stück, es wird mir fehlen«, sagte er, während er auf den kleinen ungeschliffenen Rubin drückte. »Ein Familienandenken ... eine sehr hübsche Frau ... Abreise ins Ausland ... zu zerbrechlich für den Transport ...« Die russische Stimme sprach die Worte flüsternd aus, um die

Cembalo-Klänge nicht zu übertönen, und das Fabergé-Ei öffnete sich wie eine Orange.

Auf diese Weise erfuhr man in der Allée Chateaubriand, daß man die Nummer 92, »Anna Karenina«, nie mehr zu Gesicht bekäme, und Stepan wurde klar, daß er seinen Bruder vermutlich nie wiedersehen würde.
Er dachte an ihn als »seinen Bruder«, weil er wieder vor sich sah, wie Janek hinter der Biegung der schlammigen Straße verschwunden war, die Hand erhoben zu einem letzten liebevollen Winken für den elfjährigen kleinen Jungen, der zurückblieb. Und das hatte ihn beinahe zum Weinen gebracht.
Diesen Bruder würde er tatsächlich nie wiedersehen, aus dem einfachen Grund, weil er ihn nie wiedergefunden hatte. Und die heftige, vertraute Aufwallung von Zorn und Bitterkeit verdrängte das Schluchzen in seiner Kehle, bevor es sich lösen konnte.
Der Zorn gegen *sie!* Sie, die von Anfang an alles verdorben hatte. *Sie,* die den Krieg gewollt und nun gewonnen hatte. Ohne Kämpfe, einfach indem *sie* verschwand mit diesem Bruder, den *sie* sich genommen und nie zurückgegeben hatte. Wäre *sie* doch gestorben. Oder fremdgegangen, mit einem anderen Mann, auf und davon. Oder aber häßlich geworden, so daß sein Bruder *sie* allmählich verabscheut hätte, wie sie es verdiente... All das konnte zwar noch passieren, aber Stepan würde nicht dabeisein, um es mitzuerleben: es passierte zu weit weg.
Und Stepan wurde bewußt, daß er eigentlich nie aufgehört hatte, auf den Tag zu warten, an dem Janek ihm endlich das Lächeln gönnen würde, das er ihm unter dem großen Glasdach der Gare de l'Est versagt hatte. Jenes Lächeln eines jungen Mannes und jene liebe Handbewegung, an die Stepan an manchen Abenden unwillkürlich denken mußte auf dem Bahnsteig der Linie Neuilly-Vincennes, wenn der rote

Wagen Erster Klasse vor ihm zum Stehen kam. Er stellte sich an solchen Abenden mit Absicht an die Stelle, denn so hatte er sich den Ablauf der Dinge vorgestellt: Janek würde ihn durch die Scheiben erblicken und rasch, ganz rasch aus seiner Ersten Klasse aussteigen, um Stepan zu erwischen, bevor der in die Zweite einstieg, und sie würden sich umarmen. Keiner von beiden würde ein Wort sagen. Stepan nähme Janek mit in die Rue de la Mare, und damit würde all das beginnen, was früher nie begonnen hatte. *Ihretwegen,* die jetzt nicht mehr da war.

Er dachte immer nur »*sie, sie, sie*« er konnte keinen ihrer Vornamen aussprechen.

Um ihn herum im Atelier sprach man von der Rückkehr des Eis, das dem Vater von Madame Victoria gehört habe, und Mademoiselle Agnès erzählte den jungen Dingern, die das nicht wußten, die fabelhafte Sage von Pjotr, dem Rodin der Kürschnerei, und die Geschichte von seiner Entführung, in einer Troika, durch die weiße Nacht von Sankt Petersburg.

»Ist es nicht so gewesen, Monsieur Roginski?« fragte Mademoiselle Agnès und wandte sich Stepan zu, der es wissen mußte, denn er gehörte ja zur Familie.

Stepan antwortete nicht. Er dachte immer noch an *sie.* Er fragte sich, was *sie* wohl angestellt haben mußte, um seinen Bruder, der von so weit hergekommen war, dahin zu bringen, daß er weiterzog, um zu suchen, was er hier schon gefunden hatte.

Was sie alle hier gefunden hatten: Brot und Freiheit.

Mademoiselle Agnès wiederholte ihre Frage.

»Ich weiß nicht«, antwortete Stepan, der der Geschichte von Pjotr nicht recht gefolgt war. »Aber wo ist das Ei?«

»An seinem Platz im Vestibül«, sagte Mademoiselle Agnès.

Stepan stand auf und ging ins Vestibül, um sich das Ei unter der Glasglocke anzusehen.

Er hob das Glas. Da mußte noch etwas anderes sein, unter der Eiform, bei diesem Ei, sagte er sich.

Er entdeckte den kleinen, ungeschliffenen Rubin und erkannte das mechanische Ei wieder.

Gromoffs und Barskys mechanisches Ei. Für das sein Bruder Janek so viel bezahlt hatte wie ihm für sechs Monate Arbeit, in der Rue d'Aboukir, vor zehn Jahren. Und Stepan brach in ein schallendes Gelächter aus.

Aber es war nicht so schallend, wie Barsky und Gromoff lachten, als Alex ihnen etwas später gestand, welchen Preis er dem Inhaber von ›La vieille Russie‹ dafür gezahlt hatte.

»Das geschieht mir recht! Auf irgendwen fällt man immer rein«, sagte Alex, der selbst lachte — und das brachte Ginette zum Lachen.

»Außerdem, wenn es einmal schlechtgehen sollte, kann man es immer ausleihen«, meinte sie und klopfte auf das Holz der Konsole.

»Und warum sollte es schlechtgehen? Das Leben ist schön wie noch nie ... nicht wahr, Stepan?« rief Alex und schielte zum Atelier hinüber, dessen Tür offengeblieben war.

»Genau«, antwortete Stepan kopfnickend.

Man mußte wirklich so dumm sein, wie sein Bruder es geworden war, um ein Land zu verlassen, in dem das Leben so schön war.

Alex zeigte die merkwürdige Nachricht, die in den letzten Dezembertagen mit seiner Post kam, nur Mademoiselle Anita. Schon der ungeöffnete Umschlag erweckte durch Größe, Farbe und Art seines Papiers Neugier. Er war ungewöhnlich groß, ganz quadratisch, zwischen lachsrosa und beige und körnig wie eine Sago-Suppe, die durch einen Schuß Tomatenpüree gebunden war. Alex drehte den Umschlag um, bevor er die Briefmarken und Poststempel genauer betrachtete. In purpurroten, gotischen, geprägten Kursivbuchstaben stand über die ganze Länge des Umschlags zu lesen:

Alpine Drive Number 17 (B.H. Cal. U.S.A.).

Ganz beeindruckt bediente sich Alex des Brieföffners, den er sonst nie benützte, und sein erst erstauntes, dann spöttisches Pfeifen war so durchdringend, daß es Mademoiselle Anita aus ihrem kleinen Büro-Boudoir lockte.
Auf der ersten Seite dessen, was man für eine Familienanzeige oder einen Katalog halten konnte — weiß, glatt und dick wie ein Löschblatt —, standen sich vier Miniaturen gegenüber. Sie waren in Altgold eingefaßt, im Stil des *Stundenbuchs der Herzogin von Berry,* und angeordnet wie Porträts auf einem Gesims. Man erkannte ohne Mühe Jeanne d'Arc zu Pferde und in voller Rüstung, La Fayette mit gezogenem Säbel und Federhut, Louis Pasteur an einem Mikroskop drehend und Napoleon I. von hinten mit Blick auf das brennende Moskau.
Alex hatte schon begriffen und begann laut vor sich hin zu lachen. Als er aber den Katalog aufgeschlagen hatte, ließ er seiner Heiterkeit donnernd freien Lauf.
Auf der rechten Seite sprang einem ein *Merry Christmas and a very happy New Year 1937* in die Augen — in purpurroten gotischen, geprägten Buchstaben, die überhaupt nicht kursiv, dafür aber sehr dick waren. Darunter, immer noch in purpurnen geprägten Lettern, aber in englischer Kursivschrift, die so fein gestrichelt war, daß man an eine Gänsefeder erinnert wurde, stand zu lesen: *From Jack an Vicky Rogin.*
Auf die linke Seite hatte Nicole ein paar Zeilen in ihrer braven Schulmädchenschrift der Primarstufe der Schule in der Rue Saint-Ferdinand geschrieben:

> Mein kleiner Alex,
> es geht alles vorüber, es geht alles vorbei, sogar die großen Enttäuschungen und die kleinen Verrätereien. Nur der Kummer bleibt, aber das Leben nimmt sich sein Recht zurück.
> Notieren Sie sich unsere Adresse, man kann nie wissen.
> Love, V.

P.S. Zu Ihrer Information: Janek hat die Exklusiv-Vertretung einer Gruppe kanadischer Pelzjäger für den gesamten Staat Kalifornien, und ich bin jetzt Fachberaterin für historische Filme, die in Europa und vor allem in Frankreich spielen. Hollywood ist aufregend und Beverly Hills so herrlich wie Neuilly-sur-Seine. In der Sykomore in meinem Garten flattern Kolibris.
P.P.S. Ich habe hier keine lila Kreide gefunden... aber ich komme auch mit roter zurecht.

»Verflixte Vicky!...«, sagte Alex und reichte das Dokument Mademoiselle Anita, die sich darüber ebenfalls amüsierte, aber doch nicht gar so sehr wie er.
Gemeinsam kamen sie zu dem Entschluß, niemand von den purpurnen, gotischen und englisch-kursiven Wünschen zu erzählen, die ganz offensichtlich nur für Alex bestimmt waren.
Außerdem hatte es nach der Heimkehr des Eis wegen der fehlenden Nummer 92 genügend Schwierigkeiten zwischen Ginette und Mademoiselle Agnès gegeben. Plötzlich war die Mademoiselle Agnès von früher wieder zum Vorschein gekommen. Mit zusammengebissenen Zähnen hatte sie schließlich zugestimmt, eine neue Nummer 92 zuzuschneiden. Der Samt gefiel ihr nicht, ebensowenig wie die Spitze und die Knöpfe. Sie benahm sich ein wenig so wie Michelangelo, den man zufällig gebeten hätte, ein von der Decke der Sixtina entwendetes Motiv nachzubilden, ohne daß ihm das erstklassige Material zur Verfügung gestellt worden wäre, das zum Entwurf des Originals angeregt hatte.
Einige Tage lang litt man sehr im Atelier, und jetzt, da im Fundus die ganz neue »Anna Karenina« friedlich neben »Nummer 93, Wronsky« hing, war nicht der richtige Zeitpunkt, diese alten Geschichten wieder aufzuwärmen.

Vor allem nicht in der Weihnachtszeit.
Und dann, so fügte Mademoiselle Anita hinzu, sei es auch nicht unbedingt nötig, daß Stepan Roginski erfahre, wie sein Bruder bei seiner Entdeckung Amerikas eine Silbe des Familiennamens amputiert habe, der ja auch der seine sei.
Und Mademoiselle Anita Bourgoin steckte den Katalog in seinen Umschlag zurück. Sorgfältig schnitt sie die Abbilder Lincolns und Roosevelts für ihren kleinen Nachbarn am Square Montsouris heraus, und steckte das große Sago-Tomatensuppen-Viereck zu den Akten »MASQUES«.
Alex fühlte sich kurz versucht, es ihr zu stibitzen und in die Rue de la Mare zu bringen, nur um Olga und Sonja zum Lachen zu bringen, aber nach reiflichem Überlegen verzichtete er darauf. Olga war innerlich so ruhig, seit sie wußte, daß die »Feinde« wirklich fort waren. Einmal nur hatte sie von ihnen gesprochen − und auch da war es ihr eher entschlüpft −, an einem Tag, als Alex ihr Komplimente machte wegen ihres erholten Aussehens.
»Es liegt daran, daß ich jetzt besser atmen kann. Wenn man an meine Tür klopft und ich niemand erwarte, dann ist es vielleicht der Teufel, aber nie, nie mehr können *sie* es sein ... Das weiß ich, und jetzt schlafe ich besser ein. Stepan auch.«
Alex hatte gelächelt, sich aber gehütet, sie zu fragen, was sie so sicher mache im Hinblick auf die innere Ruhe ihres Mannes. Manchmal beobachtete er Stepan tagsüber aus der Ferne, und er war erstaunt über seinen nachdenklichen Blick. Auch hatte Anita ihm erzählt, daß Stepan, als sie eines Abends zusammen die Métro nahmen, gefragt habe, ob man wisse, wohin sein Bruder abgereist sei.
Aber sicher ließ Stepan seine Sorgen vor der Tür seines Hauses zurück, und damit hatte er schließlich recht.
»Auch Zaza schläft gut, aber sie geht zur Zeit zu spät ins Bett«, hatte Olga hinzugefügt und das Thema Schlaf fortgesetzt.

»Sicherlich, aber für das, was sie zur Zeit lernt, lohnt es sich«, hatte Alex geantwortet.
»Wer ist dieser Wake und dieser Jacques, mit denen sie überall hingeht?«
»Wake ist ein Bühnenbildner, der eigentlich Wakhewitsch heißt, und Jacques ein Regie-Assistent, der Becker heißt...«
»Also ein Franzose?«
»Becker ja, Wake ist Russe, und wenn sie überall mit ihnen hingeht, dann deshalb, weil sie ihnen hilft aufzutreiben, was man braucht, um schöne Kostüme für einen schönen Film zu machen, der *La Marseillaise* heißt«, sagte Alex.
»Dann ist es in Ordnung, solange sie anständig sind.«
»Sie sind jung, schön und ganz anständig«, versicherte Alex.
»Und Zaza ist sehr seriös.«
»Dann ist es in Ordnung«, sagte Olga noch einmal voller Stolz auf Zaza.
Beruhigt lächelnd ging sie in die Küche, um Alex noch einen Kaffee zu machen. Er folgte ihr.
Auf dem Regal hatte die Zahl der Bücher abgenommen: die Bände waren dicker, aber thematisch weniger breit.
»Auch die Jungen sind von der seriösen Sorte!« murmelte er und stellte den dicken Cuvillier-Band an seinen Platz zurück.
»Das werden einmal Gelehrte«, sagte Sonja voller Stolz auf Maurice und setzte ihre Nähmaschine in Gang.
Bevor Alex an diesem Tag fortging, warf er einen Blick zum Kamin. Maddy war wieder an ihrem Platz. Wie in der Vergangenheit verdeckte sie ein paar Familienmitglieder im »Rahmen der Unsrigen«.
Alex hütete sich, sie zu fragen, wann oder warum sie das gemacht hätten. Aber wenn sie glaubten, die *Feindin* komme nie, nie wieder, um an ihre Tür zu klopfen, konnten sie schließlich den Liebling der in die Flucht geschlagenen Feindin ruhig wieder wie ein eigenes Kind aufnehmen.
Das war nur fair.

Auf der Straße begegnete er Josette und Mirjam, die von der Schule kamen.
Man sah sie kaum mehr »bei Bonnets«, seit Zaza arbeitete. Er fand sie verändert, aber schrecklich schulmädchenhaft neben Zaza.
Zaza... er hatte eben die Wahrheit gesagt: sie war »seriös«, und soviel er wußte, waren auch die schönen jungen Männer, mit denen sie die Tage oft bis spät in den Abend verbrachte, »anständig«. Und diese ganz kleine Welt verdiente Respekt. Und dazu konnte er selbst auch etwas sagen.
Es war vor zwei oder zweieinhalb Monaten passiert – oder vielmehr nicht passiert –, in seiner Wohnung in der Rue Campagne-Première. Er erinnerte sich nicht mehr an den genauen Tag, aber es war noch nicht Winter, denn Zaza trug Söckchen.
Er arbeitete allein, im Licht einer einzigen Lampe, an seinem Zeichenbrett.
Nach einem schweren Gewitter regnete es draußen noch in Strömen, als es gegen fünf Uhr läutete. Es war Zaza, klatschnaß von Kopf bis Fuß; sie wollte ihm eine Reihe kleiner alter Schmuckstücke zeigen, sie gab vor, er müsse sie unverzüglich begutachten, bevor sie endgültig gekauft würden...
Die sechs silbernen Ohrringe und das Kettchen, das sie aus der Tasche ihres Regenmantels zog, waren so absolut uninteressant, daß er Zaza eigentlich hätte fragen müssen, warum sie im Regen einen so weiten Weg zu ihm nach Hause machte, um sein Gutachten einzuholen. Aber er fragte nicht.
Er sagte ihr: »Du bist ja ganz naß, das tropft ja von dir herunter... Geh ins Badezimmer und reib dir die Haare mit einem Handtuch trocken, und zieh das da an, dein Blusenkragen ist durch und durch naß...« Er warf ihr seinen schwarzen Rollkragenpullover zu, der über einer

Stuhllehne lag, und machte sich, ohne sie weiter zu beachten, wieder an seine Zeichnung.
Er hob den Kopf erst wieder, als er hörte, daß die Badezimmertür geöffnet wurde.
Der zu lange Pullover war als Kleid für Zaza zu kurz und bedeckte die Oberschenkel nur zur Hälfte, die Ärmel allerdings waren zu lang. Ihr weißer Plisseerock schaute wie ein Unterrock hervor. Sie hatte die Schuhe ausgezogen und die Söckchen bis zu den Knöcheln heruntergerollt. Sie blieb im Türrahmen stehen und schaute ihn an. Von hinten, aus dem Badezimmer, fiel Licht auf sie, sie trocknete sich die Haare mit einem weißen Handtuch, sagte nichts und blickte ihn an, wie er sie anblickte.
Er hatte sich nicht von seinem Zeichentisch gerührt. Er blickte sie an.
Mit langsamen Bewegungen frottierte sie sich den Kopf, im Weiß des Handtuchs schienen ihre Hände schwarze Fausthandschuhe zu tragen, und Zazas Brüste unter dem Kaschmir bewegten sich im Rhythmus ihrer Bewegungen mit.
»Cuidado... Cuidado!« sagte sich Alex, so wie Rodriguez es immer zu ihm sagte, wenn Gefahr im Verzug war. Und er löste sich von dem blauen Blick, der ihn durch die noch feuchten, aber bereits schimmernden blonden Wuscheln von Locken hindurch gefangen hatte.
»Zieh deine Latschen wieder an und laß mich arbeiten jetzt... Was die Sächelchen der alten Dame betrifft, das geht in Ordnung, du kannst sie kaufen«, brummelte er und beugte sich wieder über seine Zeichnung. »Behalte den Pulli an und gib ihn dann deiner Mutter.« Von der Türschwelle, als sie schon die ersten Stufen nahm, rief er Zaza zurück. »Sag mal, ich finde, du bist noch zu klein, aber schon zu groß, um nachmittags alleinstehende Herren zu besuchen... Hast du verstanden?« Und er lächelte ihr auf eine nette Weise zu.

Zaza sah ihn fest an, ohne zu lächeln, dann zeigte sie mit dem rechten Zeigefinger auf ihre rechte Schläfe, zuckte die Schultern und lief die Treppe hinunter.
Ein paar Tage später gab ihm Olga den Pullover zurück, er war am Ärmel gestopft und frisch gewaschen in Panamarinde. Was er irgendwie bedauerte, aber er ließ sich nichts anmerken.
Zaza kam nie wieder allein in die Rue Campagne-Première.

Vorhin hatte ihn Olga oben gefragt, ob dieser Wake und dieser Jacques, denen Zaza die ganze Zeit überall nachlief, »anständig« seien ... Einen Laurent hatte sie nicht erwähnt. Wenn Zaza also zu Hause von keinem Laurent sprach, dann war er ihr wohl noch nicht aufgefallen. Also hatte sie ihn noch nicht gesehen. Denn an dem Tag, an dem sie ihn sehen würde, müßte er ihr auch auffallen. Sonst wäre sie wirklich die einzige, sagte sich Alex lächelnd.
Man würde ja sehen, ob nicht nächstens einer der drei berühmten Shetland-Pullover Laurent Verdons – der flaschengrüne, türkisblau durchwobene; der moosgrüne, tabakfarben durchwobene oder der zartgrüne, marineblau durchwobene – in der Waschschüssel auftauchen würde, die so leicht zu einem Wäschetopf für kleine Erinnerungen wurde ...

Alex war in der Rue des Pyrénées angekommen. Hundert Meter von der Métro entfernt sah man über den Köpfen eines Menschenauflaufs ein Schild: »Für das Weihnachtsfest der spanischen Republikaner«. Zu Füßen des Redners in der Menschenmenge stand ein Kupferkessel auf dem Boden, in dem ein wenig Geld lag. Alex legte einen Zehn-Francs-Schein hinein und ging zur Métro weiter, ohne sich die Rede anzuhören. An diesem Abend würde Rodriguez in der ›Coupole‹ wieder einmal erklären, er habe zwar nicht die geringste Lust dazu, aber er werde trotzdem wohl hin

müssen »nach Spanien«, um diesen blöden Bürgerkrieg mitzumachen.
Und das Stärkste war, daß er dazu wirklich imstande wäre, dieser Rodriguez, der keiner Fliege was zuleide tat, der Marienkäfer rettete und nur die Malerei und die Frauen liebte — vollschlanke, nicht allzu junge und nicht übermäßig schöne —, dazu die Kumpel, das Bistro, den Stummfilm (außer die Dialoge waren von Prévert), und der seine Gabel wie einen Pinsel hielt ... Was würde der schon tun können mit einem Gewehr in der Hand, in einem Land, das er vor zehn Jahren verlassen hatte, um in Ruhe malen zu können?
»Ich werde es machen wie Goya ... ich male die *Schrecken des Krieges*«, hatte ihm Rodriguez neulich abends geantwortet, als er ein wenig betrunken war.
»Wenn es darum geht, muß man nicht unbedingt an Ort und Stelle sein«, antwortete Alex, er wußte nicht, wie sehr sich sein Satz noch bewahrheiten sollte.
Sechs Monate später konnte er seine Voraussage vom Dezember wortwörtlich wiederholen, Rodriguez gegenüber, der immer noch am Abreisen und noch immer in Paris war: »Da siehst du's«, meinte er auf der Weltausstellung im Pavillon des republikanischen Spanien. »Da siehst du's: der, der hat das in der Rue des Grands Augustins im VI. Pariser Arrondissement gemalt. Meinst du, man könnte es besser machen, wenn man zum Motiv reist?«
Rodriguez schüttelte verneinend den Kopf. Sie rissen sich beide von der Betrachtung des *Guernica*-Bildes los und warfen Sous in die Quecksilberfontäne — der einzige andere Schatz, den der kleine weißgekalkte Pavillon zu bieten hatte.

Auch Maurice, Robert und Sami machten zur gleichen Zeit einen Rundgang über die Weltausstellung, zwischen dem Schriftlichen und dem Mündlichen ihres Abschluß-Abiturs: Philosophie für Maurice und Robert, Mathematik für Sami.

Félix hatte einen Besichtigungsplan für sie aufgezeichnet: nach dem Pavillon der Sowjetunion, der zu allererst zu besichtigen war, durften sie nicht versäumen, ihren Obolus in die Quecksilberfontäne im Pavillon des republikanischen Spanien zu werfen. Was das Bild anging, von dem alle Welt redete, so sollten sie selbst urteilen: er schätze, daß Josette mit ihren vier Jahren es leicht genausogut machen könnte ... Aber immerhin zog dieser Picasso Leute an, und das war hier die Hauptsache.

Mehr mit ihren Prüfungen als mit dem Universum und seinen Schaufenstern beschäftigt, liefen sie aufs Geratewohl herum und lutschten Eis, sie gingen von Mexiko zur Schweiz, von Ungarn zu Ägypten, ohne sich um das von Félix aufgestellte Programm zu kümmern. Picasso gegenüber waren sie nicht so streng wie er; sie fanden, das sei ein wenig schwer zu verdauen, aber schließlich verständen sie nichts von Malerei; und feierlich legten sie ihre Geldstücke auf die leuchtende Fläche aus Quecksilber, das sie in ihrer Kinderzeit so fasziniert hatte.

Von außen war die bescheidene Schmucklosigkeit des kleinen weißen Pavillons ein ständiger Affront für die beiden Giganten, die sich gleich nebenan einen offenen Wettbewerb leisteten: sie hatten beschlossen, sich unter dem Pariser Himmel von Angesicht zu Angesicht herauszufordern. Die beiden Fahnen flatterten in der Frühlingsbrise im gleichen Rhythmus, aber in ihren Falten war das schwarze, von Weiß umrandete Hakenkreuz auf dem roten Grund der deutschen Fahne auffälliger, als es Hammer und Sichel in Gold auf der roten Fahne der Union der Sozialistischen Sowjetrepubliken waren. Dafür überragte das Gebäude der Kommunisten das der Nazis.

»Der böse Vogel wird die Sichel des Fräuleins und den Hammer des jungen Mannes mitten in die Fresse kriegen, wenn er nicht rechtzeitig davonfliegt!« bemerkte Robert scharfsichtig, als er den Kopf hob. Dort oben befand sich

der Reichsadler, von einem Bildhauer in seiner Lieblingspose als Lauernder, Wartender und Wachsamer dargestellt, tatsächlich in der »Schußlinie« der robusten Bäuerin und des muskulösen Arbeiters, die ein anderer Bildhauer in Bewegung dargestellt hatte, wie sie dem Leben entgegengehen, während sie »mit zusammengefügten Händen« (wie Stepan gesagt hätte) ihre bescheidenen Arbeitswerkzeuge schwingen. An diesem Samstag nachmittag gab es eine solche Schlange vor den beiden Wolkenkratzern, die die Stars der Weltausstellung 1937 waren, daß sie auf einen Besuch verzichteten. Sie kehrten in ihr Stadtviertel zurück und dann unter die großen Bäume der Buttes, um noch einmal ihre Prüfungsthemen durchzugehen. Und auch, um über Reisepläne zu sprechen.
Im vergangenen Jahr hatten sie das Meer entdeckt, eigentlich hatten sie es sich ein bißchen erschlichen. Dieses Jahr sollten es die Berge sein. Ganz legitim. Alle sollten dabeisein, Jeannot und Mirjam inbegriffen, unter der Führung von Robert und Josette, die mit ihnen und für sie die Berge wiederentdecken würden.
Das als Gelegenheitskauf erstandene Zelt stammte aus gebrauchten Beständen der Post. Es war aus khakifarbenem Segeltuch, so weiträumig und so hoch, daß man an das Hauptquartier der Generäle Lee und Grant im Sezessionskrieg denken mußte.
Die Vorstellung, zu Füßen des ewigen Schnees unter Tuch zu schlafen, hatte in den Familien Guttman, Roginski, Nüssbaum und Goldberg Lachen oder Besorgnis ausgelöst, bei Félix und Jeannette Clément dagegen Entzücken. Da würde man in der Rue de la Mare endlich wissen, wie das Zuhause der Savoyarden aussah!
Unter den Bäumen der Buttes vervollständigten Maurice, Robert und Sami ihre Listen: die der Bücher, die man trotz allem mitnehmen wollte. Für die übrigen Sachen waren die Mädchen und Jeannot zuständig.

Mitte Juli, nun fertige Abiturienten, übernahmen sie die Führung der Camping-Expedition. In ihren Rucksäcken befanden sich Hemingway, Dos Passos, Faulkner und Caldwell, übersetzt von Coindreau, und das garantierte ihnen die neue geistige Nahrung, auf die sie nun Anspruch hatten. Das Fußvolk folgte mit Kochtöpfen, Thermosflaschen, Spirituskocher und der letzten Nummer der Zeitschrift *Cinémonde*. Das Hauptquartier wurde zusammen mit den Schlafsäcken als Gepäck aufgegeben.
Sie nahmen den Nachtzug von der Gare de Lyon und stiegen in Grenoble aus. Von dort ging es ins Gebirge. Zuerst mit dem Autobus, dann zu Fuß.

Zaza kam als erste zurück nach Paris, um gleich nach dem 15. August wieder ihre Arbeit aufzunehmen.
Außer einem blendenden Aussehen brachte sie eine höchst überraschende Nachricht zurück: abgefahren war sie aufs Geratewohl als kleine Landstreicherin, zurück kam sie als Grundbesitzerin. Oder genauer gesagt als Mitbesitzerin, zusammen mit ihren Wandergefährten, eines Stückchens Land, auf dem sich ein Steinhaufen erhob, Reste dessen, was zweihundert Jahre früher die fromme Klause italienischer Nonnen gewesen war.
Für Olga und Sonja und für Mirjams Großmutter – die als Aushilfe im Stundenlohn angestellt worden war, weil es momentan eine Auftragsschwemme gab – faßte Zaza ihren sagenhaften Roman zusammen:
Sie hatten das Postzelt in einem Tannenwald oben auf einem Hügel aufgestellt. An einem Gewitterabend rissen die alten Taue, und seine Insassen waren gezwungen, in eine Talmulde hinabzusteigen und unter einem richtigen Dach Schutz zu suchen. Und sie fanden eines, und nicht nur ein Dach, sondern auch dicke Mauern, die es trugen, in einem so gut wie aufgegebenen Weiler, der einem Monsieur Dupuis gehörte, dem Bürgermeister der Gemeinde, Chef

einer Sägerei, Maurermeister und Besitzer von siebzig Hektar umliegenden Landes.
An dieser Stelle der Erzählung zog Zaza ein kleines Foto aus ihrer Handtasche. Im Vordergrund erkannte man Josette, Zaza und Mirjam, die auf der bloßen Erde saßen, hinter ihnen standen lächelnd und ernst zugleich Maurice, Robert, Sami und Jeannot; sie hielten große Schaufeln in der Hand, und hinter ihnen war ein riesiger Steinkamin, überragt von einer Christusfigur, die aus demselben Stein gehauen war. Auf der linken Seite des Fotos verdeckte ein Haufen Gips, der wie ein Schneehaufen aussah, den Anfang einer Treppe, die anscheinend zu einem herrschaftlichen Obergeschoß führte.
»Der Bürgermeister hat das Bild aufgenommen, an dem Tag, als er uns das Kloster schenkte, unter der Bedingung, daß wir es wieder herrichten«, sagte Zaza knapp.
»Geschenkt? Was heißt geschenkt?«
»Einfach geschenkt, für unser ganzes Leben!«
»Und für das eurer Kinder?«
Zaza zuckte die Schultern und sagte, so weit sei man noch nicht.
Félix wurde zu Rate gezogen, und er machte sich an eine objektive Analyse der ganzen Angelegenheit, aus der er die folgenden Schlußfolgerungen zog: Erstens sei das mindeste, was man tun könne, wenn man siebzig Hektar Erde besitze, die doch allen gehöre, daß man einige Quadratmeter davon abtrenne und an ein paar Leute weitergebe, die nichts besitzen; allerdings bemerkte er nicht ungern, daß diese Geste von einem savoyardischen Bürgermeister kam. Zweitens gehörte der Wiederaufbau oder die Erneuerung einer religiösen Stätte zu den Fürsorgepflichten, die man dem ruhmreichen Erbe der Vergangenheit gegenüber zu erfüllen hatte. Was die Schweinerei mit dem Zelt anging, so verriet sein verrotteter Zustand hinreichend, wie verächtlich man über Jahre die Sicherheit der Post-Arbeiter behandelt hatte,

bevor man sich entschloß, ihnen eine neue Ausrüstung zu liefern.
In der Auvergnerkneipe hatte Monsieur Nüssbaum einen schönen Erfolg, als er verkündete, seine beiden Söhne Jakob und Samuel hätten sich in ein Kloster zurückgezogen. Monsieur Lowenthal wiederholte die Geschichte Madame Lowenthal gegenüber, die das nur mäßig erstaunte: die Kinder der Rue de la Mare, ohne jede Religion aufgewachsen, hatten eben eine gefunden. Das war nur eine weitere Abart von Kibbuz: der Kibbuz der Konvertiten! Schon daß man Mädchen mit Jungen zusammen fortfahren und unter freiem Himmel schlafen ließ ... Aber daß das jetzt im schützenden Schatten einer katholischen Kirche stattfand, das war das Tüpfelchen auf dem i!
Die Klosterfrauen und -männer kehrten Ende September zurück und erklärten gleich bei der Ankunft, daß sie Weihnachten wieder hinaufgingen, alle Weihnachten, Ostern, Pfingsten, Trinitatis und alle Sommer, die ihnen zu erleben vergönnt seien.
Die drei Gelehrten brachten in den Rucksäcken ihren Hemingway, Dos Passos, Caldwell und Faulkner mit unaufgeschnittenen Seiten zurück. Und sie hatten Schwielen an den Händen.
Bei Bonnets mußten sich Maurice und Robert einen Weg bahnen zwischen den Korbkoffern, die sie an die Korbkoffer erinnerten, die man letztes Jahr gekauft hatte »Für vier Leichen, der Länge nach zerteilt«. »Ist das lange her«, sagten sie zueinander. Auf den Etiketten, die auf die Körbe geklebt waren, stand »Kulis, *Pirates du rail*«, »Kunstreiterinnen, *Gens du Voyage*«, »Mutter, Großmutter und Dienerin, *Partie de Campagne* «. Sie schlossen daraus, daß das Filmgeschäft sehr gut lief für die Kooperative.
»Entschuldigen Sie, bitte, aber wir müssen uns die Zähne putzen, Monsieur Gisors«, sagte Robert und küßte den

leeren Ärmel eines prunkvollen Mandarin-Gewandes aus dicker nachtblauer, silberbestickter Seide.
»Was meinst du, werden sie aus unserer *Condition humaine* einen Film machen?« fragte Maurice.
»Lieber nicht. Niemand hat das Recht, den Menschen dieses Romans andere Köpfe zu geben als die, die ich ihnen in meinem Kopf aufgesetzt habe...«, »... und ich in meinem«, setzte Maurice hinzu.

Was die Körbe anging, so täuschten sie sich nicht: es lief sehr gut bei der Kooperative, denn es lief sehr gut beim französischen Film.
»Jetzt beginnt das Goldene Zeitalter!« sagte Alex. »Hast du gut gemacht, daß du nicht fortgegangen bist. Und Sie haben's gut gemacht, daß Sie gekommen sind...«
Der erste Satz richtete sich an Rodriguez, der zweite an eine Frau, die zwischen Rodriguez und Alex am Tisch eines etwas nüchternen Cafés an der Ecke des Boulevard Saint-Germain und der sehr provinziellen Rue Saint-Benoît saß.
»... Sehr gut gemacht!« wiederholte Alex und schaute dabei die Frau ernst an.
Sie war vermutlich in den Dreißigern, hatte sehr langgezogene graue Augen und mit Dunkelblau getuschte Wimpern; sie lächelte, ihre üppigen, wohlgeformten Lippen waren ungeschminkt. Sie war blaß, hatte einen zarten Hals und tiefschwarzes Haar. Sie trug es in Wellen nach hinten gekämmt, ohne Mittelscheitel, und wie wenn sie die schwere Masse mit einer Hand zusammengefaßt hätte, war es zu einem lockeren Knoten geschlungen, der etwas oberhalb des Nackens lag. Sie hieß Angelina Crespi, hatte eine amerikanische Mutter, einen ungarischen Vater und war irgendwie eine Prinzessin. Sie sprach Französisch ohne Akzent und kam aus Österreich, wo sie bisher für die Wiener Oper entworfen und gemalt hatte – und für die, so sagte sie, werde sie nie mehr malen oder entwerfen.

Obwohl Alex mit Arbeit überlastet war, hatte er Angelina Crespi am Nachmittag zum kleinen weißen Pavillon des republikanischen Spanien geführt, um mit ihr zusammen das Bild Picassos noch einmal anzuschauen. Die Weltausstellung hatte ihre Tore noch nicht geschlossen. Das Quecksilber sprang noch immer in der Fontäne hoch, es regnete noch immer Spenden.
Der Krieg in Spanien dauerte an. Er fand ohne Rodriguez statt. Darüber war Alex sehr glücklich.
So glücklich, daß er nicht darauf geachtet hatte, als Rodriguez am Tag zuvor, als er ihm Angelina Crespi vorstellte, ihrem Namen und Vornamen ein »Cuidado, cuidado...« folgen ließ.
Es ging unter im lauten Tohuwabohu der ›Coupole‹ und dem herzlichen Gelächter Laurent Verdons.

Sechster Teil

Der Rahmen der Unsrigen

Maurice nahm die braune Zuckermasse auf dem Boden seiner Kaffeetasse mit dem Löffel auf und lutschte sie wie ein Bonbon, und dann sagte er zu Robert: »Ich schwöre dir ... beinahe hätte ich dir gesagt: ›Ich kenne ihn!‹«
Da saßen keine Gäste mehr in dem kleinen Restaurant in der Rue Bonaparte. Es war fast drei Uhr nachmittags. Die beiden hatten zusammen an einem Tisch für sechs Personen gegessen. Die vier anderen waren Stammgäste, die, wie übrigens alle anderen Gäste auch, die Kellnerin duzten. Während des Essens hatten sie sich laut unterhalten, über Dinge, die Maurice und Robert fremd waren: von Formen und Formaten, Farben und Koloriten, von Stoffen und Materialien. Sie faßten ihre Gläser mit farbbefleckten Händen an und benützten sie manchmal, um einen Punkt in einem Raum zu bezeichnen, dessen imaginäre Grenzen allein sie kannten. Maurice und Robert saßen am Tischende einander gegenüber. Sie hatten überhaupt keine Lust zuzuhören, aber es war unmöglich, nichts zu hören, und dadurch war jede wirkliche Unterhaltung zwischen ihnen beiden unmöglich geworden. Sie lächelten sich zu und warteten, daß das vorüberginge, manchmal lachten sie sogar über die lauten Witze, an denen die anderen sie teilhaben lassen wollten. Und dann wurde das Bistro plötzlich leer, wie ein Schulhof nach Pausenende.
»Waren die lustig ... Und sie haben einen Planeten ganz für sich allein gefunden«, sagte Robert, als sie wieder allein waren und vor ihrer Karamelcreme saßen. »Sie haben Glück«, seufzte Maurice und zog den rotweiß karierten Vorhang etwas zur Seite, um zu sehen, wie sie über die Rue Bonaparte gingen und den Hof der Kunstakademie betraten. »Man hätte Maler oder Bildhauer werden sollen«, fügte er noch hinzu, als er den Vorhang fallen ließ.
»Auch auf dem Mars kommen am Ende doch die schlechten Nachrichten von der Erde an. Bald werden sie das auch merken, die Armen«, sagte Robert.
Es war ihre Art, das Gespräch dort wiederaufzunehmen, wo

sie es unterbrochen hatten, als sie dieses Restaurant betraten, das sie nicht kannten, aber gewählt hatten, um Ruhe zu haben. Es war November. Um ganz genau zu sein, es war der 10. November 1938, und eben war Ernst vom Rath gestorben. Ernst vom Rath war Legationssekretär an der deutschen Gesandtschaft in Paris. Und er starb in der Nacht vom 9. auf den 10. November, weil ihn am Vormittag des siebten ein junger Mann mit zwei Revolverkugeln getroffen hatte.
Dieser junge Mann hieß Herschel Grynszpan, er war polnischer Nationalität, israelitischer Konfession und siebzehn Jahre alt.
Und von diesem riesigen Skandal begannen Maurice und Robert wieder zu sprechen, als sie ihren Kaffee bestellten; die Kellnerin stellte bereits die umgedrehten Stühle auf die übrigen, leer gewordenen Tische.
»Aber hör mal«, sagte Robert plötzlich. »Hat es da nicht schon einmal so eine Geschichte gegeben, als wir klein waren? Ein Jude, der so was wie einen russischen General niederschoß ... Wir waren noch ganz kleine Knirpse ...« Maurice sah Robert an und sagte kein Wort.
»Erzähl mir bloß nicht, daß du dich nicht erinnerst ... Du hast sogar gemeint, du hättest den Mörder bei uns in der Gegend gesehen! Das war an dem Tag, als wir entdeckten ...«
»An dem Tag, als wir das Glasauge des Doktors Pierre entdeckten«, bestätigte Maurice ruhig.
»Also, warum nimmst du mich dann auf den Arm?«
»Ich nehm' dich nicht auf den Arm. Ich habe nicht gedacht, daß du dich daran erinnerst, das ist alles.«
»Und wie hieß er?«
»Petljura«, antwortete Maurice. – »Der Mörder?«
»Nein, der Ermordete. Wie der andere hieß, weiß ich nicht ... ich habe es nie gewußt.«
Und Maurice erzählte Robert die Geschichte mit Puett-Puett. Denn Puett-Puett reichte noch zurück bis in die Zeit von Madame Lutz.

Und als er zu Ende war, kratzte er den Zucker aus seiner Kaffeetasse zusammen und sagte: »Am Morgen, in der Rue des Pyrénées, als ich da seinen Namen las, ich schwöre, ich hätte es dir beinahe gesagt: ›Ich kenne ihn!‹«
»Und warum hast du es mir nicht gesagt?«
»War wohl zu kompliziert...«
»In welchem Jahr war das, meinst du? Vor oder nach Lindbergh?«
»Es muß vorher gewesen sein, denn zum Lindbergh-Spielen konnten wir nicht mehr auf das Grundstück, sie hatten mit dem Wiederaufbau begonnen... Zum Lindbergh-Spielen sind wir immer in der Sackgasse gewesen...«
»Dann war es 1926«, sagte Robert. »Es war sehr schönes Wetter, und wir waren noch nicht lange in Paris...«
»Ihr seid in den Osterferien gekommen.«
»Dann war es im April oder Mai 1926... Dumm, daß man das nie erfahren wird«, sagte Robert. »Dumm und ärgerlich.«
»So dumm und ärgerlich, daß wir es nicht dabei belassen können«, sagte Maurice. »Komm, wir zahlen und gehen... Und ich verspreche dir, wir kriegen es heraus!«
Sie gingen nicht zur Bibliothéque Nationale, auch nicht ins Nationalarchiv oder zur *Gazette des Tribuneaux*. Sie gingen nur ein paar Schritte: Maurice hatte sich an den alten Monsieur Moreau d'Argy erinnert, den Verrückten aus der Rue Séguier.
Aber selbst wenn Moreau d'Argy der Verrückte der Batignolles gewesen wäre, hätten sie ihn aufgesucht. Sie hatten viel Zeit. Den ganzen Tag, wie in ihrer Kindheit.
Es war Donnerstag und der Tag vor dem 11. November.
Robert war am Morgen von Le Havre gekommen, dort war er Aufseher am Lycée seit Schuljahresbeginn. Er hatte sich mit Maurice im Tabakladen am Carrefour Danton getroffen. Maurice kam von gegenüber, aus der Universitätsbuchhandlung Villeneuve in der Rue de Seine, wo er seit August arbeitete und wohnte.

Maurice studierte Philosophie, Robert Geschichte/ Geographie, nach einem unersetzlichen gemeinsamen letzten Jahr am Lycée Louis-le-Grand, während dessen sie endlich jenes Quartier Latin anders kennengelernt hatten als in den Liedern der Studentenmützen-Träger bei Vor-Abiturfeiern. Nach vier Wochen Ferien in frischer Luft hatten sie sich zum ersten Mal im Leben getrennt.
Sie waren keine Gymnasiasten mehr. Aber sie trafen sich am 10. November nach ein paar Wochen der Trennung aufgrund von Schulferien, die dem Lehrkörper, den Schülern und den Buchhändlern eine »Brücke« von drei Tagen gewährte.
»Hab keine Angst«, sagte Maurice zu Robert und schob ihn durch eine Toreinfahrt in der Rue Séguier. »Er spinnt, aber er hat alles. Er ist der König der Gewaltverbrechen.«

Kein Tropfen Blut, der gerechter- oder ungerechterweise während der letzten zwanzig Jahre auf dem Boden Frankreichs vergossen worden war, konnte dem beunruhigenden Sammlertalent von Joseph Moreau d'Argy entgehen.
Ausgehend von dem Prinzip, daß das große legale Gemetzel am 11. November 1918 sein schönes Ende gefunden habe, hatte es Joseph Moreau darauf abgesehen zu beweisen – zuerst sich selbst, dann einer sehr ausgesuchten Kundschaft –, daß das bescheidene Blutvergießen »handwerklichen« Ursprungs nur Folgeerscheinung der schlechten Gewohnheiten war, die man in der Ausübung dessen angenommen hatte, was er die »industrielle Produktion von Tod am Fließband« nannte.
Für ihn hatte alles am Tag nach seiner Demobilisierung begonnen, mit der Lektüre eines Zeitungsberichtes über ein besonders grausames Gemetzel auf einem Bauernhof der Creuse, dessen trauriger Held eben ein Held der Flandernschlacht vom Chemin des Dames war.
Und so war er auf die Idee von seiner These gekommen. Er nahm sich vor, darüber zu schreiben, und er hatte auch

schon den Titel für sein Buch gefunden. Er würde lauten: »Die Kriegsschule des Verbrechens«. Und um seine Arbeiten auf konkrete Beispiele stützen zu können, abonnierte er sämtliche Pariser und regionalen Tageszeitungen.
Doch die Überfülle des Zeitungspapiers, das tagtäglich ankam, die Zeit, die er brauchte, um die Streifbänder abzulösen, die am Papier hafteten wie Binden an einer eiternden Wunde, die Sorgfalt, die er aufbrachte, um die Seiten mit einem warmen Eisen zu bügeln und die Falze zu entfernen, die das Lesen erschwerten, das Ausschneiden und Aufkleben des Materials, das die Akten zur »Kriegsschule des Verbrechens« anschwellen ließ, zwangen ihn, das Abfassen des ersten Kapitels auf später zu verschieben.
Schon bald hatte sich übrigens ein Mangel an Mördern, die Kriegsteilnehmer gewesen waren, spürbar gemacht, und Joseph Moreau überließ sich daher ziellosen Streifzügen bei der Lektüre, die ihn von seinem ursprünglichen Plan weg dahin führten, daß er Berichte ausschnitt und einklebte, in denen zwar Blut floß, aber nicht unbedingt durch die Hand eines verdienten Frontsoldaten (nicht einmal unbedingt durch die Tat eines Mannes: Joseph Moreau war dabei, die Verbrechen von Frauen zu entdecken).
Als Eigentümer des schönen Gebäudes in der Rue Séguier hatte er sich hinten im Hof einen Schuppen einrichten lassen, wo er alle Aktenstöße unterbrachte, mit denen das von ihm und seiner Mutter bewohnte dritte Stockwerk vollgestopft war. Nach und nach war aus dem Schuppen ein Depot, dann ein Studierzimmer und schließlich eine Bibliothek geworden. Joseph Moreau hatte an dem Schuppen Efeu emporklettern lassen und eine Glyzinie in einen Kübel gepflanzt, deren Blütentrauben in der schönen Jahreszeit anmutig auf die Eingangstür herabhingen. Niemand hätte ahnen können, daß dieser freundliche kleine Bau die schönste Sammlung von Untaten beherbergte, die oft unvorstellbar waren. Und doch waren sie von den Menschen ausge-

dacht worden, die sie verübten und deren Namen sorgfältig verzeichnet waren in den gewachsten Regalen. Madame Moreau d'Argy, die Mutter, nannte das Ganze die »Nationalette«, die kleine Nationalbibliothek Josephs, und für seine Kunden war das kleine Haus die Villa ›Mon Crime‹.
Joseph Moreau bezeichnete seine »Kunden« nie mit diesem Ausdruck; er nannte sie »Datensucher«. Man kam zu Moreau: man kaufte nicht, man suchte Informationen. Man bezahlte nach Viertelstunden. Die Datensuchenden teilten sich in zwei Kategorien: die Kriminologen und die Kriminophilen.
Die Kriminophilen kamen und kamen immer wieder, sie kauften sich Viertelstunden, die sie manchmal bis zu halben Tagen verlängerten. Man erkannte sie daran, daß sie keine Notizen machten und dieselben Bände immer wieder verlangten, ein wenig wie Musikliebhaber, die endlos dieselbe Platte auflegen.
Die Kriminologen überzogen die Zeit nur selten, sie notierten Datum, Ort, Namen und Alter der Zeugen, Urteilssprüche. Maurice kam zum ersten Mal für einen Universitätslehrer, der Stammkunde der Buchhandlung Villeneuve war, in die Villa ›Mon Crime‹. »Einen schönen Tag, junger Herr!« Das waren die Begrüßungsworte eines Fünfzigers mit gepflegten Händen, dessen Doppelkinn-Wülste auf einer marineblauen, weiß getüpfelten Künstlerschleife ruhten.
»Wir werden also zu den Inzesten gehen«, antwortete Joseph Moreau, als Maurice ihn gebeten hatte, eine Einzelheit aus dem Nozières-Prozeß zu überprüfen.
Auf diese Weise entdeckte Maurice die ungewöhnliche Klassifizierung nach der Methode Moreau.
Joseph Moreau hatte zwar das Werk nicht ausführen können, das er zuvor einer ganz besonderen Gattung von Verbrechen zu widmen gedacht hatte, aber deshalb gab er den Respekt vor den Gattungen im allgemeinen nicht auf. Es widerstrebte ihm, unter dem vulgären Vorwand einer chronologischen Ordnung alles durcheinanderzubringen.

Seine eigene Klassifizierung gehorchte also einer persönlichen Beurteilung der Verbrechen.
»Küchentücher und Servietten gehören für mich nicht zusammen. Jedes für sich«, sagte er gewöhnlich, wenn er seine Methode erklärte.
So ruhten also Opfer und Henker, nach Gattungsfamilien geordnet, wie in Familiengrüften nebeneinander. Jedes Regal hatte seine Gattung, und in jedem Regal trug jeder Band eine Jahreszahl in Gold. Das begann 1919 und endete 1937, das laufende Jahr war beim Buchbinder.
Es gab acht Regale, jedes trug ein Schild mit den Anfangsbuchstaben, die die von Moreau für sie festgelegte Klassifizierung angaben:

V.n.B. für Verbrechen aus niedrigen Beweggründen
M.L. für Morde aus Leidenschaft
H.M.L für Homosexuellen-Morde aus Leidenschaft
H.V. für Homosexuellen-Verbrechen
S.V. für Sadistische Verbrechen
I.M. für Inzest-Morde
P.A. für Politische Attentate
G.V. für Grundlose Verbrechen

Wie man sieht, wurde auf Nuancen große Sorgfalt verwandt. Und da Moreau auch seine Launen hatte, war es schon vorgekommen, daß er einen schlecht erzogenen Datensuchenden davonjagte, der etwa gefordert hatte, einen jungen, gefühlvollen und unglückseligen Homosexuellen zu den gewöhnlichen Homosexuellen-Verbrechen (H.V.) herabzustufen; Joseph Moreau hatte ihn, der einem unsympathischen Antiquar einen kastilischen Dolch aus dem 18. Jahrhundert ungeschickt ins Herz gestoßen hatte, nach seiner Hinrichtung im Regal H.M.L., Jahr 1932, begraben.
»Einen herrlichen Tag, junge Herren! Reizende Gesellschaft!« rief Joseph Moreau, als er Robert entdeckte, der

dicht hinter Maurice hereinkam. »Ist dieser junge Wikinger Ihr Bruder?«
»Nicht mein wirklicher Bruder, aber wie ein Bruder, Monsieur Moreau. Ich hätte gern eine Viertelstunde«, sagte Maurice und legte einen Fünf-Francs-Schein auf das Tischchen, an dem Joseph Moreau, seine alte Mama und Sylvestre Bondy, der Sekretär und Landschaftsmaler, der ihr Familienleben teilte, bei Kuchen saßen.
»Soll ich Sie an der Hand hinführen, oder finden Sie es selbst?« erkundigte sich Moreau.
»Wir finden es selbst, danke, Monsieur Moreau. Wir gehen direkt zu P.A.«, antwortete Maurice und grub das Jahr 1926 aus, das er vor Robert auf den großen Eichentisch legte; der hatte sich gesetzt. Er nahm neben ihm Platz, während Joseph Moreau den Zeitmesser in Gang setzte, der den Schachspielern wie den Datensuchenden in der Villa ›Mon Crime‹ vertraut war. Im Rhythmus dieses diskreten Tick-Tack begannen sie, in dem Band zu blättern.

Die ersten drei Monate des Jahres 1926 überschlugen sie, erst ab dem 16. April begann Maurice langsam die großen Seiten aus dünnem Karton umzuwenden, auf denen die Presseausschnitte aufgeklebt waren, die Joseph Moreau der Aufmerksamkeit würdig befunden hatte.
»Da haben wir es«, sagten sie gleichzeitig ganz leise, als sie bei Ende Mai angekommen waren.
Da waren drei verschiedene Titelseiten ausgewählt worden und jeweils auf eine ganze Seite geheftet:

>   Mittwoch, den 26. Mai.
>   ›Ein politisches Verbrechen‹
>   Petljura,
>   ehemaliger Diktator der Ukraine,
>   In Paris durch Landsmann Ermordet

So hieß es im *Echo de Paris*.

Petljura,
Konterrevolutionärer Bandenchef,
Der die Ukraine verwüstete,
In Paris von russischem Israeliten ermordet
Das stand in der *Humanité*.

Aus politischem Haß wurde
General Petljura,
früherer Präsident der Republik Ukraine,
Von einem russischen Emigranten
In der Rue Racine Ermordet
Das war die Überschrift des *Matin*.

»Das ist mein Titel!« sagte Maurice und zeigte mit dem Finger auf *Le Matin*. »Komisch, in meiner Erinnerung nahm Petljura die ganze Seite ein, und dabei sind es nur zwei Spalten.«
»Ja, aber sie haben die Fotos der beiden und einen Orthographie-Fehler: sieh mal, sie nennen ihn Schwarzbar, sie haben sein d am Ende abgehackt!«
Maurice betrachtete die beiden Gesichter, die er vor so langer Zeit flüchtig gesehen hatte. Das Petljuras – schmal, aristokratisch, blasiert – ragte aus einem goldbetreßten Offizierskragen hervor, auf der linken Schulter war gerade noch ein Stückchen des Degengehänges zu sehen. Das Gesicht Schwartzbards ähnelte Chaplin auf den seltenen Fotos als Charles und nicht als Charlie.
»Lies mir vor«, sagte Robert.
Und Maurice entzifferte das Dokument, das er so sehr wiederzufinden gehofft hatte, wo er es zurücklassen mußte, oben an den Stufen zur Métro, an dem Abend, als er an der Station Pyrénées auf seinen Vater wartete. Er begann mit leicht erstickter Stimme:

AUS POLITISCHEM HASS
*wurde General Petljura,
früherer Präsident der Republik Ukraine,
von einem russischen Emigranten
in der Rue Racine ermordet.
Sein Mörder, ein eingebürgerter Franzose, befindet
sich in Haft.*

Das Drama, das sich gestern nachmittag in der Rue Racine abspielte, hat als Tatmotiv keine banale Leidenschaft, wie heutzutage bei vielen solcher Dramen in Paris. Der Mörder wollte — jedenfalls, wenn man ihm Glauben schenkt —, als er sein Opfer mit sieben Revolverschüssen niederstreckte, einen alten Haß befriedigen, der zugleich politisch und konfessionell begründet ist.

Samuel Schwarzbar, der Mörder — Israelit aus Smolensk (Rußland), wo er 1888 geboren wurde, eingebürgerter Franzose, der während des Weltkrieges in der französischen Armee kämpfte —, führte seit einigen Jahren ein Uhrengeschäft am Boulevard de Ménilmontant Nr.82. Und wer diesen kleinen mattblonden Vierziger sonst im weißen Zwillichmantel vom Morgen bis zum Abend mit der Lupe im Auge über seinem Arbeitstisch gesehen hat, hätte ihn gestern nicht erkannt, wie er sich, bloßen Hauptes und noch immer in seinem Arbeitskittel, mit der Pistole in der Hand über sein sterbendes Opfer beugte und wieder und wieder schoß.

Es war gegen 14 Uhr. Ein etwa vierzigjähriger Passant, glattrasiert und gepflegt aussehend, trat aus einem Restaurant in der Rue Racine und wollte eben um die Ecke des Boulevard Saint-Michel, als er hörte, wie jemand rief: »He! Pan Petljura!« (»Pan« bedeutet in slawischer Sprache »Herr« oder »mein Herr«.) Der Passant, dessen Name in der Tat Petljura war, drehte

441

sich um, der Mann im weißen Kittel befand sich nun vor ihm und fuchtelte mit einer großkalibrigen Pistole.
»Kanaille, wehr dich deiner Haut!« schrie er.
Und gleichzeitig feuerte er dreimal auf sein Gegenüber.
Der Mann sank zusammen, die Geschosse hatten ihn in die Brust getroffen. Bevor die Zeugen dieser schnell ablaufenden Szene Zeit hatten, einzugreifen, neigte sich der Mörder über den schon röchelnden Verletzten und feuerte noch weitere drei Schüsse aus seiner Waffe ab.
Bei der letzten Patrone versagte der Revolver. Samuel Schwarzbar richtete sich auf und wartete ruhig.
Er gab seinen Revolver einem herbeigeeilten Polizeibeamten, und der konnte ihn – auch mit Hilfe von Kollegen – nur mit größter Mühe dem Zorn der Menge entziehen, während man ihn zum Polizeikommissariat beim Odeon führte.
Das Opfer wurde rasch identifiziert. Es handelte sich um Monsieur Simon Petljura, geboren am 10. Mai 1879 in Kiew (Ukraine), wohnhaft in der Rue Thénard Nr. 7 im v. Arrondissement.
Die blutige Tat des Uhrmachers Schwarzbar war ein politisches Verbrechen, das erklärte er übrigens auch Kommissar Mollard von der Polizeiwache Odeon.
»Im Jahr 1917«, erklärte er, »gehörte ich einer französischen Militärmission an, die nach Petrograd und Odessa reiste. Damals hörte ich viel über die Judenmassaker in der Ukraine; der Chef der provisorischen Regierung dort war Petljura. Nachdem er von den Sowjets verjagt worden war, verfolgte Petljura in Polen und der Tschechoslowakei das jüdische Volk weiter mit seinem Haß. Von da an war ich entschlossen, meine Bruder zu rächen und diesen Mann zu

töten. Vor etwa vierzehn Tagen begegnete ich endlich meinem Feind. Er kam aus seinem Restaurant, in Begleitung einer Frau und eines kleinen Mädchens. Ich wollte in diesem Augenblick nicht auf ihn schießen, weil ich fürchtete, die Frau oder das Kind zu verletzen. Heute habe ich es wettgemacht. Ich habe ihn nicht verfehlt, um so besser!«

Die Vergangenheit Petljuras

Simon Petljura bewohnte zusammen mit seiner Frau und seiner zwölfjährigen Tochter eine kleine möblierte Wohnung im Haus Rue Thénard Nr. 7. Einer der Freunde des Verstorbenen erklärte uns, Simon Petljura habe sich im Herbst 1917 an die Spitze der nationalistischen ukrainischen Regierung gestellt. Er sei nacheinander Kriegsminister der ersten Regierung der Ukraine gewesen, nachdem sie sich von Rußland abgelöst hatte, dann, nach dem Staatsstreich Skoropadskis, gewählter Präsident des Direktoriums der demokratischen ukrainischen Republik. Anfang 1921 sei er gezwungen worden, sich mit der Armee nach Polen zurückzuziehen, wo er bis zum Herbst 1924 blieb; dann kam er nach Frankreich. Als glühender Nationalist habe er den Kampf gegen den Bolschewismus geführt, aber es sei unrecht, wenn irgendwer behaupte, die antijüdischen Pogrome hätten durch seine Anstiftung stattgefunden.

Monsieur Mollard, der Polizeikommissar, begab sich im Laufe des Nachmittags zusammen mit dem Mörder zu einer Hausdurchsuchung in dessen Wohnung, Boulevard de Ménilmontant 82. Über Samuel Schwarzbar erhielt er nur ausgezeichnete Auskünfte. Schwarzbar nahm in einer französischen Infanterie-Einheit am Krieg teil, wurde im März 1916 schwer verwundet und im Heeresbericht rühmend erwähnt;

er erhielt das *Croix de Guerre*. »Ich wußte überhaupt nichts von seinen Plänen«, erklärte weinend Madame Schwarzbar.

Maurice schlug zur folgenden Seite um.
In der Nummer vom 27. Mai veröffentlichte der *Matin* einen Rohrpostbrief von »Schwarzbar« (er hatte sein d noch immer nicht wiederbekommen) an seine Frau:

> Meine liebe Frau, ich werde meine Pflicht tun und mein armes Volk, das zu Tausenden niedergemetzelt, vergewaltigt, ausgeraubt und unterdrückt wurde, rächen. Petljura ist dafür verantwortlich. Ich bitte Dich, bleibe gefaßt, ich nehme alle Verantwortung für mein Tun auf mich. Adieu. Samuel.

»Stell dir das vor, er hat unterwegs haltgemacht, in seinem Arbeitskittel, zwischen dem Boulevard de Ménilmontant, ganz nahe bei uns zu Hause, und hier, der Rue Racine, um einen Rohrpostbrief an seine Frau zu schicken!« sagte Maurice umblätternd.
In der Ausgabe vom 29. Mai verkündete das *Echo de Paris:* »Petljura wurde durch die Hand Moskaus ermordet«, und die *Humanité* zeichnete die »Karriere«, in Anführungszeichen, des »Abenteurers Petljura« nach, ohne Schwartzbard zu erwähnen.
»Wir werden nie erfahren, ob sie ihm in Papas Zeitung sein d zurückgegeben haben«, sagte Robert.
Den Epilog zu der Affäre fanden sie auf einer Halbseite des *Petit Parisien*. Es war eine Foto-Reportage von der Beisetzung »General Petljuras« auf dem Friedhof Montparnasse. Drei große Fotos: die Witwe und die Halbwaise, ein Porträt des Verstorbenen, und eine kniende Menschenmenge, die eintausendfünfhundert Ukrainer von Paris, die gekommen waren, um sich von ihrem verehrten Führer zu verabschieden.

»Aber sag mal, der 26. Mai war ein Mittwoch! Warum waren wir nicht in der Schule?« sagte Maurice plötzlich.
»Weil wir weder am Dienstag noch am Mittwoch Unterricht hatten«, antwortete Robert, »aber warum, das weiß ich nicht mehr.«
»Warte: Es gab entweder Diphterie oder Hirnhautentzündung im Viertel, nicht?«
»Diphterie! Du hast recht: deshalb hat dich deine Mutter vierundzwanzig Stunden ins Bett gesteckt.« »Nicht vierundzwanzig Stunden, denn am anderen Tag hast du zu mir gesagt, er hätte uns alle umgebracht...«
»Aber nein, das war am Donnerstag, und du hast den ganzen Tag verschlafen!« — »Bist du sicher?«
»Und wie! Ich bin dreimal zu dir hinaufgegangen.«
»Sieh an, und ich hätte geschworen...«
»Hinfälligkeit menschlicher Zeugenaussagen«, sagte Joseph Moreau, dem nichts von ihrem Zwiegespräch entgangen war. »Soll ich meine Uhr anhalten, junge Herren? Ihre Viertelstunde ist gleich vorbei...«
»Noch einen kleinen Moment«, sagte Maurice. »Noch einen Blick auf den Prozeß, und wir sind fertig...«
»Ich kenne die Affäre, die Sie beschäftigt — ein Blick wird da nicht genügen. Das Nachspiel, wie ich es zusammengestellt habe, ist äußerst umfangreich, mein junger Freund. Kommen Sie also wieder«, sagte Moreau, die Hand auf dem kleinen Zeitmesser.
Maurice begnügte sich damit, aufs Geratewohl eine Seite in dem umfangreichen Dossier des Prozesses aufzuschlagen; er hatte gerade Zeit genug zu lesen, daß der Prozeß am 8. Oktober 1927 eröffnet worden war, und das Foto eines Mannes zu entdecken, der sich zu verstecken versuchte, indem er seine Hand gegen die Kamera ausstreckte. Er hatte ein lächelndes Gesicht mit einer Narbe.
Er wollte den Band zuschlagen, stutzte und sah noch einmal hin.

Die Hand, das Lächeln und die Narbe waren ihm vertraut wie die Blumen auf der Tapete in der Rue de la Mare, das Lachen Sonjas, die Launen Zazas, der Schritt seines Vaters auf der Treppe. Und doch gelang es ihm nicht, herauszufinden, aus welchen Gründen und seit wann dieses Bild so eng zu seinem Leben gehörte.
Er schloß den Band.
»Sie können Ihre Maschine anhalten, Monsieur Moreau«, sagte er.
Er blickte Robert an. Ich kann ihm die Sache mit dem ›Irgendwie kenne ich den‹ nicht noch einmal zumuten, dachte er, ich muß es ganz allein herausfinden. Und er versuchte, für den Moment den Eindruck des »Déjàvu« zu verdrängen: Er fragte sich sogar, ob dieser Eindruck nicht zu den »falschen Wiedererkennungsphänomenen« gehörte, den »Erinnerungen der Gegenwart«, deren Auswirkungen er eben an der Sorbonne und im Haus Villeneuve bei Bergson studierte.
»Das haben wir prima hingekriegt!« rief Robert. »Wir wissen jetzt, daß es an einem Mittwoch um vierzehn Uhr war, am 26. Mai 1926...«
»Wann bringt Ihnen der Buchbinder das laufende Jahr zurück, Monsieur Moreau?« fragte Maurice, als er den Band 1926 in das Regal P.A. zurückstellte.
»Wenn es tot ist, das arme Jahr!« sagte Moreau.
»Ich hoffe, er spart für den Einband nicht am Kalbsleder und ist mit den Kartonseiten großzügig, denn seit vorgestern haben Sie zwei erstklassige Pensionäre bekommen«, sagte Maurice und zeigte auf Robert als Zeugen.
»Wie drollig! Wir haben gerade heute morgen darüber gesprochen, Mama, Sylvestre und ich«, sagte Moreau und kaute einen Bissen Liebesknochen. »Ich weiß noch nicht, wo wir sie unterbringen, die beiden... Heikel, sehr heikel!«
»Warum? Die Rubrik Politisches Attentat scheint Ihnen nicht passend?« fragte Robert.

»Wenn man ihre Bilder aufmerksam betrachtet, kann man sich fragen«, antwortete Moreau, der Sylvestre Bondy Zustimmung heischend ansah, und dieser nickte mit traurigem Lächeln. »Wer gibt uns Auskunft über die Bande, die diese beiden jungen Leute verknüpfen konnten, bis sie sich auf so unglückliche Weise entzweiten?«
»Wollen Sie damit sagen, daß ich riskiere, Herrn vom Rath, nazideutscher Diplomat, und Herrn Grynszpan, polnischer Jude, im Regal der Homosexuellen-Morde aus Leidenschaft zu finden, wenn ich im Januar wiederkomme? Hören Sie, Monsieur Moreau, Sie sind dabei, uns den Fall Garcia Lorca noch einmal mit umgekehrten Vorzeichen aufzutischen! Es war schlicht und einfach die Franco-Miliz, die den Republikaner Lorca erschossen hat, und nicht sein eifersüchtiger Liebhaber, wie manche geschrieben haben!«
»Ich habe soviel mit Frankreich zu tun, daß mir diese spanischen Histörchen gleichgültig sind«, sagte Moreau kurz.
»Sombreros und Mantillas, meinen Sie also?« sagte Maurice, der ganz blaß geworden war, und ließ seine Finger klacken wie Kastagnetten.
»Ach, komm, verschwinden wir«, sagte Robert zu ihm und ging auf die Tür zu.
»Hoffe, Sie wiederzusehen, meine jungen Datensucher«, sagte Joseph Moreau. Sie gaben keine Antwort und gingen zur Tür hinaus, die er bereits für sie geöffnet hatte.

»Das ist kein Spinner, dein Kerl da, das ist ein gefährliches Arschloch«, kommentierte Robert, als sie wieder in der Rue Séguier waren.
Sie machten ein paar Schritte, ohne etwas zu sagen. Sie dachten an dasselbe; Robert sprach als erster darüber.
»Wie werden sie damit fertig, die Nüssbaums?«
»Es ist schrecklich«, sagte Maurice. »Jetzt wissen sie es schon zwei Monate. Er, der Vater Nüssbaum, hat immer

noch Clignancourt, da kommt er aus dem Haus, aber die Mutter, die hat seither niemand mehr draußen gesehen, sie sitzt nur in ihrer Küche und weint. Mirjam macht die Einkäufe und kocht ... Sie hat Manolo verboten, die Wohnung zu betreten, weil er mit spanischem Akzent spricht ...«
»Und Sami?«
»Sami? Der ist schuld.«
»Wie ... schuld?«
»Schuld an allem. Schuld, weil er der lebende Bruder eines Toten ist, schuld, weil er ihn fahren ließ, weil er Medizin studiert, weil er mit Jeannot gestritten hat, drei Tage bevor der zu den internationalen Brigaden ging, weil er beim alten Florian ein guter Schüler war, weil er gern liest und diskutiert, weil er Spaß macht und Fred Astaire, Trenet, die Marx Brothers und Django liebt, er ist schuld, weil er die Tränenbrüder vom Komitee abserviert hat, die eine Trauerfeier mit Ehrenwein und Trauermarsch und mit dem Porträt Jeannots mit Trauerflor machen wollten, schuldig, weil er in der Stimmung ist, mir das zu erzählen, schuldig, weil er morgens die Sonne aufgehen sieht ... schuldig eben!«
»Wie wir, im Grund«, sagte Robert.
»Wie wir, wenn du so willst ...«
Sie befanden sich inzwischen in der Rue de Seine.
»Schau, mein Zimmer, das letzte Fenster im vierten Stock«, zeigte Maurice, als Sie auf der Höhe der Buchhandlung Villeneuve waren. Die Schaufenster waren vergittert.
»Willst du hinaufkommen? Ich mache dir ein gutes Phoscao!«
Sie überquerten die Straße, und bevor sie das schöne Louis-XIII-Haus betraten, warf Robert einen Blick durch die Fenstersprossen in die Auslage. Dort lagen nur wenig Bücher, aber die waren sehr gut gruppiert. Philosophie, Zeitgeschichte und Soziologie. Der Laden hinter der Auslage schien sehr tief zu sein.

Ein Geländer aus unverschnörkeltem Schmiedeeisen begrenzte die Steintreppen. Auf jedem Treppenabsatz gab es zwei einander gegenüberliegende dunkelgrüne Türen. Im dritten Stock war nur eine Tür, auf der linken Seite; rechts führte eine Holztreppe zum Treppenabsatz des vierten Stocks, dessen Decke sehr viel niedriger war. Das Zimmer von Maurice befand sich am Ende des Ganges, genau über der Wohnung im dritten Stock.
»Schau mal, ich habe zwei Eingänge, oder auch zwei Ausgänge, wenn dir das lieber ist«, bemerkte Maurice.
Er hob eine Falltür in der Mitte des Zimmers. Darunter kam eine Wendeltreppe zum Vorschein, die bis auf einen gebohnerten Parkettboden hinabreichte.
»Benützt du sie?« fragte Robert.
»Sicher«, antwortete Maurice und schloß die Falltür. »Wenn die Villeneuves mich einladen oder wenn sie ausgehen. Sie haben drei Kinder von sieben, neun und zwölf Jahren. Wenn sie ausgehen und ich hierbleibe, mache ich die Falltür auf und spiele Kindermädchen. Eigentlich höre ich ihnen zu, wie sie schlafen...«
»Das ist im Grund wie bei mir«, sagte Robert lachend. »Aber ich habe dreißig, denen ich beim Schlafen zuhören soll, und nicht nur, daß sie nicht schlafen, ich habe auch keine Falltür zum Zumachen, wenn ich meine Ruhe haben will ... Ich habe nur einen dünnen Vorhang hinten im Schlafsaal ...«
Robert hatte sich aufs Bett gesetzt. Es war ein richtiges Bett aus Mahagoniholz, eine Bettstatt. Er betrachtete den Arbeitstisch, der, übervoll von Büchern und Zeitungen, vor dem Fenster stand, das zur Kuppel des *Institut* ging, den hübschen Nußbaumstuhl vor dem Tisch, den kleinen Kamin aus schwarzem Marmor und den geblümten Paravent, hinter dem Maurice Wasser laufen ließ.
»Ich wäre nach den Begriffen des neunzehnten Jahrhunderts so etwas wie Oliver Twist ... Aber du, du bist geradewegs

zu Balzac, Flaubert und Stendhal gegangen ... Wie alt ist Madame Villeneuve?«
»Idiot!« gab Maurice zur Antwort. Er stellte zwei Gläser und einen Krug Wasser auf den Tisch. »Das sind großartige Leute, die Villeneuves.«
Er öffnete einen Schrank und holte eine halbvolle Flasche Whisky heraus, die er neben den Krug stellte.
»Wie großartig?« fragte Robert und goß sich ein wenig Whisky in sein Glas.
Maurice dachte kurz nach.
»Nun, wenn du uns als junge Kleine Leute des neunzehnten Jahrhunderts siehst, dann könntest du die Villeneuves als Humanisten des achtzehnten bezeichnen, wenn du verstehst, was ich meine ...«
»Sehr schön, auf Ihr Wohl!« rief Robert und hob sein Glas. »Da müssen sie ja viel zu tun haben in diesen Zeiten ...«
»Nicht mehr als sonst, anscheinend. Wenn du mit ihnen sprichst und mit den Leuten, die zu ihnen kommen, in die Wohnung oder in die Buchhandlung, merkst du, daß es nie aufgehört hat: es ist eigentlich nie glatt gegangen, in der ganzen Welt nicht. Und sie haben sich immer mit dem befaßt, was nicht glatt ging, und mit denen, für die es nicht glatt ging. Die Leute unten sind fast alle Überlebende der alten, nie beendeten Kämpfe. Von denen du und ich nie etwas gehört haben ...«
»Aber von den Aufständischen der Vendée sind keine dort unten?«
Maurice brach in Lachen aus.
»Ich habe noch keine gesehen, aber ich habe noch nicht mit allen Bekanntschaft gemacht ... Immerhin habe ich schon Tonkinesen, Araber und Madegassen kennengelernt, die mir von ihrem jeweiligen General Hoche erzählt haben, und Iren, die von dem ihren erzählten, und ein paar Nordamerikaner, die vom galanten Süden sprachen, wo man Neger an Sykomorenästen aufknüpft, und einige Südamerikaner, die

mir von der spanischen und portugiesischen Eroberung Dinge berichteten, die wir in der Schule nicht gelernt haben. Und ich habe zugehört, wie italienische Sozialisten, polnische Bundisten, russische Trotzkisten, ungarische Kommunisten, armenische Nationalisten, türkische alte Männer, die bei den Jungtürken aktiv waren, griechische Anarchisten, baltische Barone, Deutsche miteinander sprachen...«
»Und all diese Leute springen sich nicht ins Gesicht?«
»Durchaus nicht ... Sie diskutieren und vergleichen.«
»Was?«
»Ihre Gefängnisse, denn fast alle von ihnen sind eingesperrt gewesen. In ihrer Heimat. Oft aus ganz entgegengesetzten Gründen. Aber ihre Gefängnisse ähneln sich, und sie selbst ähneln sich am Ende auch ... Komisch, nicht?« sagte Maurice und schenkte sich ein wenig Whisky und viel Wasser ein.
»Zum Brüllen komisch!« bekräftigte Robert.
Er stand vor dem kleinen schwarzen Marmorkamin und schaute sich die Fotos an, die zwischen den abgeblätterten Goldrahmen und das schmale, fleckige Spiegelglas gesteckt worden waren. In der Mitte war ein besonders großes Foto.
»Wie hast du das geschafft?« fragte Robert.
»Ein Kollege von Zaza, ein Filmfotograf, hat es mir vergrößert«, antwortete Maurice.
Wie auf einem Pressefoto hatte Maurice auf dem unteren Rand vermerkt: *Das Kloster, August 1937.*
Zaza, Josette und Mirjam saßen auf der Erde, hinter ihnen standen Robert, Maurice, Sami und Jeannot, und alle sieben lächelten vor einem riesigen Kamin, den ein steingehauener Christus überragte. Die Jungen hatten große Schaufeln in der Hand, und auf der linken Seite des Fotos, unten an einer Treppe, lag, wie ein weißer Schneefleck, ein großer Haufen Gips.
»Das ist das Foto, das der Bürgermeister aufgenommen hat... Ich habe das andere«, sagte Robert und suchte in seiner Brieftasche.

Es war genau dasselbe Bild in klein, aber an Stelle von
Jeannot sah man einen hochgewachsenen Mann mit schwarzem Filzhut, wie man ihn in den Bergen trägt.
»Jeannot hat nichts davon gesagt, daß er nach Spanien
wollte, als wir damit anfingen, das Kloster wiederherzurichten«, sagte Robert.
»Nein«, antwortete Maurice, während Robert sich den
anderen Fotos zuwandte. »Nein, wir sind es gewesen, die
davon sprachen, Sami, du und ich. Wir hörten gar nicht
mehr auf . . .«
»Wir haben nicht aufgehört, davon zu reden, und sind nicht
hingegangen. Er ist gegangen, und er ist tot«, murmelte
Robert und schaute sich weiter die kleinen Fotos an. »Wir
sind keine Katows und keine Tschens. Sowenig wie unsere
Papas . . .«, setzte er lachend hinzu. »Mein Papa hat auch
viel davon gesprochen, daß er gehen wollte . . . Und er ist
auch gegangen, aber ins Departement Allier. Das ist nicht
Katalonien . . .«
»Du bist gemein!« sagte Maurice, der unwillkürlich auch
lachen mußte.
»Weißt du, daß ich ihn gesehen habe, unten . . .«
»Wen, meinen Papa?«
»Nein, Malraux. Er ist befreundet mit Villeneuve . . . An
einem Abend, ganz spät, tauchte er auf einen Sprung auf.
Noch in der gleichen Nacht reiste er wieder zur Grenze . . .«
»Wie es scheint, hat er nie einen Fuß auf chinesischen
Boden gesetzt!«
»Ich weiß, und das ist mir egal. Für mich ändert das
nichts . . . Ich will sagen: Es ändert nichts an dem, was mir
La Condition humaine bedeutet hat . . .«
»Für mich auch nicht, und noch weniger für ihn«, sagte
Robert und legte seinen Zeigefinger auf das lächelnde
Gesicht Jeannots. »Denn er hat *La Condition* nie gelesen . . .«
Er ließ seinen Finger vom Gesicht Jeannots zu dem steiner-

nen Christus und dann zu dem Gipshaufen gleiten. »Haben die Villeneuves das Foto gesehen?«
»Ja«, antwortete Maurice.
»Sie mußten uns fürs Jugendhilfswerk halten!«
»Nein, ich habe ihnen alles erzählt: Von dem Camping in den Bergen, dem Gewitter, vom Zelt, das sich selbständig machte, von der Ruine, wo wir uns unterstellten, und vom Herrichten der Ruine...«
»Und daß sie jetzt uns gehört?«
»Ich habe ihnen alles erzählt, und sie fanden das sehr lustig und sehr moralisch. Sie haben mich sogar gefragt, ob wir ihren Ältesten nicht mitnehmen wollten, wenn wir das nächste Mal hingehen.«
»Dieses Jahr über Weihnachten bestimmt nicht, wir haben noch zuviel zu tun, nachdem wir unten fertig sind. Aber du wirst ja sehen, was wir gemacht haben, seit du weg bist... Es ist wie Versailles, und dazu die Duschbäder aus der Rue des Pyrénées!« sagte Robert, noch immer über die Fotos gebeugt.
»Wir sprechen wie richtige Hausbesitzer!«
»Nein, Genosse, wie Kolchosenangehörige! Kolchosenangehörige, die das glorreiche Erbe der savoyardischen Vergangenheit hüten und bewahren, das hat mein Vater Félix uns hinreichend erläutert... Und das, wer ist das?«
Robert hatte den Finger auf das einzige unbekannte Gesicht gelegt, das sich zwischen den anderen in dem abgeblätteden Goldrahmen befand. Es war ein kleines Automaten-Foto.
»Ein Mädchen... Eine Engländerin.«
»Aber hören Sie, Guttman, es genügt, daß man Ihnen ein paar Monate die Zügel locker läßt, und schon...«
»Mach keine faulen Sprüche«, sagte Maurice ziemlich kurz. »Sie ist wieder heimgefahren, und ich habe sie sehr geliebt.«
»War das diesen Sommer?«
»Ja, als ich in der Buchhandlung angefangen habe.«
»Und dann?«

»Dann, im September, kam das Münchner Abkommen, und sie ist wieder heimgefahren.«
»Es ist also noch gar nicht lange her...«
»Nein, das ist nicht gar lange her.«
Robert ging vom Kamin weg und setzte sich auf das Bett.
»Es schläft also niemand mehr jetzt ›bei Bonnets‹?« sagte er und spielte mit dem Schalter der gelben Pilzlampe, die er eben am Kopfende von Maurice' Bett entdeckt hatte.
»Doch, Zaza.«
»Hat sie mein Bett genommen oder deins?«
»Sie hat ein Kanapee, mein Lieber ... Alle Klappbetten im Haus, auch das von Josette, hat Manolo aufgeladen, als deine Eltern aus der Concierge-Loge fort sind. Deine Mutter sagte zu meiner, daß die ›Dienstwohnung‹ in Neuilly-le-Réal vier Zimmer habe und ein Bad ... Schon das Wort ›Dienstwohnung‹ — das meiner Mutter zu erklären war kein Honiglecken! Die vier Zimmer und das Bad hat sie verstanden; und was Neuilly-le-Réal betrifft, schon das Wort brachte Zazas Mutter fast zum Totlachen ... Kurz, die Klappbetten sind mit allen unseren Kinderträumen aus der Rue de la Mare verschwunden, und Zaza träumt nun auf einem weichen Diwan, mit einem Telefon neben sich. Das war das Abschiedsgeschenk deines Vaters. Bevor er seine Aufgaben als Vorsteher des Post- und Fernmeldeamtes in Neuilly-le-Dingsda übernahm, schickte er seine Knaben vom xx. Arrondissement, die der Kostümmacher-Kolchose blitzartig einen Anschluß einrichteten. PYR 23-89 heißt ihre Nummer seit Oktober. Stell dir vor, sie haben ein dickes Tuch über die Klingel gelegt, damit Madame Lowenthal nichts merkt, und deshalb muß ich, wenn ich anrufe, es mindestens zehnmal läuten lassen, bevor sie mich hören!«
»Gibst du mir noch ein wenig Phoscao?« fragte Robert und hielt Maurice sein Glas hin. Der goß etwas Whisky ein, dann sich selbst noch weniger mit viel Wasser. »Das heißt:

Du telefonierst mit ihnen, aber du gehst nie hin?« fing er nach kurzer Stille wieder an.
»Ich gehe ein- oder zweimal in der Woche hin, aber, weißt du, ich habe viel zu tun, mit der Sorbonne und der Buchhandlung...«
»Und dann — es geht dir wie mir: Es gibt da diese Kluft... für dich zwischen dem VI. und dem XX. Arrondissement, für mich zwischen den Départements Seine-Inférieure und Allier, aber es ist dasselbe. Du studierst Philosophie, ich Geschichte, du bist nicht in der Lederverarbeitung, und ich habe nichts mit Postüberweisungen zu tun. So ist das eben. Man muß es wissen und sich nicht schämen.«
»Ich schäme mich nicht, aber es tut manchmal ein bißchen weh. Gerade, wenn ich nicht hingehen mag und telefoniere.«
»Du hättest mit mir nach Le Havre kommen und dort Studienaufsicht machen sollen. Da hättest du ein perfektes Alibi gehabt.«
»Nein, da hätte ich eher geglaubt, ich würde sie im Stich lassen.«
»Ich habe meine Eltern im Stich gelassen, dazu eine Schwester in zartem Alter!«
»Ja, aber deine Leute heißen Clément, nicht Guttman oder Roginski«, sagte Maurice.
»Ich verstehe nicht...«
»Aber ja, du verstehst sehr wohl!«
»Die Kunden deiner Buchhandlung spinnen dich mit ihren fixen Ideen ein«, sagte Robert schulterzuckend.
»Ich brauche sie nicht... Und Zaza auch nicht. Ich wollte dir eben erzählen und dann bin ich bei den Klappbetten abgeschweift... Wenn Zaza nicht bei Bonnets schläft, dann ist sie bei Außenaufnahmen, wie sie beim Film sagen. Sie sollte letzte Woche als Assistentin eines Scriptgirls fortfahren, das ist ein sehr nettes Mädchen namens Mimi...«

»Macht Zaza denn keine Kostüme mehr?«
»Doch, aber gleichzeitig lernt sie Scriptgirl. Sie sollte also mit einem französischen Team für einen französischen Film mit französischen Schauspielern zu Außenaufnahmen nach Deutschland fahren. Im letzten Augenblick nahm man sie nicht mit. Sie haben bemerkt, sie sei vielleicht ein wenig jüdisch, und sie sagten ihr, sie sei ein wenig jung ... Zu Hause sagte sie auch, sie fahre nicht, weil man sie für zu jung gehalten habe, aber mir hat sie die Wahrheit gesagt, die sie durch Mimi erfuhr ...«
»Und warum hat sie zu Hause nicht die Wahrheit gesagt?«
»Damit sie keine Angst haben ... Oder vielmehr, damit sie nicht wieder anfangen, Angst zu bekommen ...«
»Sie haben mir nie den Eindruck gemacht, als hätten sie Angst!« rief Robert.
»Zaza und mir auch nicht, denn vor uns haben sie es mit Sicherheit verborgen. Sie waren fast selbst noch Kinder, als sie uns bekamen. Kinder, die immer Angst gehabt hatten. Also wollten sie Kinder, die keine Angst haben sollten. Es ist noch nicht sehr lange her, daß wir das herausgefunden haben, Zaza und ich ... Man mußte erst aus dem Haus sein, um sich an so manches zu erinnern ... Sachen, die wir seinerzeit lustig fanden ...«
»Sachen, die ich miterlebt habe?«
»Und ob! ... Erinnerst du dich beispielsweise an die Ermordung von Paul Doumer durch Gorguloff? Wir waren dreizehn oder vierzehn, nicht? Die erste Frage, die meine Mutter stellte an diesem Tag, war: ›Gorguloff, das ist doch hoffentlich kein Jude?‹ ... Nein, er war kein Jude! Aufatmen! ... Und erst dann konnte man über den Tod des armen Präsidenten weinen und über seine arme Frau und seine armen Kinder, von denen einige für Frankreich das Leben gegeben hatten ... Man konnte in den Küchen des zweiten Stocks mit ruhigem Gewissen weinen, wie man im ersten in der Küche der Bonnet-Zwillinge weinte, und ruhi-

gen Herzens den ausländischen — ganz und gar nicht jüdischen — Mörder des großen französischen Präsidenten verfluchen ...«
»In der Küche im Erdgeschoß weinte man überhaupt nicht an diesem Abend!« korrigierte Robert lächelnd. »Man diskutierte, denn es war ein Rätsel ... Man hatte an zwei Bösewichten zu kauen: Opfer und Mörder. Das Opfer war ein dreckiger Kolonialist, der Mörder ein dreckiger Konterrevolutionär. Sich da zurechtzufinden machte Papa Schwierigkeiten! ... Aber wie sind wir nur auf diese Geschichte mit Gorguloff gekommen?«
»Wegen Weidmann und seinen sechs unschuldigen Opfern ... Meine Mutter hat wieder genau im gleichen Tonfall reagiert: ›Weidmann ... Sechs Leichen, wie entsetzlich! Aber sag, Weidmann, das ist doch wenigstens nicht jüdisch?‹ ›Nein, das ist bloß deutsch, wie Hitler‹, sagte Zaza zu ihr.«
»Und dann?«
»Dann? Nichts. Meine Mutter schaute Olga an und redete dann von anderen Dingen, wie als wir noch klein waren. Die beiden wollten in unserer Gegenwart nicht über Hitler sprechen. Hitler ist weit weg, das ist Deutschland ... Wie Petljura, das war die Ukraine ... Hier ist man in Frankreich, und über solche Dinge spricht man nicht ... Wenn du daran denkst, daß es das verdammte Gulasch von Madame Lowenthal brauchte, damit der Name Petljura zu Hause überhaupt einmal ausgesprochen wurde — den Namen Schwartzbard habe ich übrigens nie gehört! ... Es ist trotz allem großartig! ...«
»Aber in der Concierge-Loge wurde darüber gesprochen«, sagte Robert. »Aber heute verstehe ich, warum ...«
»Ich auch ... Weil ihr keine Juden wart, vor allem aber weil Petljura Antibolschewist war!«
»Genau ...«
»Komisch, daß der gute alte Florian damals auch nie mit uns

darüber sprach, er hat doch sonst über alles mit uns gesprochen.«
»Vielleicht fand er, das gehe ihn nichts an ... Er hat uns französische Geschichte beigebracht, denn wir waren ja kleine Franzosen.« Dann setzte Robert hinzu: »Ihr macht übrigens dasselbe, Zaza und du. Zaza erzählt euren Eltern, daß sie zu jung sei, um ihnen keine Angst zu machen, und du läßt sie ... Und was macht Madame Mimi?«
»Wieso Mimi?«
»Geht sie trotzdem nach Deutschland, auch wenn sie weiß, daß man Zaza nicht mitnimmt, weil sie Jüdin ist?«
»Ich glaube schon ...«
»Also, siehst du ... Niemand spricht offen miteinander«, schloß Robert und stand auf.
Er stellte sein Glas auf den Tisch.
»Du hast recht«, sagte Maurice. »Auch wenn ich dir heute nicht wenig gesagt habe ... Jedenfalls mehr, als du mir erzählt hast.«
»Weil ich nicht viel zu erzählen habe«, antwortete Robert. Er war um den Tisch herumgegangen und stand nun vor dem Fenster. Der Tag begann sich zu neigen. »Ich verkehre nicht mit der kosmopolitischen Intelligenzia, und vom Fenster der Klasse, die ich beaufsichtige, sehe ich keinen Sonnenuntergang über der Académie Française ... Mit einem Auge führe ich Aufsicht, mit dem anderen studiere ich Geschichte und Geographie auf abgezogenen Kollegnachschriften. Wenn ich brav schufte, bin ich eines Tages Geschichtsprofessor, und in den kommunistischen Zellen wird man von mir sagen: ›Wißt ihr auch, daß seine Mutter Concierge in Paris war und sein Vater Briefträger, der zu Fuß austrug, und vorher war er Landbriefträger in einer so rauhen Gegend, daß er ohne Ruh ... Daß er was mußte, Guttman?«

»Er mußt ohne Ruh
Briefe stellen zu,
dienen der Post
bei Wind und bei Frost,
auch auf Skiern, oh weh!
wie in Rußlands Schnee,
und Wölfe jagen
wie in Moskauer Tagen.

Später bekam Barsky –
nicht aber Trotzki –
die Post von ihm,
daß im ganzen Team
keiner war reger
und kein Briefträger,
der's besser gekonnt
in der ganzen Volksfront . . .«

Maurice hatte schon beim ersten Satz eingestimmt, und zusammen deklamierten sie diese *Ode an Félix,* die sie einst verfaßt hatten, um die große Nachricht zu feiern. Die war am Morgen offiziell bekanntgeworden, als Jeannette den Umschlag vom Ministerium öffnete, der die Ernennung von Félix zum Vorsteher eines Postbüros bestätigte, um die er sich zu Recht schon so lange beworben hatte. Robert und Maurice hatten die Knittelverse heimlich im Lycée Louis-le-Grand zusammengestoppelt und die Ode, noch ganz warm, in die Rue de la Mare zurückgebracht, um sie Félix in der Loge vorzutragen, wo dies eine Mal ein kleines Fest stattfand.
Das war im vergangenen Juni gewesen. Seither hatten sie die *Ode an Félix* nicht mehr aufgesagt, und sie beglückwünschten sich zu ihrem Gedächtnis; fünf Monate waren seither vergangen.
»Es war das letzte Fest vor der ›Diaspora‹«, sagte Robert.

»Klaust du jetzt von meinem folkloristischen Erbe?« fragte Maurice lächelnd.
»Das ist noch das beste Wort, wenn man von Dingen spricht, die gar nicht lustig sind ... Es war gar nicht lustig, dieses kleine Fest. Deine Mutter, Zazas Mutter und meine heulten um die Wette, Josette schluchzte, und mein Vater sagte die ganze Zeit: ›Wir kommen wieder, wir kommen wieder ...‹ Und man wußte doch, daß etwas zerbrochen war, nicht?«
Robert wandte sich wieder zum Fenster. Maurice sagte nichts.
»Ich habe dir ja gesagt, ich hätte nicht viel zu erzählen, abgesehen von der Tatsache, daß ich dieser künftige Geschichtsprofessor bin, daß ich von meinem Fenster nicht die Kuppel der Académie Française sehe, daß ich nicht mit der kosmopolitischen Intelligenzia verkehre und daß ich, sooft die Stundenpläne es uns erlauben, mit der Schwester des Verwalters schlafe, von der ich zwar kein Foto aufbewahre, die aber aus Le Havre ist und hübsch mollig; die einzigen schönen Ausländerinnen, die ich zu Gesicht bekomme, sehe ich von weitem, wenn sie an Bord der großen Dampfer der Transat gehen. Ich beobachte sie von der Terrasse des ›Loup de mer‹ aus, wo ich Stammgast bin, bevor ich wieder in meine Zelle zurückkehre, ein nicht politisierter Aufsichtführender, der sein Bett hinten in einem Schlafsaal ohne jede Geheimtreppe hat. Zu sagen, daß ich mich amüsiere, wäre sehr übertrieben ... Aber es ist gut für die Arbeit. Das ist alles. Machen wir einen Spaziergang ins Viertel?«
»In welches?«
»In unseres ... Ich möchte die Sauberkeit der Treppen kontrollieren, um meiner Mutter Meldung zu erstatten ... Die deine wird mir doch etwas zu knabbern geben, bevor mein Zug geht?«
»Wann geht denn dein Zug?«

»Gegen neun Uhr.«
»Und wann fährst du nach Le Havre zurück?«
»Sonntag abend...Willst du wirklich wissen, warum ich den 11. November im Familienkreis verbringe?«
»Weil du sie gern hast, du Idiot!«
»Das auch... Aber vor allem, weil ich dabeisein will bei dem Schauspiel, das mein Vater Félix als Persönlichkeit bieten wird, wenn er die Marseillaise singt, in die Trikolore gehüllt, vor dem Kriegerdenkmal von Neuilly-le-Réal bei Moulins. Das will ich nicht verpassen!«
Robert grinste kurz, dann sagte er mit einem Blick auf Maurice: »Gehen wir?«
»Wir gehen«, antwortete Maurice und wandte sich zur Tür. Robert blieb im vorbeigehen noch einmal vor dem Kamin stehen.
»Es sieht ein wenig unordentlich aus, dein kleines Museum ... Ich muß dir wohl ein Album kaufen oder einen großen Rahmen...«
»Jetzt hab' ich's!« rief Maurice aus und schlug sich mit der flachen Hand gegen die Stirn. »Seit Stunden, seit wir bei dem alten Arschloch Moreau fortgegangen sind, hab' ich danach gesucht... Jetzt weiß ich, wo ich ihn früher schon einmal gesehen habe, diesen Typ...«
»Welchen Typ?«
»Einen auf dem Foto... Ich werde dir's erklären... Jetzt aber rasch in die Rue de la Mare!« sagte er zu Robert und zog ihn am Ärmel.

»Und Sie haben diese Geschichte nie meinem Vater erzählt, Monsieur Guttman?« fragte Robert halblaut.
»Nein, mein Junge. Es war eine Familiengeschichte, weißt du«, sagte Elie.
Er hatte soeben das kleine, verschmutzte Papierquadrat wieder zusammengelegt und ließ es neben dem sauberen Rechteck aus kariertem Papier liegen, auf dem unter einem

schwarzen Punkt in kyrillischer Schrift die Adresse in Poltawa stand. Er steckte beides wieder in seine Brieftasche. Der Brief des Monsieur D. aus Zürich blieb offen auf dem Tisch liegen, neben dem auseinandergenommenen ›Rahmen der Unsrigen‹.
»Eine Familiengeschichte, die du auch der Familie nie erzählt hast, Papa!« sagte Maurice mit so erstickter Stimme, daß man ihn kaum hörte.
In seinen Händen hielt er das Foto Wolodjas.
Elie schüttelte den Kopf.
»Es war zu traurig und kompliziert für euer Alter«, erklärte er, ohne aufzusehen.
»Aber mein Vater hatte das Alter dazu«, sagte Robert.
»Weißt du, mein Junge, mit deinem Vater war es manchmal schwierig zu reden ... Dein Vater mochte die Brüder Mercier nicht, wegen Blum ... Wenn man dann miteinander darüber sprach, daß zum Beispiel keine Nachrichten aus der Ukraine kamen, dann sah ich schon, daß er dachte, meine Chefs würden uns das Gehirn vormachen ...«
»Das Gehirn vollstopfen oder uns etwas vormachen, Papa, da mußt du dich entscheiden, die beiden Ausdrücke vermischen geht nicht!« korrigierte ihn Maurice ziemlich boshaft.
»Du sagst es, wie du willst, mein Sohn«, antwortete Elie.
»Aber schließlich war dein Vetter Wolodja Jude, Ukrainer und Kommunist, oder? Wenn er nicht Kommunist gewesen wäre, hätte man ihn doch nicht nach Paris gelassen, um als Zeuge gegen Petljura auszusagen, nicht?«
»Natürlich ... und?« sagte Elie.
Robert sah Maurice an. Er streckte die Hand aus nach dem Brief von Monsieur D. aus Zürich.
»Monsieur Guttman, wissen Sie nicht, wo Irkutsk liegt?«
Elie schüttelte den Kopf.
»In Sibirien, Monsieur Guttman. Und was Ihnen dieser Brief des Herrn aus Zürich zu verstehen geben will, ist dies: Ihr Vetter Wolodja, Jude, Ukrainer und Kommunist, wurde

nach Sibirien verschickt, kurz nachdem er Sie in Paris gesehen hatte ... Und daß er daran gestorben ist ... Diesen Brief hätten Sie meinem Vater zeigen sollen, Monsieur Guttman ...«
Robert schien verzweifelt.
»Das hätte nichts geändert«, sagte Elie. »Es war sowieso zu spät ...«
»Vielleicht nicht für meinen Vater«, murmelte Robert.
»Und das, hattest du das gelesen, Papa?« fragte Maurice, der eben die Bildunterschrift entdeckt hatte, jene, die Monsieur Florian damals sorgfältig nach hinten faltete, damit sie unter dem Foto Wolodjas nicht mehr zu lesen war.
»Räume das alles wieder weg, bevor deine Mutter heraufkommt«, sagte Elie und nahm Maurice das Foto aus den Händen. »Sie wird wütend sein, wenn sie merkt, daß du ihr ihren ›Rahmen der Unsrigen‹ bei Bonnets weggeholt hast. Geh, mach schon ...«
»Ich bin bald neunzehn, Papa!« stieß Maurice hervor und sah Elie fest in die Augen.
Es trat eine kurze Stille ein, die von Robert unterbrochen wurde: »Ich muß auf den Zug ...«
»Ich begleite dich«, sagte Maurice und erhob sich.
»Umarme deine Eltern und Josette, mein Junge«, sagte Elie und drückte Robert die Hand. »Dann werde ich es also selbst wegräumen müssen, ich sehe«, fügte er kopfschüttelnd hinzu.
Und er machte sich an den kleinen Kupferriegeln des Rahmens zu schaffen.
»Tschüß, Papa!« sagte Maurice.
»Dein Laden hat morgen zu?«
»Ja, Papa, die Buchhandlung ist geschlossen ...«, bestätigte er und richtete den Blick gen Himmel.
»Eine Buchhandlung ist ein Laden, oder nicht? ... Also, dann komm uns besuchen. Morgen arbeitet niemand in der Familie. Auch Zaza nicht.«

»Ich weiß, Papa. Ich werde auf jeden Fall anrufen...«
»Na schön«, sagte Elie, ohne den Kopf zu heben.
Robert und Maurice waren schon im Treppenhaus.
Vor der Tür der Bonnets zögerten sie, aber als sie das laute Gelächter von Männern und Frauen hörten, ließen sie das Klingeln bleiben.
»Sie sind noch nicht fertig«, sagte Maurice. »Ich werde ihnen Grüße von dir bestellen... Gehen wir.«
Sie hatten die Kneipe des Auvergners bereits hinter sich, keiner der beiden hatte sich nach ihr umgedreht, als Maurice endlich etwas sagte.
»Wegen dieser ganzen Geschichte hast du nicht einmal etwas gegessen...«
»Ich kauf' mir am Bahnhof ein belegtes Brot... Ich bin eigentlich gar nicht verspätet, weißt du... Und außerdem habe ich überhaupt keinen Hunger.«
»Ich weiß«, sagte Maurice und blieb stehen.
Er ging zu einer Mauer, drückte sich mit aller Kraft dagegen, und den Kopf zwischen den Unterarmen versteckt, begann er zu weinen.
Robert wartete, regungslos, ohne ihn anzusehen. Ein paar Minuten vergingen, bis Maurice wieder zu ihm zurückkam.
»Ich bin ein Idiot, wie? Aber seit einer Stunde habe ich mich beherrschen müssen... Jetzt geht's mir besser«, sagte er und zwang sich zu einem Lächeln.
Sie gingen weiter in Richtung der Rue des Pyrénées.
»Wir leisten uns ein Taxi, ausnahmsweise. Ich habe keine Lust, die Visagen der Leute in der Métro zu sehen«, sagte Robert.
Der Chauffeur war äußerst gesprächig, äußerst patriotisch, äußerst zufrieden mit den Fahnen, die unterwegs überall flatterten, äußerst zufrieden, daß es Blum nicht mehr gab, und äußerst zufrieden über München, was den schönen morgigen 11. November ermöglichte. Das würde es denen zeigen...

»Scheißkerl!« murmelte Robert, als sie aus dem Taxi gestiegen waren. »Es klappt, ich habe noch Zeit«, sagte er mit einem Blick auf die Uhr am viereckigen Turm der Gare de Lyon. Ein Ausrufer mit der Sonderausgabe von *Paris-Soir* ging vorbei. Auf der ersten Seite standen in dicken Lettern die Namen vom Rath und Grynszpan.
»Grynszpan ... Herschel Grynszpan? ... Das ist doch hoffentlich kein Jude?« fragte Maurice und machte Sonjas Akzent nach.
»Du bist gemein!« sagte Robert und brach in Lachen aus.
»Solange wir noch zusammen sind, ist es besser für dich, wenn ich Spaß mache. Du hast ja erlebt, was dabei rauskommt, wenn ich keinen Spaß habe! ...«
Während Robert seine Fahrkarte nach Moulins und eine Bahnsteigkarte löste, ging Maurice und holte für ihn am Buffet ein belegtes Brot. Vor einem Buchhandlungskiosk blieben sie eine Sekunde stehen.
»Soll ich dir einen kleinen *Ekel* kaufen, mein Süßer?« schlug Maurice vor.
»Du bist wie der gute alte Florian ... Du bist nicht auf dem laufenden, was die literarischen Neuheiten betrifft, es ist mindestens zwei Monate her, daß ich das gelesen habe ... Und dazu noch in der richtigen Umgebung ... Das Bouville im Buch ist Le Havre ... Er war Philosophie-Professor in meinem Kasten, der Sartre. Schade für mich, daß er ging, bevor ich kam ...«
Sie ließen den Kiosk hinter sich zurück. Robert fing an: »Gegen was haben wir gleich Florians *Condition humaine* eingetauscht?«
»Wir haben das Buch nicht umgetauscht ... Wir haben uns den Preis vom Buchhändler zurückzahlen lassen, wie richtige Kotzbrocken! Und wie Kotzbrocken haben wir den alten Florian nie zu Hause besucht ... Der gute Alte, wenn ich nur daran denke, wieviel Mühe er sich gegeben hat, um Wladimir zu finden ...«

»Warum sagst du Wladimir?«
»Weil er so hieß; bei uns nennt man die Wladimirs Wolodja, wenn man sie gern hat«, sagte Maurice.
»Ich steige hier ein«, sagte Robert und blieb vor einem Wagen Dritter Klasse stehen. »Also, Schalom, du ukrainischer Jude!« Er legte die Hand auf das schwarze Lockenhaar von Maurice und verabreichte ihm drei Klapse auf den Kopf.
»Kenavo!« antwortete ihm Maurice und sah zu, wie Robert in den Zug einstieg.
Die acht Töne aus dem Lied von Laurel und Hardy holten ihn zum vierten Fenster des Waggons, an dem Robert wieder auftauchte, während der Zug sich kaum merklich in Bewegung zu setzen begann. Die Lokomotive stieß einen langgezogenen Pfiff aus.
»Das ist der letzte Rest Blausäure, den ich habe, verliere ihn nicht!« rief Robert lachend und haschte nach der Hand, die Maurice ihm entgegenstreckte.
»Hab' ihn schon!« antwortete Maurice, ließ Roberts Hand los und tat so, als ob er sich etwas in die Tasche stecke.
Robert nickte ihm noch ein letztes Mal zu und verschwand dann im Inneren des Abteils.

Bevor er den Bahnhof verließ, kaufte Maurice die letzte Ausgabe von *Paris-Soir*.
Nach den Berichten, die die letzten Augenblicke des Legationssekretärs vom Rath, während seine Eltern und Hitlers Leibarzt hilflos an seinem Bett weilten, noch einmal schilderten; nach einer anschließenden knappen Zusammenfassung der Begleitumstände des Attentats und der Identität des Mörders Herschel Grynszpan, einem jungen, siebzehnjährigen »polnischen Juden«, wurde gemeldet, daß Maître Henry Torrès Grynszpans Verteidigung übernommen habe. Und dann fand Maurice, was er suchte. In einer letzten Meldung wurde bekanntgegeben, daß im Gegensatz zu

dem, was man am Abend zuvor hatte annehmen können, der Brand, der die Synagoge der kleinen deutschen Stadt Helsdorf verwüstet hatte, nicht auf ein Unglück zurückzuführen war.
Auf dem gesamten deutschen Reichsgebiet hatte man seit der Bestätigung des Todes von Herrn vom Rath schon neun Synagogenbrände gezählt, die alle in der Nacht vom 9. auf den 10. November ausbrachen, gleichzeitig mit der systematischen Zerstörung aller Schaufenster von Geschäften, die deutschen Staatsbürgern jüdischen Glaubens gehörten:

> Zur Stunde unseres Redaktionsschlusses, das heißt wenige Stunden vor dem 11. November, ist das Krachen der zerspringenden Fensterscheiben so groß, daß die Passanten in den großen und kleinen Städten des Reichs einander kaum mehr hören können. Und die deutsche Bevölkerung, die durch die vielen Glasscherben treten mußte, hat bereits einen Namen für die Zuckungen des »spontanen« Volkszorns dieser Nacht gefunden. Man nennt sie hier schon die »Reichs-Kristallnacht«. Wie man sieht, verliert die Poesie im Lande Goethes ihre Geltung nie...

Maurice faltete die Zeitung wieder zusammen, er hatte sie draußen gelesen, unter dem Vordach des Bahnhofs. Beinahe hätte er sie weggeworfen, aber dann überlegte er es sich anders. Er riß das Stück mit der Meldung heraus, steckte es sich in die Tasche, knüllte das übrige Papier zusammen und warf es in den Rinnstein.
Als er die Stufen zur Métro hinabstieg, zögerte er noch, war er sich noch nicht klar, in welche Richtung er fahren wollte. Er war auf dem halben Weg zwischen den Stationen Pyrénées und Odéon.
Er hatte große Lust, in die Rue de la Mare zurückzukehren, nur ganz kurz, nur um seinen Vater und seine Mutter fest in

die Arme zu schließen und ihnen irgend etwas Einfältiges zu sagen, etwa: »Ich habe euch lieb, habt keine Angst, ich bin da...« Dann sagte er sich, es würde sie nur beunruhigen, wenn er so rasch zurückkäme. Er wollte sie morgen besuchen, das war wohl vernünftiger. Heute abend stand zu befürchten, daß er Dummheiten sagte. Morgen würde Zaza zu Hause sein... Übrigens, Zaza wollte er sehen, er mußte sie finden, sofort.
Er entschied sich für die Station Odéon.
Sie mußte jetzt noch mit ihren Kollegen vom Film beim Abendessen sitzen. Durch die Scheiben des ›Chéramy‹ sah er ihren Rücken. Ein Typ neben ihr hatte den Arm über die Lehne ihres Stuhls gelegt. Ihnen gegenüber sprach Alex mit einer Frau, die Maurice nicht kannte.
Es war Alex, der ihn erblickte, als er die Tür aufmachte.
»Hast du etwas gegessen?« erkundigte sich Zaza.
Maurice schüttelte den Kopf. Er gab Zaza einen Kuß mit geschlossenen Lippen auf geschlossene Lippen, drückte Alex die Hand, und der stellte ihn Angelina Crespi und Laurent Verdon vor.
»Maurice Guttman«, sagte er, und er setzte sich auf die Polsterbank, wo ihm auf der einen Seite die Leute vom Nachbartisch, auf der anderen Angelina Crespi Platz machten, die näher an Alex heranrückte.
»Haben Sie die Zeitungen gelesen?« fragte er die Tischgesellschaft.
»Wir sind noch besser informiert«, antwortete Zaza. »Mimi hat mich in der Nacht von Berlin aus angerufen. Sie hat den Hörer zum Fenster ihres Hotels hinausgehalten, und für drei Minuten habe ich eine internationale Verbindung gehabt. Dann hat Mimi den Hörer wieder genommen und mich gefragt: ›Hast du gehört?‹ Und ich habe gesagt: ›Ja.‹ Sie hat gesagt: ›Ich umarme dich ganz fest, mein Liebes, und ich bin froh, daß du nicht hier bist und sehen mußt, was ich sehe‹.«

Laurent Verdon faßte Zaza am Handgelenk und gab ihr einen Kuß in die hohle Hand.
Chéramy brachte den Teller mit Pökelfleisch und Linsen; das war das Tagesgericht an diesem Abend, das auf der Schiefertafel neben der Theke angeschrieben war.
»Ein Viertel?« fragte er.
»Ein Viertel«, sagte Maurice, dann zu Zaza gewandt: »Und hast du heute morgen daheim vom Anruf Mimis erzählt?«
»Natürlich nicht!«
»Und sie hat recht«, stimmte ihr Alex zu. »Ich habe Jahre gebraucht, um eure beiden Mütter zu beruhigen. Ihr wart Babys, als ich angefangen habe, ihnen das Lachen beizubringen ... Und ihr werdet mir nicht alles kaputtmachen, was ich aufgebaut habe, jetzt, wo ihr groß seid!«
»Es sind nicht wir, die etwas kaputtmachen, Alex ... Aber ich muß Ihnen doch sagen, daß es in Ihrem schönen Gebäude heute Risse und Sprünge gegeben hat«, antwortete Maurice und begann zu essen.
»Sag mal, Zaza«, fing er wieder an, »ein Mensch mit ganz vernarbtem Gesicht, der lächelt und die Hand vorstreckt, wie um sich zu schützen...«
»Das erinnert mich an was!« sagte Alex.
»Sag's noch einmal...«, bat Zaza.
»Es ist ein Vetter!« sagte Alex lachend. »Aber keiner von mir: von dir oder dir —« Er stupste Maurice und dann Zaza an, wie man es in der Schulpause macht, eene meene Muh ...
»Monsieur Grandi hat den ersten Preis gewonnen! Mademoiselle Roginski hat gar nichts gewonnen!« rief Maurice. »Monsieur Guttman übrigens auch nichts, bis heute nachmittag. Aber dank der göttlichen Vorsehung und Fürsorge – nicht der Volksfürsorge, sondern der anderen, der wahren! — konnte er eines jener Geheimnisse ans Licht bringen, die die Familien begraben glauben, weil sie geschützt sind hinter dem dünnen Glas eines Bilderrahmens, den die Kinder nie anschauen...«

»Der Rahmen der Unsrigen?« rief Zaza.
»Der hat auch noch andere Geheimnisse bewahrt, dieser ›Rahmen der Unsrigen‹, dieser Bilderrahmen eurer Mütter...«, murmelte Alex mit einem seltsamen Lächeln.
»Ja?« fragte Angelina.
»Wir haben alle eine Vergangenheit, meine Schöne«, sagte Alex und steckte eine Schildpattnadel wieder fest, die sich aus dem schweren braunen Haarknoten Angelinas löste.
»Das stimmt«, meinte Angelina mit einem sanften Lächeln auf ihrem ungeschminkten Gesicht. Sie hatte hellgraue, sehr langgezogene Augen, und ein paar kleine Fältchen straften das Jugendliche ihres Blickes Lügen. Sie trug einen schwarzen Rollkragenpullover, der zu groß für sie war und den Maurice Alex schon so oft tragen gesehen hatte.
»Also, dieser Vetter«, sagte Alex, »ist es nun deiner oder deiner?«
»Er ist mein Vetter... Aber seine Geschichte betrifft uns beide, meine Liebe«, antwortete Maurice und schaute Zaza an.
»Uns, wenn ich recht verstehe, geht sie nichts an?« fragte Laurent Verdon.
»Sie geht die ganze Welt an!« rief Maurice.
Und ohne etwas auszulassen, von »Sie macht mir Puett-Puett« bis zu der grotesken Todesanzeige des Herrn D. aus Zürich, erzählte Maurice die ganze Geschichte Wolodjas.
Das Paar am Nebentisch hatte allmählich aufgehört zu reden. Die beiden hörten Maurice zu, ohne ihn anzusehen, wechselten aber häufig unwillige Blicke. Nach der Erwähnung des Briefes aus Zürich erhoben sie sich. Als sie die Tür erreichten, ließ der Mann seine Begleiterin vorausgehen und das Lokal verlassen, dann tat er einen Schritt zum Tisch hin.
»Nehmen wir einmal an, Ihre Geschichte sei wahr, was übrigens noch zu beweisen wäre... Sie sind ein ausgemachter Dreckskerl, sie in diesem Augenblick zu kolportie-

ren!« fuhr er Maurice an, bevor auch er nach draußen ging und die Tür hinter sich zuknallte.
Maurice erhob sich.
»Rühr dich nicht vom Fleck«, sagte Alex und erhob sich ebenfalls.
Alex schob ihn weg und ging nach draußen auf den Bürgersteig. Die Tür machte er fest hinter sich zu.
»Alex sollte sich nicht mit ihm streiten«, sagte Chéramy, der von seiner Theke aus alles verfolgt hatte.
»Du kennst ihn?« fragte Laurent.
»Er war zwei- oder dreimal hier... Jedesmal machte er Geschichten. Ich werd' ihn nicht mehr bedienen...« Alex kam zurück, ein Lächeln auf den Lippen.
»Er hat mich Faschist genannt, dieses Arschloch!« sagte er, als er sich wieder setzte. »Na schön, nicht direkt – er hat gesagt, du spieltest das Spiel der Faschisten, wenn du von Wolodja erzählst... Und ich selbst auch, indem ich dir zuhöre!«
»Und dann?« fragte Angelina Crespi.
»Dann sagte seine Frau, sie sei Jüdin und sie habe eure Geschichte mit Puett-Puett abscheulich gefunden, ihr wärt alle beide schlecht erzogen. Darauf sagte er, sie bringe alles durcheinander, das sei nicht das Problem, und er redete von Spanien, und sie fing an zu weinen, und er sagte, sie würden nie mehr zu dir essen kommen«, schloß Alex und wandte sich an Chéramy.
»Das trifft sich gut!« rief Chéramy.
»Und dann?« fragte Angelina Crespi.
»Dann sind sie gegangen zwischen den irren Wagen, und nur die Nacht hörte ihr Fragen und Sagen...«, deklamierte Alex.
Es trat eine Stille ein, man konnte nur noch das Geräusch des Geschirrtuchs hören, mit dem Chéramy die Gläser abtrocknete.
»Es stimmt, sie ist wirklich in diesem Augenblick nicht

passend, die alte Geschichte vom armen alten Wolodja«, murmelte Maurice, ohne jemand anzusehen.
»Es ist vor allem der junge Wolodja, der schlecht in dieses Jahrhundert gepaßt hat«, sagte Angelina Crespi.
»Gehen wir noch ein wenig spazieren?« fragte Maurice.
Sie waren auf dem Boulevard Saint-Germain, und Alex' Hand ruhte auf der Schulter von Maurice. Die anderen hatten sie vor dem ›Chéramy‹ zurückgelassen. Zaza war in den Wagen Laurent Verdons eingestiegen und Angelina Crespi zu Fuß fortgegangen. Alex hatte zu ihr gesagt: »Bis gleich«, und seine Hand auf Maurice' Schulter gelegt. Seither gingen sie, und Alex sprach. Er sprach von fröhlichen, oberflächlichen und überflüssigen Dingen, wie man es in der Familie tut, um die Ängste eines Kindes zu zerstreuen, bevor man es schlafen schickt.
Das war nicht leicht gewesen, und während der ersten hundert Meter ihres Weges durch die menschenleere Rue Jacob hatte keiner etwas gesagt. Alex, der genau wußte, wie er mit Sonja, mit Olga und inzwischen mit Zaza sprechen mußte, suchte nach Worten, um diesen jungen Mann zu beruhigen, den er hatte aufwachsen sehen, ohne ihn je genau anzuschauen, und dessen Erwachsenen-Sorgen und Mannes-Probleme ihn schwindlig machten.
Denn das waren nicht die seinen gewesen und würden es nie sein. Und wenn er hundert Jahre alt werden sollte, dachte er im Gehen.
Am Ende der Rue Jacob aber, vor einem Bretterzaun, an dem ein frisch angebrachtes Plakat hing, im vollen Licht einer Straßenlaterne, endete das Schweigen mit einem lauten Gelächter.
Auf Augenhöhe stand vor einem tobenden Meer im Hintergrund mit triefendem Gesicht, Bart, Ölzeug und Südwester ein isländischer Fischer, der mit breitem Lachen eine riesige Galette schwang. Die Zeile »Die beste Galette? Pomponnette!« war mit Kreide durchgestrichen, und in einer diago-

nal über das ganze Plakat laufenden Schrift hieß es: »Na, lieber Bruder Jean, dann mach dich mal ran!«
Von dieser Straßenecke an hatte sich alles verändert. Alex war so erleichtert, als er sah und hörte, wie Maurice sich vor Lachen bog, daß er diesen Faden weiterspinnen wollte. Er erzählte also bis ins einzelne von den schmutzigen Hintergründen der Affäre Le Go-Go, die in seinen Augen das große Verdienst hatte, den Kindern der Rue de la Mare schöne Ferien verschafft zu haben. Und da Maurice nicht nur weiterlachte, sondern auch bisher selbst unbekannte Augenzeugenberichte über die berühmten Ferien in der Bretagne beisteuerte, gingen sie nicht die Rue de Seine auf dem linken Ufer hinunter, sondern wieder zurück zum Boulevard Saint-Germain.
Sie hatten die Ecke des Boulevard Saint-Michel erreicht, als Maurice vorschlug, weiterzugehen. Sie überquerten die Straße. Maurice lachte noch immer. Denn nach den Geschichten von der Expedition *Prends ton fusil* – im Vokabular der Kooperative inzwischen zu *Prends ta galette* geworden – erzählte Alex auf seine Weise vom Leben in der Allée Chateaubriand: von den leidenschaftlichen und stummen Gefühlsregungen der Mademoiselle Agnès, den wachsenden Schwärmereien Ginettes, von den jungen Dingern, von der Werkstatt, in der Stepan König war – König eines glücklichen, leichtsinnigen Bienenschwarms...
»Jetzt biegen wir rechts ein«, sagte Maurice, der noch immer lächelte, aber anscheinend Alex nicht mehr zuhörte.
»Wenn du willst«, meinte Alex und entzifferte den Namen der Straße.
Es war die Rue Thénard. Sie war sehr kurz und stieg steil an zur majestätischen Freitreppe des Collège de France.
Sie gingen ein paar Meter, dann blieb Maurice stehen.
»Er war wirklich wie zu Hause hier!« sagte Maurice und

betrachtete die fünf Stockwerke eines schönen provinziellen Baus mit der Nummer 7; er zeigte Alex ein diskretes Schild, auf dem stand:

AT HOME, HOTEL-PENSION FÜR AKADEMIKER

»Wer denn?« fragte Alex.
»Pan Puett-Puett, Petljura!« antwortete Maurice höhnisch lachend.
Alex sagte kein Wort.
»Er muß sich vor Glück im Grab umdrehen heute abend! Was für ein Klang auf dem Friedhof Montparnasse, das deutsch-jüdische Kristall, das auf russische Manier zerschlagen wird...«
»Er liegt auf dem Friedhof Montparnasse?« fragte Alex nach kurzem Schweigen.
Im dritten Stock der Pension AT HOME erhellte sich ein Fenster.
»Schau, das ist vielleicht die Witwe oder die Waise«, murmelte Maurice und zeigte mit der Hand auf das Licht. »Ja, auf dem Montparnasse, und morgen werden die beiden Frauen hingehen und ihm Blumen aufs Grab bringen, dem Gründervater...«
»Komm jetzt, wir gehen zurück«, sagte Alex und schob Maurice leicht mit der Hand weiter, die er nicht von seiner Schulter genommen hatte. »Es ist spät, wir wollen schlafen gehen...«
Sie verließen die Rue Thénard.
»Ich schon, ich werde schlafen gehen, wenn ich kann... Aber Sie nicht, Alex. Sie haben noch ein Rendezvous«, sagte Maurice mit einem komplizenhaften Lächeln.
»Sag mal, du, in was steckst du da deine Nase?« sagte Alex und gab ihm einen kleinen Klaps mit der flachen Hand.
»In etwas, das mich nichts angeht. Aber sie wird mir böse

sein, die Angelina. Sie haben ganz recht, es ist spät, und sie wartet auf Sie ...«
»Angelina versteht alles«, sagte Alex mit einem weichen Lächeln.
Sie gingen schweigend.
»Was war das andere Geheimnis des ›Rahmens der Unsrigen‹, außer dem des ukrainischen Scarface?«
Da erzählte Alex von Maddy. Nicht alles. Er erzählte von der Maddy aus der Zeit des schönen Kleides mit den Pailletten. Pailletten? Die ersten Pailletten? Die, die man überall fand, auf der Treppe, in den Betten und sogar im Haar von Josette ... Diese Pailletten? Ja, daran erinnerte er, Maurice, sich sehr gut, das ganze Stadtviertel erinnerte sich daran.
Und Maurice begann wieder zu lachen. Und Alex benützte die Pailletten, so wie er die Galettes Pomponette benützt hatte, um Maurice' Lachen zu halten, so wie man einen Ertrinkenden über Wasser hält. Er rief alle seine Erinnerungen an die Anfangszeit mit Sonja und Olga zu Hilfe, wenn nötig, erfand er auch welche, sprach von den vier Krinolinen, die gleichzeitig in dem kleinen Eßzimmer standen, ließ Madame Lowenthal hereinkommen, hinausgehen und wieder hereinkommen – viel öfter, als sie das in Wirklichkeit getan hatte. In den Erinnerungen von Alex wurde der zweite Stock in der Rue de la Mare eine doppelte Kabine der Marx Brothers ...
Und so wie Maurice immer lustiger wurde, verschwand am Ende gar Maddys Gespenst aus dem Gespräch.
Als sie in der Rue de Seine ankamen, lachte Maurice noch immer. Alex hatte keine Zeit gehabt, ihm zu sagen, daß die Pailletten-Trägerin, die er geliebt hatte, tot war.
Auch nicht, wie sie gestorben war.
Und noch weniger selbstverständlich, daß kaum hundert Meter von der Grube, in der sie ruhte, sich das Mausoleum

des Präsidenten Petljura erhob und daß es schon damals fast zusammenbrach unter der Last der Blumen.
Noch zehn Jahre nach seinem Tod. Kaum drei Jahre vor der Kristallnacht.

Siebter Teil

Aus dem Sinn

Es schneite so stark, daß Maurice aufstand und die beiden Drehriegel-Fenster verschloß. Er schloß sie so leise, daß keines der Kinder erwachte. Da fiel ihm wieder die Zeichnung ein. Er sah es wieder vor sich: Wie Zaza sie aus ihrer Tasche zog, auseinanderfaltete und ihm zeigte, aber er erinnerte sich nicht, daß Zaza sie wieder an sich genommen und in ihre Schürzentasche gesteckt hätte. Sie mußten sie nach dem Gespräch unten liegengelassen haben. Statt wieder schlafen zu gehen, setzte er sich aufs Bett, zog sich die groben Wollsocken an und den Pullover über den Schlafanzug. Im Mondlicht war es ganz hell im großen Zimmer, und er schlich an den sechs Feldbetten entlang, wo nur die Köpfe der schlafenden Kinder aus den Schlafsäcken hervorguckten. Bei Loulous Gesicht blieb er stehen. »Im Schlaf ähnelt sie am meisten Sami«, dacht er, wie jedesmal, wenn er sie schlafend betrachtete.
Er verließ den Schlafraum, schloß geräuschlos die Tür wieder hinter sich zu und stieg die Marmortreppe hinab. Drunten, unter dem Gewölbe des Saales war es noch recht warm, das Feuer des Küchenherdes war noch nicht ausgegangen.
Tastend fand er den Schalter für die große Lampe. Und da lag die Zeichnung, sie war nicht zusammengefaltet; sie leuchtete rot, gelb und schwarz auf dem weißen Wachstuch der langen, aufgebockten Tischplatte. Auf der Zeichnung war eine Frau, wie Kinder von fünf oder sechs Jahren sie zeichnen, ohne Nase, aber mit Augen, Mund, Ohren – riesigen Ohren – und ungeheuer vielen schwarzen, hingestrichelten Haaren um ein verunglücktes Rund, das über einem roten Rechteck lag, von dem zu beiden Seiten zwei schwarze Striche führten, die in zwei Kugeln mit Stacheln wie bei Seeigeln ausliefen, und die beiden Striche unten waren so lang geraten, daß auf dem Schulpapier kein Platz mehr übriggeblieben war, um die Schuhe zu zeichnen. Inmitten des Rechtecks prangte eine Art Sonne, fast in der

Größe des Kopfes, wie ein großer Ordensstern auf dem Blutrot des Kleides der Frau. Zwischen den beiden fußlosen Beinen stand in dicken, gelben Farbstiftbuchstaben zu lesen: MAMMA.

Maurice nahm das Bild an sich, warf einen Blick auf eine kleine Eichenholztür in der Steinwand, rechts vom Kamin. Er horchte: da rührte sich nichts. Er faltete das Papier zweimal zusammen.

Morgen früh würden sie herauszufinden versuchen, wer die Frau gemalt hatte, die Zaza am Nachmittag fand, als sie unter den Betten kehrte, zwischen dem Bett Loulous und dem Dédées. Maurice behauptete, Loulou sei zu klein, um sich zu erinnern, Zaza behauptete das Gegenteil. Man würde schon sehen. Jedenfalls durfte man es nicht auf dem Tisch herumliegen lassen, vor allem nicht, wenn man die Kinder ihre Briefe schreiben ließ.

Er beschloß, das Bild in Zazas Handtasche zu verstecken. Zazas Handtasche befand sich am Ende des Saales, sie stand auf dem Schreibtisch – dem, was sie Schreibtisch nannten: ein ehemaliges Speisekammer-Möbel, eine Pitchpine-Anrichte, die Zaza einen Anschein von Ordnung in den Büchern und Heften der Kinder wahren half. Der Anrichte-Schreibtisch war, wie das doppelte Waschbecken oben im Badezimmer ohne Badewanne hinter dem Schlafraum, auf einer Versteigerung in Grenoble erworben worden; 1938 waren sie eines Tages alle zusammen mit Marcel, einem Arbeiter des Bürgermeisters, im Lastwagen hingefahren.

Es war ein Liquidations-Ausverkauf des alten Hotels ›Métropole‹, und für einen Apfel und ein Ei hatten sie damals auch einen Klubsessel mit abgeschabtem Lederbezug erstanden sowie einen häßlichen großen Wandleuchter, der auf ein nußbraun gefärbtes Weinkeltergewinde – eine Imitation – montiert und mit goldgestreiftem unechtem Pergamentschirm versehen war. Sie hatten versucht, den Leuchter an Ort und Stelle gegen Handtücher mit den

Initialen »H.M.« zu tauschen, aber das war nicht möglich gewesen, und Mirjam hatte gemeint, die Lampe sei eigentlich doch gar nicht so übel ... Und Robert sagte ihr, sie könne sie sich als Hochzeitsgeschenk nehmen, wenn sie einmal Sami heirate. Bis dahin werde sie angeschlossen. Sie gab viel Licht.
Und sie war dageblieben, seit jener Zeit.
Seit Weihnachten 1938. Oder vielmehr seit der Zeit zwischen Weihnachten 1938 und Neujahr 1939, als sie zum letzten Mal alle zusammen in ihrem Kloster gewesen waren. Jeannot natürlich ausgenommen. Aber sie hatten ausgemacht, im Kloster nicht von Jeannot zu sprechen, weil das Sami wahnsinnig machte, und sie wollten, daß er glücklich sei. Und er wollte selbst glücklich sein, und Mirjam wollte das sogar noch mehr als er selbst. Und so geschah es, daß eines Nachts, während die anderen im Schlafsaal schliefen, Mirjam und Sami in dem kleinen Zimmer hinter der niedrigen Tür Loulou zeugten, »zu Weihnachten, in einer Krippe und unterm Schnee, und mit unserem Segen«, schrieb Robert dann aus Le Havre in einem Brief an Sami, in dem er sich mit der »Verkündigung an Mirjam Goldberg« befaßte.
Maurice sah sich das Bild ein letztes Mal an und schloß dann Zazas Handtasche wieder.
Es war eine Tasche mit Schulterriemen aus sehr schönem Schweinsleder, mit handgearbeiteten, sichtbaren Nähten, ein für Lancel kreiertes Modell, das Zaza zum achtzehnten Geburtstag von Elie geschenkt bekommen hatte. Maurice sah die Tasche tagtäglich auf der Anrichte. Inzwischen war sie abgegriffen, Zaza besaß keine andere. Er sah sie tagtäglich, aber er hatte sie nie berührt. Die weiche Geschmeidigkeit des Leders überraschte ihn. Er brachte die Tasche näher an die Lampe und folgte mit dem Finger der punktierten Linie, die die Nadel seines Vaters im Leder hinterlassen hatte. Der einst so elegante weiße Faden war unsichtbar geworden unter dem Schmutz der Jahre und der Reisen.

Er horchte in die Stille hinein, die Stille draußen, die Stille im Schlafraum, im Zimmer Zazas.

Er stellte die Tasche auf das weiße Wachstuch und ließ sich im Klubsessel nieder, erhob sich aber gleich wieder, um unter dem Spülbecken eine große, dreiviertel volle Flasche mit einer durchsichtigen Flüssigkeit hervorzuholen, und er goß einen Schuß in ein Glas, nahm die Flasche mit, stellte sie neben Zazas Tasche, setzte sich wieder in den Sessel, trank einen Schluck und betrachtete aufmerksam seine Hände.

So begann das immer, wenn er nicht einschlafen konnte und auch nicht lesen, und wenn er dann nachts nach unten ging in den großen Saal, um allein zu sein. Es wurde aber inzwischen doch immer seltener.

Es war selten geworden, daß er keinen Schlaf fand: die Tage begannen früh, die Luft war scharf, das Arbeiten ohne Pause. Wenn es aber wieder einmal vorkam, begann es immer so: Er setzte sich, betrachtete seine Hände, die Hände eines Maurers und Zimmermanns, und trank in kleinen Schlücken den Bauernschnaps. Er ging nicht nach unten, um heimlich zu trinken. Er trank, um heimlich zu denken.

Das war eine Gewohnheit, die er aus Gründen des Überlebens angenommen hatte. Von jenem Abend an, als Zaza ihm sagte, sie wolle seine »kleinen, vergifteten Madeleine-Kuchen« nicht mehr mit ihm teilen – sie hatte sie sogar »Prager Gugelhupfs« genannt, und Maurice fand das sogar lustig.

Eines Abends hatte er den Kindern beim Essen vom Auge des Doktors Pierre erzählt. Plötzlich war Zaza aufgestanden und hatte wütend im Küchenofen zu schüren begonnen. Dabei ließ sie diese Anspielung los, deren Feinheit aus ihrem Mund überraschend kam.

Maurice machte ihr ein Kompliment wegen ihrer Bildung und fragte, seit wann und wo sie die Muße finde, Proust und

Kafka zu lesen. Sie zuckte die Schultern und zeigte mit dem rechten Zeigefinger an die rechte Schläfe, zum großen Vergnügen der Kinder.
Aber Maurice hatte es sich gesagt sein lassen. Zaza hatte eben gemerkt, daß sie schwanger war, und er wollte ihr nicht widersprechen. Und seit der Zeit machte er seine Pilgerfahrten in die eigene Erinnerung allein.
Zaza täuschte sich, wenn sie meinte, er hänge trüben Erinnerungen nach. Es war etwas völlig anderes, was ihm widerfuhr, wenn er diese Tauchmanöver unternahm, die er inzwischen vollkommen beherrschte, so wie ein Taucher weiß, daß er die Schätze heil wiederfinden wird, deren genaue Lage er am Vortag überprüft hat, die er jedoch keineswegs an die Oberfläche bringen will, weil solche Schätze die Luft nicht überstehen würden.
Maurice beherrschte seine Abstiege, und Marcels Schnaps machte ihn gerade so betrunken, daß er sich leicht und beinahe froh fühlte.
Sein erstes Glück, wenn er auf Grund kam, war die Feststellung, daß er die Stimmen der Eltern noch hören konnte. Nicht ihren Akzent: den Klang, die Klangfarbe ihrer Stimmen. Er wußte, daß dieses Wunder nicht ewig dauern würde, er fürchtete den Augenblick, da es sich nicht mehr ereignete, und er lächelte dankbar und erleichtert, wenn er merkte, daß dieser Augenblick noch nicht gekommen war. Dann erst spielte er mit den Bildern, aber nicht ungeordnet. Er wählte sich ein Thema und verbot sich, die Grenzen zu überschreiten. Es konnte zum Beispiel vorkommen, daß er sich alle Kleider vorstellte, die er seine Eltern in allen Zeiten seines eigenen Lebens tragen gesehen hatte, seit den ersten Erinnerungen. Er zählte sie, und wenn er eins vergessen hatte, fing er wieder von vorne an, denn ein Kleidungsstück auszulassen, hieß ein Datum zu überspringen. Neue Kleider hingen stets mit einem wichtigen Datum zusammen. Manchmal schwankte er auch, vor allem bei den Damen-

kleidern, er wußte nicht mehr, war es Sonja oder Olga gewesen, die er unter den oder den Umständen in einem blaugeblümten Kleid sah, denn sie liehen oft ihre Sachen untereinander aus. Dann betrieb er seine Fahndung wie ein hartnäckiger Spürhund, der Indizien und Beweise sucht, Tatbestandsmerkmale aneinanderreiht.

Die Bilder waren durchtränkt mit den Gerüchen nach Pelz und Gerbemitteln, die sich vermischten mit dem Duft von Seife, von Kölnischwasser oder den Gerüchen von bestimmten Gerichten, Suppen oder Kuchen, von Kräutertee, Senfumschlägen, Jodtinktur, Schwefelseife und Bohnerwachs, dazu kamen all die Geräusche der Türen im zweiten Stock, wie der »bei Bonnets«. Das Geräusch, das er am leichtesten wiederfand, war das Knarren des Riegels vom Speiseschrank in der Küche, der sich genau in Augenhöhe von ihm befand, als er noch klein war. Schwieriger war es, den Riegel des Speiseschranks in der Bonnet-Küche wiederzuhören, der ihnen als Toilettenschränkchen gedient hatte, Robert und ihm, und mit dem sie doch in den letzten Jahren täglich zu tun gehabt hatten.

Wenn sich ihm etwas entzog, wie dieser Riegel bei Bonnets, dann ließ er nicht locker, er beobachtete sich selbst beim Wiederholen der Bewegungen, die die Geräusche hätten wiederbringen müssen. Wenn sie gänzlich verloren waren, war er sehr enttäuscht, sagte sich, das nächste Mal würden sie sicher wiederkommen, und goß sich von neuem einen Schuß Schnaps ins Glas.

Denn er wußte, daß es ein nächstes Mal geben würde. Eine weitere Geheimzeremonie, die sich ebenfalls durch »das Bild« vollenden würde, das jetzt kam und dem er nicht entfliehen konnte.

Es war ein wunderbar fröhliches Bild: Sonja, Elie, Olga und Stepan standen am Fenster eines Liegewagen-Abteils zweiter Klasse, alle vier lachten, und gleich würde der Zug anfahren. Sonja trug ein Canotier-Hütchen aus marine-

blauem Stroh, mit einem weißen Band; der Kragen ihrer weißen Hemdbluse war über ihr marineblaues Kostüm geschlagen. Olga hatte ihr schwarzes Samtbarett ein wenig schräg aufgesetzt, eine kleine, schwarz gelackte Feder war vorn durchgesteckt, und zu ihrem schwarzen Schneiderkostüm trug sie eine hochgeschlossene himmelblaue Bluse. Beide waren leicht geschminkt, ihre Hände in weißen Häkelhandschuhen ruhten auf dem Rand des herabgelassenen Zugfensters. Ein ganz kleiner Fleck Lippenstift an Olgas Zeigefinger sah wie ein Blutstropfen aus. An ihren Unterarmen hingen die schwarzen Henkelriemen nagelneuer Kalbsledertaschen. Hinter ihnen standen Elie und Stepan, die Arme um den Hals ihrer Frauen gelegt. Elie trug eine kastanienbraune, Stepan eine blau-weiß gestreifte Krawatte, ihre Hemden waren makellos weiß, und als sie ihre Gesichter zwischen denen Sonjas und Olgas nach vorn neigten, standen die Polster ihrer zweireihigen dunkelgrauen Anzüge komisch von den Schultern ab.
»Vorsicht beim Cahors-Wein, Kinder! Er steigt zu Kopf!« rief Maurice ihnen zu.
Es war 20 Uhr 05 an der Gare d'Austerlitz, und der Expreß Paris-Cerbère, der sich eben zitternd in Gang setzte, wurde um 4 Uhr 33 am Bahnhof Cahors erwartet. Man schrieb den 13. März 1939.
Dann kam das Loch. Das Wasser war so blaugrün, der Grund so schlammig, daß er nichts mehr sah. Und Maurice begann seine langsame Rückkehr zur Oberfläche.
Oder aber er ließ, bei einem letzten Schnaps, das letzte Bild noch einmal vorbeiziehen, und anschließend ein etwas früherer Tag, die Stunde, die genaue Minute vor der Abfahrt des Zuges. Er stellte sich alles vor, was hätte passieren können, damit dieser Zug nicht abfuhr. Oder, wenn er schon unbedingt abfahren mußte, alles, was hätte passieren können, damit die Seinen nicht mit ihm fuhren. Dabei hatten er, Zaza, Alex und sogar Jeannette Clément am

Telefon wirklich alles getan, damit sie in ihn einstiegen: »So eine schöne Reise, so ein schönes Fest!« Selbst Félix, der die Merciers doch nicht mochte, hatte von Neuilly-le-Réal aus ein paar Worte gesagt, damit Sonja endlich ihr Zögern aufgab: Es war vielleicht Demagogie, aber es war großzügig, so eine Einladung lehnte man nicht ab.
Also hatten sie sich vorbereitet. Die hübschen Kostüme, die Hüte hatte Alex für sie anfertigen lassen, von Mademoiselle Agnès höchstpersönlich, und sie waren zur Anprobe in die Allée Chateaubriand gegangen wie Künstlerinnen, Gromoff hatte sie mit dem Wagen abgeholt, und vorher waren sie zum Essen eingeladen am Tisch der Kooperative bei ›Raymonde et André‹, wo Stepan sie den anderen vorstellte, außer Mademoiselle Agnès, die ja mittags nie aß. Dann hatte er sie alleingelassen. Er wollte die Zeit nützen, um sich seinen schönen neuen Anzug auf den Champs-Elysées zu kaufen. Elie hatte seinen auf den Boulevards gekauft. Und da stellte sich heraus: Ohne sich zu beraten und ohne es zu wissen, hatten sie den gleichen ausgesucht! Lustig, nicht? Jedenfalls war es zum Umtauschen zu spät.
»Sie sehen prima aus, die Anzüge«, hatte Maurice an jenem Sonntag gesagt, dem Sonntag vor der Abreise.
Dann zeigte ihm seine Mutter die große Schachtel mit Pralinen, die für Madame Martial Mercier bestimmt war. Wäre die Verpackung der Marquise de Sévigné nicht so kunstvoll mit Schleifen verschnürt gewesen, hätten die beiden die Schachtel sicher aufgemacht, um zu prüfen, ob die Pralinen gut seien. Es waren zwei Lagen Pralinen übereinander, eine mit Creme gefüllt, die andere mit Likör.
»Die Pralinen müssen sehr gut sein«, sagte Maurice.
Dann wollte ihm Elie erklären, daß Martial Mercier der berühmte Vetter sei, der Abgeordnete, der ...
»Ich weiß, Papa, der, der uns die Einbürgerung beschafft hat, als wir noch ganz klein waren, und ich weiß auch, daß es sehr nett ist von den Brüdern und dem Vetter Mercier,

wenn sie euch alle vier einladen zur Hundertjahrfeier des Aufbruchs ihres Ahnherrn Fabien aus Cahors, der zu Fuß sein Faß nach Paris rollte, und ich weiß, daß sie euch den Liegewagen zweiter Klasse bezahlen... Ich weiß alles, Papa...«
»Wenn du alles weißt, warum fragst du denn?« sagte Elie lachend, und da war Barsky gekommen mit seinem neuen Koffer aus Lederimitation, den er ihnen für die Reise lieh. Den von Gromoff mit den alten Etiketten hatte Sonja nicht gewollt, sie fand ihn zu abgeschunden...
»Abgeschabt, Mama!« korrigierte sie Maurice.
»Sie sagt es so, wie sie es weiß«, erwiderte Elie, dann ging er ins Schlafzimmer, um seinen neuen Anzug wieder auszuziehen.
Maurice lungerte noch weitere fünf Minuten in der Rue de la Mare herum, blinzelte Barsky zu, der sich einen kleinen Wodka hatte servieren lassen und so tat, als ob er Elie zuhörte. Der fing für ihn noch einmal mit der Geschichte vom Ahnherren Fabien an. Dann verließ Maurice sie alle und sagte: »Bis morgen.«
»Sei pünktlich, der Bahnhofsvorstand wird nicht auf Monsieur Maurice Guttman warten, um uns abfahren zu lassen«, empfahl ihm Elie.
»Um halb acht Uhr auf dem Bahnsteig«, bestätigte Maurice, schon auf der Treppe nach unten.
Ursprünglich sollte Zaza den Abschied bei Austerlitz übernehmen – so nannten sie das untereinander seit vier Wochen, in denen man von nichts anderem mehr sprach. Aber Zaza war fort zu Dreharbeiten in den Vogesen.
Von dort rief sie Maurice bei Villeneuve an.
»Geh du an meiner Stelle, ich habe Angst, daß sie aufgeregt sind und sich nicht zurechtfinden...«
»Nun übertreib nicht! Sie verreisen nur für vierundzwanzig Stunden, und sie sind schon mal in den Zug gestiegen, um eine viel längere Reise zu machen...«

»Ja, aber das ist sehr lange her«, sagte Zaza und legte auf.
Also hatte er getan, was Zaza sagte.
Und er hatte getan, was ihm Elie sagte.
Er war pünktlich, und der Bahnhofsvorstand von der Gare d'Austerlitz brauchte nicht auf ihn zu warten für seinen Pfiff um 20 Uhr 05 zur Abfahrt des Zuges Nr. 67 der Strecke Paris-Cerbère, der ein paar Stunden später, um 22 Uhr 49, bei der Ausfahrt von Châteauroux entgleisen sollte.

Jahrelang hatte er sich geweigert, an die entsetzliche, absurde, groteske Feier in der Betonhalle zu denken, die in eine Trauerkapelle umgewandelt war.
Diese Bilder, die letzten, die sich eingeprägt hatten vor seinem Absturz, vor dem schwarzen Loch, in das er gestürzt und in dem er monatelang geblieben war, praktisch ohne jede Erinnerung, diese Bilder gehörten nicht zu dem regenbogenfarbig schimmernden Schatz, den sein Gedächtnis hütete, pflegte und sicher wohl auch kolorierte und schönte. Diese Bilder waren schwarzweiß, so präzise, fahl und brutal häßlich wie ein Wochenschaufilm.
Einen Farbfleck aber gab es: das rote, unterm Kinn zusammengeknotete Tuch Zazas.
Die verspätete Zaza, die die schwarzen Vorhänge am Eingang der Halle auseinanderteilte, mitten in der Rede des Präfekten. Zaza, gekleidet wie ein Junge, wie für ihre Arbeit, mit dem hellen Riemen ihrer Handtasche, der diagonal über ihren grauen Pullover läuft, Zaza, die ihn mit dem Blick einer Wahnsinnigen sucht und findet, die sich durch die schwarze Menge zu ihm hin drängt, seine Hand nimmt, ohne ihn anzusehen.
Sie schaut hinab, wie er, auf die neunzehn Kisten aus lackiertem Holz, die auf den Zementplatten am Boden stehen und auf die durch die großen Glasdächer Licht herabfällt, dazu der zitternde, goldene Schein von einem Dutzend Kerzen auf hohen, gußeisernen Leuchtern.

Um die Symmetrie nicht zu stören, hat man achtzehn Särge in drei Sechserreihen gestellt, der neunzehnte steht ganz für sich allein vorne, am Bug.
Der Präfekt überragt alle. Er spricht von oben, von einer improvisierten Kanzel aus, die man schwarz drapiert und mit Silberfransen gesäumt hat.
»In welchem ... wo sind sie?« fragt Zaza.
»Ich werd's dir sagen«, sagt Maurice.
Der Präfekt spricht vom Schicksal, vom Unglück, vom trauernden Frankreich und vom trauernden Departement Indre, und von dem Ochsen, der aus einem Viehwagen entwichen und dessentwegen alles passiert ist. Zwischen dem Zementboden und der metallenen Dachkonstruktion hallt seine Stimme. Oft wird sie übertönt durch ein- und ausfahrende Lokomotiven, die nicht entgleisen, aber wenn wieder Stille eintritt, begleitet ein dumpfes Schluchzen seine trostlosen Sätze.
Der andere Farbfleck ist eine große französische Fahne auf Halbmast hinter dem Präfekten, der nun von seiner Kanzel herabsteigt, wo ihm ein Vertreter des Verkehrsministeriums folgt. Der sagt dieselben Dinge wie der Präfekt über das Schicksal, das Unglück, den Ochsen, den er »das Rind« nennt. Er spricht vom trauernden Verkehrsnetz und legt Wert darauf, den Familien – auch sie in Trauer – zu versichern (wenn dies auch nicht die Stunde sei für derartige materielle Fragen), daß sie Schadenersatz erhalten würden, auch wenn der Verlust eines geliebten Menschen durch nichts ersetzt werden könne.
»Waggons aus morschem Holz ... zum Kotzen ...«, hört man. Aber ein unwilliges, um sich greifendes »Pst!« bringt den Unverschämten zum Schweigen, während Weihrauchduft das Hereinkommen eines Priesters, gefolgt von zwei Ministranten, alle drei in Spitzen, begleitet.
»Oh, nein ...«, murmelt Zaza und macht eine Bewegung, an der Maurice sie hindert.

»Laß«, sagt er zu ihr.
Sie sehen dem Priester zu, der nicht auf die Kanzel steigt, sondern nur ein paar Worte sagt über die Gleichheit der Kinder Gottes im Angesicht des Todes, dann einige Worte auf Latein; mit einer weiten Armbewegung macht er dann ein alle einbeziehendes Kreuzzeichen in Richtung der neunzehn anonymen Toten. Sie sehen ihm zu, wie er an den Särgen vorbeigeht und mit geschlossenen Augen betet, gefolgt von den beiden Kindern, die ihre Weihrauchfässer schwingen. Sie sehen schließlich zu, wie die drei ebenso rasch hinausgehen, wie sie gekommen sind.
Dann tritt der Präfekt vor und dieser Mensch vom Ministerium. Und alle lassen sich die Hand drücken.
Es sind fast Glückwünsche, was man ihnen entbietet, wie Kindern von Helden. An den schmerzerfüllten Blicken des Präfekten und des Unter-Unterministers ist abzulesen: »Die, die hier zu unseren Füßen schlafen, waren die besten Söhne und Töchter Frankreichs... Wir werden sie nie vergessen«, scheinen sie zu sagen.
»Nun sind wir Mündel der Eisenbahn!« murmelt Zaza, als sie vorbei sind.
Maurice schaut sie an. Sie ist verstört, und sie lacht.
»Komm«, sagt er.
Er zieht sie an der Hand mit sich fort.
»Hier sind sie«, sagt er vor den vier ersten Särgen der zweiten Reihe. – »Bist du sicher?«
»Ich habe sie alle vier gesehen, bevor man die Särge verschlossen hat... Sie sind sehr schön... Sie haben geschlafen, als es passiert ist.«
Er lügt sie an. Von ganzem Herzen.
Es stimmt, er hat sie gesehen, denn man hat ihn gebeten, sie zu identifizieren, an diesem Morgen, ganz früh, als sie angekommen sind, Alex, Gromoff und er, im Citroën der Kooperative, während Zaza in Verdons Wagen noch quer durch Frankreich fuhr und zu spät eintraf.

Spät genug jedenfalls, um ihm zu glauben, wie er ihr gegenüber wiederholt, sie hätten geschlafen. Er schwört es ihr.
Er hat auch gesehen, was von Barskys Koffer übriggeblieben ist, den er ebenfalls identifizieren sollte in der Halle nebenan. Und er will nicht, daß Zaza das sieht oder ihn fragt, wo die Handtaschen seien. Man hat sie nicht gefunden, auch ihre Hüte nicht, nichts, was zu identifizieren gewesen wäre.
Er will auch nicht, daß sie die Nummern liest, auf den Papierschildern, die an die Kupfergriffe gebunden sind. Er spricht, damit sie sich nicht hinunterbeugt. Er sagt: »Mama, Papa, dein Vater, deine Mutter«, jeweils mit einer Kopfbewegung. Er bleibt ganz aufrecht stehen und sie auch, denn er hält sie an der Hand fest.
»Sie werden sie uns jetzt zurückgeben, komm —«, und er zieht sie zu der schwarzen Tür.
Draußen scheint eine weiße Sonne. Jetzt zieht sie ihn fort zu Laurent, Gromoff und Alex, die schon vor der Halle nebenan stehen. Er sagt: »Warte...«
Das war alles. Danach war nichts mehr.

Später, viel später würde man ihm sagen, er sei gestürzt. Man sagte ihm, wo und wie. Aber sie verplapperten sich, machten Fehler, widersprachen sich. Er sollte nie erfahren, ob sein Kopf barst, weil er fiel, oder ob er nicht schon vorher geborsten war, von innen her und so heftig, daß Maurice deshalb auf den weißen Zement stürzte.
Er würde oberhalb des Nackens eine große Narbe haben: Er wußte genau wo, denn seine Haare wuchsen niemals nach auf den paar Zentimetern, seine Finger wußten sie unter den Locken, die sie verbargen, zu finden. Aber er sollte nie wissen, ob sie ihm den Schädel reparierten, weil er aufgeplatzt war, oder ob sie ihn öffneten, um zu reparieren, was drinnen war.

Doch er erfuhr, daß er über ein Jahr lang nichts von sich, nichts von den anderen und nichts von der Welt gewußt hatte.
Er erfuhr das, weil man es ihm sagte, als man begann, ihm von sich selbst, von den anderen und von der Welt zu berichten.
Zuerst in kleinen Happen, als er endlich die ersten Fragen stellte, und dann ganze Kellen voll, damit er die verlorene Zeit einhole, wie sie sagten.
Man erzählte ihm vom Krieg. Man war dazu gezwungen, denn er wollte wissen, warum die Scheiben seines weißen Zimmers durch Sprossen von khakibraunem Klebepapier vergittert waren. Man erzählte ihm, wann und wie der Krieg ausgebrochen war und daß man ihn eben verloren hatte.
Man nannte ihm Daten, Tatsachen, Namen von Verträgen, wie in einem Abriß der Geschichte, der einen sehr lang zurückliegenden Krieg behandelt.
Und als er begann, mehr wissen zu wollen, ging man mit offensichtlicher, freudiger Befriedigung in die Einzelheiten. Denn seine Neugier war der Beweis, daß er sich auf gutem Wege befand, daß er zu den Lebenden zurückkehrte.
Also sagte man ihm nach und nach alles. Denn er stellte nach allem Fragen.
Man – das waren nacheinander sein Arzt, Zaza, die Krankenschwestern, die Hilfsschwestern, Zaza mit Mirjam und Sami, Zaza mit Madame Villeneuve, Laurent Verdon allein, Laurent mit Zaza zusammen, und Sami ganz allein.
Nie Robert. Und auch nicht Alex, Villeneuve, Gromoff oder Barsky: Sie waren vorbeigekommen, aber das war noch während des Krieges, da schlief er noch.
Doch Madame Villeneuve übergab ihm einen Brief und eine Postkarte. Die Karte war datiert vom 1. Juli 1939 und kam aus London. In einer schönen, runden Schrift stand darauf: »In Erinnerung an unseren letzten Sommer. Love«, dann drei kleine Kreuze und die Unterschrift »Anny«.

Der Brief war am 29. August 1939 in Marseille aufgegeben worden. Robert hatte ihn auf kariertes Papier geschrieben, er war schwer wegen eines Fotos, das mit einer Heftklammer an einer Ecke befestigt war:

Mein Bruder,

ich bin gekommen, aber Du hast mich so herablassend behandelt, daß Du mir durch Dein Personal sagen ließest, es sei zu früh, Du ruhest noch. Um so schlimmer für Dich. Ich werde nicht mehr an der Tür Deines Schlosses läuten. Wie Clappique schiffe ich mich ganz allein ein und lasse meinem Vater Félix die Zeit und die Mühe, die Kröte-Schlange-Python zuzubereiten, zu schlucken und zu verdauen, die die Landsleute deines Vetters Wolodja ihm eben serviert haben. Ich verschwinde.
Auf diese Weise werde ich zu seiner Verwirrung als desorientierter Militanter den Schmerz und die Schande hinzufügen, daß er noch dazu der Vater eines Deserteurs ist, und das macht mir Kummer. Aber nicht soviel, wie wenn ich die Militärpapiere entgegennehmen und in den Krieg ziehen müßte, der sich im Ei der Kröte-Schlange-Python befindet und dessen Ausschlüpfen man für morgen, übermorgen oder in acht Tagen erwartet.
Ich habe also beschlossen, dem Ruf zu den Waffen zuvorzukommen, indem ich dem Ruf der weiten See folge.
Ich werde als Geograph und Historiker meine geographischen und historischen Kenntnisse vervollkommnen, vertiefen und konsolidieren.
Es wird immer irgendwo irgendeinen Monsieur D. geben, der Dir von mir Nachricht geben wird, und wie Du auf dem Porträt siehst, das ich nur deinetwegen

machen ließ, wird das Auge von – Du weißt schon
wem – über mir wachen.
Schlafe gut, so lange Du kannst.   Robert

Das Foto zeigte ihn, die Hände in den Taschen, vor einer
großen Mauer, von der die Spuren dessen abbröckelten, was
seinerzeit der muntere Doktor Pierre gewesen war.
Durcheinander und brockenweise, ohne jede Chronologie
erfuhr er, daß man nicht wußte, wo Robert sich befand, daß
Villeneuve in deutscher Gefangenschaft saß, daß die Buchhandlung geschlossen war, er aber sein Zimmer wiederhaben konnte, wenn er nicht mit Verdon und Zaza zusammenwohnen wollte, Zaza hatte nämlich die Wohnungen in der
Rue de la Mare aufgelöst, gleich nach ... jedenfalls kurz vor
dem Krieg, und auch die Kooperative war geschlossen, Alex
eben nach Amerika, nach Hollywood abgereist zusammen
mit Angelina Crespi, und Zaza und Verdon waren nicht
verheiratet, nein, aber Sami und Mirjam, ja, auf der Mairie
des xx. Arrondissements, bereits vor dem Krieg, Mirjam
bereits hochschwanger, und Loulou inzwischen fast ein Jahr
alt. Sie hieß Louise wie Louise Michel, und als Robert
Mirjam und die Kleine im Krankenhaus besuchen kam,
sagte er, man hätte sie Josepha-Adolfine nennen sollen,
denn sie war am Tag nach dem Pakt geboren. Welchem
Pakt? Dem Pakt zwischen Hitler und Stalin, an den er
zuerst nicht glauben wollte. Sami mußte ihm ein altes Foto
bringen mit dem Händedruck zwischen Molotow und Ribbentrop, ausgeschnitten aus dem *Paris-Soir*. Anscheinend
hatte Félix in Neuilly-le-Réal geweint, er wurde dort gleich
nach dem Pakt eingezogen, der Krieg brach im September
aus. Verdon machte den Krieg mit, beim Filmdienst des
Heeres. Eine Schlacht konnten sie nie filmen: monatelang
gab es keine, gar nichts, und als es losging, passierte alles so
schnell, daß der Filmdienst sich zurückzog und den Auszug
filmte. Den Auszug? Ja, einen Auszug hatte es gegeben.

Alles hatte Paris verlassen, bloß Zaza nicht, weil zu diesem Zeitpunkt Maurice wirklich aufzuwachen begann, und Mirjam nicht, weil Sami als Sanitäter ins Val-de-Grace eingezogen worden war und sie mit Loulou und ihrer Großmutter in seiner Nähe bleiben wollte. Aber alle anderen gingen fort: Gromoff und Barsky mit dem Taxi in Richtung Süden, die Lowenthals, die Eltern Nüssbaum und sogar die Sterns in Richtung Bretagne, mit dem kleinen Lastwagen für den Flohmarkt. Barsky und Gromoff kamen nicht zurück: der Auvergner sagte etwas von Monte Carlo. Die anderen kamen nicht weiter als Le Mans und kehrten zurück. Madame Lowenthal auf Reisen, und wären es nur drei Tage, war anscheinend schlimmer als die Dicke Bertha 1914! Doch als sie zurückkamen, da waren »die anderen« schon da.
Und wie waren sie, »die anderen«? Man wußte nicht recht. Sie machten einen höflichen und ruhigen Eindruck in dem leeren Paris.
Da war nur noch eine Frage, die er stellen mußte, er verschob sie von Tag zu Tag, dann, an einem milden Nachmittag, als Zaza und er allein im Garten des Krankenhauses spazierengingen, gab er sich einen Ruck. »Die anderen« marschierten eben auf dem Boulevard vorbei, sie sangen alle zusammen und sangen sehr gut.
Wo waren die Eltern? Zaza hatte sie doch nicht auf dem Friedhof Montparnasse begraben? Nein, auf dem Père-Lachaise. Und alle waren gekommen: alle aus der Rue de la Mare, die Novaks, die Benedettis, die Cléments aus dem Departement Allier, die Brüder Mercier, die Kollegen und sogar Monsieur Bonnet aus Saint-Mandé.
Eines Tages erklärte man dann, er sei wiederhergestellt und habe die verlorene Zeit wieder eingeholt. Er sagte sich selbst, er habe nicht viel verloren in den Monaten seiner Abwesenheit. Er verließ das weiße Zimmer, das weiße Bett, die weißen Vorhänge, die ganze weiße Stille.

Und fast mit Bedauern unterschrieb er an einem Septembermorgen 1940 das Entlassungspapier aus dem Hôpital de la Salpêtrière.
Seine Haftentlassung, sagte lachend sein Arzt in Gegenwart der beiden Krankenschwestern, die Tränen in den Augen hatten, weil er ging. Ein hübsches Bild für einen, der seine Freiheit wiederfinden sollte.

Über das, was folgte, brauchte Maurice nicht im mindesten heimlich gegenüber Zaza nachzudenken. Er mußte nicht mehr mit Hilfe von Marcels Schnaps in die tiefsten Tiefen seines Gedächtnisses hinabsteigen. Das, was folgte, war noch Gegenwart, seit drei Jahren. Drei Jahre, die er verlebte ohne eine Sekunde der Unaufmerksamkeit, ohne eine Minute, eine Stunde oder einen Tag der Abwesenheit.
Es waren sogar mehr als drei Jahre, wenn er richtig nachrechnete. Drei Jahre, fünf Monate und eine Woche: von Oktober 1940 bis heute. Aber er dachte aus Gewohnheit einfach an ganze drei Jahre; die fünf Monate und die Woche darüber hinaus war die Summe der Tage, die verstrichen waren, ohne daß sie, Zaza und er, Angst hatten, auch nur eine Stunde Angst.
Das ergab einhundertsechzig Tage, seit »die anderen« zum letzten Mal von Grenoble heraufgekommen waren.
Sie würden nicht mehr in dieses Dorf von fünfzig Seelen kommen, wo sie nie etwas Verdächtiges gefunden hatten, am wenigsten im Haus des Maurer-Zimmermanns, dessen schwangere Frau lächelnden Kindern Schulunterricht zu Füßen eines Christus am Kreuz erteilte.
Sie würden nicht mehr kommen, weil sie anderswo zu beschäftigt waren. Auf der anderen Seite der Berge, wo man sie mit Gewehren erwartete, in der Stadt, wo man sie mit Dynamit in die Luft sprengte, und viel, viel weiter fort, im Osten der Welt, wo ihre Jugend, im Schnee begraben, starb.
In echtem Schnee. Sie waren sehr alt, die letzten, die zum

Dorf hinaufgestiegen waren. Sehr alt und sehr traurig. Sie würden nie mehr kommen.
Hundertsechzig Tage Atempause, abgezogen von den über tausend Tagen der Angst, davon siebenhundertdrei in Paris verbracht seit jenem Tag, als das Undenkbare, das Unglaubliche um sich zu greifen begann, leise und sacht, unter allgemeiner Gleichgültigkeit. Zuerst durch eine bloße Volkszählung.
Als Waisen ohne eigene Adresse folgten Zaza und er der Aufforderung nicht. Sie ließen sich nicht registrieren, und an diesem Tag im Oktober 1940 begann die Angst, die bei ihnen viel größer war als bei denen, die gehorcht hatten und sich durch ihren Gehorsam beschützt glaubten.
Wie die Leute in der Rue de la Mare, die alle der Aufforderung folgten. Maurice und Zaza wußten es durch Mirjam, die ihnen ihren Ungehorsam vorwarf. In der Rue de la Mare waren sie alle in Ordnung, inklusive die Sterns. Es war Madame Lowenthal gewesen, die sie zum Kommissariat mitgeschleppt hatte, damit sie sich erklärten: alle hatten sich »Jude« in den Personalausweis stempeln lassen, und alle hatten ihre Lebensmittelkarten.
Mit ihrem Widerstand rutschten Zaza und er ab in die Kriminalität, wurden schuldig der Fälschung und der Verwendung von gefälschten Papieren. Man mußte ja essen, und ohne Ausweis keine Lebensmittelkarten.
Zaza war es, die den Fälscher ausfindig machte. Erstaunlicherweise fand sich Eugène Bonnet bereit, ihnen unter den Namen Roux, Elsa, und Gauthier, Maurice, geboren in Saint-Mandé 1921 und 1919, in einer längst wegen Abbruch aus dem Kataster gestrichenen Gasse, einen legalen Unterhalt zu sichern.
Sie lernten die Angst aller Inhaber von falschen Papieren kennen. Die Angst, erkannt zu werden von Leuten, die ihre wahre Identität kannten.
Das galt nicht so sehr für Zaza, die beim Film kurz als Zaza

bekannt war, und manchmal, klar, sogar Zaza Verdon genannt wurde. Aber an der Sorbonne wurde aus einem nicht von heute auf morgen Gauthier, wenn man ein Jahr lang Guttman gewesen war.
Auch für die Kunden der Buchhandlung nicht. Sie war noch immer geschlossen, die Buchhandlung, aber die Kunden kamen weiterhin in die Wohnung, um Madame Villeneuve zu besuchen. Und auch unter ihnen hatten manche den Namen geändert, und jetzt mißtrauten die einen den anderen, sie mißtrauten Maurice, und Maurice mißtraute ihnen. Und Madame Villeneuve mißtraute allen. Sie hatte keine Nachricht mehr aus Deutschland.
Eines Abends aber kam Villeneuve nach Hause. Er trug einen Bart, eine Brille und nannte sich nicht mehr Villeneuve.
Und andere Leute begannen in die Wohnung zu kommen. Manchmal dort zu schlafen. Oft waren es Spanier. Sie sprachen laut.
Und bei dem, was Maurice von ihnen wußte, hatte er an solchen Abenden noch etwas mehr Angst, wenn er seine Falltür schloß.
Zaza hatte etwas weniger Angst, Verdon gab ihr ein Gefühl von Sicherheit. Nicht so seine Concierge, die Zaza nicht mochte, weil Zaza nicht Madame Verdon war.
Auch Madame Verdon, die Mutter, mochte Zaza nicht, aber sie mochte die Concierge ihres Sohnes, mit der sie oft über ihren anderen Sohn, Louis, sprach, der mit Laurent zusammen in der Rue des Saint-Pères gewohnt hatte, bevor dieses Fräulein kam.
Maurice traf die alte Madame Verdon im Gespräch mit der Concierge, als er einmal Zaza besuchen kam. Die Stille, nachdem er an der Loge vorbeigegangen war, machte ihm noch mehr Angst als der Lärm der Spanier bei Villeneuve. Der nannte sich jetzt Berthou, ging nie aus dem Haus und hatte seine Buchhandlung nicht wieder aufgemacht. Jeden-

falls nicht an der Rue de Seine. Man hatte sogar den Eisenladen vor dem Schaufenster heruntergelassen, aber dahinter wurde gearbeitet. Es wurde mehr geschrieben als gelesen, und Texte abgezogen, die man nicht verkaufte, die aber in Umlauf kamen, denn ein Radfahrer holte sie ab. Bis zu dem Tag, als er nicht kam. Da verbrannte man das ganze bereitgelegte Paket im Heizkessel im Keller. Und Maurice hatte an diesem Tag große Angst, weil es im Hof Rauch gab, der Kessel aber war lange nicht mehr geheizt worden wegen der Kohlenknappheit. Und Villeneuve-Berthou ging für einige Tage auf Reisen. Und Madame Villeneuve hatte Angst, sagte Maurice aber nichts; der sah es, sagte ihr aber nichts.

Zaza arbeitete ein bißchen, doch sie hatte es aufgegeben, Scriptgirl zu sein, seit die Papiere unter die Lupe genommen wurden. Jetzt brauchte man eine Berufskarte, die von der Propagandastaffel gestempelt sein mußte. Mimi sagte ihr, sie müsse aufpassen, sie solle sich vor Tata und Féfé Bubu in acht nehmen. Der Bruder Tanias war bei einer deutschen Dienststelle, und sie gab damit an. Zaza beschäftigte sich wieder mit der Suche nach Kostümen, und wenn sie zu Dreharbeiten ging, hatte sie Angst, dort den Bulanskys zu begegnen.

Sie hatte auch Angst, sich im Fundus der Kooperative Sachen zu besorgen; es war keine Kooperative mehr, sondern wieder zu MASQUES ET BERGAMASQUES geworden. Die Zieglers hatten sie zurückgekauft. Mademoiselle Anita hatte es vorgezogen, in die heimatliche Dordogne zu ziehen. Ginette war geblieben. Mademoiselle Agnès auch. Doch sie hatte Stepan nie verziehen, daß er tot war, und noch weniger, daß er zu der Zeit, als sie ihn liebte und für einen Slawen hielt, Jude war.

Und so ging Zaza zum Flohmarkt, um zu suchen, wo man Jiddisch nur leise sprach, so leise, daß sie einen Vorwand hatte zu erwidern, sie verstehe nicht.

Und wenn sie nach Hause kam, hatte sie Angst vor der Concierge, sagte es aber Laurent nicht. Denn Laurent war fröhlich und stark, er hatte seine Berufskarte – war wieder Regieassistent –, und er sagte ihr, bei ihm werde ihr nie etwas Böses zustoßen. Sie ließ ihn in dem Glauben, daß sie ihm glaubte. Und er wußte nicht, daß sie Angst hatte.
Auch Maurice nicht.
Sie hatten alle Tage Angst, aber sie gewöhnten sich dran.
Die Zeit des Schreckens war noch nicht gekommen.
Die Schreckenszeit kam im Mai 1941.
Die Sterns holte man als erste ab. Genau sieben Monate, nachdem sie spontan hingegangen waren und die Aufmerksamkeit der Volkszähler auf dem Polizeikommissariat des XX. Arrondissements auf sich gezogen hatten.
Sie fuhren weg unter dem Schutz der französischen Polizei. Zusammen mit Monsieur Ratz und einigen anderen aus der Rue de la Mare. Und Madame Lowenthal sagte, das sei, weil sie Ausländer seien. Traurig, sicher, aber sie hätten sich halt an ihnen ein Beispiel nehmen und sich einbürgern lassen sollen. Im übrigen habe man sie mitgenommen, man habe sie nicht verhaftet. Sie würden wiederkommen.
Da weder Zaza noch Maurice je wieder in die Rue de la Mare gingen, kamen Sami und Mirjam eines Sonntags zu Verdon, um von der Abfahrt der Sterns zu erzählen.
Und nun war Mirjam in Angst, denn sie hatte alles mitangesehen. Sie war mit Loulou auf der Straße spazieren, als es passierte. Alles ging ganz sanft vor sich, ohne Brutalität. Monsieur Stern hielt Madame Stern an der Hand. Sie waren gut angezogen, die beiden. Die Bullen halfen ihnen, in einen Lieferwagen an der Ecke der Sackgasse zu steigen. Als das Auto voll war, fuhren sie los. Und Madame Stern winkte zum Abschied mit einem schwachen Lächeln.
Und man wartete, daß sie zurückkämen. Sie kamen nicht zurück. Der Auvergner ging auf das Kommissariat, um sich zu erkundigen. Man sagte ihm, man habe sie zu einem

Stadion — dem Japy — gebracht. Aber man sagte ihm auch, daß man ihm das sage, weil er kein Jude sei. Daraufhin erzählte er es Vater Nüssbaum weiter. Seither hatte Mirjam Angst. Und Sami schimpfte sie aus. Und Zaza, Maurice und Laurent beruhigten sie. Da mußte ein Irrtum vorliegen.
Aber keiner von den dreien glaubte wirklich an den Irrtum. Und Laurent begann zu verstehen. Und Angst zu haben, denn Sami unterbrach die frommen Lügen kurzerhand. Er spottete unverblümt: aber nein, da war kein Irrtum, es war der Anfang des Programms, die Sakuskis vor dem Braten, der Probegalopp vor dem Rennen ... Es war besser, das zu wissen und sich keine Geschichten zu erzählen. Es war Krieg, ein anderer, der begann, oder derselbe, der weiterging. Im letzten war er nur Sanitäter gewesen, aber in diesem würde er Schütze sein, sogar ein Elite-Schütze ... und eben das den Damen und Herren Verdon, Roux und Gauthier mitzuteilen, sei er gekommen, unter der Bedingung selbstverständlich, daß die es nicht weitergaben!
Da er ein wenig getrunken hatte — bei Laurent gab es immer ein paar gute Flaschen, die ihm der Requisiteur des Studios besorgte, obwohl jetzt alles rationiert war —, sagten sie nichts. Aber Mirjam ging in die Küche, um zu weinen, und Zaza folgte ihr.
Was Sami sagte, stimmte. Er war mit ein paar Typen zusammengetroffen, sie wollten Aktionen starten. Bewaffnete jüdische Aktionen. Wie Banditen, jüdische Banditen.
Zaza sagte, er sei verrückt, Mirjam bat Zaza, das Sami zu sagen, denn auf das, was sie sage, höre Sami nicht. Er höre nur noch auf einen, einen Slowaken oder Bulgaren, sie wisse es nicht mehr, den Sami in der Sprechstunde im Krankenhaus kennengelernt und der ihn eingewickelt habe. Während er, Sami, doch zum Glück als Medizinstudent weiter am Cochin praktizieren könne, wo man nur eines von ihm erwarte: daß er sich ruhig verhalte.
Aber als Zaza hineingehen und Sami sagen wollte, er sei

verrückt, war es schon getan. Laurent und Maurice hatten ihm das schon gesagt, und Sami wurde böse, die Nüssbaums gingen, Mirjam in Tränen, Sami mit einem Grinsen.
Und Laurent erklärte, er wolle sie nicht mehr bei sich sehen, sie seien gefährlich.
Nun hatten Zaza und Maurice, bereits Verbrecher, Angst vor Sami, dem potentiellen großen Verbrecher. Und Zaza traf sich mit Mirjam in den Gärten und Spielplätzen in der Stadt, nie mehr bei Laurent, und Maurice wartete auf Sami am Ausgang des Cochin, um ihn zu bitten, auch nicht mehr in die Buchhandlung zu kommen.
Sami verbeugte sich mit übertriebener Unterwürfigkeit: Monsieur Gauthier könne ruhig schlafen, man werde Sami Nüssbaum nicht in der Rue de Seine sehen. Maurice schluckte das. Er sah, wie Sami zu einem großen Mann ging, der zehn Meter weiter offensichtlich auf ihn wartete.
Maurice konnte Sami wirklich nicht sagen, warum er nicht mehr zu Villeneuve kommen durfte, wo sich die Taktik von einem Tag zum anderen völlig geändert hatte.
Ganz genau zwischen dem 22. und dem 23. Juni. Mehr Zeit war nicht, sich zu entscheiden. Genau einen Tag nach dem 21., dem ersten Tag des Sommers 1941, am Tag des Kriegsbeginns zwischen Deutschland und Rußland.
Villeneuve hatte seinen Bart abrasiert und seine falsche Brille beiseitegelegt. Er war nicht mehr Berthou, sondern wieder Villeneuve, ehemaliger Kriegsgefangener in Deutschland, befreit aufgrund der »Ablösung«. Als lebender Beweis für das Funktionieren der Kollaboration zeigte er sich in der Nachbarschaft, zog seinen Eisenladen hoch. Die Fassade wurde gereinigt und im Schaufenster Bergson durch Übersetzungen von Nietzsche ersetzt, der neben Gobineaus Abhandlung über die Ungleichheit der Rassen zu liegen kam.
Die drei Kinder und Madame Villeneuve hatte man jedoch nach Tours zu den Großeltern geschickt. Die Spanier wurden seltener und waren stumm, wenn sie vorbeikamen.

Die Abziehmaschine war ein paar Stockwerke höher gekommen, die Stöße unbenutzten Papiers ebenfalls, und die Falltür zwischen dem Zimmer von Maurice und der Wohnung blieb immer ein wenig offener, außer, man erwartete einen Neuen. Einen Neuen, bei dem man nicht sicher war, ob er schon wissen durfte, daß der Ort einen Notausgang hatte.
Wirklich neue Neue gab es nur zwei, aber es gab Gespenster aus der Vorkriegszeit. Die Gespenster hatten sich vom Sommer 1939 bis zum Frühling 1941 totgestellt. Sie schienen aus einem langen Winterschlaf zu kommen, von einem einsamen Zufluchtsort, wohin sie sich aus Liebeskummer, aus Gram über den Verrat einer Geliebten verzogen hatten. In ihrem Blick stand Verzeihung, die Milde und Nachsicht von Menschen, die eine angebetete Geliebte nach ihrer Flucht wiederfinden und wissen, daß es sich nur um einen Seitensprung gehandelt hatte. Der Gespenster gab es drei. Sie waren in den Vierzigern.
Die beiden Neuen auch. Aber die hatten keinen Winterschlaf hinter sich. Sie liebten nicht die angebetete Geliebte der Gespenster, hatten nie unter ihrem Verrat gelitten, aber da sie die Deutschen ebenso haßten wie die Gespenster die Nazis haßten, sahen sie kein Hindernis für ein Bündnis — jedenfalls für den Augenblick. Die Gespenster behielten oft die Oberhand bei den Diskussionen, denn sie hatten ihre Truppen, sie wußten, wo sie sie finden konnten, die seit dem September 1939 vor Ungeduld vergingen. Die Neuen dagegen suchten zu rekrutieren, das war unsicherer, und sie gaben es zu. Sie alle kamen oft zusammen und redeten ungeheuer viel.
Wenn Maurice nicht soviel Angst gehabt hätte, wäre es ihm wie jedem einfachen Soldaten amüsant vorgekommen, in Generalstabsgespräche hineinzuplatzen. Aber bei dem Doppelleben, das er nun führen mußte, zog er sich nur doppelte Angst zu: oben Angst, wenn er die Abziehmaschine

bediente, unten Angst, wenn er sah, wie Villeneuve liebenswürdig und auf deutsch mit jungen Soldaten sprach, die Buchhandlung und Schreibwarengeschäft verwechselten und nach Ansichtskarten von Paris fragten. Noch mehr Angst, wenn Zivilisten ihn tatsächlich nach Gobineau fragten, den er ihnen reichte, den sie nahmen und bezahlten, bevor sie mit komplizenhaftem Lächeln davongingen. Und ebensoviel Angst vor dem verächtlichen Blick des Schuhmachers nebenan, der Blumenhändlerin gegenüber, an dem Morgen, als er das Wort »Kollabo« wegwischte, das über Nacht mit Kreide auf die Holzplatte vor der Glastür geschrieben worden war.

Angst schließlich vor dem Gesicht, das sich regelmäßig ans Schaufenster drückte, um ihn anzuschauen, ihm über die ausgestellten Werke hinweg zu folgen, wenn er sich im Inneren der Buchhandlung bewegte, so daß er sich in seinen alltäglichen Bewegungen fast gelähmt fühlte. Bis zu dem Tag, als er in dem hartnäckigen Späher den Mann jenes Paares aus dem ›Chéramy‹ erkannte: der Mann allein, ohne seine jüdische Frau, der begriff, daß Maurice ihn endlich erkannt hatte, der auf die Bücher zeigte, den Kopf schüttelte, mit den Fingerspitzen leicht Beifall klatschte, gegen die Scheibe spuckte und fortging.

Er sollte nicht wiederkommen.

Und Maurice erzählte es Zaza, aber die erinnerte sich nicht mehr genau an diesen Abend bei ›Chéramy‹. Da hatte es so viele gegeben, vor dem Krieg ... sie hatte übrigens etwas anderes und viel Wichtigeres zu erzählen. Etwas von heute. Und etwas, das große Angst machte.

Loulou konnte gehen, sogar laufen, sie war über zwei Jahre alt. Aber Mirjam nahm an manchen Tagen trotzdem den Sportwagen mit. In den Alleen der Buttes schob ihn Loulou selbst. Das machte ihr Spaß und den Spaziergängern auch. Heute holten Mirjam und Zaza, als sie an einer Bank

angekommen waren, Eimerchen, Schaufel, Rechen und Förmchen aus dem Wagen, und Mirjam zog Zaza mit zu dem Sandhaufen, wo Loulou schon mit zwei anderen Kindern spielte. Zaza wollte sich auf die Bank neben dem Sportwagen setzen, doch Mirjam bestand darauf, daß sie bei ihr blieb. Der Sportwagen stand also für sich da, und Mirjam fing an in der Babysprache: »Tante Zaza macht schönen Kuchen...« und hielt Zaza den Eimer hin. Die schaute Mirjam an und bemerkte, daß Mirjam zur Bank schielte, der sich eben ein Spaziergänger näherte. Der Mann setzte sich dicht neben den Sportwagen, zog eine Zeitung hervor und breitete sie aus. »Er nimmt uns unsere Bank!« rief Zaza aus. »Ich gehe hin«, sagte Mirjam. Sie griff entschlossen nach dem Sportwagen und schob ihn zur anderen Seite der Bank, klopfte die Strohmatratze glatt, und dann setzte sie sich. Der Mann faltete seine Zeitung zusammen, erhob sich und ging.
Zaza kam ebenfalls zur Bank zurück. Mirjams Mund lächelte, aber ihre Augen waren voller Schrecken, und ihre Hand zitterte, als sie die Zazas zurückhalten wollte, die schon die Strohmatratze an einer Ecke hochhob. Eben genug, um sich zu überzeugen, daß sie nicht geträumt hatte: sie hatte doch gesehen, daß der Mann den Sportwagen berührte, bevor ihn Mirjam wegschob auf die rechte Seite der Bank. Sie hatte nicht geträumt. Da lag etwas unter der Matratze. Etwas Ausgebeultes, Dreieckiges, in ein graues Tuch Eingewickeltes. »Du bist verrückt«, sagte sie zu Mirjam und ließ sich auf die Bank fallen. »Ihr seid alle Verrückte, Verrückte...«, wiederholte sie. Mirjam machte eine Bewegung mit dem Kopf, den Schultern und Händen, die besagte: »Ja... Nein... Aber es ist nun einmal so, man muß es tun, und ich tu es...«
Dann kamen zwei ältere Frauen und setzten sich auf die Bank. Sie fanden Loulou sehr niedlich in ihrem roten Wollanzug. Mirjam bedankte sich und fragte, wie spät es sei.

»Wir gehen heim«, entschied sie. Eimerchen, Schaufel, Förmchen und Rechen wurden eingesammelt und ganz klebrig mit Sand in den Sportwagen gelegt. Loulou wollte ihn schieben, und die Frauen fanden sie sehr kräftig und weit für ihr Alter. Man lachte und sagte sich auf Wiedersehen.
Während sie zum Tor des Parks gingen, bat Mirjam Zaza, nicht so ein Gesicht zu machen. Das sei doch gar nichts, nur ein Transport, der dritte, den sie übernommen habe. Die Pistole sei wohl benutzt worden, aber sie wisse nicht, wofür. Man war gekommen, um sie zurückzugeben, und sie würde sie anderen bringen, das war alles. Aber bei dem Weiterbringen wäre es ihr lieber, wenn Zaza nicht mitkäme.
Sie verabschiedeten sich vor der Métro. Bevor Zaza die Treppe hinunterging, drehte sie sich um. Mirjam hatte Loulou mitten unter ihre Spielsachen in den Wagen gesetzt. Sie nahm den Unterarm ihrer kleinen Tochter und ließ Loulou Tante Zaza nachwinken. Zaza winkte zurück, Mirjam lächelte, faßte nach dem Bügel des Sportwagens und ging mit ihrer Fracht davon.
Das erzählte Zaza Maurice auf dem Square du Vert-Galant, wo sie sich trafen, wenn sie nicht bei Verdon oder in der Buchhandlung miteinander reden wollten, wo Zaza nicht gerne hinging.
An diesem Tag hatten sie miteinander Angst. Und sie schämten sich ein bißchen, als sie zusammen beschlossen, daß Zaza Loulou nicht mehr mit Mirjam zusammen spazierenfahren sollte. Laurent hatte recht: die Nüssbaums waren gefährlich.
Aber Maurice sagte Zaza nicht, daß alle, die in den dritten Stock zu Villeneuve kamen, ebenfalls gefährlich waren. Er verschwieg es ihr, denn er wollte nicht, daß sie noch mehr Angst hatte. Sie glaubte ihn so in Sicherheit hinter dem Wall all dieser opportunistischen Bücher und mehr noch in seiner Rolle als junger Mann mit freier Kost und Wohnung im

Schoß einer Familie, die ebenso opportunistisch war wie die
Bücher, die sie verkaufte.
Wenn Zaza gewußt hätte.

Und wenn Maurice gewußt hätte, was ihn ein paar Wochen
später, an einem Märzabend 1942 erwarten sollte, als er
gegen neunzehn Uhr aus der Buchhandlung nach oben ging.
In der Wohnung war die Eßzimmertür geschlossen wie
jedesmal, wenn dort eine Sitzung stattfand. Vor dem Anklopfen horchte Maurice. Eine unbekannte Stimme sprach, aber
ihn traf es wie ein Dolchstoß mitten ins Herz. Die Stimme
hatte eben das Wort 'bsolut ausgesprochen, wie er es seit drei
Jahren nicht mehr gehört hatte.
Er klopfte, sagte: »Ich bin's« und trat ein.
Der Unbekannte, der sprach, saß zwischen Villeneuve und
einem der Gespenster... Einer der beiden Neuen saß dem
Gespenst gegenüber und mit dem Rücken zur Tür, in brauner
Lederjacke, einer, der sich nun umdrehte: Sami.
Sami, der durch nichts zu erkennen gab, daß er ihn kannte.
»Samuel... Jiri... Kameraden«, sagte das Gespenst knapp.
Maurice grüßte mit einem Kopfnicken und setzte sich neben
Villeneuve.
»Mach weiter, Jiri«, sagte das Gespenst.
Jiri sprach. Maurice hörte zu, aber er blickte nur Sami an.
Sami war viel dünner geworden, seine Augen wirkten größer.
Er hatte große Ähnlichkeit mit Jeannot. Und er sah nur Jiri
an.
In fehlerhaftem Französisch sagte Jiri dieselben Dinge, die
Samuel an dem berühmten Sonntag bei Verdon gesagt hatte.
Aber brutaler. Er sagte, er sei Jude und Ausländer, seine
Typen seien Juden und Ausländer und sie hätten sich zusammengetan, weil man am Anfang von ihnen bei den Franzosen
nichts habe wissen wollen. Und daß sie lang vor dem 21. Juni
1941 begonnen hätten, sowie die Boches mit den Juden
anfingen...

»Die Nazis«, korrigierte freundlich das Gespenst.
»Ich sage, wie ich's weiß«, antwortete Jiri.
Und Maurice suchte den Blick Samis. Er fixierte ihn, fixierte ihn verzweifelt. Aber Sami schaute nur Jiri an, der fortfuhr: Seine Typen (*meine* Typen, sagte er) seien organisiert, sie wüßten, was sie zu tun hätten, und sie machten es, weil sie nichts zu verlieren hätten. Untereinander würden sie sich jeweils nur zu zweit kennen, er kenne alle. Und es gebe jemand über ihm, der ihn hergeschickt habe, um Kontakt aufzunehmen. »Das wissen wir«, sagte das Gespenst.
Der Neue wußte es offensichtlich nicht. Er sagte nichts. Villeneuve auch nicht. Aber er schien am meisten berührt von Jiris Logik. Alte Gewohnheiten eines Kosmopoliten, sagte sich Maurice. Jedenfalls hatte er nicht jene abwesend höfliche Miene, wie sie das Gespenst zur Schau trug, noch die zerstreut absolut gleichgültige, die der Neue zeigte.
»Das ist ziemlich riskant«, sagte das Gespenst.
»Für wen? Für uns oder für euch?« fragte da Sami in seinem tadellosen Französisch, immer noch ohne Maurice anzusehen.
»Aber du bist doch kein Ausländer?« wunderte sich das Gespenst.
»Ich war keiner, aber ich habe mich kürzlich als Ausländer einbürgern lassen«, antwortete Sami und stand auf, als er sah, daß Jiri bereits stand.
»Komm, gehen wir, wir machen den Franzosen angst«, sagte er auf jiddisch zu Sami.
»Was sagt er?« fragte das Gespenst.
»Ich habe gesagt, daß wir gehen«, sagte Jiri.
Sami stand schon an der Türe. Jiri ging zu ihm, sah die schönen Bilder an, streichelte im Vorbeigehen das Mahagoniholz der schönen englischen Stühle. Er lächelte vage.
»Wir werden jetzt darüber reden ... Und wo trifft man Sie wieder?« erkundigte sich das Gespenst.
»Uns trifft man nicht«, sagte Jiri knapp.

Und sie gingen hinaus.
»Die sind gefährlich«, murmelte der Neue, nachdem man die Tür hatte zuschlagen hören. »Besonders der Alte, mit seiner Visage und seinem Akzent. Man muß sie anderswo treffen, wenn man sie wiedersehen muß.«
»Sie haben recht«, stimmte ihm das Gespenst zu, das den Neuen nicht duzte, wie der ihn auch nicht.
Villeneuve sagte nichts. Er sah Maurice an und der ihn. Es schien, als ob er sich plötzlich daran erinnere, daß Gauthier Guttman hieß. Und Maurice ging in sein Zimmer hinauf. Er hatte arge Kopfschmerzen. Er weinte, und dann ging es besser.
Am nächsten Tag ging er zum Cochin-Krankenhaus. Dort hatte man Sami seit zwei Monaten nicht mehr gesehen.
Daraufhin ging er am Sonntag in die Rue de la Mare zur Großmutter Mirjams, und Zaza mit ihm.

Maurice landete seinen jüdischen »Coup« erst, nachdem Zaza den ihren gelandet hatte.
Zazas Coup fand am 31. Mai gegen neun Uhr morgens statt, vor den Sandkästen der Buttes, als Mirjam ihr Loulou anvertraute, dazu ein weiteres kleines Mädchen und vier kleine Jungen zwischen fünf und sechs Jahren, die Zaza nicht kannte. Alle hatten einen Schulranzen bei sich, die ihre Mütter gepackt hatten, ihre Mütter, die nicht da waren. Mirjam trug eine bordeauxrote Weste über einem grauen Rock. Auf ihrer Brust trug sie den ganz neuen Stern aufgenäht, den man ihr am Vortag übergeben hatte. Sie sagte, sie hätte ihn angelegt, damit sie in der Rue de la Mare nicht auffiel, sie werde ihn aber abtrennen, sowie sie die Kinder Zaza übergeben habe. Sie umarmte Zaza und ging ganz rasch weg. Loulou hatte nicht einmal gemerkt, daß ihre Mutter nicht mehr da war.
Da der Coup hervorragend vorbereitet war, begleitete Josette Clément, die eigens deshalb aus dem Departement

Allier hergereist war, noch am selben Tag Zaza und die Kinder im Zug nach Moulins. In Moulins begann am anderen Ufer der Allier das unbesetzte Frankreich.
Zur Gare de Lyon fuhr sie Laurent im Lieferwagen des Film-Requisiteurs. Er half Josette und Zaza, die Kinder in den Zug zu setzen, die ganz glücklich waren zu verreisen. Er stieg aus und stand auf dem Bahnsteig. Zaza erschien am offenen Fenster. Sie schluchzte. Der Zug fuhr an. Der Coup war gelungen.
Es war ein kleiner Coup. Für Zaza war er riesig. Laurent rief, er werde bald kommen. Sie sah ihn an, wie man jemand anschaut, den man nie wiedersehen wird.

Maurice landete seinen Coup eine Woche später. Der seine, ebenfalls hervorragend vorbereitet, war ein großer Coup.
Er hatte sich orientiert, Proben gemacht, die Zeit bis ins allerkleinste geplant. Er hatte sich bei Sami ausgerüstet, aber er handelte allein. Und das Ziel hatte er ausgewählt. Nicht zufällig. Um der Schönheit der Geste willen und dem Vorbild zu Ehren hätte er es gern am 26. Mai getan, auf den Tag genau sechzehn Jahre nach Schwartzbard. Aber der 26. Mai fiel auf einen Montag, und an diesem Tag hatte das Bistro geschlossen.
Es war am 7. Juni 1942, um 22 Uhr 50, als eine durch das offene Fenster geworfene Flasche im hinteren Saal des ›Dragon‹ explodierte, wo wie jeden Abend die vier Ukrainer der Gestapo vom Hotel Lutetia am Tisch saßen.
Ein paar Sekunden später ging Maurice die Stufen der Métro-Station Sèvres-Babylone hinab. Hinter ihm erhellte ein Leuchten die Straßenkreuzung, wo eben mit Getöse die Scheiben in kristallenen Kaskaden zersprungen waren.
Bei der Station Châtelet saß Mirjam auf dem Bahnsteig, unter dem Plakat von Léo Marjane. Ihr Haar war kurz geschnitten und gebleicht und der Stern von ihrer bordeauxroten Strickjacke verschwunden. Sie stand auf, als Maurice

sich näherte, und überholte ihn. Er folgte ihr in einigem Abstand, sie gingen ins Freie. Auf der großen Uhr der Place du Châtelet war es 23 Uhr 15. Die Brasserie du Théâtre ließ den Eisenrolladen herunter, vor der Station wurden die Gitter vorgezogen, Mirjam ging in Richtung Quai de Gesvres, Maurice blieb vor einem Baum stehen und übergab sich. Es tat weh, denn er hatte nichts im Magen außer der Tablette, die Sami ihm gegeben hatte: ein Mittel gegen den Bammel, das er etwa um 21 Uhr geschluckt hatte. Mirjam ging langsamer. Er holte sie ein, war jetzt fünf Meter hinter ihr. Nun ging sie sehr schnell, er hatte Mühe, ihr zu folgen. Vor der Sperrstunde waren Spaziergänger unterwegs, er hatte Angst, Mirjam zu verlieren. Sie gingen über eine Brücke, er wußte nicht, welche, er folgte ihr, er fror, obwohl die Nacht lau war, er wußte es, aber er fror. Er war wütend auf sich, daß er den Rest der Tablette erbrochen hatte.
Mirjam ging durch eine Gasse, durch eine weitere, es gab keine Spaziergänger mehr. Sie blieb stehen, machte eine Tür auf, die sie für ihn offenstehen ließ. Im Dunkel faßte sie seine Hand, schloß die Tür, zündete eine gelbliche Treppenbeleuchtung an.
Es war 23 Uhr 35, als Mirjam ihn verließ. Sie hatte einen Wecker auf einem Schemel aufgezogen und auf sechs Uhr gestellt, in einem Umschlag eine Fahrkarte zweiter Klasse Paris-Moulins für den Zug morgens 8 Uhr 05 dagelassen, dazu einen Personalausweis auf den Namen Jean Berthier, Handelsreisender, geboren am 13. Dezember 1921 in Algier, und Geld, das bei den Eltern der Kinder gesammelt worden war. Dann zeigte sie ihm den Inhalt des Rucksacks, ein Stück nach dem andern, den sie für ihn gepackt hatte und aus dem sie eine Thermosflasche mit Tee holte; sie sagte, die Flasche und den Wecker solle er hier zurücklassen. Dann umarmte sie ihn rasch: am anderen Morgen brauche er nur die Tür zuzuziehen, aber vor halb sieben. Und jetzt müsse sie nach Hause. Sie sagte nicht, wohin.

Maurice schloß die Fensterklappe des Kellers. Er zitterte vor Kälte, nahm einen Schluck Tee, den er sofort wieder ausspuckte in einen blauen Emaileimer, der ganz neu war und noch das Etikett des Kaufhauses trug.
Er legte sich aufs Bett und wickelte sich in eine rotgestreifte Khakidecke. Dann löschte er die Kerze und schloß die Augen.
Eine Frau mit Holzsohlen-Schuhen lief vor der Fensterklappe vorüber, die Schritte hallten noch ein paar Sekunden. Dann das Geräusch eines sich schließenden Einfahrtstores und in der wieder eingetretenen Stille die ersten Schläge der Mitternacht. Maurice erkannte die Glocken von Notre-Dame, sie waren aber so nahe, daß er fast taub wurde von dem Klang.
Das vorher hatte man bis in die Rue de Seine hören müssen. Wenn nicht die Explosion, dann zum mindesten die Feuerwehr und die Polizeiwagen. Im dritten Stock über der Buchhandlung glaubte man, er schlafe. Morgen früh würde Villeneuve durch die Klapptür heraufkommen. Wenn er nicht gar schon gekommen war?
Der Zettel, zwischen den abgeblätterten Goldrahmen und den Spiegel geschoben, sagte nicht viel. Nur »Adieu und Dank«.
Im Zimmer lag nichts mehr. Schon nach dem Besuch Samis hatte er alle Fotos zerrissen, auf denen man ihn und Sami erkennen konnte. Bevor er aber das vom Kloster vernichtete, schnitt er die Köpfe von Jeannot und Robert sorgfältig aus. Sie waren glänzend und glatt wie Pailletten und klebten nun auf der Rückseite des kleinen Fotos von Anny, das er unter das Sichtfenster seiner Brieftasche geschoben hatte, dazu Sonja und Elie als Brautpaar, Robert zu Füßen des Doktors Pierre und Wolodja.
Tote, ein Vagabund und eine Ausländerin wären die einzigen Indizien, die er, Jean Berthier, zu bieten hatte, sollte man ihn je erwischen.

Er zündete die Kerze wieder an. Betrachtete seinen neuen Ausweis und die Lebensmittelkarte, die er in dem Umschlag nicht gesehen hatte, als Mirjam ihn ihm gab. Jiri hatte recht, seine Typen wußten, was sie zu tun hatten, und sie machten es gut. Seine Typen und Typinnen: kalt, ruhig, entschlossen, tüchtig wie Mirjam, die Angst einflößte mit ihrer Art, als mache sie das täglich.
Auch der Zimmer-Keller machte ihm angst, mit seinem unechten Durcheinander von altem Kram und dem ganz neuen Zubehör und seinem einfachen Holzriegel. Er blies die Kerze wieder aus. Gegen vier Uhr früh döste er ein.

Um 13 Uhr 12, bei schönstem Sonnenschein, stieg er in Moulins aus dem Zug, als die deutsche Polizei eben in die Wagen einstieg, um die Passierscheine der Reisenden zu kontrollieren, die in das unbesetzte Frankreich weiterfuhren und in ihren Abteilen festgenagelt eine Stunde zu warten hatten.
Er hielt dem Schaffner seine Fahrkarte hin und bot einem deutschen Soldaten seinen Ausweis an, der winkte jedoch ab. Josette war da, am Ausgang für Reisende. Sie trug einen roten Pullover und eine weiße Bluse und eine Schultertasche. Zwei Fahrräder lehnten an der Mauer des Bahnhofs, Josette umarmte Maurice, der frisch und rasiert war.
Er hatte sich vor der Abfahrt des Zuges gegen halb acht Uhr in den Waschräumen rasiert. Und frisch war er, weil er fast die ganze Zeit geschlafen hatte, nach flüchtiger Lektüre der Morgenzeitungen, die ihm Mitreisende geliehen hatten.
Nur auf der letzten Seite des *Petit Parisien* fand er zehn Zeilen. Sie berichteten von einer Explosion nach einem Gasaustritt in einem Restaurant der Rive Gauche. Außer beträchtlichem Sachschaden solle es auch menschliche Opfer gegeben haben, über deren Identität die Polizei nichts verlauten ließ. Es solle sich um Stammgäste des Lokals gehandelt haben, drei an der Zahl. Die Mitreisenden sagten,

solche Unfälle kämen ständig vor, seit man das Gas immer wieder abschalte. Man würde mal sehen, wie viele Kurzschlüsse es geben werde bei den vielen Stromsperren. Maurice hörte ihnen nicht mehr zu. Er war so tief eingeschlafen, daß ihn sein Nebenmann kurz vor der Ankunft in Moulins wecken mußte. »Ohne mich würden Sie sich mit uns im unbesetzten Frankreich wiederfinden, junger Mann«, sagte er gefällig, während er eine silberne Francisque aus der Tasche zog und sich ans Revers steckte.
Im unbesetzten Frankreich befand sich Maurice eine Stunde später, acht Kilometer vom Bahnhof entfernt.
Flüsternd brachte ihn Josette über die Grenze, die sich unsichtbar mitten durch einen Wald schlängelte. Josette schien alle seine Bäume, das Unterholz und jeden Busch zu kennen. Die Räder hatten sie am Waldrand zurückgelassen, in einer Hütte, zu der Josette den Schlüssel besaß. Von da an lenkte sie ihre Schritte so sicher, wie andere sich in einer Stadt orientieren. Sie nahm Abkürzungen, wich Wegegabelungen aus und schlug schmale Pfade ein, die immer dunkler und moosiger wurden, je weiter sie hinabstiegen. Oft ging sie voraus und reichte ihm die Hand, wie es Bergführer tun.
Sie flüsterte. Sie sprach flüsternd mehr, als er sie in seiner ganzen Jugendzeit normal hatte reden hören. Damals hatten immer Zaza oder Robert gesprochen.
Sie sagte ihm flüsternd, was er zu tun habe, wenn er drüben sei. Wo er den Bus nehmen mußte, wenn er aus dem Wald trat, und wo den Zug, wenn er aus dem Bus stieg.
Flüsternd riet sie ihm davon ab, jetzt nach Neuilly-le-Réal zu kommen. Die Miliz überwache die Post, Félix und Jeannette. Die beiden seien gealtert und traurig. Robert habe seit dem Sommer 1939 keine Nachricht mehr geschickt. Nach einer schrecklichen Szene mit seinem Vater sei von ihm jede Spur verloren. Maurice erwähnte den Brief nicht, den er aus Marseille bekommen hatte.
Flüsternd erzählte sie, das schwierigste sei neulich gewesen,

die Kinder davon abzuhalten, laut zu lachen, als sie die Demarkationslinie überschritten.
Noch leiser flüsternd fragte sie ihn, wie es seinem Kopf gehe, und sie blieb stehen und tastete unter den Locken nach seiner Narbe, die sie mit den Fingerspitzen streichelte. Er schloß die Augen. Dann ging sie weiter. Sie würde nie wissen, wie unglaublich brutal sein Verlangen nach ihr eine Sekunde lang gewesen war. Fast boshaft ließ er sie ein wenig vorausgehen, damit er ihren roten Baumwollrock besser sehen konnte, der in der Taille so gefältelt war, daß sich mit jedem Schritt ihre Backen wiegten. Sie drehte sich um und wartete auf ihn. Flüsternd sagte sie, sie seien nun fast da, und sah ihn an, wie man ein müdes Kind ansieht. Sie flüsterte, auch Zaza sei nach der Reise müde gewesen. Er sagte, ja, und lächelte, er sagte nicht, daß er am Tag zuvor Menschen umgebracht hatte.
Sie mußten noch etwa zwanzig Meter hinab, über glitschiges Moos, bis sie den Boden der kleinen Schlucht erreicht hatten, wohin das Sonnenlicht nur noch in flimmernden, tanzenden Flecken fiel. Sie nahm ihn bei der Hand, sie gingen entlang einer regelrechten Wand aus zwergwüchsigen Bäumen, Wurzeln, Schlingpflanzen, Farn und verstrüppten Brombeerranken. Sie zählte fünfzehn große Schritte ab, dann blieb sie stehen. »Hier ist es«, murmelte sie und zog aus ihrer Schultertasche ein Paar schwarze Lederhandschuhe, die sie überstreifte. Mit beiden Händen entfernte sie die Bündel langer, stachelstarrender Stengel, die frisch nachgewachsen waren. Die Öffnung wurde sichtbar. »Los jetzt und paß auf; auf der anderen Seite kann Wasser sein«, sagte sie ihm. Er küßte sie auf die Wange und kroch unter dem stacheligen Bogen hindurch, den sie mit ihren Armen hochhielt. Als er sich auf der anderen Seite wieder erhob, sah er eben noch, wie sie die Zweige an ihren Platz rückte wie vorher. Sie winkte ihm zu, bevor sie das letzte Büschel wieder zurückstellte, hinter dem sie vollstän-

dig verschwand. Er konnte nicht einmal mehr das Rot ihres Rockes erkennen, als er sie die acht Töne des Liedes von Laurel und Hardy pfeifen hörte, was weder sie noch Zaza sich früher getraut hätten.
Er pfiff zurück, aber mit unterdrücktem Atem, wartete eine Sekunde, ohne sich zu rühren, entschloß sich dann, das Bett eines kleinen Bächleins zu durchqueren, das voller Geröll war. Dort trank er einen Schluck aus der hohlen Hand. Das Wasser schmeckte nach Blut. Ein Brombeerstachel hatte ihm die Hand aufgerissen. Er wickelte sich das Taschentuch um die Linke und machte sich daran, den gegenüberliegenden Abhang der Schlucht emporzuklimmen. Zum ersten Mal seit dem gestrigen Tag hatte er Hunger. Das half ihm, schneller zu gehen.
In Saint-Pourçain kaufte er auf die echten Abschnitte seiner gefälschten Lebensmittelkarte Brot. Er aß es beim Warten auf seinen Bus.
Bevor er in Varennes-sur-Allier seinen ersten Zug bestieg, kaufte er eine Binde. Er hatte im Bus bemerkt, daß ihn sein blutbeflecktes Taschentuch verdächtig machte.
In Lyon kaufte er mit anständig verbundener Hand die neusten Ausgaben von Zeitungen aus dem unbesetzten Gebiet und aus Paris. Er überflog sie beim Warten auf seinen zweiten und letzten Zug. In keiner war von einem Attentat oder einer Explosion die Rede. Und in der ersten Ausgabe des *Petit Parisien* wurde nicht einmal mehr etwas von ausströmendem Gas erwähnt.
In Grenoble erreichte er eben noch den letzten Bus, der voll war von Leuten, die sich kannten und zusammen zurückfuhren, so wie sie am Morgen zusammen hergefahren waren. Offensichtlich war in der Stadt Markttag gewesen, die Leute sprachen von ihren Einkäufen für die Woche, dann hörte die Unterhaltung auf. Der Holzvergaser machte zuviel Lärm, sowie es bergauf ging. Mit jeder Haltestelle wurde der Bus ein wenig leerer, und die hereinströmende

Luft wurde mit jedem Öffnen der Türen kühler. Bei Fahrtende waren nur noch vier Passagiere geblieben, zwei Frauen, ein alter Mann und er selbst stiegen aus, und auf dem kleinen Platz des letzten Dorfes war es schlichtweg kalt.
Maurice hatte im Bus niemand erkannt, und niemand schien auf ihn zu achten. Bergsteiger sah man hier das ganze Jahr über vorbeigehen. Damit man auf sie aufmerksam wurde, mußten sie in eine Spalte stürzen. Da störten sie dann alle. Das war vielleicht das einzige, was die Dorfbewohner sich sagten, als sie Maurice seinen Rucksack schultern sahen und wie er die beiden Daumen unter die Riemen steckte, während er sich anschickte, den ersten der letzten acht Kilometer zurückzulegen. Seit Stunden war er zum ersten Mal wieder allein.
Im Gehen dachte er, daß er sich gestern um diese Zeit bereitgemacht hatte zum Töten und gleichzeitig, vielleicht zu sterben. Heute waren die, die er vermutlich umgebracht hatte, anonyme Tote und er ein unbekannter Lebender. Sein Foto würde nicht in der Zeitung erscheinen wie das von Samuel Schwartzbard, und die vier kleinen Petljuras der Gestapo vom Hotel Lutetia hatten kein Anrecht auf ein Mausoleum auf dem Friedhof Montparnasse. Sie würden durch andere ersetzt werden, die bei Tagesende woanders hingingen, um zu trinken.
Sein Tag war auch bald zu Ende. Er atmete die kalte Luft tief ein, aber ihm war nicht kalt, er schaute mit weit geöffneten Augen zu dem Schnee hoch oben, und noch höher hinauf zum unglaublich klaren Himmel, der königsblau, nein eher ein ganz wenig violett wurde, mit einer blaßroten Sonne, die aber doch so hoch stand, daß sie bei seiner Ankunft noch nicht gesunken sein würde. Und er fragte sich, wie er wohl später einmal an diesen Tag zurückdenken würde.
Als an den Tag nach einem Mord? Einen Tag der Flucht?

Einen unerlaubten heimlichen Grenzübergang? Wahrscheinlich würde sich das alles in seinem Gedächtnis später vermischen — wenn es ihm erlaubt wäre, ein Später zu erleben.
All das würde es sein, durcheinandergemischt, aber dazu noch etwas mehr, an das zu denken er nicht ganz unterdrücken konnte, seit es passiert war: dieses brutale Verlangen, das er eine Sekunde lang empfunden hatte: mit Josette zu schlafen. Ohne eine Sekunde zu verlieren, mit ihr zu schlafen, sich auf sie zu stürzen, sie zu besitzen, auf der Erde oder gegen einen Baum gedrückt, ein Mädchen, das er nicht liebte, das aber da war. Ein Mädchen, das er nicht liebte, aber sehr gern hatte, und das war noch schlimmer. Noch schlimmer ... Beim Nachdenken war er sich dessen nicht so sicher. Die kleine Josette mit ihrem Flüstern im Unterholz, dem flüchtigen Streicheln und ihrem scharlachroten Rock hatte ihm in aller Unschuld die Hoffnung zurückgegeben, die ihm im Krankenhaus genommen worden war und der zu entsagen er allmählich akzeptiert hatte.
Oft waren ihm nachts in dem hübschen Bett in der Rue de Seine darüber Tränen der Wut in die Augen gestiegen, in jenem Bett, das einst auf wunderbare Weise zu eng gewesen war für zwei. So zärtlich eng für ihn und Anny, die kleine Engländerin, und sie, die ebenfalls flüsterte, sie hatte er geliebt. Die flüsternd einschlief und morgens flüsternd sich wegschlich. Er hatte darüber geweint, und nicht nur um Anny. Sogar um die Camperin im Wald von Port-Louis, bei der er sich nicht einmal mehr an das Gesicht oder die Stimme erinnerte, und die doch auch geflüstert hatte unter dem Zeltdach.
Im Weitergehen sagte er sich, dieser Tag würde später auch der sein, wo er bei einem Gang durch den Wald zum ersten Mal seit Monaten einen Steifen bekam. Und um sein eigenes Schamgefühl besser zu bewältigen, seine unverbesserliche Scheu, die richtigen Wörter zu benützen, die die anderen,

Sami oder Robert, immer gebrauchten und er nie, sagte er sie laut vor sich hin. Er sagte alle Verben, die das benannten, er konjugierte sie, wiederholte sie im Takt, errötete dabei und ging rascher.
Er mußte nun noch den großen Tannenwald erreichen und durchqueren. Da begannen die siebzig Hektar des Bürgermeisters. Auf der anderen Seite, unten in der kleinen Talmulde, würden dann die zwanzig Häuser des Weilers vor ihm liegen, die Sägerei und, etwas abseits, alleinstehend mit seinem Brunnen, die Überreste des Klosters, wo Zaza ihn nicht erwartete.
Ebensowenig wie die kleinen Ausländer, deren Vornamen er sich jetzt noch einmal durch den Kopf gehen ließ. Mirjam hatte sie ihm gestern zweimal vorgesagt, im Keller, als sie ihm den Umschlag mit dem Geld übergab. Außer Loulou gab es einen Markus, einen Luis, einen Fredo, eine Dédée und einen Dany. Er fand, unter den gegebenen Umständen sei immerhin sein Gedächtnis gut.
Auf der anderen Seite des Waldes sah er nicht nur den Weiler; er sah auch Rauch aus dem Kamin des Klosters aufsteigen. Zehn Minuten später öffnete er die große Tür, rief: »Ich bin's!« und trat ein.
In dem Gewölbe saßen die Kinder bei Tisch. Zaza stand am Herd. Sie drehte sich um, und die Kinder glucksten und stießen sich mit den Ellbogen an, als sie sahen, wie sie sich in die Arme dieses Fremden mit der verletzten Hand warf.

Die Brombeerstacheln sollten nur eine fast unsichtbare Narbenlinie hinterlassen. Trotzdem gelang es Maurice in dieser Nacht wieder einmal, indem er seine Linke unter dem Lampenlicht langsam bewegte, die etwas verwackelte Spur zu erkennen, ein leichtes Glänzen, das diese Linie von den anderen Linien seiner Hand unterschied. In solchen Augenblicken nahm die kaum bemerkbare Furchung das Ausmaß einer wirklichen Narbe an, wie wenn die lächerliche Wunde ein Datum noch anderswo hätte eingraben wollen als nur in seinem Gedächtnis.

Er hatte inzwischen viele Schwielen an den inneren Handflächen. Aber die hatten ihm nichts Geheimes zu sagen. Sie waren die Zeichen seiner anfänglichen Ungeschicklichkeit im Umgang mit Hammer, Nägeln, Säge und Hacke. Jetzt, nach all dieser Zeit, verstand er es, mit ihnen umzugehen.

Marcels Flasche auf dem Tisch, neben Zazas Tasche, war fast leer. Er lächelte vage auf seine Arbeiterhände hinunter, die seit zweiundzwanzig Monaten keine Bücher mehr aufschlugen. Sommer, Herbst und Winter und Frühling, ein weiterer Sommer, ein weiterer Herbst und ein weiterer Winter waren vergangen, und die Kinder, die oben in ihren Betten schliefen, hatten jeden Tag genug zu essen gehabt.

Sie waren vergnügt gewesen, hatten sich gestritten und wieder versöhnt, hatten Lesen und Schreiben gelernt, waren im Gras und im Schnee herumgekugelt. Im Haus wars warm gewesen, wenn es draußen kalt war. Im Lauf der Jahreszeiten waren sie herangewachsen, wie die Kinder in den Geschichten von Charles Nodier heranwachsen. Ohne andere nächtliche Ängste als das Bellen eines Hundes, den sie für einen Wolf hielten, oder das Geräusch des Luftzugs unter der Tür, das sie mit dem Seufzen eines Gespenstes verwechselten.

Zweiundzwanzig Monate, die sie überlebt hatten, den Kinderräubern gestohlen, die bereit waren, sie zu schnappen. Gestohlen den Polizisten, den Denunzianten und den Gleichgültigen, allen, die Schwestern, Brüder, Eltern und Großeltern raubten, den Raub veranlaßten oder zuließen, den Raub von Menschen, an die die Kleinen vielleicht heimlich noch dachten, denn sie malten Bilder von ihnen, an die sie aber nicht mehr schreiben wollten, weil ihnen nie jemand antwortete. Auch Wolodja antwortete nie; auch er hatte eine Adresse hinterlassen.

Die, die Mirjam hinterlassen hatte, war ganz unten in Zazas Tasche versteckt. Aber der falsche Name, die Nummer einer

echten Straße in einem echten Vorort von Paris, diese von ihrer Hand geschriebene Adresse war ebenso tabu, stumm, nutzlos und überholt, wie es die andere, die kyrillisch geschriebene und sorgsam zusammengefaltete in Elies Brieftasche gewesen war. Begraben die Adresse Wolodjas, zusammen mit den sterblichen Überresten seines Vaters Elie Guttman, geboren in Schitomir, der in Frieden auf dem Père-Lachaise ruhte, in Paris, in seinem Stadtviertel.
Denn sein Vater ruhte in Frieden an der Seite seiner Mutter und nahe seinen Freunden: dessen war Maurice sich jetzt ganz sicher.
Alle vier ruhten in Frieden unter Steinen, die ihre wirklichen Namen trugen, ihr Geburtsdatum und das Datum ihres Todes, der gerade rechtzeitig gekommen war. Er verlängerte ihren Schlaf und gab ihnen die Ruhe, die sie nie mehr erlebt hätten, wenn sie ein wenig länger am Leben geblieben wären.
Maurice schenkte sich den Rest aus Marcels Flasche ein, um das Schicksal zu ehren, das sie zu einer Zeit hatte sterben lassen, da sie als Tote noch beweint und geehrt werden konnten.
Er sah wieder den Präfekten vor sich in seiner schönen Uniform, den Unter-Unterminister im Gehrock, und er sagte sich, sie hätten sich getäuscht, als sie mit einem unglückseligen Schicksal haderten. Es war ein glückliches Schicksal, das die Lebenden sterben ließ, die man leben sah, bevor sie Lebende wurden, die man ignorierte, als ob sie schon tot wären.
Er trank auf die Ruhe und den Frieden, die sie gefunden hatten, wie es ihnen der Pfarrer von Châteauroux auf lateinisch versprach in einer Zeit, als Frankreich noch trauerte um neunzehn seiner Kinder, die in einem Zug zermalmt wurden, weil ein Ochse in Todesangst aus einem schlecht verschlossenen Waggon entflohen war.
In einer Zeit, als Viehwagen zu nichts anderem dienten, als

Vieh zu transportieren, und die Benutzer von Autobussen an der nächsten Haltestelle aussteigen konnten, wenn sie wollten.
Was die Autobusse anging, so wußten Zaza und er schon lange Bescheid: durch ein altes Telegramm, das der Auvergner an Félix geschickt hatte, der es an Josette weitergab, und die ließ es Zaza zukommen. Sie bewahrte es auf, es befand sich ebenfalls in der Handtasche. Der Text lautete: »Gute alte Freunde in der la Mare schwerkrank – stop. Nottransport im Autobus heute bei Morgengrauen – stop. Grüße – Boubalou.« Datiert war es Juli 1942.
Was die Viehwagen anging, so hatte er erst heute davon gehört. Er hatte Zaza noch nichts davon gesagt und würde ihr am Ende auch nichts davon sagen. Ohne den Kumpel von Marcel, der Gepäckträger am Bahnhof von Grenoble war, hätte er selbst auch nie davon gehört. Am Bahnhof von Grenoble wußten es alle. Es ging am hellen Tag vor sich, auf einem Nebengleis, wo die leeren Waggons warteten. Man ließ die Lastwagen durch den Güterbahnhof einfahren. Wenn die Waggons voll waren, wurden sie verriegelt. Man wartete, bis alle verriegelt waren, bevor man sie an eine Lokomotive anhängte. Für die Abfahrt gab es keine festen Fahrpläne, und vom Bestimmungsort wußte man nichts. Das alles hing von *ihnen* ab, und *sie,* das waren der deutsche Bahnhofskommandant und die SS. Die Lastwagen, das war die Miliz. Die erledigte das Hin und Her des Aufgreifens, und sie griff, wie es schien, nicht bloß die Juden auf. Alle da unten waren inzwischen so durcheinander, daß alles drunter und drüber ging. Das große Durcheinander, sozusagen!
Und dieses Durcheinander vor allem schien den Kumpel von Marcel zu erstaunen, als er das erzählte, bevor er vom Gerüst herabstieg, auf dem er bei der Arbeit geholfen hatte. Auch das Gerüst hatte ihn erstaunt. Er hatte nicht erwartet, an seinem freien Tag so hoch in die Berge steigen zu

müssen, auch nicht erwartet, dort das zu finden, was er vorfand. Er betrachtete den Turm, dessen Holzgerippe jetzt die Spitze der Tannen ringsum erreichte, er schüttelte den Kopf und fragte Marcel, wer der Verrückte sei, der sich mitten in den Bergen einen Leuchtturm bauen lasse. Ein Astronom aus Lyon, antwortete Marcel. Sein Kamerad zuckte die Schultern und sagte, das sei wirklich eine verkehrte Welt und das Ding da ein echter »Mirador für Mirliflore«, ein Wachtturm für Spinner.
Er mußte selber so lachen über seinen Witz, daß er ihn zwei, drei Mal im Rhythmus seiner Hammerschläge wiederholte. Und es mußte ja so kommen: Leuchtend wie Sonnenstrahlen, wohlklingend wie Beckenschlag wurden Mirador und Mirliflore, Wachtturm und Spinner, von den Kindern übernommen, die bis dahin im Tannenwald »Bäumchen, wechsle dich« gespielt hatten.
Maurice mochte wohl versuchen, den Mirador in ein Minarett, den Wachtturm in Bergfried und Belfried, in Glockenturm, Taubenschlag und Eiffelturm zu verwandeln, es half alles nichts. Es war zu spät: Mirador der Schreckliche und Mirliflore der Phantastische hatten schon den ganzen Reichtum ihrer überaus phantastischen Schätze ausgebreitet. Sie funkelten wie ein Weihnachtsbaum in den Tiefen von Ali Babas Höhle. Früher, im Kinderland von Maurice und Zaza, tauchte die unsägliche Bettel-Lura in ihren dreckigen Lumpen, mit ihrem Bettelsack wie ein Schatten in der Nacht auf. Mirador und Mirliflore, die Unauffindbaren, Ungreifbaren, Unschlagbaren, sind voll von Gold und mirakulösen Dingen, von Myrrhe und Myrte, sind eine Fata Morgana von Goldmirabellen und Myrmionen und Myriaden wunderbarster Dinge und »Ich liebe dich, ich liebe dich«. Wenn auch die Verse über die beiden unablässig verbessert wurden, so stand der Kehrreim unverrückbar fest. Weil die Kinder die Musik dazu nämlich gleich gefunden hatten. Er war einfach und mitreißend und leicht zu behalten:

Mirador, wir sind da,
Mirliflore, sag Blabla.

Sie sangen es den ganzen Tag und den ganzen Weg über.
Maurice mußte richtig böse werden, damit sie vor der
Ankunft im Weiler verstummten. Sie wollten wissen,
warum sie ruhig sein sollten. Da sagte ihnen Maurice zuerst,
einen Mirliflore gebe es überhaupt nicht. Und der Astronom
sei im übrigen ein sehr netter Mann, und wenn man ihm im
Weiler begegne, dürfe man ihm keinen Kummer bereiten.
Er habe seinen Turm sehr gern, und der werde sehr schön,
wenn er einmal fertig sei. Es sei kein Wachtturm, kein
Mirador, man solle das Wort nicht mehr gebrauchen, nie
mehr. Es sei ein häßliches Wort für einen so hübschen
Turm, auf den sie der Astronom eines Tages mit hinaufnehmen werde, um ihnen den Mond und die Sterne mehr aus
der Nähe zu zeigen. Wenn sie brav und vernünftig seien.
Sie wollten wissen, wann.
Wann was?
Wann sie hinaufsteigen könnten, um den Himmel, den
Mond und die Sterne von näher zu sehen.
Wenn der Turm fertig sei und man dort die großen Brillengläser, die Ferngläser, die großen Lupen oder so aufstellen
konnte ...
»Wann das?«
»Wann man das darf.«
»Warum darf man das nicht jetzt?«
»Weil man es jetzt nicht darf. Punktum.«
»Man darf den Himmel, den Mond und die Sterne nicht von
nah sehen?«
»Nein, im Augenblick nicht. Und das genügt jetzt, Markus.«
Sie hatten aufgehört zu singen. In seinem Rücken hörte
Maurice ihr unterdrücktes Lachen. Er drehte sich gerade
rechtzeitig um, um zu sehen, wie Loulou den Zeigefinger
ihrer rechten Hand unter der Kapuze ihrer Pelerine gegen

die Schläfe bohrte. Es schneite von neuem, und Maurice
beschleunigte den Schritt.
Auf ihrem Weg durch den Weiler kam ihnen der Astronom
nicht entgegen.

Auf ihn, diesen Spinner aus der Stadt, der sich den Gipfel
eines Berges kaufte, um die Welt besser verkehrt ansehen zu
können, trank Maurice den letzten Tropfen aus seinem
Glas.
Das Schwierigste blieb noch zu tun, wenn er Zaza nicht
aufwecken wollte. Aber er kannte das, er war es gewohnt:
den Sessel nicht knarren zu lassen, wenn er aufstand, das
Glas zu spülen und die Flasche zu verstecken, das Licht zu
löschen und im Dunkel den Weg zur Treppe zu finden, auf
der er nicht fallen durfte.
Heute abend mußte er außerdem noch Zazas Tasche wieder
auf den Schreibtisch hinten im Saal bringen. Einen Augenblick
zögerte er wegen der Länge des Weges, entschloß sich
endlich und brachte Hin- und Rückweg ohne den geringsten
Fehler hinter sich.
Stolz auf sich selbst warf er vor dem Löschen des Lichts
einen letzten Blick zur Eichentür hin, hinter der nichts sich
gerührt hatte.
Nicht gesehen, nicht ertappt: er konnte nach oben, um sich
wieder schlafen zu legen.

In ihrem Zimmer hörte Zaza hellwach den etwas schweren Schritt von Maurice, der zu seinem Bett im Schlafraum der Kinder zurückfand. Es waren nicht die Schritte über ihr, die sie aufgeweckt hatten. Sie schlief nicht. Sie schlief nie zu der Zeit, wenn Maurice nach unten kam, um

für sich allein zu trinken, aber sie stellte sich immer schlafend.
Sie hörte die Schritte, aber sie lauschte ihnen nicht nach. Sie horchte in ihren Bauch hinein, mit beiden Händen. Sie versuchte sich vorzustellen, wie in ihrem Inneren die leichten, kreisförmigen und leicht schmerzhaften Wellen schwangen und vibrierten, die sie immer in ihrem Leib spürte, wenn sie sich hingelegt hatte.
Sie gab dem, was sich noch kaum rührte, keinen Vornamen. Bevor es sich bewegte, nannte sie es noch nicht einmal das Kind. Ein Kind, Kinder, das waren die anderen hier oben: Loulou, Markus, Luis, Fredo, Dany und Dédée.
Das, das hatte sie zuerst Verspätung, dann Angst und schließlich Panik genannt. Alle die alten Rezepte, die die großen nackten Mädchen einst um den Wäschekorb mit Bruno in der Rue de la Mare so bereitwillig aufgezählt, beurteilt und verglichen hatten, waren ihr wieder in Erinnerung gekommen. Sie hatte die kochendheiße Milch mit Pfeffer versucht, weil kein Safran da war. Und die Fußbäder in sehr heißem Wasser. Die Kinder brachte das zum Lachen, und Maurice wunderte sich. Mehr kam dabei nicht heraus, außer daß sie sich erbrechen mußte.
Dann sagte sie Maurice, sie sei schwanger. Er antwortete: »Lasset die Kinderlein zu mir kommen« und blickte zu dem Christus über dem Küchenherd auf.
Laurent hatte sie nichts gesagt, es ihm auch nicht geschrieben. Aber sie wußte genau, wann ihr Kind geboren würde. Am 3. Dezember war Laurent gekommen und hatte es gezeugt, eine ganze Nacht lang. Er war nur eine Nacht bei ihr geblieben, dieses Mal – das neunte Mal in zwei Jahren. Er war zum neunten Mal gekommen. Er war gekommen und wiedergekommen, wie er es auf dem Bahnsteig versprochen hatte, als sie so schluchzte, weil sie es nicht glaubte. Er war gekommen, und jedes Mal war sie freudig überrascht und sagte sich, es sei vielleicht das letzte Mal.

Sie hatte ihm nichts gesagt, denn wenn Laurent ein zehntes Mal kommen sollte, dann wollte sie sicher sein, daß er um ihretwillen kam, nur um ihretwillen. Als ein Liebender, der sich nicht halten kann und zu seiner Geliebten eilen muß, auch wenn es nur für eine Nacht ist. Nicht als Vater eines Kindes, dessen Mutter man nicht sitzenlassen darf.
Sie wußte, daß sie im September ein Kind von Laurent erwartete, und Maurice, der an ihrer Seite wartete, nannte es Wolodja.
Warum Wolodja? Sie erinnerte sich nicht mehr so recht und traute sich nie, es Maurice zu gestehen. Sie hätte es schon vor langer Zeit tun sollen, nachdem er die Salpêtrière verließ, als sie sich den »Rahmen der Unsrigen« teilten und er Wert darauf legte, das kleine Foto von dem schönen Mann mit der Narbe, dessen Geschichte sie vergessen hatte, für sich zu haben. Aber sicher war es da schon zu spät, das zuzugeben. Sie hatte das gespürt an der Art, wie Maurice sich beinahe entschuldigte, daß er die Überreste eines Dramas in Beschlag nahm, das angeblich ihnen beiden gehörte.
Sie wußte, daß es da eine alte Geschichte über Wolodja gab, die sehr lang, sehr traurig und sehr kompliziert war. Sie wußte sogar, wo, an welchem Tag, zu welcher Zeit Maurice sie erzählt hatte und warum sie so schlecht zugehört hatte an jenem 10. November, bei Chéramy, gegen zehn Uhr abends. Sie wußte es, denn am Nachmittag dieses 10. November hatte sie zum ersten Mal in ihrem Leben mit einem Mann geschlafen, auf einem großen, niedrigen Bett im Halbdunkel eines Zimmers mit roten Vorhängen. Und damals dachte sie an nichts anderes, als dorthin zurückzukehren und sich wieder lieben zu lassen von dem Mann, der sie vergewaltigt hatte – so hatte er es selbst genannt, mit der größten Zärtlichkeit der Welt: »Hab keine Angst, meine Liebe, jetzt werde ich dich vergewaltigen.« Das waren die Worte Laurents, und daran hatte sie immer denken müssen, während Maurice bei Chéramy diese Geschichte erzählte, der sie nicht zuhörte.

Sie wußte, daß die Geschichte mit »Puett-Puett« begann, denn später, in dem großen Bett, sagte Laurent ihr, er wäre ihr gern begegnet, als sie fünf Jahre alt war, und er liebte sie noch einmal und liebkoste sie, wie man ein kleines Mädchen liebkost. Sie wußte noch, daß sie so wahnsinnig, so irrsinnig glücklich waren, daß sie sogar Hitler dankeschön sagten, weil er sie, Zaza, nicht hatte mit Mimi nach Deutschland fahren lassen. Sie wußte noch, daß sie gegen Morgen in Laurents Wagen durch das menschenleere Paris gefahren waren und Laurent ihr sagte, man habe die Fahnen überall für sie gehißt. Sie wußte noch, daß im dritten Stock, bei Madame Lowenthal, das Licht anging, als Laurent vor dem Haus hielt und den Motor abstellte, und daß sie sich noch immer nicht an den Gedanken gewöhnen konnten, sich trennen zu müssen. Sie wußte noch, daß sie am Vormittag unter irgendeinem Vorwand wieder gegangen war und nicht auf Maurice gewartet hatte, der ausnahmsweise zum Mittagessen erwartet wurde. Sie erinnerte sich an alles: an die Geste von Alex, mit der er eine Haarnadel ins Haar von Angelina Crespi zurückdrückte – Angelina wirkte ein wenig alt in Alex' Pullover –, gerade als Laurent ihr mit leichtem Fingerdruck auf die Schulter zu verstehen gab, daß er mit ihr in das Zimmer zurückwollte, sofort, und daß auch er nicht dieser Geschichte zuhörte, die nicht enden wollte.
Sie erinnerte sich an alles, nur nicht an Wolodjas Geschichte, die nicht enden wollte.
Und das, schien ihr, konnte sie nicht zugeben, heute weniger denn je. Und wenn Maurice das Kind Wolodja nannte, tat sie so, als wüßte sie warum, und ließ ihn reden. Schließlich, warum nicht Wolodja? Es war ein hübscher Name, Wolodja. Sie fand nur, es sei ein wenig früh, ein Kind bei seinem Vornamen zu nennen, das seinen Familiennamen noch nicht gefunden hatte. Vorgestern hatte sie das sogar lachend Maurice gesagt.
Wieder einmal rief er Christus zum Zeugen an: er sagte, die

Zimmerleute hätten wahrhaftig kein Glück mit anständigen Mädchen; sie brächten ihnen immer Kinder heim, die nicht die ihren seien. Und er schlug für Wolodja den Familiennamen Jesus vor.
»Zu jüdisch«, antwortete Zaza.
»Für diese Jahreszeit noch zu jüdisch, sicher, aber wir haben erst April ... Warten Sie den September ab, Mademoiselle Roux!«
»Aber ich tue ja nichts anderes, Monsieur Gauthier-Berthier!«
»Eben, Sie tun nichts anderes, anstatt zu lernen, wie man die Zukunft aus den Sternbildern liest, was ich selbst mache, seit ich es mit den Gestirnen zu tun habe ... Sie hätten sonst den September gesehen, wie ich ihn sah ... Und jetzt weiß ich Bescheid!«
Er bedauerte, daß sie nicht auf den Turm steigen und den September mit ihm zusammen in den Sternen lesen konnte, aber angesichts ihres Zustands riet er ihr ernstlich ab von Kletterpartien auf Baugerüsten.
Was den Namen im September anging, so wollte er ihr sagen, was er wußte: das Kind, das Mademoiselle Roux im September 1944 zur Welt bringen würde, konnte sich nennen, wie es wollte, und das war die große Neuigkeit, die er am Kleinen Wagen abgelesen hatte.
Man konnte es noch und jederzeit Roux nennen, wenn zufällig die junge Mama ihren hübschen Kriegsnamen behalten wollte.
Man konnte es auch Verdon nennen, wenn eventuell der junge Papa beim Vorübergehen sein Kind erkannte und anerkannte.
Aber besonders und vor allem hatte es das Recht, sich Roginski zu nennen. Und Roginski, Wladimir, glauben Sie mir, das würde den Leuten diesen Herbst sehr gefallen: Roginski war polnisch, aber es klang russisch, und die Russen würden den Krieg gewonnen haben.

Das Ideale war ganz offensichtlich »Wladimir Verdon-Roginski«. Unter der Bedingung, daß man es »Wörden« aussprach, weil auch die Amerikaner den Krieg gewonnen haben würden. Wladimir Verdon-Roginski, das war Klasse! Das hätte etwas von Pierre Richard-Willm in einer Troika in Colorado ...
»Etwas viel für ein Baby, finden Sie nicht, Monsieur Gauthier-Berthier?« sagte Zaza.
»'bsolut, 'bsolut, und deshalb werden wir ihn gleich Wolodja nennen. Das klingt leicht, nach einem Tänzer ...«
»Nach einem Tänzer vielleicht, aber nicht nach einer Tänzerin!«
»Wenn Sie alles komplizieren wollen, Mademoiselle Roux, dann brauchen Sie das Kind nur Combaluzier nennen! Ich sage es, wie ich es weiß ...«, antwortete Maurice Zaza, bevor er sie auf den geschlossenen Mund küßte, der von Lachtränen feucht war.
Das war vorgestern abend gewesen, sie tranken ihren Tee, nachdem sie die Kinder zu Bett gebracht hatten. Maurice hatte sich einen kleinen Schnaps eingeschenkt und kam danach nicht wieder herunter, um für sich allein zu trinken.

An diesem Abend mußte er die ganze Flasche von Marcel ausgetrunken haben, doch würde sie ihn nichts fragen. Sagen, sie hätte gut geschlafen. Und er würde sagen, er auch. Und sie würde nie erfahren, warum er gestern abend so traurig gewesen war. Dabei war er am vorgestrigen Abend so fröhlich gewesen, nein, nicht fröhlich, eher lustig, sogar ansteckend lustig, weil sie selbst an jenem Abend traurig war. Auf diese Weise wurden sie seit zwei Jahren mit ihrem Leben fertig, und es war gut so.
Falls er je an Mädchen dachte, dann sagte er ihr nichts davon, und sie sagte ihm nicht, daß man im Krankenhaus, als er wie tot war, ihr nicht verheimlicht hatte, daß er für lange Zeit keine Frauen haben konnte.

Und wenn er an Robert dachte, der ohne ihn weggegangen war, so sagte sie ihm nicht, daß ihre Gedanken oft zu Alex und Angelina drüben in Amerika wanderten, mit denen Laurent und sie hätten reisen können, als es noch Zeit war. Sie hatten sich entschlossen zu bleiben, Zaza, weil sie in der Nähe von Maurice sein wollte, wenn er wieder zur Welt zurückfand, Laurent, weil er bei Zaza sein wollte.
Sollte er an das denken, was er in Paris getan hatte, bevor er hierherkam, dann sagte sie ihm nicht, daß sie an einen so bedeutenden »judischen Coup« glaubte, daß sie lieber nichts davon wußte, um ihn nie und nimmer, auch nur andeutungsweise, verraten zu können.
Zusammen waren sie nur einmal unglücklich gewesen, so unglücklich, um miteinander sterben zu können: in Châteauroux.
Zusammen glücklich waren sie alles in allem oft: über die Kinder, über Zazas eigenen »jüdischen Coup«. Über den wenigstens konnten sie miteinander reden.
Aber an diesem Abend tat sie unrecht, ihm Loulous Bild zu zeigen: sie war sicher, daß es von Loulou stammte, selbst wenn Loulou MAMMA von einem Großen hatte schreiben lassen. All die M sollten MIRJAM ausdrücken. Der Stern auf der Strickjacke war so auffällig. Und er hatte unrecht, wenn er wieder davon anfing, die Kinder sollten ihre Briefe schreiben. Morgen mochten sie in ihre Hefte schreiben, was sie wollten, Übungen mit kleinen Strichen, wenn ihnen das Spaß machte, auch Dummheiten. Sie würde die Hefte einsammeln, korrigieren und Noten geben. Auf diese Weise bekämen die Kinder wenigstens echte Antwort auf das, was sie geschrieben hatten und was ausnahmsweise nicht mit »Lieber Papa, liebe Mama« beginnen mußte.
Schluß mit dem Ritual der guten Nachrichten, die man von einem Berg ins Meer warf!

Morgen würde sie ihnen sagen: »Keine Nachricht, gute Nachricht«, wie man bei ihnen in der Rue de la Mare gesagt hatte, als sie noch klein waren.
Vor allem Vater Guttman sagte das. Sogar oft. Viel öfter als ihr eigener Vater.
Er sagte: »Keine Nachricht, gute Nachricht«, und manchmal fügte er hinzu: »Aus den Augen, aus dem Sinn«, und das ärgerte Sonja, die Olga anschaute — und sie seufzten gemeinsam ...
... Nein, so war es nicht richtig; Vater Guttman sagte: »Keine Nachricht, gute Nachricht«, und Sonja sagte: »Aus den Augen, aus dem Sinn« und zuckte die Schultern. Und er nahm mit seinem schönen, etwas traurigen Lächeln das Gespräch wieder auf und sagte: »Nein, Sonja, aus den Augen, aber vielleicht fest im Sinn«, oder »immer fest im Sinn«, oder »noch immer im Sinn«, — irgend etwas Derartiges ... Und Stepan stimmte zu, dann hörten sie auf zu reden, weil Zaza oder Maurice hereinkamen. Wie zärtlich und wehrlos sie waren, alle vier, mit ihren kleinen, gemeinsamen und so gut gehüteten Geheimnissen!
Wenn sie jetzt auf sich hören würde, ginge sie jetzt hinauf und würde Maurice im Schlaf küssen. Aber sie hörte nicht auf sich. Sie wollte die Kinder nicht wecken.
Ihr eigenes schlief schon, anscheinend. Es gab kein Zeichen mehr. Sie konnte mit ihm einschlafen.
Was Zeichen betraf, sie hätte gern ein Zeichen von ihrem Geliebten gehabt, ein wenig vor dem September ...
Morgen mußte sie Maurice fragen, ob er sich erinnerte: Hieß es nach »Aus den Augen« »vielleicht« oder »immer« oder aber »noch immer« im Sinn? ...
Das wäre ein Spiel für sie beide, und man würde sehen, wer von ihnen das bessere Gedächtnis hatte.

Es hätte ganz einfach »aus dem Sinn« geheißen.
Zazas Kind war schon acht Monate alt und hieß nicht Wolodja.
Es hieß Marina, Marina Verdon, und seine Mutter Elsa Roginski.
Die Kleine wurde im September geboren, am 15. September 1944, am Ende eines regnerischen Tages, in einem *September in the rain,* wie Maurice Zaza zuflüsterte, um sie zwischen zwei kleinen Wehen zum Lachen zu bringen, als er sie im Taxi in die Entbindungsabteilung des Hôtel-Dieu brachte.
Sein Vater erkannte das Kind nicht im Vorübergehen, sondern er erkannte es ganz bürgerlich auf der Mairie des I. Pariser Arrondissements an.
Aber die Mutter wollte sich nicht auf die Mairie des VII. Arrondissements begeben, um Madame Verdon zu werden. Wirklich nicht!
Seltsamerweise hatte es weder ein Drama noch Opfer gegeben. Sie hatten sich eher einander entfremdet, nachdem sie sich zu spät wiedergefunden hatten. Sie lebten sogar noch zusammen. Nur, daß Marina in dem Zimmer mit den roten Vorhängen bei Zaza schlief. Laurent schlief in seinem Arbeitszimmer, wenn er da war, und das war nicht jeden Abend der Fall.
Maurice nannte Marina Wolodiana, aber nur für sich selbst. Vielmehr, er hatte sie Wolodiana genannt, er würde sie auf lange Zeit nicht mehr ansprechen können. Sie war mit ihrer Mutter nach Amerika gegangen. Nach Hollywood, um genau zu sein.
Das hatte sich eines Nachts entschieden, nach einem langen und vermutlich ungeheuer kostspieligen interkontinentalen Telefongespräch, dessen Läuten gegen zwei Uhr morgens zuerst Laurent, dann Zaza und zuletzt auch Marina aufgeweckt hatte.
Die Stimme von Alex kam und ging in Wellen und sagte

Zaza, sie solle hinüberkommen und mit ihm, Angelina Crespi und ihren *partners* – wie im Tennis – arbeiten. Nach Alex kam die Stimme Angelina Crespis und wiederholte genau dasselbe, dann drängte sich eine weitere – völlig unbekannte – Stimme in die Leitung, gerade lang genug, um zu gurren, sie sterbe vor Lust, das *baby* zu hätscheln... Dann war Alex' Stimme wieder da, drängend. Ganz präzise: Man würde ihr das Geld für die Reise schicken. Sie und die Kleine sollten rasch kommen. Laurent hielt den zweiten Hörer und machte Zaza ein Zeichen, sie solle annehmen. »Ich komme hin, euch beide dort zu besuchen«, murmelte er, als Zaza aufgelegt hatte, nach einer Zusage an Alex, Angelina Crespi *and partners*.
Sie lächelte ironisch, als sie aus Alex' Brief erfuhr, wer dieser *partner* war, der so ungeduldig darauf brannte, das *baby* zu liebkosen, das *baby* einer Mutter, die dieser *partner* weder als Säugling noch als kleines oder großes Mädchen je gesehen, und das, was sie wohl übersah, selbst eine Mutter hatte... Aber Zaza reiste dennoch. Gegenwärtig schwamm sie auf blauen Fluten. Sie würde gleich nach der Ankunft mit der Arbeit beginnen. Man wartete auf ihre sachkundigen Ratschläge für die authentische, echte und realistische Kostüm-Ausstattung eines großen Films über das große Elend der Verfolgten im besetzten Frankreich. Jener Verfolgten, deren Sache sich der *partner* von Alex und Angelina Crespi während der schrecklichen Jahre von Hollywood aus unermüdlich und mit Leib und Seele angenommen hatte. Eine Visitenkarte, Pflaumenblau auf Lachsrosa gedruckt, die dem Brief von Alex beilag, zeigte an, daß Vicky Rogin *chairman* der F.J.B.H.ASS. (FRENCH JEWISH BEATING HEARTS ASSOCIATION) war. Eine absolut umwerfende Abkürzung, die Zaza einfältig mit »Judenherzen, geschlagen von den Franzosen« übersetzt hatte, bis Maurice sie korrigierte. Seiner Meinung nach hieß es »Herzschlagen der Juden Frankreichs« oder, zur Not, auch »Juden Frankreichs mit schla-

genden Herzen«, wie er verstehen wollte. Und um Zaza in Zukunft alle Barbareien und weitere ärgerliche Sinnverdrehungen zu ersparen, war er soweit gegangen und hatte für sie bei Gibert eine vergriffene Ausgabe von *Alice's Family* besorgt; er bat sie, den Sprachkurs während der Überfahrt noch einmal zu studieren.
Außer den Fläschchen und Windeln für Marina, und selbstverständlich *Alice's Family,* hatte Zaza fast nichts an Gepäck mitgenommen. Es gab dort alles, was man hier noch nicht wieder bekam.
Alles. Außer einer Sache, die Alex sie bat mitzubringen und die sie aus der Rue Campagne-Première holte, wo er sie bei seiner eigenen Abreise 1940 zurückgelassen hatte.
Es war ganz einfach ein großes Osterei aus champagnerfarbenem Email mit einem kleinen Rubin-Knopf, das sich mit Musik in vier Teile öffnete wie eine Orange.
Sehr schön, vielleicht ein wenig zerbrechlich für den Transport. Immerhin hatte es wohl schon andere Reisen erlebt, dieses Ei: im Pullman wie im Orient-Expreß, in der Troika wie in der Transsibirischen Eisenbahn. Es gab also keinen Grund, warum es das Schlingern und Stampfen an Bord eines Überseedampfers nicht aushalten sollte. Besonders in seiner Verpackung aus drei Windelhöschen und solide verstaut in der großen wildledernen Reisetasche, die Laurent Zaza für die Überfahrt geschenkt hatte.
Sie waren sehr hübsch, die beiden, ganz in Weiß, das Töchterchen im Arm der Mutter, auf dem Hinterdeck der *City of New York.* Um eine Hand frei zu haben, hatte Zaza ihr elegantes Reisebündel neben sich hingestellt, und sie bewegte den Unterarm ihres Kindes sanft auf und ab, den beiden Männern zuwinkend, die sie lächelnd zurückließ.
Sitzenließ, sagte Laurent bei der Rückfahrt in seinem Wagen, mit dem er viel zu schnell von Le Havre nach Paris raste.
Im Stich ließ, dachte Maurice. Aber er ließ Laurent es so

sagen, wie der es empfand. Laurent war Laurent, und er war er.

Er ging nicht fort. Erst einmal, weil er das Gefühl hatte, er sei noch kaum angekommen. Auch nach zehn Monaten nicht. Alle Tage schien es ihm, als ob er erst am Tag zuvor von einer Reise zurückgekommen wäre, die zwanzig Jahre lang gedauert hätte. Eine Reise in ein weißes Phantasieland, von der Weiße seines Krankenhauszimmers. Wie alle Welt sog er sich voll mit Lärm, Lichtern, mit den Tänzen, dem Jahrmarkt und den Karussells. Wie mancher andere wunderte er sich, daß man nachts soviel tanzte, nachdem man tags die Toten offiziell so sehr beweint hatte. Die gezählten Toten. Die anderen Toten zu beweinen, wartete man noch. Man wartete, es zu erfahren.
Und man würde es erfahren. Sie begannen zurückzukommen. In Gruppen und in Zügen. In echten Personenwagen, aber genauso durcheinandergemischt wie damals, als sie in ihren Viehwagen abfuhren.
Wenn Marcels Kumpel das sähe, dachte Maurice, würde er sagen, das Durcheinander gehe weiter.
Wenn man sie im Aufnahmezentrum wiedererkennen wollte, genügte es nicht, in der Menge nach einem vertrauten Gesicht zu suchen. Man mußte sie alle genau betrachten, einen nach dem anderen, vor allem aber mußte man sich selbst zeigen, damit man erkannt wurde von denen, die unkenntlich geworden waren.
Villeneuve war so unkenntlich, daß er zweimal sagen mußte: »Guten Tag, Guttman, ich bin's«, bis Maurice ihn endlich in die Arme nahm und an sich drückte, diesen geschorenen, abgezehrten Riesen, der ihn lachend, ohne Vorderzähne, anschaute. Von da an war Maurice fast täglich gegen Mittag gekommen und hatte auf die Ankunft der Reise- und Linienbusse gewartet. Aber er tat es nach seiner eigenen Methode: Statt sich unter denen zu verlieren, die

den Zugang zum Hotel Lutetia verstopften, stieg er auf die Bank auf dem Platz gegenüber. Er setzte sich auf die Lehne, die Füße auf der Sitzfläche, und zeigte sich, während er gleichzeitig beobachtete. Manchmal, wenn er stutzte, stellte er sich auf die Bank, bevor er hinunterstieg und sich mit den Ellbogen durch die Menge kämpfte und dann stehenblieb, in dem Augenblick, als er die Schulter oder das Schulterblatt – wie ein Knochenende unter dem gestreiften Sträflingskittel oder der Jacke des Roten Kreuzes – eines Fremden berührte, der nicht Sami war. Und keiner der anderen, auf die er wartete. Aber es war noch zu früh, um zu sagen, sie kämen nicht zurück. Nur bei dem Slowaken oder Bulgaren nicht, dem Kameraden Samis. Bei ihm wußte man: Er war gar nicht fortgebracht worden, man hatte ihn vorher erschossen.
In den Wartezeiten zwischen der Ankunft der Gruppen setzte sich Maurice auf den Sitz, um seinen Platz nicht zu verlieren. Er kannte sie gut, diese Bank.
Jetzt hatte er Zeit genug, die Inschriften zu entziffern, die er allmählich unter der Schmutzschicht entdeckte.
Auf ihrem Platz zwischen dem Gefängnis Cherche-Midi und dem Grand-Hôtel Lutetia hatten diese Bänke aus grüngestrichenem Eichenholz in den letzten Jahrzehnten allen möglichen Wartenden als Zuflucht gedient. Während Maurice seine Finger über die Initialen und verschlungenen Herzen, die Daten, die Kosenamen und ein nicht vollendetes »Tod den . . .« gleiten ließ, bedauerte er, daß er hier keine Taschenmesserkerbe hinterlassen hatte, als er im Dunkel dasaß und die vier Ukrainer belauerte und überprüfte, ihr übliches Kommen und Gehen ganz genau festhielt. Damals hatte er zuviel Angst, um daran zu denken, er könnte etwas in eine Bank einkerben, aber das war schade, dachte er. Was in Holz geschnitten wurde, war dauerhafter als Kratzer in der Haut einer Hand, auch wenn man sie mit dem Namen Narbe bedachte.
Schon seit Monaten sah er seine Narbe nicht mehr an, weil er

schon seit Monaten die Innenseite seiner Hände nicht mehr betrachtete. Seitdem er wieder mit dem Kopf arbeitete und seine Hände wieder Bücher berührten. Aber hier, auf dieser Bank, wo er nichts Eingekerbtes hinterlassen hatte, öffnete er seine linke Hand, und unter der schönen Maisonne erschien wieder die leichte glänzende Spur, so lesbar wie einst unter der häßlichen Lampe im Kloster.

Gestern war Mirjam gekommen, um mit ihm zu warten. Sie war nie gefaßt worden: Sie lebte in allen möglichen Verstecken, nachdem man Sami Ende 1943 verhaftet hatte. In den letzten Wochen in Deckung in dem schrecklichen Keller unter den Glocken von Notre-Dame. Was die Ukrainer anging, so hatte Mirjams Gruppe das Ergebnis rasch erfahren, schon am nächsten Morgen: Drei waren tot, sie hatte Maurice sogar die Namen gesagt, er hatte sie nicht behalten. Sie arbeitete als Sekretärin in der Organisation ihrer Kameraden. Seit sie Loulou wieder bei sich hatte, wohnten beide im Atelier von Alex. Es würde für Sami praktisch sein, es war ganz nahe beim Cochin-Krankenhaus. Sie sagte Loulou nichts davon, daß sie auf ihren Vater und die ganze Verwandtschaft warte. Loulou sprach übrigens nie von ihrem Vater. Sie wollte zurück in die Berge zu Mirador und Mirliflore . . .
Dédée, Markus, Luis, Fredo und Dany waren in der Schweiz, in einem Heim mit anderen Kindern zusammen. Sicherlich sagte man ihnen, was weder er noch Zaza ihnen an Lügen und Wahrheiten erzählt hatten. Man erzählte ihnen andere. Maurice dachte oft an sie. Sie fehlten ihm, aber die Organisation wünschte seine, als »traumatisierend« bewerteten Besuche nicht, das hatte sie ihm schriftlich und sehr höflich mitgeteilt.
Trotzdem war das die einzige Reise, die Maurice gerne unternommen hätte. An einem Sonntag zum Beispiel, mit Loulou.

Unter der Woche hatte er in der Buchhandlung zuviel zu tun. Er hielt sie in Gang, zusammen mit Madame Villeneuve und ihrem ältesten Sohn. Doch seit Villeneuve heimgekehrt war, beschäftigte sich seine Frau nur noch mit ihm, oben in der Wohnung. Er erholte sich sehr langsam. Wenn er lächelte und lachte, hielt er die Hand vor seinen zahnlosen Mund, er aß wenig, schlief schlecht und erzählte nichts.

Zur Mittagszeit schloß Maurice das Geschäft und ging zu Fuß zum Lutetia. Neulich hatte er sich ein belegtes Brot im ›Dragon‹ gekauft. Ein ganz verändertes Lokal, innen wie außen. Auch die Inhaber waren neu. Sie kauften es bei der Befreiung Frankreichs und eröffneten erst nach Umbauarbeiten. »Einen echten Mers-el-Kebir haben wir drin entdeckt, bei der Besichtigung«, vertraute der Wirt Maurice an. Er hatte durch ein Maklerbüro gekauft und wußte nicht, wer die früheren Besitzer waren, noch was aus ihnen geworden war. Nur, daß sie bestimmt am Leben waren: es ging daraus hervor, daß sie als Verkäufer auftraten. Aber nach dem, was man ihm im Stadtviertel erzählte, mußte der »Mers-el-Kebir« der Racheakt eines Kollegen gewesen sein, um ihnen beizubringen, was es hieß, allzuviel Zaster zu machen, indem man unter Kohlrüben, Gänsefuß und Topinambur versteckt Steaks servierte.
Eben, fast vor dem Lutetia, war er auf eines der drei Gespenster getroffen. Auch das Gespenst kam, um Neues zu erfahren. Es lud Maurice zu einer Gedenkfeier für die Märtyrer ein. Es sagte »unsere« Märtyrer, genauso wie der Kamerad Samis »meine Typen« gesagt hatte. Die Zahl der Märtyrer, die zur Familie des Gespenstes gehörten, war noch nicht abzuschätzen, aber schon schwindelnd hoch, wenn man, wie er es tat, alle Genossen, die hier im Dunkel zu Zehntausenden gefallen waren, und die Genossen, die allüberall sonst und zu Millionen im hellen Tageslicht gefallen waren, zusammennahm. »Von Brest bis Brest-Litowsk

waren es *die Unseren,* die ihr Leben gaben ... Kommen Sie am Samstag, um sie mit uns zu ehren, um 21 Uhr in Pantin. Schließlich haben Sie, bevor Sie uns fallenließen, immerhin ein wenig für uns abgezogen, nicht wahr, mein lieber Gauthier?« sagte er noch und tätschelte väterlich Maurice' Schulter, bevor er mit großen Schritten davonging.
»Guttman...« wollte Maurice korrigieren, aber es war zu spät. Das Gespenst stieg schon die Treppe der Métrostation Sèvres-Babylone hinunter.

Er würde nicht hingehen am Samstag abend. Auch Villeneuve nicht. Am Samstag würde es überdies ein kleines Fest in der Wohnung geben: die »Zahnweihfeier«, wie Villeneuve es ankündigte. Ein befreundeter Zahnarzt hatte ihm Vorderzähne gebastelt und heute morgen anprobiert. Sie waren großartig. Nun mußte er sich nur noch abgewöhnen, die Hand vor den Mund zu halten, wenn er lachte oder lächelte. »Dort habe ich das nicht gemacht, weil ich mich gesehen habe, sondern weil ich nur allzu gut die Lücken im Mund der anderen sah«, erklärte er. Es war das einzige, was er über das Lager sagte in Gegenwart von Maurice.
Nein ... Er hatte auch gesagt, *dort* seien neben den Juden (er sagte »Ihren Leuten«) die Russen am meisten mißhandelt worden. Und diese armen Teufel hätten eindeutig keine Chance gehabt. Nirgends. Und bei der Heimkehr würde es ihnen kaum besser ergehen, dort werde man ihnen nicht verzeihen, daß sie sich gefangennehmen ließen ... das war alles, was er von *dort* sagte.
Aber schon am Tag nach seiner Heimkehr bat er Maurice, ihm die Einzelheiten über das zu erzählen, was er wohl als einziger »das Attentat« nannte. Er gestand Maurice, er habe nicht eine Sekunde angenommen, daß Maurice der Urheber gewesen sein könnte, als er am Morgen sein Bett und Zimmer leer vorgefunden habe. Erst danach, als er an die Feuerwehrsirenen dachte, die ihn mitten in der Nacht

geweckt hatten, und als er von der Exekution der drei
Ukrainer der Gestapo erfuhr, habe er dies in Verbindung
gebracht mit seinem Verschwinden. Nie habe er darüber mit
jemand gesprochen. Er meine, daß es angemessen sei, das
Geheimnis auch weiterhin zu wahren. Alle Welt habe zuviel
geredet, und alle Welt schicke sich an, aufs neue zuviel zu
reden.
»An jenem Morgen habe ich zuerst an ein kleines Fräulein
gedacht, und ich hielt Sie für unklug, leichtfertig, einen
Ausreißer und ein wenig undankbar obendrein... Verzeihen Sie mir!«
Maurice wurde rot. Die kleinen Fräuleins... Er war noch
einmal bei seinem Arzt in der Salpêtrière. Redete mit ihm
über das Unterholz und den roten Rock. Das schien den
Arzt zu interessieren. Vielmehr zu überraschen. Der Arzt
riet ihm, sich zu verlieben, es aber vorher mit einer Hure zu
versuchen. Maurice tat nichts dergleichen. Anders gesagt, er
verliebte sich nicht. Was das Folge- oder Vorprogramm
anging, daran hatte er nicht einmal gedacht. Denn was ihn
am meisten umtrieb, das war eben, daß er nicht verliebt sein
konnte. Er hatte noch nicht einmal nach London geschrieben, um zu erfahren, ob es die kleine Anny noch gab. Eine
komische Sache, dies Vergessen der Liebe. Auch Zaza war
nicht verliebt. Sie liebte nicht mehr: Das war alles. Aber
Zaza hatte ein Kind und würde vielleicht noch eins, vielleicht noch mehrere haben...

An diesem Abend vor dem Essen wußte er schon, daß
Villeneuve von den Bergen hören wollte, von den Kindern
in den Pelerinen, von Zaza, dem Schnee, dem Handwerkszeug und von Marcel und dem Turm des Astronomen. Er
wünschte, nur noch einfache Geschichten zu hören. Er hatte
genug von der großen Geschichte und der Weltgeschichte.
Jedenfalls für den Augenblick.
Eines Tages würde Maurice ihn bitten, sich die Geschichte

Wolodjas anzuhören. Aber es war noch zu früh. Neulich hatte er fast damit angefangen, als Villeneuve von den Russen, den armen Teufeln, zu sprechen begann ... Aber die alte Geschichte war so lang und zu kompliziert für einen so erschöpften Mann, daß Maurice darauf verzichtete. Dennoch wußte er, daß Villeneuve wahrscheinlich heute der einzige Weise war, den er kannte und von dem er wußte, er war imstande, sie anzuhören, zu verstehen und zu glauben. Sie erschien heute so wenig glaubhaft, daß Maurice selbst sich manchmal fragte, ob er sie nicht erfunden oder doch ein wenig zurechtgemacht habe.
Oder aber er fragte sich, ob er dem Leben und Tod Wladimir Guttmans, der vor so langer, langer Zeit in der Gegend von Irkutsk verschwunden war, übertriebene Bedeutung beigemessen habe. Vielleicht verdienten die alten Knochen eines jungen Sträflings nur noch Vergessen, heute, da die Last der Leichen von Millionen echter Helden sie für immer unter sich begraben hatte.
Vielleicht mußte man heute eben das: vergessen. Das würde heißen: Adieu, Wolodja.

Es waren so wenige, die sie kannten, die Geschichte Wolodjas. Zaza hatte sie mitgenommen, aber sie würde sie sicher unterwegs verlieren.
Wenn man wüßte, ob Robert sie zurückbringen würde? Morgen, in acht Tagen oder in einem Monat? Bald jedenfalls, denn er kam zurück.
Bei ihm war es sicher, daß er zurückkam. Er hatte es geschrieben. Auf drei Seiten, die den Titel tragen könnten: »Eines Deserteurs Reise um die Welt in 2000 Tagen«. Er erzählte von sich selbst, wenn man so sagen konnte: Blinder Passagier überall, wo er durchkam, bald Tellerwäscher, bald Eintänzer, Archäologe, Seminarist, Französischlehrer, Sari-Händler, Schnapsschmuggler, Heilpraktiker, Privatsekretär und Kumquat-Pflanzer, von Schonern auf Flöße umstei-

gend, von Flößen auf Überseedampfer, von Dampfern auf Vergnügungsjachten, auf Pirogen, Dschunken, Kanus bis hin zum Bauch eines Torpedobootjägers, hatte er alle Meere durchquert und war von allen Kontinenten geflohen, denn immer versuchte irgendein Krieg ihn einzuholen ... Es war ein unbegreiflicher Bericht, aber schön wie die *Äneis,* die *Pieds Nickelés, Candide* und *Les Cinq sous de Lavarède,* wenn Blaise Cendrars sie durchgesehen und zusammengestellt hätte.
Der Brief endete: »Telegramm folgt.«
Auf dem Umschlag stand als Adresse: »Für Maurice Guttman, aufs Geratewohl, Buchhandlung Villeneuve, Rue de Seine, Paris, Frankreich.«
Das Telegramm bestand aus einem einzigen Satz:
»Es gibt kein ›Black-Cat‹ in Schanghai.«
Der Brief und das Telegramm waren in Zürich aufgegeben.

Autheuil, April 1983 – September 1984

Eine dichtgewobene Familiensaga voller Liebe, Haß und Intrigen

Als Band mit der Bestellnummer 10766 erschien:

Als sich für ihren Sohn die Türen zum Weißen Haus öffnen, scheinen für Kitty Kellog, Tochter irischer Einwanderer, alle Träume in Erfüllung gegangen zu sein. Dazwischen aber liegen sechs turbulente Jahrzehnte. Der Autor führt den Leser vom Barackenmilieu der Ölarbeiter bis in die Spitzen der New Yorker Gesellschaft, gewährt ihm einen Einblick in die gigantischen Geldgeschäfte der Wallstreet und hinter die Kulissen der politischen Macht.

Ein großer historischer Roman über die Hugenottenverfolgung

Als Band mit der Bestellnummer 10747 erschien:

Frankreich an der Schwelle zum 17. Jahrhundert. Kardinal Richelieu, machtbesessener Minister Ludwigs XIII., will die Hugenotten zur Räson bringen. Wird es eine zweite blutige Bartholomäusnacht geben?
Arsène de Richepin, leichtfertiger Sproß einer alten Hugenottenfamilie, wird von Richelieus Häschern gejagt. Nur die Hilfe mitleidiger Menschen bewahrt ihn vor dem sicheren Tod. Wird er sich unterwerfen oder auf der Seite der Schwachen und Verfolgten kämpfen?